# Psicología del Dharma

Shanjian Dashi

Seminario Mahabodhi Sunyata

*Dharma Psychology. Turning the Mind Right Side Up*
Traducción al español: Ricardo Rodríguez Iglesias
Revisión: Fanxingshan y Jueshan Mensheng


Shanjian Dashi

Páginas web:  www.mahabodhisunyata.org
www.mahabodhisunyata.com


Primera edición: Marzo 2015

ISBN-13: 978-1507634752

# Índice

# Prólogo

Es dudoso que alguien pueda refutar el hecho de que el mundo está en un aprieto o que el origen de esos problemas es el ser humano. Sin embargo, pocos entienden el problema a fondo en realidad, porque están embrollados en la tarea de perseguir la felicidad.

¿Por qué se busca de forma tan angustiosa esa escurridiza felicidad? Porque el ser humano sufre y parece que el único paraíso posible está aquí en esta Tierra o bien en algún tipo de vida después de la muerte.

El gran dilema es que cuando el ser humano es feliz se olvida de su sufrimiento pero cuando sufre está demasiado desesperado para hacer nada al respecto. Algo de razón tiene, sin duda, ya que la verdad del sufrimiento no es fácil de descubrir y las causas al parecer están tan bien escondidas dentro de su mente que se ve forzado a buscar consejo o bien a admitir que, a fin de cuentas, el sufrimiento es la condición humana.

¿Adónde suele acudir el afligido[1]? Es fácil encontrar psicólogos callejeros y de barra de bar en rincones oscuros y en cualquier lugar donde dos o más personas se congregan –quizá después de haber hecho un cursillo o leído un libro– para solucionar los problemas de los demás y del planeta entero. No obstante, el afligido termina por pedir consejo a sacerdotes, trabajadores sociales, psicólogos clínicos y psiquiatras. Los hay hasta debajo de las piedras, aunque al mundo y a la raza humana les habría ido mejor si no se hubiesen talado los árboles de los que proceden sus diplomas, que ahora cuelgan de las paredes de sus consultas proclamando aparentes verdades de oro.

La pregunta es: ¿de verdad saben todos lo que están haciendo y por qué? Sin duda muchos cuentan con distinguidas reputaciones y han escrito libros que, al menos si los editores están en lo cierto, han contribuido a salvar al ser humano de su propia locura. Pero la mayoría ha olvidado que venimos de un proceso de evolución.

La verdadera pregunta, sin embargo, es si los que proponen la aparente panacea para los demás ya no sufren ellos mismos. "Ay", como comentó Hamlet, "ese es el estorbo". Ciertamente dormir, tal vez soñar; ese es el estorbo.

¿Has reflexionado alguna vez de verdad sobre lo que dijo Hamlet? Tómate el tiempo de leerlo despacio y a fondo ahora:

> *Ser o no ser, esa es la cuestión:*
> *si es más noble para el alma soportar*
> *las flechas y pedradas de la áspera Fortuna*
> *o armarse contra un mar de adversidades*
> *y darles fin en el encuentro. Morir: dormir,*

---

[1] En aras de una mayor brevedad, empleamos las formas masculinas en el texto para toda referencia al ser humano en general, excepto en aquellos casos en los que las diferencias de género son relevantes.

*nada más. Y si durmiendo terminaran*
*las angustias y los mil ataques naturales*
*herencia de la carne, sería una conclusión*
*seriamente deseable. Morir, dormir:*
*dormir, tal vez soñar. Ay, ese es el estorbo;*
*pues qué podríamos soñar en nuestro sueño eterno*
*ya libres del agobio terrenal,*
*es una consideración que frena el juicio*
*y da tan larga vida a la desgracia. Pues, ¿quién*
*soportaría los azotes e injurias de este mundo,*
*el desmán del tirano, la afrenta del soberbio,*
*las penas del amor menospreciado,*
*la tardanza de la ley, la arrogancia del cargo,*
*los insultos que sufre la paciencia,*
*pudiendo cerrar cuentas uno mismo*
*con un simple puñal? ¿Quién lleva esas cargas,*
*gimiendo y sudando bajo el peso de esta vida,*
*si no es porque el temor al más allá,*
*la tierra inexplorada de cuyas fronteras*
*ningún viajero vuelve, detiene la voluntad*
*y nos hace soportar los males que tenemos*
*antes que huir hacia otros que ignoramos?*
*La conciencia nos vuelve unos cobardes,*
*el color natural de nuestro ánimo*
*se mustia con el pálido matiz del pensamiento,*
*y empresas de gran peso y entidad*
*por tal motivo se desvían de su curso*
*y ya no son acción.*

¿Acaso alguien lo ha expresado de manera más elocuente? Pero sin duda no es mejor sufrir las flechas y pedradas de la áspera Fortuna, ni tampoco lo es armarse contra un mar de adversidades, ya que hay una alternativa.

Esa alternativa está disponible como herramienta para todos los que deseen ayudarse a sí mismos a salir del pozo del sufrimiento. Está disponible para todos los que tienen formación social, psicológica, psiquiátrica y religiosa y están dispuestos a proceder con una mente abierta y flexible en una dirección bastante diferente de la que nos ha llevado la búsqueda clínica vacua y no validada.

Aquellos que buscan respuestas en la conciencia cósmica, en planetas de alienígenas o en los brazos de un dios o dioses celosos o compasivos deberían cerrar este libro y no leer más, ya que los secretos del sufrimiento y la recuperación de nuestra verdadera naturaleza humana residen dentro de esa pequeña masa arrugada que está encerrada en tu cráneo, instigada y asistida por todos los componentes del sistema nervioso central.

En su soliloquio, Hamlet afirmaba que "la tierra inexplorada de cuyas fronteras ningún viajero vuelve detiene la voluntad". Eso es cierto sin duda, pero si uno se toma la molestia de mirar a nuestra propia evolución como seres humanos, muchos de los misterios del futuro desaparecen, junto con gran parte de la angustia mental.

En este tratado, examinaremos los procesos del sistema natural y su desarrollo, estudiaremos dónde reside el problema de verdad y generaremos soluciones viables para los que tengan el coraje de realizar cambios y los que estén dispuestos a actuar como guías en la recuperación de todo lo que es natural. Esto es en esencia una guía de la psicología de uno mismo, escrita para quienes cuentan con suficiente energía para afrontar la teoría antes de llegar a la práctica.

Una pregunta que se plantea a menudo es por qué hace falta tanta teoría en un libro de "hágalo usted mismo". Es porque la teoría sustenta la práctica y así, en lugar de ser víctima de la fe ciega en los demás al estilo religioso, uno puede reforzar las prácticas que llevan a la liberación de todas las cargas. Si eso es así, uno puede no solo atender de forma eficaz a su propia locura, recobrando su propia naturaleza, sino estar en posición de ayudar a otros.

Esto no lo convierte a uno en psicólogo o psiquiatra, ya que aquí no se adquiere el equipaje adicional necesario para obtener diplomas que se adecúen al Estado y que a menudo otorgan prestigio inmerecido. Pero lo que sí le da a cualquiera, incluido cualquier psicólogo o psiquiatra sabio que tenga el suficiente valor para dejar que su mente se desprenda del condicionamiento histórico y de la seguridad de un modelo fácil que sustenta su estatus y su práctica, es un medio para no solo cambiar el sufrimiento individual sino para entender la Fuerza de Vida en sí misma. ¿No fue un rebelde judío quien dijo: "Médico, cúrate a ti mismo"? Esta es por tanto una oportunidad de oro para entender un modelo de curación verdadera y algunos detalles de su práctica, que puede aumentarse con prácticas funcionales de Gestalt.

Debe recordarse que todo lo que se ha presentado como verdad, incluyendo este texto, no es más que un modelo y no refleja la fisiología real del sistema ni su evolución real. Lo que nos interesa aquí es entender el crecimiento y desarrollo del sistema humano, el desarrollo de los mensajes genéticos y su evolución, que a través del tiempo ha construido un complejo sistema de flujo de información, e incluso la distribución de esa información y el agrupamiento posterior de diferentes conjuntos de información de cada hemisferio cerebral por vía del *corpus callosum*, que permite el intercambio de información entre ambos hemisferios.

Pero, ¿cuál es la fuente de este complejo sistema? La respuesta es que está construido a partir de un programa genético que ha ido desarrollando sus sistemas más complejos durante los últimos 15.000 años y comenzó su lenta evolución quizá hace más de 400.000 años, culminando en este bárbaro ser humano al cual llamamos "civilizado".

Sí, TÚ eres uno de esos bárbaros seres humanos de los que estamos hablando. Pero, ¿de quién es la culpa? ¿Nos hemos convertido en los verdugos de toda la vida o es el programa que hay dentro de nosotros el que nos ha predestinado, por así decir, a volvernos el "Terminator"? ¿Son esos pequeños genes los responsables de todo esto? Bueno, la verdad es que no. Sin embargo, al mismo tiempo, aunque quizá no seamos responsables de generar el programa irregular que llevamos dentro, sí tenemos cierta responsabilidad por no devolver este sistema humano al programa genético natural. ¿Cómo funciona eso exactamente?

El hecho es que hemos desarrollado un programa magnífico, que podemos llamar nuestro hemisferio derecho, que no necesita intervención alguna de la mente para informarnos sobre lo que se debe hacer. Tenemos también otro sistema maravilloso, evolucionado mucho más recientemente, que nos dice cómo llevar a cabo los "fines" dictados por nuestros amos genéticos. Es un sistema evolucionado de forma brillante, pues la cognición es la interfaz que hace posible que haya información de nuestro contacto con el ambiente, lo cual permite la ejecución eficiente del programa genético e incluye un mecanismo que a lo largo de miles de años podría modificar de hecho el programa genético.

Recuerda que somos un sistema que es fruto de la evolución y que sigue evolucionando, una computadora biológica si quieres, sin un amo dentro o fuera de nosotros que tire de las cuerdas.

El problema básicamente es que el sistema tuvo una avería en sus procesos y como consecuencia la comunicación entre los hemisferios izquierdo y derecho se vino abajo y el izquierdo cayó bajo el dominio absoluto de la cognición. El sistema se volvió orientado en sentido egocéntrico y se ocupó de la supervivencia inmediata, generando un observador interesado en sí mismo en lugar de una especie de observador neutral, que aun careciendo de la astucia necesaria para generar nuevos sistemas, fue capaz de usar los planes genéticos originales, modificándolos y corrompiéndolos.

Lo que vamos a tratar aquí son los programas naturales desarrollados por el sistema genético, los programas no naturales generados como imitación y la manera en la que se pueden restaurar esos sistemas naturales. Pero hay un problema en ello, por supuesto. El nuevo amo, nuestra identidad, no está verdaderamente dispuesto a renunciar al control. Cree que existe como entidad separada y realmente quiere que todos sus deseos se cumplan, incluso si eso significa la destrucción futura del sistema humano y del entorno natural que lo sustenta.

Podemos afirmar sin ninguna duda que todo, desde la actitud, intención, o acción humana más simple a las experiencias aparentemente más extáticas de cortejo y amor hacia otro ser humano o los crímenes más aparentemente atroces de incesto y asesinato, se genera mediante la imitación de los programas genéticos naturales. La base de estos extremos y sus contrapartes naturales, que son correctas e innegablemente puras, es la supervivencia –la supervivencia, en un extremo del espectro, de la identidad falsamente originada en la mente humana; en el otro, de la propensión a la supervivencia de la vida misma en cada organismo vivo, evolucionada naturalmente.

Pero el error mayor y más aberrante que comete el humano es auto-engañarse con que su comportamiento es correcto y que esta falsa identidad que corre eternamente en pos de la felicidad es un proceso natural del ser humano, acosado solo por el destino de sufrimiento que nos envía alguna entidad cósmica omnipotente para hacernos más fuertes.

Si estamos dispuestos a ver más allá de esta farsa humana que llamamos "yo", lo más lógico sería empezar con estos genes y seguir después con otros elementos más complejos, ya que al fin y al cabo son la base de todo comportamiento. Pero ya que estamos igualmente interesados en los programas que han de restaurar su integridad, comenzaremos con la Fuerza de Vida misma y con el flujo y almacenamiento de información que era sumamente natural y eficaz en su momento pero que desde entonces se ha corrompido.

Podemos, en esta primera visión de conjunto, entender esa Fuerza de Vida y enseguida adentrarnos en la división arbitraria (ya que en la naturaleza no hay una separación o división real) de este sistema de información de cuatro partes integrales que hay que restaurar. Para mayor simplicidad, hemos obviado en el diagrama otras conexiones con la conciencia de elementos de apoyo en el flujo de información, tanto en sus condiciones naturales como en las contaminadas. Esos detalles se presentarán en capítulos posteriores.

**FIG. 0.1 Las vías de información del sistema humano**

○     Flujo de información aferente básica en dos vías (incluyendo la de los cinco "agregados" o elementos heterogéneos que categorizan la experiencia individual)

◔     Memoria, compuesta de corto plazo, largo plazo y componentes ancestrales

◑     Componentes de la conciencia-*awareness* del hemisferio derecho del cerebro

◕     Componentes de la cognición o voluntad del hemisferio izquierdo del cerebro

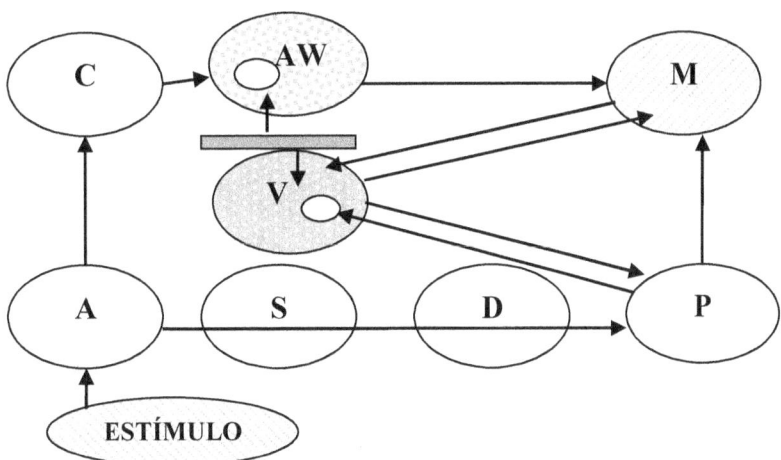

**C:** Conciencia      **AW:** Conciencia implícita (*awareness*)*      **M:** Memoria
**V:** Volición (cognición), básicamente propia del hemisferio izquierdo      **A:** Atención
**S:** Sensación      **D:** Discriminación      **P:** Percepción

Ahora podemos declarar de manera simple dónde yace la raíz del problema del sufrimiento y el comportamiento no natural. Está en ese extraño fenómeno que llamamos "identidad". Está en el complejo de "yo, mí, me, conmigo" que quiere ser feliz. ¿Quién es esta identidad? Es el observador aparente dentro de cada ser humano que se acepta conscientemente como la conciencia del ser.

Hamlet lo dijo bien: "Ser, o no ser; esa es la cuestión". Pero aunque su "no ser" fue más bien drástico, la solución natural es "no ser" en términos de creer que uno mismo existe como entidad independiente. Esto, por supuesto, le asustará a la mayoría de los lectores, ya que la idea de no creer en nuestra propia existencia independiente en forma de Juan o María deja tras de sí una pregunta vacua: "Y entonces, ¿quién soy yo?", para la cual no hay respuesta cognitiva adecuada. Eso también lleva al peligroso campo minado cognitivo de: "¿Por qué estoy aquí?", con la respuesta, "Por ningún motivo", lo cual niega todos los planes bien trazados de quienes quieren vender la idea de un "más allá", la moralidad del "bien" y el "mal", y la presencia de una "autoridad superior" que lo ha construido y ordenado todo siguiendo un plan maestro.

Es posible que estemos de suerte ya que, aunque la identidad evolucionada ha corrompido casi todos los procesos, ha sido incapaz (al menos hasta el presente) de infiltrarse en la verdadera conciencia-*awareness* subliminal establecida por el programa genético. Es desde esta conciencia implícita desde donde la voz de la homeostasis clama por restaurar el equilibrio y armonía naturales y dirige a muchos a un camino de recuperación parcial o total, o bien a los brazos de terapeutas de diversa índole que pueden administrar con éxito varios parches que satisfacen a sus clientes. Pero cualquier guía de cualquier disciplina verdadera que tenga una mente abierta, flexible y rápida puede hacer más que eso.

Ahora vamos a decir algo más sobre la identidad. Opera principalmente sobre los cinco procesos de sensación, discriminación, percepción, volición y la propia conciencia. Cuando se activa en la sensación hay experiencias viscerales y a esa identificación activa la llamamos Id, o la identidad visceral. Cuando actúa en la discriminación, la llamamos activación del Ego, una identidad emocional, y cuando se activa dentro de la percepción, la llamamos el Súper-ego, una identidad pasional. Reconocerás esos nombres como términos freudianos, que son bastante útiles aquí siempre y cuando tengamos presente que no apoyamos ni usamos las interpretaciones clínicas de Freud (ver figura 0.2).

Además, debemos ir más allá de Freud y añadir un Supra-ego que opera dentro de la volición; reservamos como sorpresa para más adelante revelar qué clase de identidad es. Eso nos deja con cuatro identidades diferenciadas de las que vamos a hablar. A ese grupo le podemos añadir el observador consciente, del cual estamos conscientes sin interrupción, y la identidad ideal, que retoca la imagen externa que presentamos de nosotros mismos para procurarnos la buena voluntad de los demás. En total son seis identidades, cuatro de las cuales son subliminales, y cada una con su propio programa para alcanzar la felicidad.

**FIG. 0.2 La presencia de la identidad que surge en la conciencia, se almacena en la memoria y se manifiesta como comportamiento consciente observable**

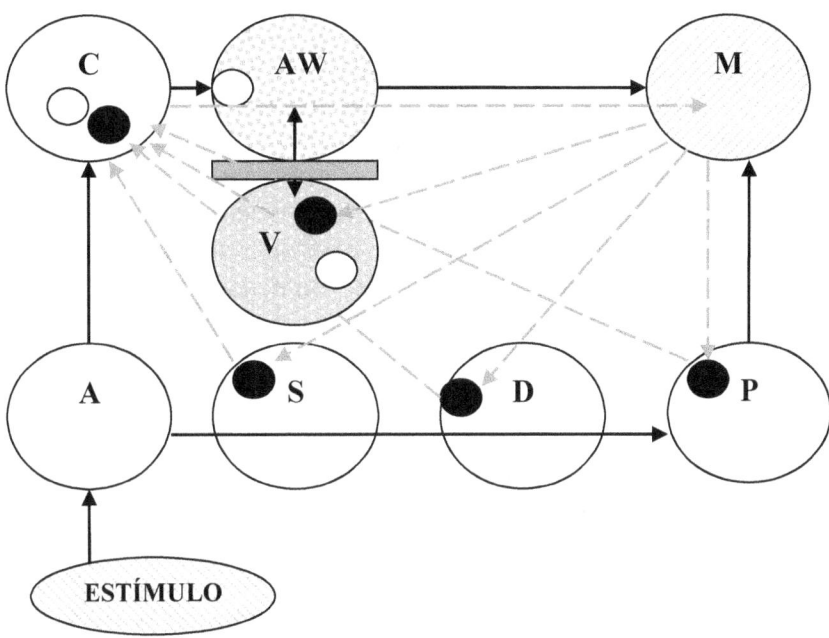

Aunque el observador de la identidad siempre es consciente, solo somos conscientes de la presencia subconsciente de las otras sub-identidades cuando podemos observar conductas que sugieren esas influencias subliminales.

Pero, ¿dónde se oculta la identidad?

La identidad se parece bastante a la Pimpinela Escarlata, ya que "la buscan aquí, la buscan allá; buscan a ese sinvergüenza por todas partes".

¿Dónde está realmente? Está bien oculta en la memoria, esperando a emerger cuandoquiera sea conveniente pero, a diferencia de la Pimpinela, en interés propio y usando miles de disfraces.

Aprenderemos más sobre todas estas identidades a su debido tiempo, pero primero tenemos que examinar la gran fuerza que reside dentro de la conciencia-*awareness* y que de hecho impulsa el sistema –la Fuerza de Vida.

---

\* **Nota del editor:** En el uso del autor, *awareness* guarda con *consciousness* una relación similar a la del fondo con la figura en la psicología de la percepción. Para mantener esa distinción, traducimos *consciousness* como "conciencia" a secas y *awareness* como "conciencia implícita" o simplemente "conciencia-*awareness*".

# Capítulo 1

## La Fuerza de la Vida

Comencemos por establecer una base común desde la que trabajar. Ya que estás leyendo este libro y eso es un atributo limitado (por lo que sabemos) a los seres humanos y quizás a algunos ordenadores, suponemos que tú eres uno de los dos. Permíteme ser algo presuntuoso quizás y suponer que perteneces al primer grupo. Además, ya que soy yo quien ha escrito este texto, puedes asumir que yo también soy un ser humano o un ordenador. Te aseguro que yo también soy un ser humano.

Eso significa que tenemos una base para la comunicación, ya que compartimos, aparte de un valioso cuerpo humano y una mente maravillosa, el hecho de que ambos hemos nacido, estamos vivos por el momento y sin duda moriremos al final como todas las demás formas de vida, guiadas (si no controladas por momentos) por nuestros programas genéticos.

Además, podemos convenir en que entre el momento en que comienza nuestra aparente conciencia individual y el momento en que termina, no importa cómo podamos definirla cada uno, habremos estado vivos. Podemos estar de acuerdo también en que la vida en sí misma es algo maravilloso, no porque sea fructífera y agradable, que no lo es para muchos, sino simplemente porque es vida.

Bien, la cuestión que vamos a tratar aquí es, ¿qué es lo que nos lleva desde el nacimiento hasta la muerte? Lo llamamos la Fuerza de la Vida. Podemos entender fácilmente que es una fuerza de energía, pero eso nos dice poco. ¿Cómo consigue sustentar cualquier cosa, ya que no parece ser una "cosa" en el sentido normal o ni siquiera un poder trascendental? Podemos llamarla "energía", simplemente, pero eso solo es una bonita palabra multiusos. Entonces, ¿la Fuerza de la Vida usa energía, o es energía en sí misma? Todo depende de cómo definamos la energía.

La energía que se llama potencial se refiere al potencial para provocar cambios. Esa es una definición útil para nuestros propósitos, ya que claramente la supervivencia individual del vehículo que mantiene la Fuerza de la Vida requiere cambio potencial. En física, la energía de un sistema se define como el trabajo necesario para llevar al sistema a un cierto estado desde algún estado previo de referencia.

Dado que la cantidad de energía se conserva, no se crea ni se destruye pero sí puede cambiar su forma. Eso se debe a que las leyes de la naturaleza no cambian con el tiempo. Así pues, aunque la Fuerza de la Vida pueda fallar, la energía no falla, y simplemente se transforma en otra cosa. Cuando la energía de una Fuerza de la Vida en particular falla, se libera para unirse a toda la demás energía, que no es en sí misma una Fuerza de la Vida.

Cuando el fuego quema la madera, esa energía se transforma en cenizas y calor. Cuando el ser humano o cualquier otro ser vivo muere, esa energía también se transforma y se libera. Si quieres agrupar una parte de esa energía liberada y luego llamarla alma, estás en tu derecho. O si no eres de los que quiere inventar una vida posterior de esa clase, entonces puedes agrupar otra parte y llamarla "karma". Hagas lo que hagas, sigue siendo energía.

La Fuerza de la Vida es por tanto una definición de una forma particular de energía que sustenta la vida durante el tiempo que le es posible hacerlo hasta que la mayor parte de esa energía se libera. Aquí no nos interesa la energía después de la muerte o adónde se dirige, porque no es de ninguna utilidad para curar los males de este insignificante planeta llamado Tierra, lanzado en una órbita elíptica alrededor del sol, o los males de las insignificantes criaturas humanas a bordo que al parecer están haciendo todo lo posible por convertirlo en una roca deshabitada.

La ciencia, en su intento de reducirlo todo a su forma más simple tanto objetiva como subjetivamente, lo disecciona y nombra todo y seguirá haciéndolo hasta el infinito. Otros, con menos razón, buscan al gran "Uno" y le ponen nombre, confiriéndole características humanas tales como la bondad y la capacidad de destrucción, sin poder encontrar ninguna en el fondo. Pero nosotros, dado que no tomamos ni un partido ni otro, vamos a ocupar un terreno neutral con dos ideas acerca de la energía.

**1) La energía potencial**, que no está liberada, tiene una forma para cada una de las cuatro fuerzas básicas de la naturaleza: la gravedad, el electromagnetismo, y también las fuerzas nucleares fuerte y débil. La energía del ser humano, que llamamos "sutil", es electromagnética.

La energía potencial existe cuando un objeto dotado de masa tiene a su vez una posición dentro de un campo de fuerza. Este concepto de campo de fuerza fue acuñado por Michael Faraday, un químico y físico inglés, como un constructo teórico para el comportamiento de la actividad electromagnética. El término "campo de fuerza" se refiere a las líneas de fuerza que un objeto (el "objeto fuente") ejerce sobre otro objeto (el "objeto receptor") o un conjunto de otros objetos.

Dos genes ejercen una influencia mutua entre sí. Las células ejercen fuerza sobre una célula adyacente y hay una interacción. Dos órganos del cuerpo ejercen sus fuerzas mutuamente y hay una interacción. Dos seres humanos ejercen sus fuerzas y hay una interacción. Un ser humano y una simple flor generan un campo de fuerza combinado. ¿Puedes ver por tanto que el mundo está compuesto de una masa de campos de fuerza de energía potencial siempre cambiantes?

Cuando una masa se encuentra en movimiento con cierta velocidad (por ejemplo, un ser vivo) se genera una energía diferente de la potencial, a la que llamamos cinética.

**2) La energía cinética**, como movimiento, existe cuando un ser vivo o cualquier parte de él late o se mueve. Todo lo que ves en movimiento, incluido tú mismo, posee energía cinética. Incluso mientras duermes tienes energía cinética.

La Fuerza de la Vida actúa de una forma especial. Si decimos que el programa de la Fuerza de la Vida producido por la evolución genética impulsa al ser humano, entonces la energía de la Fuerza de la Vida es cinética y el movimiento está dirigido a un fin, que se puede resumir en una palabra: supervivencia. Todas las plantas y animales poseen la Fuerza de la Vida, que los protege a ellos y a su descendencia de la destrucción, pero hay otras dos variaciones más avanzadas de esa Fuerza de la Vida.

Una es la supervivencia de la tribu o manada, que existe en muchos animales avanzados, incluido el ser humano. Este aspecto de la Fuerza de la Vida tiene claramente sus ventajas, ya que la Fuerza de la Vida que ayuda a la supervivencia del grupo es más eficaz que una sola fuerza individual en un peligroso mundo de conflictos. La Fuerza de la Vida tiene su naturaleza programada pero no un cerebro o una voluntad consciente, de manera que el individuo tiene mucha menos importancia dentro de un grupo.

El segundo aspecto más evolucionado es exclusivo del ser humano. Se trata de la supervivencia del ambiente en el que vive el ser humano, junto con todos los demás seres vivos, y eso incluye el equilibrio y la armonía natural de todas las cosas.

El impulso de ayudar a otros es la Fuerza de la Vida y ésta opera como un motor impulsor. Si observamos más profundamente, podemos ver que la Fuerza de la Vida es la que actúa como motor para mantener la vida por buen camino de forma natural y equilibrada. Esa manera natural y equilibrada solo puede ser correcta si está en conformidad con los cuatro aspectos que hemos mencionado:

1. Supervivencia del yo aparente.
2. Supervivencia de la progenie.
3. Supervivencia de la tribu.
4. Supervivencia del medio ambiente en el que todos han de nacer, vivir y morir.

En el *Abhidhamma*, que es la psicología del Dharma de Buda, a esta Fuerza de la Vida se le llama *jivitindriya*. Esa palabra se compone de dos partes: *jivita*, que significa "vida", e *indriya*, que significa "facultad o principio controlador". Por tanto, podemos concluir que, por lo que respecta al *Abhidhamma*, la *jivitindriya* es el principio controlador de la vida.

Este principio se divide arbitrariamente en dos aspectos, que parecen ser útiles en esta explicación. Un elemento es la Fuerza de la Vida psíquica (*nama-jivitindriya*) y el otro es la Fuerza de la Vida material (*rupa-jivitindriya*). Por tanto se dice lógicamente en el *Abhidhamma* que la Fuerza de la Vida sustenta tanto los estados mentales como los fenómenos materiales. Todo eso conduce al hecho de que la Fuerza de la Vida sustenta la mente y el cuerpo, lo cual incluye todos los fenómenos.

Es importante entender lo que significa en realidad la palabra "sustentar". Simplemente se refiere a que la Fuerza de la Vida apoya la continuidad de la supervivencia. Por supuesto, todos sabemos que al final la aparente Fuerza de la Vida individual se agota, pues tanto la mente como el cuerpo se atrofian y llega la muerte. Con la muerte de esa conciencia, que parece ser individual, cesan todos los fenómenos. Pero la Fuerza de la Vida guarda un as bajo la manga, ya que sustenta su propia supervivencia continuada mediante la reproducción. Parece por tanto que a la Fuerza de la Vida no se ocupa solo de sostener a los individuos, sino de algo más. Su esencia es, por su propia naturaleza, la de sustentarse a sí misma.

Bien, esto nos lleva a una conclusión interesante: la Fuerza de la Vida requiere la presencia de un vehículo que consta de mente y cuerpo. Tenemos por tanto un hermoso ciclo en el que la Fuerza de la Vida sustenta la mente y el cuerpo de cualquier ser vivo a su nivel particular, en donde ese ser vivo no solo transporta la Fuerza de la Vida sino que puede reproducir y transmitir esa Fuerza de la Vida a su descendencia, perpetuando así esa fuerza. Claramente esto no puede seguir indefinidamente, ya que cuando una línea de reproducción termina, entonces esa aparente Fuerza de la Vida particular cesa.

En la leyenda del *Génesis* de la Torá, que también es el Antiguo Testamento cristiano, Dios les dijo a Adán y Eva después de su creación: "Sed fértiles, multiplicaos y restituid la tierra, sometedla, y tened dominio sobre los peces del mar, sobre las aves del cielo, y sobre toda cosa viva que se mueva sobre la tierra".

Así que la Fuerza de la Vida debe ser fructífera y multiplicarse; eso se encarga de la continuación de la Fuerza de la Vida en uno mismo y en la progenie. Pero después se suponía que el hombre restituiría la tierra. No parece que lo esté haciendo tan bien en ese cometido.

Luego tenía que someterla. ¿Qué significa eso?

No quiere decir conquistar y subyugar, o controlar mediante la intimidación o medios similares. En este sentido bíblico, se refiere a cultivar la tierra y someter las zonas silvestres. Ciertamente el hombre parece estar fracasando a ese respecto también, ya que cubrir la tierra con asfalto y cemento y talar los bosques que proporcionan vida difícilmente se puede aceptar como someter lo silvestre en sentido correcto.

Después, al hombre se le dieron instrucciones de dominar toda cosa viva que se mueve, lo que incluye las plantas y el microbio más minúsculo que existe. Parece que el hombre ha fallado lamentablemente en esto también, ya que el dominio no implica matanza y conquista, sino gobernar como un soberano sabio.

Así pues, existe una Fuerza de la Vida natural que ha evolucionado hasta el punto de producir un ser humano cuya energía se dirige a perpetuar esa Fuerza de la Vida mediante la supervivencia de sí mismo, su descendencia, la tribu con sus niños, todos los cuales son seres conscientes, y el medio ambiente que los sustenta a todos.

Bien, la cuestión es cómo fueron capaces de desarrollar semejante sistema los programas genéticos de la Fuerza de la Vida. La respuesta, por supuesto, es la evolución; pero ¿cómo pudo ocurrir eso exactamente? Sabemos que los genes evolucionaron al convertir inicialmente la sensación, discriminación y percepción en métodos de interfaz. Fueron estas unidades sensoriales, junto con una cognición no manchada, las que permitieron que con el paso del tiempo se generaran los componentes de supervivencia de la Fuerza de la Vida que hemos mencionado.

El diagrama muestra los medios de esta transformación genética (ver figura 1.1). Fueron las sensaciones viscerales las que primero generaron al observador conceptual y de esta manera el Id visceral se convirtió en el foco aparente de la supervivencia. Luego, con la llegada de la discriminación se añadió otro elemento: era la experiencia del "otro" como descendencia o pareja, durante el tiempo que esa alianza resultase útil para la supervivencia humana. Luego evolucionó la percepción elaborada que le dio nombres a las formas, aunque manteniendo la unidad de los elementos. Esto fue un añadido natural a la base de supervivencia para la unidad tribal, que se convirtió en un nuevo foco de adaptación para la Fuerza de la Vida. Finalmente, y mucho después, evolucionó la posibilidad de hacer pronósticos sobre hechos futuros, lo cual ayudó a la supervivencia, de manera que el entorno que mantenía a la tribu, la unidad de familia temporal y la identidad visceral se expandió.

**FIG. 1.1 La relación entre la Fuerza de la Vida y el ambiente en los seres humanos y el desarrollo de los factores de supervivencia**

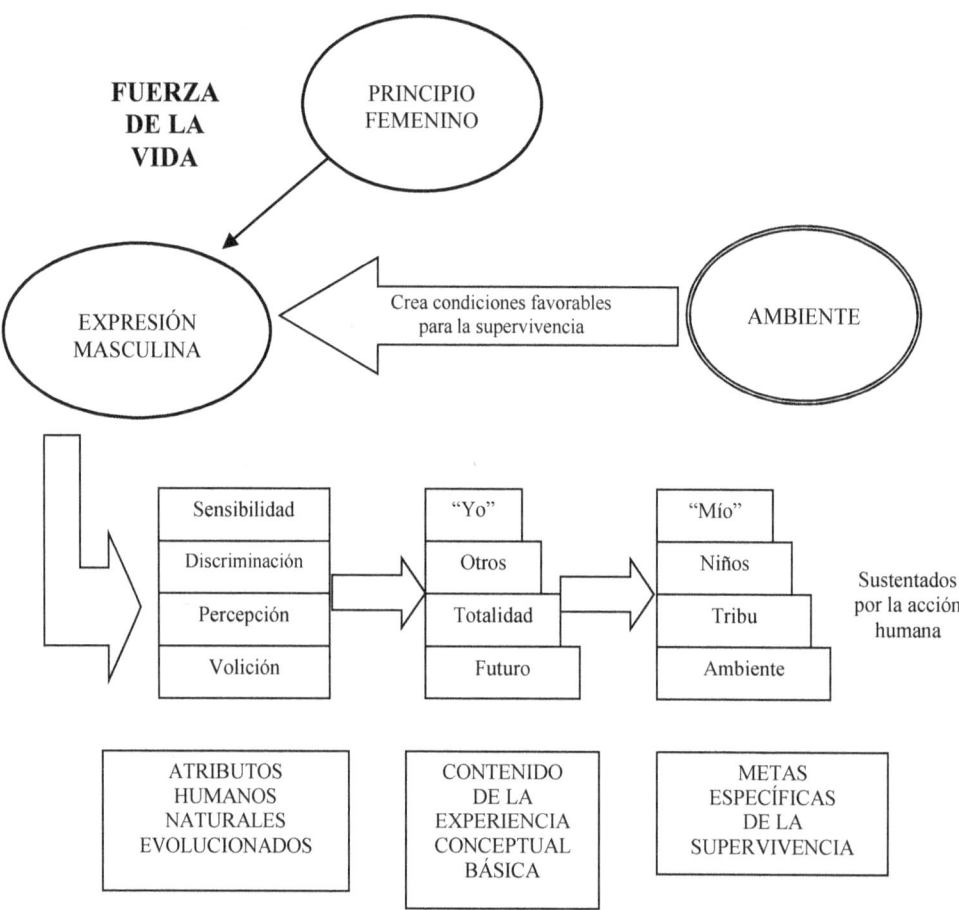

Los genes que dieron como resultado el complejo cerebro humano actual y sus programas básicos de los hemisferios izquierdo y derecho, sus neurotransmisores y sistemas hormonales, se encuentran ahí por una razón genética: traspasar a la siguiente generación los mejores genes, modificados si es necesario tras un número de mutaciones que favorezcan el nuevo ambiente. No hay mayor "razón" para la aparente existencia humana que ésta. Los modos naturales básicos de comportamiento y las experiencias que sentimos a cada segundo del día están dirigidos a este fin.

Pero hay una termita en el conjunto, y la interfaz entre esos sistemas, la cognición y los subsistemas se ha corrompido. El hermoso y simple sistema de acercamiento y afecto que es la herramienta de selección natural, por ejemplo, se ha transformado en apetencia de la identidad. Es cierto que los sistemas religiosos y sociales la han moderado para su propia defensa y supervivencia, pero sigue siendo apetencia de la identidad de todas maneras.

Parece que algo ha salido mal, sin duda. El "no, yo no" de la identidad se aplica por lo general, ignorando los programas genéticos de la Fuerza de la Vida, la masacre constante de especies, la eliminación de los bosques y la contaminación del aire que todos respiramos. Para ver el porqué, debemos entender la sutil interacción que hay entre los componentes de la Fuerza de la Vida, ya que existen condiciones en las cuales un elemento debe sacrificarse con el fin de obtener un bien mayor.

Cuando el *Titanic* se hundió, todos sabemos que la orden fue "mujeres y niños, a los botes salvavidas primero". ¿Por qué? Parece bastante obvio que las mujeres y los niños son el futuro. ¡Ay de los hombres, no hay futuro para ellos! Pero aunque esa orden de abandonar el barco de esa manera parecía ser lógica, humanitaria, y racional sobre la base de la actual superioridad del hombre sobre la mujer, realmente tenía su fundamento en la Fuerza de la Vida natural. La vida humana debe seguir. ¿Por qué? No hay razón. La Fuerza de la Vida sencillamente se cuida de sí misma a un nivel que está por encima del individuo.

En la mayoría de las madres existe un impulso claro y natural de proteger a sus hijos y en la mayoría de los hombres, de proteger a la familia. Es ahí donde el impulso natural parece detenerse en la sociedad moderna, aparentemente racional. Salvar un pueblo, un Estado, una nación o el honor frente a la agresión ha pasado de moda. La prensa y el público convierten a héroes y hombres valerosos en tontos patriotas, y las clásicas bienvenidas a los héroes de antaño parecen haber desaparecido para siempre, sustituidas por los Oscars, los Emmys y los trofeos deportivos.

¿Dónde está la tribu? Incluso las familias se dividen en individuos, y en sus tribus de dos, hombres y mujeres se han convertido en protagonistas de inciertas relaciones mutuas. Ya no hay más tribus, solo individuos.

De vez en cuando, una tribu parece cuajar de la nada cuando existe una amenaza seria que le resulta evidente a la mente. Pero cuando disminuye la amenaza obvia para todos la tribu se disuelve rápidamente, vuelve la desunión y aumenta una vez más la incitación de la identidad individual. Eso se debe a que las personas no están respondiendo ante el peligro a la tribu en sí, sino que responden con una solidaridad racional, controlada por la mente.

Sin embargo la Fuerza de la Vida sigue ahí, clamando en la espesura por regresar al equilibrio y armonía internos. El grito del ser humano es la supervivencia, sí, pero solo para mí y mi familia primero. Luego veremos qué nos conviene y al diablo con el medio ambiente. El más noble hoy en día diría "mi familia primero, luego yo", y el más innoble, "yo primero y al diablo con mi familia". Todos están a años luz del impulso natural de la vida. El mundo natural y todas las criaturas y plantas que viven en él se encuentran bastante abajo en el "tótem de la supervivencia" del ser humano. Sin embargo él sabe que la supervivencia de la humanidad descansa sobre el equilibrio propio de la naturaleza y las expresiones naturales de diversas Fuerzas de la Vida.

Al examinar la Fuerza de la Vida, no podemos separar y dividir los cuatro elementos, salvo para facilitar un mejor entendimiento. Todos ellos son expresión de la única Fuerza de la Vida. La situación es incluso más compleja que eso, ya que la Fuerza de la Vida de un individuo no puede separarse realmente de la Fuerza de la Vida de todos los seres humanos. De manera similar, la de todos los seres humanos no puede divorciarse de la Fuerza de la Vida de todas las demás criaturas vivas.

¿Quién controla esa expresión, entonces? Esa es la pregunta fundamental. La respuesta es que la expresión de la Fuerza de la Vida no está sujeta a control: es una expresión del orden natural. Según el Dao, puede decirse que la Fuerza de la Vida es el Dao y el Dao es la expresión natural. Cuando usamos la palabra Dharma, es exactamente igual. El Dharma es la Fuerza de la Vida natural y el Dharma es su expresión natural.

Cuando hablamos de seres humanos individuales, un hombre o una mujer es una persona del Dao o no lo es. Una persona del Dao o el Dharma se encuentra completamente en armonía y equilibrio con ese Dao o Dharma. Si alguien se encuentra en armonía y equilibrio con la Fuerza de la Vida en sí misma y no separado de ella, entonces su expresión de la Fuerza de la Vida es correcta y se mantendrá el equilibrio entre los cuatro factores. En la psicología del Dharma Chan, a esa expresión plena de la Fuerza de la Vida –la esencia que opera en beneficio de la supervivencia de esa Fuerza de la Vida– lo llamamos el estado de *bodhisattva* realizado.

Esto probablemente les resulte interesante a los que piensen en ello por primera vez, pero será una idea impactante para los que han estado bailando alegremente a lo largo del camino de ladrillos de color negro, marrón, burdeos, azafrán y amarillo del Mago de Oz. ¿Por qué? Porque habrán estado recitando el voto de que evitarán convertirse en un Buda hasta que todos se hayan liberado y que se comprometen a ser un *bodhisattva*. Luego habrán procedido a ayudar a cada ser humano individual que hayan visto en estado de necesidad y habrán creído que comprenden.

¿Qué dijo Buda, el gran maestro de la liberación mental, a todo el mundo?

"Subhuti, ¿tú qué crees? No dejes que nadie diga que el Tathagata (el mismo Buda) alberga la idea de que tiene que liberar a cada criatura consciente. No permitas tal pensamiento, Subhuti. ¿Por qué? Porque en realidad no hay seres conscientes que hayan de ser liberados por el Tathagata. Si (pensara que) hay seres conscientes que el Tathagata pudiera liberar, estaría participando en la idea de un "yo", una personalidad, una entidad y un individuo separado".

El sentido está claro. Cuando uno hace un voto de ayudar a todos los seres conscientes, realmente está declarando que no se detendrá hasta que todos regresen al estado "raíz" de la Fuerza de la Vida. Ayudar a individuos sueltos nunca va a lograr eso. Puede ser socialmente noble y de hecho puede ayudar a aliviar el sufrimiento individual, pero no tiene nada que ver con la condición de *bodhisattva* de regenerar la Fuerza de la Vida natural para todos los seres humanos.

Si un individuo se divorcia de esa armonía y equilibrio, se activa una señal y se percibe un grito interno no-verbal: "¿Qué diablos está pasando aquí?" Esa es una señal homeostática que, en el ser humano natural, conduce a ajustes naturales que lo alinean con la Fuerza de la Vida una vez más. Es un sistema maravilloso en el cual la mente humana no tiene que tomar decisión alguna. En ese caso, todo fluye en concordancia con el Dharma, el bien superior.

Por desgracia, la mente humana actual, tal como ha evolucionado hasta ahora, no concibe como bueno para la sociedad, la cultura, la educación o los individuos todo lo que es bueno para la Fuerza de la Vida y para los que dependen de ella. Es cierto que algunas mentes pueden ver lo que le espera al mundo y claman pidiendo un cambio. Han estado clamando durante tanto tiempo que ahora pierden la esperanza y aguardan la catástrofe que se avecina sin que nadie se plantee: "Vale, y ahora ¿qué hacemos?"

Examinemos el ataque terrorista a las Torres Gemelas. Hubo tres grupos diferentes de víctimas que encontraron la muerte: las víctimas de los aviones y las torres, las víctimas de los equipos de rescate y las víctimas que eran terroristas. Nos centraremos aquí en aquellos a los que podemos llamar héroes y en los que eran terroristas.

## LOS HÉROES SOCIALES

El 11 de septiembre de 2001 hubo un ataque terrorista contra las Torres Gemelas en Nueva York. Si te visualizas allí un momento, puedes ver esa gran calamidad en la que más de tres mil personas estaban a punto de perder la vida al derrumbarse las torres. Si retrasas el reloj a dos o tres horas antes de los ataques, podrías preguntarte: ¿Qué estaban haciendo esas personas entonces, qué había en su mente?

Muy probablemente estaban pensando en su futuro, su empleo, su dinero, sus coches, sus joyas, sus casas, sus perfumes, su reloj de oro, su ascenso, sus maniobras en el puesto de trabajo, sus esposos o esposas, sus hijos…. Mil cosas asociadas a los sentidos de este mundo. Y cuando llegó el ataque, ¿qué sucedió con todos estos pensamientos? No valían para nada. ¿De qué servían sus coches, sus trabajos, su futuro en ese momento? En cambio, su Fuerza de la Vida básica se reafirmó a sí misma.

Cuando eso sucedió, todo el mundo pensó en salvar la vida de cualquier manera posible. Muchos intentaron ayudar a otros, tocados por la gran Fuerza de la Vida más allá del paradigma de "sálvate tú mismo". Algunos llamaron a sus familias con un mensaje de amor y despedida. En ese momento, este mundo no valía nada, ni para los americanos, los europeos o los asiáticos. La vida era preciosa y valía la pena salvarla. Pero era demasiado tarde.

Si un gran benefactor pudiera ofrecer devolverles la vida a la gente que había en esos edificios a cambio de que prometieran dejar todas las cosas de este mundo y elegir un camino más saludable y natural con compasión, afecto benevolente, alegría y ecuanimidad, manteniendo todos los puntos de la Fuerza de la Vida, no cabe duda de que todos ellos aceptarían la oferta, aunque quizás olvidaran esa verdad más tarde cuando los impedimentos de la identidad comenzaran a trabajar de nuevo.

Regresemos de nuevo a las torres en llamas. ¿Quiénes fueron los que respondieron a este infierno? Los bomberos y la policía, personas como tú, con sus familias, sus trabajos y su vida diaria: ellos se adentraron corriendo en este infierno. ¿Por qué? No fueron para salvar los edificios, o para salvar el dinero, o para salvar los muebles o los documentos. Sabían por sus impulsos naturales y correctos y a través de un sentido de responsabilidad humana que tenían que entrar y salvar a cuantas personas pudieran.

No importaba si esas personas eran viejas o jóvenes.

No importaba si esas personas eran ricas o pobres.

No importaba si esas personas eran árabes, judíos o asiáticos.

No importaba si esas personas eran blancas, amarillas o verdes.

Entraron a hacer todo lo que pudieran y a salvar a cualquier individuo que fuese capaz de salir de los dos edificios. Ninguno de estos rescatadores iba a ganar fama y dinero por su trabajo; con suerte, si sobrevivían, podrían ganar una medalla y una insignia, algo de poco valor. Sin embargo, cientos entraron para salvar a otras personas y cientos murieron. Fueron seres humanos heroicos porque, en esos momentos, olvidaron su codicia, su confusión y su hostilidad. ¿Fue esa respuesta influida en gran manera por la Fuerza de la Vida? Decididamente parece que fue así.

Sabemos que los muebles, los documentos y registros valen poco, sabemos que el sistema vale poco, y que la única cosa que uno puede hacer es entrar en el edificio en llamas y rescatar a cualquier individuo que esté a su alcance con el coraje de salir. Si tuviéramos que usar la razón probablemente nos echaríamos atrás y esperaríamos. Pero la Fuerza de la Vida nos dice "Venga, adelante". Esa Fuerza de la Vida está muy bien escondida y siguió escondida hasta el momento en que algunos olvidaron sus identidades.

La pregunta es: los hombres y mujeres de este ejemplo, ¿estaban mostrando una respuesta humana natural y compasiva o estaban simplemente respondiendo al condicionamiento y al deber? Una vez que entendamos plenamente la psicología humana del Dharma, veremos que la base de su respuesta fue una respuesta natural de la Fuerza de la Vida, aunque no fuese una respuesta compasiva en el sentido mundano de la palabra. Si no hay por medio una identidad egoísta, esa Fuerza de la Vida fomenta un comportamiento completamente no-egoísta sin el elemento cognitivo que proporciona una experiencia de compasión mundana, aunque por supuesto hay elementos cognitivos que lo dirigen.

En una situación normal del día a día en esta sociedad condicionada socialmente, es la identidad egoísta la que está activa y dominante, pero en presencia de un deber conscientemente aceptado o en una situación de emergencia, la voz de la obligación del contrato social neutraliza la identidad, silenciando la voz egoísta. Es ahí donde emerge el impulso de ayudar a otros.

Dado que la nuestra es una sociedad egoísta motivada por la satisfacción de la identidad, los sistemas religiosos han proporcionado una respuesta mentalmente inducida para contrarrestar este egoísmo. En casi todos los casos en los que hay una respuesta mental, puede verse que es de base hedonista. En situaciones como las del ejemplo previo, ese impulso se ve aumentado además por la tradición cultural de las fuerzas del orden.

Sin embargo, en situaciones donde la amenaza es directa e inminente para otra persona, el sistema puede entrar en el modo natural y se puede producir un sacrificio propio inmediato. En situaciones normales, la Fuerza de la Vida nunca ordena la destrucción del aparente "yo" para salvar a otro. Sin embargo, la Fuerza de la Vida, si opera en modalidad de funcionamiento natural completo, puede inducir una respuesta de arriesgarse a morir para salvar a otro sin pensarlo cuando sea natural. Esas situaciones rara vez conllevan el sacrificio definitivo de la propia vida, ya que el sistema cuenta con el beneficio añadido de la mente como herramienta que ayuda en el proceso, dándole máxima seguridad y produciendo el mínimo riesgo. Es ese factor del entrenamiento en algunas profesiones lo que incrementa la confianza en el potencial de supervivencia del sistema.

Pero hay otras respuestas posibles. Hemos oído hablar de soldados que se arrojan instintivamente sobre granadas a punto de explotar. Eso parece ser un caso claro de "dar mi vida para salvar la de otro". Aunque no se expresa cognitivamente, el impulso real podría expresarse mejor con la orden: "Ya que voy a morir, voy a salvar al otro". No hay un verdadero pensamiento de auto-destrucción en ese acto; solo la mente es capaz de generar tales pensamientos. Los genes de la Fuerza de la Vida sencillamente lo impulsan a uno a hacer todo lo que pueda para salvar o asistir a otros sin pensar en sí mismo. Esa es la clave.

En el libro de la Madre Naturaleza, no hay individuos marcados como entidades separadas especialmente viables. Uno simplemente hace lo que puede para ayudar a cualquiera de su tribu legítima sin pensar en las consecuencias personales, hasta ciertos límites biológicos bien definidos.

¿Puedes confiar en que la Fuerza de la Vida no cometerá un error y desperdiciará una vida en un intento insensato de ayudar a alguien más? Sí, puedes confiar de verdad si realmente lo dejas en manos de la Fuerza de la Vida sin interferir de ninguna manera. Pero la Fuerza de la Vida no puede saberlo todo con respecto a la situación o a todos los peligros, así que a veces hay aparentes héroes que mueren. Y a veces hay héroes potenciales que parecen convertirse en cobardes –que nosotros podríamos catalogar, si somos amables, como más inteligentes. En ese caso, el "arriésgate" de la Fuerza de la Vida es sustituido por el "no, yo no" de la identidad.

## LOS TERRORISTAS

¿Estaban los terroristas dirigidos a su vez por la Fuerza de la Vida en su forma corrompida? Desde luego que sí. La diferencia reside en que mientras los primeros estaban socialmente condicionados para salvar vidas en beneficio de la tribu, estos últimos estaban socialmente condicionados para quitarlas en beneficio de la tribu.

Al igual que la tarea de la policía y de los bomberos ha sido condicionada para aceptar el riesgo sin recompensa incluso ante el fuerte impulso de la identidad de no asumir riesgos, los terroristas estaban condicionados por la promesa de una vida después de la muerte que encontraban atractiva, junto con el premio del martirio.

Quizá puedas ver que hay tres factores en juego:
1. El cuádruple impulso natural hacia la supervivencia.
2. La fuerza de la identidad que se opone a la naturaleza cuádruple y apoya solo la propia supervivencia.
3. La fuerza social que moldea y usa la identidad para sus propios fines.

La supresión de la Fuerza de la Vida depende entonces de los valores sociales, educativos, culturales, religiosos y del Estado. El condicionamiento de la fuerza de la identidad depende también de los valores sociales, educativos, culturales, religiosos y del Estado. De vez en cuando, esos valores condicionantes coinciden con acciones que podrían haber sido generadas por la Fuerza de la Vida en completa libertad, pero eso no le otorga mérito alguno a la fuerza social condicionante, que a fin de cuentas simplemente es una especie de identidad colectiva.

Está claro que en la sociedad moderna hay un cierto nivel de concordancia entre la identidad y la fuerza de condicionamiento social, pero ambas actúan en contra de la verdadera naturaleza del ser humano. Sin embargo, no cometas el error de pensar que esta Fuerza de la Vida natural es en sí misma una respuesta condicionada sin posibilidad de crecimiento y desarrollo y que la identidad es cognitiva y por tanto más "humana". El crecimiento y desarrollo de la Fuerza de la Vida actúa bajo la mediación del sistema regulatorio homeostático natural. Ahora bien, lo único que significa este término es que es un recurso que permite restaurar el equilibrio natural y la armonía del sistema a la vez que genera crecimiento y desarrollo, todo ello de acuerdo con el cuádruple paradigma de la supervivencia.

Examinemos ahora dónde podemos colocar este impulso natural dentro de nuestro modelo. En su estado natural, podemos situarlo dentro del hemisferio derecho, en la conciencia implícita. Es la conciencia particular de la tarea de sobrevivir y de sus ramificaciones humanas.

Esa conciencia de un fenómeno particular relacionado con la supervivencia (**SV**) está conectada a la memoria, donde puede recuperarse en la volición como una referencia para compilar todas las funciones humanas relacionadas con ese estímulo particular que puede devolverse a la memoria y ser modificado (**MD**) de acuerdo a la información más reciente. Podemos presentar su lugar en el modelo de la siguiente manera:

**FIG. 1.2 Los programas genéticos naturales de supervivencia**

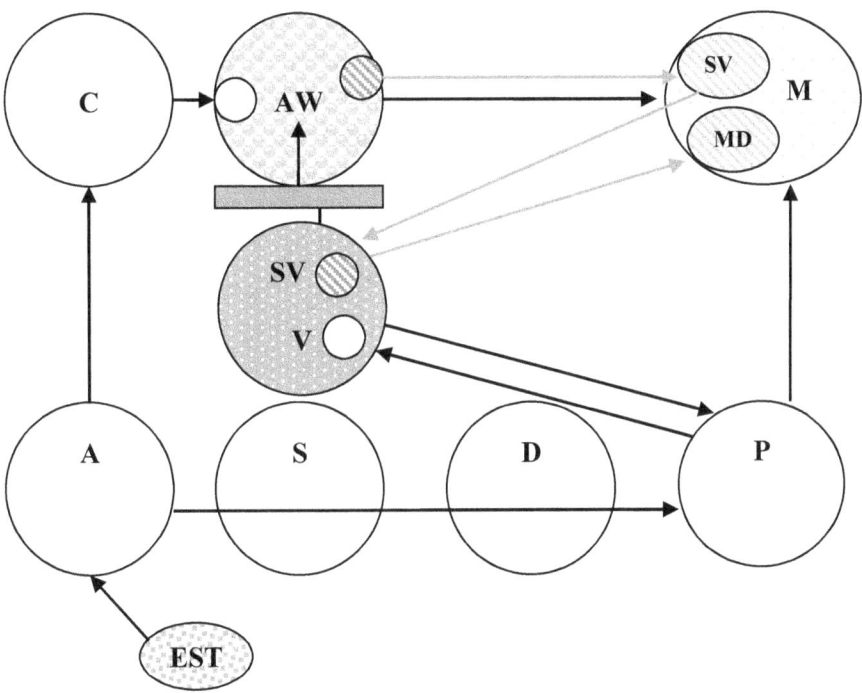

**M:** Memoria de los elementos del hemisferio derecho relacionados con la Fuerza de la Vida
**V:** Volición (cognición), básicamente hemisferio izquierdo
**C:** Conciencia      **AW:** Conciencia-*awareness*     **SV:** Supervivencia
**A:** Atención            **S:** Sensación               **D:** Discriminación
**P:** Percepción       **EST:** Irritación (estímulo externo)

Los mayores impulsos de la Fuerza de la Vida son el Principio Femenino y el Principio Masculino. Por supuesto que hay otros que apoyan esa supervivencia, pero estos dos son esenciales. Solo cuando estos se juntan en unidad se atiende a la verdadera supervivencia de la raza humana. Cualquier ruptura artificial de esta unión a manos de una cognición manchada va en detrimento de la Fuerza de la Vida genética y solo puede llevar a la auto-destrucción de la raza humana.

Estos Principios son la base de cualquier interacción natural entre macho y hembra desde el momento del nacimiento (y quizás antes) hasta la muerte. Los impulsos de coquetería y conquista son completamente naturales pero su expresión se ha corrompido. Esa es una idea interesante, ¿verdad? El comportamiento femenino y masculino actual que no es de interés para la supervivencia genética es la corrupción de la expresión de la Fuerza de la Vida, que es el Principio Masculino.

¿Significa eso que el Principio Femenino (que reside tanto en hombres como mujeres, ya que es la comprensión de la vida misma y por ende del nacimiento y la muerte) no ha sido corrompido en su base por la identidad? Sí, aparentemente es así, ya que la cognición corrompida no tiene contacto directo con ese proceso, que no es expresivo o ni interviene en los procesos de reproducción. Se mantiene ahí, quizás como un punto de referencia genético no contaminado.

De esta manera, el paradigma general de la supervivencia se convierte en una función particular relativa al estímulo o irritación que se esté evaluando en la volición; más adelante, puede almacenarse para referencia y uso futuro. Pero en presencia de la identidad, esta función se vuelve redundante y la función general de la Fuerza de la Vida pierde su valencia en la memoria por falta de uso; en su lugar, la identidad egoísta se ocupa de su propio beneficio en términos de sus deseos y apegos.

# Capítulo 2

# El mundo más allá y el "Terminator"

Para encontrar el mundo del más allá y a los creadores de la vida no hace falta que proyectemos nuestra mente hacia la conciencia cósmica ni que dirijamos nuestra imaginación al Cielo. Están aquí, viviendo y reproduciéndose en sus propios mundos dentro de cada uno de nosotros. Son los llamados genes.

En este mundo de ingeniería genética, que es una poderosa herramienta para el estudio de la función de los genes tanto en células como en organismos, la idea de la función del gen no es muy difícil de entender, sobre todo si nos damos cuenta que la mayoría de la investigación implica la mutación deliberada del gen. De hecho, se pueden crear bajo pedido células y animales que contengan genes mutados y en las bacterias y en algunos eucariontes inferiores el gen normal de una célula se puede sustituir directamente por un gen mutante modificado. Está claro que antes o después lo mismo será posible en el sistema humano.

Ahora se pueden insertar genes modificados con facilidad en la hélice genética de muchos animales. Se nos dice, con algo de incertidumbre, que las plantas transgénicas son importantes tanto para la biología celular como para la agricultura. De hecho, ahora poseemos las herramientas para examinar la función de cada gen que se descubre en un organismo, aunque hay que admitir que muchos de los mecanismos moleculares básicos que subyacen en la vida celular están aún por descubrir.

Podríamos entrar aquí en una larga discusión sobre la ética de dichos estudios sin llegar a un veredicto concluyente excepto para afirmar sin ambages los peligros que encierran tales aventuras científicas si quedan en manos de quienes realmente no son capaces de ver el cuadro completo debido a su propia visión nublada. Pero no cabe duda de que, sin investigación científica, ni siquiera sabríamos que los genes existen o que desempeñan una función de la Fuerza de la Vida en todos los seres vivos.

Ahora bien, no podemos hablar de genes sin dejar claro que existe el ADN que, como todo el mundo sabe, se emplea para resolver crímenes. En realidad el ADN y su compañero el ARN son los protagonistas de la biología molecular, ya que son ellos los que llevan y transmiten información genética desde una generación celular a la siguiente y traducen esta información codificada en proteínas activas.

En 1953 James Watson y Francis Crick descubrieron y describieron la estructura espiral de doble hélice de la molécula de ADN, constituida por unos 10 pares de nucleótidos por cada giro helicoidal (adenina con timina y guanina con citosina). Este sencillo agrupamiento en parejas, con sus diversas posibles combinaciones, produce el código básico del ADN.

El gen es un segmento corto de ADN que le dice al cuerpo humano cómo producir un tipo específico de proteína. Eso suena bastante simple, pero uno debe entender que existen unos 30.000 genes en cada célula del ser humano y la combinación de todos estos genes constituye el material hereditario para el cuerpo humano y sus funciones.

La composición genética específica de cada persona se llama genotipo. Este genotipo lo dirige todo; digas lo que digas, los genes lo hicieron. Son responsables del desarrollo y crecimiento de cada neonato, de las diferencias entre cada especie animal, del crecimiento y sustitución de partes enfermas; y lo que es más importante para comprender al ser humano es que dictan y controlan todo el comportamiento natural en cada ser vivo. Son delicados, eso es cierto, ya que el cambio en un único gen puede derivar en enfermedad o malestar, o cambiar el futuro para cualquier ser humano.

El bueno de Descartes no andaba tan errado cuando afirmó *"Cogito, ergo sum"*, "Pienso, luego existo"; pero habría estado más acertado si hubiese afirmado que "mis genes proporcionan el pensamiento, y luego parece que existo". Pero eso solo es parte de la historia, ya que los genes nos proporcionan toda la información necesaria para la supervivencia y nos dicen exactamente qué es lo que hace falta en cualquier momento particular.

Sin embargo, estos genes no tienen contacto directo con el ambiente en el que ellos y el agregado de todos los demás genes viven como parte del sistema humano. Por tanto, han provisto un proceso, formado a partir de sus propios códigos, que opera como una interfaz entre lo que es biológicamente correcto para la supervivencia y la información sobre el ambiente. Este proceso también provee una operación para ejecutar las órdenes que dan, lo que permite una interrelación perfecta de los humanos con el entorno.

¿Cuántas células hay en un humano adulto? Las células tienen un tamaño bastante uniforme. La mayor y la menor son respectivamente la célula sexual femenina, el ovocito, que mide 35 micras de diámetro (apenas visible para el ojo humano) y la célula sexual masculina, el espermatozoide, que es diez veces más pequeña, pues mide solo 3 micras de diámetro. Todas las demás entran en este rango. Así pues, podemos decir que hay aproximadamente cien billones de células en un humano adulto. Ahora multiplica eso por el número de genes en una célula y tenemos treinta mil multiplicado por cien billones de células dentro de cada uno de nosotros: $3 \times 10^{18}$, es decir, un tres seguido de dieciocho ceros. Eso es un montón de genes, amigo mío. Y son los responsables de todo lo que hace el ser humano sano y natural. Lo hacen a través de todos los programas y procesos que dirigen el sistema humano, desde el lento crecimiento de las uñas de tus pies hasta el comportamiento complejo generado por el cerebro humano.

Los genes no solo proveen los programas del comportamiento humano (todos ellos) sino los órganos que constituyen el sistema y el cuerpo que llamamos nuestro. No solo proveen esto sino que lo mantienen todo en buen estado, cambiando las partes allí donde sea necesario. Suministran el sustrato y los mecanismos de la memoria y todo lo que produce información aferente y genera acción eferente. Proporcionan los procesos de la sensación, la discriminación, la percepción, la volición y la conciencia misma. No solo proveen la memoria física y su organización, sino también los procesos asociados y los medios para almacenar y recordar. Pero no son los responsables directos de los contenidos de la memoria de corto plazo o largo plazo, aunque sí mantienen el almacén que llamamos memoria primordial.

Las conceptualizaciones básicas no cognitivas del espacio y tiempo son suyas. Tú mismo eres estos genes; ni más, ni menos. Incluso podemos decir que ellos construyeron la base de la identidad, ya que eso fue una obra maestra evolutiva que hizo posible el concepto de la observación y el observador ilusorio. Ellos construyeron un sistema de cognición que era elegante y eficaz para equilibrar las ilusiones creadas a partir de la experiencia plausible de lo que existía "ahí fuera". Pero una pequeña variación genética permitió un cambio básico, que al principio quizás involucró nada más que un puñado de genes, que alteraron el destino humano y transformaron el impulso de la supervivencia humana completa en una búsqueda sedienta de deseo y supervivencia individual. La cognición se convirtió en el nuevo dios y el ser humano apareció como delusión presa del sufrimiento.

## LA IDENTIDAD

Ahora vamos a dejar las cosas bien claras. La identidad o identidades que se han desarrollado en el ser humano (y que, en realidad, no son más que asociaciones programáticas con raíces similares) no generan nada nuevo con respecto a los comandos genéticos. Lo que hacen es frustrar la operación correcta y socavar el funcionamiento normal. La identidad no fue diseñada o generada por los genes. Los genes simplemente suministraron un proceso, un programa en que el pensamiento tuviera como objeto los productos de la memoria derivados de ver, tocar, oler, oír y gustar. Eso generó el proceso de observar, no un observador, como una ventaja biológica útil. Pero la cognición, sin instrucción específica alguna de los genes, generó un sujeto observador y después la idea de que este observador era real.

Esta nueva identidad no proporcionó nada nuevo, ningún proceso o sistemas novedosos; en lugar de eso, simplemente usurpó los sistemas y procesos naturales de la supervivencia, usándolos para sus propios fines egoístas. Distorsionó la sensación, la discriminación, la percepción y la volición e incrustó un "yo" en la conciencia. Apartó lo que no era útil para ella, como la integridad interna de equilibrio y armonía en el sistema, y reemplazó la supervivencia humana total y natural por la supervivencia individual.

Entre doce y catorce mil años atrás, nació un dios con habilidades conceptuales llamado hombre, y para dar crédito a su existencia en su mente creativa dio a luz a otro Dios hecho a su propia imagen, que era poderoso y omnipotente, creador de todo. Afirmó que este Dios gobernaba sobre él pero luego, hablando a través de su Dios, se dio a sí mismo el gran privilegio de dominar sobre todas las cosas. Tú, amigo mío –o deberíamos decir tu identidad, la identidad que afirma que hace el amor y no la guerra–eres el heredero de ese dominio, el juez y verdugo: el "Terminator".

Para dar una idea de esta usurpación tomemos esa parte importante de la conducta humana llamada reproducción, que incluye todos los comportamientos de asociación, cortejo, apareamiento sexual, apoyo mutuo, desarrollo del bebé y todos los demás factores que influyen en las relaciones entre macho y hembra. El paradigma genético básico es bastante simple: dirige al macho a buscar una hembra, cualquier hembra disponible y fértil, y a fecundarla. La hembra tiene por programa básico el permitir que la fertilice el mejor macho disponible con el fin de engendrar la descendencia más apta para sobrevivir y permitir una relación suficientemente larga con el macho para protegerla hasta el momento del nacimiento y quizás también proteger su débil descendencia durante un cierto número de años críticos. Pero el paradigma genético no diseñó la monogamia ni ninguna otra forma de asociación en particular.

Sin embargo, sí desarrolló a través del aprendizaje y la conveniencia un periodo de fertilidad en la hembra humana que es indetectable para el macho. Biológicamente esto se convierte en una variante útil para que el macho, empeñado en la conquista de hembras que muestren las señales de preparación, no se despiste yendo a otros grupos con el fin de encontrar otra hembra. En su lugar él, impelido como un gallo, simplemente se siente instado a saltar sobre cualquier hembra disponible sin preocuparse por la fertilización y ella simplemente se somete biológicamente a cambio de la defensa constante del macho dentro de su grupo. En términos biológicos de genética, la fuerza de voluntad o de elección humana es nula.

En la parte superior de esa base genética, ahora podemos poner el efecto de la identidad y la evolución social de las reglas de la identidad colectiva, las normas y las experiencias condicionadas tales como estar enamorado, con todas sus complicaciones y su sufrimiento. Ahora, sin importar lo que resulte de ese revestimiento de la identidad, que imita el acercamiento y evasión naturales con el natural afecto y desafecto que son genéticos, no puede culparse a la virtud o irresponsabilidad genética según sea el caso. Cuando, amigos míos, os excitáis al ver a un hombre o una mujer que pasa por delante, eso no es por obra de los genes. Es simplemente una experiencia de la identidad que imita al afecto natural, y que en circunstancias normales puede impulsaros en una trayectoria de colisión con una relación que el sistema natural quizás no apoye.

Hay un viejo proverbio que acuñó Eurípides (*Andrómaca*, I, 1286) y que Tomás de Kempis (*De imitatione Christi*) expresó como *homo proponit, sed Deus disponit*; en otras palabras, "el hombre propone y Dios dispone". Pero realmente en el mundo moderno parece que la "disposición de los genes" se ha visto suplantada de manera harto eficaz por las "disposiciones egocéntricas de la identidad".

Los genes aportan la base que la información de supervivencia tiene por más correcta a lo largo de miles de años. Dicha información ha generado una cognición libre de identidad que ayuda en la toma de decisiones correctas vinculadas con el ambiente en beneficio de las especies. Pero las identidades proponen lo que quieren y ejecutan esas propuestas haciéndole un "corte de mangas" a la Naturaleza, relegándola a la redundancia. Así pues, no intentes ahora, con gran sagacidad mental, convertir el comportamiento humano, que es abominable y carente de equilibrio y armonía, en un simple acontecimiento genético ambiental que deja a las identidades, y más en concreto A TI, pulcramente exentos de responsabilidad. Con esa manera de pensar podríamos atribuirles a nuestros genes el demérito de ser responsables de todas las abominaciones humanas y darles la espalda a sus consecuencias mientras buscamos nuestra felicidad personal en este mundo o en el siguiente, que podemos inventar a nuestra conveniencia.

Si viéramos el nirvana budista e hindú como un regreso a la programación genética y como una interfaz cognitiva no manchada con el ambiente, podríamos considerar esta identidad "constructora" de la manera siguiente:

> *He pasado por muchas rondas de nacimiento y muerte,*
> *Buscando en vano al constructor de este cuerpo.*
> *¡Pesado es sin duda el nacimiento y muerte una y otra vez!*
> *Pero ahora te he visto, constructor,*
> *No construirás esta casa otra vez.*
> *Sus vigas están quebradas; su bóveda está hecha añicos:*
> *la voluntad propia está extinta; se ha alcanzado el nirvana.*

El objetivo por tanto es restaurar la integridad de esa programación genética natural junto con todos los avances naturales ocurridos en la sensación, la discriminación, la percepción y la volición, pero divorciados de la distorsión de los programas genéticos a manos de la cognición. Esto es posible porque la fuerza natural y los programas aún están intactos, pues los programas de los genes no son modificables por experiencias de corto plazo y los cambios mentales requieren un acervo de la especie cerrado y pequeño junto con el desarrollo a lo largo del tiempo de un sistema corregido.

Este regreso requiere una revaluación simple de cuál es la función del ser humano. Como representante que es de la psicología evolutiva, Robert Wright afirma acertadamente en su estudio *The Moral Animal. Why We Are the Way We Are* (*El animal moral. Por qué somos como somos*) que "si los psicólogos quieren entender los procesos que conforman la mente humana, deben entender los procesos que han conformado la especie humana".

Sin embargo, los psicólogos evolutivos, aun estando en lo cierto en su premisa fundamental, han fracasado, ya que han establecido un vínculo directo que va de los programas hasta el comportamiento social concreto, sin entender que hay una corrupción en la elaboración de los procesos que genera dos aparentes senderos diferenciados para el ser humano, uno de los cuales se ha visto alterado de forma crítica. Admiten que hay un programa de desarrollo genérico en cada especie que absorbe información del ambiente social y ajusta la maduración de la mente, pero no ven la corrupción que existe en ese proceso, que no produce dos naturalezas humanas sino una naturaleza humana y una variedad clónica degenerada.

Esta variedad clónica ha conseguido suprimir nuestros conocimientos de los procesos mentales naturales, generando en su aspecto más presentable (impulsado tanto por el Estado como por la religión para su propia supervivencia) una autoridad moral que no existe en el estado natural, ya que no hay necesidad de tal "apósito" cognitivo.

En el capítulo 38 del *Dao Jing* (o *Tao Te Ching*) se muestran dos caminos en el desarrollo de la naturaleza humana a partir de la fuente genética natural, que por el momento podemos llamar Dao. El Dao genera la verdadera virtud sin cognición como base y desarrolla una humanidad motivada con una cognición natural y correcta. Luego surge a su vez una rectitud formalizada y por último un comportamiento correcto dirigido cognitivamente que interactúa con el ambiente y las demás especies. Pero, en presencia de la identidad, esta secuencia se ve deformada y en su lugar se desarrolla una cadena inferior corrompida de virtud, humanidad, rectitud y comportamiento vulgar.

¿Es entonces la supervivencia el impulso primario (realmente no podemos llamarlo la "motivación") de la naturaleza? Debemos ser muy cuidadosos en este punto, ya que tenemos que definir qué es "sobrevivir". Es simplemente la vida que tiene el impulso de preservarse a sí misma, y la vida existe en la célula simple en forma de genes. Por tanto, los genes deben sobrevivir y han desarrollado una forma maravillosa de hacer esto sin metas ni dirección. Han compuesto seres con características que les permitan interactuar con el ambiente para recolectar información que, a lo largo miles de años quizá, podría modificar los propios genes de manera que pudieran sobrevivir mejor.

¿Es posible que Samuel Butler estuviera en lo cierto y que seamos simplemente un organismo sensorial cuyo único verdadero impulso es captar información que sirva a los amos genéticos que llevamos dentro? Después de todo, como la ciencia sabe, no somos más que un agregado de células especializadas que generan características que definimos como "vida". ¿Dónde está ahora esa identidad, amigo mío? Está ocupada destruyendo la Fuerza de la Vida generada por nuestros maestros, que siguen evolucionando. ¿Es eso ciencia ficción? Quizá no lo sea.

¿Producen estos genes todos los comportamientos naturales en todas las interacciones sociales, desde las conductas de cortejo y apareamiento hasta el afecto materno y las relaciones entre los humanos y el ambiente? Podrían hacerlo, con plena armonía y equilibrio. Pero cuando son desbancados por el dominio de la identidad, el cortejo y el apareamiento se convierten en rituales de la identidad y se vuelven egocéntricos, posesivos, celosos, dominantes y más, teñidos con ficticias ideas de la identidad sobre el amor y la fidelidad. Las amistades se desenvuelven sin verdadero afecto y podemos decir que el egoísmo es sin duda una virtud para la identidad. Las interacciones sociales no están integradas con la supervivencia humana como criterio prioritario con un bienestar, compasión y afecto benevolente desarrollados de manera natural. Son competitivas, sin consideración por la naturaleza humana. Todo esto ocurre usando los procesos genéticos, los impulsos originales desviados y alterados para gratificación de la identidad. Hombres y mujeres, en vez de integrarse mediante el enlace de los Principios Masculino y Femenino, se ven reducidos a una simbiosis cargada de dominio y miedo en la que hay una sed mental de igualdad de género y sexual en vez de una integración natural.

Con todo, aunque los complejos de la identidad toman posesión efectiva y desvían la función genética natural, no pueden inventar procesos por sí mismos y afortunadamente, como hemos dicho, los genes son duraderos. Eso no significa, sin embargo, que todas las experiencias estén basadas en programaciones genéticas, pues aunque los genes sí proveen la experiencia de retroalimentación positiva en forma de bienestar generalizado (o su ausencia), la identidad provee un tipo de felicidad no compartida por el resto del mundo animal y en lugar de su antítesis neutral genera sufrimiento. Además, como veremos, la cognición crea cientos de elaboraciones mentales de esa experiencia básica de sufrimiento. Ambos, la felicidad y el sufrimiento, están dirigidos e impulsados por la cognición y no son responsabilidad de los genes, como tampoco lo es la destrucción del ambiente natural que hace posible la supervivencia humana.

No podemos revertir ese proceso, pero podemos entender el desarrollo de estos impedimentos para la supervivencia no del individuo sino de la raza humana. Aunque en algunos casos el equilibrio entre los procesos genéticos y la interfaz cognitiva se puede restaurar por completo, en la mayoría de los casos lo que debemos lograr es la renovación del sistema cognitivo de manera que la identidad pueda ser expulsada de nuestras vidas y se eliminen los síntomas de su presencia.

Sin duda es difícil separar la mente humana manchada de su auto-engaño, al que se aferra como si fuese una balsa salvavidas después de haber creado el furioso huracán del sufrimiento, buscando sin cesar la calma de su ojo central, que también se ha inventado. Es verdad que los procesos genéticos mismos emplean una forma de auto-engaño en el sistema, que en realidad consiste más bien en denegarle información a la cognición y la conciencia y presentarla solo cuando haya una "necesidad de saber"; pero ese truco natural atiende al verdadero interés de supervivencia del organismo, la prole, la tribu y el ambiente, mientras que el auto-engaño beneficia solo a la identidad en detrimento de todo lo que es natural.

En los siguientes capítulos examinaremos este auto-engaño y el sistema natural en todos sus niveles, no como un ejercicio académico que requiere un entendimiento profundo, sino como un buen cirujano que le explica a su paciente la operación que va a realizar.

Podemos decir que como los genes nos han provisto de un programa básico, sus consecuencias siempre son beneficiosas. Es evidente que eso depende de que haya una interfaz cognitiva correcta y natural con el entorno y sus ocupantes. No estamos diciendo que deberíamos adoptar como propios los "valores" de selección natural una vez los hayamos entendido, pero sí deberíamos permitirle a la cognición natural ponerse al día con lo que hemos perdido a lo largo de los últimos doce o catorce mil años y desarrollar nuestra sensibilidad, discriminación, percepción y previsión de acontecimientos futuros. La selección natural no tiene constancia de lo que está haciendo la cognición; nada más sigue proporcionando los programas básicos despreocupadamente, de manera que ahí no hay resistencia –y esa es la verdadera condición que le dio alas a la identidad. Pero cuenta con un instrumento de alerta homeostático que da la señal de alarma cuando algo no encaja con sus programas. La identidad, por supuesto, acalla esa voz homeostática.

Esta homeostasis no es más que una advertencia al sistema cognitivo de que parece que no está funcionando de manera eficiente. Si hubiese un autor intelectual trabajando en el trasfondo genético, habría prohibido cualquier comportamiento desviado en vez de crear el sistema cognitivo. Pero si la cognición estuviera libre de impedimentos, funcionaría correctamente y evaluaría el ambiente circundante a la luz de sus programas genéticos. En ese caso, podría generar un comportamiento que, no siendo contrario a los procesos desarrollados en el ambiente ancestral, permitiría una modificación de esos procesos en armonía y equilibrio con el presente no machado ideal.

Por desgracia, hemos generado un monstruo cognitivo que le hace parecer un *amateur* a Jack el Destripador y lo escondemos bajo una máscara de auto-engaño, de manera que parece poco más que un niño holgazán a quien la identidad puede regañar pero luego mimar con cariño.

Cuando estamos sumidos en el sufrimiento nos encontramos como Lady Macbeth, intentando limpiar la sangre del sufrimiento de nuestras manos, pero cuando vuelve la falsa felicidad, vemos esas mismas manos ensangrentadas como si fuesen obra de Rodin, que esculpió el hermoso Pensador.

Mejor nos iría si aceptáramos el consejo de Peter Ustinov y decidiéramos que, ya que estamos destinados a pasar la vida entera en la cárcel de nuestra mente, nuestra tarea más importante es amueblarla bien.

# Capítulo 3

## El crecimiento y desarrollo natural

Hemos hablado de la Fuerza de la Vida como si impusiera de hecho ciertos comportamientos pero en realidad no es así. La Fuerza de la Vida es un sistema de referencia básico, como si fuese una biblioteca. En esta biblioteca humana, hay un departamento que maneja y almacena conjuntos particulares de información relativos a estímulos o situaciones particulares que se encuentran en armonía y equilibrio con el programa principal. Eso se llama la cognición. Es el departamento general de actitudes, intenciones y la preparación para responder, a la que podemos llamar "celo".

Las fichas de la biblioteca están todas escritas de acuerdo con la información generada en la cognición y por supuesto están almacenadas en la memoria.

En el seno de la cognición se generan las actitudes, que son la base de todo el comportamiento.

Las intenciones (volición) se generan y evalúan con referencia al paradigma general de la Fuerza de la Vida.

Luego se produce la preparación para la acción, que es la fase en la que la acción propuesta es aprobada por el bibliotecario jefe de la Fuerza de la Vida para que se pueda ejecutar la acción, junto con la advertencia de que sea correcta.

Después se genera un análisis posterior de la acción, para asegurarse de que todo salió tal como estaba planeado.

El ser humano natural lo procesa todo después como si fuera un ordenador biológico. Envía todas las actitudes, intenciones y posibles acciones futuras a la Fuerza de la Vida para su aprobación y presenta las respuestas posteriores que observa a la cognición una vez más para que las evalúe.

En una persona que se encuentre en armonía y equilibrio sin identidad, todas las actitudes relevantes a una señal entrante se pasan a la conciencia. Luego esa actitud es examinada por la Fuerza de la Vida para ver si cumple el criterio de aprobación con respecto a los cuatro aspectos de la supervivencia humana. Si no lo hace, se rechaza esa actitud y se forma otra. Si la actitud es correcta, entonces forma la base para el siguiente paso, que es la formulación de una intención.

De manera similar, las intenciones deben superar luego la inspección de los cuatro aspectos humanos. Si no se aceptan, entonces el proceso continúa hasta que se llegue a una intención correcta. Si se acepta, entonces la intención inicia la siguiente fase, que es la preparación para una acción. Esa acción preparada se compara también con los cuatro aspectos y, si no es aprobada, debe haber una enmienda de la acción propuesta hasta que se establezca una correcta; entonces y solo entonces se iniciará la acción con ecuanimidad.

Dentro de la cognición, la secuencia crítica va más o menos así:

**FIG. 3.1 Actitud, intención y acción potencial en el sistema natural**

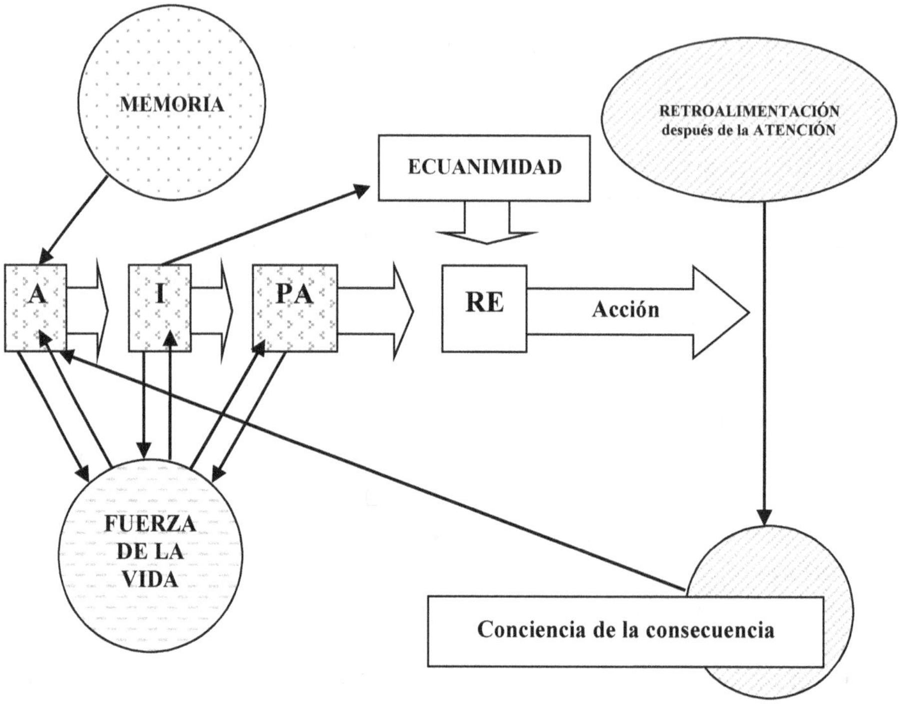

**A:** Actitud    **I:** Intención    **PA:** Preparación para la acción    **RE:** Respuesta efectiva

Departamento de Actitud a Memoria: "Hay un estímulo aquí, envíame las actitudes correctas".

Memoria: "Entendido, aquí están".

Departamento de Actitud: "Ésta parece ser la correcta. Te la envío, Fuerza de la Vida; revísala, ¿vale?

Fuerza de la Vida: "Correcto, úsala".

Departamento de Actitud a Intenciones: "Todo tuyo, chaval, ponlo en práctica".

Departamento de Intención a Fuerza de la Vida: "He revisado las posibilidades (recuperadas de la memoria). Me parece bien".

Fuerza de la Vida: "Bien, úsala".

Intención a Preparación para la Respuesta: "Esto está bien, prepárate para la acción y adjunta estas instrucciones de ecuanimidad".

Departamento de Preparación para Responder a Fuerza de la Vida: "Ya tengo esto listo, ¿estás seguro de que está bien?"

Fuerza de la Vida: "Sí, adelante".

Preparación: "De acuerdo. Departamento de Acción, envíalo".

Departamento de Acción: "Cuenta atrás: Diez… Nueve… Ocho… Despegue".

(Al cabo de un rato llega el mensaje a la Cognición: "Todo ha funcionado").

Director de Cognición al Departamento de Actitud: "A las Actitudes: Ha estado genial, compañeros".

Departamento de Actitud a Memoria: "Bien hecho, márcala para uso futuro".
Ya ves que en un sistema equilibrado es así de simple, por supuesto con un montón de ajustes, clasificaciones y toma de decisiones internos hasta que la respuesta final correcta se realiza con ecuanimidad. La identidad, sin embargo, genera un proceso un tanto distinto y busca su propia satisfacción, de manera que lo que hace es simplemente evitar que sus propias actitudes, intenciones y preparación para la acción sean comparadas con los cuatro criterios de la Fuerza de la Vida. Tan fuerte es esta identidad en el ser humano que la involución del sistema ha cortado prácticamente toda comunicación con la Fuerza de la Vida y la fuerza de la identidad se ha convertido en maestra, ayudada, instigada y a menudo condicionada por la presión social externa con sus complejas manipulaciones. Observa el siguiente diagrama para ver el sistema de la identidad:

**FIG. 3.2 Actitud, intención y acción potencial en el sistema no natural**

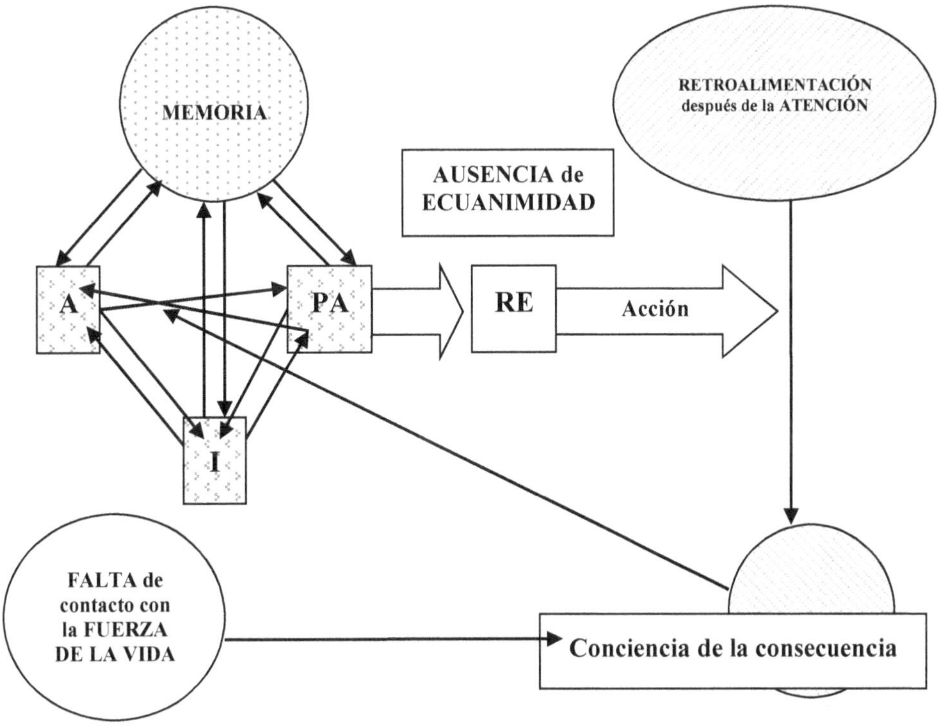

**A:** Actitud   **I:** Intención   **PA:** Preparación para la acción   **RE:** Respuesta efectiva

La administración ha quedado anulada y cada departamento ha desarrollado su propia forma de trabajar. Funciona más o menos así, una vez que la cognición recibe el estímulo.

Cognición: "Vale, ¿qué hacemos con esto?"

Actitud a Memoria: "No me envíes la basura de siempre; el tipo de actitud que quiero es algo que me haga sentir bien visceralmente".

Memoria a Actitud: "Vale, aquí tienes pero no es responsabilidad mía".

Actitud a Intención: "Usa esto".

Intención a Actitud: "No me des esta porquería. Necesito algo emocional, como el amor y cosas así".

Actitud a Intención: "Mira, soy la Actitud, hago lo que quiero".

Intención a Memoria: "El asqueroso ése de Actitudes me está enviando basura, dame algo que me dé un subidón emocional".

Memoria: "De acuerdo, pero ya le envié algo a Actitudes".

Intención a Departamento de Actitud: 'Mira, voy a usar esto te guste o no".

Departamento de Actitud: "Haz lo que quieras pero me siento mal al respecto. Quiero algo visceral".

Departamento de Intención a Preparación: "Esto es lo que hay, colega".

Departamento de Preparación a Departamento de Intención: "¿Qué demonios me estás dando? Esto no vale nada. Tengo un libro de reglas sociales aquí y dice que esa basura, no".

Intención a Preparación: "Mira, en esta biblioteca yo mando más que nadie. Haz lo que te digo o convoco una huelga aquí mismo".

Preparación a Actitud: "¿Qué está haciendo el asqueroso éste de Intenciones? No viene en mi libro de reglas".

Actitud a Preparación: "No es problema mío".

Preparación: "Esta vez tiene la última palabra, pero no siempre se va a salir con la suya".

Actitud a Preparación: "Ya sabía que no era algo visceral".

Preparación a Actitud: "Vete a la mierda tú también".

Intención a Preparación: "Estoy esperando. ¿Qué demonios estáis haciendo?"

Preparación: "Vale, pero no estoy contento. Acción, aquí tienes".

Departamento de Acción: "Cuenta atrás: Diez... Nueve... Ocho... Despegue".

Después de un rato llegan los resultados, claramente sin ecuanimidad.

Los departamentos se pelean. Cada uno culpa al otro. Todos están insatisfechos y el sistema sigue así en el futuro sin ninguna revisión. En cualquier momento cualquiera puede ganar, pero generalmente un departamento tiene más peso que los demás, aunque siempre hay fallos y sufrimiento... y la maraña de comunicados sin sentido da pie a una cognición agitada.

En el mejor de los casos, algo puede funcionar para un departamento. A veces para dos, pero siempre hay sufrimiento en la cognición, del que la conciencia acaba por enterarse. La Fuerza de la Vida también se queda desconcertada. Envía una señal homeostática a la conciencia que dice: "Algo va mal aquí y no sé lo que es". La conciencia responde: "No es asunto mío".

Pero la Fuerza de la Vida nunca puede quedar silenciada del todo, así que a veces grita y entonces hay una conciencia nítida de que algo va mal en nuestra vida. Es entonces, cuando hay un caso extremo de angustia mental, cuando uno busca ayuda. Como la identidad está involucrada en esta búsqueda de ayuda, la persona casi siempre cae en las trampas de la medicina, la psicología o la religión.

Cuando la angustia es menos extrema, lo habitual es reunir parches como la reflexología, las flores de Bach, la polarización y otras prácticas que han tomado carta de naturaleza propia a manos de individuos y grupos varios que las utilizan con fines de lucro.

Esa voz de desequilibrio y falta de armonía del sistema es una señal de que hay que hacer algo, pero solo se la escucha en casos extremos. La pregunta es: ¿Qué señales hay de que el sistema no está funcionando correctamente cuando la disonancia racionaliza y actúa sobre las ansiedades menores y el sufrimiento, con lo que tapa el problema?

La respuesta está en las comparaciones ya vistas de la actitud, las intenciones y la preparación para responder con el criterio cuádruple de la Fuerza de la Vida. Observa cuidadosamente el proceso natural de cómo se genera una actitud en la conciencia.

## LA ACTITUD

Un estímulo, ya sea externo o interno, evoca una actitud de la memoria.

La actitud se compara con los criterios de la Fuerza de la Vida para determinar si es correcta.

Si es correcta, se transmite una señal a la conciencia, a la que llamamos bienestar.

Ese bienestar tiene una etiqueta que le dice a la conciencia que procede de una actitud correcta.

Como resultado, ese bienestar va acompañado por una experiencia secundaria, a la que el ser humano llama alegría verdadera.

Entonces se le otorga a la actitud el sello de aprobación de la Fuerza de la Vida y así queda lista para formar una intención relacionada con ella que se corresponda correctamente con el estímulo.

## LA INTENCIÓN

La actitud provoca la iniciación de una intención viable.

La intención generada se compara con los criterios de la Fuerza de la Vida para comprobar su corrección y su nivel de perfección para la tarea.

Si es una intención correcta, se transmite una señal a la conciencia, que llamamos bienestar.

Ese bienestar se diferencia de la actitud correcta porque va acompañado de verdadera compasión.

A la intención correcta a la que se llega al final se le otorga entonces el sello de aprobación de la Fuerza de la Vida y queda lista para la generación o preparación de una acción correcta.

## LA PREPARACIÓN DE UNA RESPUESTA

La intención se usa entonces como base para la preparación de responder.

Las respuestas generadas se comparan con los criterios de la Fuerza de la Vida para comprobar su corrección y su capacidad de ser eficaces.

Si es una preparación correcta, la señal que se transmite a la conciencia es de bienestar.

Esta señal se diferencia de la alegría y la compasión de la actitud y la intención respectivamente, y la experiencia es de afecto benevolente.

A la preparación final se le otorga entonces el sello de aprobación y la acción se lanza.

## LA ECUANIMIDAD

El sistema humano tiene otra gran herramienta lista para usar, llamada ecuanimidad. Proviene de la misma fuente que la intención y es una señal adjunta preparada y enviada a la conciencia cuando la acción se realiza de hecho. Envía una señal que dice: "No permitas que las consecuencia de esta acción, ya sean aparentemente buenas o malas, se carguen el sistema".

En otras palabras, está declarando que, ya que todo ha estado acorde con la Fuerza de la Vida en los niveles de actitud, intención y preparación para la acción, no hay necesidad de corrección dentro del sistema sobre la base de la respuesta de identidad de cualquiera que se encuentre en el extremo receptor. Por ejemplo, si la acción fuese la de dar un regalo y el receptor se ofendiera y nunca volviese a hablarte, lo tomarías con ecuanimidad; igualmente, si se viera abrumado por una gran alegría y te lo agradeciera profusamente, asegurándote lo estupenda persona que eres, de igual manera reaccionarías con ecuanimidad.

La identidad de los demás nunca puede ser un criterio para hacer ajustes de actitudes, intenciones, o la preparación de acciones. El sistema en sí mismo, como un sistema observador, efectuará todos los ajustes necesarios (ver figura 3.3). El ser humano sabrá que todo está yendo bien y que el sistema se encuentra en equilibrio y armonía cuando no exista sufrimiento alguno, cuando se experimente un bienestar constante y cuando frente a cualquier dificultad externa haya ecuanimidad constante. Ese bienestar y estado de ecuanimidad es la señal de retroalimentación que confirma la corrección de todas las actitudes, intenciones y preparaciones para la acción y la integridad de la Fuerza de la Vida en sí misma.

Es cierto que con la edad hay una degeneración gradual de la calidad del sistema –al igual que hay un crecimiento natural del cuerpo y desarrollo de factores mentales desde el nacimiento hasta ese primer punto de declive que varía en función de la capacidad del ser humano de mantener la máquina biológica en buena forma– pero la Fuerza de la Vida en sí misma nunca degenera. Además, vigila el estado físico y mental del ser humano y, aunque esa fuerza no puede actuar directamente por sí misma, sí confirma todas las actitudes, intenciones y acciones potenciales del ser humano cuando son correctas. Todas las acciones detalladas que han sido confirmadas como correctas se almacenan en la memoria y se usan como base para operaciones futuras.

EL CRECIMIENTO Y DESARROLLO NATURAL

**FIG. 3.3 Modelo de la Fuerza de Vida y las experiencias de aprobación relacionadas**

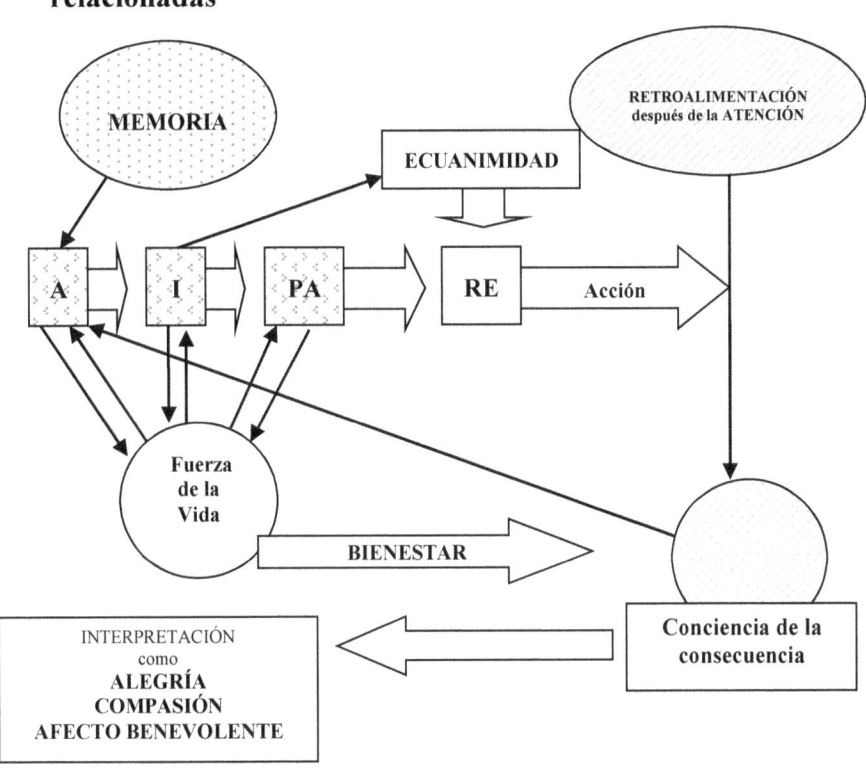

**A:** Actitud    **I:** Intención    **PA:** Preparación para la acción    **RE:** Respuesta efectiva

Tenemos dos sistemas de memoria a nuestra disposición. Uno es primordial y tiene un almacén con todas las respuestas correctas en la historia humana, mientras que el otro comienza al nacer y es una memoria reciente que no se transmite directamente de forma genética. Solo en circunstancias extremas, cuando sea necesaria una respuesta refleja, se punteará el comparador de la Fuerza de la Vida. Puede verse que en un sistema natural y equilibrado, el repertorio de comportamientos se incrementará y el tiempo de respuesta se acortará.

La cuestión más importante que debemos entender es que una actitud correcta genera alegría, que una intención correcta genera compasión, que una preparación para la acción correcta genera afecto benevolente y que la ecuanimidad surge con la intención de guiar la consolidación de una acción final correcta. Es un sistema maravillosamente elegante.

## EL VIRUS DEL SISTEMA

Como habrás adivinado, hay un virus en el sistema. Se trata de la identidad humana, que viola el código de la biblioteca. Pero antes de tratar a fondo este virus de la identidad, debemos examinar su efecto negativo sobre la Fuerza de la Vida y cómo su actuación ha desarrollado el aspecto destructivo del ser humano.

Hay dos áreas de acción de la identidad. Una se encuentra dentro de la memoria; la otra memoria, la primordial, la dejamos de lado con la salvedad de que es la raíz básica para las características de la identidad y sus consecuencias cognitivas, a las que podemos llamar los "tres venenos". El segundo lugar es la interrupción de cualquier comunicación de actitudes, intenciones y preparación para la acción con la Fuerza de la Vida y casi toda la comunicación entre la Fuerza de la Vida y la conciencia. El virus de la identidad, que ha estado operando durante unos doce a catorce mil años, está profundamente arraigado ahora como parte de la memoria primordial y actúa sobre tres procesos diferentes: el proceso visceral, el proceso de discriminación y el proceso de la mente pensante.

Los antiguos arios de la India los llamaron los tres *gunas*, Buda los llamó los tres venenos y Sigmund Freud los llamó Id, Ego y Super-ego. Por desgracia, el Dr. Freud tenía una comprensión inferior de cómo funcionan los tres que sus antiguos colegas; a pesar de ello, usaremos su terminología, que es la más conocida.

Es el Id quien domina las actitudes en tanto que es el virus más primitivo, el Ego domina todas las intenciones y el Super-ego ejerce su influencia negativa sobre la preparación para las acciones. Todos ellos son procesos subconscientes. La única conciencia constante de la identidad es la conciencia de la identidad ideal que uno presenta como máscara, y la atención del observador. La diferencia en esta última es sutil, de hecho, ya que la atención pura de "ver", por ejemplo, se convierte en "yo estoy viendo" y lo mismo ocurre con los cinco sentidos y con la mente pensante.

Las características de cada identidad son diferentes y cada una busca saciar sus necesidades. Son las siguientes: para el Id, sensorial-viscerales; para el Ego, discriminativo-emocionales; y para el Super-ego, socio-mentales. El resultado es un ansia de saciedad que se llama "deseo" en su estado inicial y "apego" cuando se obtiene. Podemos ver que el Id sensorial tiene efecto sobre las actitudes, el Ego emocional tiene efecto sobre las intenciones y el Super-ego mental tiene efecto sobre las preparaciones para actuar.

Los virus de la identidad se vuelven aún más complejos por la continua presencia debilitante de una identidad ideal, que intenta dar siempre una imagen ideal del yo aparente a los demás, y por la presencia de la identidad observadora.

Sí, hemos contado cinco miserables identidades hasta el momento para contaminar las cosas (aún existe otra). A excepción de la identidad observadora, cada una realiza su contribución en forma de los tres venenos del Id, Ego y Super-ego aplicados a las actitudes, las intenciones y la preparación para la acción respectivamente (ver figura 3.4).

El conflicto de la identidad no se experimenta plenamente en la conciencia (salvo como observación y evaluación posterior) y puede verse que no hay una unión lógica entre las actitudes, intenciones y preparación para responder. La situación se resuelve mediante un mecanismo interno que consta de dos partes:

1. El dominio genético de un veneno interno de la identidad en la mayoría de las situaciones, aunque no sin discrepancia de las otras identidades.

2. La resolución de la disonancia cognitiva mediante una mentira interna, una justificación o racionalización de una manera u otra cuando la identidad se bloquea en un aparente callejón sin salida.

Estos dos sistemas presentan una resolución de manera que pueda darse una respuesta eferente. Es aquí donde se generan la falsa alegría, la falsa compasión y el falso afecto benevolente.

Estos correlatos falsos se basan en realidad en las expectativas de la identidad y no son experiencias reguladoras de retroalimentación. Pero no cometas el error de pensar que las identidades se inventan las experiencias. Hay una extraña interacción entre las identidades y las experiencias falsas, en la cual las expectativas generan de hecho la aparente existencia mental de las identidades, que a su vez manipulan el sistema, creando actitudes, intenciones y preparaciones para la acción diseñadas para satisfacer las expectativas.

**FIG. 3.4 Modelo de la Fuerza de Vida y experiencias manchadas de identidad**

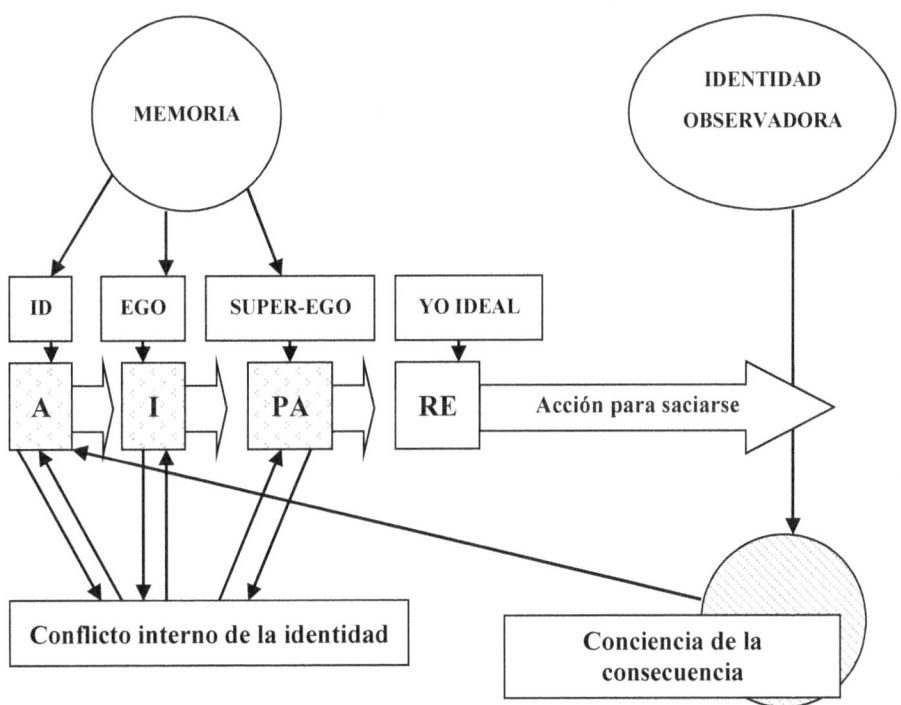

**A:** Actitud    **I:** Intención    **PA:** Preparación para la acción    **RE:** Respuesta efectiva

Las diversas expectativas pueden coincidir o, como es más habitual, puede haber un miembro discrepante del trío y una batalla correspondiente por el control que solo se puede resolver mediante una crisis nerviosa, una depresión o una resolución de la disonancia cognitiva mediante un invento cognitivo interno.

Nota sobre todo cómo la falsa alegría, la falsa compasión y el falso afecto benevolente se generan cuando cada identidad respectiva se convierte en dominante en una situación específica al aplicar su presión en el conflicto.

Por ejemplo, si el Id está ganando con sus demandas viscerales, surgirá la falsa alegría, seguida de una falsa compasión relacionada con esa demanda visceral cuando se forma la intención y un falso afecto benevolente cuando se prepara la acción. Por supuesto, en este caso, cada nivel está relacionado con la expectativa final de saciedad del Id. Por último, es la identidad ideal la que entra en juego para darles un aspecto externo socialmente respetable a las demandas.

Las expectativas surgen en forma de deseo o ansia y, cuando un objetivo está asegurado, hay una expectativa resultante de que todo lo que se ha ganado podría perderse de nuevo, de manera que se experimenta apego. Ambos, naturalmente, son sufrimiento.

Cuando uno compara los procesos naturales con los procesos de la identidad, es bastante evidente que los primeros son más eficientes y que la conciencia está tranquila, soportando únicamente la carga de la atención, las experiencias retroalimentadas de la alegría, la compasión, el afecto benevolente y la ecuanimidad discriminadora. Como fondo hay un estado continuo de bienestar.

Los procesos de la identidad generan por el contrario una falsa felicidad que siempre tiene el contrapeso del sufrimiento potencial y la ansiedad del deseo y el apego. La conciencia, en lugar de quedarse en un estado de reposo atento, también se ve agitada por la presencia constante de un observador. Además, la marginación de la Fuerza de la Vida natural da como resultado una señal generalizada de descontento, que es la señal homeostática.

La base para los tres venenos es genética y, al nacer, cada persona cuenta con una propensión de la identidad que puede resultar en niveles diferentes de cada uno de los tres venenos; sin embargo, siempre hay un veneno preferido de la identidad. Esta identidad se llama la identidad dominante. No obstante, según sean las circunstancias externas, una de las otras identidades puede tener éxito suscitando su propia gama de comportamientos que lleven a su saciedad.

Si la identidad dominante no consigue generar suficiente recompensa social, la segunda identidad más fuerte tomará el control general en la mayoría de las situaciones en calidad de máscara social. No es de sorprender que un sistema tan complejo de luchas internas de la identidad y el sufrimiento resultante produzcan una mente agitada y que el sistema comience a funcionar con creciente debilidad si las demandas de la identidad no se cumplen con frecuencia

Puede observarse en los dos modelos que la simple transmisión de información de un nivel al otro –atención, actitud, intención, y preparación para responder en el proceso de la Fuerza de la Vida– ha sido reemplazada por un complejo conjunto de señales cuando la identidad controla el proceso, lo cual tiene por resultado final una respuesta eferente al estímulo que no lleva a la supervivencia del sistema. Lo que es importante ver es que, en el modelo natural, la respuesta correcta y natural de la preparación para la acción va acompañada por unas experiencias correspondientes de retroalimentación de verdadera alegría, verdadera compasión y verdadero afecto benevolente. Estas experiencias refuerzan de hecho las actitudes correctas, que forman la base del sistema de supervivencia.

En los procesos de la identidad, la falsa alegría, compasión y afecto son anteriores a la respuesta final. Como tales, actúan como motivadores y controladores para las diversas identidades y no hay retroalimentación disponible para el sistema. Las actitudes de la identidad se ven reforzadas entonces por el nivel de saciedad recibido, basado en las observaciones de las identidades involucradas. El sufrimiento que el ser humano percibe en la conciencia como resultado del deseo y el apego, al igual que el sufrimiento externo de las expectativas incumplidas, se equilibra y racionaliza por la presencia de la falsa felicidad que se recibe. Es solo cuando hay un exceso de sufrimiento y poca falsa felicidad cuando se puede oír la voz de la Fuerza de la Vida que pide a gritos un cambio drástico. Por desgracia, una vez que la crisis pasa y se alivia el sufrimiento, la voz de la homeostasis queda silenciada una vez más.

Ni siquiera es válido que uno vea el sufrimiento en otros, ya que puede usar la falsa compasión para darle un masaje a su propia identidad. Puesto en términos crudos, pero que realmente expresan lo que está sucediendo, la identidad dice: "Que te jodan, tío, a mí me va bien", y echa una moneda al sombrero del pobre (ver figura 3.5).

## EL PROCESO DE CONTROL DE LA IDENTIDAD

Bajo el disfraz de la moralidad, puede observarse en el modelo de la identidad que el control social y religioso se puede inducir mediante el condicionamiento de ideas sobre la importancia de la compasión controlada por la identidad. Este control se aplica mediante el condicionamiento del Super-ego, orientado a lo social. Ciertos conceptos, como los mandamientos y la moralidad, son simples factores de control para moldear esa identidad tal como la sociedad y la iglesia desean que se desarrolle. Por el contrario, en los procesos naturales la experiencia genuina simplemente señala lo que es correcto. El ser humano, cuando está en su estado natural, no requiere control religioso o social.

En el Dharma Chan no hay moralidad; solo hay virtud natural y, como tal, no hay culpa ni recriminaciones. Solo hay una responsabilidad tribal natural que se mantiene con la orientación de la Fuerza de la Vida. El objetivo del enfoque psicológico correcto no es frustrar las estratagemas de un comportamiento natural inducido por los genes, ya que no son los programas genéticos los que inducen el comportamiento. Es extraer el virus de la preparación y ejecución del programa genético.

## FIG. 3.5 Modelo de la fuerza de la identidad y los procesos relacionados

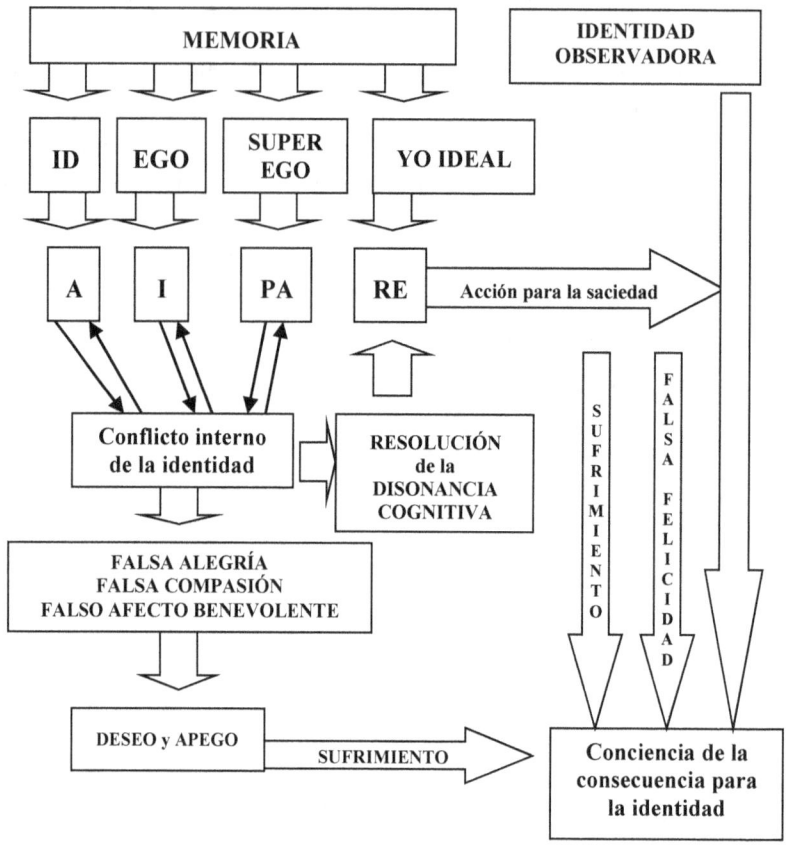

**A:** Actitud    **I:** Intención   **PA:** Preparación para la acción    **RE:** Respuesta efectiva

# Capítulo 4

# La atención

Ahora nos vamos a ocupar del campo específico de la atención humana, que la psicología occidental tradicional no entiende bien y por lo general suele ignorar.

Tendemos a creer que cuando tocamos algo caliente, saboreamos algo agrio, oímos algo como una nota musical, olemos algo acre o vemos algo que tiene una forma identificable, estamos atendiendo a esa sensación. Es cierto que la atención es parte de lo que estamos haciendo, pero en realidad la aparente atención de la que solemos hablar cuando decimos que estamos prestando atención está compuesta por un conjunto de acontecimientos mucho más complejo.

Comencemos por decir que cada organismo tiene su propia integridad aparente y que cualquier cosa que siente se llama "irritación". La llamamos "irritación" porque realmente incide sobre este sistema de integridad, y lo que deseamos evitar de momento es tomar esa irritación como si fuese un estímulo. Si llamáramos "estímulo" a esa irritación, tenderíamos a evocar el concepto de "respuesta", que es adecuado en otros temas pero no aquí. Eso se debe a que aún no estamos analizando los detalles del proceso ni cómo se elabora una intención al respecto, lo cual llamamos volición y conciencia de ese hecho.

Prestar atención consta por tanto de la atención misma, la sensación de la irritación, la discriminación de la irritación, la percepción de la irritación con un nombre y una forma y la interpretación de la irritación.

En realidad, la primera experiencia de la atención tiene una base doble: una parte que es "atención pura" y una parte que es la conciencia de esa atención. En el ser humano natural, hay una conciencia de ver, oír, saborear, tocar y oler. Las llamamos "impresiones sensoriales"; son las cinco conciencias de la estimulación externa; pero hay una sexta, que es la conciencia de que está teniendo lugar ese proceso complejo llamado "pensamiento".

Ese proceso de pensamiento transcurre en una fase de los procesos que llamamos "volición" o, en los textos del Dharma, *cetana*. Esta palabra se deriva de la raíz *cit-*, que significa "pensar". Cuando hablamos de volición, tiene el sentido de coordinación (*abhisandhana*) y acumulación (*ayuhana*). La conciencia que recibe la señal de que se está produciendo pensamiento se llama por tanto "mente-*citta*". Sin embargo, en el caso particular de la atención, la raíz *cit-* significa "discernimiento" (*vijñana*).

Así pues, tenemos una serie que consiste de Irritación-Atención-Conciencia (*citta*) como discernimiento. Ahora bien, en presencia de la identidad observadora, esas experiencias puras de atención se convierten en "yo estoy viendo, yo estoy oyendo, yo estoy saboreando, yo estoy tocando, yo estoy oliendo, y yo estoy pensando". Es precisamente la combinación de esa atención desnuda y del componente "yo" lo que llevó a Descartes a su claro aunque erróneo axioma de

"Pienso, luego existo". Mejor habría sido "Pienso, luego creo que existo", lo que sitúa la afirmación en el ámbito correcto.

Por el contrario, la atención pura está desprovista de particularidad. En la etapa de conciencia de las impresiones sensoriales, ocurre sin sensación, discriminación, percepción o volición. Como ese estado es un precursor de la conciencia, le llamamos a esa experiencia –que no se debe entender como conciencia misma– el "devenir" de la conciencia. Es decir, no es todavía una experiencia consciente, ni tampoco está desprovista de atención.

Recuerdo de niño una paradoja que me propuso mi abuelo: "Si estás a un lado de un pequeño arroyo y saltas al otro, ¿dónde estabas en el momento de saltar?" La contestación: "En el aire" traía la respuesta: "No, eso fue *después* de que saltaras". Si la contestación era: "En la orilla del río", entonces la respuesta era: "No, eso fue *antes* de que saltaras". En esa época no sabía la solución; parecía que no había solución. Hoy sé lo que todos los principiantes de Chan saben. La respuesta es: "En el devenir".

Pero ese devenir tiene varias etapas en la atención. La primera es una etapa de reposo. Es similar al estado de un gato cuando se encuentra simplemente sentado con atención plena, en realidad sin hacer nada en absoluto. Todos sus sentidos están recibiendo información, pero solo está experimentando la totalidad de cada sentido. Lo oye todo como sonido de fondo, lo ve todo como un fondo no diferenciado, y así sucesivamente. En el sistema básico del Dharma de la psicología india, el *Abhidhamma*, esto se llama *bhavanga* y tiene en sí mismo tres etapas, que analizaremos más adelante.

La segunda etapa es un estado de volverse hacia un objeto porque se ha detectado algo que es una irritación para los sentidos. Es una forma de orientar la atención como preparación para estados más elevados y se denomina *manasikara*.

La tercera etapa es la de "uncirse" o contactar de verdad con el objetivo como resultado de la búsqueda. A eso lo llamamos la etapa de selección o *adhimokkha*.

Por último, encontramos la importante etapa de la concentración o unidireccionalidad sobre la irritación. Se llama *ekaggata* y es aquí donde las puertas de la mente –todos los procesos subsiguientes de la mente– reciben la alerta.

Por tanto, hay cuatro etapas en la atención:

1. *Bhavanga*, el estado de reposo.
2. *Manasikara*, la orientación o búsqueda de contacto.
3. *Adhimokkha*, la selección de la irritación objetivo.
4. *Ekaggata*, la unidireccionalidad de la atención.

En cada caso, el estado de devenir está presente, incluyendo la etapa *ekaggata*, en la que el devenir es el "fondo" frente al cual la irritación se diferencia conscientemente como "figura".

Si volvemos a la etapa *bhavanga* un momento, podemos observar sus tres etapas internas. En primer lugar hay una etapa básica de reposo que se encuentra libre de procesos y al mismo tiempo en estado de recuperación operativa. Cuando hay una irritación del sistema, el estado de reposo de *bhavanga* cambia ligeramente y recibe un estímulo; podemos considerarlo como si fuese una etapa de preparación vibracional. Es como si el sistema estuviese diciendo: "Quizás hay algo aquí que requiere atención", pero aún no deseara comprometerse a salir de *bhavanga*. Esto se llama *bhavanga calana*. Luego, antes de *manasikara*, existe una etapa final de *bhavanga* si el sistema operativo considera necesario el cambio desde *calana*. Se llama *bhavanga upacceda*, o detención de *bhavanga*, y ahí cesa el estado de reposo y hay una alerta completa lista para la activación de la búsqueda de contacto. Si lo comparamos con un atleta que corre la carrera de los cien metros lisos, sería como la secuencia: "En sus puestos... Listos... ¡Ya!" *Manasikara* es como el empuje y la propulsión rápida desde los tacos de salida, *adhimokkha* es como ver la línea de meta más adelante y *ekaggata* es como atravesar la cinta de llegada.

Ahora bien, aunque está claro que hay una serie evidente en términos fisiológicos, psicológicamente la separación no se puede percibir, ya que la velocidad de operación está por debajo del umbral de las diferencias perceptuales. Recuerda que todo esto tiene lugar más allá de la conciencia implícita; a la conciencia solo se le señala la modalidad. Por tanto, en cuanto a la serie del proceso, hay atención, sensación, discriminación, percepción y volición. En términos de la serie en la conciencia, hay sensación, discriminación, percepción, volición y conciencia. Más adelante verás la importancia de estas dos series.

Cuando examinamos la serie del proceso, podemos decir que cuando el organismo está en reposo acepta todos los estímulos en todas las modalidades. Aunque se encuentra sensorialmente consciente del "ruido" de fondo de cada modalidad, no discrimina nada de ese fondo.

Podemos decir que este estado de fondo es el "devenir de una conciencia que aún no ha florecido". Todo se percibe, y sin embargo nada es separado de ese fondo. Para facilitar la comprensión, tomemos como ejemplo la modalidad de la vista.

En cualquier dirección dada, todo objeto aparente refleja lo que llamamos "luz aparente". Esa luz incide sobre el sistema y se forma un patrón, pero no se discrimina nada. Ese patrón es recibido por los sensores, se codifica y acto seguido se le envía a la conciencia una transmisión neurológica que señala que "el 'ver' está ocurriendo de manera correcta".

Ahora imagina que un acontecimiento que es novedoso ocurre en ese fondo. Esa detección es la primera alerta de que puede haber algo a lo que valga la pena prestar atención. Cuando ese estado continúa hay una clara detección de la presencia, llamada "parada". Esa nueva irritación aún no se discrimina de inmediato, pero los ojos están preparados ahora para ir a la siguiente etapa, que es centrar esa aparente irritación sobre la fóvea (la parte central del fondo del ojo).

Lo siguiente es que el objeto se selecciona para enfocarlo. Hasta este momento, aunque el fondo ha cambiado en la etapa de movimiento y se ha seleccionado un objeto para el enfoque, todavía hay un fondo indiferenciado por completo. Es importante recordar que a ese fondo lo llamamos el "estado de devenir".

Por último, está el enfoque sobre el objeto aparente, aunque el fondo aún persiste.

En nuestro modelo, el fondo, el "devenir de la conciencia", se envía a los centros de *awareness* dentro de la conciencia y la "figura con fondo" se envía a la próxima etapa de procesamiento, que es la sensación. Estamos diciendo por consiguiente que el fondo se transmite separadamente a la conciencia implícita, donde la figura+fondo es tratada como la figura prioritaria y enviada a la sensación.

Pero recuerda que esto se lleva a cabo debajo del umbral de nuestra conciencia y que en cuanto se haya iniciado un "momento de la mente", otra figura+fondo le seguirá de inmediato o habrá un regreso a la etapa de reposo si eso es lo apropiado.

**FIG. 4.1  El proceso de la atención**

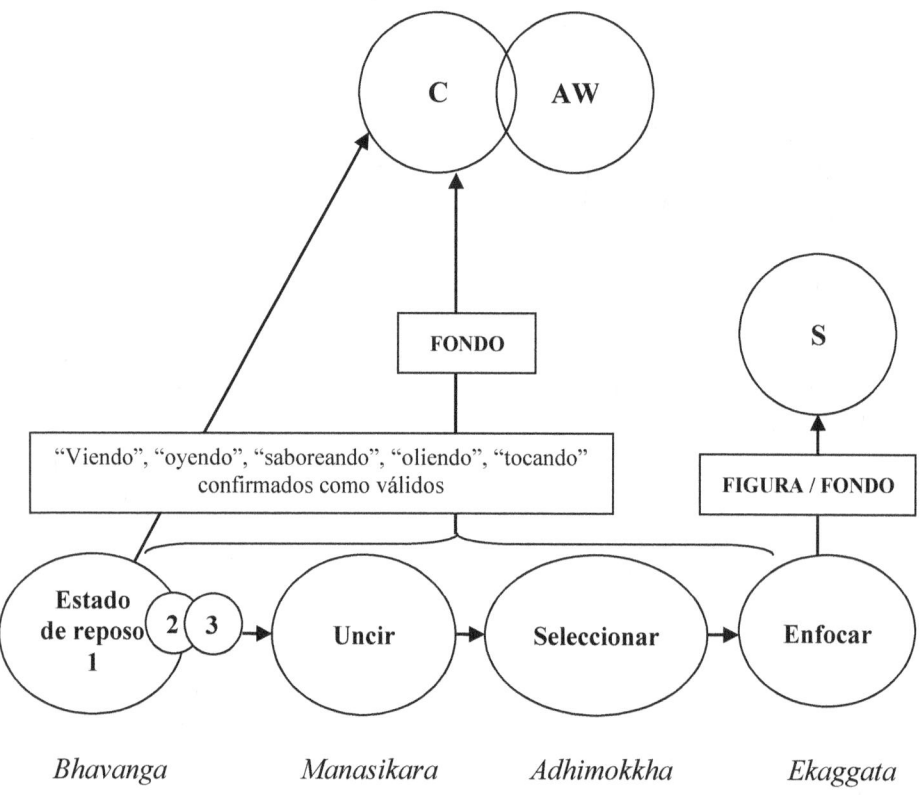

C: Conciencia    AW: Conciencia-*awareness*    S: Sensación

# Capítulo 5

# La actitud, la intención y la preparación para la acción

Dejemos claro que por ahora estamos considerando al ser humano en su estado de perfección completa y natural. Obviamente, tras doce o catorce mil años de autodestrucción, no podemos esperar que existan muchos indicios de ese estado en el comportamiento humano de hoy. Tampoco podemos imaginarnos por un momento que Merlín con todos sus hechizos pueda convertir a este ser humano manchado en una criatura natural con armonía y equilibrio con todo lo que le rodea. Al contrario, el ser humano, impulsado por su identidad incluso si habla de boquilla de la verdad y puede comprender su potencial, seguirá su camino a pesar de todo, y lo que es todavía peor, enseñará a sus hijos los mismos patrones que lo han llevado a su deplorable estado actual. Pero antes de que podamos ver qué se puede hacer para limitar esta autodestrucción y restaurar al ser humano al menos en parte a un aspecto de naturalidad, debemos ver cuál es su pleno potencial y entender las implicaciones de la presencia de la identidad.

## ACTITUD, INTENCIONES Y ACCIONES

Podemos considerar la actitud como una disposición hacia una cosa o una persona. Es una tendencia u orientación mental que usamos cuando hace falta para construir una intención.

Podemos decir que todas las intenciones se construyen con actitudes. Las actitudes se almacenan como una predisposición para actuar de cierta manera. Las intenciones se derivan de esas actitudes y no se almacenan, sino que se generan cuando la ocasión concreta lo demanda. Cuanto más completas sean las actitudes en términos de generalización, mayor es el ahorro en términos de energía y tiempo de cálculo en el momento de decidir; además, el espacio de almacenamiento no necesita ser tan grande cuando una sola actitud puede bastar para generar muchas intenciones diferentes. Si, por ejemplo, uno tiene cierta posición o actitud hacia los animales, no necesita almacenar la intención para responder a cada tipo específico de animal que exista en la memoria.

De manera similar, las acciones se preparan a partir de las intenciones y están al final de la serie. Las acciones se pueden ejecutar con base en la preparación. Podemos hablar por tanto de una cadena de procesos que derivan de una actitud almacenada y pasan por una etapa de intención, una etapa de preparación para la acción y una etapa de ejecución de la acción. En la etapa final, la ejecución se puede cancelar en el último momento.

La cualidad básica de la ejecución de una acción en términos de la Fuerza de la Vida depende por tanto de la actitud. Las actitudes representan una posición visceral, no mental, como podríamos presumir. Además, cada actitud correcta que se recupera del almacén cuando existe un estímulo tiene dos concomitantes, que son el bienestar y la alegría.

## LA ACTITUD Y LA ALEGRÍA

En el Dharma Chan, dado que la mayoría de las interacciones son con los demás, cuando uno experimenta alegría se la describe como estar contento cuando otros están contentos. Pero la alegría verdadera en realidad está asociada con toda actitud, porque todo lo que uno hace en relación con la tribu propia está dedicado a contentar a los de su tribu. Cada actitud que se refleja en la supervivencia del ambiente, de la tribu misma o de su progenie provoca alegría en los demás de tu tribu, dependiendo por supuesto de si ellos están liberados o no.

Pero en esta vida del *samsara*, donde la norma son las delusiones y no una comprensión de las ilusiones útiles, la expectativa de su alegría por tus acciones correctas quizá no se cumpla. Por eso, uno muestra clara ecuanimidad y alegría cuando ocurre un incidente en el cual los demás sienten alegría correcta. Pero ten cuidado aquí, ya que el contento en otros que provoca contento en ti debe ser digno, no alegría por alguna satisfacción de la identidad.

Debemos presentar por tanto dos modos diferenciados de alegría verdadera:
1. La alegría que surge cuando uno evoca una actitud que, en una tribu perfecta, traería felicidad a los demás.
2. La alegría cuando uno percibe de hecho una alegría digna en los demás.

Claramente hay una gran diferencia con la alegría común que uno percibe en los demás por su alegría indigna. Si alguien, por ejemplo, está contento porque se ha convertido en el verdugo en jefe de una cárcel, entonces tu alegría no sería apropiada. Pero tu alegría es igualmente inapropiada cuando es inducida por la alegría de alguien que ha ganado un premio en una competición que no es beneficiosa para la supervivencia del ambiente, la tribu, los niños o uno mismo.

De hecho, la existencia de la alegría cuando los concomitantes de esa alegría no son correctos es una señal de que esta alegría no es natural y que acechando en alguna parte hay una identidad visceral que juega sus cartas con suficiente destreza para ganar en la lucha de disonancia de las identidades.

## LA INTENCIÓN Y LA COMPASIÓN

La definición mundana del diccionario de "compasión" es que es un sentimiento de profunda simpatía y pena por cualquier sufrimiento o desgracia, acompañado por un fuerte deseo de aliviar el dolor o eliminar su causa. En términos del Dharma Chan, como concepto mundano, podemos decir que es el deseo de que otros no sufran. Esto es similar a la definición de amor, que es un interés afectuoso por el bienestar de los demás.

Aunque ese no es un concepto indigno, en el Dharma Chan buscamos un logro mayor. El interés mundano se inicia por el condicionamiento social y religioso. Lo que a nosotros nos interesa es la expresión natural de las intenciones correctas que cumplen el patrón de la Fuerza de la Vida. Examina la diferencia. La presión social y religiosa va dirigida a una compasión falsa controlada por la identidad; puede producir un comportamiento correcto, pero en realidad lo único que consigue es reforzar el Super-ego. En el Dharma Chan, nuestro objetivo es desarrollar maneras que permitan la formación natural de actitudes e intenciones correctas que vayan acompañadas por una compasión no dirigida a los individuos sino a la liberación completa de los cuatro atributos de la Fuerza de la Vida.

En el *Sutra del Diamante*, se presenta al Buda diciendo: "Subhuti, ¿qué piensas? Que no se diga que el Tathagata adopta la idea: 'Debo liberar a todos los seres vivos'. Subhuti, ¿por qué no? Porque en realidad no hay seres vivos que deban ser liberados por el Tathagata. Si existiera tal cosa como seres vivos que el Tathagata tuviera que liberar, estaría participando de la idea de un ser, una personalidad o una individualidad separados".

Aquí comenzamos a ver con más precisión la diferencia entre la psicología occidental y la psicología del Dharma Chan. El ser humano hoy en día tiene como principal objetivo la supervivencia de la identidad como criatura de deseo; sus objetivos individuales son vivir para disfrutar lo que él considera que es su vida. Su interés no se centra en la Fuerza de la Vida, que incluye el desarrollo de todas sus propias cualidades naturales aparentes en beneficio de todos, sino en esta hipotética vida de felicidad que es la saciedad de las tres identidades. Su expresión clásica es el concepto del "sueño americano", que es la búsqueda de la felicidad; y cuando se habla de libertad, tiene que ver con la libertad para seguir esa búsqueda.

Puesto que esa felicidad depende de los demás, el hombre ha desarrollado una estructura pseudo-tribal en la que las partes son el Estado, que gobierna la aparente pseudo-tribu y ayuda en esa búsqueda y libertad; la iglesia (no importa qué forma sectaria pueda tomar), que gobierna la moralidad e impone límites sobre esa búsqueda; la educación, que forma al individuo en conformidad con las ideas de la simbiosis de iglesia y Estado; y la cultura, que es otro opio que ofrece la impresión de aceptación de las diferencias individuales.

Naturalmente, estas estructurales pseudo-tribales están bajo la "guía" de individuos que se encuentran dominados ellos mismos por sus propios deseos; no hace falta analizar los resultados de tal combinación o el abuso de poder que fomenta. Por el contrario, la tribu natural es completamente anárquica. Cada persona interactúa como parte de la supervivencia de todos los individuos aparentes, todos los seres vivos y el ambiente. No requiere leyes ni control. La esencia es la Fuerza de la Vida y no hay concepto alguno de competición entre los miembros, ya que a ninguno se le toma por superior o inferior a cualquier otro.

Sin embargo, esta idea de anarquía no puede cambiar la estructura social existente, porque los defensores de la anarquía también están corrompidos por su propia identidad. No podemos aceptar como viable, salvo como teoría anarquista más bien extrema, que la única manera de restaurar al ser humano sea destruir todos los sistemas políticos y sociales. Y tampoco se puede imponer la identidad individual ni una comprensión sabia de la verdad sobre la estructura socio-religiosa actual que sustenta los deseos del hombre. Por tanto se espera que cada persona encaje en esta cuádruple estructura de la sociedad moderna para ofrecer el mayor placer inmediato a la mayoría de sus miembros, de forma consistente con las leyes que protegen y preservan la integridad de esa estructura socio-religiosa.

Dada esta situación, la postura del Dharma Chan es liberar a aquellos que puedan liberarse con la idea de que sigan con la llama de la antorcha encendida para un futuro que esté mejor preparado para aceptar cambios completos. Podemos decir por tanto que el Dharma Chan es una transición anárquica pacífica. Los guerreros del Dharma Chan caminan con una espada envainada, lista solo para la defensa del Dharma.

Uno de los resultados más tristes de este control socio-religioso es que a cualquier individuo aparente que no encaje en esa estructura se le considera desequilibrado psicológicamente y en casos aparentemente extremos se le somete a tratamiento, sea psicológico, psiquiátrico o alternativo, orientado a restaurarlo en la sociedad. A eso se le llama reinserción. La persona, que en muchos casos sufre por ansiedades de la identidad u otros sufrimientos innecesarios, se someterá a tratamiento como paciente para restaurar su "salud mental".

El Dharma Chan no acepta esa etiqueta ni la idea de reinserción. En la mayoría de los casos, la llamada "enfermedad mental" es una resistencia natural a la sociedad y sus reglas, que están contaminadas. Por consiguiente, pensamos que los conceptos de "enfermedad mental" y "paciente" son inapropiados.

Hay una segunda respuesta bastante tonta de la sociedad a las desviaciones de su norma. Si hay individuos que claramente ven que los males de la sociedad y la iglesia son anti-humanos y se juntan con una nueva visión, a ese grupo se le llama "secta" y se lo aparta y segrega del sistema. No pretendemos que todos estos grupos realmente tengan la verdad como base, pero sin duda la respuesta de "instinto asesino" del sistema socio-religioso no solo es incorrecta sino irresponsable.

Ahora estamos listos para entender lo que de verdad son las intenciones correctas. Son intenciones que van dirigidas en coincidencia con la cuádruple Fuerza de la Vida. El Dharma Chan define la verdadera compasión como la intención entusiasta de que todos los seres vivos estén libres de sufrimiento, con la clara comprensión de que hablamos de la restauración de la condición sana total de todos los seres humanos en conjunto y no de los individuos o la colección de todos los individuos por separado. Por favor, asegúrate de que entiendes esta sutil diferencia.

## LA PREPARACIÓN PARA LA ACCIÓN Y EL AFECTO BENEVOLENTE

Es evidente que todas las preparaciones para actuar dependen de las intenciones y que las preparaciones correctas sin interferencia de la identidad conducen a una acción benevolente cuando se requiere. La mejor descripción de la retro-alimentación que acompaña al afecto benevolente es que es el deseo de que todos los seres humanos sean felices, con el claro entendimiento de que hablamos de la restauración de la condición sana total de felicidad de todos los seres humanos en conjunto y no de los individuos o la colección de todos los individuos por separado.

Ahora bien, esta felicidad no es la misma que la alegría, ya que es mental y no visceral. Es una señal de la estabilidad interna del estado mental que está relacionado con la interacción tribal. Mientras que el bienestar significa que todo está en orden internamente dentro del sistema, la felicidad es la señal de que todo está bien en la interacción con la prole, la tribu y el ambiente. Ahora podemos colocar las tres experiencias en perspectiva:

1. Experimentamos alegría cuando percibimos una alegría digna en otros o cuando surge una actitud que podría, en una tribu perfecta, traer alegría a otros.
2. Experimentamos compasión cuando hay una intención de que ningún ser humano sufra. Se experimenta como un deseo de que no haya sufrimiento.
3. Experimentamos afecto benevolente cuando hay una preparación de una acción que traerá verdadera felicidad a todos los seres humanos. Se experimenta como el deseo de que todos sean felices.

Puedes ver que se puede hablar de las experiencias en términos del deseo de alegría, compasión y afecto benevolente universales. Estas experiencias se generan dentro de la volición y se transmiten a la conciencia junto con el bienestar anterior.

**FIG. 5.1 Modelo de la Fuerza de la Vida y las experiencias manchadas por la identidad**

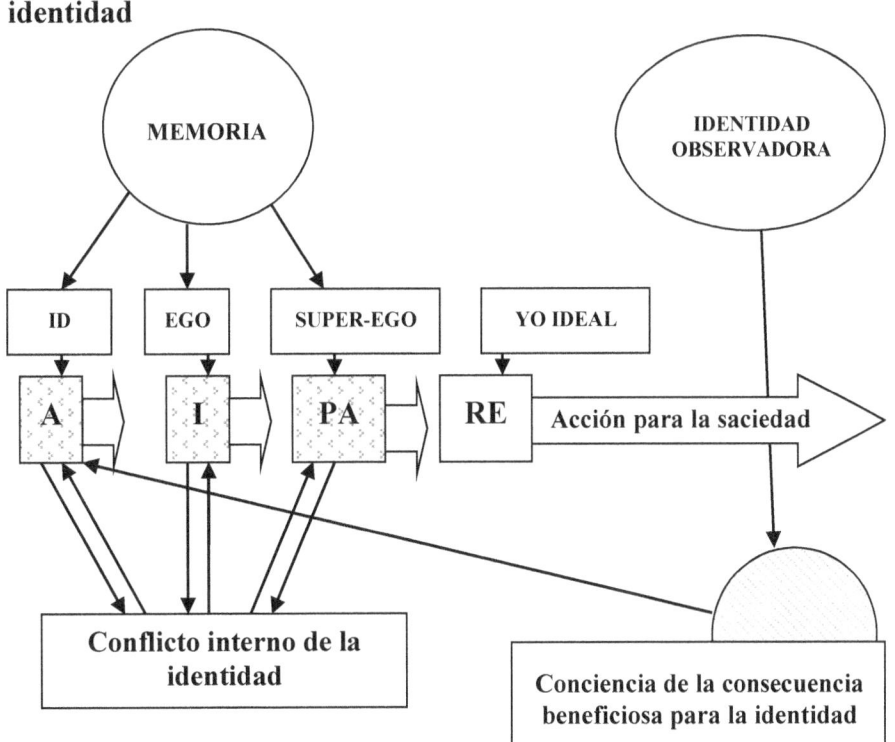

**A:** Actitud  **I:** Intención  **PA:** Preparación para la Acción  **RE:** Respuesta Efectiva

Aquí hay un hecho que debe resultar obvio. El proceso natural trata del "bien superior" y aunque su objetivo es el bien de "todos", el proceso está condicionado para reconocer el sacrificio necesario de algunos individuos en aras del bien superior. El sistema socio-religioso humano no es diferente en ese aspecto, excepto que el bien superior se define como la consecución de la libertad para el placer personal, mientras que el sistema natural genera la libertad con armonía y equilibrio en beneficio de todos los seres sintientes (ver figura 5.1).

## EL ESTADO NATURAL DE LA VOLICIÓN

Hemos mostrado que las actitudes, las intenciones y la preparación para una respuesta se generan en el seno de la volición, pero la fuente de información desde donde se elaboran y que lleva a la acción es la sensación, la discriminación y la combinación de la percepción y la volición misma.

La sensaciones básicas proveen la base para la compilación de actitudes correctas.

La discriminación proporciona la base para todas las intenciones correctas.

La combinación de percepción y volición proporciona la base para la preparación de responder.

**FIG. 5.2 El camino de la elaboración de actitudes, intenciones y preparación**

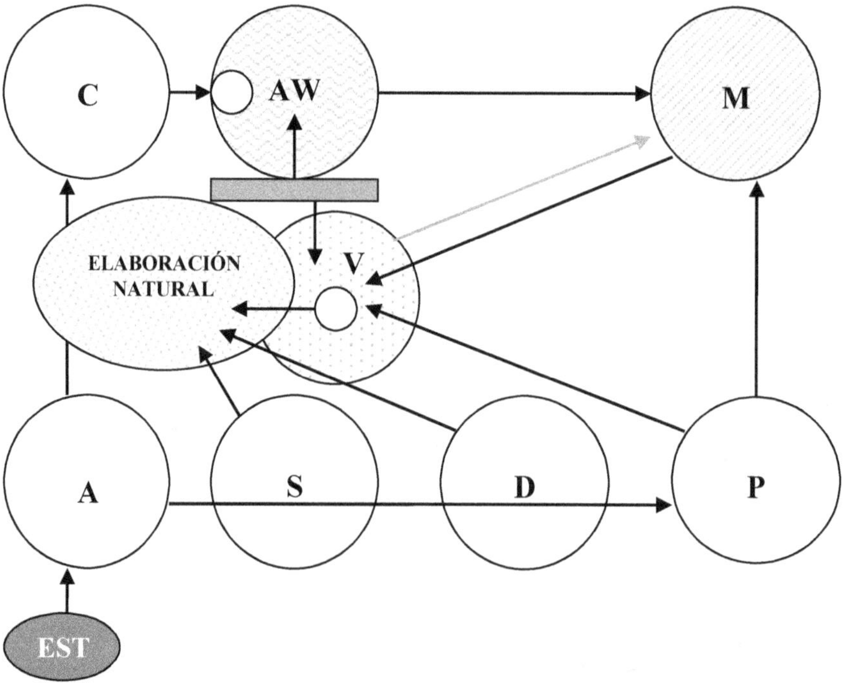

**EST:** Estímulo   **C:** Conciencia   **AW:** Conciencia-*awareness*   **M:** Memoria
**A:** Actitud   **S:** Sensación   **D:** Discriminación   **P:** Percepción   **V:** Volición

## EL ESTADO CONTAMINADO POR LA IDENTIDAD EN LA VOLICIÓN Y SU INFLUENCIA SOBRE LOS PROCESOS

En el actual estado manchado de la mente humana, son las identidades, cuyos atributos están almacenados en la memoria, quienes elaboran las actitudes, intenciones y preparación para la acción dentro de la volición. Dado que estas identidades son respectivamente visceral, emocional y pasional (que no hay que confundir con la pasión sexual), no es ninguna sorpresa ver que tienen una influencia correspondiente sobre las sensaciones, la discriminación y la percepción. Esto perpetúa claramente la contaminación y, dado que las identidades tienen diferentes objetivos, también genera una base de gran conflicto en la resolución de las respuestas.

Pero hay otro elemento aquí que podemos añadir a nuestra comprensión. Es la integración dentro del sistema de identidad de otra identidad más –la Supra-identidad, que está presente dentro de la volición y no opera en cooperación con la percepción.

**FIG. 5.3 La influencia de la identidad sobre el proceso natural**

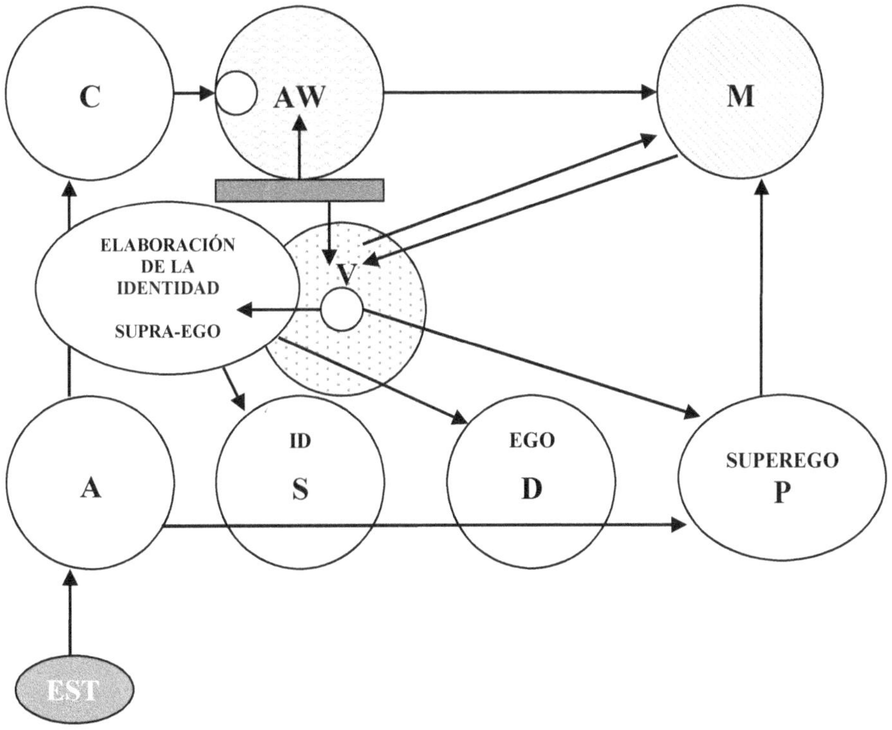

**EST:** Estímulo   **C:** Conciencia   **AW:** Conciencia-*awareness*   **M:** Memoria
**A:** Actitud   **S:** Sensación   **D:** Discriminación   **P:** Percepción   **V:** Volición

Entonces, ¿cuál es la función natural que se ha arrogado el Supra-ego? Es la función natural de la prognosis o predicción de acontecimientos futuros que, en un estado natural, es esencial para un comportamiento eficaz. Quizá puedas empezar a ver qué magnífico es el sistema natural y cómo la identidad puede ser un lastre incluso en la persona aparentemente más perfecta en términos sociales.

# Capítulo 6

## La sensación

En la psicología tradicional, el empuje e interés principal recae sobre la personalidad, ya que es aquí donde el sufrimiento tiene su aparente génesis y desaparición. Como resultado, se pone el énfasis en la autoestima y en el establecimiento de la identidad, entre otros factores psicológicos. En el Dharma Chan, descubrirás que la autoestima y el establecimiento de una identidad fuerte es la última cosa que queremos lograr, ya que esa identidad está separada de la armonía y el equilibrio con todos los demás seres en un sentido profundo, mientras que la psicología tradicional trata la identidad individual como parte del entorno socio-religioso.

La sensación, para el Dharma Chan, es donde surgen las primeras aflicciones de la humanidad, pues es aquí donde la naturaleza sabe perfectamente bien qué curso tomar y la identidad no es más que un impedimento. Sabemos que la sensación, aparte de la intención inicial, es la primera etapa importante del procesamiento de información humano acerca de cualquier irritación (estímulo) en el organismo.

En el Dharma Chan llamamos a la sensación *phassa*, que deriva de la raíz *phas-*, que significa "contacto". Así pues, contacto significa "que toca". ¿Qué es lo que toca? Toca la irritación a la que se atiende. Por tanto, tiene el tocar como característica importante (*lakkhana*); el impacto (*sanghattana*) como función; y la coincidencia del receptor físico del sistema, el objeto aparente de irritación y, al final, la conciencia de ese objeto en un sentido más completo.

Decimos que existen cinco sensaciones básicas: la sensación de la vista, la audición, el tacto, el gusto y el olfato, pero en realidad esas son experiencias de la atención, no la atención misma. Las sensaciones de estas cinco modalidades son bastante distintas, como lo es su fisiología. El proceso de la sensación tiene como función la simple tarea del reconocimiento. Pero ten cuidado aquí, ya que el reconocimiento no es parte del nombramiento de la forma del estímulo ni siquiera ser consciente de ello como función principal.

La función del proceso de sensación es reconocer si la irritación se ha recibido antes o no. Si no es así, en una persona sana sin problemas de identidad, la atención continuará su investigación para descubrir más sobre la irritación.

Si la irritación se reconoce como algo experimentado con anterioridad, esa información, transformada ahora en señal neurológica, se pasará a la siguiente etapa, que llamamos discriminación. Dado que cada irritación o estímulo externo tiene diferentes componentes, el proceso de reconocimiento agrupa todas las irritaciones similares con la etiqueta de "recibido anteriormente". Un tomate de color y forma diferentes a los habituales aún podría ser colocado junto a una sensación de tomate establecida previamente. Pero asegúrate de que entiendes que a este nivel no existe la palabra "tomate" ni se dispone de una descripción del tomate. El reconocimiento como sensación es preciso, pero sin componentes conscientes. Por supuesto, se pueden cometer errores, pero el sistema en sí mismo, a través de la realimentación de los procesos de evaluación a nivel superior, corregirá el error de etiquetado si no ha sido decisivo.

Es importante entender que en el nivel de la sensación, que tiene una función de reconocimiento, no se hacen distinciones entre una irritación que ha sido experimentada antes como repulsiva o atractiva para el sistema. Lo único que hace sensación es ver si se ha experimentado anteriormente.

Como estímulo no identificado, puede ser una amenaza, un beneficio o algo completamente neutral. Así pues, el organismo responde con una investigación ulterior, prestando atención a aspectos particulares del estímulo no identificado que puedan permitir una mayor diferenciación.

Ahora bien, recuerda que básicamente no somos diferentes de otros animales con respecto a este atributo de la sensación; ellos también quieren más información, dentro de sus posibilidades, si es necesario. En la naturaleza, un animal puede pagarlo con su vida si comete un error. Los humanos somos más afortunados, ya que hay menos amenazas, pero aun así el proceso es importante a fin de establecer respuestas correctas presentes y futuras.

Entre esas irritaciones etiquetadas como "experimentadas antes" puede haber una o más que sean serias amenazas inmediatas para el sistema o un beneficio que requiera una respuesta instantánea, de manera que hay una etiqueta secundaria que se le aplica a la irritación, tal como "requiere una acción rápida" o "prioritario". Después se generará una acción refleja, también sin intervención consciente. Esa necesidad de acción rápida en el caso de un beneficio puede ser, por ejemplo, la necesidad de acción veloz para la reproducción, la comida, el refugio o una acción relacionada con los demás, como el establecimiento del estatus de amigo.

Como es bastante natural por tanto para todos los humanos y otros animales, si no ha habido reconocimiento, habrá un incremento en la actividad y una búsqueda de más información. Con el tiempo, se llegará a una resolución de una u otra manera.

## LA PRESENCIA DE LA IDENTIDAD

Ahora surge un gran problema cuando la identidad está presente. Primero, la información de la sensación se les impone a todos los niveles superiores y la conciencia; eso significa que existe una gran sobrecarga en el sistema. Como la identidad visceral nunca está satisfecha con las conclusiones del reconocimiento, elabora sus propias decisiones muy conservadoras. Aunque el sistema natural con su gran experiencia puede decir: "Sí, esto es más o menos lo mismo que se ha experimentado antes", la identidad visceral aceptará muy pocas irritaciones como vistas con anterioridad y afirmará sin cesar: "Irritación nueva, investiga más".

Imagina la ahora ansiosa búsqueda de la identidad consciente y la dificultad de tomar decisiones. Esa es la razón por la que a esta identidad se le llama una "identidad de confusión y delusión llena de dudas". Los antiguos arios llamaban "estúpidos" a las personas con esta identidad dominante y consideraban que nunca podrían despertar a nada espiritual. En el Dharma de Buda temprano, simplemente se les llamaba confusos y en los círculos tántricos se les convirtió en "demonios infernales de confusión y delusión".

Puedes observar por tanto los dos perfiles posibles generados por este atributo: cuando va acompañado por la identidad y cuando no. El aspecto positivo sin la identidad produce una persona sensible, mientras que la identidad en esa misma persona produce confusión.

Esta persona dominada por la identidad visceral y que experimenta confusión estará constantemente ansiosa. Cuanto más complicados sean el ambiente y los pensamientos que la mente introduce en el sistema, más sobre-estimulado se volverá. Como resultado, esta persona aprende a construir su nido particular donde todo es simple, controlado y familiar. Por ahora no vamos a entrar en detalles sobre los atributos y las dificultades de este individuo como persona confusa, pero hay que dejar claro que hay grandes variaciones entre los nidos individuales construidos por los sistemas de la identidad.

Una persona puede encontrar un nido en una pequeña casa de campo donde pueda sentarse con su marihuana en paz y tranquilidad, escogiendo un trabajo que sea suficiente para sus necesidades con bastante tiempo libre para su nido. Otro quizás escoja ser un profesor universitario cuyo nido sea su trabajo y que huya de las complicaciones de la vida social. Otro podría sentarse en una montaña en soledad y otro podría no trabajar nada, saltando de lugar en lugar y de trabajo en trabajo, no quedándose el tiempo suficiente como para que la confusión le afecte realmente.

Pueden ser académicamente brillantes o lentos, puesto que la inteligencia no es relevante. Desde un punto de vista del Dharma Chan, pueden ocupar posiciones variadas en el espectro en cuanto a tener una mente rápida, una mente abierta o una mente flexible. Varones o mujeres, ricos o pobres, viejos o jóvenes, gordos o flacos, cultos o incultos, todos son lo mismo; la naturaleza no establece semejantes distinciones. Tampoco lo hace la identidad, que es la gran oportunista y utiliza cualquier cosa que hereda.

# Capítulo 7

# La discriminación y la emoción

La discriminación es el proceso que sigue de manera natural a la sensación. En el Dharma Chan se le llama *vedana*, que deriva de la raíz *vid-*, experimentar. Existe una gran confusión aquí incluso dentro del Dharma budista tradicional, ya que *vedana* se traduce a menudo como "sentimiento", cosa que no es, y otras veces como "emoción", que ciertamente no es.

La función fisiológica natural de la discriminación es generar un impulso fisiológico simple para avanzar hacia una irritación, alejarse de ella, o ser neutral con respecto a ella. La naturaleza de esos impulsos depende de la información almacenada en la memoria. En una persona libre de impedimentos de la identidad, la referencia principal es la Fuerza de la Vida y la información subsiguiente sobre los detalles de la ejecución de la acción se puede tomar de la memoria reciente, en contraposición a la memoria primordial. Así pues, la discriminación tiene dos factores: el impulso y los detalles del método.

La discriminación se experimenta en una persona natural como un impulso fisiológico (acercamiento, evitación, e inmovilidad o neutralidad) y como una experiencia psicológica (afecto, desafecto y ecuanimidad). Esta experiencia está muy alejada de las experiencias de la identidad, que son el agrado, desagrado e indiferencia, también llamadas gusto, no-gusto e indiferencia.

En el caso de la identidad, son las experiencias las que dictan lo que pasa antes de llevar a cabo las acciones. Esto sucede porque la identidad ha apartado las respuestas naturales de acercamiento, evitación y neutralidad con el fin de estar segura de que las acciones finales coinciden con sus gustos, no-gustos e indiferencia.

En la persona natural, podemos ver que hay una preparación para una respuesta fisiológica, acompañada por el afecto, desafecto o neutralidad experimentados de manera natural. La experiencia es la confirmación de que la respuesta preparada es correcta. La información se pasa luego a la siguiente etapa, que es la volición, donde se elaborará la forma de la respuesta.

La identidad, sin embargo, impulsada por sus deseos particulares de agrado o de evitación del desagrado, instituye el "principio de placer de la identidad" como su objetivo principal. Este principio o intención elaborada en la volición (dos etapas más adelante en la cadena del flujo de la información aferente) genera una anticipación constante del agrado, desagrado o indiferencia intelectual futuros y dirige la volición a preparar una respuesta más acorde con sus necesidades. De este modo, la discriminación queda bajo el control directo de la volición de la identidad y todas las respuestas de discriminación naturales, excepto las que son reflejas, se dejan a un lado (ver figura 7.1).

Desde el punto de vista del Dharma Chan, el agrado o placer, el desagrado, el gusto, el no-gusto y la indiferencia son todos ellos características de la identidad y no son experiencias válidas para una persona sana y natural. Las experiencias de afecto, desafecto y neutralidad, consideradas como experiencias naturales de retro-alimentación, no se encuentran conectadas a las experiencias de la identidad, que están sujetas a control mental. Existe por tanto un afecto natural con un impulso fisiológico correspondiente de acercarse a la irritación; un desafecto natural con su impulso fisiológico correspondiente de evitar la irritación, y una experiencia de neutralidad sin impulso fisiológico alguno cuando la irritación tiene una connotación neutral para el sistema. Esa neutralidad, que a veces se denomina ecuanimidad, difiere del equivalente de la identidad, que es una indiferencia mental.

**FIG. 7.1 Contaminación por la identidad del proceso de discriminación natural**

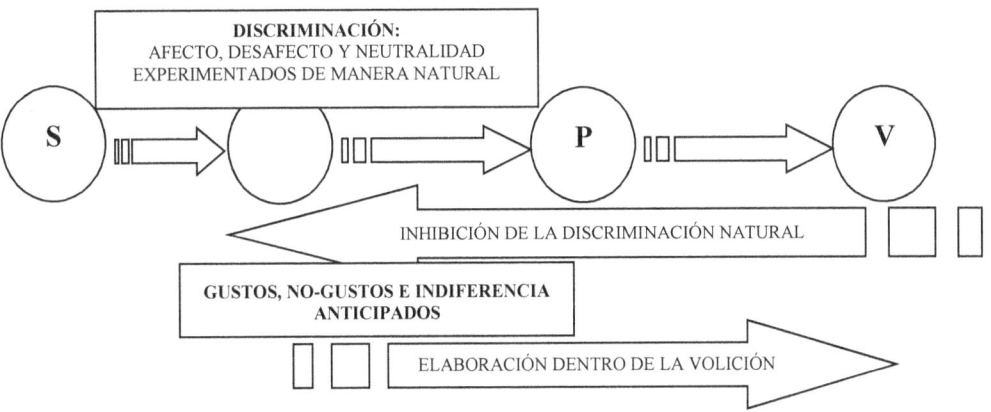

Cuando hablamos de afecto, desafecto y neutralidad, debe entenderse que estas experiencias no están asociadas solo con irritaciones externas, sino también con pensamientos internos aparentemente espontáneos. Por ejemplo, ver un simple color rojo externamente puede provocar un pensamiento interno sobre la propia madre, que habitualmente usaba un vestido rojo que se había visto con anterioridad mediante la estimulación externa.

En una persona sin impedimentos de identidad, ese pensamiento podría traer afecto, desafecto o neutralidad natural. Sin embargo, en el caso de un pensamiento aparentemente espontáneo sin aparente irritación externa en una persona no liberada de identidad, la identidad actuará inmediatamente suscitando una nueva respuesta de identidad ante la vieja respuesta de identidad asociada con el estímulo original.

Esto saca a relucir un punto interesante, ya que cada respuesta de no-gusto, gusto o indiferencia puede verse incrementada por una nueva respuesta de la identidad. Naturalmente, el correspondiente acercamiento, evitación o neutralidad también se verá afectado. Eso es así porque el proceso de pensamiento que surge con un pensamiento espontáneo ocurre dentro de la volición, donde reina la identidad. El hecho de que no haya una estimulación externa que se pueda detectar no significa que no hubiera ninguna en origen.

En una persona no liberada, la memoria estará repleta de datos vinculados con la identidad puestos en su lugar por errores de la identidad en la sensación, la discriminación y la percepción. Estas nuevas proyecciones espontáneas de la memoria también provocan las respuestas erróneas de la sensación, la emoción y el pensamiento vinculados en origen a la irritación externa inicial.

Es suficiente por el momento considerar los procesos naturales y ver que la discriminación, incluso cuando está ligada a la identidad, es un proceso muy simple, que no provoca más que la conciencia de "me gusta", "me desagrada", o "no me importa". Todas las experiencias que llamamos emociones son solo amplificaciones de estas tres dentro del proceso de volición, que examinaremos más adelante, asociado a la memoria.

# Capítulo 8

# La percepción

Cuando uno habla de la percepción, lo habitual es que ese concepto se refiera a lo que la persona entiende o a lo que capta del aparente mundo externo. En psicología, es una conciencia implícita unificada derivada de los procesos sensoriales en presencia de una irritación o estímulo. Esa conciencia implícita unificada de la que se habla en psicología es la percepción tal como se la conoce en la conciencia a través del proceso de la volición –términos ambos que trataremos más adelante. Aquí en el Dharma Chan, el proceso de percepción es la etapa primaria donde a las sensaciones y discriminaciones se les da una etiqueta con base en la forma discriminada. De este modo, en el Dharma Chan, al proceso de asociar nombre y forma se le llama percepción (*sanna*), una palabra que deriva de *sam + na*, que significa "conocer". Por tanto, *sanna* es llegar a conocer el nombre y forma del estímulo.

Habrás notado que en una persona liberada, la sensación y la discriminación no son conscientes, ya que no hay razón alguna para que esa conciencia exista, pero cuando se considera útil para el sistema sí que se dispone de una conciencia de estos dos procesos. La percepción de la irritación es completamente consciente una vez que la sensación y la discriminación han completado su labor.

Aquí llegamos a una cuestión importante. La percepción es una diferenciación de la irritación aparente del fondo. A esa forma diferenciada en el estado natural no se le da ninguna identificación como entidad separada y distinta. Esto no es fácil de entender, así que no deseches con celeridad el concepto sin haber entendido del todo lo que implica. En el estado natural, diferenciamos una manzana de la otra, la manzana del árbol, cualquier otro elemento potencial del fondo y el fondo mismo; pero el proceso de percepción no les da una existencia individual e independiente.

Un zorro, por ejemplo, puede detectar una figura a la que llamamos "espantapájaros". Responderá correctamente a esa figura seleccionada por su sistema y colocada como figura delante del fondo por su sistema de sensación. Ese sistema de sensación lo ha seleccionado unidireccionalmente como objeto nuevo dentro de su campo visual. No lo reconocerá como espantapájaros ni lo diferenciará como una forma con una identidad individual (espantapájaros); simplemente responderá. El proceso perceptual humano es lo mismo, y el ser humano también es capaz de responder correctamente.

El ser humano, sin embargo, ha desarrollado la identidad en la percepción. Aunque diferencia la irritación suficientemente bien, le dota a ese espantapájaros de identidad individual como objeto separado de todos los demás objetos. Esa capacidad a su vez lo transforma a él, el aparente observador del fenómeno, en otra entidad independiente. Así, la forma, dotada de una etiqueta humana que por lo demás es útil, se transforma en un objeto real con una existencia real y el mismo ser humano se percibe como si tuviera existencia real separada de todas las demás cosas diferenciadas.

En vez del proceso natural de percibir y responder con una conciencia de la forma y quizás un sonido primitivo asociado, el lenguaje ha permitido que se establezca un catálogo interno de formas y nombres. Eso supone una herramienta valiosa de por sí para la memoria, pero la identidad confiere tanto a sí misma como a esos objetos una existencia separada y real.

Quizá sea más fácil verlo con un par de modelos (ver figuras 8.1 y 8.2).

### FIG. 8.1 Las operaciones de la identidad

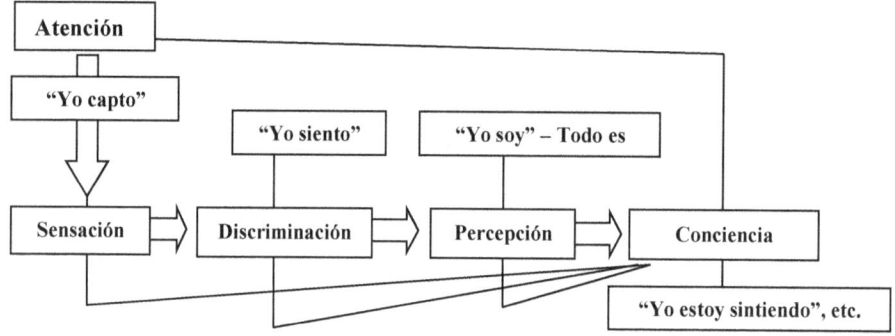

### FIG. 8.2 Las operaciones naturales sin la identidad

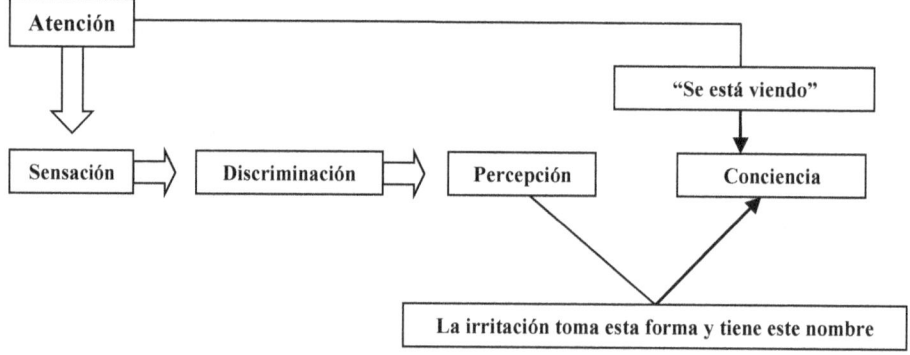

Puede observarse con facilidad que las operaciones de la identidad distorsionan los procesos naturales y que las demandas de las tres formas de identidad –visceral, emocional, y mental– producen efectos venenosos en las etapas superiores. La perfección del sistema natural puede verse en el segundo diagrama. Recuerda que el nombramiento de uno mismo cuando es simplemente un fenómeno de nombre-y-forma es una herramienta útil que se usa con gran eficacia en el sistema natural y le da al ser humano una ventaja de supervivencia sobre todas las demás criaturas.

Eso, junto con la mayor capacidad de almacenar información usando formas y palabras, supone una ventaja biológica insuperable.

Sin embargo, aunque la identidad incrementa la ventaja del individuo a la hora de asegurar sus demandas artificiales, reduce la supervivencia de la especie, que entonces pierde los beneficios de la supervivencia dentro de una tribu unida, y hace caso omiso del valor del ambiente en el cual habita.

Se puede observar que la mente dual está arraigada en esta operación de identidad de la percepción, pero esta no podría surgir sin la participación de la volición, que es el proceso de información que sigue a la percepción y precede a la conciencia.

## LA GRAN ILUSIÓN DE LA PERCEPCIÓN

Quizás hayas detectado la gran ilusión perceptiva que se convierte en delusión cuando la identidad está presente.

Si vuelves la mirada atrás, al funcionamiento de la atención, recordarás que cuando un ser humano atiende a un estímulo le envía un mensaje a la conciencia mediante una experiencia sin palabras: "Se está viendo". Más adelante en el proceso, al recopilarse la información de la percepción, surge una confirmación de que el objeto, por ejemplo "perro", se ha percibido.

Podríamos deducir lógicamente que la conclusión es "se está viendo perro". Pero recuerda que antes de la percepción de distinguir "perro", cuando la única información consciente era "viendo", la irritación "perro" ya se había reconocido y el sistema había respondido con acercamiento, evitación o neutralidad.

Supón ahora que la respuesta es una respuesta de evitación. ¿Qué notas? El perro ha sido reconocido y evitado antes de que la conciencia sepa que es un perro. Evidentemente es más importante para el organismo responder correctamente con una ventaja biológica de supervivencia que saber que lo que se está evitando es un perro. El sistema es perfecto.

Supongamos ahora que, aunque las identidades existen dentro de la percepción, no hay una interferencia directa desde la posterior operación de la volición que elabora las percepciones. Como resultado, la conciencia habrá recibido por orden: "Yo lo vi" y "No me gustó", y solo entonces: "Es un perro".

Dado que el ser humano como criatura con identidad está siempre buscando causas y efectos, y como el flujo de información es demasiado rápido para captar en marcha los procesos individuales con la conciencia normal, busca la lógica de sus acciones.

La identidad afirmará: "Vi un perro. No me gustó y corrí (para evitar al perro)".

Lo correcto es: "Corrí y luego me di cuenta que era un perro. Está claro que era una cosa extraña".

Recuerda esta ilusión convertida en delusión por la identidad; la veremos de nuevo cuando tratemos la volición.

# Capítulo 9

# La volición y las intenciones

La gente siempre se asombra cuando oye que los chimpancés comparten el 96% del genoma del ser humano. Para los que estudian el Dharma Chan eso no resulta nada sorprendente, ya que la investigación de los procesos psicológicos de los simios es casi idéntica en las áreas de la atención, la sensación y la discriminación. Sin duda hay diferencias, porque conforme se materializan los avances en la evolución y los procesos centrales se vuelven más sofisticados, ocurren cambios en la conducta y se produce una correspondiente modificación del genoma.

Estos cambios, que se han desarrollado a lo largo de docenas de millones de años a partir de antepasados comunes, tuvieron su mayor avance psicológico hace unos doce mil años, quizás en un antepasado híbrido genéticamente entre Neandertal y Cromañón. Esto parece mucho en una escala de tiempo científica pero realmente no es tanto, ni mucho menos. En realidad, la gran sorpresa es que el chimpancé (*pan troglodytes*) y su primo agresivo, el bonobo (*pan paniscus*), conocido como chimpancé pigmeo y ahora en peligro de extinción, están más estrechamente relacionados con la especie humana que con el orangután (*pongo pygmaeus*) y el gorila (*gorilla gorilla*).

Pero antes de que nos hagamos la idea de que, ya que somos tan cercanos, deberíamos considerarnos de la misma familia y que el nombre del chimpancé debería cambiarse a *homo troglodytes*, poniéndolo en un categoría en la que su primo el *homo paniscus* podría ser arrestado y enviado a prisión por su comportamiento anti-social, tomemos conciencia de que la diferencia genética se encuentra primordialmente dentro de los procesos psicológicos de la volición y la memoria.

¿Qué es la volición, entonces? Básicamente, podemos considerar que es la intencionalidad. También la llamamos *cetana*, que deriva de la raíz *cit-*, "pensar". Recordarás que *citta*, "mente", es la conciencia como discernimiento y que *cetana* es coordinación y acumulación. En su tratado del *Abhidhamma*, Narada Thera habla de su función más bien como si fuese un maestro carpintero que cumple su propia tarea mientras regula la labor de otros asociados en el mismo trabajo.

En un sentido más sutil, podemos decir que la volición es intención, la base de todo condicionamiento; en otras palabras, determina toda acción potencial. Es aquí donde se notan las asociaciones y similitudes entre estímulos así como entre estímulos y respuestas, y donde se llega a las decisiones; todo ello, por supuesto, dentro del ser humano que utiliza esas gloriosas herramientas llamadas "palabras".

Aquí hacemos una distinción arbitraria, que probablemente no tenga ninguna base fisiológica. Decimos que *cetana* es el estado mental significativo dentro de la conciencia mundana (*lokiya*) y asignamos la volición que contribuye a la nobleza humana –*panna*, "sabiduría" o "introspección", el estado mental significativo– a la conciencia supra-mundana. Cuando hablamos de karma, un tema que trataremos después, *panna* no genera karma negativo. Por el contrario, *cetana* bien puede hacerlo según sea la presencia de la identidad.

Debería quedar claro que ahora la serie ahora se convierte en atención-sensación-discriminación-percepción-volición, y que cada proceso desempeña su papel en el comportamiento humano. Todas las etapas de nivel anterior a la volición tienen sus experiencias correspondientes. En el humano liberado, la sensación tiene su correlato en el gozo reconfortante; la discriminación tiene afecto, desafecto y ecuanimidad; y la percepción tiene la experiencia del conocer (en su sentido perceptivo estricto). Todas son claras y fáciles de distinguir. En el humano dominado por la identidad, estas experiencias se transforman en falsa alegría en la sensación; en gusto, no-gusto e indiferencia en la discriminación; y en falso orgullo en la percepción.

En la volición la situación se vuelve mucho más compleja, ya que las experiencias son más elaboradas y están asociadas con estados específicos de condicionamiento. La presencia de una irritación desagradable puede traer niveles de incomodidad una vez estas señales se transforman desde la sensación; grados de no-gusto, asco u odio después de las transformaciones del no-gusto desde la discriminación; y grados de inferioridad o superioridad tras las transformaciones de la percepción. Puedes ver por tanto que la volición desarrolla estas experiencias desde los niveles inferiores de operación.

La volición presenta siete características básicas:

**1. *Vitakka*, pensar.**

La operación de la volición genera una experiencia que llamamos *vitakka*, basada en la raíz *vi-* + *takk*, que significa "pensar". Pero ten cuidado de no confundir los contenidos del pensamiento con el pensar en sí. En el ser humano natural existe la experiencia de "se piensa", mientras que en el ser afligido por la identidad la experiencia es "yo estoy pensando".

En un sentido general, *vitakka* significa "nociones", "ideas", "conceptos", "pensamientos" y "razonamiento", pero eso es bastante diferente del sutil conocimiento de que "se está pensando". Puedes ver que la percepción es capaz de detectar y nombrar los pensamientos como "pensamientos" dentro de la volición. También es capaz de etiquetar las sensaciones como "sensaciones" y las discriminaciones como "discriminaciones", junto con todos los demás nombres que se les da a las experiencias. Por tanto, *vitakka* tiene la función de relacionar los concomitantes, las experiencias, con la irritación como su característica principal.

Las características de las identidades están diferenciadas con la máxima claridad aquí y ahora estamos en posición de darles etiquetas útiles. Aunque de ninguna manera apoyamos los postulados de la psicología freudiana, vamos a usar los términos que Freud creó a partir de sus estudios clínicos y llamar a las tres identidades el Id visceral, el Ego emocional y el Super-ego mental, para considerar el venenoso efecto de su presencia sobre los tres procesos de la sensación, la discriminación y la percepción.

A estos tres venenos los denominamos *moha,* estupefacción (confusión); *lobha,* aferrarse o apegarse (codicia); y *dosa* (o *patigha*), aversión. Las condiciones liberadas de esas taras las llamamos respectivamente *amoha, alobha* y *adosa*.

**2. *Vicara*, morar.**

Otra característica de la operación de la volición y la intención es la continua aplicación de la mente sobre la información recibida en relación con la irritación. A eso lo llamamos *vicara*, que deriva de *vi-* + *car*, que significa "deambular". Así pues, la mente deambula sobre los aspectos de la irritación, examinando sus características principales.

En el *Abhidhamma*, la diferencia entre *vitakka* y *vicara* se describe bien como si una mariposa se posara sobre una flor en el primer instante (*vitakka*) y estuviera aleteando alrededor de la flor en el segundo (*vicara*). La segunda imagen sugiere la presencia de una forma de investigación y toma de decisiones.

**3. *Piti*, interés.**

La palabra *piti* deriva de la raíz *pi-* que es "agradar" o "deleitar". Se puede deducir que esto implica interés, sin duda, y que genera lo que llamamos "gozo"; por tanto, la intención va acompañada de gozo. Podemos distinguir cinco formas de interés y gozo:

1. *Khuddaka*, que causa una experiencia fisiológica en el cuerpo.
2. *Khanika*, que es instantánea como un relámpago.
3. *Okkantika*, que inunda como olas consecutivas dentro de la mente.
4. *Ubbega*, que es la experiencia de un gozo flotante.
5. *Pharana*, que es un baño de alegría que parece invadir el cuerpo entero.

Estas cinco formas están asociadas con la intención y no se deben confundir con la felicidad o el disfrute de un objeto deseado y sus características. La pregunta entonces es: ¿cuál es la relación de la identidad con las aparentes experiencias naturales de interés? No hay ninguna. La identidad no encuentra apoyo en estas cinco experiencias, que son concomitantes del interés.

**4. *Viriya*, la aplicación de energía sostenida.**

Está claro que *vicara* requiere la aplicación de energía, que es un factor de control y vence la tendencia a retirarse de la investigación. Podemos pensar por tanto que *viriya* es un factor de sostenimiento. El termino *viriya* deriva de la raíz *aj-* + *ir*, que significa "ir". Sus características son sostener (*ussahana*), apoyar (*upatthambana*) y mantener (*paggahana*). La presencia de esta aplicación de la energía es la raíz de todas las respuestas.

**5. *Chanda*, desear.**

Esta palabra *chanda* deriva de la raíz *chad-*, que significa "desear" y la característica es el "deseo de hacer". Sin embargo, es más fácil entenderlo si lo interpretamos más bien con el término del "impulso de actuar".

Podemos identificar *chanda*, el impulso, de tres formas:

1. *Kama-chanda* se refiere a los impulsos que tienen la característica de aprehender el objeto y dan como resultado lo que se llama sufrimiento o la consecuencia aparente del karma negativo. Poniéndolo en términos de la vida real, *kama-chanda* es el anhelo. Sin embargo, debemos distinguir

*kama-chanda* del veneno posterior del apego (*lobha*) una vez que se ha asido un objeto, ya que eso también genera sufrimiento.

2. Luego está *kuttukamyata-chanda*, un deseo neutral de hacer, al que con frecuencia los expertos del *Abhidhamma* toman por error como algo éticamente inmoral. Puede considerarse como la actitud de *laissez-faire* (dejar hacer), en la cual uno, por así decirlo, se permite a sí mismo agarrar simplemente por hábito.

3. Por último, está el *dhamma-chanda*, un impulso natural y correcto que es la fuerza básica que hay tras las intenciones correctas y la preparación de acciones correctas.

Podemos admitir por tanto que la intención es la combinación de energía sostenida y del deseo de hacer. Así pues, si bien la discriminación es la base de la cual se deriva la intención, es la intención la que desarrolla el potencial para la acción.

**6. *Adhimokkha*, decisión.**

Es evidente que en un momento determinado, una vez que todas las intenciones potenciales se han evaluado, se debe tomar una decisión sobre qué intención se selecciona para la preparación potencial de la acción; eso se llama *adhimokkha*. El término *adhimokkha* deriva de la raíz *adhi-* + *muc*, que significa "soltar".

Aunque también usamos la palabra *adhimokkha* cuando hablamos de atención, aquí el sentido es diferente. En la volición, selecciona una intención entre varias intenciones alternativas; en la atención, hay una selección refleja que se hace entre varios objetos potenciales como fuente de irritación con base en factores externos.

Ahora podríamos preguntarnos cómo se toman estas decisiones. ¿Existe alguna forma de libre albedrío?

La respuesta sorpresa es que no la hay. Todo es condicionamiento. El ser humano, encantado por la presencia de la identidad, ha inventado esta idea del libre albedrío. Hablaremos de esto con más detalle después, pero por el momento vamos a adelantar que esencialmente hay un tercer proceso que más o menos no es ni libre albedrío ni lo que comúnmente llamamos condicionamiento.

Por tanto, hay que reformular la cuestión para preguntar lo siguiente: "Si todas las intenciones no son más que exámenes de condicionamientos previos almacenados, ¿cómo se toma la decisión aparente entre varias intenciones?"

Contamos con una pista cuando examinamos todos los procesos previos y las experiencias relacionadas, ya que siempre y sin excepción las experiencias correlacionadas tienen una función de retroalimentación fisiológica. Hemos visto que hay varias experiencias conectadas con el examen de las intenciones potenciales. En realidad, estas experiencias han sido nombradas arbitrariamente, ya que hay un solo continuo ininterrumpido de las cinco experiencias aparentemente separadas: *vitakka*-pensar, *vicara*-morar, *piti*-interés, *viriya*-aplicación de energía sostenida y *chanda*-desear. Son estas experiencias las que le sirven de indicador al proceso de selección.

La diferencia entre la operación natural y la de la identidad reside solo en la naturaleza de las respuestas y en la intención. La intención correcta tiene a la Fuerza de la Vida como referencia y las cinco experiencias de deleite son resultados naturales no asociados con la identidad.

**7. *Sukha*, felicidad.**

Al tiempo que el interés tiene una función de sustento y sostenimiento, *sukha* permite lo que se llama la experiencia de disfrute del objeto (el fruto gozoso). *Sukha*, la felicidad aparente como consecuencia, es simplemente una señal de que la respuesta se ha efectuado correctamente. No debe buscarse como fin en sí mismo y no tiene relación con los placeres materiales; su esencia es física y no mental.

Las identidades solo tienen niveles de falsa felicidad como referencia, basados en memorias almacenadas previamente. Tienen como único objetivo la obtención del falso fruto gozoso. Para distinguir el verdadero fruto gozoso, *sukha*, del falso fruto gozoso de la identidad, acuñamos otro término, *dukkha*, con el prefijo *dus-*, que significa "difícil".

Quizá no parezca justificado que la falsa felicidad pueda llamarse "difícil" en el sentido de dura de soportar, pero sí lo es en realidad, ya que en realidad la apariencia de falsa felicidad asienta las bases para un sufrimiento posterior extremo. De hecho, la falsa felicidad es considerada como una de las tres formas de sufrimiento en el Dharma de Buda:

1. El sufrimiento mental.
2. El sufrimiento que acompaña al dolor.
3. El sufrimiento que es falsa felicidad.

En la felicidad de la identidad, la expectativa y la anticipación sustituyen al interés auténtico. Las intenciones, compiladas ahora con base en el condicionamiento previo, llevan asociadas el deseo, el interés y la motivación básica para las demandas de la identidad.

## LA FELICIDAD NATURAL

Ahora dejemos todo esto bien claro. Cuando la señal que ha pasado previamente a través de la atención, sensación, discriminación y percepción alcanza la volición, se ha cumplido lo siguiente:

1. Tiene una valencia de haber sido vista antes o de ser nueva (sensación);
2. Tiene un impulso básico en forma de atracción, neutralidad o repulsión (discriminación);
3. Su forma se ha generado y se le ha dado un nombre o se ha recobrado de la memoria (percepción).

Luego esa información atraviesa las principales operaciones de volición, que son:

➢ Pensar: la combinación con otros elementos de la memoria recuperados por asociación. La cognición es consciente de que el "pensar" está teniendo lugar.
➢ Examinar las combinaciones.
➢ Interés en la información con una experiencia cognitiva de "gozo".
➢ Energía sostenida sobre el proceso.
➢ El impulso de alcanzar una decisión.

➢ Toma de decisión.
➢ Confirmación de la decisión (es decir, que se encuentra en armonía y equilibrio con la Fuerza de la Vida). Esto genera la experiencia de "buena voluntad" en la conciencia, que se interpreta como alegría, compasión y afecto benevolente.

## LA INTERFERENCIA DE LA IDENTIDAD

Quizás ahora veas dónde entra la identidad en escena: ya habrá infectado las primeras tres operaciones de la sensación, la discriminación y la percepción.

1. A menos que haya una identificación definitiva como "experimentada antes", a la información se le da una valencia de "probablemente nueva" (sensación), que es la base de la confusión de la identidad.
2. Los impulsos básicos han pasado de atracción, neutralidad o repulsión fisiológica (discriminación) a gusto, indiferencia y no-gusto, todos ellos experimentados mentalmente.
3. Se ha generado una forma y se ha dado o recuperado un nombre de la memoria (percepción), pero esa forma y nombre se perciben como reales e independientes de todos los demás fenómenos. Además, al observador también se le considera real.

Ahora, dentro de la volición ocurre:

1. Pensar: la combinación con otros elementos de la memoria, recuperados por asociación. En presencia de la identidad, todos estos elementos están manchados por asociaciones previas de la identidad, que producen placer, indiferencia o desagrado.
2. Examinar las combinaciones.
3. Interés en la información con una experiencia cognitiva de gozo. En presencia de identidad, el gozo previo va asociado con un estímulo similar que mantiene el interés; de modo que es gozo condicionado y no natural.
4. Energía sostenida sobre el proceso que, en la versión de la identidad, es condicionada por falsas expectativas de felicidad futura.
5. El impulso de llegar a una decisión, que en presencia de identidad produce impaciencia.
6. Toma de decisión, que es correcta o errónea por puro azar, ya que la corrección de una decisión depende de si la información se ha procesado en una condición natural o de identidad.
7. Confirmación de la decisión que, en presencia de identidad, no se encuentra en armonía y equilibrio con la Fuerza de la Vida sino con la expectativa de que traerá felicidad y no sufrimiento. Esto genera la experiencia de falsa felicidad en la conciencia, que se interpreta como alegría de la identidad, falsa compasión o amor.

Se ve por tanto que la fuerza motriz de las identidades es proveer falsa felicidad con exclusión de lo que pueda ser correcto y natural. Esta felicidad es a corto plazo y lleva expectativas adjuntas.

## FIG. 9.1 Los procesos de la volición con identidad

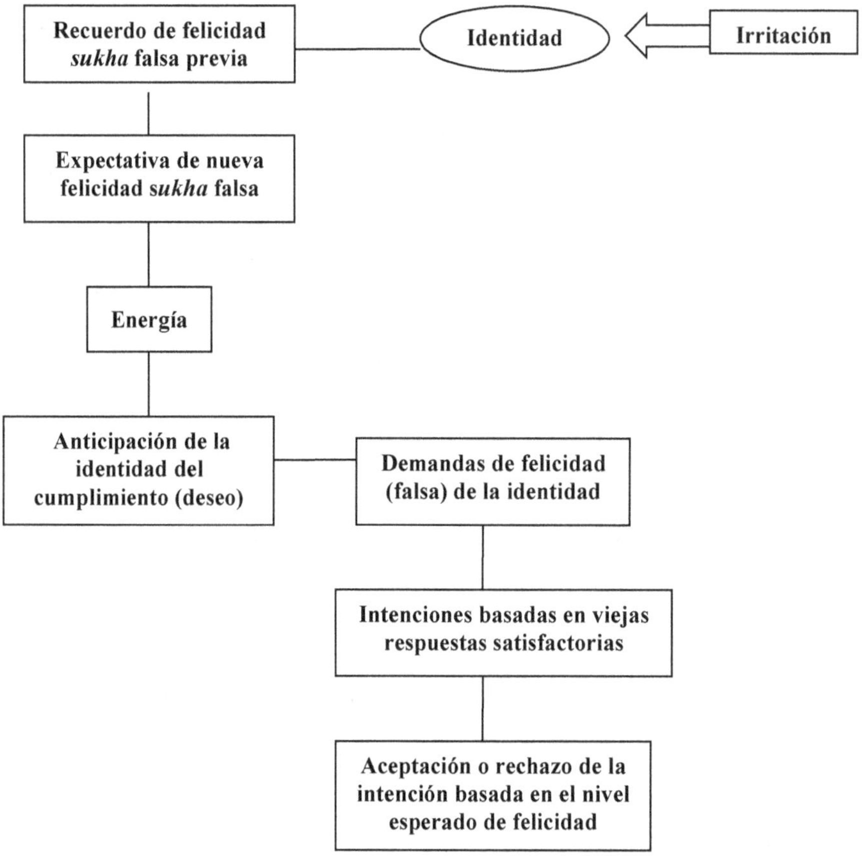

Puede verse que el proceso de identidad es un proceso de líneas directas sin control de retroalimentación. Es la demanda de la identidad lo que supone un factor de control en la preparación final de la intención definitiva. La aceptación del proceso de decisión está basada en la mayor probabilidad de conseguir la felicidad que exige la saciedad de la identidad.

Por el contrario, en el sistema natural el interés, la energía, y el deseo de construir intenciones correctas se le presentan al comparador, que luego comunica lo correcto mediante las experiencias correspondientes.

El sistema natural es un sistema biológico magnífico, eficaz, eficiente y asombrosamente simple en el cual la retroalimentación es importante, sobre todo en la toma de decisiones.

En el sistema manchado, la expectativa y la anticipación le quitan el puesto al interés, lo cual usurpa las experiencias de *piti*. En el sistema natural, la compilación de una intención final es un proceso que examina subliminalmente todas las respuestas potenciales. Este proceso, que incluye *piti*, *viriya*, *chanda* y el comparador de la Fuerza de la Vida, se llama *javana* o "impulso". Si el proceso es natural, entonces decimos que es virtuoso (*yoniso-manasikara*).

En el sistema de identidad, el deseo natural de lo correcto que busca las intenciones posibles es reemplazado por los deseos de la identidad. El sistema comparador de la Fuerza de la Vida es inútil en el sistema de identidad, de manera que este proceso se deja a un lado bajo el peso del condicionamiento social. El camino lineal de *javana* en la identidad (*ayoniso-manasikara*) es el siguiente:

1. Recuerdo de falsa felicidad anterior.
2. Expectativa de repetición.
3. Energía.
4. Previsión de consecuencia positiva.
5. Demandas de la identidad (de las cuatro identidades subliminales).
6. Resolución de conflictos de la identidad y camuflaje para ajustarse a los estándares sociales aceptados (ideales).

## LA INTERACCIÓN DE LA IDENTIDAD

Podemos ver que la identidad actúa en dos frentes:
1. Interferencia con la entrada de información.
2. Interferencia con la generación de intenciones.

La interferencia individual ocurre en los niveles de la sensación, la discriminación, y la percepción, dando como resultado mayores niveles de confusión y duda en el nivel de la sensación, el desarrollo de gustos, no-gustos e indiferencia en el nivel de la discriminación y, por último, una mayor experiencia de la separación de la identidad de todas los demás seres y cosas en la percepción. Podemos decir por tanto que la impresión real del refuerzo de la individualidad brota de la percepción.

Cada identidad genera sus propias demandas en el nivel de formación de la intención. Sin duda hay un gran conflicto de interés patente entre las demandas viscerales, las demandas emocionales y las demandas mentales. La decisión final se basa en la felicidad subsiguiente prevista y la fuerza de la demanda de identidad particular (visceral, emocional o mental) en ese momento. La consecuencia es una gran agitación en la actividad del sistema de volición. Esta aparente actividad se debe a la operación del pensamiento (*vitakka*) y del morar (*vicara*) sobre el tema de la irritación. Es evidente que en el sistema natural, el pensar y el morar sobre la irritación son mínimos y el sistema está en calma, mientras que en la operación de identidad, el pensar y morar son intensos y agitados y hay estrés interno, tensión y conflicto.

# Capítulo 10

## La interacción entre la memoria y la volición

Si no hubiera algún tipo de almacenamiento, ni el sistema natural ni la identidad podrían funcionar, así que debemos llegar a la conclusión de que la memoria juega un papel muy importante en el proceso de la volición. Por el momento, debemos distinguir entre la memoria en sí y el almacenamiento y la recuperación de información. En este modelo, podemos considerar que hay cuatro formas distintas de memoria:

1. La memoria operativa primordial, que regula la formación y el crecimiento del organismo.
2. La memoria conductual primordial, que incluye la memoria de la Fuerza de la Vida misma.
3. La memoria reciente de largo plazo, que es el sistema de memoria básico del ser humano.
4. La memoria reciente de corto plazo, que se usa para filtrar y consolidar la información.

Aunque la memoria conductual primordial es la memoria que está principalmente involucrada en el proceso comparador, las memorias que se emplean en la compilación de intenciones son las recientes. La información que se va a usar en la formación de intenciones se recupera desde la memoria de largo plazo, mientras que la memoria de corto plazo es una unidad de almacenamiento temporal que se usa en la volición.

Lo que vamos a considerar aquí por tanto es el modelo de "control adaptativo del pensamiento" de la MLP (memoria de largo plazo), que es un modelo en red dotado de nodos en los puntos en donde se cruzan los hilos de la red. Estos nodos representan relaciones entre conceptos.

Las conexiones entre nodos en el modelo que presentamos no se basan en la naturaleza de la información específica, sino en conceptos. Eso no significa que se hayan olvidado los detalles o que no estén ligados a elementos específicos en forma de estímulo y relación, sino que la red misma es más adecuada para que se pueda procesar más rápido la información.

Las conexiones se recorren con una cierta prioridad según su frecuencia de uso, que a nivel conceptual se puede considerar como preparada para su rápido uso futuro. Es obvio que no hace falta que las comunicaciones fluyan en una única línea, y que puede haber muchas conexiones activas con otros nodos a la vez. El tiempo de reacción ante una irritación particular dependerá de la extensión de la red que se use: cuanto mayor sea la experiencia con una irritación, más rápida será la respuesta desde la red.

Está claro que si hay alguna interferencia con las conexiones conflictivas, la recuperación será difícil y en algunos casos, imposible. Aunque el modelo de "control adaptativo" es útil para explicar cierta recuperación de datos, no es suficiente para nuestro propósito. Lo más probable es que exista una red secundaria establecida sobre la primera. Esta superposición se describe como un modelo de "red neuronal" que actúa en función de patrones de activación.

Podemos imaginar que un estímulo activa rápidamente la red de la actitud, lo cual ceba todos los nodos que están incluidos. Cuando esté activada la red adaptativa habitual, habrá un incremento específico de fuerza nodal allí donde haya incidido la red neuronal y el camino de búsqueda será más eficaz. Debemos considerar la red adaptativa como una red de estímulo-respuesta, de manera que la respuesta se pueda transmitir para procesarla o bien se pueda usar ella misma como serie en una cadena de estímulo-respuesta.

Este modelo neurológico que presentamos no es más que una idea que representa una función de la memoria; mientras tanto, la constante investigación científica sigue aumentando nuestro conocimiento. Lo que está claro, sin embargo, es que los datos recuperados no están separados de las actitudes con respecto al estímulo-respuesta y a toda la información recibida. Es mejor por tanto considerar la memoria no solo como un almacén de datos de estímulo-respuesta, sino también de actitudes.

La actitud se genera con base en cuatro disposiciones genéticas en armonía con la Fuerza de la Vida:

1. La disposición de liderazgo
2. La disposición trabajadora
3. La disposición sanadora
4. La disposición predictiva

No es ninguna sorpresa descubrir que la identidad usurpa estas disposiciones y genera en su lugar:

1. La disposición de dominación mental
2. La disposición de adquisitividad emocional
3. La disposición de anidación visceral
4. La disposición de fijación mental

En las huellas de memoria recuperadas de una persona liberada puedes observar que estas intenciones potenciales, listas ahora para ser enviadas al comparador, están influidas por actitudes específicas, con ciertas disposiciones consistentes con las características heredadas de la persona liberada. De manera similar, las huellas de memoria usadas por la persona manejada por la identidad estarán gobernadas por las disposiciones de identidad que estén presentes.

Es aquí donde notamos una diferencia entre la persona liberada y la que no lo está. En la persona liberada, hay un equilibrio entre las diversas disposiciones que depende de la Fuerza de la Vida, las irritaciones específicas y el ámbito en el cual la irritación incide sobre el sistema. En la persona manejada por la identidad, no hay armonía y equilibrio, así que en su lugar hay una competición abierta entre las identidades, cada una de las cuales compite con el objetivo de obtener su propia saciedad.

## LAS DISPOSICIONES DE LA ACTITUD Y SUS CONSECUENCIAS

No podemos dejar este tema de la memoria sin aclarar que cuando las intenciones potenciales se reciben desde la memoria, llegan con los componentes completos relativos a cómo debe realizarse la intención. En la persona naturalmente dotada, las intenciones que están siendo compiladas están directamente relacionadas con la discriminación, que ha asignado la dirección de la respuesta como acercamiento, evitación o neutralidad. Así pues, podemos decir que existe una relación directa entre la discriminación y la intención. Sería interesante notar ahora cómo las cadenas de datos de estímulo-respuesta se asignaron en un primer instante.

Las tres primeras disposiciones tienen sus raíces en respuestas primitivas que todavía existen dentro del ser humano, al igual que en todos los animales. Esas respuestas son la conocida tripleta de parálisis, huida y lucha. Las experiencias conectadas con esas conductas son el pasmo, el miedo y la aversión. Es importante notar que estas respuestas son reflejas y, como tales, siempre se realizan antes del conocimiento aparente de lo que causó la respuesta. Si, por ejemplo, una persona viese a un hombre cubierto de sangre que pareciera precipitarse rabioso hacia él alzando un hacha, es probable que huyese. Si luego se le preguntara por qué escapó, respondería sin duda: "Tuve miedo, así que salí corriendo". En realidad, primero corrió y luego experimentó el miedo y vio qué fue lo que provocó su reacción. Pero la imposibilidad de distinguir el orden temporal de estos procesos y la insistencia mental en que haya una explicación racional lo lleva a invertir el orden de los procesos.

Estas tres respuestas raíz primitivas de parálisis, huida y lucha están relacionadas con los procesos naturales visceral, emocional y pasional o pensante respectivamente. Podemos decir por tanto que las actitudes están correlacionadas con la sensación, al igual que las intenciones están correlacionadas con la discriminación. Debemos advertir, sin embargo, que las disposiciones en la persona liberada ya no son primitivas. Las respuestas primitivas de aversión, aunque siguen ahí para reflejos de emergencia extremos, han evolucionado de "lucha" a "liderazgo", al igual que la "huida" ha evolucionado al "compromiso activo de trabajar para la tribu", y la "parálisis" ha evolucionado a la "disposición curativa". Sin duda puedes ver que estos cambios evolutivos han acompañado al desarrollo de la Fuerza de la Vida dirigida a los demás.

De manera similar, en una fecha evolutiva posterior, se desarrolló la capacidad de predecir resultados con base en información previa. Esto dio pie a la disposición predictiva, que la identidad transformó en una condición en la que hay una fijación mental sobre resultados futuros concretos.

## LAS EXPERIENCIAS EN UNA PERSONA LIBERADA

Podemos observar que las experiencias actúan como confirmación de lo correcto en los diversos procesos de la formación de actitudes, la formación de intenciones y la preparación para responder, y esa retroalimentación posterior a la atención puede reforzar las actitudes. Pero el elemento esencial del refuerzo es la ecuanimidad. La ecuanimidad es el catalizador de ese refuerzo.

En condiciones naturales, el bienestar, la alegría, la compasión y el afecto benevolente no condicionan ni refuerzan la fuerza activa de las actitudes almacenadas, y la ecuanimidad funciona como otra señal de que las observaciones externas no se han corrompido.

La ecuanimidad es por tanto un ingrediente esencial para la estabilidad de la fuerza de las actitudes correctas y naturales. La nueva información que se obtiene de los acontecimientos externos como consecuencia de las acciones, junto con la presencia de una ecuanimidad clara, puede abrir la puerta a que se les incorpore información nueva a las actitudes preexistentes. Eso permite un crecimiento continuo y un refinamiento en la formación de actitudes, así como también en la modificación de las intenciones asociadas.

Recordarás que el proceso de la sensación, tras su confirmación como correcto en referencia a los parámetros de la Fuerza de la Vida, genera alegría. De igual modo, el proceso de discriminación genera la experiencia de compasión después de la confirmación y la preparación para la acción genera afecto benevolente tras la confirmación.

En la operación de la volición, la activación de la actitud genera la misma alegría cuando se ve confirmada y las intenciones generan la misma compasión. Estas son experiencias que se dan dentro de la conciencia.

Es obvio que, en sí mismas, las confirmaciones de corrección con referencia a la Fuerza de la Vida no requieren experiencias, así que ¿por qué se captan las experiencias en la conciencia?

Las experiencias sí que tienen su función en el sistema natural, ya que van acompañadas de correlatos fisiológicos externos y auras energéticas y sirven para dos propósitos:

1. La generación de una señal externa para otros miembros de tu tribu (de seres humanos) sobre esos estados internos.
2. La generación de un sistema de retroalimentación de seguridad para asegurarle al sistema que todo va bien.

En el ser humano que opera libre de identidad, existe un estado constante de bienestar y una constante expresión externa de estados positivos internos a medida que surgen. Naturalmente, las condiciones negativas permiten una expresión externa inmediata que surge de manera refleja como consecuencia de un estímulo nuevo o amenazador que se experimente en la sensación.

En la persona natural, las consecuencias de las acciones no juegan ningún papel en el refuerzo del comportamiento. Lo correcto se refuerza a sí mismo y el ser humano experimenta entonces un estado de ecuanimidad; de esta manera, no hay remordimiento o culpa alguna. Sin embargo, de las acciones erróneas que se detecten sí que surge una responsabilidad derivada de la Fuerza de la Vida, que opera en beneficio de todas las criaturas y del ambiente, como muestra la figura 10.1.

## LAS EXPERIENCIAS DE ALEGRÍA Y COMPASIÓN CON IDENTIDAD

El ciclo de retroalimentación posterior a la acción que le corresponde a la identidad, el sufrimiento y el establecimiento de parámetros lógicos para el sufrimiento futuro no es en sentido estricto parte de una única operación del proceso de identidad, sino parte de los efectos de la nueva irritación (retroalimentación).

Las diversas expectativas mentales y las previsiones de la identidad van acompañadas por experiencias previamente almacenadas, junto con trazas anteriores de la memoria. Puede verse que cada nueva irritación que es consecuencia de una acción anterior puede producir conflicto, tensión y estrés entre la expectativa-previsión anterior y la consecuencia aparente de la acción previa. El resultado puede generar disonancia cognitiva, que puede gobernar la forma de las nuevas actitudes e intenciones.

**FIG. 10.1 Las experiencias naturales de alegría, compasión y benevolencia**

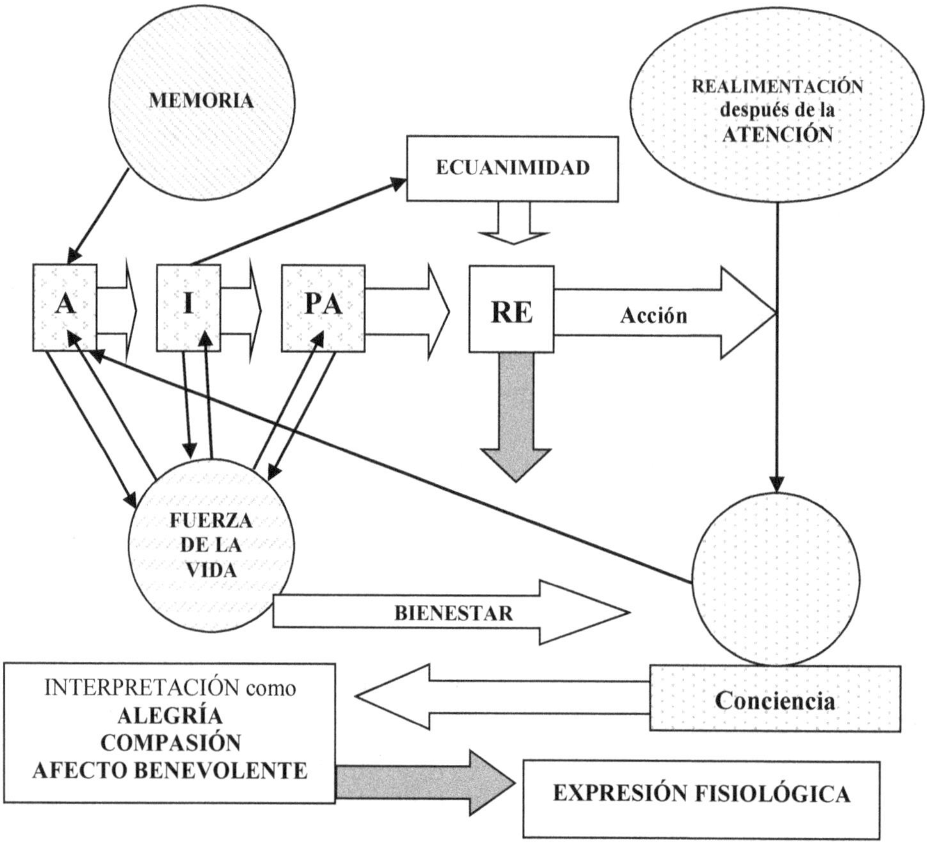

Es importante ver que, en el caso de que participe la identidad, la motivación es la experiencia final de felicidad (que es falsa), mientras que en la condición natural, el bienestar, la alegría y la compasión son una consecuencia de la evaluación interna de la corrección de acuerdo con los parámetros de la Fuerza de la Vida.

**FIG. 10.2 Contaminación de las experiencias naturales por la identidad**

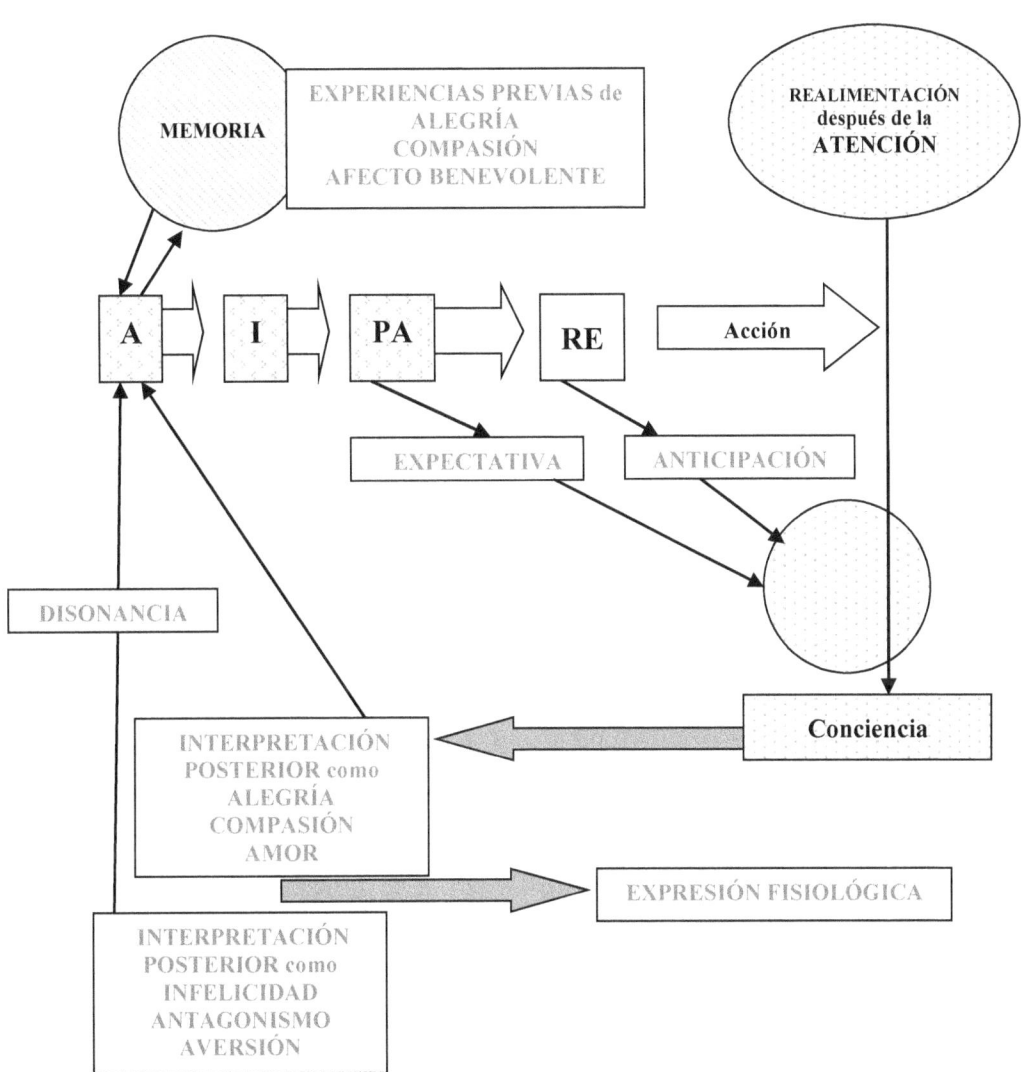

## LA INTENCIÓN FINAL

Cuando la intención final en un proceso natural se ha aceptado como la más apropiada, es en ese punto cuando la acción misma se coloca en estado de preparación; es decir, se deben preparar todas las instrucciones para la acción. Esto es una interfaz entre la intención y la acción. Es aquí donde puede recibirse un mensaje para cancelar la operación de transformación de la acción. En ese caso, la cadena de actitud-intención-acción se cortará y la acción no se producirá. Este proceso permite un cambio de operación en el último momento que surge de manera directa y refleja de la nueva información recibida por el proceso de la sensación. Por ejemplo, la preparación de un conejo para huir puede cancelarse por la señal sensorial que anuncia la desaparición del peligro, o un soldado en guardia puede cancelar la preparación para luchar si reconoce a un miembro de su mismo grupo.

**FIG. 10.3 El proceso de intenciones finales**

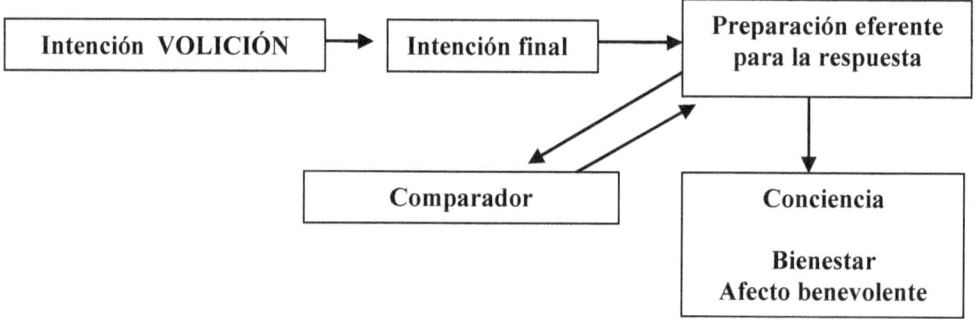

En resumen, podemos mostrar las siguientes relaciones:

**Grupo natural**
- ➤ Sensación > Actitud > Bienestar > Alegría
- ➤ Discriminación > Intención > Bienestar > Compasión
- ➤ Percepción > Preparación para la acción > Bienestar > Afecto benevolente
- ➤ Ejecución de una acción > Ecuanimidad (que en realidad surge de la discriminación)

**Grupo de identidad**
- ➤ Identidad visceral > Interferencia en la sensación > Confusión y duda
- ➤ Identidad emocional > Interferencia en la discriminación > Adquisitividad y apego
- ➤ Identidad cognitiva > Interferencia en la percepción > Aversión y mala voluntad

Estas tres identidades provocan expectativas y previsiones, junto con sufrimiento y falsa felicidad.

# Capítulo 11

# La conciencia

¿Qué es la conciencia? Qué pregunta tan nefasta. Parece tan desafortunada como la pregunta: "¿Quién eres?". Esto quizá no sea tan sorprendente, ya que en realidad tú eres la conciencia, o al menos eres quien la conciencia piensa que eres y la conciencia está donde tú pareces estar.

Parece que la conciencia y tú sois inseparables. Sin la conciencia, parece que tú no existes. La pregunta es: sin ti, ¿existe la conciencia? ¿Acaso la conciencia te ha inventado a ti, o eres tú quien se ha inventado la conciencia para explicarte a ti mismo? Cuando se contempla esta cuestión se diría que se abre la caja de Pandora.

Pero en el Dharma Chan la cuestión no se plantea, pues ni tú ni nadie más, ni siquiera la conciencia, existís en realidad. Sin embargo, en aras de la comprensión, imaginemos que entendemos mejor la conciencia como una conciencia implícita (*awareness*). ¿Quién es consciente? Nadie, simplemente hay conciencia implícita. Esa conciencia implícita puede tener una cierta correspondencia con el mundo aparentemente incognoscible de la energía. No es necesario que haya un sujeto de la conciencia –en otras palabras, tú; no hace falta que exista de verdad la ilusión. La conciencia implícita puede ser consciente de sí misma y de todo lo que parece no ser ella misma. Eso produce una conciencia implícita diferenciadora. La identidad sigue sin ser necesaria.

Parece que la única manera en que podemos aprehender este esquivo concepto de la conciencia, sea explícita o implícita, es hablando de las propiedades de la conciencia y, por ende, tal vez del ser humano consciente. Desde este punto de vista, que es mundano, ¿qué es realmente el ser humano? Es aquello a lo que se atiende: la atención pura y la conciencia de esas irritaciones, es decir, las sensaciones, las discriminaciones, las percepciones y la volición.

Podemos presentar esta lista de otra manera, comenzando con las sensaciones, discriminaciones, percepciones, voliciones y conciencia de aquello a lo que se atiende. A este grupo lo llamamos los cinco "agregados" o *skandhas*. Somos cinco agregados, y a través de estos agregados la conciencia es consciente de sí misma.
Pero esa conciencia es mundana (*lokiya*), ya que es pura ilusión basada en lo que los agregados presentan como existente dentro y alrededor de nosotros.

¿Existe otra conciencia, dado que llamamos "mundana" a esta conciencia de los agregados? Sí que existe. La llamamos conciencia supra-mundana. Ahora bien, lo último que queremos hacer es volar hacia la tierra de fantasía del "nunca-jamás", así que dejemos claro que no estamos hablando de nada espiritual. La conciencia supra-mundana es una expresión que sirve para afirmar que sí que existe una conciencia aparte de lo mundano.

A la conciencia mundana se le pueden aplicar otras tres etiquetas como subdivisiones, basadas en el plano aparente en el cual parece que se experimenta:

➢ La conciencia perteneciente a la esfera sensorial de aquello que se siente
➢ La conciencia perteneciente a la esfera de la forma de aquello a lo que se le da una realidad aparente
➢ La conciencia que pertenece a la esfera de la no-forma de las ideas abstractas

Aún podemos ser más precisos en referencia a estas tres categorías, ya que en el ser humano cada una de ellas tiene cuatro subdivisiones de conciencia:

➢ Aquella que surge de lo indigno
➢ Aquella que surge de lo digno
➢ Aquella que surge como consecuencia de las dos primeras
➢ Aquella que es puramente funcional

Podemos decir por tanto que hay doce divisiones de conciencia (3x4).

## LA DIVISIÓN EN CUATRO CLASES

**1. La conciencia que surge de lo indigno.** Como este es un texto relacionado con el comportamiento humano, debemos analizar más a fondo la conciencia y proceder a definir lo que realmente es indefinible, estableciendo divisiones artificiales donde la naturaleza no las conoce. Haciendo gala de gran atrevimiento, decimos que hay una conciencia que es contraria a los parámetros de la Fuerza de la Vida y pasa por alto el beneficio de todas las criaturas sintientes y del ambiente. Es tradicional llamar inmoral (*akusala*) a esta conciencia, pero eso tendería a situar lo que es natural y correcto en el área de la moralidad (*kusala*), lo cual no tiene nada que ver en absoluto con el Dharma. En su lugar, emplearemos el concepto de "indigno" para la expresión negativa de esta conciencia, que se deriva de la memoria.

Las experiencias indignas de la conciencia derivan de la confusión (*moha*), ocasionada por los venenos de la identidad visceral; el apego o codicia (*lobha*), ocasionado por los venenos de la identidad emocional; y la aversión (*patigha*, a veces llamada *dosa*), ocasionada por los venenos de la identidad mental crítica. Todos ellos se manifiestan en los tres temperamentos de la identidad. Existe una cuarta experiencia indigna de la conciencia, que surge de la fijación, ocasionada por una intensa confusión de la identidad dentro de la volición misma:

1. La disposición mental dominante
2. La disposición emocional de agarre
3. La disposición de anidación visceral
4. La condición de fijación volitiva

**2. La conciencia que surge de lo digno.** En oposición a lo indigno que surge en la conciencia está el surgimiento de lo digno, ya que produce efectos valiosos (*ittha vipaka*) consistentes con los impulsos de la Fuerza de la Vida para sostenerse a sí misma, a la progenie, a la tribu y al medio ambiente. Se manifiesta en los cuatro temperamentos naturales:

1. La disposición de liderazgo
2. La disposición trabajadora
3. La disposición sanadora

4. La disposición predictiva

**3. La conciencia que surge como consecuencia inevitable de las dos primeras.** Tanto la conciencia indigna como la digna van seguidas por la conciencia resultante como consecuencia de la estimulación y recuperación de información desde la memoria y las experiencias que resultan de la presencia de la atención y la intención.

La conciencia resultante, en el caso de la conciencia digna, incluye las experiencias de buena voluntad, alegría, compasión y afecto benevolente cuando la intención final se acepta como válida por el comparador.

La conciencia resultante en el proceso indigno incluye las experiencias de las expectativas y la previsión. El sufrimiento consecuente y la falsa felicidad están relacionados con la anticipación de la siguiente irritación, que surge de consecuencias externas y no se considera parte de la conciencia resultante. La importancia de todo esto se aprecia en la medida en que el efecto que surge de la acción anterior trae más expectativas y previsiones para el futuro, de manera que la mente nunca está libre de agitación. Por el contrario, la conciencia resultante en el proceso digno es calma y mantiene la ecuanimidad.

**4. La conciencia que es puramente funcional.** La conciencia que es puramente funcional incluye la conciencia de ver, tocar, oír, oler, saborear y pensar. Todas van acompañadas de la ecuanimidad natural (la conciencia de la puerta sensorial), la percepción diferenciadora pura (la conciencia de la puerta mental) y también la conciencia de las experiencias naturales de bienestar, alegría, compasión y afecto benevolente (llamadas "la conciencia productora de sonrisas").

Pero ¿no son los cinco agregados que llamamos funcionales también conciencia por derecho propio? Es una buena pregunta, ya que revela lo arbitrarios que son estos nombres cuando se aplican a procesos (en este caso, de la conciencia) que realmente no se pueden entender mediante el mero nombramiento.

Podemos hablar, por ejemplo, de las divisiones de la conciencia de otra manera. Podemos comenzar con las seis conciencias funcionales de "ver, tocar, oír, oler, saborear y pensar". Luego podemos añadir una séptima conciencia compuesta por la conciencia de lo digno o indigno y las consecuencias de ambas. Por último, añadimos una octava conciencia a la que llamamos conciencia *alaya*, que es la base sobre la cual todas las otras conciencias están colocadas, aunque sin alterar su forma pura.

¿Te das cuenta de lo arbitrarias que son estas divisiones? ¿Por qué mostrarlas entonces de maneras diferentes? Porque cada modelo válido se puede usar para entender y extraer conclusiones diferentes pero no contradictorias sobre la interacción y naturaleza de los procesos mismos.

## LA UTILIDAD FUNCIONAL DE LA CONCIENCIA EN AUSENCIA DE IDENTIDAD

Podemos observar que la atención tiene su función clara y le permite a la conciencia saber que el proceso de atención está teniendo lugar. La sensación le permite saber al ser humano si la irritación captada por la atención se ha experimentado antes o no y así realizar la acción adecuada. La discriminación impulsa una respuesta de acercamiento, evitación o neutralidad; la percepción permite una diferenciación clara con la forma y el nombre para facilitar la respuesta y el almacenamiento en la memoria. La volición es la unidad de trabajo que genera la preparación para una respuesta adecuada.

En una persona bajo condiciones normales y sin identidad debilitante, solo la atención, la percepción y la volición están mediadas por la conciencia. Sin embargo, bajo condiciones especiales evocadas por circunstancias naturales, la sensación y la discriminación también se transmiten a la conciencia.

La conciencia correcta es por consiguiente la experiencia de la operación de un sistema de retroalimentación homeostático diseñado para asegurarse de que todo funciona correctamente. Con el tiempo se le informa de las respuestas del sistema. Estas respuestas se comparan con las órdenes preparadas por la volición, a veces llamada cognición. Puedes ver, por ejemplo, que si la orden fuese "sentarse" y el organismo corriera, entonces habría necesidad de una corrección. La detección de este error es en parte una función de la conciencia. Puedes ver por tanto qué importante es la conciencia en el estado natural.

Más adelante, cuando hablemos de la relación entre la volición (cognición) y la imaginación humana, verás lo importante que es la retroalimentación inicial de la atención, y cómo un error del sistema ha generado serias consecuencias debilitantes en el comportamiento humano.

## ¿DÓNDE ESTÁ LA CONCIENCIA?

En respuesta a esa pregunta, quizás apuntemos instintivamente a nuestra cabeza, presumiblemente al cerebro. Asimismo, si preguntáramos dónde está la identidad, también apuntaríamos al cerebro. Sin embargo, paradójicamente, si se nos preguntase dónde está la silla en la que estamos sentados, apuntaríamos a algún punto fuera, en el espacio. En realidad, esa silla también se encuentra únicamente en la conciencia y la cognición.

¿Dónde estás tú? Correcto: tú también estás en ese pequeño órgano arrugado que se llama cerebro.

¿Sabe la conciencia lo que realmente hay afuera? No, en absoluto.

Entonces, ¿qué hay afuera en realidad?

¡Ah! Esa ya es otra historia.

# Capítulo 12

# La identidad

En este capítulo introductorio sobre la identidad no vamos a explorar las sutiles ramificaciones ni los efectos de la identidad sobre la volición. Nuestra tarea aquí es dar un repaso general al concepto de identidad, que a veces es tan escurridizo.

Por supuesto, no hay ninguna identidad que exista de verdad; es simplemente una idea y, más aún, los conceptos de identidades individuales como la visceral, la emocional y la cognitiva no son más que etiquetas para entender mejor los procesos. No existe un "tú" sentado ahí que controle las cosas y las identidades venenosas básicas tampoco existen; se les da un nombre solo por su similitud con el comportamiento que exhiben.

No es una idea nueva. Los antiguos arios de la India descubrieron mediante la observación las mismas características que encontramos hoy en los seres humanos y les pusieron etiquetas de la misma manera. Vemos en el *Veda Atharva* que "por Brahmán se estableció esta tierra" y que "Brahmán [como] hombre [adquiere] este fuego" (X, ii, 25 y 21). Hay también un nuevo sentido del ser humano como "ser extraño que posee un 'yo'" (X, ii, 32), lo que aquí llamamos identidad.

Esto indica un giro hacia adentro del enfoque de los *Upanishads*, donde se dice que aquellos que conocen a Brahmán alcanzan la percepción humana de la posesión de un "yo". En otro pasaje, se dice que este extraño ser llamado hombre está en "un loto con nueve puertas envuelto por tres hilos…" (X, viii, 43). El simbolismo se refiere al corazón como el "loto con nueve puertas", ya que cuando el corazón se sostiene con el vértice hacia arriba, parece exactamente un capullo de loto con nueve puertas, tres en la aurícula derecha, cuatro en la aurícula izquierda, y una en cada ventrículo, el derecho y el izquierdo. El corazón simboliza al ser humano como "mente pura" ya que, en los sistemas antiguos, el corazón y la mente eran una sola cosa. Así pues, esta "mente pura" está "envuelta" o "rodeada" por los tres *gunas*.

Personalmente, estoy encantado con esa imagen del ser humano como "un loto con nueve puertas envuelto por tres hilos", siendo esos tres hilos las tres identidades de la confusión, la codicia y la aversión; tres identidades en una, como observa Brahmán, con un sentido del "yo" (*atman*) que con el tiempo se convierte en algo aproximado a un alma humana.

Es curioso ver que, en este punto, el *atman* se parece menos a un "alma" y mucho más a nuestras identidades (Id, Ego y Super-ego). Se afirma que el *atman* requiere la liberación que, se dice, llega al identificar el *atman* con Brahmán. Así pues, en estos tempranos *Vedas* hindúes parece que cuando el Id, Ego y Super-ego (*atman*) se convierten en Brahmán, virtualmente se disuelven. El grupo liberado, llamado "yo", se describe entonces como "libre de deseo, sabio, inmortal, auto-nacido… no deficiente en ningún respecto… sabio, que no envejece, joven" (*Veda Atharva* X, viii, 44). Aquí podemos ver exactamente la misma idea moderna de que solo cuando las identidades se disuelvan habrá libertad.

Ahora presta mucha atención, ya que no es fácil ver las interacciones de estos tres *gunas*. Dejemos pues que sea la divinidad hindú Krishna quien lo explique (*Bhagavad-Gita*, capítulo 14, *Yoga Gunatraya-vibhaga*):

### La separación de las cualidades – Los tres *gunas*

*(...) ¡Este universo, la matriz, es donde planto la*
*semilla de todas las vidas! De allí, príncipe de la India, le viene*
*el nacimiento a todos los seres! Quienquiera, ¡hijo de Kunti!*
*da a luz cada forma mortal, Brahmán la concibe,*
*¡Y yo soy el padre, que envía la semilla!*
*Sattwan, rajas y tamas, así se llaman*
*las cualidades de la naturaleza: veracidad, emoción e ignorancia.*
*Estas tres amarran*
*al espíritu inmutable en la carne mudable.*

Estas tres, *sattwan*, *rajas* y *tamas*, son las tres identidades y sin duda alguna amarran y aprisionan al espíritu humano natural. Comprenderlas desempeña un papel importante en la meditación budista de todas las escuelas –transformado, por supuesto, para encajar con las necesidades particulares de las prácticas.

La "veracidad" es una adhesión a la verdad, pero esa verdad no es la verdad budista trascendental, el conocimiento del estado primordial, ni tampoco, en el caso del camino de los brahmines, la verdad suprema de la unión con Brahmán. Es la verdad de la conducta mundana correcta, tal como era percibida por los arios. La clave es el deber, así que podemos transformar la idea de "veraz" en la idea "firme en el deber de uno hacia Brahmán". Eso es el Super-ego.

La emoción, a veces llamada "pasión" por error, está claramente asociada con el temperamento de codicia del Ego. El tercer temperamento, la confusión, se llama "ignorancia" en la literatura aria y en el Dharma budista temprano. Era un estado despreciado por los brahmines y considerado evidentemente inferior. La razón principal es la intransigencia de los "oscurecidos", que en realidad no entendían la pasión por el deber ni el estado emocional de *rajas*, de modo que se los consideraba casi como criaturas malvadas y ajenas. Son sin duda los que hoy en día calificamos como confusos.

*Mientras que la dulce veracidad,*
*viviendo impecable e iluminada por la pureza,*
*ata el alma sin pecado a la felicidad y la verdad;*
*y la pasión (emoción), al ser cercana al apetito*
*y al impulso y la propensión de procrear,*
*ata el alma encarnada, ¡oh, hijo de Kunti!, con el lazo de las obras.*
*Pero la ignorancia, hija de la oscuridad,*

> *ciega a los hombres mortales,*
> *ata sus almas al estupor, la pereza y la modorra.*
> *¡Sí, príncipe de la India!*
> *La veracidad ata las almas*
> *de forma placentera a la carne; y la pasión las ata*
> *mediante esfuerzo fatigoso; pero la ignorancia, que oscurece*
> *los rayos de la sabiduría, ata el alma a la indolencia.*

Las explicaciones son claras y muestran, a grandes rasgos, las características básicas de los tres venenos. Quizá puedas ver ahora que la veracidad, la firmeza de estar en lo cierto de acuerdo con la ley social, es esencialmente el Super-ego en términos psicológicos modernos. Los sacerdotes arios, la mayoría de ellos de temperamento aversivo, rehusaban ver la locura de su propia veracidad, cosa que Buda remedió más tarde. Casi consideraban la veracidad como la virtud suprema, aunque no del todo; veían que aún tenían que eliminarla para alcanzar el Brahmán, el estado natural. Pero también podemos ver que entendieron claramente la presencia de las tres características en cada persona tal como lo muestran en los *Vedas*, y que todas están latentes, de una u otra manera, en cada ser vivo.

## LA DOMINANCIA DE LOS *GUNAS*

> *La pasión (emoción) y la ignorancia, una vez se superan,*
> *dejan a la veracidad, ¡oh Bharata!*
> *Donde ésta y la ignorancia están ausentes, gobierna la emoción;*
> *y la ignorancia (permanece) en los corazones ni buenos (veracidad)*
> *ni rápidos (pasión).*
> *Cuando en todas las entradas del cuerpo brilla*
> *la lámpara del conocimiento, entonces uno puede ver bien*
> *que la veracidad reina asentada en esa ciudad;*
> *donde está el anhelo, y el ardor y la intranquilidad,*
> *el impulso de esforzarse y ganar, y la avaricia,*
> *¡esos brotan de la emoción enquistada, príncipe!;*
> *y donde están la oscuridad y la torpeza, la indolencia y el estupor,*
> *¡es la ignorancia quien las ha causado, jefe de los Kurus!*

Así pues, vemos que en cada persona residen estos tres *gunas*, aunque en cada persona solo una asume la dominancia. En el Dharma Chan sabemos que los sacerdotes arbitrariamente favorecían la característica aversiva que ellos poseían, llamándola suave y dulce, no aversiva como es en realidad, mientras que le imponían a las otras dos un matiz negativo.

### El fruto de los *gunas*

> *El fruto de la veracidad es auténtico y dulce;*

*el fruto de la lujuria es dolor y esfuerzo; el fruto*
*de la ignorancia es oscuridad aún más profunda.*
*¡Sí! Porque la luz trae luz* (justicia)
*y las emociones añoran poseer* (codicia).
*La pesadumbre, el desconcierto y la ignorancia* (confusión)
*crecen desde la ignorancia.*
*Los de la primera se elevan incluso más alto;*
*los del segundo modo toman un lugar medio;*
*¡las almas oscurecidas se hunden*
*a profundidades más bajas, cargadas de estupidez!*

## MÁS ALLÁ DE LOS *GUNAS* (MÁS ALLÁ DE LA VIDA MUNDANA)

Son estos tres *gunas* (las cualidades de la identidad) los que traen el sufrimiento del nacimiento, la muerte, la vejez, la enfermedad y la aflicción en general. Solo al llegar más allá se libera uno de estos padecimientos.

*Cuando, al observar la vida, el hombre vivo percibe*
*que los únicos actores son las cualidades,*
*y sabe lo que gobierna detrás de las cualidades,*
*¡entonces se ha acercado a mí!*
*El alma, atravesando las tres cualidades*
*–de donde surgen todos los cuerpos– supera*
*el nacimiento, la muerte, el dolor y la vejez; y bebe profundamente.*

Ten cuidado de entender bien la sutileza que hay aquí. Primero existe una idea muy clara y válida de la presencia de estas tres naturalezas mundanas básicas. Sin embargo, el prejuicio de los brahmines describe a la persona sujeta al deber socialmente orientado con aspecto noble, aunque mucho menos noble que cuando se encuentra en un estado despertado de unidad con Brahmán. Si se mira más allá de cómo se presenta esta figura, Krishna es rígido y se adhiere intelectualmente a lo que es recto, siempre y cuando él mismo vea esa rectitud. La persona codiciosa está retratada con claridad, pues los brahmines no tenían ningún prejuicio a favor o en contra de esta importante "pieza" del sistema social.

Sin embargo, cuando se trata del ignorante, encontramos que la imagen está fuertemente distorsionada. Asegúrate de observar esa distorsión. El texto muestra al ignorante como "oscuro", pero en realidad esa oscuridad surge en gran parte de la duda (el alma desconcertada) y la confusión (contemplar lo erróneo como correcto y ver todas las cosas contrariamente a la verdad). Esto se refuerza aún más por el estigma impuesto sobre ellos, que servía políticamente para mantenerlos en su lugar. Ve más allá del prejuicio de los brahmines y capta la base de las verdaderas naturalezas sin esa distorsión. Como ves, este concepto del Id, Ego y Super-ego no es de ninguna manera un descubrimiento de Freud, ya que el

*Veda Atharva* está fechado en torno al año 3100 a.C.

¿Cómo describió Freud estos temperamentos? Primero acertó al describir la personalidad humana como si fuese básicamente un campo de batalla: "Es una bodega oscura en la cual una solterona bien criada (el Super-ego) y un simio maniaco sexual (el Id) están enzarzados en combate mortal perpetuo, y el árbitro de la lucha es un nervioso empleado de banca (el Ego)".

Su idea, que es una deducción clara, afirma que las actitudes, intenciones y comportamientos de un individuo son el resultado de la interacción del Id, el Super-ego y el Ego. Eso crea conflictos, que a su vez generan ansiedad, lo cual lleva a varios mecanismos de defensa.

## UN PERFIL FREUDIANO DEL ID

Según Freud, el Id contiene los impulsos viscerales más primitivos y opera de acuerdo al "principio de placer". Sus objetivos son la búsqueda del placer y la evitación del dolor.

Aquí debemos ver el placer en realidad como comodidad, la antítesis del dolor. Más allá de cualquier sentido de realidad, este Id es un proceso primario que impulsa la búsqueda de comida y de condiciones adecuadas para vivir (o para construir un nido).

Después, Freud se desvía un poco al afirmar que el Id tiene dos impulsos principales:

1. *Eros*: el instinto de vida que motiva a la gente a concentrarse en las tendencias de búsqueda del placer, que incluyen los deseos sexuales.
2. *Thánatos*: el instinto de muerte que lleva a la gente a actuar siguiendo impulsos agresivos para destruir.

En realidad, el impulso sexual no tiene nada que ver con las tres identidades venenosas; cada identidad busca su propia gratificación. En el caso del Id, no es nada más que comida y confort. El instinto de muerte también es ficticio, ya que el impulso agresivo de destruir no es nada más que un mecanismo de defensa puesto directamente al servicio de la causa errónea de la supervivencia de la identidad.

## UN PERFIL FREUDIANO DEL EGO

De acuerdo con Freud, el Ego es consciente de la realidad y por tanto opera por vía del "principio de realidad", mediante el cual reconoce lo que es real y comprende que el comportamiento tiene consecuencias. Su dilema, según Freud, es equilibrar de alguna manera las demandas del Id y del Super-ego con las limitaciones de la realidad aparente, que él mismo mantiene como la verdad.

El Ego domina el razonamiento y la resolución de problemas, que usa para solucionar el dilema entre Id y Super-ego. Freud cree que es el Ego el que equilibra como juez los impulsos básicos del Id dentro de las limitaciones del Super-ego.

Aquí también Freud comete el mismo error que los arios al colorear su teoría con su propia percepción de la identidad. El Ego no es un juez noble y es igual de fuerte en sus demandas que las otras identidades.

Lo que realmente resuelve el conflicto es el dominio de una identidad y la circunstancia particular que se dé en el momento. Así pues, un virtuoso joven cristiano podría tratar con cortesía a una chica en su iglesia local, pero en el fragor de la batalla en tierras extranjeras podría violar a la misma chica en una iglesia bombardeada debido a la situación y al peso momentáneo de una identidad diferente. Las demandas reales del Ego se basan en la seguridad –en su raíz primitiva, en la protección contra las inclemencias de la naturaleza y los depredadores.

## UN PERFIL FREUDIANO DEL SUPER-EGO

Según Freud, el Super-ego mantiene nuestros valores sociales y moralidad, que creía que provenían de nuestro aprendizaje en la infancia y que están contenidos en lo que llamaba conciencia. Llamó al Super-ego un contrapeso del Id, cuyas demandas de búsqueda del placer intenta inhibir, particularmente aquellas de sexo y agresión, que erróneamente asignó al Id.

Tal vez puedas observar que no hay una identidad real, solo una fuerza que actúa en tres dimensiones: visceral, emocional y mental. Como tal, uno no es consciente de estas identidades, ya que estas fuerzas son subliminales y solo pueden percibirse en el comportamiento resultante. Sin embargo, la identidad observadora, derivada de la atención inicial y la conciencia, siempre está presente. Y existe aún otra fuerza más de la identidad en funcionamiento. Freud la denominó la "conciencia" o identidad ideal y trató de relacionarla con el Super-ego. Sin embargo, su función es en realidad volitiva, puesto que da forma al comportamiento final de tal manera que presenta como virtud cualquier respuesta de la identidad. Trata de esconder lo que puede para presentarles una imagen noble a los demás. Es la gran impostora entre las identidades.

Para captar mejor la idea, presentamos un modelo de esta relación de identidad e incluimos la fijación del Supra-ego, que los arios no tomaron en cuenta y que Freud consideró como algo paranoico. Incluso el mismo Buda excluyó este temperamento, considerándolo imposible de cambiar. Fue únicamente en China en el siglo III d.C., como resultado de una reinterpretación del *Sutra del Nirvana*, donde se cambió esta postura y el llamado temperamento "perdido" fue incluido dentro de las normas de recuperación (ver figura 12.1).

Así pues, tenemos presidiendo sobre todas nuestras acciones a una identidad que se cree que es el jefe corporativo, aunque no tiene ningún control, y permite que cuatro jefes de departamento ineptos y sin armonía dirijan el espectáculo de manera autónoma sin tener en cuenta el auténtico beneficio de la empresa. Luego, para salvar su reputación, el jefe tiene un departamento de relaciones públicas. El problema es que nadie tiene ninguna consideración ni interés por la empresa ni por el público al que sirve.

**FIG. 12.1 La relación entre las identidades**

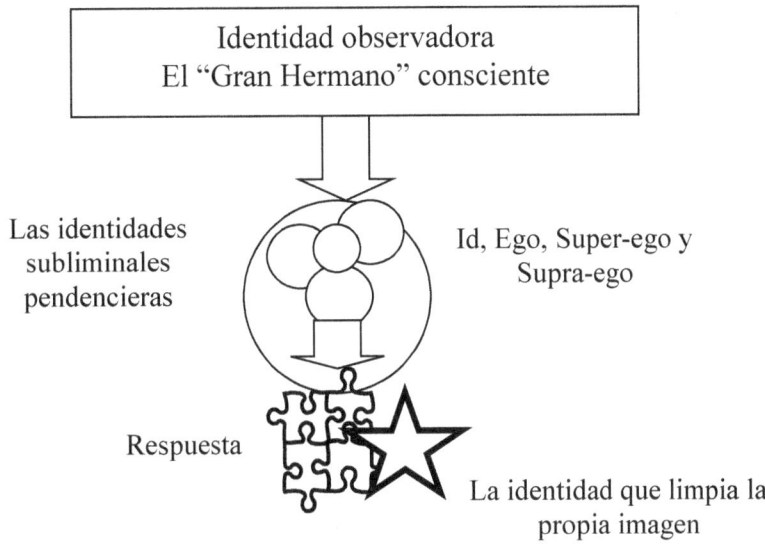

Bien, esto concluye la presentación del modelo de la interferencia de la identidad en el funcionamiento natural del sistema. El modelo presentado aquí reproduce formalmente las prácticas que fueron desarrolladas en Asia por intuición y experiencia, que dieron pie a generar tres métodos sofisticados que permitían la recuperación del estado natural. Más adelante presentaremos esas prácticas, explicaremos cómo funcionan y guiaremos al lector a través de un diagnóstico de los problemas aparentes y los detalles de los procesos, que se pueden usar incluso a la vez que se acepta la ayuda de un profesional.

Lo que debemos señalar aquí es la psicología del Dharma va más lejos que los sistemas psicológicos tradicionales en términos del nivel de liberación del sufrimiento disponible y del nivel de desarrollo personal potencial. Al mismo tiempo, la psicología del Dharma se puede integrar completamente con diversas prácticas actuales cuando esa integración la lleva a cabo un profesional entrenado que de verdad entiende su propio sistema terapéutico y las limitaciones al igual que los puntos fuertes de ese sistema.

# Capítulo 13

## El mito de la enfermedad mental

El modelo del Dharma de desarrollo de la conducta le asigna al ser humano una Fuerza de la Vida pura sin contaminar que se puede describir como el estado de *bodhisattva*. Esa Fuerza de la Vida tiene dos componentes, uno femenino y otro masculino; ambos residen en cada ser humano. La evolución ha dado pie al fantástico potencial de la sensación, la discriminación, la percepción (que permite la elaboración de nombre y forma), un sistema sofisticado de volición y una percatación de uno mismo como conciencia.

Cada ser humano nace con ese potencial completamente impoluto. Esa es su naturaleza del Dharma y está en armonía y equilibrio con la naturaleza del Dharma de todos los organismos vivos y con el ambiente natural. Por desgracia, ha heredado las identidades primordiales de disposición visceral, emocional y de mente pensante. Se le concede al nacer el dudoso regalo de su karma parental, que puede dificultar su desarrollo. Y se le mancha aún más con el desarrollo de una identidad ideal, que él presenta falsamente como su "verdadero carácter".

El entorno le rodea a continuación y resulta aún más contaminado por el condicionamiento de los padres, la familia, los amigos, la educación, la cultura, la religión y el Estado. A cada ser se le presenta, ya desde dentro del vientre materno, este conflicto entre la Fuerza de la Vida y la identidad. En la medida en que la máquina del condicionamiento humano es la que establece las reglas, si cualquier comportamiento no cae estrictamente dentro de los confines de las normas aceptadas por la sociedad y la Iglesia, a la persona que encuentra intolerable el estado condicionado se le tiene por enferma mental. Entonces reparar el títere estropeado se convierte en la tarea de los trabajadores sociales, médicos, psiquiatras y psicólogos, ayudados e inducidos por los que aplican parches de comportamiento a través de tratamientos alternativos.

De esta manera, el mundo manchado puede mirar a estas identidades que se rebelan y declarar con aparente objetividad, como hicieron los arios, que deben ser superadas y reemplazadas por el Brahmán, un ser puro. El mundo puede decir, como hacen los psicólogos modernos, que debemos crear una identidad firme y honrada, socialmente consciente, que tenga autoestima. Puede decir, como haría la Iglesia, que debemos obedecer las leyes establecidas por Dios. Puede decir, como haría el sistema social, que debemos ser educados para ser "buenos ciudadanos". Puede decir lo que dirían la mayoría de los padres, que es: "Ten éxito en el mundo, pero sé bueno", o podría afirmar, como harían los amigos: "Sácale el máximo partido a la vida mientras puedas". Podemos resumir las opciones como:

➢ Sé uno con Dios
➢ Obedece a Dios
➢ Obedece a Dios y al Estado y busca felicidad, fortuna y fama

> ➢ Obedece al Estado y sal adelante, siendo lo más feliz que puedas
> ➢ Sé feliz, rico y famoso, da igual cómo puedas

Tenemos aquí un rango de "ideales", desde el eternalismo en un lado hasta el existencialismo en el otro. En otras palabras, ponemos el lema "Dios primero" a un lado de la escala y el lema "yo primero" al otro. A esto, el Dharma Chan replica sin ambages: "No", "No", "No", "No" y "No"; la respuesta correcta es "Ninguna de las anteriores". La Iglesia desea que tengas una fuerte identidad religiosa, el Estado una fuerte identidad social, los representantes de la cultura una fuerte identidad cultural y los psicólogos una fuerte identidad personal. Los que tienen problemas y no encajan bien en su casilla deben de tener por consiguiente una crisis de identidad.

El problema reside en la idea de que Dios, la Iglesia, el Estado, la cultura y la educación saben el camino correcto. Después de muchas generaciones de mezclas y combinaciones, todos ellos han acabado por compartir la cama y cada mañana al levantarse se dicen los unos a los otros qué buenos compañeros son en el fondo, aunque tengan sus diferencias. Nadie se atreve a mirar a los cinco reyes y preguntar: "¿Por qué no lleváis ropa?" o, dicho de manera más llana: "No hay ninguna verdad real en la forma en que os presentáis vosotros mismos y vuestras verdades al mundo".

Además, a cualquiera que no esté integrado en uno o más de los sistemas se le considera como mentalmente perturbado. "Después de todo", dicen ellos, "debemos estar en lo correcto, pues ¿no es suprema la ley de Dios y no es correcta la ley del Estado también, de manera que todos le pueden dar al César lo que es del César y a Dios lo que es de Dios?". Está claro entonces que hay que curar a los enfermos, encerrarlos en un manicomio o, si se desmadran, meterlos en una celda con barrotes. Algunos pueden decidir autodestruirse e incluso existe una ley contra eso. A otros se les puede ejecutar si hay algún consenso de que se lo merecen.

Algunos ven la locura y dicen que deberíamos cambiar nuestro "chip", pero la mayoría de las víctimas sacuden la cabeza y dicen que no se puede. Dicen que nuestra manera de ser es la naturaleza humana. El destino del ser humano es equilibrar el sufrimiento y la felicidad; eso es lo que se quiere decir de verdad cuando el sueño americano nos aconseja que deberíamos "buscar la felicidad". ¿Acaso se encuentra la felicidad a tanta distancia por delante de nosotros y se está alejando tan rápido que tenemos que correr tras ella?

Me viene a la mente un encantador poema, escrito por Charlotte Perkins Gilman (1860-1935), llamado "Casos similares":

> *Érase una vez un pequeño animal*
> *no mayor que un zorro,*
> *que correteaba sobre cinco dedos*
> *por las rocas del Terciario.*
> *Le llamaban* Eohippus
> *y decían que era muy pequeño*
> *y le negaban valor alguno*

*—y eso, cuando se acordaban en él.*
*Pues el torpe Dinoceras*
*y el lentísimo Coryphodon*
*eran la aristocracia de peso*
*en los días de antaño.*
*Dijo el pequeño Eohippus:*
*"¡Voy a ser un caballo!*
*Y voy a recorrer mi curso terrestre*
*sobre las uñas del dedo corazón!*
*¡Voy a tener una cola ondulante!*
*¡Voy a tener una crin!*
*¡Voy a alzarme catorce palmos sobre el suelo*
*en la llanura psicozoica!".*
*El Coryphodon se horrorizó,*
*el Dinoceras quedó conmocionado;*
*y le persiguieron al joven Eohippus,*
*aunque él se escabulló burlándose de ellos.*
*Entonces rieron con enormes carcajadas,*
*y gimieron con grandes gemidos,*
*y le conminaron al joven Eohippus*
*a que fuese a ver los huesos de su padre.*
*Dijeron: "Siempre has sido tan pequeño*
*y tan poca cosa como vemos ahora,*
*y esa es la prueba concluyente*
*de que siempre vas a seguir igual.*
*¡Qué! ¿Ser un gran animal, alto y apuesto,*
*con pezuñas para galopar?*
*¡Vaya! ¡Tendrías que cambiar tu naturaleza!",*
*dijo el Loxolophodon.*
*Pensaron que lo habían despachado*
*y se retiraron con andares serenos;*
*Así es como argumentaban*
*en el temprano Eoceno.*

*Érase una vez un Simio Antropoide,*
*mucho más listo que los demás,*
*y todo lo que ellos hacían*
*él siempre lo hacía mejor;*
*Así que, como es natural, les caía mal*
*y le hacían el vacío,*
*y cuando tenían que referirse a él*
*decían que era un idiota.*
*Este Simio pretencioso gritó un día:*

*"¡Voy a ser un Hombre!"*
*¡Y alzarme de pie, y cazar, y pelear,*
*y conquistar todo lo que pueda!*
*¡Voy a talar los árboles del bosque*
*para hacer más altas mis casas!*
*¡Voy a matar al mastodonte!*
*¡Voy a hacer fuego!".*
*Los simios antropoides chillaron*
*con alegres y locas risotadas;*
*intentaron atrapar al fanfarrón*
*pero él siempre se zafaba.*
*Así que le gritaron a coro,*
*–cosa que a él no le importó nada–*
*y le lanzaron cocos*
*que al parecer no dieron en el blanco.*
*Y luego le dieron razones,*
*que juzgaban muy provechosas,*
*para demostrar cómo su ridícula*
*intentona iba a fracasar sin duda.*
*Dijeron los sabios: "Para empezar,*
*¡eso no se puede hacer!*
*Y, segundo, si se pudiera,*
*¡no sería divertido!*
*Y tercero, lo que es más concluyente*
*y no admite réplica,*
*¡tendrías que cambiar tu naturaleza!*
*¡Ya nos gustaría ver cómo lo intentas!".*
*Entonces soltaron unas risitas triunfales,*
*estos seres flacos y peludos,*
*pues tales cosas pasaban por argumentos*
*entre los simios antropoides.*

*Érase una vez un Hombre Neolítico,*
*un tipo emprendedor,*
*que fabricaba herramientas de cortar*
*extraordinariamente brillantes.*
*Era extraordinariamente listo*
*y extraordinariamente valiente,*
*y dibujaba encantadores mamuts*
*en los bordes de su cueva.*
*A sus vecinos neolíticos,*
*que quedaron sobresaltados y sorprendidos,*
*les dijo: "Amigos míos, ¡con el paso del tiempo*
*vamos a ser civilizados!*

*¡Vamos a vivir en ciudades!*
*¡Vamos a combatir en guerras!*
*¡Vamos a comer tres veces al día*
*sin causa natural!*
*¡Vamos a poner la vida del revés*
*por una cosa llamada oro!*
*¡Vamos a codiciar la tierra,*
*y tomar cuanto podamos abarcar!*
*¡Vamos a vestirnos con montones de cosas*
*por encima de nuestra propia piel!*
*¡Vamos a tener enfermedades!*
*¡Y logros! ¡¡¡Y pecados!!!".*
*Entonces todos se alzaron furiosos*
*contra su jactancioso amigo,*
*pues la paciencia prehistórica*
*Era de corto recorrido.*
*Dijo uno: "¡Es una quimera!*
*¡Una utopía! ¡Un absurdo!".*
*Dijo otro: "¡Qué vida más estúpida!*
*¡Demasiado aburrida, os doy mi palabra!".*
*Gritaron todos: "Antes de que tales cosas puedan ocurrir,*
*niñato idiota,*
*¡tienes que alterar la naturaleza humana!".*
*Y todos se sentaron y sonrieron,*
*pensando: "¡Una respuesta a esto último*
*Va a ser difícil de encontrar!".*
*¡Era un argumento concluyente*
*para la mente neolítica!*

Como vemos en este poema, no podemos ignorar el hecho de que la naturaleza humana y la fisiología han cambiado de forma coincidente con el ambiente. El *Eohippus* evolucionó hasta convertirse en el caballo, ese apuesto animal, y seguirá evolucionando mientras que el hombre no interfiera con su mente contaminada.

El hombre también ha evolucionado, pero ¿cómo? Esa es la cuestión. Podemos ver que la naturaleza humana progresa, pero aquí vemos la advertencia y la pregunta. ¿Fue en realidad la naturaleza humana la que produjo la mente manchada del hombre actual? Ponerse en pie fue ciertamente un acontecimiento evolutivo, y cazar un resultado bastante lógico. Pero el concepto de pelear y conquistarlo todo refleja una mente que opera con algo más que el simple imperativo territorial. "¡Voy a talar árboles del bosque para hacer más alta mi casa! ¡Voy a matar al mastodonte! ¡Voy a hacer un fuego!". Tal vez la mente evolucionada ha perdido su sentido de equilibrio con todas las cosas. Parece que la mente ha avanzado en términos de su capacidad para sobrevivir, pero la Fuerza de la Vida ha sido desplazada a un lado y la identidad se ha hecho con las riendas.

Ciertamente el hombre fabricó herramientas con ese cerebro, y con su mente, sus dedos y su pulgar oponible dibujó en las paredes de su cueva con una destreza que reflejaba su sensibilidad. Pero no era esa sensibilidad la que edificó ciudades, generó guerras, interrumpió su equilibrio y armonía natural. Fue la avidez, la codicia lo que generó posesión de todo lo que su mente pudo imaginar como suyo. Fue la avaricia, el orgullo, la vanidad y la ambición. ¿Por qué? Esa es la pregunta. No solo hemos evolucionado a contrapié de la Fuerza de la Vida, sino que sabemos que es así. Por eso inventamos pecados para atormentarnos más, junto con la culpabilidad y un Dios que asume la culpa y nos ofrece una solución que nos permite tener un pie en ambos lados. Queremos la felicidad, pero no el sufrimiento.

Como ves, esa es la base de la psicología occidental. Se esfuerza por eliminar el sufrimiento sin perder la felicidad. El Dharma Chan toma una posición bastante diferente de los psicólogos y psiquiatras occidentales en temas psicológicos y morales. Declaramos que la sociedad está enferma, y no los individuos que sufren. No hay enfermedad mental si no tiene una base fisiológica independiente de los cambios que causan el estrés y la tensión.

Como resultado de esta declaración, el objetivo de la psicología del Dharma Chan se vuelve bastante diferente. Es devolver al sistema natural a su estado equilibrado y armonioso de tal manera que pueda resistir las presiones externas y los errores del Estado, la religión, la cultura, la educación y las normas sociales que son ajenas a su crecimiento o desarrollo. No es cuestión de condicionar a una persona para adaptar su identidad en armonía con un mundo que le es completamente ajeno, devolviéndolo después del tratamiento de manera que se produzca una reinserción social; es más bien una re-educación de su visión y procesos de manera que se vea el mundo tal como es y su desafecto se vea como natural. Se le muestra cómo ser del mundo pero sin estar atrapado en él y cómo verse libre del sufrimiento y, lo que es aún más importante, de las trampas.

Estos cambios no pueden ser simplemente un reajuste mental, sino más bien un cambio en la estructura de los procesos, de manera que se vea la identidad como un claro impedimento y se permita su disolución. La dificultad reside en combatir la idea de que la identidad es importante, ya que ha sido condicionada en cada uno desde el nacimiento con el primer concepto de ser "mi niño" y al haber recibido un nombre identificador. Desde ese momento, las familias comienzan su "trasmisión del pecado" y les siguen de cerca la educación contaminada, el adoctrinamiento de la Iglesia (incluso si la víctima nunca ingresa formalmente en una corriente religiosa), la cultura, la sociedad, y finalmente el Estado. Tan importante es esta identidad en apariencia que existe un gran temor a perderla. Las víctimas de esta sociedad preguntan sin cesar: "¿Quién soy?", claramente insatisfechos con su auto-identificación, pero la respuesta "Nadie" hace que la identidad ponga el grito en el cielo.

Nadie se detiene por un momento a preguntar por qué todos los animales funcionan perfectamente bien sin una identidad ni una etiqueta, sin expectativas mentales o leyes y sin religión. No es coincidencia que los únicos animales restantes que exhiben una aparente disfunción son aquellos que han sido domesticados hasta tal punto que se han convertido en caricaturas de los seres humanos.

Es tan fuerte nuestra insistencia en una identidad que estamos firmemente convencidos de que los animales sufren como lo hacen los humanos. Los animales no sufren. Exhiben síntomas naturales de angustia, pero no tienen la auto-identificación, el "yo" que reconoce y experimenta el sufrimiento. Los buitres pueden pelearse en competición abierta por la carne de un animal muerto, pero no experimentan deseo ni apego. Los leones pueden pelear impulsivamente como consecuencia del imperativo territorial, pero no experimentan aversión ni odio. Los conejos pueden huir a la primera señal de peligro, pero no experimentan miedo.

De hecho, hay respuestas con raíces en la parálisis, la huida y la lucha, pero eso no significa que existan las experiencias correspondientes de pasmo, miedo y aversión tal como las conocemos nosotros los humanos. Es el "yo" paralizado quien se queda pasmado; es el "yo" que escapa el que siente miedo; es el "yo" que se apresta a luchar el que experimenta aversión. Sin la identidad, podemos paralizarnos, huir y luchar sin sufrimiento. De igual manera, podemos participar activamente en la vida, acercarnos a todo con discriminación y vigor y vivir con una pasión no emocional. Aun así, la perspectiva de perder la identidad causa pasmo, miedo y aversión ante esa sola idea. "¿Quién soy?". ¿Por qué tendrías que ser algo? ¿Por qué no simplemente ser, sin identificarte a ti mismo como real y como el centro del universo?

Perder tu identidad no quiere decir que no diferencies tu propio no-yo de los demás ni que no reconozcas las diferencias aparentes en los fenómenos externos. Simplemente quiere decir que sabes que la palabra y el concepto de "yo" no es más que una etiqueta social que es útil pero no real. Como etiqueta social para la comunicación y el pensamiento es una ilusión perfecta, pero cuando esa ilusión se convierte en "real" entonces la consecuencia es la delusión.

Puedes comparar la ilusión con la magia de un mago prestidigitador. De niño puedes haber creído que todo lo que hacía era real y que existía "la magia". Luego, quizá tuviste sospechas y más tarde incluso entendiste que era una ilusión. El problema es que el ser humano no ha aprendido aún que la identidad es una "ilusión verbal" y cree en la delusión del "yo". Hoy, cuando ves a un mago actuar, aprecias la ilusión sabiendo que no es real, e instintivamente buscas la verdad. Sin embargo, cuando percibes la ilusión de la identidad, que es un acto increíble y útil de ilusión, perfecto para el funcionamiento natural de la Fuerza de la Vida, caes en la trampa de creer que es real. Una vez que ves la ilusión, puedes usar la magia; pero si no la ves, seguirás sufriendo e ignorando la verdad. Como consecuencia, la "delusión" de la identidad conlleva sufrimiento. Cuando uno entiende la ilusión, uno no puede sufrir.

La pregunta entonces es si el sufrimiento es una enfermedad mental. Por supuesto que no. Es simplemente un síntoma de una protesta de la identidad cuando no se han alcanzado las demandas y expectativas acompañantes o si hay una posible amenaza a la condición de ser un poseedor. ¿Es la falsa felicidad una enfermedad mental? Por supuesto que no. Solo es un síntoma del júbilo de la identidad cuando se han alcanzado las demandas y las expectativas acompañantes. Como tal, es también parte del complejo del sufrimiento, pues sirve para reforzar el comportamiento de deseo y apego.

Podemos decir por tanto que hay dos componentes del sufrimiento: la experiencia de sufrimiento en sí y la felicidad que es el refuerzo del deseo que induce al sufrimiento.

Los ciclos de sufrimiento son por lo tanto:

➤ Deseo > Demanda de la identidad > Sufrimiento
➤ Deseo > Demanda de la identidad > Felicidad > Apego acompañado de sufrimiento debido al miedo a perder el objeto de deseo adquirido

Debemos añadir un tercer componente, que es el sufrimiento que acompaña al dolor. El dolor en sí es una señal que tiene valor informativo y, aunque ciertamente no es deseable, es un fenómeno fisiológico útil. El problema una vez más es la presencia de la identidad, que se reconoce a sí misma como víctima reacia del dolor. Entonces surge el sufrimiento como víctima percibida, lo cual incrementa el nivel aparente de dolor hasta que resulta intolerable.

➤ Dolor > Deseo ("pobre de mí" y deseo de que cese el dolor) > Demanda de la identidad como víctima > Sufrimiento

Las estrategias desarrolladas por la identidad para reducir el sufrimiento entrarán entonces en juego. El objetivo de estas estrategias no es eliminar la causa raíz del sufrimiento, que es la identidad, sino eliminar la experiencia de sufrimiento.

Entre las estrategias preventivas tenemos:

➤ La construcción de un nido por parte de aquellos con temperamento dominante confuso
➤ La posesión, que incrementa la seguridad para el temperamento dominante adquisitivo
➤ La condena, la crítica y el aislamiento mental para el temperamento aversivo
➤ El aislamiento mental y la defensa constante para el temperamento de fijación mental

Son estrategias concomitantes con el sufrimiento:

➤ La resignación mental
➤ El escape físico o mental de la situación
➤ La hostilidad
➤ La reestructuración mental de la realidad (tal como aparece)

Estas estrategias son, en el mejor de los casos, parches que aparentemente reducen o compensan las experiencias conscientes de sufrimiento, pero no reducen los conflictos subliminales internos que causan tensión y estrés. Si no se elimina la experiencia consciente del sufrimiento, entonces hay un examen mental interno en busca de justificaciones de las opciones disponibles que ofrezcan una solución. Si la víctima de su propio sufrimiento mentalmente generado se encuentra en una situación insostenible de conflicto entre dos o más soluciones de igual peso que están en oposición (disonancia cognitiva), la mente entonces, sin volición cognitiva, llevará a cabo un "engaño" subliminal que genere un componente falso para permitir un apoyo adicional a favor de una de las soluciones. Esa solución generalmente favorece a la identidad dominante o a la identidad ideal.

La disonancia cognitiva es por tanto la incompatibilidad subconsciente entre dos cogniciones obtenidas tras un proceso, relacionadas con las intenciones o actitudes empleadas que se han generado como cualquier elemento consciente, incluidas la actitud y la creencia, la intención o el comportamiento preparado. Esta tensión interna en presencia de la disonancia cognitiva sirve como fuerza motriz que obliga a la mente a adquirir o generar nuevos pensamientos o creencias, o bien a modificar creencias existentes con falso peso, con el fin de reducir el conflicto entre las cogniciones.

La tensión surge cuando las intenciones no se entregan con un comando claro de "ejecución". Por tanto, aunque no se puede decir que la resolución de la disonancia suscite las intenciones, sí libera una "intención de responder" que puede haber sido retenida. Podemos decir, no obstante, que la aparente resolución de la tensión como resultado de esa disonancia puede acarrear respuestas físicas reales o un cambio interno de actitud o del sistema de creencias. Esa resolución, sin embargo, no reduce la tensión en sí, sino solo el sufrimiento aparente que surge de la tensión.

# Capítulo 14

# El conflicto y la disonancia

Como ya hemos explicado de forma básica el conflicto y la disonancia, ahora podemos comenzar a examinar el problema más a fondo. Hemos mostrado que el sufrimiento surge del conflicto y podemos observar las principales fuentes:

➤ El conflicto entre la Fuerza de la Vida y las identidades subliminales con los tres venenos
➤ El conflicto entre las identidades subliminales por asegurarse la supremacía
➤ El conflicto entre las identidades subliminales y la sociedad
➤ El conflicto entre la identidad ideal y las armas de una sociedad represiva con sus normas
➤ El conflicto entre la identidad observadora ("Gran Hermano") y la Fuerza de la Vida

El conflicto entre las identidades es obvio y no requiere mucha explicación; tampoco el sufrimiento que resulta del deseo y de la falsa felicidad es difícil de entender. A su vez, el conflicto entre las identidades subliminales y la sociedad es fácil de explicar, ya que las identidades son insaciables e incluso la sociedad tiene límites que impone como "falsa tribu". La identidad ideal sufre cuando es desenmascarada, lo cual involucra a continuación al grupo subliminal.

El conflicto entre la Fuerza de la Vida y las identidades está constantemente presente y el resultado es un incremento del karma en lugar de un sufrimiento manifiesto, pues la Fuerza de la Vida ha quedado bien sepultada bajo la manta de la ignorancia.

El último conflicto de la lista es mucho más sutil y existe en la comprensión primordial arraigada de que el observador no es real sino un producto de la mente. Surge entonces una señal homeostática que le dice a la conciencia: "Algo no marcha bien, aunque las apariencias indiquen lo contrario".

Es esta señal homeostática la que genera la mayor motivación dentro del camino del Dharma, ya que es inmutable, muy flexible y abierta. Su destinatario es el observador, que ha sido creado como entidad aparentemente real, mientras que la conciencia natural es un "yo" diferenciado sin identidad. El resultado de este conflicto es crítico para que haya una vida natural de armonía y equilibrio.

La pregunta es: "¿Hacia dónde debe dirigir su atención la psicología del Dharma?". Para decidirlo, debemos observar las consecuencias del sufrimiento aparente y las estrategias que la identidad usa para eliminar o reducir ese sufrimiento.

El conflicto de la Fuerza de la Vida con las identidades, en la actual situación de globalización mental, da como resultado que se deje a un lado la Fuerza de la Vida, con la formación kármica resultante (que se explicará más adelante) y, por supuesto, con el sufrimiento consecuente y la falsa felicidad de los componentes de la identidad, que ocurrirían incluso si no existiera Fuerza de la Vida en absoluto.

**FIG. 14.1 El conflicto de la Fuerza de la Vida con las identidades**

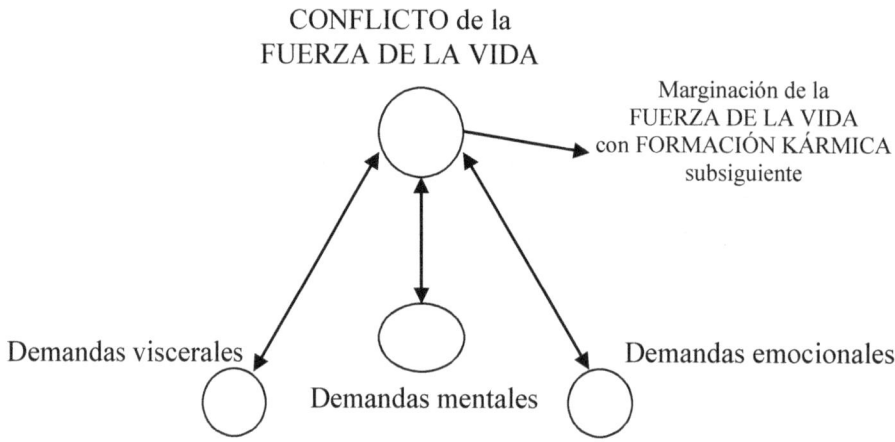

Siempre hay un vencedor entre las identidades, imbuido con la sensación de felicidad, y gracias a que las actitudes, intenciones y acciones quedan dentro de los límites establecidos por la sociedad en general y las sub-unidades específicas de apoyo sociales, familiares, religiosas, educativas y culturales, no habrá ningún conflicto, pero habrá una tensión y estrés continuos generados por la identidad o identidades minoritarias.

**FIG. 14.2 Competición y conflicto de las identidades**

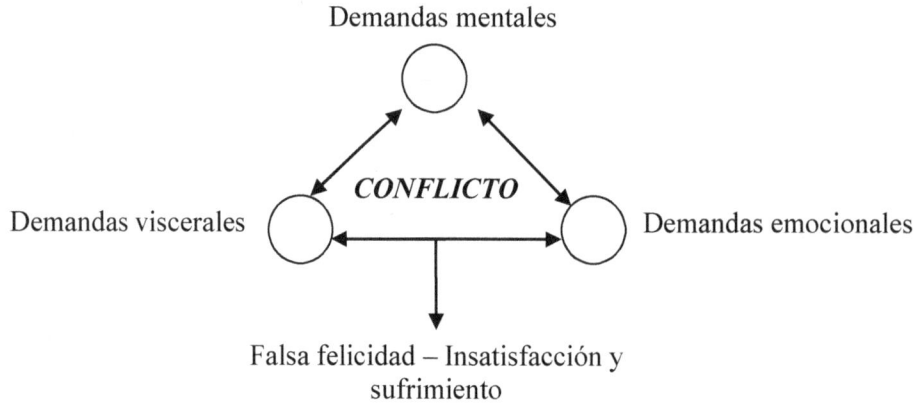

**FIG. 14.3 El conflicto de la identidad vencedora con las normas de la sociedad**

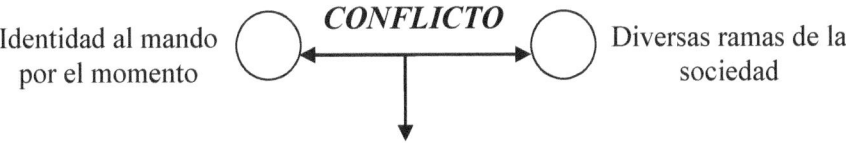

Identidad al mando por el momento — *CONFLICTO* — Diversas ramas de la sociedad

Sufrimiento
Reducción de la disonancia
Juegos psicológicos

Aunque las identidades operan a un nivel subliminal, la identidad ideal lo hace lo mejor que puede para guardar las apariencias ante las expectativas de la sociedad y en particular ante su grupo de compañeros. Si hay alguna transgresión, entonces se produce el sufrimiento que resulta de verse desenmascarado. Una vez más, en la sociedad se toleran las máscaras, pero ¡ay del que permita que caiga la suya!

La única manera de resolver este dilema es una reducción de la disonancia interna y/o un juego de auto-promoción con las voces sociales condenatorias, en el que vale usar todas las formas de engaño. Sin embargo, todo ello redunda en sufrimiento continuo.

**FIG. 14.4 El conflicto de la identidad ideal con las normas de la sociedad**

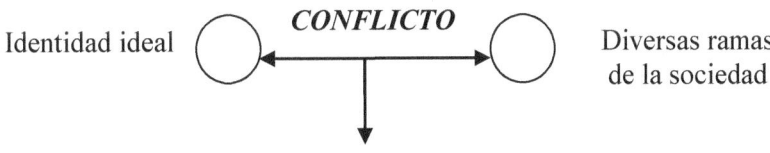

Identidad ideal — *CONFLICTO* — Diversas ramas de la sociedad

Sufrimiento
Reducción de la disonancia
Auto-promoción de la identidad ideal

Ahora vamos a presentar el conflicto más importante de todos. Se trata del conflicto fundamental que se resuelve mediante la eliminación de la dualidad. Eso le permite a la identidad observadora asumir su papel de diferenciador natural, que incluye la asignación de nombres y formas a los fenómenos del mundo. Pero la identidad observadora debe abrir la puerta de una u otra manera y permitir al menos una búsqueda cognitiva de la solución (ver figura 14.5).

## LA HOMEOSTASIS NATURAL: EL CLAMOR POR UNA SOLUCIÓN INMEDIATA

Entramos ahora en un componente esencial del sistema humano sin el cual la liberación de la dominancia de la identidad no sería posible: la homeostasis natural.

## FIG. 14.5 El conflicto entre la Fuerza de Vida y la identidad observadora

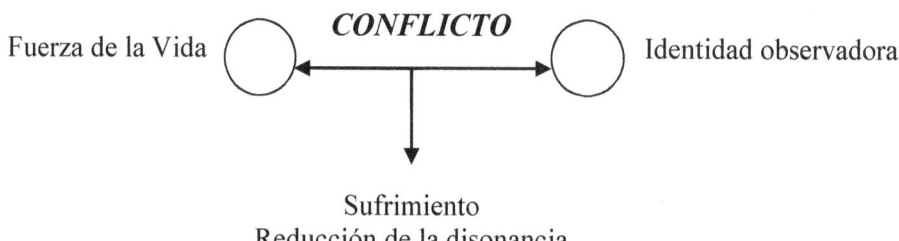

Sufrimiento
Reducción de la disonancia
Búsqueda de una solución natural

La fuente de la homeostasis natural es la Fuerza de la Vida en sí. Cuando el equilibrio natural y la armonía del sistema se han visto amenazados o dañados y hay sufrimiento, entonces desde la homeostasis se envía una señal para corregir el problema. Pero si esa homeostasis normal se encuentra amenazada a su vez y se capta que el sufrimiento es constante, sin alivio y quizá sin solución, entonces se emite una señal homeostática especial en forma de "petición de atención seria e inmediata". Dado que es la Fuerza de la Vida en sí quien es incapaz de remediar la situación (debido al peso de la supresión que ejerce la identidad y a las demandas que presenta), entonces es la conciencia la que recibe el mensaje simple: "Algo no va bien", con la petición implícita: "Hay que hacer algo drástico para remediar la situación".

Si fuese una identidad observadora diferenciadora quien recibiese ese mensaje de alarma todo se podría resolver bien pero, por desgracia, la identidad observadora (que ahora discrimina en vez de diferenciar) está involucrada en el problema al verse a sí misma como existente y amenazada. En esta situación insostenible, la tensión y la nueva disonancia cognitiva de alto nivel puede aliviarse con la acostumbrada reducción de disonancia. En ese caso, la señal homeostática que busca ayuda de la Fuerza de la Vida simplemente será ignorada y el mensaje se dejará de lado.

Pero no todo está perdido, gracias al gran enemigo de la identidad observadora: el Super-ego. Frente a la señal homeostática de angustia, esta súper-identidad (la identidad mental que está impregnada con un gran sentido de obligación para hacer "lo que se debe hacer") se encomienda a la búsqueda de una nueva "filosofía", una "forma de vida", el "alivio de todo sufrimiento" o la "iluminación". Ninguno de estos objetivos se encuentra en conflicto con la identidad observadora, que genera este acercamiento como manera de terminar con el conflicto entre ella misma y la Fuerza de la Vida. La solución desarrollada por los arios, que sigue siendo válida hoy, es usar este Super-ego como medio para destronar por fin a la identidad observadora como fuerza discriminadora que ostenta el mando.

Esta es una tarea sumamente difícil, que requiere una mente que sea rápida, flexible y abierta, así como capaz de comprender a un nivel más profundo que las palabras y las frases la teoría y las prácticas necesarias para avanzar directamente hacia esa experiencia. Para los que carecen aptitudes, no hay ninguna respuesta posible más que eliminar todo vestigio del potencial de la identidad de generar actitudes, intenciones y preparación para la acción. Esto quiere decir que la identidad y las sensaciones se han de percibir como vacuidad, como meras impresiones generadas por la mente.

Esta vacuidad no es la famosa experiencia de "vacuidad de la vacuidad" en sí, que permite la eliminación de la mente dual, y por tanto no se debe confundir con ese término. La vacuidad simplemente significa que a un nivel profundo de penetración, la conciencia verá que todos los fenómenos aparecen como consecuencia de características generadas por la mente y que, como resultado, lo que se percibe no es realmente lo que los sentidos presentan y muestran como "real". El progreso depende de:

1. "Oír" con claridad la voz de la homeostasis.
2. Elegir buscar con vigilancia atenta, resistiéndose a la tendencia a reducir el sufrimiento mediante la disonancia.
3. Elegir el camino correcto, ya que hay muchas trampas y obstáculos colocados externamente y por nuestra propia mente.
4. Prometerse uno mismo (al "yo" aparente) que se va a seguir ese camino con diligencia, ya que sin dedicación, acompañada de sinceridad, a la tarea de la liberación no puede haber liberación.

La mejor manera, con mucho, de entrar en el camino de la liberación personal es realmente hacer introspección y adoptar una auténtica actitud inquisitiva sin contaminar, basada en la curiosidad y la creatividad naturales. Eso supone avanzar por un camino sin ideas preconcebidas ni expectativas, acompañado de una investigación libre y crítica que no acepte la superstición, los ritos, las ceremonias y los dogmas que no estén firmemente asentados en actitudes, intenciones y comportamientos sencillos, explicados con claridad.

Además, uno debe evitar la idea de que el camino conduce a un fin u objetivo específico y darse cuenta de que la persona aparente que avanza por ese camino es solo una ilusión útil. Uno debe estar en el camino hacia la verdad, sea cual sea, y estar preparado para aceptar esa verdad tal como es. Todo depende por tanto de aceptar un conjunto de premisas fundamentales no excluyentes que son parte de un proceso lento y gradual para la mayoría de las personas:

➢ El sufrimiento lo genera la mente por condicionamiento y es una delusión, no una ilusión útil.
➢ La identidad es también una delusión, que evoluciona como un principio auto-destructivo de la ilusión correcta de la individualidad.
➢ Existe una Fuerza de la Vida con dos Principios positivos, el Femenino y el Masculino.
➢ Entender las palabras y frases no es suficiente para la liberación.
➢ Las emociones ilusorias son experiencias negativas.
➢ Uno ha de estar preparado para abandonar las ideas mundanas sobre la felicidad.

➢ Uno ha de estar preparado para abandonar las ideas mundanas sobre la compasión.

➢ Deben hacerse sacrificios difíciles del propio comportamiento debilitante, que los demás difícilmente aprobarán.

➢ Uno no puede entrar con fe. Uno debe entrar con confianza y permitir el desarrollo gradual de la paciencia, la calma, la resolución, la perseverancia y la introspección sincera.

➢ Uno debe entender que no puede tener expectativas con respecto a la naturaleza del resultado de la liberación.

Todo se encuentra por tanto en manos de la identidad observadora y de la identidad que Freud llamó apropiadamente Super-ego, que los arios consideraban el más elevado de los tres *gunas*.

Nuestra tarea aquí no es la liberación de la raza humana o la liberación de esos pocos que pueden experimentar directamente la no-dualidad como resultado de desarrollar la disciplina del "camino de la No-mente". Nuestra tarea es la liberación de muchos de la esclavitud de la identidad, incluso aunque esa libertad requiera constante vigilancia futura.

## LAS IDENTIDADES NO EXISTEN

Es esencial dejar claro que en realidad no existen las identidades. Son simplemente una cosificación de operaciones negativas del sistema que han crecido como un virus y solo son descripciones de conjuntos de procesos orientados a una meta. El primer conjunto se dirige a la satisfacción visceral, el segundo a la satisfacción emocional y el tercero a la satisfacción mental, a veces sin una distinción nítida entre ellos, como es natural. La identidad ideal y la identidad observadora son fenómenos puramente mentales y la Fuerza de Vida es el proceso natural operativo que ha sido apartado. Siempre hay que tener esto en cuenta, ya que es fácil concebir ideas falsas con cualquier representación que nos hagamos de una entidad controladora. Lo mismo puede decirse de la identidad ideal y la identidad observadora, que parece ser la gran maestra de todas las cosas.

Ahora volvamos nuestra atención un momento al concepto de sufrimiento. El sufrimiento mental no se limita al sufrimiento evidente en la desviación o la incompetencia social. Es también el sufrimiento simple que ocurre dentro de uno mismo en forma de confusión, codicia y aversión que es visible solo para el aparente "yo". Es también el sufrimiento casi imperceptible que surge en forma de pequeñas irritaciones, por ejemplo, al perder las llaves, al caerse un lápiz, en el desasosiego del hambre o al no poder recordar algo. Todo eso es "sufrimiento" que surge de la misma fuente: la identidad.

Pero hay una descripción clínica que permite que el "sufrimiento" sea perfectamente natural en la sociedad siempre y cuando no rebase las normas sociales, y la "felicidad" es también perfectamente natural en la sociedad siempre y cuando tampoco rebase las normas sociales. Si ese sufrimiento o incluso esa felicidad sobrepasan las normas sociales, se les llama "enfermedad mental". El resultado es que todas las otras formas de sufrimiento, y por supuesto de felicidad, se consideran normales por definición y por tanto correctas y naturales por extensión de la idea. Eso es comprensible cuando uno considera que la sociedad y todas sus ramas deben su existencia a la búsqueda de la felicidad y, dado que la felicidad siempre está ligada al sufrimiento, obviamente el sufrimiento se debe considerar natural. El objeto de la sociedad por consiguiente es asegurarse que el equilibrio entre sufrimiento y felicidad es tal que la proporción de felicidad es mayor a la de sufrimiento.

El objeto de la psicología del Dharma es eliminar totalmente el sufrimiento y reemplazar la falsa felicidad con una felicidad natural que no tiene ningún sufrimiento asociado a ella. Eso significa restaurar el equilibrio y la armonía naturales de la Fuerza de la Vida, permitiendo la expresión plena y completa de los Principios Masculino y Femenino. Nuestro objetivo es exponer la verdad sobre el conflicto y el mito de la enfermedad mental y luego presentar el camino para restaurar el sistema natural.

Eso significa encontrar respuestas físicas y mentales alternativas al sufrimiento y la tensión que sean válidas y estén en armonía con la Fuerza de Vida. La disonancia debe aliviarse de otra manera diferente. El sufrimiento que provoca la auto-promoción se debe resolver y han de acabarse los juegos psicológicos, ya sean generados de forma consciente o inconsciente.

## LA DISONANCIA

¿Qué es la disonancia? En el contexto que presentamos aquí, la disonancia es un conflicto cognitivo entre conceptos primordiales de la identidad que se examinan en la cognición, en el que cada uno tiene una cierta valencia de volición. Hay fuerzas en conflicto, con un resultado negativo que acompaña a un aparente resultado positivo al seguir un mismo comportamiento.

Cuando uno de esos resultados es fuerte no hay problema, aunque si están equilibrados pero en conflicto la intención es difícil de formar. Entonces se desarrolla cierta tensión y el conflicto se debe resolver. La cognición, al no encontrar solución, encuentra una racionalización y le da el peso de la verdad, que se le añade a un lado o al otro. De esta manera se logra una solución al conflicto.

En caso de que haya un conflicto con la Fuerza de la Vida, invariablemente son las identidades las que resultan favorecidas.

# Capítulo 15

## La disonancia y la histeria

Aún queda otro problema por resolver. Es el de la histeria.

¿Qué es la histeria? Hay tres formas, todas ellas relacionadas con la ansiedad. No siempre se las define con claridad en psiquiatría, disciplina que a veces recuerda a una religión en su diversidad de prejuicios e ideas sin consenso visible sobre lo que sucede en realidad. Los intereses establecidos depositados en ciertas soluciones impiden un análisis claro de las cuestiones fundamentales. Es más importante entender la naturaleza del hombre y la mujer y las relaciones naturales entre el hombre y su ambiente que elaborar sistemas que decidan cómo debería ser el hombre y cómo se debería comportar. Llamar a alguien que está sufriendo "enfermo mental" o "paciente" en vez de "cliente" y hablar de curas, tratamientos y terapia en vez de entendimiento e introspección personal no resulta muy útil.

El sufrimiento se puede definir como "angustia mental resultante de la aflicción", "angustia por dolor físico", "angustia psicológica por envejecimiento o cercanía a la muerte", o bien "angustia psicológica con el miedo, el pasmo o la aversión de la identidad como fuentes directas pero desconocidas, con deseo, apego y conflicto psicológico observable por introspección".

La ansiedad se define como una emoción de angustia difusa a corto o largo plazo que se experimenta en previsión de alguna desgracia indeterminada. Podemos afirmar por tanto que la ansiedad es un estado en el que no se ha resuelto una situación de disonancia. En ese caso, pueden surgir tres condiciones: la histeria ansiosa, la histeria de conversión y la histeria reprimida.

La histeria ansiosa es una condición de ansiedad en la cual ocurren experiencias fisiológicas de dolor sin fundamento, generadas como una forma de manipulación simple de la identidad. Por ello, tanto la ansiedad como la histeria ansiosa caen dentro del ámbito integral de la psicología del Dharma Chan.

Tradicionalmente, la histeria ansiosa se distingue de la histeria de conversión. La primera es una situación en que la ansiedad se experimenta sin que la persona sepa por qué. En estos casos, una búsqueda puede dar como resultado teorías que se asemejen más a conjeturas razonables que a una investigación sólida, pero al menos podemos decir que el sufrimiento mental se manifiesta en forma de ansiedad. La histeria de conversión, por contra, implica una disfunción fisiológica real en la que se experimentan síntomas fisiológicos como consecuencia del sufrimiento y la ansiedad histérica. Es virtualmente un grito que busca ayuda psicológica, convertido en expresión fisiológica.

Sin embargo, existe una tercera condición en la cual hay disfunción fisiológica que no se experimenta hasta que la condición es crítica; no obstante, se genera por el sufrimiento y la ansiedad histérica. Podemos llamarla "histeria reprimida". Es la forma más grave de histeria en virtud de su represión.

**FIG. 15.1 La disonancia cognitiva y la histeria**

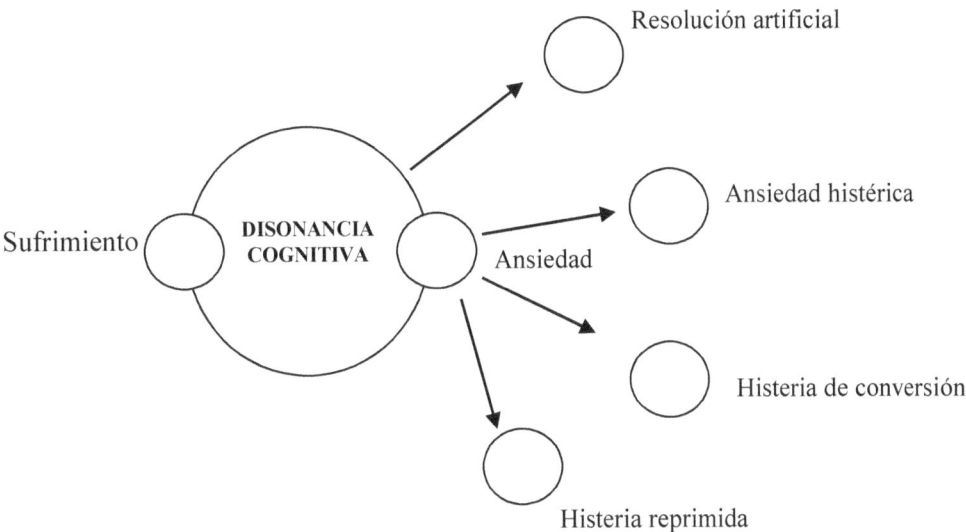

En vista de eso, se plantea una pregunta importante: ¿cuánto de lo que se llama "enfermedad fisiológica" es consecuencia en realidad de una disonancia no resuelta? Además, debemos formular dos preguntas importantes:

1. ¿Puede un trauma psicológico que sea consecuencia de la disonancia no resuelta ocasionar lesiones corticales o cambios bioquímicos que no sean consistentes con la función natural de la Fuerza de la Vida?
2. ¿Pueden ser estas lesiones las raíces de una disfunción fisiológica de naturaleza grave y crítica que no guarde relación en apariencia con las lesiones o los cambios bioquímicos?

Ambas son preguntas clave que parecen tener una respuesta afirmativa y requieren un estudio serio para confirmarlas sin las restricciones de los prejuicios personales o la inversión encubierta de las disciplinas profesionales de mentalidad cerrada. Tanto Freud como Sullivan identificaron los recuerdos "traumáticos", su represión y su operación persistente como antecedentes significativos en el llamado comportamiento personal y social inaceptable de los individuos incapacitados por la histeria. Es lógico asumir que los niveles altos de ansiedad que fuesen "psicológicamente traumáticos" darían como resultado correlatos traumáticos en forma fisiológica.

Todas estas formas de histeria junto con ansiedad, la reducción inapropiada de la disonancia y todas las formas de sufrimiento son el terreno de la psicología del Dharma Chan, ya que su solución se basa en la misma delusión de la identidad y la presencia de la mente dual.

Siendo eso así, podemos decir que hay pocas enfermedades mentales y que se debería reservar ese término para la disfunción fisiológica sin la menor conexión posible con las disfunciones psicológicas que provoca la presencia de la identidad. Esto significa un ajuste muy serio del enfoque en todas las aparentes disfunciones mentales, ya que la disfunción en los casos que ahora se conocen como "enfermedad mental" se debe formular más bien como un rechazo natural de la enfermedad colectiva de la sociedad y de la globalización de una mente manchada.

# Capítulo 16

## La manifestación de la identidad confusa: la demanda de satisfacción visceral del Id

La primera cara del sufrimiento y estrés antinatural es la que siempre acompaña a la demanda de satisfacción visceral. Siempre que está presente esta demanda, surge un estado inicial de duda sobre los posibles resultados y de incertidumbre sobre la mejor manera de alcanzar los objetivos. Esta exigencia se muestra en las continuas actitudes cambiantes de la persona afligida y en un comportamiento que parece inconsistente. En realidad, no hay un cambio real de actitud pero hay una gran confusión sobre lo que pueda ocurrir si se adopta una posición fuerte sobre un asunto. El resultado personal es siempre el factor crucial en la toma de decisiones. Al ser inciertos la mayoría de los resultados, la persona se vuelve bastante indecisa, como es natural.

Esto, por supuesto, es la manifestación conductual de la interferencia de la identidad con el primer nivel de procesamiento de la información. Aunque la atención ha aceptado la irritación como suficientemente identificada y no como nueva, el nivel de incertidumbre del reconocimiento se mantiene alto. Hay por tanto una tendencia a estructurar la situación vital de manera que disminuya la probabilidad de encontrar un nuevo estímulo. Se parece bastante a la construcción de un nido seguro.

Esta respuesta de construir un nido varía considerablemente en su formación y puede abarcar desde un aislamiento que disminuya el contacto social hasta un escape a un ambiente no amenazador donde todo sea confortable. La naturaleza de esta necesidad de un ambiente de bajo riesgo es tal que cualquier ambiente altamente estructurado resulta satisfactorio. Un nido seguro puede ser el de un hombre de negocios que crea una empresa de bajo riesgo y pocos cambios de estructura o de gestión, o un ama de casa que se encierra en un ambiente familiar restringido. La clave es el nivel de confianza de que todo es conocido.

Uno de los grandes problemas es que al haber escasa garantía en la mayoría de los aspectos de sus vidas, su confianza se ve sacudida con facilidad y suele haber un efecto camaleón, por el que es fácil guiarlos y convencerlos. Sin embargo, una vez que se han formado una actitud o están convencidos con certeza (su propia certeza, no necesariamente la verdad), se muestran inamovibles y obcecados en extremo, incluso ante pruebas abrumadoras de lo contrario.

Su sistema no es de palabras sino de sensaciones, así que se les tiene por sensibles e intuitivos. Sus demandas para construir un nido son viscerales, no mentales ni emocionales. A cierto nivel, están aquejados por una sensación irritante y desagradable de incertidumbre; sin embargo, a otro nivel, dado que esta demanda corruptora del sistema tiene como impulso primordial la necesidad de buscar confort –que en el pasado primitivo del hombre era una necesidad perfectamente natural de calor corporal y comida– pueden encontrar soluciones fáciles en un ambiente que recuerde a un nido. Por supuesto, compartir el nido se vuelve difícil.

En realidad, para la mayoría de la gente del mundo occidental este impulso de confort rara vez necesita activarse en esta vida, porque el condicionamiento social ha generado una tendencia adquisitiva, pero su activación es frecuente como demanda visceral, dando como resultado toda clase de ansiedades y preocupaciones sobre la comodidad corporal o mental que suponen un incordio constante en la conciencia y a veces casi parecen imposibles de eliminar.

Aunque estas preocupaciones y ansiedades se sienten como algo muy cognitivo, ya que ponen en marcha cadenas enteras de pensamientos cognitivos, si uno está abierto y es sensible a las señales del cuerpo, detectará tensión visceral en la parte inferior del abdomen. De hecho, esta es una manera de saber que hay una demanda visceral presente y activa en tu subconsciente.

En lugar de satisfacer la necesidad natural de auténtico confort (calor y comida) y afecto natural, el Id lo corrompe con experiencias físicas y mentales conectadas con la demanda visceral:

➢ Demanda visceral de comodidad
➢ Molestia y confusión
➢ Estrés antinatural
➢ Tensión visceral
➢ Duda e incertidumbre
➢ Comportamiento de anidación y añoranza

## DESPERTAR INICIAL Y DESARROLLO

¿Cómo se despierta y refuerza esta demanda que promueve tal delusión y confusión en el niño recién nacido? Casi siempre surge del falso entendimiento del confort que primero encuentra el niño. Desde el momento en el vientre de la madre en que se vuelve sensible a su propio ambiente interno, está completamente confortable. Su cuerpo está caliente, oxigenado y alimentado. De repente lo arrojan al mundo y se le cambia el sistema de sustento vital. Lo cuelgan boca abajo y le dan unos azotes. ¡Vaya despertar más desagradable!

Lo que de verdad necesita en ese momento es una transición natural, pero eso no es lo que recibe. Si fuese simplemente una secuencia de dos horas la que interrumpiera un flujo natural continuo, se podría restaurar el equilibrio fácilmente. Sin embargo, normalmente se le deja solo y abandonado tan pronto como la madre recupera las fuerzas. Con demasiada frecuencia todo esto ocurre muy rápido en la sociedad moderna. El comportamiento correcto y natural que sigue a la recuperación de la madre sería para el niño acompañar de cerca a la madre, dejándole pegarse a ella mientras ella hace sus tareas. Se le debería permitir que se descubriera a sí mismo, que encontrase su equilibrio propio y descubriese su fuente adecuada de sustento con una ligera orientación.

En vez de eso, comienza un complejo proceso de moldeado social. Todo se le echa encima o se le fuerza. Todas las decisiones, si podemos llamarlas así en esta etapa, se toman por él. Si observas a cualquier animal llamado "salvaje", verás que el recién nacido tiene gran autonomía y se le guía con leves toques aquí y allá. La madre nunca está distante, siempre atenta, siempre correctamente protectora, y siempre le proporciona un ambiente que le permita al animal una amplia gama de respuestas. A la prole se le da libertad para explorar su mundo a fondo.

Quizás el mejor entrenamiento que podría recibir cualquier madre humana sería vivir en la selva con un grupo de monos araña. Lo que verían es que hay un contacto psicológico continuo entre la madre y el pequeño, que solo se permite que se interrumpa por el desarrollo natural de la autonomía del hijo. Esto rara vez ocurre entre la madre humana y su niño. Este vínculo psicológico está claramente relacionado con el comportamiento afectivo, que se orienta a la comodidad del calor y la alimentación.

Esta es la base de un "afecto materno" natural en el que se dan calor y sustento sin pensar conscientemente. Este "afecto materno" natural es distorsionado completamente por las normas sociales cuando la madre abandona mentalmente al niño muy pronto en busca de su propio confort, seguridad y su deseo de integrarse en algo y con alguien. Así se despierta y refuerza esta debilidad, esta demanda, generación tras generación. El sustituto social del "afecto materno" es el "amor materno", que es artificial, basado en el conocimiento de la "relación madre-hijo" que la sociedad insiste que es correcta. Así, la madre aprende que ama al hijo por condicionamiento social, que comienza incluso con la posesión de muñecas y la preparación para la maternidad. Se refuerza por la idea social de la posesión de "mi hijo", lo cual también se llama "amor maternal".

De este modo la madre moderna ama a su hijo como una posesión suya, con el conocimiento de que una madre siempre "ama" a su hijo ya que es suyo, nacido de su óvulo y procedente de su vientre. Es así como "yo" y "mío" encubren completamente y distorsionan el afecto natural en busca de calor y apoyo y proporcionan una oportunidad perfecta para separarse del comportamiento natural en beneficio de las demandas sociales.

Al niño humano se le fuerza entonces a desarrollarse tal como los padres deciden. Se convierte en una víctima de su impaciencia y falta de comprensión. Paradójicamente, se le abandona o reconforta en exceso, según el capricho de sus guardianes. Cuando llora, de acuerdo a sus "dueños" es "momento de cambiarlo", "momento de darle el biberón" o "momento de echar los aires". Casi nunca en las primeras etapas tiene la oportunidad de elegir algo. Se le empuja a comer. Se le acaricia y arrulla. Se le impone el pecho y no aprende a buscar y descubrir.

Los padres simplemente no entienden que el niño nace con un aparato sensorial rudimentario nada más. Tiene que aprender cosas como la coordinación de manos y ojos, el movimiento de las extremidades en el espacio, la centralidad y otras mil y una aptitudes fundamentales. ¿Le puede sorprender a alguien que el niño esté confuso y desarrolle una necesidad de confort, al menos en cierto grado? Debido a la retirada del afecto y al sentido social del amor materno, el niño desarrolla una necesidad de falso confort. Afortunadamente, la mayoría de los niños no tienen una disposición marcada a ser confusos, pero si existe esa disposición genética, puedes estar seguro de que con las respuestas insensatas de los padres ese niño en particular se convertirá en un adulto completamente confuso y con delusión. Este periodo de condicionamiento manchado de la identidad comienza al nacer (o quizás antes) y se extiende durante tres o cuatro años.

## LA CORRECCIÓN Y EL AFECTO VERDADERO: LA CRÍTICA Y EL AMOR

Hay dos conceptos que se fijan juntos como si fueran opuestos en la vida temprana de un niño: son la crítica y el amor. La crítica positiva como corrección natural es parte del proceso de aprendizaje y el niño debe aprender de estos empujoncitos constantes. Sin embargo, cuando tiene lugar la crítica basada en el egoísmo o la estupidez social, los padres retiran el afecto al mismo tiempo. Esto se debe a que son víctimas de su propia identidad. Sus críticas por lo general no van dirigidas al bienestar del niño, sino a las normas sociales, a su propia comodidad (la de ellos) o a sus propias demandas adquisitivas.

El resultado es que la crítica, para el niño, significa que falta el afecto. Según lo aprende, el afecto depende de hacer lo correcto, o al menos lo que se percibe como correcto. ¿Puedes ver el problema? El niño entonces no solo comienza a sentirse molesto por la crítica, sino que siente que no tiene el afecto natural. Se le sitúa entonces en una posición paradójica. Quiere orientación, pero no quiere la forma social de la crítica. Quiere afecto, pero no de un padre que no lo quiera. Como ves, el amor y todos los comportamientos debilitantes relacionados con ese concepto reemplazan a las respuestas afectivas naturales del niño. El resultado, en un niño orientado a lo visceral, es confusión y más confusión.

**FIG. 16.1 La relación natural entre la madre y el niño sensible**

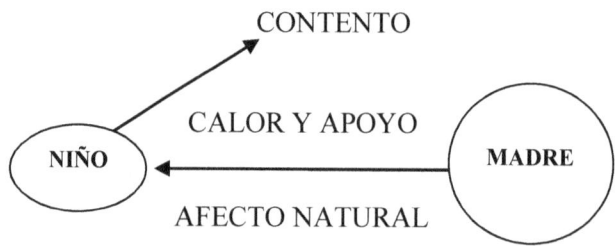

El niño busca soluciones entonces tanto a nivel consciente como subconsciente. Comienza todo tipo de estrategias de engaño que de hecho agravan la relación. Empieza a engañar y mentir. Aprende estrategias para obtener el confort que quiere. Es una situación muy triste. Los padres responden simplemente para mantener un equilibrio externo. "Dale al maldito crío algo para que se calle" es un grito de batalla. El otro es "No le hagas caso, pégale un grito o dale unos azotes".

Es evidente que se trata de un comportamiento totalmente incorrecto, pero eso es exactamente lo que ocurre demasiado a menudo. Lo que el niño aprende en apariencia es que el mundo no es confortable y que no hay un sustento visceral que esté fácilmente disponible. Entonces se le despierta la demanda. Exige confort visceral. Demanda afecto visceral. De este modo, al afecto visceral natural se le denomina "amor afectuoso" y su ausencia se interpreta como descuido. Este descuido se experimenta luego como sufrimiento visceral y se transforma en la volición en mil y una formas de sufrimiento.

Lo que debe quedar claro es que sin la presencia de la identidad en sensación, solo puede existir el afecto visceral natural que no tiene antítesis. Con la identidad, los niños reciben o bien "amor" o bien sufrimiento.

## EL DESARROLLO POSTERIOR DEL AMOR Y EL APEGO

En el adolescente y el adulto, este sufrimiento evoluciona naturalmente hacia un apego debilitante a varios objetos de afecto selectos. Con frecuencia, si se trata de una fuerte atracción física por alguien, asume una intensa forma mental llamada "amor". Este afecto adulterado, sin embargo, es bastante engañoso y debilitante. Como adultos, las víctimas invariablemente se sienten "enamoradas" de un miembro del sexo opuesto, o bien apegadas a los que no les atraen para formar pareja, pero este deseo de amor o apego nunca puede realizarse al nivel que exige la demanda.

Decimos que este estado de apego lo controla el Id, pero se ve ayudado y fomentado por las fuerzas de apoyo del Ego, que realzan la fuerza y modifican la naturaleza de la experiencia combinada. Cualquier amor que se ofrezca siempre se entrega a condición de recibir amor. Ten cuidado con este amor, ya que no es afecto verdadero y natural: es una necesidad adulterada de confort. Pero aunque la sensación es una fuerza que impulsa el comportamiento afectivo, no la confundas con el impulso sexual, que inicia las conductas de apareamiento.

En casos extremos, cuando todas las demandas de apego o amor son denegadas continuamente, habrá una retirada a una condición de espera del "amor y afecto perfectos" y un rechazo consciente de todas las relaciones en las que no haya un sacrificio claro y un amor incondicional. Estas víctimas se lanzan a un amorío tras otro, viviendo en un mundo de fantasía, invistiendo a su diana con cualidades que no poseen. Hay, sin embargo, un verdadero afecto disponible para todo el mundo que se puede dirigir hacia todas las cosas, pero no guarda relación con el amor que la gente suele experimentar o negar. La experiencia real puede llamarse "afecto benevolente". No está relacionada con ninguna de las demandas sino que surge de la Fuerza de la Vida.

Con diligencia y prácticas correctas, uno puede aprender a liberarse de las ataduras que impiden su expresión. Esta liberación y las experiencias resultantes del afecto natural mostrarán que el estado de amor que surge de la demanda de satisfacción visceral es muy inferior. Uno se liberará de la demanda de recibir amor y el recibir y dar afecto verdadero no mantendrán su correlación condicional.

## EL APEGO A LOS FENÓMENOS CONFORTABLES

Las demandas viscerales insatisfechas se extienden también a la adquisición de cosas inanimadas, pero no confundas esto con el deseo que se experimenta bajo la fuerza de la demanda de satisfacción del Ego. Recuerda que estamos hablando aquí de un deseo de confort, no de la seguridad que surge de la discriminación, como veremos luego. Uno puede tener una demanda visceral por algo tan simple como un helado o una cama confortable. Incluso puede ser más abstracto, como el deseo de comodidad física misma. En la mayoría de los casos, si eres sensible, la demanda parece ser fuerte en sentido visceral, sobre todo cuando se prohíbe o es difícil de asegurar. Como resultado de este deseo visceral, hay un apego a cualquier objeto o condición que sea capaz de satisfacerlo.

La experiencia de sufrimiento relacionada con esta aflicción de deseo y apego visceral es una añoranza dolorosa que aparece de forma incesante en la conciencia, ya que el objeto o condición deseada no siempre está presente. De hecho, el objeto de afecto parece tan maravilloso en su ausencia que se acepta la nostalgia como parte de esta condición perversa y se realzan todas sus cualidades positivas. Examina tus propias experiencias y sin duda reconocerás esta situación

**FIG. 16.2 La relación manchada entre la madre y el hijo confuso**

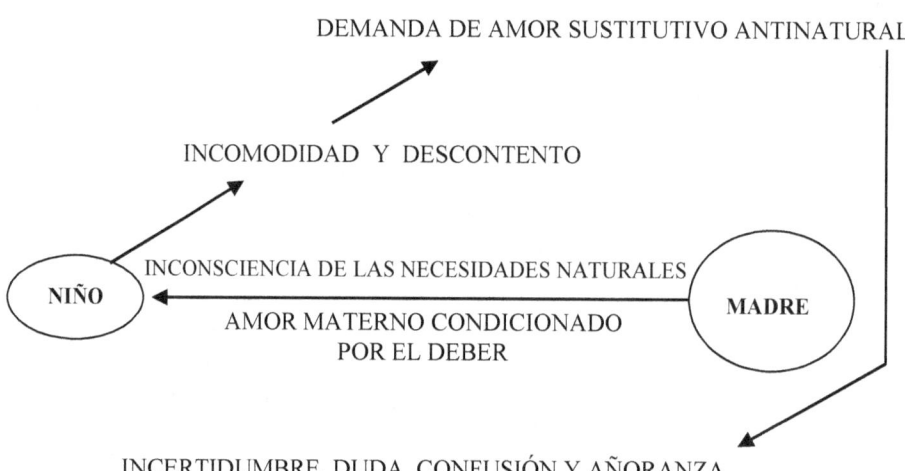

DEMANDA DE AMOR SUSTITUTIVO ANTINATURAL

INCOMODIDAD Y DESCONTENTO

INCONSCIENCIA DE LAS NECESIDADES NATURALES

NIÑO

AMOR MATERNO CONDICIONADO POR EL DEBER

MADRE

INCERTIDUMBRE, DUDA, CONFUSIÓN Y AÑORANZA

ESTRATEGIA DE APRENDIZAJE DE CONSTRUCCIÓN DEL NIDO

## LA NO-SATISFACCIÓN PROLONGADA DE LA DEMANDA

La presencia de esta demanda visceral tras un prolongado periodo de no-satisfacción acarrea incluso mayor sufrimiento mental. El estado mental cambiará a confusión consciente y habrá fuertes sensaciones de descontento e irritación, el resultado del estado confuso en el que la persona no sabe qué hacer para resolver el problema.

Si hay descontento e irritación continuos e intensos y no se atisba ningún alivio, entonces la mente se defiende contra el estrés y sufrimiento extremos volviendo al estado primario: el desafecto, la repulsión o el rechazo intenso hacia el objeto deseado en principio, del que se creía que traería confort.

## LA NO-SATISFACCIÓN EXTREMA DE LA DEMANDA VISCERAL QUE CONDUCE A LA REPUGNANCIA, EL DESAMPARO Y EL PASMO

La repulsión surge como defensa contra el estrés y el conflicto extremo que existe. Se experimenta como una incertidumbre ilógica sobre la obtención del objeto de deseo visceral. Su raíz primitiva es el pasmo, relacionado con el pasmo atávico en presencia de la muerte inminente debido al frío y la falta de alimento. Este pasmo normalmente se convierte en una parálisis del comportamiento afectivo. Tan extrema es esta demanda de la identidad, que en lugar de repulsión, si el objeto es una persona tenida en indiscutible estima, puede haber un auto-rechazo destructivo. Esta es la primera cara del sufrimiento:

- ➢ Incomodidad, confusión
- ➢ Incertidumbre
- ➢ Duda
- ➢ Comportamiento de anidación
- ➢ Añoranza
- ➢ Indecisión
- ➢ Pena
- ➢ Repugnancia
- ➢ Desamparo impotente
- ➢ Pasmo

Ahora podemos ver que la mente parece estar directamente involucrada en las experiencias relacionadas con cada uno de estos estados. Sin embargo, mientras que en el caso de las experiencias-raíz hay fuertes experiencias viscerales con síntomas físicos, aquí es muy difícil identificar la causa real de las experiencias desafortunadas e incómodas.

Es probable que no seas muy confuso en tu comportamiento diario y que estos estados mentales no parezcan ser muy relevantes para ti, pero seguro que de vez en cuando la identidad del Id se despertará. Quizá no veas la identidad del Id como un demonio que devora con fervor tus entrañas a menos que estés completamente dominado por esa identidad. No obstante, si estás atento sentirás ese pequeño demonio que roe en algún rincón de tu mente, saciándose con los frutos de algún aparente comportamiento inocente que él mismo ha provocado.

Espera hasta que comience el sufrimiento, y entonces podrás notarlo si estás alerta. El problema es que para cuando te vuelves consciente del sufrimiento, el daño ya está hecho. Luego te encontrarás buscando una solución para aliviar tu incomodidad y desarrollando algún plan para satisfacer tu añoranza, rumiando tu disgusto y confusión o quedándote inmovilizado por tu pasmo, de tal manera que parecerá que el demonio llamado Id no existe en absoluto.

Revisa el patrón completo del sufrimiento provocado por la presencia de la identidad del Id y sus demandas. ¿Es este sufrimiento de identidad tan ajeno a ti como pensaste en primera instancia? Todo puede parecer muy complicado al principio, pero con un poco de paciencia y resolución verás el patrón general y entenderás los conceptos generales.

No hurgues a fondo en la mente intentando analizarte psicológicamente, impulsado por una conciencia repentina de lo indeseable que es tu propio sufrimiento. Si intentas alcanzar la verdad mientras cargas con el peso de tu propio sufrimiento, estarás tan ocupado examinándote que no podrás despertar tu verdadera naturaleza. En vez de eso, intenta internalizar el hecho de que casi todos los seres humanos de este planeta están sufriendo por la misma ignorancia que te aflige, construida generación tras generación por la locura humana.

Trata de descubrir de manera relajada el sufrimiento común a los seres humanos, no en beneficio propio sino en beneficio de todos los seres humanos. Cuando camines por la calle y los veas a todos aparentemente contentos en la superficie, mira más profundo y verás que la mayoría no es feliz. De hecho, hay tanta infelicidad alrededor que nos hemos acostumbrado a ella.

Mantente atento. Es una verdad inalienable que tu comprensión y tus actitudes, intenciones, acciones y ecuanimidad correctas benefician a todas las criaturas vivas, incluyendo la vida vegetal de este mundo, y que eso promoverá, incluso a pequeña escala, la preservación de este insignificante planeta en el que vivimos.

No caigas en la trampa de hacer juegos de palabras contigo mismo, intentando decidir si lo que realmente sientes es una sensación o no. Las experiencias no siempre son fáciles de separar. Relájate y no te preocupes mucho de cometer errores; no importa nada en absoluto si cometes un error. Experimentarás estados mentales y las experiencias viscerales generadas por esos estados mentales. Con diligencia, estos estados también se pueden discriminar, y este conocimiento será de ayuda en las prácticas destinadas a restaurar el equilibrio natural y la armonía.

## CONCLUSIÓN

Podemos ver por tanto que la identidad visceral que distorsiona el proceso natural de las sensaciones es un impulso basado en lo visceral que resulta confuso en relación con el confort y sustento naturales y carece de tolerancia natural a la incertidumbre. El niño de temperamento confundido nace con una dominancia de esta incertidumbre transmitida que inhibe la generalización en el proceso de reconocimiento de los estímulos. Así pues, es una víctima perfecta para el condicionamiento.

# Capítulo 17

## La manifestación de la identidad adquisitiva: la demanda de satisfacción emocional del Ego

Ahora vamos a estudiar con mayor detalle la segunda cara del sufrimiento, causada por la demanda de satisfacción del Ego. El sufrimiento y estrés asociados con la satisfacción del Ego lo envuelven a uno en angustia, lamentos y recriminaciones, deseo, decepción, futilidad, molestia, rabia y a veces un miedo intenso. Puedes observar que esta demanda de satisfacción del Ego no es simple en su manifestación-raíz, que normalmente está sujeta a variaciones y finos matices adicionales.

La demanda de satisfacción del Ego se refleja en actitudes adquisitivas y conductas adquisitivas. El objetivo deformado subconsciente es construir una base sólida de seguridad. Esta base reemplaza mediante posesiones la necesidad natural de un refugio seguro contra los enemigos naturales y los elementos; después, gobierna en la mente y establece una situación de inseguridad y estrés. La identidad del Ego nunca está satisfecha y hay brotes constantes de angustia sobre la posible pérdida de las posesiones que proporcionan una aparente seguridad. Los lamentos y recriminaciones comienzan a acumularse.

La fuente de las demandas naturales de seguridad se encuentra en el proceso de discriminación. Recordarás que su función natural es generar el impulso para acercarse o evitar una irritación, o bien mantenerse neutral con respecto a ella. El impulso de acercamiento no debe confundirse con el apego visceral antinatural, aunque la experiencia que acompaña al impulso de acercamiento es de afecto hacia el estímulo. De manera similar, el impulso correcto y natural de evitación del temperamento discriminativo no se debe confundir con la repulsión antinatural del temperamento aversivo.

Los impulsos naturales son el acercamiento, la evitación y la neutralidad. Las demandas impulsadas por la identidad dan como resultado respuestas similares, sin duda, pero las dicta la identidad del Ego y van acompañadas por experiencias de gusto, no-gusto o indiferencia intelectual.

En lugar de satisfacer la necesidad natural de verdadera seguridad frente a los elementos y los depredadores, el Ego la corrompe con experiencias físicas y mentales conectadas con la demanda emocional:

- Demanda emocional de seguridad
- Posesividad, presunción, celos, suspicacia, desconfianza
- Estrés antinatural
- Tensión emocional
- Deseo y angustia
- Escape, lamentos con recriminaciones y rabia

## DESPERTAR INICIAL Y DESARROLLO

¿Cómo se despierta y refuerza en el recién nacido esta demanda que promueve tal adquisitividad? Casi siempre surge de la falsa comprensión de la seguridad que encuentra en primer lugar. Desde el principio en el vientre de la madre, cuando se vuelve sensible a su propio ambiente interno, está completamente seguro. Está protegido del ambiente externo y, aunque no tiene una noción directa del peligro de los depredadores, de todas maneras está a salvo de cualquier agresión.

Cuando se le arroja de repente al mundo, lo cuelgan boca abajo y le dan unos azotes. ¡Qué despertar tan rudo! Se le cambia el sistema de sustento vital y comienza la agresión. Igual que el recién nacido de temperamento sensible, lo que necesita de verdad en este momento es una transición natural, pero tampoco la recibe. Se le deja solo, abandonado, tan pronto como la madre recupera sus fuerzas. El comportamiento natural y correcto después de la recuperación de la madre sería que el niño acompañase de cerca a la madre, dejándole que se pegara a ella mientras ella hace sus tareas. Sin embargo, inmediatamente se convierte en una posesión. Se convierte en "mi niño". Se le da una etiqueta que se convierte en su identidad básica. No aprende que "David" es una etiqueta, aprende que él *ES* David; así es como David llega a existir. En vez de eso habría que permitirle que se descubriese a sí mismo, que encontrara su propia naturaleza y sentido ilusorio de ser, y que descubriera su propia seguridad con una ligera orientación.

Aunque los aspectos negativos ya se han establecido entre el nacimiento y los cuatro años, el periodo crítico comienza a los cuatro años, cuando el peso de la madre disminuye y el del padre aumenta en esta etapa de desarrollo. Por supuesto, existen diferencias naturales entre lo masculino y lo femenino en cuanto al modelado, pero generalmente el modelado y el condicionamiento social le quitan el puesto a cualquier cosa que podría desarrollarse de forma natural. En lugar del despliegue natural de la sociabilidad y el compartir, comienza un complejo proceso de moldeado social. Todo se le impone o se le fuerza al niño. Enseguida se le dan posesiones que los padres escogen y protegen celosamente. Se convierte en un objeto para el cual recibir posesiones y "pertenecer" a alguien reemplazan a la seguridad natural que era su potencial.

**FIG. 17.1 La relación natural entre la madre y el niño discriminativo**

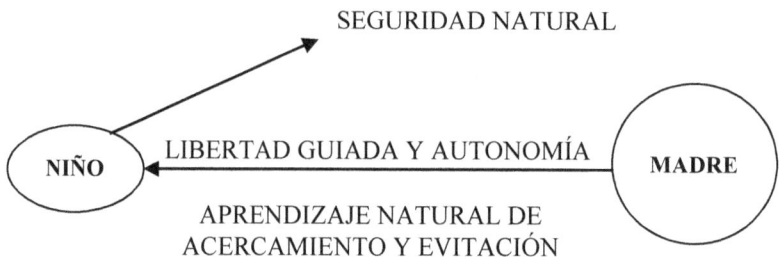

En una situación natural y correcta, la madre nunca está distante sino siempre vigilante, y siempre proporciona correctamente un ambiente variado que les permita a sus hijos libertad total para explorar su mundo a fondo, tomar decisiones y experimentar los resultados. En cambio, al niño se lo controla en nombre de la protección, lo que refleja los miedos y las preocupaciones de los padres, y se lo rodea de un mundo artificial en el que la imaginación, la curiosidad y la creatividad son limitadas. Cuando se alienta la creatividad, es organizada y estéril. El niño aprende que la atención y el control significan amor, el mismo amor que es socialmente inducido por el Estado, la religión, la cultura y la educación. Peor aún, el niño se convierte en una isla con conexiones artificiales de amistad controladas por los padres.

Una vez más, el modelo de comportamiento humano debería ser el examen comparativo de los animales de su entorno natural. Dentro de los límites de la capacidad del animal, hay una completa seguridad y refugio para la descendencia, mientras que al mismo tiempo las crías tienen completa libertad de expresión con sus compañeros. Por contra, en la sociedad de hoy el crío humano aprende más sobre lo que no debería hacerse que sobre lo que es naturalmente beneficioso. Su curiosidad natural es limitada y el interés parental por la idea social de cuál debería ser su desarrollo redunda en inseguridad y, como resultado, incrementa el refuerzo a las posesiones como medio para reducir esa inseguridad. Observamos ese fenómeno en el mundo adulto, donde la inestabilidad y la tensión son elevadas, y la consecuencia es una sociedad de consumo que produce aún más problemas y más inseguridad en un ciclo sin fin.

**FIG. 17.2 La relación contaminada entre la madre y el niño adquisitivo**

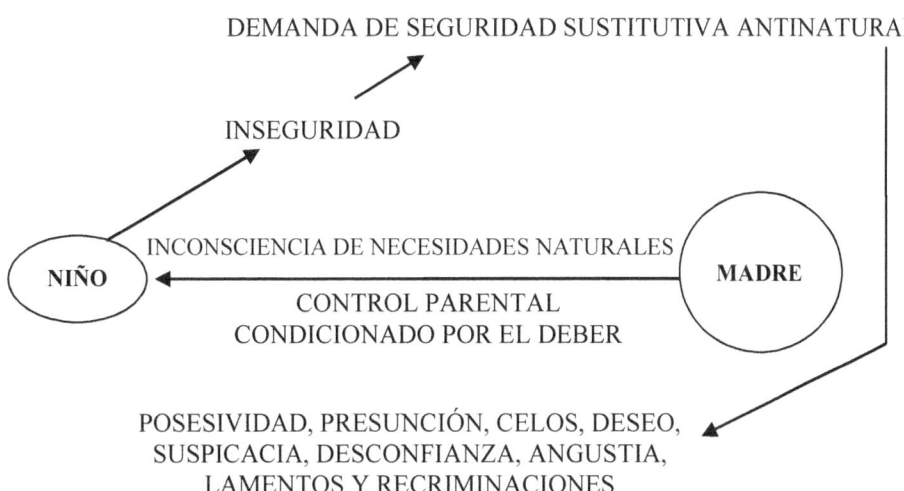

La base de una "guía materna" natural en la que se da libertad y aliento sin pensamiento consciente resulta completamente distorsionada por las normas sociales del comportamiento infantil, con la obediencia en un extremo de la escala y el consentimiento excesivo en otro. Ambos dependen del capricho de los padres, con las correspondientes batallas entre padres e hijo que acentúan más el problema.

Cuando se introduce el concepto de amor posesivo, se da una falta de apoyo natural durante los esfuerzos pioneros del niño y una carencia de retroalimentación natural por su conducta en desarrollo. Las recompensas en forma de regalos y posesiones y las acciones de amor afectivo redundan en una dependencia de tales símbolos. Cuando no se reciben de acuerdo con la expectativa condicionada, el niño capta la señal de que no se le quiere. De este modo, el ser querido prevalece sobre la curiosidad natural, la exploración, la inventiva y la creatividad. El niño se convierte entonces en un buscador de amor, una condición de expectativa que nunca puede cumplirse. Como consecuencia, se le condiciona también a ser un buscador de falsa seguridad a través de la posesión de objetos e incluso de personas.

Como hemos afirmado, la madre humana –y aquí los propios padres son víctimas de las trampas socioculturales– descuida su rol natural en busca de su propio concepto manchado de autonomía personal. Así pues, un "amor" vulgar que es artificial, basado en condicionar al niño según los requisitos del Estado, la iglesia y la cultura que ellos mismos han recibido como niños, sustituye a la orientación y apoyo parental. El grave problema es que la madre en particular cree que ama al niño y no entiende el vínculo materno natural con él. El padre vive con el concepto de "amor paterno" al que está obligado por orgullo y deber. Así, el amor contaminado se convierte en la base y condiciona el resultado, en vez de la situación natural en la que el propio comportamiento de exploración del niño y su creatividad se refuerzan mediante el aliento y el apoyo naturales. Recibir y dar se convierten entonces en un trueque emocional. Este periodo crítico se extiende aproximadamente hasta el séptimo año.

Uno puede ver entonces que el niño con temperamento discriminativo se verá afectado desfavorablemente por semejante conducta parental. Las ideas de "yo" y "mío" distorsionarán el afecto natural que puede proporcionarle un ambiente variado, apoyo y estímulo, y por el contrario crearán una oportunidad perfecta para que las demandas sociales tomen el control.

El niño humano se ve forzado entonces a desarrollarse de la manera en que la madre decide, ya que la madre a esa edad sigue siendo la principal cuidadora. Se convierte en una víctima de gustos y no-gustos discriminativos personales y, paradójicamente, o bien se le abandona en un  mundo sin apoyo o se viola su autonomía. Cuando protesta, es un niño rebelde. ¿Qué significa eso realmente? Significa que el niño no se comporta de acuerdo con lo que los padres han aprendido como normas sociales o lo que consideran comportamiento aceptable. Su comportamiento adquisitivo aumenta y, como resultado, también su sed de aprobación. Entonces se vuelve suspicaz, desconfiado, celoso y presuntuoso.

Hay muchos otros concomitantes iniciales. Habrá cierta presunción en su apariencia. Si está presente la demanda insaciable de satisfacción del Ego, ciertamente se mostrará cuando la víctima de la identidad esté frente al espejo o cuando elija cosas para vestirse o un estilo de peinado. Incluso pueden surgir unos celos feroces que se mantienen ocultos y, por tanto, una posesividad defensiva correspondiente que puede estallar en circunstancias inesperadas. Así, los celos también se pueden interpretar como prueba de amor.

Hay también un impulso constante que es condicionado de tener cosas mejores y más atractivas: puede ser un coche mejor, una casa mejor, un estilo de vida mejor, un trabajo mejor y un futuro mejor. Esta angustia engendra deseo y ambos, según varíe su intensidad, pueden mantenerse bien a escondidas de la conciencia. La conducta aporta pistas que apuntan a la presencia de esta demanda. El Ego se coloca aquí en el centro de todas las cosas y quiere todo lo que esté disponible. Es insaciable. Si quieres, a esa conducta iniciada por el Ego le puedes llamar diplomáticamente egoísmo o inseguridad, pero en realidad es la codicia que ha brotado de la inseguridad.

Los padres simplemente no entienden que el niño nace con una inclinación natural a explorar y descubrir, a crear y aprender por sí mismo en interrelación con compañeros igualmente libres. Si eso no sucede, el niño aprende que este es un mundo inseguro y acepta un chupete azucarado como sustituto de su falta de seguridad natural. Como adolescente, sigue buscando el chupete azucarado, que puede tomar varias formas dentro de un amplio rango de otros sustitutos tranquilizantes.

## LA CORRECCIÓN Y EL AFECTO VERDADERO: LA CRÍTICA Y EL AMOR

Hemos mostrado que hay dos conceptos que quedan fijados como si fueran opuestos en la vida temprana de un niño: son la crítica y el amor. Cuando el niño entre en la adolescencia, la falta de apoyo y ánimo se añadirá con más claridad a la ecuación. La crítica positiva como corrección natural es también parte del proceso de aprendizaje a medida que el niño avanza, pero el modelado se vuelve importante aquí como medio de corrección. El grito que el niño escucha es: "Haz lo que digo… no lo que hago". El adolescente no es tonto.

La crítica, basada aún en el egoísmo no importa lo bien disfrazada que esté como "buenas intenciones", se desenmascara fácilmente cuando hay una falta de entendimiento y comunicación. El deber toma el puesto de un acercamiento natural al niño que crece y aprende. El resultado es que la crítica, para el niño, significa que el apoyo y el entendimiento están ausentes. Este apoyo, supeditado al amor aparente que aprende, depende por tanto de la corrección, o al menos de lo que se percibe como correcto. Pero la corrección está gobernada por normas del Estado, la cultura, la religión y la sociedad, ayudadas de forma negativa por la educación.

Al niño le molesta la crítica. Se le sitúa entonces en una posición paradójica. Quiere orientación pero no quiere la forma social de la crítica. Quiere apoyo afectivo, así que busca apoyo y amor en las formas artificiales de sus amigos, que están igual de contaminados por el sistema, y cae en el conformismo de su grupo social y en un círculo de mimetismo condicionado. Se convierte por tanto en víctima del estilo y las normas de sus amigos. En su mente la rebelión se convierte en virtud y la conformidad en un emblema de pertenencia con amor.

Pero nada funciona de verdad, así que la necesidad de seguridad evoluciona hacia un fuerte deseo de amor y posesiones. Cuando no se consiguen, se apunta con el dedo a los demás con angustia, lamentos y recriminación. En medio de todo esto persiste la angustia, que se manifiesta de muchas maneras, incluidas la suspicacia y desconfianza hacia otros, que queda bien encubierta en condiciones sociales. Obsérvalo con cuidado y lo verás claramente en la mayoría de tus interacciones sociales. ¿De verdad crees y confías en la gente? Probablemente no demasiado.

## LA DEMANDA DEL EGO: DESEO, ESCAPE, ANGUSTIA, REPROCHES Y LAMENTOS

¿De dónde viene esta inseguridad que promueve semejante codicia? Casi siempre surge del falso entendimiento sobre el amor que aprendimos en primera instancia.

La mayoría de las personas son queridas por sus padres, ¿verdad? ¿Lo son de veras?

La mayoría de los padres se quedarían espantadas al descubrir que el gran amor paternal que sienten por sus hijos está contaminado. Es cierto que el instinto básico de amar y cuidar a los hijos es fuerte entre la mayoría de los padres, pero por desgracia ha sido tan contaminado por el condicionamiento social que los padres a menudo hacen más daño que bien, a pesar de sus buenas intenciones.

¿Dan los padres un amor benevolente incondicional? No. La expresión del amor a menudo se convierte en algo que depende del comportamiento. La mayoría de los niños rápidamente se vuelven posesiones que se muestran a los demás con aparente amor tierno. En realidad son objetos de falso amor y atención.

El niño se convierte en "mi bebé", no él mismo. Se lo moldea según la imagen de los padres, la sociedad, la iglesia y los amigos. Es moldeado rápida y fácilmente por los codiciosos conceptos que rigen el mundo. Deja de ser él mismo, y esto sucede desde el momento de su nacimiento y se vuelve más intenso a medida que se acerca la adolescencia. Se le da un nombre y el niño se convierte en ese nombre. Se espera de él que desarrolle una identidad social aceptable. La desviación se acepta solo dentro de los límites sociales si parece beneficiar a la sociedad. Se le echa encima una manta y se le fuerza mediante el condicionamiento a adoptar un cierto rol. Si se rebela, se le doma. El crecimiento de la sabiduría queda ahogado y en cambio al niño se le educa para encajar en la sociedad, una sociedad de consumo. ¿Dónde está su seguridad?

Quizás se le de orientación espiritual, de una forma que inhibe la sabiduría pero crea un equilibrio social saludable para los males de la sociedad. ¿Dónde está su seguridad? Se le enseña que el dinero controla el mundo y observa que la gente acomodada parece ser feliz. Espiritualmente, se le informa que el dinero no puede comprar la felicidad, pero luego observa a los poderosos hombres y mujeres de los negocios y la política rodeados de cosas hermosas, admirados y respetados por todos. Se le dice que debe aprender y tener éxito, pero descubre que el éxito no puede traer el amor. La guía espiritual está disponible, pero parece que siempre se busca tras el fracaso y el sufrimiento con el fin de proporcionar consuelo. ¿Dónde está su seguridad?

La auténtica seguridad, si el niño no es uno de los millones del mundo que viven sin techo, reside en saber que uno realmente está seguro en esta vida moderna y civilizada. Esta seguridad, sin embargo, depende del desarrollo de la sabiduría. Al carecer de este crecimiento de la sabiduría, padres e hijos se han vuelto víctimas de la inseguridad y la codicia resultantes. Es como dice la Biblia: "Los niños sufrirán por los pecados de sus padres". Sin duda, una generación tras otra ha alimentado la inseguridad y la codicia durante miles de años.

Si no hay saciedad de tus demandas de inflación del Ego, entonces se desarrollará un estado mental subliminal de querencia que acompañará al deseo. Con el tiempo, ambos acaban por manifestarse en sufrimiento y un deseo que lo consume todo.

Las demandas del Ego de la identidad emocional son bastante complicadas y van ligadas a un laberinto de pensamientos y justificaciones. El deseo, por tanto, raramente se percibe en uno mismo. Socialmente, a este deseo, que da como resultado el concepto de propiedad, se le recompensa y se llama "ambición", "salir adelante", "tener éxito", y cosas similares. En realidad es un deseo básico de codicia, nada más. Lo más triste sobre este deseo del Ego es que separa a cada persona de la belleza de la unidad con todas las cosas. Paradójicamente, son la unidad y la sabiduría que la acompaña las que pueden crear un estado real y duradero de seguridad.

Las demandas del Ego crean deseo continuamente, igual que lo hacen las demandas viscerales, pero este deseo viene acompañado de una masa de palabras que sostienen y amplifican el estado. Son estas palabras y el lenguaje creado por ellas los que camuflan la codicia tan bien. "¿Qué hay de malo en querer una casa mejor, un coche mejor, o un trabajo mejor?", preguntará la voz elocuente pero falsa del Ego. La respuesta es que no hay nada malo en tener esas cosas. El problema está en desear esas cosas, en anhelar esas cosas y, por último, en apegarse a esas cosas.

En la Biblia cristiana se afirma que es más difícil que un rico entre al reino de los cielos que el que un camello pase por "el ojo de una aguja" –pues ese era el nombre de una puerta extremadamente estrecha de la ciudad de Jerusalén. Esta observación sagaz se refiere al problema al que se enfrentan los que sufren las demandas de la satisfacción del Ego. La posesión de cualquier cosa crea apego a esa cosa. Cuanto más tienes, más te apegas a esa seguridad. Cualquier amenaza a la seguridad de la posesión causa sufrimiento. ¿Qué posesiones abandonarías, por ejemplo, para lograr la verdadera sabiduría? ¿Dejarías tu coche, tu casa, tu trabajo o tus amigos? ¿Cuál es el precio exacto que estás dispuesto a pagar para obtener la sabiduría que te alivie del sufrimiento y el estrés, te traiga alegría, compasión y amor benevolente? Por lo general no mucho, en realidad.

Mucha gente, quizá, seguiría un curso para lograr la verdadera sabiduría si no fuese largo o demasiado difícil. La verdad es que la mayoría de la gente acepta postulados imprecisos, conceptos indefinidos e ideas inexactas con bastante más facilidad que cualquier información sobre la que tendrían que pensar profundamente. Quieren que su camino sea lo suficientemente lógico, razonable y de base científica para que su Ego no se sienta irracional. Por desgracia, son susceptibles por tanto a todo tipo de sucedáneos de la verdad. Sobre todo, quieren jugar al juego de la iluminación instantánea sin ningún riesgo personal. Son como esos ecologistas que saben que la capa de ozono se está destruyendo y tratan el problema con calma, en términos lógicos, en un congreso al cual han llegado conduciendo sus automóviles. Usa la introspección crítica: ¿te reconoces en algún aspecto de esta descripción?

El estado que en realidad impide que acepten la sabiduría es su propia inseguridad y deseo. Lo que quieren es recibir la sabiduría primero; luego, si todavía se sienten inseguros, no tendrán que renunciar a su seguridad y podrán rechazar la sabiduría. Es como intentar llenar un vaso lleno de agua contaminada de bacterias con agua pura sin vaciar el vaso primero. Es cierto que puedes añadir agua lentamente y dejar que vaya rebosando de manera gradual. Al final, puede parecer que solo hay agua pura, aunque en realidad así nunca sacarás todas las bacterias del vaso. La locura de tu mente es como esas bacterias; se multiplicará hasta que el vaso quede contaminado por completo una vez más.

¿Por dónde puedes empezar si tu Ego es fuerte? En primer lugar, puedes comenzar por ver tu deseo. Si te hace sentir mejor, llámalo inseguridad; no importa. Una vez que veas que, efectivamente, eres inseguro y codicioso ya habrás cedido un poco de esa inseguridad y codicia. Habrás vaciado un poco el vaso. No hace falta mucho para comenzar, ¿no?

## LA NO-SATISFACCIÓN PROLONGADA DE LAS DEMANDAS

Cuandoquiera que no se cumplen las demandas de satisfacción del Ego y de falsa seguridad tras un periodo prolongado, el desconcierto suscita más sufrimiento. La responsabilidad de todo este sufrimiento, por supuesto, no parece corresponderle al que sufre. La identidad del Ego rara vez es culpable ante sus propios ojos y es una maestra del disfraz, pues usa todo tipo de ideas y conceptos para evitar la responsabilidad. Cuantos más complejos sean nuestros deseos o querencias, y cuanto más se experimenten, mayor será la decepción, la sensación de inutilidad, la molestia y la rabia.

A menudo la decepción es tan intensa que es insoportable, y aunque la molestia en esa situación y la rabia contra los que se consideran responsables no alcanzan las profundidades de la hostilidad aversiva, liberada por la demanda de dominación, son explosivas y con frecuencia muy verbales. Si el sufrimiento persiste, se desarrollará aún mayor estrés y tensión. La mente puede tomar entonces una acción defensiva y huir de esa actividad de búsqueda de seguridad para empezar otra empresa. Esto no es igual al comportamiento de la persona que responde al impulso de satisfacción visceral, que simplemente desarrolla cierta inercia. Cuando todas sus demandas fracasan, la persona discriminativa que está sujeta a semejante estrés cambia su percepción de la situación.

Cuando una fuerte demanda adquisitiva se ve frustrada una y otra vez, la persona bajo la imposición de la saciedad del Ego se enojará y se retraerá sobre sí para reflexionar sobre la situación, silenciosa, temperamental y malhumorada; se trata de un regreso al estado primario del miedo a las consecuencias. Este miedo, aunque a veces parezca moderado, surge debido a una pérdida de seguridad. Sus raíces están basadas en la huida primitiva y el miedo experimentado ante un peligro real para la Fuerza de la Vida.

Sin embargo, las justificaciones saldrán a borbotones enseguida y al menos en la superficie todo el asunto quedará como algo en apariencia intrascendente. Pero eso es solo en la superficie. La estrategia interna y la táctica con respecto a la conducta habrán cambiado, ya que las llagas y las heridas aún supuran bajo la superficie. El viejo refrán, "una vez picado, doblemente intimidado", se le aplica particularmente bien al tipo de conducta que demanda el Ego. Si hay a quien culpar del fracaso a la hora de saciar la demanda, entonces a los responsables no se les olvidará ni perdonará, ya que han demostrado que son unos traidores. Sin duda, la traición es un pecado imperdonable para los que quieren seguridad por encima de todo. Esto también es completamente diferente de la conducta de los que han experimentado resultados insatisfactorios después de una demanda visceral.

Si la situación no se resuelve por simple disonancia, entonces se inicia la depresión, reclamando la atención y amor que la identidad tanto ansía.

## LA INSATISFACCIÓN EXTREMA DE LA DEMANDA EMOCIONAL CONDUCE AL ODIO, LA DEPRESIÓN Y EL MIEDO

La necesidad de seguridad, impulsada por el Ego, pronto se hace oír de nuevo, con lo que dará comienzo otra ronda de conducta en busca de seguridad en otra dirección. La sociedad es el meollo de la cuestión y la persona controlada por su identidad codiciosa del Ego juega muy bien sus cartas, incluso si solo elige nadar en una piscina muy pequeña. El Ego es fuerte y siempre se recupera rápidamente para el combate; a fin de cuentas, es un superviviente. Pero cuando el juego alcanza el estado del miedo y la depresión, entonces hay serios problemas psicológicos con los que lidiar. Esta segunda cara del sufrimiento muestra:

- Posesividad
- Presunción
- Celos
- Suspicacia
- Desconfianza
- Deseo

- ➢ Angustia
- ➢ Escape
- ➢ Lamentos con recriminaciones y rabia
- ➢ Desconcierto
- ➢ Decepción y sentido de futilidad
- ➢ Odio
- ➢ Depresión
- ➢ Miedo

En retrospectiva, quizá puedas ver cuán complicadas son las demandas de satisfacción del Ego. El Ego emplea la agilidad mental, pero su agilidad no se fundamenta en la inteligencia natural ni en la sabiduría. No te hagas la idea de que las demandas del Ego fuerzan a la víctima a cambiar constantemente de idea. No, la persona dirigida por el Ego es ordenada y disciplinada. El dilema para la persona infestada por el deseo es hacer frente a la interminable lista de deseos cambiantes que requieren decisiones sobre su prioridad, y ocuparse de las cadenas de palabras e ideas que redoblan el problema, generando angustia sobre los posibles resultados.

Dado que el Ego tuvo su nacimiento en el lenguaje que permitió la discriminación, su imaginación es altamente creativa y normalmente desarrolla todo tipo de problemas en la conciencia que solo sirven para incrementar el "ruido". La mente se ve forzada a menudo a volver al pasado y por eso los lamentos y las recriminaciones acompañan con frecuencia a la angustia básica que experimenta.

El rango y variedad de cada emoción es muy grande, porque las emociones están regidas por palabras, no por estados viscerales. La vanidad y la presunción, por ejemplo, son compañeras íntimas, así que no te fijes mucho en las diferencias sutiles. Cuando apartes la identidad del Ego que gobierna estas emociones, las demandas serán destruidas gradualmente y el sufrimiento y el estrés empezarán a desprenderse.

Una vez más, te recuerdo que no te apegues a las palabras, que son descripciones. Las reconocerás porque son emociones y normalmente irán acompañadas por cambios físicos en el ritmo cardiaco y la respiración. Con frecuencia, cuando los impulsos hacia la satisfacción visceral y hacia la satisfacción del Ego estén ambos activos experimentarás sensaciones y emociones al mismo tiempo. A veces se complementarán entre ellas y otras veces estarán en oposición.

Observa también que hay una relación compleja entre los estados mentales y el sufrimiento. Cuando los estados mentales están en funcionamiento hay una gran participación de palabras e ideas, mientras que el sufrimiento parece ser emoción pura. A veces esta emoción sería bastante aterradora si no fuese por la presencia de información sobre el estado mental, que no solo parece causar la experiencia, sino que la explica de manera más bien perversa.

# Capítulo 18

## La manifestación de la identidad aversiva: la demanda de dominación del Super-ego

Las demandas de dominación gobernadas por la tercera identidad, llamada Super-ego, forman la tercera cara del sufrimiento y provocan frustración, remordimiento, pasión, desilusión, aversión y una furia contenida y calculadora. El comportamiento incorrecto que provoca es el que empuja al potencial afligido a la dominación de otros individuos o de una situación elegida, de manera que todo sea exactamente como debería. Todo el mundo experimenta momentos en los que necesita dominar y habrá experimentado no solo sus frutos sino el sufrimiento que conlleva esta demanda de dominación, tanto para uno mismo como para los demás también.

El impulso básico adulterado que reside tras todo este sufrimiento es el impulso de pertenencia o encaje. Esta demanda se muestra en actitudes inflexibles y exigentes y en comportamiento agresivo. A diferencia de las dos demandas previas que hemos analizado, esta demanda no se despierta en la infancia. Mientras que las otras ya están en camino a un reinado completo pero desafortunado hacia el final del sexto año, la demanda de dominación se despierta entre la edad de seis y nueve años y continúa desarrollándose en la adolescencia. Eso es así porque la demanda tiene su base en el impulso de pertenecer, que requiere un desarrollo básico de la mente que sea bastante sofisticado con respecto a las relaciones y el conocimiento que se desarrolla en las interacciones tempranas del niño.

El ser humano correcto y natural ha evolucionado como un ser social que puede crecer para comprender, dentro de su conciencia, la belleza de una unidad mayor. En un sentido real, las personas pertenecen de verdad, pero por desgracia no son capaces de verlo. Tienen su sitio dentro de la naturaleza, en armonía con todos los demás seres humanos. El problema es que no han tocado esta sabiduría dentro de sí mismos que sabe que todas las cosas son interdependientes.

La raza humana ha desarrollado en cambio una falsa necesidad de pertenencia, que es la demanda. Esto ocurre porque se ha separado de todas las cosas y toda la vida. Se ve a sí misma como el centro de su mundo —una percepción natural pero errónea— y ha creado una dicotomía. Al haberse desarrollado aparte y haberse divorciado de toda la naturaleza, su necesidad subconsciente clama en busca de unidad. A veces experimenta una necesidad de personas: la soledad, un sentimiento de separación en un mundo lleno de gente, la necesidad de alguien en quien confiar, con quien hablar... todos ellos son síntomas de la falta de verdadera pertenencia.

Este sentido de soledad se puede aliviar asociándose con gente y forjando amistades que en general son relaciones de dependencia mutua. Los sentimientos pueden reducirse mediante la búsqueda continua de lugares en donde haya gente, evitando situaciones que pongan de relieve la soledad.

El impulso natural en una persona con dominancia de esta característica es ser líder por naturaleza, pero las demandas guiadas por la identidad van acompañadas de experiencias de satisfacción de la identidad en la dominación en lugar del liderazgo.

## LA DEMANDA DE DOMINIO: PASIÓN IMPULSIVA Y FRUSTRACIÓN

Cuando el Super-ego no permite cumplir con la necesidad natural de auténtica pertenencia (unidad en la acción para promover la supervivencia mutua), aparecen experiencias físicas y mentales relacionadas con la demanda aversiva:
- ➤ Demanda mental de dominación
- ➤ Inquietud, crítica destructiva, avaricia, envidia
- ➤ Estrés antinatural
- ➤ Tensión mental
- ➤ Pasión impulsiva, frustración, retórica exaltada y remordimiento

## DESPERTAR INICIAL Y DESARROLLO

¿Cómo se despierta y refuerza esta demanda que promueve tal dominación en la criatura recién nacida? Es debido a que se le domina desde el momento en que comienza a sentir el mundo. Aprende inmediatamente que es dominada y hay gran resistencia y a veces una agresión determinada. Se le reprende, lo que incrementa su resistencia y determinación. Este aspecto del carácter no requiere amor materno o apoyo paterno sino libertad y autonomía. Por desgracia, lo que los padres han aprendido como niños es a no confiar, de manera que el niño perceptivo queda encadenado quizá de manera más crítica que los otros temperamentos.

**FIG. 18.1 La relación natural entre los padres y el niño de inteligencia natural**

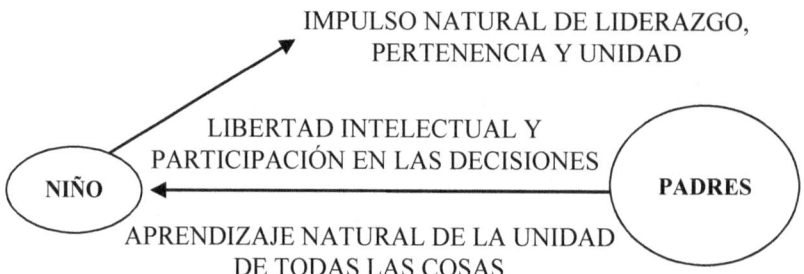

En este temperamento hay complejos factores en juego en los primeros años, pero por suerte el desarrollo de estas necesidades naturales no sucede todo de golpe. Vimos que el desarrollo de la sensibilidad era durante los primeros cuatro años (con diferencias individuales) y que el desarrollo de la discriminación era de los cuatro a los siete e incluso ocho. Este rasgo de la identidad de dominio realmente se despierta al comenzar la necesidad natural de pertenencia y liderazgo, entre los siete u ocho años y continúa hasta la edad de quince.

**FIG. 18.2 Las edades de susceptibilidad de los temperamentos y las consecuencias**

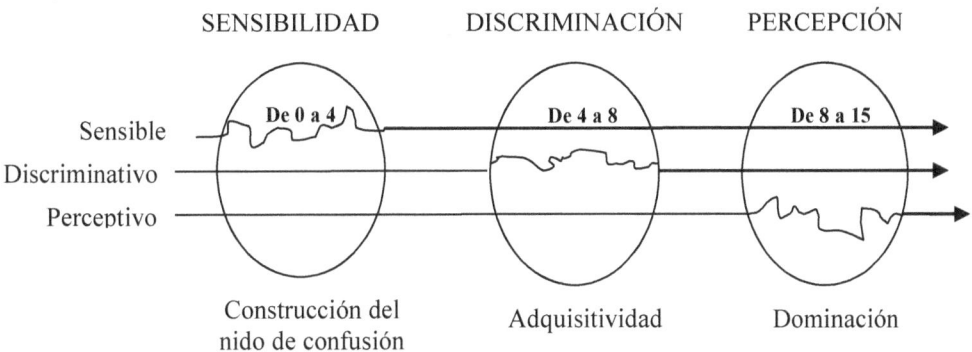

Es aquí, a esta edad entre los ocho y los quince, cuando el surtido más enrevesado de influencias sociales juega su papel y comienza un complejo proceso de moldeado social. Todo se le impone o se le fuerza al adolescente. Inmediatamente se le dan órdenes y expectativas sociales y debe doblegarse bajo su peso y someterse, o bien rebelarse. La rebelión siempre se castiga de una u otra manera, pero en la adolescencia la rebelión es admirada por otros compañeros que sienten las mismas presiones, así que los que toman ese camino se ven reforzados aún más en su rebeldía.

La mayoría, sin embargo, no experimenta de manera continuada este impulso extremo de dominación, ya que la sociedad ha desarrollado estrategias sociales para evitar el problema y ha creado situaciones que les aportan un sentido de pertenencia a sus miembros para aliviar el estrés de la soledad. La gente también ha aprendido la táctica de estar tan ocupados que solo experimentan la necesidad de estar cerca de otros cuando hay problemas. Aunque estos sistemas sociales son falsos, sí satisfacen la necesidad básica de pertenecer que existe subliminalmente en la mayoría de la gente.

La soledad, sin embargo, solo existe en tu mente. Existe porque no puedes ver con sabiduría que cada persona encaja de verdad; pero si queremos desarrollar e internalizar la armonía, hay que hacer sacrificios. La mayoría de los tontos seres humanos, que por desgracia responden a su identidad del Ego, no están dispuestos a hacer estos sacrificios.

Vemos por consiguiente que la necesidad real se ha distorsionado, y los que viven impulsados por la demanda de dominación del Super-ego sufren de una falta de auténtica pertenencia. En cambio, muestran aversión y la necesidad de alguna forma de dominio en sus vidas. Esto no debe confundirse con la ambición, el deseo de ser líder o el deseo de ser quien tome las decisiones, que están regidos por el Ego. De ninguna manera; esta dominación es siempre aversión del Super-ego. La dominación significa control absoluto.

En situaciones del día a día, cuando una demanda de dominación empuja a esta persona hacia adelante (a veces contra las órdenes de su Ego, que ve las trampas), se produce un fracaso. Entonces sobrevienen experiencias de frustración porque las cosas deberían haber funcionado correctamente. También hay experiencias de remordimiento por las acciones que deberían haber realizado.

**FIG. 18.3 La relación contaminada entre los padres y el niño aversivo**

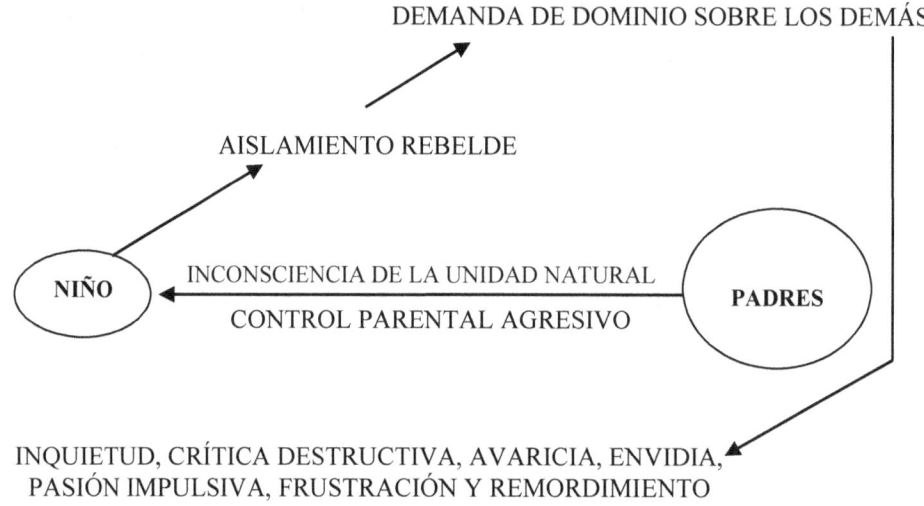

DEMANDA DE DOMINIO SOBRE LOS DEMÁS

AISLAMIENTO REBELDE

NIÑO

INCONSCIENCIA DE LA UNIDAD NATURAL

CONTROL PARENTAL AGRESIVO

PADRES

INQUIETUD, CRÍTICA DESTRUCTIVA, AVARICIA, ENVIDIA, PASIÓN IMPULSIVA, FRUSTRACIÓN Y REMORDIMIENTO

EL NIÑO APRENDE QUE NO HAY UNIDAD HUMANA

La inquietud, la crítica destructiva, la avaricia y la envidia son todas ellas parte del estado mental inicial en la persona dominada por el Super-ego. Esta experiencia Super-egoica de la avaricia no es exactamente la misma que la de la codicia, que es bastante emocional. El énfasis del Super-ego no recae sobre la posesión. Desea lo que otros tienen porque cree que han obtenido algo que no deberían. Percibe que no se lo merecen.

De hecho, la actitud prevaleciente del Super-ego es que pocos se merecen los beneficios que reciben. En el subconsciente, el Super-ego cree que su propia posesión personal de algo compensaría de cierta manera su posesión injusta por otros. El Super-ego, cuando es dominante, quiere negar apasionadamente la posesión a los demás, por lo cual su envidia tampoco es un estado de adquisitividad. ¿Ves este aspecto perverso de la avaricia y la envidia?

Normalmente, cuando el Super-ego se activa hay una necesidad de dominar, con una agitación mental resultante que crea una pasión impulsiva por una causa o una idea. La pasión reina y, durante este periodo, la persona de temperamento aversivo se siente llena de energía por esta pasión. Este sentido de dominación no siempre se ejerce como individuo. Ser miembro de un grupo dominante sirve igual de bien que el dominio individual, porque proporciona la protección y el anonimato que brinda ser parte de un colectivo. Los grupos fanáticos y extremistas con gran pasión en su retórica y acciones son refugios excelentes para satisfacer esta dominación.

Los exaltados por su Super-ego normalmente se convierten en seguidores de las personalidades dominantes extremas de este mundo. A menudo los siguen de manera ciega, movidos por sensaciones indirectas de afinidad no con las causas que defienden los líderes dominantes, sino con las pasiones que suscitan o con la imagen mental dominante que crean. Las causas que enarbolan son un canal perfecto para dar salida a la demanda de dominación y, como la dominación lleva asociado el odio, las causas apoyadas pueden llevar aparejados varios niveles de violencia inherente. Seguir tales causas es una locura total.

Menos extremo, pero igualmente insensato, es encarar cualquier competición con la demanda de dominio como principio rector. Esto se manifiesta habitualmente en la alegría perversa que se experimenta ante la derrota de un adversario, o bien se oculta por una exaltación simultánea del Ego. Mantente atento a su aparición y también al remordimiento apasionado cuando se pierde. Recuerda que la actitud correcta en toda competición requiere concentrarse únicamente en la calidad de la propia actuación.

## LA NO-SATISFACCIÓN PROLONGADA DE LAS DEMANDAS

Por desgracia, cuando hay una demanda de dominación y las cosas no funcionan como era de esperar, habrá un estado mental de total perplejidad. La perplejidad del Super-ego existe debido a que el Super-ego no ve razón alguna por la cual los planes perfectos puedan fallar. A veces, también se puede apuntar el dedo a la perfidia de la gente que formaba parte de los planes. Hay perplejidad porque no se puede entender su aparente estupidez y debilidad.

El Super-ego sabe exactamente lo que deberían haber hecho. Como ves, el Super-ego está ligado a este concepto de "debería". Todos pueden convertirse en víctimas de este concepto de "debería". Las personas afectadas incluso pueden condenar apasionadamente su propia estupidez o descuido. Nadie está a salvo del Super-ego. Nota también que el Super-ego acepta la culpa, mientras que el Ego se resiste a ella con vigor.

Cuando las cosas salen mal, se desilusionan y se vuelven aversivos hacia todos los implicados y hacia su locura. Afortunadamente, la mayoría de la gente no suele estar bajo el control de esta demanda y por tanto no se ven desbordados con frecuencia por todas estas potentes experiencias de aversión apasionada. Esta aversión, sin embargo, se enciende rápidamente y se apaga igual de rápido, al menos de puertas para afuera.

No obstante, cuando alguien se encuentra con que experimenta frustración y decepción de manera constante, puede revertir a los breves actos primitivos de venganza y furia destructora. Estos actos son fríos, sin emoción, razonados, justificados y calculados, aunque parezcan espontáneos, ya que la pasión que late detrás de todas las acciones es cognitiva. La rabia, la venganza y las represalias similares de la identidad del Ego son, por el contrario, de tipo emocional.

¿Puedes ver que esta demanda de dominación es mucho más evidente en tu vida de lo que podías haber pensado inicialmente, aunque no parezca muy obvia o fuerte, y casi seguro no haya llegado al extremo? La clave del reconocimiento de su presencia es la pasión, que es intelectual, y el increíble sentido de infalibilidad en la corrección de todas las acciones relacionadas. El sentido de "debería", que es casi divino en su fuerza y actitud, es bastante discernible de verdad si eres consciente y estás atento. El Super-ego, como ves, nunca se equivoca. Es el dispensador de la verdad y la justicia. En algunas personas su expresión es bastante obvia y en otras muy sutil, pero el sufrimiento y el estrés, ya sean conscientes o inconscientes, están asegurados para todos los que padecen la expresión de esta demanda. Esta tercera cara del sufrimiento muestra:

> - Inquietud
> - Crítica destructiva
> - Avaricia
> - Envidia
> - Pasión impulsiva
> - Frustración
> - Retórica exaltada
> - Remordimiento
> - Perplejidad
> - Desilusión
> - Repulsión
> - Venganza
> - Furia destructiva

Los que están en un camino espiritual o religioso deberían ir con especial cuidado, ya que estas demandas corruptoras del Super-ego se esconden muy bien bajo el manto de la rectitud, pues son sutiles manipuladoras de las palabras de los sabios y los libros sagrados. La fuerza que tienen a la sombra de estandartes colectivos explica toda intolerancia nacional, étnica, religiosa y espiritual, al igual que infamias sociales como las Cruzadas, la Inquisición, la quema de brujas y mil otros acontecimientos históricos execrables revestidos a mayor gloria con ropajes sagrados. Como todas las demandas, las de dominación son siempre innecesarias; pero en el plano social, cuando se convierten en una causa que todos deben seguir, generan el comportamiento humano más despreciable.

Una de las situaciones en que la aversión se ve con más frecuencia es en el comportamiento verbal. Por alguna razón, la gente se siente segura dándole salida al veneno de esta demanda cuando se expresa como juicio. Aquí, la codicia y la hostilidad parecen hechas la una para la otra. Lo que ocurre es que la codicia puede bullir virtualmente hasta la superficie si la recubre el azúcar de una condena aversiva con la cual la mayoría puede estar de acuerdo. "Es un hermoso vestido, pero no sabe cómo lucirlo". ¿Ves la sutileza? "Es un buen supervisor, pero tiene problemas en casa". Una vez más las bestias salvajes están gruñendo. Lo que se está diciendo es: "No se merece el vestido" y "No es digno de ser el supervisor".

Sin embargo, los más confiados no se andarán por las ramas y afirmarán exactamente lo que tienen en mente, orgullosos de "decir lo que piensan", cosa que llevan como un distintivo que les honra.

Hay que ser muy cuidadosos, sin duda, y por eso el habla correcta es tan importante como parte del camino a la liberación. Dicen bien quienes afirman que la lata vacía es la que hace más ruido cuando se le da un puntapié, y que lo que más distingue al hombre sabio o la mujer sabia es el silencio que los acompaña gran parte del tiempo (excepto cuando están enseñando).

# Capítulo 19

# La manifestación de la identidad de fijación: la demanda volitiva de certeza, el Supra-ego

Aquí analizamos con más detalle la cuarta cara del sufrimiento, causada por la exigencia de resolución del miedo a las consecuencias, para comenzar a entenderla mejor. La satisfacción exigida también está dirigida por la identidad, pero esta identidad no es una de las involucradas en la diseminación de los tres venenos de la confusión, la codicia y la aversión. Con el fin de entenderlo, debemos observar las respuestas primitivas llamadas "instintos" de pasmo, miedo y defensa agresiva, conocidas como parálisis, huida y lucha, que son descripciones muy aptas para el comportamiento que genera las experiencias.

## LA EVOLUCIÓN DEL PASMO, EL MIEDO Y LA IRA

Estos estados mentales pueden situarse en tres grupos, basados en sus condiciones y raíces prehistóricas. La condición humana original era el estado mental primitivo de *shock* o conmoción cuando se encontraba con condiciones extremadamente saturadas que no se podían controlar con respuestas normales. De esto emergió la respuesta raíz primitiva de parálisis y el estado mental primitivo de inercia, a fin de no ser detectado por cualquier poder destructivo o amenazante que estuviera presente. La segunda fue la respuesta de huida ante cualquier peligro aparente. La tercera respuesta fue el estado mental primitivo de defensa agresiva. Todas eran respuestas de supervivencia naturales, producto de la evolución. Cada una de estas acciones reflejas era una respuesta natural eficaz ante las graves amenazas que afrontaban los seres primitivos.

Los estados mentales evolucionados que nos rigen hoy parecen bastante diferentes de esas respuestas primitivas que existían cuando el cerebro humano y su conocimiento aún permanecían sin desarrollar. A medida que el ser humano se desarrolló gradualmente como criatura sofisticada, también lo hicieron sus respuestas y sus estados mentales primitivos. Se hizo consciente de la existencia de variantes cognitivas superiores que no eran estados mentales naturales. El estado mental primitivo de inercia estaba en oposición al movimiento, el estado de escape se oponía a la atracción, mientras que la aversión estaba ligada a su antítesis, el aprecio.

Cuando se experimentaban con toda su intensidad, las experiencias que acompañaban a las respuestas-raíz ante las amenazas violentas de los tiempos prehistóricos (el pasmo, el miedo y la ira, respectivamente) eran quizás igual de inolvidables y decididamente ofensivas que cuando se experimentan hoy, siempre que haya una amenaza real a la existencia. Por suerte, no es habitual que las soportemos en nuestras vidas en realidad, ya que rara vez nos encontramos con amenazas de gran magnitud que pongan en peligro nuestra existencia.

## FIG. 19.1 Evolución prehistórica de las respuestas y estados mentales

| | | | |
|---|---|---|---|
| **RESPUESTAS RAÍZ PRIMITIVAS** | PARÁLISIS | HUIDA | LUCHA |
| **EXPERIENCIAS PRIMITIVAS** | PASMO | MIEDO | IRA |
| **ESTADOS DUALES ALTERNATIVOS APRENDIDOS** | INERCIA MOVIMIENTO | ESCAPE ATRACCIÓN | AVERSIÓN APRECIO |
| **DIRECTIVA DE NECESIDAD ORIGINAL** | ALIMENTO y CALOR | REFUGIO y SEGURIDAD | RELACIONES |
| **COMPLEJO EVOLUCIONADO** | VISCERAL | EMOCIONAL | PERCEPTIVO |
| **COSIFICACIÓN DE LA IDENTIDAD** | ID | EGO | SUPER-EGO |

Estas experiencias sí pueden darse, sin embargo, bajo circunstancias menos extremas de estrés antinatural, cuando parece haber conflicto entre la presión extrema para obtener la saciedad de una demanda y la aparente imposibilidad que se percibe de saciarse. Esto ocurre porque el ser humano nunca se libra de sus demandas, y así el conflicto prolongado causa un estrés virtualmente explosivo que se desvía a una respuesta extrema y más primitiva ante la situación.

Las respuestas son casi idénticas psicológicamente en términos conceptuales, pero en general se experimentan de forma modificada como miedo ante la insatisfacción, pasmo ante el fracaso e ira ante la impotencia. Sin embargo, estas experiencias modernas de sufrimiento están ligadas al estrés antinatural, no al estrés natural como lo estaban primitivamente.

Cada una de estas experiencias primitivas y originales –pasmo, miedo e ira– también ha dejado marcas indelebles cuyo carácter se refleja en las experiencias menos intensas de sufrimiento que hoy acompañan a los complejos estados mentales que han evolucionado en el ser humano.

Recuerda que la naturaleza real de las experiencias depende de los diversos estados mentales desarrollados que existen ahora, al igual que de la naturaleza de las expectativas y de los resultados con respecto a las demandas. Debido al alto número de combinaciones, las interpretaciones del estrés antinatural en forma de sufrimiento son bastante variadas, pero las experiencias se pueden dividir en tres grupos arbitrarios y artificiales, cada uno de los cuales ha evolucionado desde la experiencia primitiva singular que le corresponde.

El sufrimiento y las respuestas que se cree que traerán satisfacción de la demanda tienen como aparente causa raíz las tres demandas que hemos visto y sus identidades correspondientes. Cada una de estas tres demandas puede aparecer en momentos diferentes o bien pueden ocurrir simultáneamente, causando todo tipo de interacciones complejas, conflictos subconscientes, sufrimiento y estrés.

La cuestión por tanto es: "¿Cuál es el perfil equivalente para el temperamento de certeza inflexible, o acaso se trata de un fenómeno completamente diferente?". Recuerda que debemos buscar de forma especulativa los parámetros del estado natural y la contaminación de la identidad a fin de entender este temperamento.

## FIG. 19.2 La evolución prehistórica del temperamento de fijación

| | |
|---|---|
| **RESPUESTAS RAÍZ PRIMITIVAS** | PREPARACIÓN DEFENSIVA |
| **EXPERIENCIAS PRIMITIVAS** | RIGIDEZ MENTAL |
| **ESTADOS DUALES ALTERNATIVOS APRENDIDOS** | ACCIÓN RACIONAL INFLEXIBILIDAD |
| **DIRECTIVA DE NECESIDAD ORIGINAL** | DETERMINACIÓN DEL RESULTADO |
| **COMPLEJO EVOLUCIONADO** | RACIONAL |
| **COSIFICACIÓN DE LA IDENTIDAD** | SUPRA-EGO |

Las exigencias de certeza a la hora de determinar resultados, gobernadas por la cuarta identidad llamada temperamento inflexible o Supra-ego, forman la cuarta cara del sufrimiento, que puede conducir en último término a una paranoia disonante extrema. El comportamiento incorrecto que provoca surge al empujar a la víctima potencial hacia un sentido de victimización y aislamiento rara vez experimentado excepto por las personas que tengan dominancia de este aspecto. Pero el sufrimiento que acarrea esta demanda de certeza es extremo, no solo en la persona afligida sino en los demás.

El impulso básico adulterado que se encuentra tras todo este sufrimiento es el impulso de prevenir situaciones futuras de riesgo. Esta demanda se muestra en la búsqueda de certeza.

¿Cuándo se despierta esta demanda? Surge del establecimiento de la identidad dentro de los procesos de la volición. Cada pensamiento, cada idea es impregnada por el imperativo de la identidad, no importa cuán pequeña sea esa operación del subconsciente. Mientras que los otros temperamentos son afligidos por la identidad con una irritación asociada pertinente a su necesidad distorsionada, el temperamento de fijación mental requiere certeza en todo. Por tanto, su mente está tan sobre-estimulada que ha de encontrar alivio, cosa que hace eliminando alternativas, limitando todos los procesos volitivos con el fin de establecer actitudes fijas, intenciones fijas y acciones fijas, todas ellas dentro de un estrecho rango.

El ser humano correcto y natural evolucionó como un animal social que puede predecir resultados con su razón basándose en un maravilloso sistema de volición y toma de decisiones. Esta capacidad de predecir el futuro con cierta precisión, cuando se mantiene impoluta, da un gran sentido de dominio sobre las demás criaturas y un sentido de ser responsable por el bienestar de todas las cosas. Ahora bien, esto es bastante diferente del sentido de unidad del temperamento aversivo y de la discriminación del adquisitivo.

La persona libre de identidad entiende profundamente dentro de su parte inconsciente la importancia de este impulso de promover el bienestar de todas las cosas. No es consciente de la unidad, pero es impulsado por el Principio Masculino a ser un "dios benevolente" en sentido positivo. Tiene un amplio rango de comprensión innata de las consecuencias, ya que está gobernado por volición.

El problema es que, con la presencia de la identidad, asume una posición de virtud omnisciente y rectitud que no posee. No ha tocado la sabiduría dentro de sí mismo que sabe que él es interdependiente y que ninguna criatura tiene mayor valor que otra. No está aquejado por las expectativas en sentido discriminativo pero, a pesar de toda su comprensión de las probabilidades, carece de la capacidad de distinguir lo que es correcto para el equilibrio y armonía de la Fuerza de la Vida.

La identidad ha desarrollado este temperamento con una falsa necesidad de certeza, que es la demanda de un resultado específico en relación con la identidad. Esto se basa en una percepción errónea en la que los resultados que él mismo desea tienen prioridad sobre los resultados respecto a los demás. Estas personas carecen totalmente del verdadero principio de dominio, que es el Principio Masculino de la Fuerza de la Vida, que permite a la mente humana evolucionada no solo conocer la unidad de todas las cosas, sino actuar hacia todas las cosas con un aura perfecta de benevolencia y comprensión. El dominio manchado que buscan aquellos con temperamento de fijación solo sirve a su propia identidad para protegerse de la victimización. Por tanto, se obligan a aislarse como defensa contra la violación de su integridad y desarrollan una visión estrecha y un conjunto de opiniones e ideas rígidas que son inflexibles.

## LA DEMANDA RACIONAL: DESEO, ESCAPE, ANGUSTIA, REPROCHES Y RESENTIMIENTO (en relación con el futuro)

Cuando el Supra-ego no permite cumplir con la necesidad natural de protección y determinación de resultados (preparación defensiva), aparecen experiencias físicas y mentales relacionadas con la demanda volitiva:

- ➢ Demanda racional de certeza: sobre-estimulación y agitación mental, fijación, burla, desprecio
- ➢ Estrés antinatural
- ➢ Tensión mental
- ➢ Desesperación, conducta anti-social, aislamiento compulsivo
- ➢ Justificación y acusación defensivas
- ➢ Resentimiento y denegación del perdón

## DESPERTAR INICIAL Y DESARROLLO

¿Por qué surge esta agitación mental sobre-estimulada? Casi siempre surge del falso entendimiento del amor que aprendemos por primera vez de niños. En este caso, siempre que se recibe amor, es en función de la perfección o de la idea del niño sobre lo que podría ser la perfección. En esas situaciones surge una demanda de certeza, que en la mayoría de los casos se convierte en la única manera de complacer a una madre dominante y exigente y compensar la ausencia del padre. Indefectiblemente, el niño desarrolla dependencia y resentimiento al mismo tiempo, lo cual causa una gran tensión.

La mayoría de los niños no hacen caso a este tipo de interacción, pero los que tienen una disposición a analizar cada interacción profundamente se vuelven super-confusos, super-discriminativos o super-aversivos. Eso se debe a que la identidad está presente en cada pensamiento, no como el temperamento visceral, involucrado principalmente en la satisfacción visceral, el niño discriminativo con sus gustos y no-gustos, o ni siquiera el niño aversivo, que está orientado hacia la gente y no hacia las cosas. El niño de fijación está relacionado por la identidad con cada elemento de la volición y esto se convierte en una gran debilidad debido a la sobre-estimulación y agitación mental. El niño no puede estar continuamente "encendido", así que apaga áreas completas de su existencia y contactos externos. Está abierto a la madre para recibir, pero cierra todo dar y cualquier sentido de gratitud. Para el niño, es una simbiosis desigual. Quiere lo que quiere y lo exige. Con frecuencia, estos niños se vuelven fríos e inflexibles y comienzan las fijaciones. Algunos incluso pueden caer más adelante en ambientes sadomasoquistas, que no son otra cosa una reproducción de las duras experiencias de su infancia.

Los aspectos negativos se desarrollan entre los catorce y los diecisiete años, cuando la persona estaría normalmente bajo la orientación amable del padre. Es un periodo crítico en el que el adolescente puede sentir fácilmente que es diferente y crítico con los demás. Al no poseer cualidades de liderazgo, resulta rechazado por la mayoría por sus actitudes cáusticas y su reticencia a cooperar y a acoplarse a la norma general de sus compañeros. Desea recibir, pero siempre, al menos en su visión de las cosas, hay complicaciones y demandas ocultas a las que se niega a acceder generosamente.

**FIG. 19.3 La relación natural entre los padres y el niño predictivo**

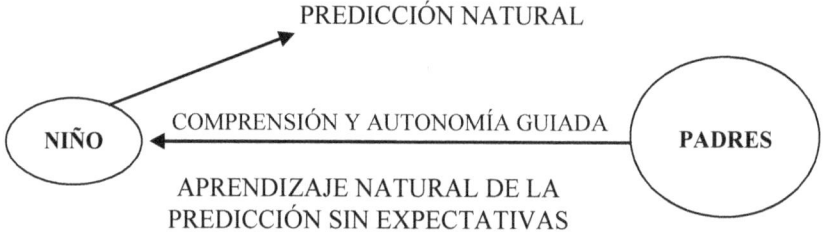

En un estado natural y correcto, la madre nunca está distante pero sí siempre atenta, proporcionando correctamente un entendimiento de los juicios del niño sobre "lo que puede ocurrir si…". Sin orientación natural, eso se convierte en "la certeza de que esto ocurrirá" y desencadena una lluvia constante de expectativas negativas. Así pues, la mente se cierra como en una profecía auto-cumplida, ya que el niño se encuentra sin estrategia o tácticas para engendrar cooperación. Esta personalidad carece de conciencia de su identidad, aunque subconscientemente está gobernada por este requisito exigente de certeza en los resultados.

**FIG. 19.4 La relación manchada entre los padres y el niño de fijación**

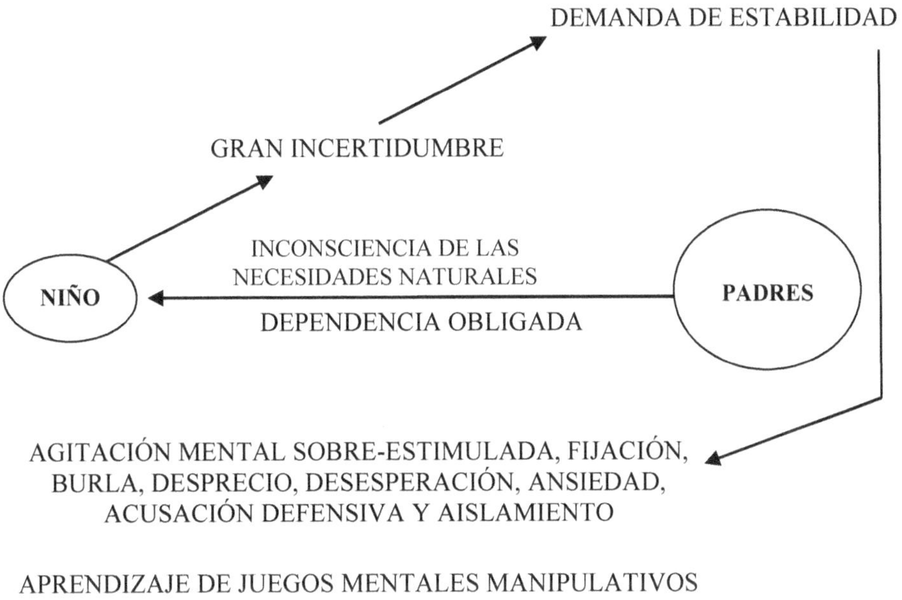

DEMANDA DE ESTABILIDAD

GRAN INCERTIDUMBRE

INCONSCIENCIA DE LAS NECESIDADES NATURALES

NIÑO

DEPENDENCIA OBLIGADA

PADRES

AGITACIÓN MENTAL SOBRE-ESTIMULADA, FIJACIÓN, BURLA, DESPRECIO, DESESPERACIÓN, ANSIEDAD, ACUSACIÓN DEFENSIVA Y AISLAMIENTO

APRENDIZAJE DE JUEGOS MENTALES MANIPULATIVOS

## LA NO-SATISFACCIÓN PROLONGADA DE LAS DEMANDAS

Cuando la víctima de la identidad se enfrenta con la aparente injusticia personal de la vida, recibida de parte de todas las personas u organizaciones con las cuales se asocia, se produce una ofuscación completa. Hay sufrimiento extremo en forma de amargura y una cerrazón a todos excepto por vía de sutiles juegos mentales, en los que su superioridad es importante pero rara vez se alcanza. Hay un resentimiento previo y una negativa a perdonar que siente constantemente al no obtener lo que sus expectativas demandaban; nunca acaba. El afligido nunca tiene la culpa y siempre es víctima de las circunstancias y la traición. Este sentimiento de ser una víctima es tan intenso que el perdón es imposible y, dado que el afligido es de fijación mental, la reconciliación queda fuera de la cuestión.

Cuando las expectativas se ven frustradas una y otra vez, la persona bajo el empuje de su estado de víctima se sentirá perseguida y constantemente expuesta a una amenaza desconocida. Se replegará sobre sí misma para evadirse de todos los problemas de la identidad y de la situación desconcertante, ya que le es difícil aceptar que se ha formado un juicio personal equivocado. En resumen, su mente rebosa de una identidad que nunca se ve libre de la persecución.

En algunos casos extremos, hay una forma de esquizofrenia a la vuelta de la esquina, cuando emergen la furia fría y la paranoia. Esta cuarta cara del sufrimiento muestra las demandas del Supra-ego:

- ➢ Agitación mental sobre-estimulada
- ➢ Fijación
- ➢ Burla
- ➢ Desprecio
- ➢ Aturdimiento y desesperación
- ➢ Conducta anti-social
- ➢ Aislamiento compulsivo
- ➢ Justificación defensiva y acusación
- ➢ Resentimiento y negación del perdón
- ➢ Oscurecimiento
- ➢ Amargura con cerrazón
- ➢ Furia fría
- ➢ Rencor
- ➢ Paranoia

En tiempos antiguos, este tipo de temperamento se consideraba psicológicamente inviable para transformarse en una persona natural y liberada. Pero en China, cuando se desarrolló como base el concepto de la naturaleza pura (*fóxìng*, 佛性; *tathagatagarbha* en sánscrito), se descartó que los de este temperamento particular estuvieran más allá del alcance de la verdad de la liberación personal.

# Capítulo 20

# Los temperamentos dominantes

Debe entenderse con claridad que todos los seres humanos nacen con el potencial de sensibilidad, discriminación natural, inteligencia natural sobre la unidad de todas las cosas y la capacidad de entender a fondo la probabilidad de resultados, es decir, la evaluación correcta del rango completo de posibilidades. Sin embargo, aunque todos nacen con un temperamento dominante, no todos nacen con un potencial idéntico, ya que no podemos hablar de la distribución de cada potencial o de la contaminación de la identidad en sentido absoluto.

Matemáticamente, podríamos decir que una persona tiene un perfil de porcentaje de temperamentos de 25-25-30-20, lo que puede reflejar dominancia de aversión, mientras que otra persona puede tener un perfil de 40-15-35-10, lo que puede indicar dominancia de confusión. Sin embargo, el nivel de aversión de la persona confusa puede ser en realidad mayor que el de la persona aversiva.

Una alternativa es representar cada identidad en términos de un nivel máximo-mínimo de logro de los potenciales positivos de esa persona. En cualquier caso, esta medición requiere establecer el rango dentro de cada modo, lo que no solo es difícil sino poco práctico, puesto que sería necesaria una escala absoluta y además habría que diseñar una batería de pruebas que pudieran medir el potencial personal frente al absoluto y frente a su nivel real de comportamiento.

La única solución es aceptar de verdad el perfil de temperamento sin considerar los potenciales ni en sentido absoluto ni relativo. A fin de cuentas, la tarea correcta es rebajar los niveles de los cuatro componentes de la identidad. Eso implica desarrollar un plan de ataque sobre los diferentes temperamentos de la identidad para cada persona, cosa que, como veremos más adelante, es precisamente el avance más eficaz para restaurar el equilibrio completo.

## LA AMPLIFICACIÓN DE LAS EVALUACIONES DE LA IDENTIDAD

Se puede ver que, aun cuando pueda haber dominancia, a veces la fuerza de la identidad subsidiaria es considerable. Esto genera un interesante fenómeno de enmascaramiento. Si, por ejemplo, una persona con temperamento aversivo se chocara con una completa falta de aprobación en el ambiente, una identidad secundaria podría tomar el control general. En ese caso, para obtener resultados más fructíferos, podría desarrollar una máscara basada en la aparente sensibilidad o discriminación, que sería en realidad una sensibilidad social falsa o una ambición de la identidad social falsa. Dado que pueden darse casos como este, debemos hablar de seis temperamentos de la identidad, no de tres:

1. Aversión
2. Aversión con máscara adquisitiva convertida en discriminación social falsa,

o adquisitividad con máscara de aversión

3.  Adquisitividad
4.  Adquisitividad con máscara de confusión, o confusión con máscara adquisitiva
5.  Confusión
6.  Confusión con máscara de aversión, o aversión con máscara confusa convertida en falsa sensibilidad social

Estas combinaciones de la identidad están sujetas por supuesto al mismo proceso de "endulzado" de la identidad ideal con el fin de obtener lo que demandan, al igual que los mismos temperamentos puros.

## COMPLICACIONES EN LA VALORACIÓN DE LA IDENTIDAD

Si examinamos, por ejemplo, el elemento confuso dentro de cada temperamento dominante, encontramos diferencias individuales claras que son en realidad muy sutiles y normalmente difíciles de distinguir en los estados intermedios de estrés y tensión de la identidad.

**1) Respuestas iniciales y consecuencias del estrés y la tensión máxima irresoluble**
   - ➢ Temperamento confuso: incomodidad, confusión > pasmo
   - ➢ Temperamento adquisitivo: posesividad, presunción, celos, suspicacia, desconfianza > miedo
   - ➢ Temperamento aversivo: inquietud, crítica destructiva, avaricia, envidia > furia destructora
   - ➢ Temperamento de fijación mental: agitación mental sobre-estimulada, fijación, burla, desprecio > paranoia

Hay que notar que cada uno de estos grupos de experiencias se relaciona directamente con el temperamento y que el comportamiento suscitado reflejará esas experiencias. Puede observarse que con estrés prolongado sin solución o disonancia la persona puede responder al comportamiento raíz primitivo de una manera extrema que no resulta apropiada a las circunstancias reales.

**2) Respuestas debilitantes importantes al estrés y la tensión para cada temperamento**
   Temperamento confuso:
   - ➢Incertidumbre
   - ➢Duda
   - ➢Comportamiento de anidación
   - ➢Añoranza

   Temperamento adquisitivo:
   - ➢Deseo
   - ➢Angustia

➤ Escape
➤ Lamentos con recriminaciones y rabia

Temperamento aversivo:
➤ Pasión impulsiva
➤ Frustración
➤ Retórica exaltada
➤ Remordimiento

Temperamento de fijación mental:
➤ Comportamiento anti-social y aislamiento compulsivo
➤ Desesperación
➤ Justificación defensiva y acusación
➤ Resentimiento y negación del perdón

**3) Respuestas intermedias y extremas al estrés y la tensión**

Temperamento confuso:
➤ Indecisión
➤ Pena
➤ Repugnancia
➤ Desamparo impotente

Temperamento adquisitivo:
➤ Desconcierto
➤ Decepción y sentido de futilidad
➤ Odio
➤ Depresión

Temperamento aversivo:
➤ Perplejidad
➤ Desilusión
➤ Repulsión
➤ Venganza

Temperamento de fijación mental:
➤ Ofuscación
➤ Amargura con cerrazón
➤ Furia fría
➤ Rencor

En el primer conjunto de respuestas intermedias al estrés, la activación de una identidad particular redundará en variantes de esa experiencia basadas en la dominancia de la identidad. En la matriz confusa de los cuatro temperamentos, el temperamento confuso experimentará vacilación, pero la misma situación que provoca vacilación en la persona con temperamento confuso provocará desconcierto en el temperamento adquisitivo, perplejidad en el temperamento aversivo y ofuscación en el temperamento de fijación mental. Si examinas la definición de cada cual, puedes observar la sutileza de las distinciones:

➤ Indecisión: molestias o confusión que resultan de la complejidad
➤ Desconcierto: confusión que resulta de fallos de entendimiento
➤ Perplejidad: grandes demandas mentales difíciles de entender o solucionar

➤ Ofuscación: oscurecimiento de la visión correcta

De la misma forma, uno puede ver las sutiles diferencias en la matriz adquisitiva de los cuatro temperamentos.

➤ Pena: gran tristeza conectada con una pérdida o un duelo
➤ Decepción con futilidad: insatisfacción cuando no se cumplen las expectativas
➤ Desilusión: decepción mental por un falso esquema mental que defrauda
➤ Amargura con cerrazón: un sentimiento de profunda rabia hacia las circunstancias

Es fácil ver el peligro de realizar juicios apresurados sobre el temperamento o la dominancia, pero con un examen cuidadoso uno puede ver el impacto sutil en la fina matriz de la influencia del temperamento dominante. En los estados mentales de respuestas inmediatas a cualquier irritación hay claras diferencias; también las hay cuando se alcanza en algún momento un punto de máximo estrés y tensión si reina la matriz de aversión.

➤ Repugnancia: rechazo de proposiciones que no pueden ser ciertas ambas a la vez
➤ Odio: un sentimiento de desagrado tan fuerte que demanda acción
➤ Repulsión: aversión pasional
➤ Furia fría: agitación mental turbulenta e irracional

Las siguientes son las variaciones presentes cuando reina la matriz de fijación mental.

➤ Rechazo: negativa a aceptar o reconocer
➤ Depresión: un sentido pesimista de insuficiencia y una evasión desanimada de la actividad
➤ Venganza: deseo de devolver una herida u ofensa
➤ Rencor: impulso de venganza con una profunda y amarga voluntad de dañar

En cada uno de estos casos se puede apreciar la influencia que la sensación, la discriminación, la percepción mental y la volición contaminadas ejercen sobre las experiencias.

## ANÁLISIS DE LOS TEMPERAMENTOS DOMINANTES

### 1) El temperamento confuso

No hay muchas personas que sufran de un estado gobernante de delusión o tengan una personalidad "ilusa", pero aquellos que sí la tienen probablemente no sientan que son ilusos y en cambio sí que se sentirían ofendidos si se los llamara de esa manera.

Tal es en realidad la nomenclatura usada durante siglos para describir a este temperamento. De hecho, el consenso de los brahmines era que las personas con este temperamento eran estúpidas y poco inteligentes. Está claro que ese no es el caso, pero su comportamiento, en particular sus rasgos obstinados y su confusión, bien pueden interpretarse de esa manera y, por desgracia, la persona puede aceptar esa evaluación y asumir una posición que no es apropiada para su temperamento.

Muchas de estas personas "ilusas" aceptarán el hecho de que a veces están confusas, pero eso se convierte en un juego de palabras nada más. En realidad, la persona confusa bien puede denominarse ilusa, ya que este temperamento tiene inclinación a caer en el hábito poco afortunado de vivir en su propio mundo.

Bien puede parecer ser un mundo feliz de sensibilidad rodeado de un aura de misterio atractiva y encantadora, conceptos románticos y aparente compasión. Sin embargo, los que sufren y sienten la tensión del estrés en este estado construyen todo un mundo nuevo de fantasía e ideas falsas alrededor de sí mismos para proporcionar cierto ambiente reconfortante. No ven su propio engaño y aceptan ideas ilusas como verdad; sin embargo, las sutiles demandas escondidas de satisfacción visceral que forman su comportamiento y actitudes continúan sin cesar. Creen en sus intuiciones, lo cual es correcto, pero por desgracia ya no están en contacto con esas intuiciones, pues sus interpretaciones están ligadas a la identidad.

Los más extrovertidos pueden permitirse libre expresión en las artes, particularmente en la música, pero niegan sus verdaderos problemas internos, en especial los que derivan de la indecisión, que afrontan constantemente. Para ellos, negar sus sensaciones contaminadas por la identidad es negar la vida. Se ven a sí mismos como sintonizados con el cosmos y aman el lenguaje que proporciona un aparente misterio trascendental que pueda enmascarar su delusión. Si hay métodos físicos o mentales alternativos para sanar y solventar los problemas del ser humano, ellos los encontrarán. Su camino es la fe, con lo cual podrían apegarse incluso a "curas" compasivas de poco valor, ya que presumen de ser intuitivos. No son analíticos o científicos, así que no hace falta ninguna prueba rotunda más allá del aparente éxito de sus esfuerzos.

También pueden evolucionar hacia la introversión. Su sensibilidad se vuelve entonces un secreto bien guardado y sus sensaciones son completamente reprimidas. Pueden parecer manipuladores, pero ese no es realmente su estilo, aunque aprovecharán la ventaja de su aparente encanto, pues en realidad su sensibilidad velada es atractiva y les da un aire de inocencia. Socialmente, son rechazados como falsos o aceptados como interesantes, pero su verdadero estado introvertido e iluso nunca es visto por otros o por ellos mismos, de manera que están solos emocionalmente y, en su estado introvertido, rara vez encuentran una pareja apropiada o se permiten a sí mismos el afecto libre. En situaciones donde comparten su nido con otros, la vida se vuelve difícil, ya que los cambios complejos que ocurran en el nido causarán gran inquietud e incomodidad. Sin embargo van adonde otros los llevan, buscando subliminalmente la orientación de la que carecen. Una cosa que todos tienen en común es un elevado sentido de la pena y una ternura que se refleja en su comportamiento hacia los animales y las plantas, sintiéndose bastante relajados en la naturaleza entre los árboles del bosque y los suaves arroyos que fluyen entre ellos.

No importa cuál de las dos formas de conducta exhibe la persona confusa, será distraída fácilmente. Tanto el ambiente como la presencia de otros los afectará de manera que pasarán de un interés a otro sin tratar de verdad ningún concepto en profundidad. En su trabajo, si están supeditados a ese estado, se sentirán infravalorados y en general se les pasará por alto a la hora de las promociones y pocas veces recibirán sus retribuciones sociales apropiadas. Su mejor posición está en realidad en el servicio a los demás, donde los parámetros estén claros y la comunicación transcurra dentro de límites definidos.

Por lo general, en la raíz del comportamiento de la persona confusa, si es extremo, hay una madre débil pero dominante que parece estar llena de amor aunque es altamente egocéntrica y un padre que está ausente o en constante conflicto con su compañera. Además, uno de los miembros de la pareja suele ser confuso. Si el niño confuso es particularmente afortunado, se criará en un buen ambiente con un padre comprensivo, que podría poseer un temperamento aversivo fuerte pero no extremo, y una madre confusa. La posición más desafortunada es aquella en la que el padre es confuso y la madre de temperamento adquisitivo.

De corazón, la persona confusa es un soñador inteligente que desea obtener todo lo que su sensibilidad ve como valioso mientras se evade de toda responsabilidad. Lo que la persona confusa busca por encima de todas las cosas es no ser un fracaso, pero todas sus acciones obtienen un fracaso casi seguro en cada reto, ya que no posee actitudes de resolución o persistencia.

Una característica suya sobresale sobre las demás: dado que están indecisos y confusos en la mayoría de asuntos, cuando creen que de verdad saben algo (incluso si en realidad están equivocados) asumen una posición fija e inmutable incluso si hay pruebas abrumadoras en su contra. Esto parece otorgarles una obcecación que en realidad no se merecen.

Las experiencias son importantes para la personalidad confusa, pero para que haya una experiencia directa más honda a nivel profundo hace falta una larga dedicación sin el brillo trascendental que requieren para la estabilidad y el confort aparentes. Subconscientemente, aunque no lo reconozcan, para ellos este es un mundo demasiado lleno de estimulación y decisiones que tomar. A la identidad del Id, que gobierna la demanda de satisfacción visceral, le gusta verse a sí misma como el promotor sensible del bien común que "ve" y "entiende" a la gente. No busca ser el foco de atención como el Ego, ya que le basta el conocimiento aparente de su propia humanidad y humildad, que es bastante falsa.

De las tres identidades gobernantes que causan mucho sufrimiento camuflado y estrés, es la identidad del Id la más difícil de desalojar. Crea un tipo de ceguera en el afectado que es bastante notable en su sutileza. Por tanto hemos pintado un cuadro particularmente fuerte de esta persona gobernada por la confusión. Es algo que hace falta para atravesar la resistencia de un Id que se ve a sí mismo con tanta virtud y parece hablar con evidente compasión. Aquellos que afortunadamente no hayan avanzado de manera profunda sobre el sendero de la delusión social y sientan solo la confusión, pueden quedar advertidos así de los peligros futuros, mientras que aquellos que están muy metidos en la delusión pero son suficientemente sabios para verlo pueden recibir un *shock* saludable que les haga enmendar su camino gracias a esta visión alternativa que cuestiona su conducta tan directamente. Más que ningún otro temperamento, los confusos son propensos a un desamparo impotente aprendido, cosa que complica el asunto y dificulta el cambio, ya que dentro del temperamento confuso hay una gran resistencia a aceptar cualquier componenda.

La visión que la persona ilusa tiene de sí misma como sensible y compasiva es una visión valiosa y correcta. No les hace falta una máscara de engaño. Lo que sí requieren es una aplicación diligente de la unidireccionalidad y la plena atención. Son sagaces si aceptan la etiqueta de la delusión, por muy difícil que sea hacer tal cosa. Pueden entonces permitir que se desarrolle su sensibilidad y comprensión reales sobre lo que es correcto espiritualmente. No han de ahogarse en su propio mérito espiritual, cómodo pero falso. Con fortaleza, pueden apartar el orgullo y rechazar todo apego a sus máscaras de compasión, sensibilidad y virtud.

El elemento positivo importante en la persona confusa es la sabiduría latente de la mente consciente (*pratyavekshana jnanam*), la sabiduría discriminante de la sensibilidad. Representa una sabiduría de distinción y abre la vía a una alegría o gozo verdaderos que surgen del discernimiento claro de la sensibilidad no manchada por el deseo de comodidades en la vida y la pereza y confusión resultantes.

Aunque la base de todo comportamiento sea la sensación, la conducta está relacionada con la sabiduría de la sexta conciencia, la mente pensante (*amala-vijnana*), la conciencia pura, que en su estado natural inmaculado es la sabiduría de la naturaleza encarnada del Dharma, cosa que convierte a este temperamento en su estado natural en similar al Principio Femenino. La sexta conciencia es un centro perceptivo y cognitivo de procesamiento, mientras que las primeras cinco conciencias son la conciencia perceptiva de los ojos, oídos, nariz, lengua y cuerpo. La experiencia asociada con ella es el gozo.

## Los ciclos de sabiduría naturales y contaminados para una persona confusa

| | Alegría | Sufrimiento |
|---|---|---|
| **Experiencia** | Alegría | Sufrimiento |
| **Consecuencia** | Sabiduría de la sensibilidad discriminante | Confusión, delusión |
| **Catalizador** | Disposición para la sensibilidad | Demandas viscerales |
| **Comportamiento** | Actitudes correctas | Actitudes incorrectas |

Observa ahora el ciclo de sabiduría y su contaminación por la ignorancia de la delusión, la codicia, la aversión y la cerrazón mental. ¿Por qué acepta la mayoría de la gente la contaminación de la ignorancia (que es en el fondo un completo desconocimiento de la causa de su sufrimiento)? Porque la mayoría de la gente acepta el sufrimiento consecuente como parte de la naturaleza humana. Cuando se pone al sufrimiento en su lugar y se le llama ignorancia humana, todo el mundo levanta la mano con horror, asegurando: "¡No somos ignorantes, mira cuánto hemos progresado!".

Obviamente el ser humano ha progresado, pero sin equilibrio natural ni armonía. En su propia ansia de confort y seguridad y su demanda de dominación o certeza, el hombre ha construido su mundo de manera que se balancea sobre una fina aguja colocada sobre un abismo de oscuridad. Cree que tiene el control completo de este planeta que gira porque parece inteligente. Se equivoca, porque su inteligencia no es más que la inteligencia de la conciencia afligida sin sabiduría.

¿Crees que somos ignorantes porque estamos atrapados en esta maraña de sufrimiento? ¿Realmente crees que esta ignorancia es una parte inevitable de nuestra naturaleza humana?

Si crees que el ser humano es ignorante, acepta el hecho de que no es inevitable y que se puede cambiar cuando te reconozcas en cualquier parte de la descripción de la persona confusa. Luego alíviate de tu propia carga abrazando la verdad del sistema natural sin la dominación de una mente descontrolada.

Lo bonito de hacer esto es que te habrás liberado inmediatamente del agarre de la delusión que aprieta tan fuerte y serás más receptivo a la introspección cuidadosa que hace falta si quieres liberarte del todo de la delusión. Estate seguro de que cuando eches a un lado la delusión, tu disposición natural rectora de sensibilidad verdaderamente hermosa ocupará su lugar. Entonces conocerás el verdadero gozo y vivirás en verdadera armonía con compasión real por todas las criaturas sintientes.

## 2) El temperamento adquisitivo

Las cuatro cualidades fantásticas de la sensibilidad, discriminación, inteligencia natural y predicción han sido distorsionadas en el ser humano. La sensibilidad se ha convertido en una sed de satisfacción visceral; el poder de discriminar correctamente se ha vuelto una tarea de adquisición codiciosa; la inteligencia natural se ha trocado en hostilidad impactante y la capacidad predictiva natural se ha convertido en paranoia.

La mayoría de la población mundial está gobernada por las demandas de satisfacción del Ego. A escala global, la codicia en todos los niveles de gobierno y dentro de cada estrato de la sociedad es tan evidente que la situación parece absurda para la mayoría de la gente; el problema es que, aunque ven lo absurdo de la situación general y la codicia de los demás, no ven esta codicia en ellos mismos. Está claro que habría suficiente seguridad real de sobra para cada miembro de este planeta si el mundo se gobernase con sabiduría. Aquellos que viven en partes del mundo que llamamos avanzadas sin duda tienen seguridad real y deberían ser capaces de ver sin dificultad que este es "un solo mundo". Sin embargo, casi todo el mundo se siente inseguro, responde a la identidad de su Ego y está dispuesto a soportar las consecuencias: el sufrimiento y el estrés.

¿Por qué es tan difícil de someter esta codicia? Es porque la codicia en sí ha creado un mundo de tal diversidad en términos de productos y servicios que este temperamento, agarrándose a todo con igual intensidad, nunca podrá satisfacer sus demandas. El abrumador deseo de amor se vuelve otro gran problema, pues al no poder realizarse nunca esa falsa ilusión, se incrementa su inseguridad. La persona adquisitiva está en el centro de una bola de nieve que rueda montaña abajo en una pendiente que nunca termina.

La mayoría de las personas están gobernadas casi completamente por su identidad del Ego y su temperamento se llama adquisitividad o, de manera menos amable, se dice que están impulsados por la codicia. A esta codicia la sociedad le ha puesto un nuevo nombre; ahora se llama "necesidad". Los otros temperamentos, aunque no estén regidos por esta identidad, están muy influidos por ella. Está claro que el temperamento codicioso no es más propio de nadie al nacer que el temperamento confuso, pero sus tentáculos rodean el mundo.

Los que poseen un temperamento adquisitivo han asumido la tarea propia del liderazgo, que no es en absoluto su punto fuerte. También han asumido la curación, para la cual carecen de sensibilidad, de manera que todo está gobernado por el comportamiento de codicia. Se dice: "Dad al César lo que es del César y a Dios lo que es de Dios". Por desgracia, el César se ha convertido en Dios, así que todo va para los de codicia, quienes asumen el papel individual del César y solo le prestan apoyo de boquilla y unas monedas simbólicas a Dios.

Sin embargo, las personas adquisitivas han nacido con la disposición heredada de ser discriminativas. Eso significa que tenían la disposición latente de ver todas las cosas con claridad, ser capaces de hacer juicios correctos y nobles y discriminar diferencias mínimas y matices entre las cosas, las personas y las condiciones. Su derecho de nacimiento es discernir lo correcto de lo incorrecto con el fin de elegir y tomar decisiones correctas sobre qué caminos seguir. Se resisten a esta etiqueta de codicia y es comprensible, ya que la persona descrita de ese modo suena bastante despreciable. Por eso prefieren considerarse a sí mismos como hostiles o incluso confusos, ya que la persona codiciosa es condenada por todos. Curiosamente, no tienen problema en aplicarles esta etiqueta a los demás.

Trata de recordar que, aunque decimos que esta persona tiene personalidad adquisitiva, en realidad nos referimos solo a la conducta. Es importante recordar esto, ya que la conducta no tiene nada que ver con la verdadera personalidad potencial que se encuentra bajo esa conducta, impulsada por la demanda. La persona de codicia puede liberarse a sí misma y convertirse en la persona cuyas intenciones correctas se reflejen en la gran compasión y verdadera felicidad que realmente están disponibles.

## Los ciclos de sabiduría naturales y contaminados para una persona adquisitiva

| | | |
|---|---|---|
| **Experiencia** | Compasión | Sufrimiento |
| **Consecuencia** | Sabiduría de espejo | Codicia |
| **Catalizador** | Disposición para la discriminación correcta | Demandas del Ego |

**Comportamiento**   Intenciones correctas       Intenciones incorrectas

La sabiduría de espejo (*adarsha jnanam*) es la sabiduría de *alaya-vijnana*, la conciencia del fondo total, la octava conciencia, que es la base natural sobre la cual se colocan todas las demás. Todas se han desarrollado a partir de esta conciencia almacén que, aun siendo pasiva, contiene los potenciales o "semillas" (*bija*) para el desarrollo y la actividad de las primeras siete conciencias. Esta conciencia es inmutable y por tanto se puede concebir como la base de la Fuerza de la Vida, la naturaleza de Buda. Refleja lo correcto y lo incorrecto, que la séptima conciencia pone sobre ella.

Cuando esta conciencia *alaya* no tiene manchas y carece de las inhibiciones de cualquiera de los seis sentidos o de la conciencia contaminada de la identidad adquisitiva, entonces está libre a todos los efectos de los síntomas de la identidad y permite el surgimiento de la compasión relacionada con las intenciones correctas.

Una vez más, puedes ver el efecto debilitante de la ignorancia. Las personas adquisitivas de este mundo consumista de codicia parecen estar en una terrible trampa. Saciarse es fácil, pero las demandas del Ego son incesantes, así que no hay respiro. Es imposible obtener satisfacción absoluta, ya que siempre hay más y mejores productos para saciar esta codicia.

¿Por qué no está satisfecha la víctima? Porque el mundo entero está ocupado en devorarlo todo codiciosamente. Sus propios fantasmas hambrientos personales se sienten inseguros y quieren su porción. Así pues, ronda sobre ronda de *samsara* están aseguradas, de modo que la persona de codicia es subconscientemente infeliz a perpetuidad.

Para que haya armonía y equilibrio en el mundo hay que acabar con esos fantasmas hambrientos. Depende de cada persona adquisitiva el eliminar sus propios fantasmas hambrientos. Por desgracia, todo el mundo quiere que haya algo con lo que reemplazar los frutos del deseo del Ego, pero nadie quiere reemplazar en realidad el apego del Ego que les proporciona gran placer aparente y excitación.

Mira el otro lado de la moneda. Si eres del tipo adquisitivo, ¿de verdad quieres apegarte al sufrimiento?

### 3) El temperamento aversivo

Algunas personas, que no abundan demasiado, están completamente gobernadas por la demanda de dominación. Los llamamos de temperamento aversivo, ya que básicamente son aversivos hacia este mundo, que no cumple sus expectativas. Quieren estar en la cresta de la ola, no tanto como líderes, aunque alimentan esta imagen de sí mismos, sino más como dictadores.

No es éxito lo que desean los de este temperamento aversivo; es el deseo de que todo sea como imaginan que debería ser. Son idealistas, aunque sus ideales puedan ser distorsionados. Prosperan con la admiración y el respeto de los demás, que no les resultan esenciales, al tiempo que paradójicamente detestan la alabanza y el agradecimiento. Saben que son resueltos y no están llenos de afecto benevolente por los individuos. Curiosamente, sienten un sincero y gran afecto benevolente por la humanidad en su conjunto, siempre y cuando dé la talla. Como ves, en este mundo de codicia están condenados a sufrir una continua frustración.

No son perfeccionistas de ninguna manera, pero esperan plena conformidad con sus estándares y reglas, incluso en sí mismos. Sienten que pertenecen al mundo, y realmente encajan, quizás más que ningún otro tipo de personalidad, pues se sienten parte del mundo natural con todo su conflicto y caos. Reverencian la vida y respetan la muerte sin consternación ni miedo.

Su pasión es intensa, de manera que destruirían el mundo si así pudieran salvarlo paradójicamente, ya que su respeto, admiración y amor por todo lo que es natural (excepto la humanidad defectuosa) es absoluto. El problema es que sienten que encajan como parte del mundo pero niegan que encajen con otros seres humanos que están corrompidos.

Anhelan encajar en unidad con todas las personas, pero rechazan esta pertenencia ya que la codicia no es digna de la unión. Debido a que los de codicia gobiernan el mundo y los perciben como traidores de la naturaleza, rechazan cualquier unión con ellos. De hecho, tienen un tipo de repulsión hacia aquellos que están llenos de esa locura y que, aun viendo esa insensatez, rehúsan hacer nada al respecto. Están en un terrible dilema. Aman el potencial humano y pueden perdonar a los de confusión, pero los de codicia y los tontos que no escuchan suscitan su aversión total. Incluso si tratan de encajar socialmente a fin de satisfacer su necesidad, no pueden lograrlo.

El obstáculo es que no son como la mayoría de la gente normal, sino que están al margen: son demasiado diferentes como para que se les incluya, demasiado distantes, demasiado pensativos, demasiado abstractos, demasiado impasibles, demasiado calculadores, demasiado manipuladores, demasiado exigentes y demasiado dominantes para ser aceptables en una sociedad aparentemente feliz y despreocupada. Eso no parece molestarle al temperamento aversivo, al menos en la superficie, pero por dentro le ofende estar solo consigo mismo. Es una pena, pero lo acepta con estoicismo, sabiendo que pocos son dignos de ser un auténtico compañero para sus pensamientos y pasiones.

De hecho, a la personalidad dominante resultante le encantaría ser el distribuidor de justicia o un dios omnipotente, ya que cree que pocos son tan competentes como él para dominar la situación. Paradójicamente se debate entre este afán de dominio y la idea de que la grandeza solo parece tal a las mentes pequeñas. La sociedad aprueba esta personalidad dominante, aunque condena esa dominación si es excesiva, así que en general se le recompensa bien por todo el éxito que pueda tener si está en línea con las normas sociales.

Es un aprendiz veloz, un pensador abstracto y altamente dinámico, y se le detesta tanto como se le admira por su estilo agresivo y ambicioso. Es una persona de paradojas y extremos, al que rara vez se le entiende. A su estado resultante de dominación lo llamamos aversión, ya que está cargado con una pasión intensa. Sufre de estrés más que cualquier otro tipo de personalidad y por tanto es propenso a sufrir problemas fisiológicos relacionados con esa condición.

Es inteligente sin duda y lo sabe sin engreimiento, pero no entiende que su inteligencia está mal dirigida. La pena es que rara vez desarrolla la inteligencia natural que está a su disposición. En cambio, dirige su inteligencia mundana hacia la dominación, lo que provoca su hostilidad y repulsión hacia los seres humanos.

Tiene naturalmente una predisposición a negar toda emoción, y es capaz de extender una pantalla protectora a su alrededor en un instante, cargándose de rígidas razones para ello. Sin embargo, si sus emociones estallan lo hacen con furia, pero sin violencia física dirigida a criatura alguna. Los objetos pueden sufrir la potencia total de su ira, pero detrás de la ira hay una razón que dicta cada aparente acción violenta.

**Los ciclos de sabiduría naturales y contaminados para una persona aversiva**

| | | |
|---|---|---|
| **Experiencia** | Afecto benevolente | Sufrimiento |
| **Consecuencia** | Sabiduría que todo lo logra | Aversión |
| **Catalizador** | Disposición para la inteligencia innata | Demandas de dominación |
| **Comportamiento** | Acciones correctas | Acciones incorrectas |

La sabiduría que todo lo logra es la sabiduría de la conciencia de los cinco sentidos (*krityanusthana jnanam*). Es la sabiduría relacionada con los cinco sentidos, las primeras cinco conciencias, que implican un completo entendimiento cognitivo de la cualidad de la Fuerza de la Vida que equilibra el bienestar de supervivencia correcto y natural de uno mismo con el de los otros factores: los demás (la tribu), los niños, los animales y el ambiente. Así, esta sabiduría es la manifestación del Principio Masculino de acción y logro. No tiene aversión y abre el camino para el afecto benevolente y las acciones correctas al apartar las nubes hostiles de la inteligencia natural.

Si eres una persona con auténtica personalidad aversiva, ni siquiera las bestias salvajes que hay dentro de ti te impiden saber cuál es el camino correcto cuando estás dispuesto a cuestionar tu propio conocimiento y la importancia de tu aparente inteligencia. ¿Estás dispuesto a tomar ese camino?

## 4) El temperamento de fijación mental

Aunque la sociedad juzga que el comportamiento extremo de una víctima de esta identidad es producto de una enfermedad mental, debemos considerar que no es en realidad una enfermedad orgánica, sino una defensa psicológica contra el sufrimiento extremo de su identidad ilusoria. Aparece en los adolescentes a través de actitudes de aislamiento personal (que difiere del de la persona confusa) e hipersensibilidad, con pensamientos que son sustancialmente diferentes de los de sus compañeros.

La persona de este temperamento es rígida, no acepta correcciones y no toma en cuenta las pruebas que le llevan la contraria. El resultado es que sus prejuicios se convierten en convicciones. A menudo, hay un orgullo por su inteligencia que no surge de la codicia competitiva ni es narcisismo, sino más bien una forma de auto-adulación de la mente. En general, hay una gran falta de confianza en los demás, a los que se considera inferiores. También es un diagnóstico equivocado el creer que sufren de falta de autoestima. En realidad, de lo que carecen es de cualquier referencia de identidad. Sin embargo, tienen un sentido de autosuficiencia que los lleva a intentar controlar a otros. Como consecuencia, todo intento de presentarles una visión de su conducta de identidad mediante el auto-examen siempre se topa con el fracaso.

Están alertas, pero esa alerta nunca es la alerta relajada del temperamento aversivo, de modo que viven en una tensión constante. Siempre están preparados para la crítica y listos para defenderse, ya que no tienen tolerancia alguna hacia la crítica y siempre responden justificando sus errores. Tienen sentido del humor, pero es irónico y siempre están listos para contradecir cualquier afirmación. Hemos de recordar que su identidad está presente incluso en el acontecimiento cortical más insignificante y el mundo moderno ha llegado tan lejos en su capacidad de tratar con información que simplemente es demasiado para ellos.

Cuando entendemos esto de verdad, podemos ver el potencial que tiene esta persona, mucho mejor que cualquier otro temperamento, para evaluar con claridad la información y generar probabilidades válidas. Cada temperamento, cuando se elimina la identidad, tiene su fuerza particular para sostener el conjunto: la persona sensible, como sanador o como trovador y contador de historias; la persona discriminativa, como motor del progreso y la supervivencia natural; la persona naturalmente inteligente, con una visión clara de la unidad de todas las cosas, como líder confiado; y el maestro de la volición, como generador de análisis y pronósticos con vistas al beneficio futuro de todos.

## Los ciclos de sabiduría naturales y contaminados para una persona de fijación mental

| | | |
|---|---|---|
| **Experiencia** | Ecuanimidad | Sufrimiento |
| **Consecuencia** | Sabiduría de introspección | Preservación defensiva |
| **Catalizador** | Disposición para la inteligencia predictiva | Demandas de certeza |
| **Comportamiento** | Conocimiento anticipado correcto | Conocimiento paranoico |

La sabiduría de introspección, la sabiduría igualadora de la ecuanimidad (*samata jnanam*), es la sabiduría de la clara diferenciación sin los impedimentos de la discriminación contaminada. Es la base desde la cual brotan toda concentración, reflexión y contemplación correctas. Es un concomitante tanto de la compasión como, después de mucho desarrollo, de la ecuanimidad natural, lo que permite una visión clara de las probabilidades. La ecuanimidad resultante es la antítesis del conocimiento cerrado y de mente estrecha.

Con frecuencia, en los estados intermedios de estrés, los tipos de fijación mental creen que están siendo vigilados y seguidos y se ven involucrados en relaciones difíciles cuyo núcleo es la desconfianza y el supuesto engaño. Hay una sensación general de que se están aprovechando de ellos y tienen poca confianza en sus socios, amigos y compañeros. No se fían de sus ideas, sensaciones o emociones internas por miedo a debilitar sus defensas. Cualquier indicio será usado para apoyar sus argumentos.

Son personas de rencor y hostilidad cuando se les provoca y, en casos extremos, la víctima de la identidad de fijación mental experimenta impresiones incontrolables de persecución o acusaciones (manía). A veces, a través de la disonancia cognitiva, se asume que estas persecuciones suceden porque la víctima ha sido elegida por una fuerza externa para lograr una misión difícil pero divina. Nunca hay que confundir esto con una simple visión de que uno está siendo impulsado por una fuerza divina –un error que cometen habitualmente quienes se deleitan etiquetando como paranoicas a personalidades famosas o de mala reputación. Hemos de recordar que el cerebro nunca produce acontecimientos psíquicos que no tengan su origen en el pasado. Por tanto, podemos decir que todos los problemas de las personas con temperamento de fijación mental generados por la mente también pueden curarse por la mente.

Los síntomas de la identidad de este temperamento son bastante diversos. Sin embargo, no se puede considerar a estas personas como meras víctimas de una enfermedad reflejada en la furia, la agresividad, o la sospecha extrema que surgen del pasado atávico. La razón es que la memoria atávica es modificada y quizá hasta exagerada por la lógica distorsionada de esta persona, que busca soluciones que ahora tienen un matiz claramente negativo, aunque en su momento estaban enraizadas en el comportamiento humano primario y aún han quedado retenidas en la memoria. Este matiz negativo, sin embargo, no es más que un enmascaramiento de la memoria antigua por el nuevo córtex cerebral. Mediante la psicología comparada, uno puede ver la relación entre el comportamiento animal no contaminado y el comportamiento humano manchado.

A menudo hablamos de esta falsa memoria, pero debemos entender que toda la memoria humana es subjetiva, frágil y defectuosa. No son estas faltas sino su intensidad lo que lleva a los no instruidos a apartar a este temperamento como enfermo mental. Tampoco debe ser confundido con el esquizofrénico, con quien comparte los síntomas de falta de confianza en otros, aislamiento e ideación de la victimización, ya que no tiene alucinaciones, confusión emocional, autismo, ni tampoco es receptor de mágicos mensajes trascendentales.

# Capítulo 21

# La originación dependiente
# y la preferencia por un nivel de actividad

Vamos a comenzar revisar las identidades y sus demandas, siendo conscientes de que el Super-ego se genera por la actividad de la identidad dentro de la percepción y que el Supra-ego se genera por la dominación de la identidad dentro de la volición. Nota también la diferencia entre los atributos naturales que están disponibles para el ser humano y los estados debilitantes generados por la identidad.

Para los que caminan en busca de la liberación del dominio de la identidad y del regreso al equilibrio y armonía con todo el mundo natural, es difícil ver que las miles de elaboraciones increíbles que pueden presentarse con palabras, reflejando sutiles matices discriminados dentro de la volición, lo hacen con base en nada más que cuatro aparentes demandas de la identidad. Presentamos, al final de la siguiente tabla, las elaboraciones más frecuentes y directas del comportamiento, cada una de las cuales va acompañada de una experiencia correspondiente (ver figura 21.1).

Se notará que el comportamiento resultante de las demandas adquisitivas y las demandas de fijación parece experimentarse con mayor intensidad que el de las demandas que brotan de la confusión y la aversión. Eso es así porque los gustos, no-gustos e indiferencia que surgen de la discriminación están ligados a miles de fenómenos distintos cada día, tanto mentales como físicos, y porque los de fijación, como los de discriminación, afrontan miles de ideas y conceptos relacionados con el mundo externo aparentemente opresivo. Por otro lado, la persona confusa simplifica tanto el mundo externo como el interno, y la persona aversiva lo clasifica todo en "cajitas de cosas detestables", empleando escasa discriminación.

Si bien todas estas elaboraciones volitivas son experiencias internas, hay que recordar que van acompañadas de intenciones que no siempre se traducen en comportamiento. No obstante, son fuertes y debilitantes y, si no hay un intento de rectificar la comprensión psicológica subyacente de la causa, la expresión externa será inevitable, con todas sus consecuencias sociales acompañantes.

Aunque se trata de experiencias básicas, el nivel de estrés y tensión es tal que el comportamiento externo es obvio para los que están en contacto con la persona. El más evidente de los comportamientos es el grupo que incluye la anidación, el escape, la retórica inflamada y las justificaciones y acusaciones defensivas. Estas son las más pronunciadas de todas las expresiones externas y, como tales, caracterizan mejor el comportamiento general del temperamento para alguien con una fuerte dominancia en un temperamento específico.

Uno puede comenzar a observar que las elaboraciones iniciales de la volición con respecto a la experiencia primaria de cada uno de los temperamentos tienen relación directa con otras personas que haya en el ambiente. Las variantes son casi ilimitadas y dependen de las construcciones de la volición y del desarrollo particular del individuo en su familia, su círculo social y su cultura, así como de sus interacciones con la iglesia y los sistemas educativos.

## FIG. 21.1 Las identidades y sus demandas

| Base primitiva | Parálisis | Huida | Lucha | Preparación |
|---|---|---|---|---|
| Atributo natural | Sensibilidad | Discriminación | Unificación | Predicción |
| Alternativas primitivas | Inercia | Acercamiento | Agresividad | Preparación defensiva |
| | Pasividad | Evitación | Movimiento | Ecuanimidad |
| Diferenciación mental desarrollada | Id | Ego | Super-ego | Supra-ego |
| Demanda | Visceral | Emocional | Perceptiva | Racional |
| Estado | Confusión | Adquisitividad | Aversión | Fijación |
| Experiencia primaria | Incomodidad | Posesividad (deseo y apego) | Inquietud | Agitación mental |
| Elaboraciones volitivas dirigidas a otros | Introversión Desconfianza | Presunción Celos Suspicacia | Crítica Avaricia Envidia | Sospecha Burla Desprecio |
| Elaboraciones volitivas ulteriores experimentadas | Incertidumbre Duda Impulso de anidación Añoranza Molestia | Deseo Angustia Impulso de escape Lamentos Rabia | Pasión impulsiva Frustración Retórica exaltada Remordimiento Condena | Aislamiento compulsivo Desesperación Justificación defensiva y acusación Recriminaciones Resentimiento y denegación del perdón |

Las elaboraciones adicionales que resultan de estas interacciones son igualmente variadas en su sutileza, pero la experiencia primaria inicial se amplifica y las reacciones al ambiente son marcadas. Con todo ello, dentro de los temperamentos hay patrones evidentes que reflejan las bases primitivas prehistóricas de parálisis, huida, lucha y preparación defensiva.

Nota que es la diferenciación mental evolucionada de la identidad, convertida en una discriminación de la identidad con su nombre y forma apropiados, lo que genera todas las experiencias y el comportamiento inapropiados. El sistema operativo humano es tan elegante como eficaz, pues le proporciona al sistema una regulación homeostática basada en el interés superior de la Fuerza de la Vida.

Observa por tanto los siguientes diagramas y ve los efectos de la identidad sobre los procesos naturales. Nota que la corrupción resultante del sistema natural usa las experiencias de bienestar, alegría, compasión, afecto benevolente y ecuanimidad como condicionantes del comportamiento y que la función natural, en forma de retroalimentación consciente al sistema homeostático, queda silenciada.

**FIG. 21.2 El sistema natural de procesamiento de la información que lleva a acciones correctas y ecuanimidad**

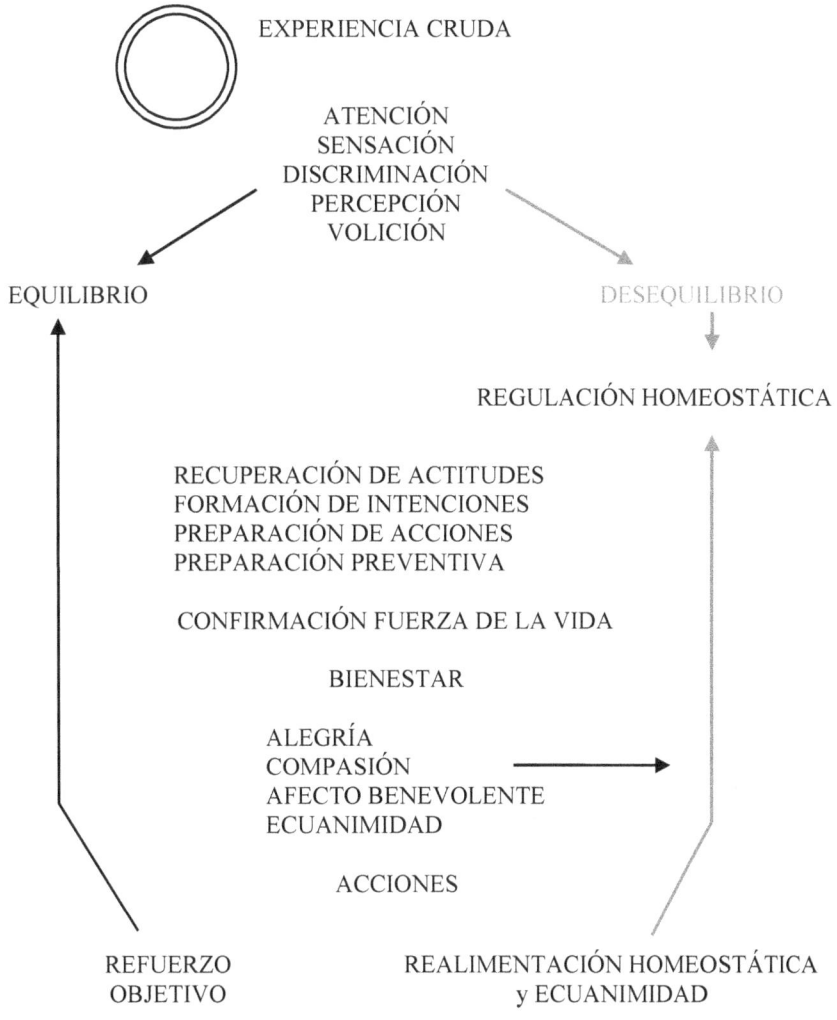

## FIG. 21.3 El sistema de demanda afectado por la identidad

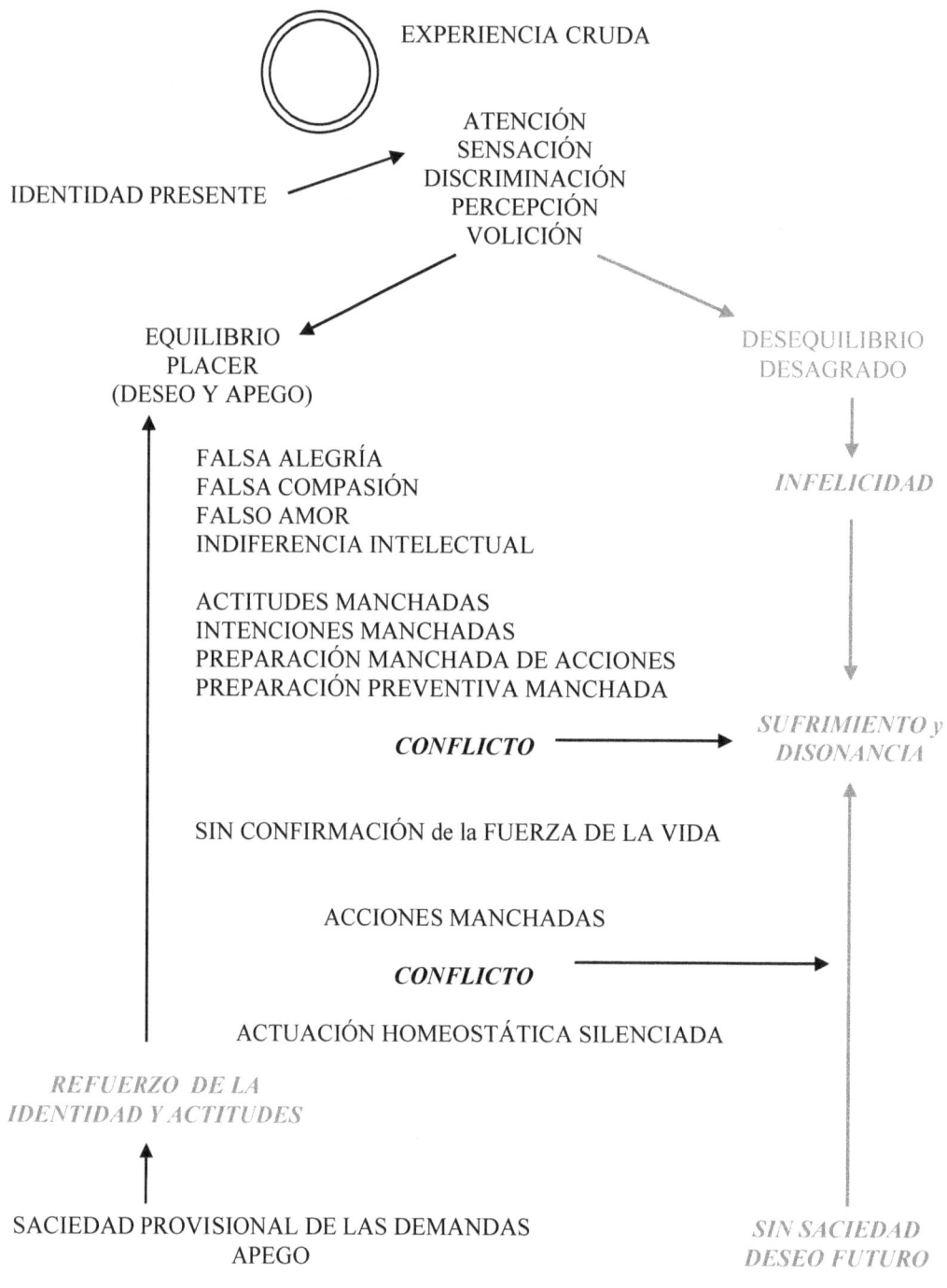

Cuando lo vemos de esta manera, podemos generar una idea clara de las soluciones que hacen falta. La búsqueda de felicidad mundana del ser humano es una amalgama compleja de falsa alegría, falsa compasión, falso amor e indiferencia intelectual, que en realidad es consecuencia del alivio de la experiencia primaria: la saciedad del confort, la posesión, la actividad y el silenciamiento de la mente.

La acción correctiva no es incrementar el placer ni generar una identidad sana con límites de placer dictados por el entorno social, pero tampoco es encajar a la persona afectada con el sufrimiento auto-generado de una sociedad adicta al placer. Parece que los medios correctos serían:

> Reducir la búsqueda placentera de alivio de la experiencia primaria
> Reducir los componentes placenteros del deseo de alivio o sus elaboraciones
> Reducir el apego y el miedo a la pérdida del alivio
> Reducir el nivel de presencia de la identidad en los procesos
> Reducir el reforzamiento de la identidad

## LA ORIGINACIÓN DEPENDIENTE

Podemos ver la eficacia de esta idea cuando revisamos lo que la psicología del Dharma considera que es el proceso de la originación dependiente. El modelo, que se generó hace casi cuatro mil años, examina la presencia de la identidad y sus efectos sobre los procesos de información del sistema como patrón para la originación dependiente del sufrimiento. En algunos sistemas supersticiosos se emplea como base para la idea de reencarnación, pero en realidad era (y sigue siendo) una herramienta eficaz para entender la continua operación cíclica del sistema de un momento a otro.

1. Con el Nombre y la Forma como condición, surge la Atención, la Conciencia implícita de los Sentidos (*salayatana*).
2. Con las Puertas de los Sentidos como condición, surge la SENSACIÓN o CONTACTO (*phassa*).
3. Con la Sensación como condición, surge la EMOCIÓN (*vedana*).
4. Con la Emoción como condición, surge el DESEO (*tanha*).
5. Con el Deseo como condición, surge el APEGO (*upadana*).
6. Con el Apego como condición, surge la PERCEPCIÓN del DEVENIR (*bhava*).
7. Con el Devenir como condición, surge el RENACER de la IDENTIDAD (*jati*).
8. Con el Nacimiento como condición, surgen el ENVEJECIMIENTO y la MUERTE (*jaramarana*).
9. Con el Envejecimiento y Muerte como condición, surge la IGNORANCIA (*avidya*).
10. Con la Ignorancia como condición, surge la VOLICIÓN, las Formaciones Mentales (*samskara*).
11. Con las Formaciones Mentales como condición, surge la CONCIENCIA (*vinnana*).
12. Con la Conciencia como condición, surgen el NOMBRE y la FORMA (*nama-rupa*).

Hay tres términos de la lista que requieren una explicación adicional; son el envejecimiento y muerte, el devenir y la ignorancia.

**Envejecimiento y muerte:** La Fuerza de la Vida es el mecanismo que impulsa al ser humano y el envejecimiento y muerte es una parte natural de ese proceso. Aunque el sistema natural acepta el envejecimiento y la muerte, la identidad es incapaz de hacerlo. Como resultado, la presencia subliminal de la amenaza del fin del ciclo vital pone a la identidad en peligro y genera sufrimiento. El envejecimiento y la muerte se vuelven conscientes con el devenir de la identidad.

**Devenir:** La identidad como elemento observador, como todos los componentes subliminales de la identidad –viscerales, emocionales, perceptivos y volitivos– está cambiando de un momento a otro con la adición constante de información relacionada con el sistema interno y el aparente mundo exterior. Es precisamente el momento del cambio lo que se considera el devenir de la identidad. Este paso en la cadena de la identidad genera todas las funciones y elaboraciones negativas que debilitan al sistema.

**Ignorancia:** Este término no se refiere a lo opuesto al conocimiento cognitivo, sino a la ignorancia específica del ser humano sobre la verdad de la no-dualidad. La mente humana, a través de la capacidad de generar nombres y formas relacionadas, aplica erróneamente la idea de una existencia real a estas formas. A través de la percepción, esta ignorancia también genera el "devenir de la identidad" para todos los fenómenos, incluidos los pensamientos y la volición. Asimismo, desarrolla los procesos del devenir en la conciencia a través de la generación continua de nombre y forma, lo que mantiene los ciclos de sufrimiento.

## CÓMO ELIMINAR LA CADENA DE LA ORIGINACIÓN DEPENDIENTE

En teoría, si uno puede eliminar uno de los elementos de la cadena cíclica, la cadena completa se desintegra, pero eso no es tan fácil de conseguir como pueda parecer. El medio más efectivo que se ha desarrollado es agrupar los elementos de la cadena en seis conjuntos de objetivos, cada uno con un modo específico generado para ayudar a disolver los elementos en cuestión, junto con una comprensión total de los procesos implicados. Debe recordarse, sin embargo, que estas prácticas, que se explicarán más adelante, se han de combinar con un entendimiento exhaustivo de los principios relacionados, y que la ejecución detallada de estas prácticas correctivas requiere la orientación cercana de un psicólogo cualificado y hábil. Los seis objetivos son:

1. Atención, sensación, emoción, percepción, volición y conciencia (concentración en los *skandhas*).
2. Deseo y apego (absorción en los *jhanas*).
3. Devenir y renacer de la identidad, que es un acontecimiento constante de momentos mentales (*vipassana*).
4. Envejecimiento y muerte (contemplación mundana).
5. Nombre y Forma (comprensión Madhyamika de la *Prajnaparamita*).
6. Ignorancia (contemplación directa).

## UN ASALTO CONTRA LAS ELABORACIONES VOLITIVAS DIRECTAS

**La preferencia por cierto nivel de actividad.** Podemos ver que los factores claves son la presencia de una identidad discriminativa en oposición a la identificación diferencial natural, y que esta identidad surge dentro de la cadena de la originación dependiente. Podemos señalar ciertas operaciones críticas:

> ➤ La generación del nombramiento de formas, que surgió con la evolución cortical y el consecuente devenir (es decir, el llegar a ser) de cualquier fenómeno en la percepción;
> ➤ La generación del devenir de un observador;
> ➤ La ignorancia que le dio realidad a todos los fenómenos, incluido el "yo".

**El nivel de actividad de los temperamentos.** En cada persona en estado de vigilia, cuando no está dormida o descansando, hay cierta disposición a preferir un rango de estimulación externa. Los psicólogos lo llaman la preferencia por un nivel de actividad. Cuando la estimulación se eleva por encima de ese nivel, el sistema experimenta incomodidad sensorial y promueve conductas que reduzcan el nivel de actividad para disminuir la nueva estimulación. Cuando la estimulación cae por debajo del nivel preferido, el sistema experimenta inquietud y promueve conductas que incrementen la actividad en busca de una mayor estimulación.

Si observamos las experiencias primarias de los cuatro temperamentos – incomodidad, posesividad, inquietud y agitación mental– encontramos que el temperamento confuso experimenta incomodidad y el temperamento aversivo inquietud. Subjetivamente, llamamos a estos estados, que todos experimentan en un momento u otro, sobre-estimulados o infra-estimulados, confusos o aburridos. Estas experiencias simplemente señalan el intento del sistema de regresar al equilibrio y armonía específicos del organismo en cuanto al procesamiento de información.

Podemos ver que el temperamento confuso excede con gran frecuencia los límites de su tolerancia a la estimulación externa y que el temperamento aversivo rara vez alcanza sus niveles de estimulación interna preferida.

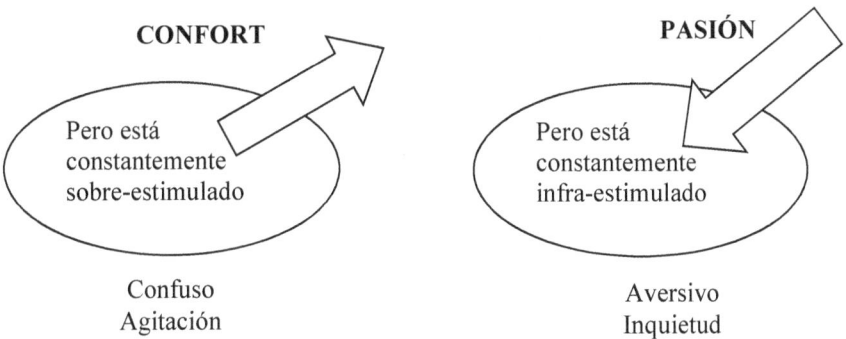

CONFORT — Pero está constantemente sobre-estimulado — Confuso / Agitación

PASIÓN — Pero está constantemente infra-estimulado — Aversivo / Inquietud

Podemos decir con certeza que el nivel normal de estimulación en este mundo en términos de interacción con el ambiente es demasiado grande para el rango natural del temperamento confuso. Él es una persona visceral y busca la simplicidad del confort en el mundo exterior. Al no ser capaz de encontrar ese confort, construye un nido cómodo separado del mundo y lo defiende contra toda violación.

De manera similar, podemos decir que el aparente alto nivel de estimulación externa en este mundo moderno es insuficiente para que el temperamento aversivo genere satisfacción interna; requiere estimulación mental interna. Esa estimulación tiene que ser constante, así que su mente está siempre hiperactiva y buscando inspiración fuera.

Pasando ahora a los otros dos temperamentos, el adquisitivo y el de fijación mental, podemos deducir lo mismo. El de fijación mental está sobre-estimulado internamente, no directamente por los acontecimientos sensoriales externos como su contraparte confusa, sino por la búsqueda constante de mejores soluciones por la información mental interna que posee. En otras palabras, la estimulación interna de su mente es demasiado grande. Su mente está constantemente buscando soluciones internas para posibles problemas futuros externos.

El temperamento adquisitivo, por otra parte, está infra-estimulado como su contraparte aversiva, pero mientras que el temperamento aversivo busca pasión mental interna, el temperamento adquisitivo busca seguridad externa. Esa estimulación externa consiste en la información o las condiciones que satisfarán la seguridad que su sistema exige. Nunca hay suficiente seguridad, de modo que hay constante agitación interna.

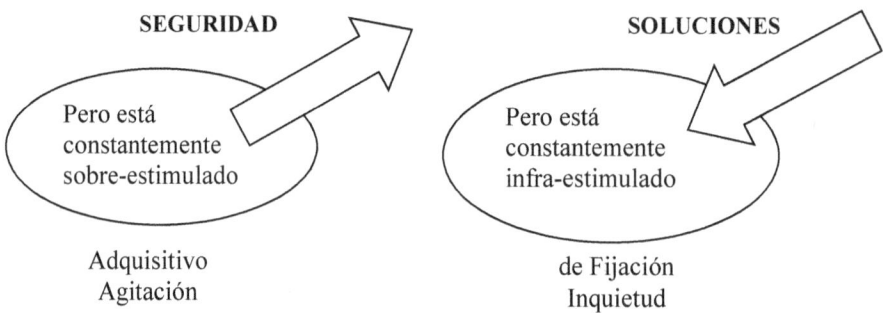

La estimulación. No es difícil ver que cada temperamento tiene su lugar en la Fuerza de la Vida colectiva. La sensibilidad particular del temperamento sensible-confuso requiere simplicidad dentro del ambiente externo con el fin de extraer información sensorial pertinente en beneficio de la unidad colectiva. Esta persona, que en tiempos antiguos era el sanador, tenía sensibilidad tanto para el ambiente como para la gente que lo rodeaba. El progreso ha generado estimulación externa antagónica hacia este atributo, lo cual, junto con la presencia de la identidad, genera sufrimiento. Dado que la discriminación no es un atributo de este temperamento, las palabras tienen poca importancia, ya que su lenguaje interno está basado en las distinciones sensoriales sin contenido de palabras.

La capacidad particular del temperamento predictivo de fijación mental requiere simplicidad en el procesamiento interno que permite el uso selectivo de información para propósitos predictivos. La excesiva complejidad de este mundo genera construcciones mentales de gran conflicto que, junto con la presencia de la identidad, hacen que este atributo sea virtualmente inoperante y generan sufrimiento y su comportamiento inapropiado consecuente.

La particular capacidad discriminativa de la persona adquisitiva ha hecho de ese temperamento el centro natural de toda evolución; ellos eran y son las "abejas obreras" de la Fuerza de la Vida colectiva. Ellos son el ser humano, la principal fuerza de todo progreso y desarrollo. Como personas discriminativas, son muy capaces de manejar un mundo complejo donde cada día hay nuevas formas y nombres generados por una sociedad de consumo. La identidad se ve enredada por tanto en una masa de discriminaciones que estimulan su propensión al apego y al deseo. Así, la vida de la persona adquisitiva se vuelve cada vez más complicada.

La fortaleza particular del temperamento aversivo es la capacidad para la percepción mental válida, no sobre las características externas sino sobre los factores unificadores de todo lo que se presenta a su conciencia. Por tanto no se orienta a lo verbal, de manera que ponerles nombre a las formas tiene poca importancia para él. Son las características conceptuales y perceptivas abstractas las que construyen su lenguaje interno. La fuerza primitiva que lo dirige es la curiosidad natural pero la identidad, restringida por la sociedad, la convierte en inquietud y en una búsqueda de estimulación que encuentra su expresión en la ocupación intelectual, no en la curiosidad natural.

Bajo la tutela de la identidad, el temperamento naturalmente sensible y el temperamento predictivo se ven impulsados por el estrés y la tensión de la civilización a reducir su nivel de estimulación (externa e interna respectivamente). Así, cada una de estas identidades genera una retirada: el temperamento sensible, a una condición de anidación controlada con baja estimulación, y el temperamento predictivo, a una cerrazón de toda estimulación mental interna y al desarrollo de una fijación y un aislamiento antisociales.

Bajo la tutela de la identidad, el temperamento discriminativo ha transformado el paradigma simple de acercamiento y evitación en codicia adquisitiva o asco discriminativo. Debido al placer que esta codicia produce, están constantemente buscando más placer, lo que sugiere la conducta de fantasmas hambrientos. Como son el núcleo del progreso, la espiral calamitosa del consumismo y la globalización física y mental está asegurada –una tendencia que aún excluye más a los otros temperamentos. *¿Quo vadis?*

Los de temperamento unificador, viendo el continuo fraccionamiento de todo sin excepción, buscan la unificación. Aunque encuentran esa unificación en la naturaleza, no la encuentran en los seres humanos y eso los coloca ante un dilema. Su Fuerza de la Vida natural los hace querer unir a la tribu y guiar, pero esta tarea es inaceptable en un mundo consumista. Su forma de ser particular va en contra de semejante mundo, ya que rechazan el individualismo a favor de una unidad natural completa con el ambiente. En su estado actual, el ser humano evolucionado les provoca aversión.

Así pues, dentro de este mundo el "equipo" humano se ha disuelto. El líder no puede guiar; el "Merlín" razonador está silenciado y no puede mostrar los peligros del momento. Solo quedan los adquisitivos seres humanos, que insisten en lanzarse felizmente a la playa, camino del suicidio como en el mito de los lemmings. *¿Quo vadis?*

Todos estos factores de supervivencia eran claramente útiles cuando el hombre estaba evolucionando, en especial cuando estaba unido en bandas o pequeñas tribus. Los sensibles eran capaces de sentir los factores de riesgo ambientales y locales en tiempo real, los discriminativos de promover el progreso, los unificadores de proteger mediante el liderazgo y los de inteligencia predictiva de proveer información sobre amenazas futuras. Está claro por tanto que el desarrollo importante de la Fuerza de la Vida pasó por generar un equipo de seres humanos a los que les iba mejor en unidades combinadas, como una única Fuerza de la Vida colectiva.

Esta fuerza colectiva, la capacidad conjunta de supervivencia humana, ha sido destruida por una sociedad, una cultura, unas iglesias y unos sistemas educativos que promueven un áspero individualismo y competencia. Por desgracia, la búsqueda de auténtico confort, la búsqueda de auténtica seguridad, la auténtica pertenencia de los que buscan unidad y la auténtica predicción del futuro dentro de la complejidad se han transformado en el ser humano afligido en deseo de falso confort, falsa seguridad, falsa pertenencia y falsa predicción.

Todo era correcto y natural antes de que el Edén del hombre fuera destrozado por la evolución del incremento en las capacidades mentales de la memoria, el uso de palabras y la presencia de una mente dual con su angustiosa identidad. Sin embargo, fue la naturaleza básica de estos rangos de nivel preferido de actividad lo que proporcionó el fundamento para la aparente naturaleza de las identidades desarrolladas. En una situación normal cotidiana en este mundo, construido y creado por la personalidad discriminativa–adquisitiva, la estimulación ambiental se elevó muy por encima de los límites preferidos por la personalidad sensible. Para este tipo de persona, surgió entonces una gran confusión general. De manera similar, los límites también se excedieron al otro extremo del rango de preferencias. Mientras que la confusión causó un mayor filtrado en la información entrante en los procesos sensoriales, la sobre-estimulación generó una atención selectiva en los procesos predictivos. Los temperamentos de los dos extremos quedaron incapacitados y decimos que estas identidades surgieron en forma del Id y el Supra-ego. Sabemos que en realidad no hay identidades, pero representan diversas estrategias para combatir la sobrecarga de irritaciones entrantes.

La personalidad inteligente fue impulsada por su gran curiosidad y el placer de una gran estimulación en su tarea de líder y cazador, pero sus medios de caza y su estatus de guerrero se expandieron gracias a las nuevas herramientas. Esto, a instancias de la identidad, llevó a una gran agresividad, y por tanto a la hostilidad y la gloria de sentirse el líder y cazador.

La identidad de la personalidad discriminativa, siendo la norma, convirtió todo en gratificación fácilmente obtenible y generó el deseo debilitante del placer del apego, que es la base del mundo destructivo que vemos a nuestro alrededor. Sus reacciones fueron completamente adaptables al gran rango de opciones posibles y esta personalidad tenía disponibles las alternativas de acercamiento o evitación en respuesta a cada situación. El acercamiento se volvió la norma; así nació la codicia.

Curiosamente, si observamos las alternativas primitivas, encontramos que las nuevas identidades provocaron inercia en los sensibles, codicia en los discriminativos, aversión o agresión en los naturalmente inteligentes y mayor actitud defensiva en el grupo de fijación. El ser humano llegó a distanciarse así del movimiento saludable, del sano rechazo de lo innecesario, de objetivos pacíficos y de la ecuanimidad armoniosa. El mundo quedó patas arriba.

Esto reflejó un regreso a las características primitivas del ser humano, modificadas sin beneficio alguno por la mente contaminada –a saber, parálisis y pasmo, huida y miedo, lucha e ira, o defensa y paranoia– cuando las respectivas condiciones demandantes de la identidad se cumplían.

Las personalidades confusa y predictiva desarrollaron sus defensas contra la confusión y la sobre-estimulación. En el caso de la personalidad sensible, su sensibilidad fue enterrada en medio de un constante asalto de sobre-estimulación sensorial. La consecuencia evidente fue un retraimiento hacia el aislamiento del confort y la evitación de la confusión, mientras que la persona naturalmente predictiva fue separada del mundo por su propia visión extrema sobre su incapacidad de defenderse.

Por otro lado, el temperamento adquisitivo desarrolló un conjunto de estrategias y sistemas para asegurar su satisfacción y se volvió adaptable a una variedad de diferentes ambientes que pudieran saciar sus deseos. El temperamento aversivo, empujado hacia la oscuridad por el temperamento adquisitivo, que le arrebató el liderazgo, reclamó el rol de la conciencia social.

Hemos simplificado los procesos para presentar una explicación gráfica, pero puede verse cómo las preferencias naturales se transformaron en comportamiento manchado con las identidades internas en constante conflicto. Sin embargo, esta exposición nos proporciona otra batería de medidas correctivas para el temperamento confuso y también para el de fijación mental. Se trata de incrementar el rango de tolerancia a la estimulación mediante la aproximación sucesiva de la atención plena (*mindfulness*) mientras permitimos la completa generación de sus habilidades naturales, sin caer en trampas comerciales, dogmas, ritos o ceremonias, sean religiosos o sociales.

Para el temperamento adquisitivo y el temperamento aversivo, el enfoque común es incrementar la atención a los demás, reduciendo la implicación de la identidad por medio de contemplaciones de los estados sublimes y la Fuerza de la Vida, conduciendo así al temperamento adquisitivo a rechazar el egoísmo y reflexionar sobre el beneficio de todas las criaturas sintientes. De manera similar, hay que llevar al temperamento aversivo a ver más allá de lo que se presenta en el comportamiento externo y percibir la mente pura de los demás, guiándolos ya no como un guerrero cazador, sino como un cazador de la verdad y guardián de la unidad.

## CÓMO TRATAR LAS ELABORACIONES VOLITIVAS DE MAYOR COMPLEJIDAD

Si bien los ejemplos anteriores muestran las experiencias de cada temperamento, ahora hemos de examinar los efectos de la base de confusión, codicia, aversión y fijación sobre cada temperamento cuando hay un fallo en las estrategias que se emplean.

En la persona confusa, encontramos la experiencia relacionada con su confusión, que es la indecisión. El componente adquisitivo se experimentará como pena, la experiencia de aversión se transforma en repugnancia y la experiencia de fijación en una sensación de desamparo impotente. Sin embargo, cada una de las otras personas con dominancia distinta a la confusa experimentará una variante sutilmente diferente de la misma respuesta, que refleja su propia dominancia. La experiencia confusa en una persona adquisitiva reflejará el elemento adquisitivo en forma de desconcierto y así sucesivamente.

**FIG. 21.4 Conversiones del temperamento confuso en indecisión, pena, repugnancia y desamparo impotente**

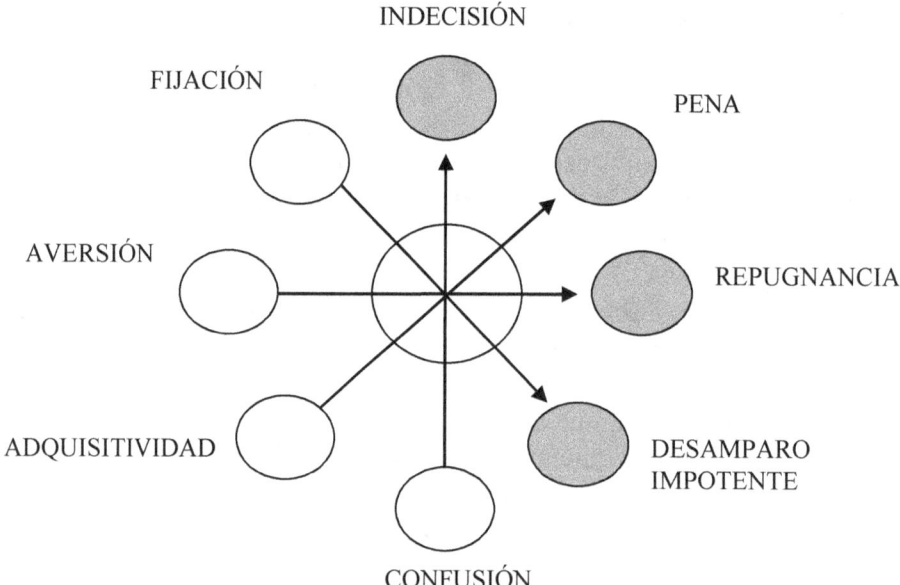

Se puede deducir que, con cada irritación, el conflicto entre las identidades será bastante complejo y más aún si el elemento dominante, al tener poco éxito en sus intentos de satisfacción, ha liberado el poder de un elemento de la identidad secundaria para obtener o al menos cooperar en la obtención de los objetivos de la identidad. La consecuencia de cualquier fallo subsiguiente será entonces una mezcla de las dos experiencias. Esto no solo complica el diagnóstico sino que causa dificultades en la restauración de la correcta armonía y equilibrio del sistema.

**FIG. 21.5 Conversiones del temperamento adquisitivo en desconcierto, decepción y sentido de inutilidad, odio y depresión**

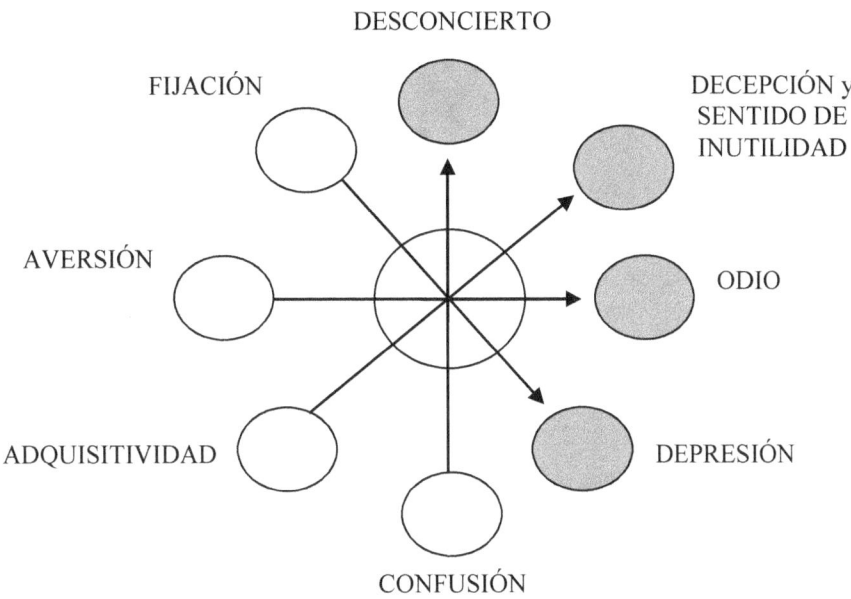

**FIG. 21.6 Conversiones del temperamento aversivo en perplejidad, desilusión, repulsión y venganza**

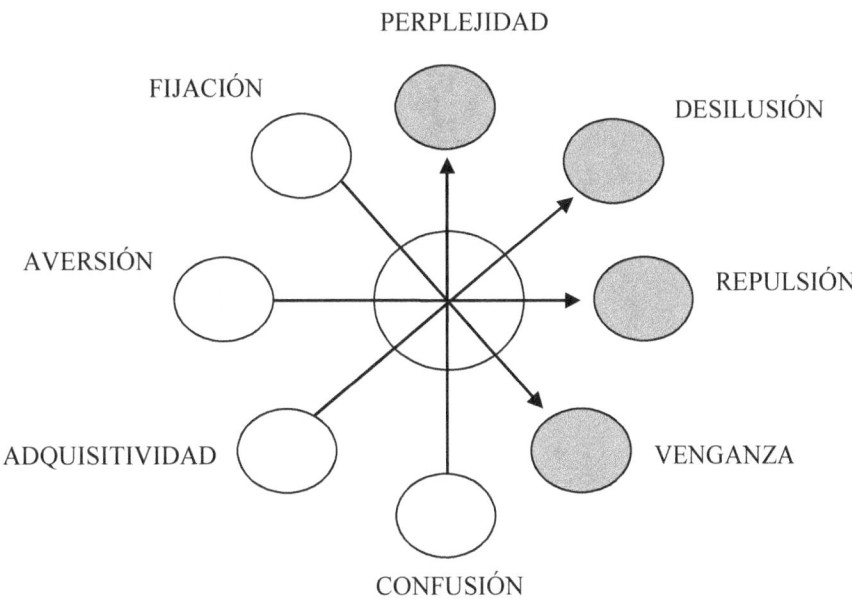

**FIG. 21.7 Conversiones del temperamento de fijación en ofuscación, amargura con cerrazón, furia fría y rencor**

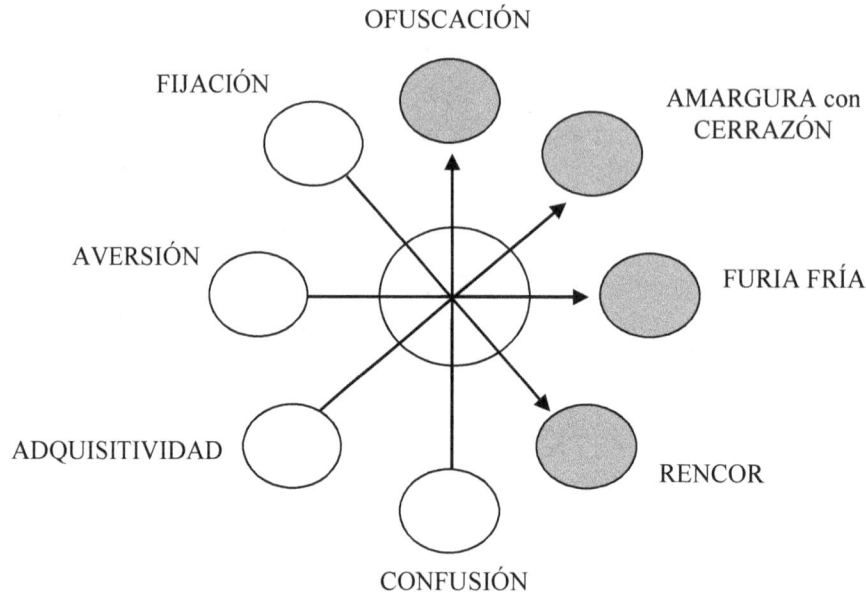

# Capítulo 22

## La quinta columna del apego sexual

Hemos presentado a la Fuerza de la Vida como motor de la existencia aparente, pero para evitar malentendidos, vamos a considerarla por un momento de otra manera. La Fuerza de la Vida es una fuerza que se resiste a la entropía. ¿Qué significa eso exactamente?

En termodinámica, la entropía es una magnitud que representa la cantidad de energía de un sistema total que ya no se encuentra disponible para funciones mecánicas o químicas. En otras palabras, esa energía existe todavía pero es inaccesible para las funciones de la vida. La entropía aumenta a medida que la materia y la energía se degradan hasta un último estado de uniformidad inerte. En otras palabras, vivimos hasta que morimos y la Fuerza de la Vida se resiste a esa entropía.

Pero debemos ser constantemente conscientes de que la resistencia a la entropía en cualquier sistema incrementa la entropía del ambiente, ya que a medida que disminuye la energía usada para la vida, hay más energía que, por así decirlo, se vuelve parte del campo entrópico.

Aquí destaca un elemento magnífico: lo único que puede hacer una criatura viva es resistirse a la entropía. La muerte final parece segura, pero la naturaleza presenta una mayor resistencia a la entropía mediante un proceso espectacular, llamado reproducción.

Reflexiona un momento sobre un dato de la reproducción. Desde el punto de vista de la biología molecular, la propiedad de la auto-reproducción es quizás el aspecto más fundamental de un organismo vivo. Pero no toda la vida parece ser auto-reproductora.

Las mulas, por ejemplo, descienden de yeguas y burros y no pueden tener descendencia, pero ciertamente son organismos vivos. Debemos recordar también que la auto-reproducción no es una definición suficiente aquí, ya que un cristal de sal puede producir copias de sí mismo bajo condiciones adecuadas, pero los cristales de sal y otras formas similares no pueden adaptarse al ambiente a través de la selección natural. Así pues, la auto-reproducción de la Fuerza de la Vida debe poseer el potencial de cambiar.

Por tanto, un sistema vivo debe comprender:
1. Una descripción codificada completa de sí mismo.
2. Una unidad de control.
3. Un constructor.

La reproducción ocurre cuando la unidad de control instruye al constructor a elaborar una nueva copia del sistema, incluyendo una descripción codificada encapsulada. Es la unidad de control la que le da al constructor la información para hacer cambios, dentro de un acervo genético limitado, que puedan ser necesarios para la supervivencia de acuerdo con el ambiente predominante. Podemos decir por consiguiente que la Fuerza de la Vida es la unidad de control para el comportamiento (los Principios Masculino y Femenino) del organismo y además para su reproducción.

Pero sabemos que nada parece ser permanente, así que en algún momento una especie puede fallar a la hora de superar el reto. La entropía ocurre, sin duda, pero debemos analizar esto de manera más amplia, ya que la evolución en sí es independiente de la extinción de las especies individuales. La Fuerza de la Vida sigue después de la aparente entropía de un individuo, sus descendientes, su especie, género, familia, orden, clase, *phylum*, e incluso reino particulares.

Aunque nos llamamos seres humanos, *Homo sapiens,* solo somos una parte de una Fuerza de la Vida que continúa. Somos afortunados, y deberíamos recordarlo, pues tenemos una Fuerza de la Vida sofisticada que comprende los Principios Masculino y Femenino que gobiernan el comportamiento. Somos también miembros de una forma avanzada de vida, aunque somos parte de una Fuerza de la Vida, no aparte de ella.

**FIG. 22.1 Los elementos naturales en la reproducción humana**

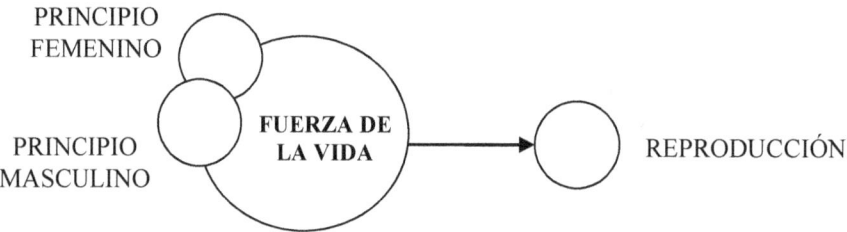

Mientras que todos los animales, excepto el ser humano, siguen con su vida con armonía y equilibrio dentro de la naturaleza, completos con su resistencia a la entropía y a todos los conflictos externos, peligros y muerte existentes, el hombre se ha salido fuera de ese gran y noble teatro y ha escrito su propio guion. Se han generado las identidades, junto con las principales experiencias relacionadas con los tres venenos más uno (la fijación mental), y después se han aumentado y reforzado.

Debería quedar claro que las identidades se han infiltrado de tal manera en los procesos humanos por condicionamiento, que la Fuerza de la Vida natural ha quedado sofocada por lo que atañe al comportamiento humano natural. Ciertamente el deseo de vivir continúa, pero el impulso natural para procurar el beneficio de todas las criaturas y del sistema sustentador de vida ha sido reemplazado por el complejo de la identidad.

La supervivencia del "yo" aparente ya no se encuentra unida a la supervivencia de los miembros de la tribu, la descendencia y el ambiente. No morir se ha convertido en algo de capital importancia y el envejecimiento y la muerte son una preocupación cuando no interfiere demasiado con la identidad.

## LA REPRODUCCIÓN Y LA SEXUALIDAD

Este impulso reproductivo ha quedado básicamente sin alterar por la identidad, probablemente debido a su importancia biológica. Pero aunque no ha sido alterado, está claro que tampoco se ha desarrollado. En la actualidad, el ser humano sufre por un desarrollo distorsionado de la relación natural entre machos y hembras de la especie que no es consistente con el potencial natural de sensibilidad, discriminación, unidad y preparación correcta para contingencias futuras.

Aunque todas las demás funciones homeostáticas internas de la Fuerza de la Vida han sido sustituidas por imitaciones de la identidad, la reproducción en forma de sexualidad, que es la propiedad que distingue a los organismos en función en sus roles reproductivos, se ha mantenido como fuerza primitiva. Sin embargo, retiene esa posición de la manera que las identidades consideran fructífera.

Los impulsos sexuales de reproducción se han ajustado a un modelo socio-religioso que se impone sobre el impulso natural no desarrollado de la sexualidad. Eso da como resultado un importante subconjunto de comportamiento humano con sufrimiento, lo que además genera una gran barrera para las relaciones humanas correctas.

Este impulso primitivo, subdesarrollado y adulterado tiene una compleja interacción con las identidades que debilita aún más el funcionamiento natural de la Fuerza de la Vida y genera problemas a nivel global y personal que son responsables de conflictos de género interpersonales innecesarios que inhiben la vida ordinaria. Así pues, la identidad ha destruido la evolución de los cambios potenciales y naturales del impulso sexual, que de otra manera se habrían desarrollado (ver figura 22.2)

## LOS PRINCIPIOS MASCULINO Y FEMENINO

Dejemos claro desde el principio que los Principios Masculino y Femenino no tienen nada que ver con las imágenes sociales de masculinidad y feminidad que complican la vida moderna. El Principio Femenino es el principio pasivo que está preparado para recibir la semilla que genera vida; el Principio Masculino es el principio activo en el que los espermatozoides compiten entre sí para buscar el óvulo activamente.

En su base, esto es simplemente un fenómeno reproductivo en el que esos impulsos son evidentes. En sentido psicológico, lo femenino entiende por tanto el significado de la vida a un nivel profundo y los principios de la supervivencia natural y correcta, mientras que el impulso masculino es activo y transforma estos principios en comportamiento activo y sus correlatos.

## LA SEXUALIDAD

La evolución ha provisto a la humanidad del potencial de realizar progresos armoniosos en la sexualidad, que podrían haber permitido que el elemento de la

Fuerza de la Vida se viese modificado por el potencial de sensibilidad, discriminación y el completo sentido de unidad, lo que a su vez podría haber permitido que se desarrollaran relaciones magníficas y naturales entre hombres y mujeres. Además, el potencial para usar la probabilidad racional del futuro podría haber permitido que el desarrollo social se perfeccionase sin educación regulada, control del Estado o necesidad de desarrollo religioso. En otras palabras, habría sido posible que nos acercáramos a la anarquía natural sin dominio de la mente.

**FIG. 22.2 La corrupción del proceso natural por la identidad**

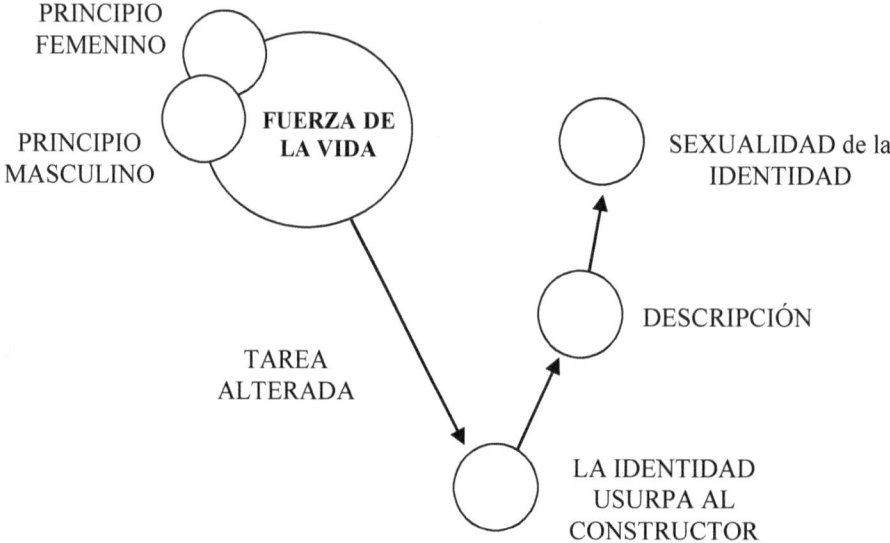

Es verdad que el ser humano ahora vive más tiempo que sus antepasados, pero ¿cuánto más viviría si ese impulso natural de reproducción hubiera producido una sexualidad sana y noble? Hemos visto que la identidad usurpa al constructor natural para generar una descripción de la operación necesaria, pero eso no fue un fenómeno repentino. La corrupción ocurrió a lo largo del tiempo, impidiendo que la sensibilidad, discriminación, percepción y volición naturales apoyaran una sexualidad humana evolucionada que habría sido equilibrada y armoniosa, no favoreciendo a un género y proporcionando un claro avance sobre el sistema primitivo (ver figura 22.3).

Mientras que los cuatro atributos evolucionados apoyan una sexualidad noble y elevada, las demandas contaminadas por la identidad generan una sexualidad de flexibilidad limitada, una presencia emocional posesiva, demandas sexuales de dominación y, por último, apego a futuras asociaciones sexuales. En el estado natural, la sexualidad se desarrolla desde la Fuerza de la Vida natural en respuesta a las circunstancias y sin interferencia cognitiva. En el sistema natural, la conciencia sirve como mecanismo de retroalimentación, no como herramienta de control de la identidad (ver figura 22.4).

**FIG. 22.3 Evolución natural de la sexualidad primitiva**

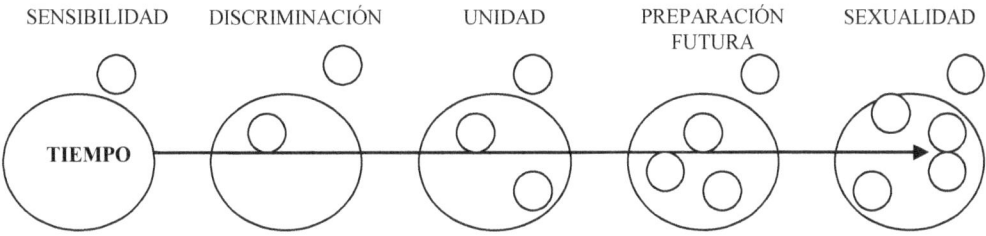

**FIG. 22.4 Estrategia de la identidad como base de la sexualidad primitiva**

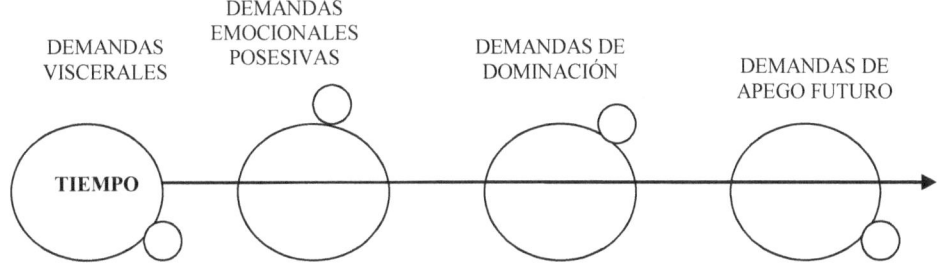

## LA ENFERMEDAD DEL AMOR Y DE ESTAR ENAMORADO

La discriminación manchada es la base de las ideas falsas que existen sobre el amor. El acercamiento, la evitación y las respuestas neutrales, transformadas por la identidad del Ego en gustos, no-gustos e indiferencia, se añaden a las condiciones sexuales. En la hembra se ha condicionado y asentado firmemente el elemento posesivo de la discriminación, mientras que la volición ha generado el condicionamiento dominante del macho; ambas cosas están contaminadas.

Los primeros impulsos sexuales naturales, que cuando son apropiados toman la forma del cortejo, se transforman entonces en una farsa llamada "estar enamorado". Este estado da pie a una excitación general acompañada por excitación sexual y luego es transformada por las identidades en juegos sociales con el sexo manchado como producto final de un apareamiento inducido por el ámbito socio-religioso en aras de sus propios intereses creados.

El cortejo natural es la víctima y los conflictos resultantes establecidos por un condicionamiento absurdo generan el estado de "estar enamorado con sufrimiento adjunto" y "contratos sociales a largo plazo que están condicionados y se establecen usando las exigencias vitales futuras", que en realidad no son más que un dispositivo de seguridad para las identidades y una inversión para el Estado y la iglesia. Estos contratos socio-religiosos a largo plazo aparentemente cumplen el deseo de amor (falso) que nunca se recibió en la infancia.

Por consiguiente, el sueño femenino de encontrar a su príncipe azul se cumple durante un tiempo y el hombre encuentra a su pareja para aparearse. Por desgracia, el sueño termina cuando la mujer descubre que el hombre a quien desea cambiar nunca cambia y éste descubre que la mujer a la que desea mantener igual tampoco se mantiene igual.

Los sonetos de Shakespeare muestran estas ideas de manera muy clara. Shakespeare, ese fantástico poeta que tan bien entendió la naturaleza humana, dijo que "el amor es el más hermoso de los sueños y la peor de las pesadillas" Y así es.

Fíjate en este maravilloso soneto suyo llamado "El deseo de muerte":

> *Mi amor es como fiebre que delira*
> *por el mal que agudiza el sufrimiento,*
> *nutriéndose de cuanto el mal preserva*
> *para aplacar deseos enfermizos.*
> *Mi razón, que en el trance me atendía,*
> *al ver su prescripción no respetada,*
> *se marchó con enfado, y desespero*
> *porque el deseo es muerte sin remedio.*
> *Soy enfermo sin cura ni cordura,*
> *y, presa de morbosas crispaciones,*
> *desvarío en palabra y pensamiento;*
> *en vano la verdad me habla al oído,*
> *pues juré que eras blanca y radiante,*
> *y negro infierno eres, noche oscura.*

Me resuena la afirmación en el Acto 1 de *Mucho ruido y pocas nueces*, cuando Beatriz exclama: "Gracias a Dios y a mi sangre fría (…): preferiría oír a mi perro ladrarle a un cuervo que a un hombre jurar que me ama". Esa es una actitud sana. El ladrido de un perro es real y un cuervo es una irritación.

¿Quién es el que puede asegurar que el amor no es también sufrimiento? En la naturaleza no hay sufrimiento, aunque hay conflicto, muerte e incluso dolor. ¿No son tontos todos los hombres y las mujeres por aceptar un gramo de falsa felicidad a cambio de cien kilos de sufrimiento? El problema es que la falsa felicidad viene primero y el amor es ciego, completamente ciego. No es solo ciego ante los defectos físicos y mentales, sino ciego también a la verdadera naturaleza del afecto natural.

> *¡Ay de mí! ¿Qué ojos puso el amor en mi frente*
> *Que no atinan a ver lo verdadero?*
> *Y si lo ven, ¿qué me trastorna el juicio,*
> *Que no sabe juzgar lo que ellos muestran?*
> *Si bello es cuanto a ellos los deleita,*
> *¿Por qué afirma el mundo lo contrario?*
> *Si no lo es, amor mismo revela*

*Que el amor ve menos que los hombres.*
*¿Cómo puede el amor ver claramente*
*Cuando mira con ojos llorosos?*
*No me asombra que lo confunda todo:*
*Aun el sol ve mal en el cielo turbio.*
*Taimado amor, los ojos me humedeces*
*Para volverme ciego a tus defectos.*

Así que aquí tenemos un problema con el amor: que le vuelve a cualquiera completamente ciego a los defectos de su "amor verdadero" que para una persona razonable serían un impedimento para juntarse y seguir juntos en el futuro. Pero el tonto afectado por amor se equivoca mucho más allá de simplemente ignorar las faltas del otro; en realidad la víctima se inventa cualidades que el otro no posee.

Todo el mundo ve la ironía de las fantasías de Don Quijote de la Mancha y, entre otras cosas, su amor por su Dulcinea del Toboso. Ella es la musa de Alonso Quijano, quien se metió en una armadura oxidada, se puso una bacía de barbero en la cabeza y se convirtió en el inmortal Don Quijote de la Mancha. Nunca nos encontramos a Dulcinea en el libro de Cervantes, porque solo existe en la mente de Don Quijote: "Su nombre es Dulcinea; su reino, El Toboso, un lugar de la Mancha; su condición ha de ser de princesa, por lo menos, pues es reina y señora mía; su hermosura, sobrehumana, pues en ella se vienen a hacer verdaderos todos los imposibles".

Creyéndose un caballero, cosa que en realidad se creen la mayoría de los hombres, convierte en su cabeza a una regordeta y hogareña muchacha campesina de una aldea cercana en la magnífica Princesa Dulcinea, cosa que en realidad hacen la mayoría de los hombres. Todo lo que hace el hombre dominado por la identidad durante los primeros siete años más o menos de relación es por ella: su trabajo, su hogar y cada misión se hace en su nombre. Hasta que descubre que ella ha cambiado. Por supuesto, en realidad nunca ha cambiado; solo se le ha caído su máscara de identidad, eso es todo.

O bien Don Quijote era demasiado listo o Cervantes lo veía listo, puesto que la chica, Dulcinea (en realidad de nombre Aldonza Lorenzo), no sabe nada de estos acontecimientos ya que el hidalgo nunca habla con ella y solo la ama a distancia. Si Aldonza lo hubiera sabido, probablemente le habría cazado; y si lo hubiera hecho, el pobre Don Quijote habría pensado que era el elegido. Un gran error, ya que todas esas Dulcineas que andan ahí fuera no pueden tener al que quieren. Ellas lo saben, así que tú, mi pobre idiota, eres la segunda opción, o tal vez incluso la tercera o la cuarta.

Ríete del absurdo del hombre sumido en su locura romántica. Y luego ríete de ti mismo. Estás atrapado en el mundo de las Dulcineas. Habría sido mejor para ti batallar con molinos de viento tomándolos por gigantes y entrar en combate con el Caballero de los Espejos, otro espejismo. De cualquier manera, su vida fue mejor que tu propia existencia mundana atrapada, en la que persigues el éxito, las posesiones y a una o más mujeres que nunca podrás poseer de verdad.

Shakespeare y Cervantes fueron dos escritores geniales, quizá los mejores de nuestro tiempo. Ambos entendieron la psicología humana mucho mejor que los psiquiatras y psicólogos y ambos escribieron sobre el amor y sus problemas, el primero sobre las profundidades de la desesperación del amor y el segundo solo sobre las quimeras de su fantasía. El problema es que ambos tienen razón y la desesperación y la fantasía van de la mano.

¿Acaso la naturaleza está toda torcida? No, no lo está. Hay dos cosas en conflicto aquí. Una es la identidad de la mente. Es la identidad la que establece los gustos y no-gustos personales, los cuales se basan en la confusión, la codicia y la aversión, tres venenos para cualquier ser humano. En conflicto con esto se encuentra el impulso completamente natural de aparearse con alguien. ¿A quién vas a escoger? Si fueras una persona entera y totalmente liberada, escucharías lo que te dice la naturaleza, ya que es perfectamente capaz de decidir. Y es más, lo hace correctamente.

Fijémonos en otro poema, esta vez *A su esquiva amada* de Andrew Marvell. El comportamiento humano natural para la mujer incluye aquí una visión de su sensibilidad, discriminación, sentido de unidad y futuros enlaces correctos. No incluye las características de la identidad o la increíble capacidad manipuladora que ha sido condicionada dentro de ella.

## LA MUJER: LAS EVASIVAS Y EL JUEGO DE LA ESPERA

> *Si tuviéramos bastante mundo y tiempo*
> *tu timidez, señora, no sería delito.*
> *Sentados pensaríamos hacia dónde marcharnos*
> *para pasar nuestro largo día de amor.*
> *Tú encontrarías rubíes en las riberas*
> *del Ganges de la India: yo me lamentaría*
> *con la marea del Humber. Te daría mi amor*
> *desde diez años antes del Diluvio,*
> *y tú, si quisieras, podrías decirme "No"*
> *hasta después de la conversión de los judíos.*

En la primera parte de este poema, Marvell presenta una bonita imagen del Principio Femenino de la sexualidad. Se lo presenta bien con una amalgama ideal de sensibilidad, discriminación y unidad. Por supuesto, es el ideal que él percibe. Exagera el factor tiempo para sus propios fines, como veremos en las siguientes líneas pero, en esencia, aquí explica el ideal de lo femenino, que es esperar, probar, y rechazar o aceptar una unión. Su tarea biológica está clara. En beneficio de la Fuerza de la Vida, debe encontrar al mejor macho disponible y elegir en función de una selección natural correcta.

La identidad, sin embargo, ha evolucionado y condicionado la elección con un montón de criterios sin valor ligados por convención social, costumbre y condicionamiento investido por el Estado, la educación y la religión. El resultado es que en lugar de un desarrollo natural de selección y apareamiento por parte de la hembra, ha habido una degeneración en el "juego" de las relaciones modernas, en el que las reglas son los atributos físicos, el estatus social y la evaluación mental en función de estándares aprendidos de los medios de comunicación.

La hembra, entonces, atrapada en opciones que no son apropiadas para ella, para su descendencia, ni para la "tribu", se está tendiendo una trampa a sí misma para sufrir de una manera que no ocurriría nunca bajo condiciones naturales. Podrá racionalizar y justificar su posición y vivir con sueños de un cambio futuro, pero en realidad el error se agravará.

Si la sensibilidad se hubiera integrado en la sexualidad femenina, habría habido una sintonía natural hacia el Principio Femenino con una completa comprensión de la esencia de la Fuerza de la Vida, lo que hubiera llevado a la resistencia contra la locura. Aunque el importante principio de la Fuerza de la Vida de protección de todos sus hijos ha permanecido fuerte, todos los elementos de la Fuerza de la Vida han sido contaminados por la desafortunada presencia de la identidad visceral, que ha hecho del confort el criterio primordial.

De manera similar, con la evolución de una mayor discriminación, cuando se desarrollaron las palabras y las formas, la evaluación de su posición se volvió más clara y su precaria condición como "objeto" del que se podría prescindir en cualquier momento causó estrés y tensión, con lo que desarrolló tácticas y estrategias para mantener su propia Fuerza de la Vida, que naturalmente iban acompañadas de emotividad. Las hembras tribales eran propiedad de los machos más fuertes y así se desarrolló una cierta competencia entre ellas para obtener y mantener un rol principal en la vida del líder. Por tanto, tener un hijo se volvió un bien más preciado que tener una hija y así se convirtió en parte de las manipulaciones en aras de la seguridad.

Con la llegada de la idea de pertenencia en forma de identidad, sus estrategias y tácticas de supervivencia se volvieron incluso más sofisticadas. La función primaria del sistema de identidad era ser la "número uno" para el confort, la seguridad y el compañerismo de la identidad, no de la tribu. Las mujeres se convirtieron en competidoras y el modelo que tenía éxito se copiaba. Obtener el "amor" era el trofeo.

¿Qué dice el poema de Marvell sobre el macho? Muestra a las claras las demandas masculinas, pero sin evolución natural. En su lugar, vemos en el poema el uso del engaño sensual y de la discriminación para obtener dominio.

## EL HOMBRE: PERSUASIÓN MENTIROSA Y DESEO FÍSICO

Marvell continúa su poema persuasivamente, hablando del paso del tiempo, y finalmente llega al punto importante, presentando "la prisa por emparejarse" con la belleza como criterio y el sexo puro disfrazado de palabras bonitas como impulso:

*Pero pasa que a mis espaldas siempre oigo*

*la alada carroza del tiempo que se acerca,*
*y que allí, ante nosotros, yacen por todas*
*partes desiertos de vasta eternidad.*
*Tu belleza ya nadie encontrará*
*ni resonará en el mármol de tu bóveda*
*el eco de mi canción. Y los gusanos robarán*
*esa virginidad por tanto tiempo resguardada.*
*Tu arcaico honor polvo se hará*
*y toda mi lujuria se tornará ceniza.*
*La tumba es lugar muy selecto y privado*
*pero nadie, creo yo, hace allí el amor.*

Ahora Marvell presenta su idea principal, que revela la egoísta verdad del macho humano interesado únicamente en la conquista, sin pensar en otra cosa.

*Por tanto, ahora que el color joven*
*se posa como el rocío sobre tu piel,*
*mientras transpire tu alma dispuesta*
*por todos los poros instantáneas llamas,*
*pudiéndolo, hagamos lo que nos dé la gana*
*y como aves de rapiña enamoradas*
*devoremos más bien nuestro tiempo*
*en vez de languidecer entre sus fauces.*
*Comprimamos toda nuestra ternura*
*y toda nuestra fuerza en una bala*
*y a través de las rejas de hierro de la vida*
*disparemos nuestro placer violentamente.*
*Así, aunque no podemos lograr que se detenga,*
*haremos al menos que corra nuestro Sol.*

Ahí tenemos el estándar masculino de la sexualidad revelado sin tapujos. La hembra es simplemente un objeto de su impulso sexual, elegido en función de meras normas sociales y culturales de belleza. El punto de vista de su cuidadosa elección recibe el mote de "honor pintoresco" y su miedo es que su propia lujuria se convierta en cenizas. Aquí tenemos las confrontaciones primitivas entre macho y hembra. El macho debe fecundar a cada hembra que cumpla su "estándar". Se aproximará a todas para conquistarlas. La hembra, en condiciones de impulso natural, debe encontrar al mejor macho. Así está claro que es como más se favorece a la naturaleza.

La evolución nos ha bendecido a los humanos con buenas herramientas, pero no ha habido ajustes naturales de la Fuerza de la Vida con sensibilidad, discriminación, unidad y una clara preparación para el crecimiento y desarrollo futuros. El macho no es diferente de la hembra en ese sentido.

La identidad en el macho convierte cada uno de estos recursos potenciales en herramientas de conquista sexual. La identidad en la hembra convierte cada uno de estos recursos potenciales en una burda manipulación para encontrar el confort, la seguridad y un falso sentido de pertenencia de la identidad.

¿Cómo habría surgido ese apareamiento natural si no hubieran existido las identidades? Puesto que no tenemos prueba alguna de cómo habría podido ocurrir, solo podemos especular al respecto.

D.H. Lawrence fue un ser humano sensible y sabio que presentó la sexualidad humana, bien disfrazada, en un poema sobre elefantes llamado "El elefante es lento al aparearse". El poema nos dice que los elefantes buscan y encuentran una hembra sin prisa y, siguiendo su propia naturaleza, esperan a que despierte lentamente la sensibilidad en sus grandes corazones. Su naturaleza no vive con las demandas mentales de la mente condicionada por la identidad con la que los humanos se ven afectados. Escribe Lawrence:

> *Las enormes bestias antiguas se aparean lentamente;*
> *Así que encuentran una hembra, sin premura esperan,*
> *a que surja la sintonía en sus vastos corazones tímidos*
> *lenta, lentamente, mientras haraganean en las riberas*
> *y beben y pacen y rompen en pánico*
> *en el zarzal boscoso con la manada*
> *y duermen en silencio masivo,*
> *y despiertan juntos, sin una palabra.*

Estos elefantes emplean una sensibilidad y diferenciación natural mucho más noble que la que muestra el ser humano hoy día. Su apareamiento final es una unidad verdadera, expresada por Lawrence de la siguiente manera:

> *No agarran, no rasgan;*
> *su cuantiosa sangre se mueve como la marea,*
> *cerca, más cerca hasta tocarse anegados.*

Aquí, bien expresado por este sensible poeta, está la verdadera unión del ser humano con sensibilidad, diferenciación y un sentido de unidad a través de la unión sexual, que no es fea ni vulgar. Es noble, no manchada por el deseo y la emoción. Es natural, no empañada por el interés egoísta y la dominación. Con sus grandes mentes, el hombre y la mujer humanos han desarrollado por contra un mundo en el cual han construido dualidad y discriminación de la identidad con todos sus impedimentos.

## EL IMPULSO SEXUAL Y LA FUERZA DE LA VIDA

Pero aunque el modelo de sexualidad humana –con la atención, la sensibilidad, la diferenciación, la percepción, la volición y la conciencia– asaltado por las identidades genera comportamientos ajenos a la Fuerza de la Vida que acaban en sufrimiento, podemos observar que el impulso sexual es parte de la Fuerza de la Vida misma y no parte de los procesos de información.

El impulso sexual que permanece en su estado primitivo, no afectado por la evolución positiva, está contaminado por las identidades y ha producido un macho humano cuyo impulso subconsciente es aparearse con cada hembra disponible, mientras que el impulso femenino innato es hallar al "mejor" macho. Él usa su forma de juego sexual y ella, su manipulación astuta y mucho más sofisticada para ganar y conservar la posesión de su protector.

El dudoso avance social para la eliminación del conflicto y de la intolerancia religiosa le ha dado a la mujer el beneficio de sus propias deliberaciones y en la mayoría de los estados se ha desarrollado un "sistema de emparejamiento" en el cual se unen un hombre y una mujer, presumiblemente de por vida. Esto le sirve bien al Estado y a la iglesia, pero crea gran conflicto y estrés en las relaciones resultantes cuando las condiciones sociales y religiosas se colocan sobre las demandas de la identidad.

El macho, en su estado subconsciente, es una criatura encerrada en su jaula de posesión mientras que su mente está ocupada copulando con cada hembra que encuentra atractiva. La hembra, en su condición subconsciente, está ocupada manteniendo su posesión incluso ante los sistemas sociales liberales que admiten el divorcio.

Por tanto, para el macho humano, por mucho que afirme lo contrario, el matrimonio es un dilema. En primer lugar, tiene la satisfacción sexual de la posesión de una compañera, lo cual era imposible en tiempos antiguos, cuando el líder lo excluía, pero aun así quiere su "harén siempre renovado". Está encadenado a esa *libido* primitiva y a sus derivados sociales en vez de haber desarrollado la sensibilidad, la diferenciación y la percepción de unidad natural junto con una visión futura, lo cual habría provisto una forma sana de relaciones macho-hembra en un sistema totalmente diferente.

Para la hembra humana, todo el estrés y la presión de "obtener" su ración de seguridad y luego asegurarse de que no se pierda también sería diferente si el ser humano no se hubiera topado con la diferenciación de la identidad. Esta disfunción desafortunada es responsable de una de las dos grandes áreas de problemas del sufrimiento humano: las relaciones (la otra es ganarse la vida).

Esto sirve para mostrar que la sexualidad no se puede situar en la misma categoría que los demás impedimentos conductuales. Fue por ese motivo por lo que el Buda no presentó soluciones a los problemas sexuales del sufrimiento. Solo sugirió en la esfera mundana una forma de concentrarse sobre lo nauseabundo del cuerpo humano, mientras que entre sus seguidores estableció una separación obligatoria entre hombres y mujeres que se entrenaban como *arahats*.

Ahora, sin embargo, sabemos que hay otras respuestas disponibles para resolver el problema y la sexualidad natural se convierte en otro factor importante para la recuperación de la Fuerza de la Vida natural. Pero las demandas sexuales difieren incluso en su forma prehistórica subdesarrollada, ya que la demanda está dirigida con diversos impulsos, sensaciones, emociones, percepciones y objetivos.

Básicamente, ni el temperamento confuso ni el temperamento aversivo tienen grandes impulsos para encontrar satisfacción sexual. La persona confusa está preparada para esperar y aceptar lo que ocurra con sensibilidad y la aversiva simplemente es demasiado superior como para ir en busca de satisfacción sexual. Ni uno ni otro pueden colmar el apetito sexual ni las expectativas del temperamento adquisitivo; a falta del mismo nivel de "amor", comunicación verbal, interacción física con sus preliminares y contenido emocional, este siente que no es deseado, apreciado ni valorado. Su lema, hay que recordarlo, es "dar y recibir".

El macho adquisitivo está en constante preparación desenfrenada repleta de alarde social y expectativas. El macho aversivo es como un conocedor de vinos que saborea el vino sin exceso de celo, o como un coleccionista de sellos cuya colección está formada en función de su decisión sobre lo que es apropiado; así, está constantemente observando todos los "sellos" disponibles sin dar más que una pequeña indicación de interés. La pasión es su camino, no la emoción, y su expresión es sutil y ardiente, pero sin comunicación. El macho confuso siempre permanece al margen, preguntándose cuándo va a llegar su turno, y está siempre listo para servir y curar. Pueden clasificarse respectivamente como sujeto al deber, pero disponible; sujeto a la responsabilidad, pero no obligado; y sujeto con lealtad, sin opciones. Pero debemos recordar que las variantes individuales en función de la interacción de los venenos internos de la identidad pueden alterar los resultados.

La hembra adquisitiva está completamente integrada en el ideal de una unión sagrada llena de expectativas y juego de roles. La hembra aversiva rechaza casi compulsivamente todos los avances del macho excepto los del mejor, en su mente condicionada, moldeada por sus experiencias vitales. Es lenta en comprometerse, exigente y suspicaz de cualquier codicia o emoción que sea considerada burda y falta de verdadera pasión. La hembra confusa es la cuidadora y complaciente Florence Nightingale, pero es incapaz de comunicarse excepto sirviendo con adoración. Sus demandas son pocas, salvo la aceptación de sus regalos.

La codicia puede clasificarse como repleta de grandes expectativas y lealtad hasta que ve que el amor se desvanece o no existe, en cuyo caso pueden aplicarse las palabras del trovador: "No hay furia en el infierno comparable a una mujer despechada". El aversivo se puede clasificar como idealista y sin emoción, y el confuso como devoto y poco exigente.

Este gran problema se ve aumentado por el importante rol que juega en la vida la sexualidad, incluyendo el cortejo, el apareamiento y, más adelante, el comportamiento compartido. Es así porque los Principios Masculino y Femenino básicos que gobiernan el comportamiento han sido apartados. Así pues, el "inalienable derecho a la felicidad", que es el gran mito americano, es realmente un derecho inalienable al cumplimiento del deseo que está dirigido al confort, la adquisitividad, la seguridad, la falsa pertenencia y un futuro seguro (a ser posible, eterno), para lo cual son fundamentales las relaciones y la acumulación de riqueza.

De esta manera, los mayores problemas que encuentra el ser humano, que redundan en sufrimiento, se dan en las relaciones y al ganarse la vida. Las aparentes soluciones de la identidad para una minoría dan como resultado el sufrimiento para otros a escala global, donde las consecuencias son la pobreza real pero completamente innecesaria, el hambre y la muerte.

## LA INTERACCIÓN DE LA IDENTIDAD DOMINANTE EN LAS RELACIONES Y LA SEXUALIDAD SUBLIMINAL

Una pregunta importante en relación con la sexualidad es por tanto cuál es la interacción entre las identidades y la sexualidad. Uno siempre debe tener en mente las diferencias entre macho y hembra en cuanto a "posesión como objeto sexual" y "posesión como medio de supervivencia", que nunca se han desarrollado correctamente en la evolución humana, dominada por la identidad. Examinemos las diferencias de desarrollo en las identidades dominantes en referencia a esta cuestión.

Dado que la identidad dominante en la mayoría de la gente es la adquisitiva, cualquier relación es de codicia emocional y posesividad, donde encontramos presunción (el síndrome "yo/mío"), celos, suspicacia y desconfianza.

Mientras que lo adquisitivo emocional, la posesividad e incluso la presunción son rasgos aceptados en la sociedad, los celos continuos, la suspicacia y la desconfianza se consideran psicológicamente malsanos. Está claro que hay problemas cuando la posesión se ve amenazada por interacciones sexuales inaceptables que marcan un quebrantamiento del "pacto social" y una ruptura de los "pactos de amor" condicionados. En ese caso, el macho renovará su "búsqueda", que hasta el momento había sido suprimida, y la hembra aumentará su manipulación (incluidos los niños como presión subliminal) hasta que haya un colapso completo de la relación. A esto se le ha llamado subjetivamente "la comezón de los siete años" (*the seven-year itch*).

Los problemas surgen de la expectativa, claramente, que como se ve es una distorsión del elemento de la identidad predictiva. ¿Quién es el que establece esas expectativas sobre las relaciones y la interacción sexual? Es la identidad colectiva de intereses creados sociales y religiosos que han condicionado estas expectativas desde la cuna e intentarán hacerlo hasta la tumba. La mayor debilidad entre las complejas expectativas de la sexualidad es el vínculo que se ha establecido entre el falso concepto de amor, condicionado desde la infancia, y la sexualidad.

Para la hembra, el "entregar su cuerpo" como objeto depende del poder de dominio que traiga como elemento de seguridad y de la recepción de amor, que también es una señal de seguridad. Cuando el "amor" está aparentemente ausente, el ciclo amor-sexo-seguridad se rompe. Cuando la actividad sexual se considera de poca calidad, ese ciclo también se rompe.

Para el macho, el "recibir el cuerpo" es una señal de estima y cualquier disminución en la calidad de esa sexualidad o en la cooperación con sus juegos sexuales da lugar a un enfriamiento de su ardor, que de todas formas se enfriará con el tiempo y por la presencia de otros "objetivos" apropiados para su interés. Los mandamientos, las costumbres y la ley mantienen las cadenas en su lugar, pero solo hasta el punto en el que se da cuenta de su carga.

Podemos ver por tanto una compleja interacción entre las identidades, el impulso sexual no evolucionado, las expectativas condicionadas de la víctima y la presión de la comunidad socio-religiosa. Pero la mecha que arde lentamente es la sexualidad primitiva latente y no resuelta, que separa a ambos sexos en vez de unirlos.

Ahora, cuando combinamos dos identidades cualesquiera, obtenemos un producto conectado y listo para una posible explosión. Las diferencias básicas de las identidades por sí mismas causan muchos problemas, y tenemos varias combinaciones posibles dejando a un lado por el momento al temperamento predictivo, quien rara vez se implica en una relación duradera.

**Adquisitivo – Adquisitivo.** Esta es una relación llena de discriminaciones y podemos encontrar aquí un ejemplo virtualmente perfecto de la generación de un contrato social implícito. El comportamiento se basa en un entendimiento común de lo que socialmente es correcto y aceptable para las identidades. El diálogo de la identidad es la herramienta que mantiene la relación. Ambos, al ser adquisitivos y haber aprendido las reglas desde la infancia, son adaptables y conservadores. Pero el problema surge cuando la sexualidad recibe una triste sacudida de inestabilidad y se ve que el "amor", si no es falso, al menos está cansado. Entonces crece un sufrimiento latente y mutuamente disfrazado, donde las expectativas incumplidas alimentan el malestar. Con el tiempo, hay una ruptura completa o una triste tregua debilitadora que convierte a las parejas en poco más que en sujeta-libros.

Con la falta de desarrollo natural, las mujeres son una sombra de lo que podría ser la verdadera feminidad y los hombres todavía andan merodeando con un barniz de civilización, una fanfarronería que camufla su inferioridad, y llevando un garrote bien escondido en sus manos.

**Adquisitivo – Confuso.** Aquí se produce una condición donde hay problemas de expectativas que nunca se cumplen. El compañero confuso es bastante sensible, pero no hay suficiente impulso para la acción y, si bien la persona adquisitiva está contenta de "apropiarse" del otro, al mismo tiempo se siente defraudada, ya que la demanda adquisitiva de la hembra quiere la perfección en un compañero con inteligencia, sensibilidad, humor y adoración; pero, a lo sumo, ella recibe nada más que sensibilidad. El compañero adquisitivo macho recibe la devoción que requiere, pero la participación sexual y emocional está ausente. La excitación simplemente no está ahí en la relación a nivel mundano ni sexual.

El compañero o la compañera confusa se ve afectado por problemas similares, al encontrar que su nido es violado frecuentemente con ideas e intenciones sobre-estimulantes que no tiene la fuerza de detener hasta que es demasiado tarde. La sexualidad no tiene una calificación alta en su código, pero sí la tiene la sensibilidad, y a sus compañeros adquisitivos siempre los encuentra insensibles y egoístas.

**Adquisitivo – Aversivo.** Esta es una mezcla explosiva donde la hembra adquisitiva ha hecho la elección correcta por todas las razones equivocadas y el macho adquisitivo ha cometido un error crítico. El amor nunca está presente, la comunicación se encuentra siempre en segundo o incluso tercer lugar, y la discriminación y la emoción están tan ausentes que nunca puede haber una resolución de los problemas del *samsara*.

La persona aversiva sin discriminación deja que todo pase sin darle mayor importancia, excepto que no tolera la discusión ruidosa y persistente y su crítica aversiva, que nunca es personal, siempre ha de ser entendida y apoyada. Tiene un interés casi negativo en lo que se entiende como sexualidad, pero una profunda pasión por la unidad plena que nunca se puede lograr. Las emociones son el enemigo para la persona aversiva, pero es esencial una ardiente pasión que no es nada evidente de puertas para fuera. Solo puede haber uno, pero es su visión del uno la que ha de mantenerse.

**General.** Naturalmente, los resultados iniciales en la mayoría de los casos están suficientemente aquejados de una falsa felicidad temporal, especialmente si hay niños de por medio, pero con el tiempo el gusano que hay en la manzana comienza a roer. Con respecto a las relaciones del temperamento adquisitivo, hemos de decir que bajo condiciones naturales correctamente desarrolladas, las relaciones entre personas discriminativas son las que más se encuentran en equilibrio y armonía.

No hay unión perfecta cuando la identidad está presente, pero los siguientes son quizás menos explosivos en la vida cotidiana.

**Confuso – Aversivo.** La persona confusa está dispuesta a servir en silencio a aquel a quien asume como líder. Mientras esta relación se mantenga, rara vez habrá conflicto entre ambos. No obstante, sigue siendo una relación poco sana si no está basada en la motivación correcta y natural sin identidad.

**Confuso – Confuso.** Internamente casi nunca hay problemas, pero puede imaginarse cuál sería el efecto social de la interacción de dos personas confusas y las presiones externas que habría sobre ellos para que se ajustaran.

**Aversivo – Aversivo.** Aquí tampoco hay problema si cada uno sigue su camino independiente en la misma dirección. Cuando las direcciones son diferentes, se produce una lógica separación sin excesivos problemas.

# Capítulo 23

# Responsividad[1] y adaptación,
# curiosidad y creatividad, conducta de juego

Hemos visto que los Principios Masculino y Femenino, junto con las variaciones de la reproducción sexual, son partes esenciales del sistema humano que evitan la entropía. Otros animales no poseen los Principios Masculino y Femenino, pero sí poseen un conjunto natural de respuestas al entorno que incluye, según la especie, el impulso de supervivencia de la descendencia y de su grupo. Además de eso, poseen su particular conducta sexual.

Pero aunque todos ellos son procesos internos, su eficacia se ve reducida considerablemente si no hay una correcta responsividad hacia el ambiente. Podemos decir por tanto que la responsividad es un factor clave para la vida en la supervivencia natural. Esa responsividad, junto con la reproducción, forma parte de una definición provisional válida de lo que es la vida en realidad. El Principio Femenino es sutil y completo, pero no es responsivo como el Principio Masculino. Debemos sospechar por tanto que el Principio Femenino es común en los seres humanos y que en los humanos el Principio Masculino es su corolario conductual.

En capítulos previos, hemos mostrado el funcionamiento interno de los procesos aferentes del sistema nervioso central desde el estímulo inicial, aparentemente externo, hasta la recepción de la información en la volición y más allá, en la conciencia. Todos los acontecimientos externos son mediados por este sistema y, como tal, podemos afirmar con claridad que la responsividad es un factor primordial en la vida a cualquier nivel, no solo para el ser humano sino para todos los seres vivos.

## LA RESPONSIVIDAD Y LA ADAPTACIÓN AL AMBIENTE

Los seres vivos son sistemas que tienden a responder a los cambios en su ambiente de manera tal que favorecen su propia continuidad. Está claro que el ser humano ha adulterado la forma de esta responsividad a través de la interferencia de la identidad con las operaciones, así que en gran medida actúa de tal manera que no fomenta las oportunidades para la supervivencia a largo plazo de la especie. Y es más, el equilibrio de nuestras actividades, debido al miedo latente a la vejez, la enfermedad y la muerte, promueve la supervivencia individual a corto plazo si no queda muy lejos de la búsqueda de la felicidad.

Sin embargo, esta responsividad de la identidad es ajena a la Fuerza de la Vida. No nos entretenemos saltando frente a los coches en la autopista o lanzándonos de edificios altos, pero sí que arriesgamos nuestras vidas cada día conduciendo

---

[1] Traducimos así *responsiveness*, la capacidad de responder a los estímulos del entorno.

coches a gran velocidad mientras ignoramos las sensatas leyes sobre el consumo del alcohol y saltamos de puentes sujetos tan solo por una cuerda elástica.

Aristóteles reconoció a todos los seres vivos por un abstracto deseo de "participar en lo eterno y lo divino". Sin embargo, este deseo abstracto, en el caso de que sea una noble búsqueda de la verdad de los dioses, está bien escondido detrás de la locura de la saciedad de la identidad. En el *Diccionario Bíblico* de Easton de 1897, encontramos que en *Ezequiel* 10 y en *Apocalipsis* 4 se les llama querubines a ciertas criaturas nobles y despiertas, ángeles de segundo orden cuyo regalo es el conocimiento. Este conocimiento es útil, ya que se nos dice en *Isaías* 6, 2-5 que advierten del peligro de la justicia divina, que podemos confirmar como advertencias de la entropía potencial del ser humano. También puede ser útil relatar que en *Apocalipsis* 14, 3 se los asocia con los ancianos "en su simpatía (compasión) con los ciento cuarenta y cuatro mil que cantan la nueva canción" y en 19, 4 con la iglesia en el derrocamiento de los enemigos, que podemos asumir son diabólicos y amenazan con traer la entropía a la humanidad. Se nos dice que representan la "misericordia" (el afecto benevolente), el Principio Masculino, a diferencia de la "justicia", que es una idea social dominada por la mente y alejada del impulso de la Fuerza de la Vida o, para los religiosos, del Trono de la Gracia.

Podemos concluir por tanto que la responsividad es vigilada por el Principio Femenino y la conducta la genera el Principio Masculino, pero que las identidades han tomado el verdadero control de la situación a través de su dominio de la sensación, la discriminación, la percepción y la volición.

Aunque hay una responsividad natural, que es parte de la memoria primordial y solo varía con el tiempo en circunstancias correctas, la naturaleza de esa responsividad depende de los programas constructores que seleccionan la descripción de las operaciones de responsividad. Es esta descripción la que es modificada por intervención de la identidad cuando la identidad usurpa al programa constructor (ver figura 23.1).

Aunque podemos ver con claridad el daño que el sesgo de la identidad responsiva le puede ocasionar al sistema biológico y a las experiencias inmediatas, hay otro cambio más que tiene lugar. Bajo la Fuerza de la Vida, el ser humano se adapta a su ambiente durante su tiempo de vida, al igual que lo hacen todos los animales, pero la capacidad mental aumentada y el desarrollo de su destreza al pensar han alterado el rango de la adaptación natural.

En vez de una simple adaptación, el ser humano cambia su ambiente sin ninguna consideración por la entropía causada a otros seres vivos o por la probabilidad de dañar el ambiente, que acerca cada vez más al presente ciertas amenazas a largo plazo. No tenemos que recalcar aquí el daño irrevocable que se le hace al suelo, al aire y al agua. No tenemos que recalcar la vergonzosa eliminación de especies por obra nuestra. No tenemos que recalcar la matanza a gran escala de nuestra propia especie, no solo a través de conflictos, sino por las masacres que ocurren en las autopistas y debido a las drogas y las enfermedades inducidas por el hombre.

## FIG. 23.1 La responsividad natural y su usurpación por la identidad

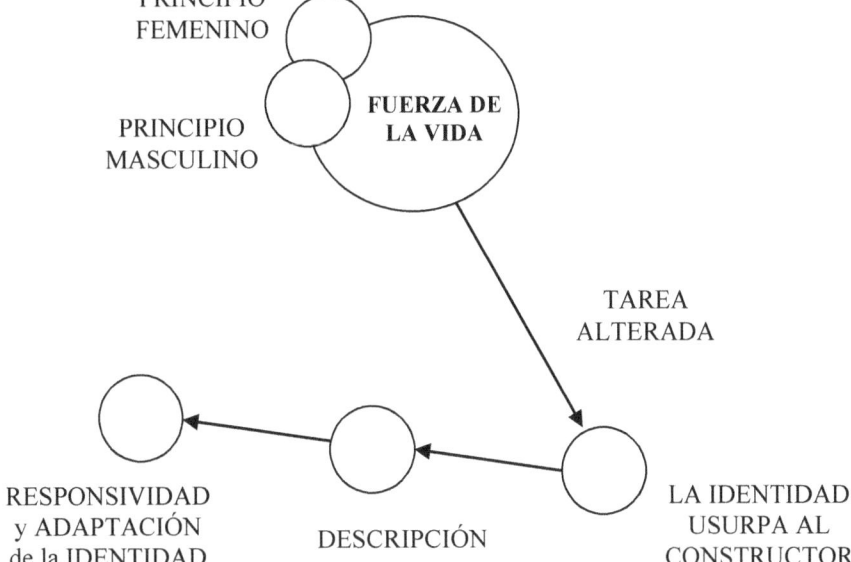

El mayor peligro es que, gradualmente, si la presencia de la identidad es constante y sin remisión en toda la población, la Fuerza de la Vida absorberá las manchas de la identidad como parte del sistema natural. Cuando eso suceda, la terrible destrucción de la Fuerza de la Vida humana será inevitable y el planeta, como consecuencia de sus obras, también será destruido, mucho antes de la consunción final de la Tierra por el Sol. *¿Quo vadis?*

Nosotros, a través de la maravillosa capacidad de adaptación que tienen todas las criaturas, permitimos a las demandas de la identidad controlar la dirección de esa adaptación, ya no en aras del bien superior de la especie sino del bien colectivo que la identidad percibe erróneamente. Nos hemos adaptado a la idea del mal, proscrito social y religiosamente, y aceptamos su bien correspondiente. Hemos adaptado cuerpo y mente a él, de manera que la falsa idea de tribu se induce mediante sistemas y esquemas religiosos, mediante objetivos sociales y nacionales que son ajenos a nuestra verdadera naturaleza como seres humanos. Nos hemos adaptado a la educación que sirve a la identidad, a relaciones que sirven a la identidad, a patrones de salud que sirven a la identidad y a la preservación de la muerte que sirve a la identidad individual. Es más, con cada aliento estamos invitando a una muerte colectiva prematura y generando ideas sobre falsas necesidades que son flagrantes deseos de la identidad.

Bertrand Russell, en *La educación y el orden social*, relata: "Un día en la escuela vi a un niño de mediana estatura que maltrataba a otro niño más pequeño. Le reconvine, pero él me contestó: 'Los grandes me pegan a mí, así que yo le pego a los pequeños; es lo justo'. En estas palabras describió la historia de la especie humana". Eso, como ves, es la adaptación de la identidad. Si los grandes me roban, yo robo a los pequeños. Si los grandes me odian, yo odio a los pequeños. La adaptación en este mundo, aunque no lo parezca y se mantenga por completo dentro de las reglas, significa "tira hacia atrás de los que están delante de ti y pisa a los que están debajo". Hasta ahí llega la adaptación de la identidad.

Como animales inferiores que somos, el ser humano no puede compararse con la adaptación natural de otros animales en armonía y equilibrio con todas las cosas. Nosotros, como el cáncer, sobrevivimos mejor matando al anfitrión. Charles Darwin fue claro y conciso cuando afirmó: "No es el más fuerte de la especie quien sobrevive, ni el más inteligente, sino el que mejor responde al cambio".

Nosotros somos los más fuertes. Somos los más inteligentes. Esto no necesita comentario, porque solo tenemos que escuchar el perpetuo grito de guerra de los idiotas a nuestro alrededor: "Somos los campeones del mundo". Pero hay otros dos elementos más que forman parte de cada ser humano y que están directamente relacionados con la Fuerza de la Vida a través de la responsividad. Hay que examinarlos, ya que son aspectos vitales del desarrollo humano: son la pareja de la curiosidad y creatividad y la conducta de juego.

**FIG. 23.2 La curiosidad y la creatividad como elementos de la responsividad**

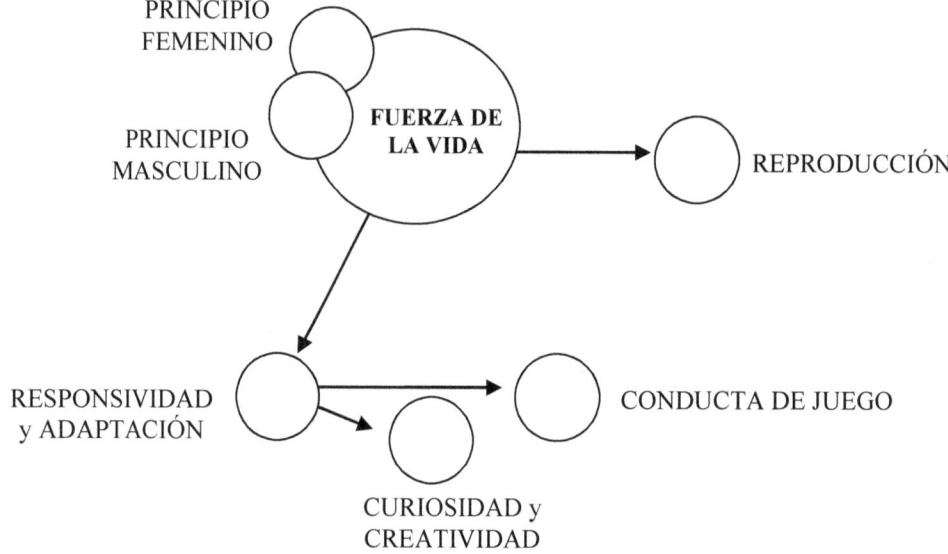

## LA CURIOSIDAD Y LA CREATIVIDAD

Lo que hace tan especial a la curiosidad humana, cuando la identidad no está por medio, es que deambula como el "pintoresco arroyo que serpentea" que decía Thoreau; no es la educación, que es la zanja recta, la búsqueda práctica de respuestas controlada por la mente. Mientras que la identidad de búsqueda intenta encontrar respuestas específicas, los verdaderos científicos no buscan sino que encuentran, sobre todo cuando no están buscando nada en particular. Esa es la belleza de la ciencia: el descubrimiento que es sorprendente. Esa es la belleza de la pintura, la escultura, el baile, la música y todas las artes en las que la mente está libre de las cadenas de la convención. La creatividad simplemente recoge las piezas e intenta darles algún sentido.

Hay un *sutra* famoso llamado el *Sutra Prajnaparamita*. Se cita una y otra vez con la vana ilusión de que leerlo y practicar el mantra es la combinación que trae el Despertar. Eso, por supuesto, es falso. Lo que realmente sucede es que cuando se practica la contemplación de manera correcta, ya se use el mantra o no, uno encuentra el Despertar. Cuando eso sucede es una sorpresa, pero de verdad no sabes lo que es hasta que regresas, reúnes las piezas y miras el texto de nuevo. Entonces lo ves y puedes decir: "¡Vaya! Era eso".

La creatividad intervino al reconocer la verdad. La curiosidad estuvo en no buscarla, sino en simplemente deambular con una mente abierta bajo condiciones correctas y en la dirección correcta.

Otros factores del descubrimiento son las réplicas, las estadísticas y el método científico, pero si se los estrangula mediante el control mental, lo que se descubre vale muy poco. Wernher von Braun lo dejó bien claro: "La investigación básica ocurre cuando me encuentro haciendo lo que no sé que estoy haciendo". Incluso dentro de las artes, el gran Johann Sebastian Bach afirmó en relación a la música: "No hay nada destacable en ella. Lo único que tienes que hacer es dar a la nota correcta en el momento correcto y el instrumento se toca solo". El descubrimiento libre es una consecuencia de la curiosidad y la creatividad auténticas. Ese es el descubrimiento y el potencial para el crecimiento creativo que presenta la Fuerza de la Vida.

¿Qué hace la identidad? Cava esa zanja recta en la dirección que quiere la identidad. Es precisa y tiene nombre y forma. Las barras de acero se colocan en su lugar con gran cálculo y luego se vierte el cemento. Ya lo tienes ahí, justo lo que la identidad siempre quiere: una zanja recta que va hacia donde las expectativas la dirijan. Pero se mueve en círculo.

Un escultor de mármol, al preguntarle qué está esculpiendo podría decir, "una mujer de pie", pero si se le piden detalles, podría decir que lo que esculpe se encuentra ya en la piedra y que solo lo sabrá cuando salga. A lo que se refiere con eso es que es la naturaleza del mármol la que dicta lo que su mente puede usar. Así, él es un servidor del mármol, aunque sea la principal fuerza motriz. Así es como ocurre con la curiosidad y la creatividad. La curiosidad señala el camino, pero es la creatividad la que descubre lo que se encuentra oculto.

Imponle identidad a una pintura y lo que se genera es una pintura con técnica, quizá, pero manida y poco interesante. El expresionismo, el abstraccionismo y el impresionismo verdaderos, así como otras formas de arte, son descubrimientos. El falso expresionismo, abstraccionismo e impresionismo, así como otras formas de arte falsas, no son más que imitaciones mentales, ligadas quizás a la emoción.

La pregunta que hay que hacerse, por tanto, es: "¿Qué afirma de por sí esta aparente idea mental o fenómeno?" La práctica de poner pintura sobre un lienzo no es más que técnica; lo que hace la mente destruye de inmediato lo que se ha descubierto. Cuanto más se aparte la identidad, mayor será la importancia del descubrimiento para el artista. Pasa lo mismo con la música, el baile e incluso la verdadera ciencia.

¡Cuánto más importante debe ser entonces el separar esa identidad de la curiosidad en el vivir cotidiano! El problema es que la curiosidad y la creatividad han sido sepultadas por la convención en el niño pequeño, de modo que está condicionado en todo lo que hace. Ya no es libre, sino que está atrapado en un círculo de control mental que se cierra sobre sí mismo. El ser humano natural, libre de la identidad, vive una vida en la que la curiosidad va en primer plano y el condicionamiento libre de mente queda al fondo.

Einstein tenía razón cuando dijo: "La mente intuitiva es un regalo sagrado y la mente racional es un sirviente fiel. Hemos creado una sociedad que rinde homenaje al sirviente y ha olvidado el regalo". El sirviente fiel ya no es fiel y claramente sirve a la identidad y tiene a la razón como su reino. El regalo de la evolución aún está con nosotros, pero olvidado.

La civilización ha fabricado robots condicionados que creen tener libre albedrío y razón. Son seducidos por la visión de la identidad sobre la grandeza de sus propias mentes. Están rodeados por un muro de convenciones y reglas auto-impuestas. Esto quizás explica los pensamientos de Abraham Maslow cuando exclamó: "La pregunta clave no es '¿Qué fomenta la creatividad?' sino '¿Por qué diantre no es creativo todo el mundo?' ¿Dónde se perdió el potencial humano? ¿Cómo fue paralizado?".

En vez de plantearse por qué la gente crea, quizá sea una buena pregunta por qué la gente no crea o innova. Debemos abandonar esa sensación de asombro frente a la creatividad, como si fuese un milagro cada vez que alguien crea algo.

La creatividad es una consecuencia natural de la curiosidad del ser humano. Cuando la curiosidad es mutilada y se adapta a las necesidades de la identidad, la ciencia y todas las artes mueren. Cuando la ciencia y las artes mueren, la raza humana marcha de camino a la extinción, pisoteando la totalidad del mundo vivo bajo sus pies en vez de llevarlo sobre sus hombros.

## LA CONDUCTA LÚDICA NATURAL

La psicología comparativa nos muestra que todos los animales "superiores" juegan y que eso también es parte natural de la existencia y el aprendizaje humano. La pregunta es: ¿es el juego humano tan natural como lo es entre los demás animales? No hace falta una investigación profunda para descubrir que no lo es.

A los niños se les enseñan rápido las reglas de juego de todos los juegos. Sus mentes son condicionadas a lo que la sociedad declara como correcto y no correcto. ¿Es tan corrupta e incompetente la naturaleza que es incapaz de generar un juego correcto y natural?

Los adultos han decidido que a los niños se les debe enseñar a compartir. ¿Por qué? ¿No son capaces de descubrir por ellos mismos que el compartir es natural? Paradójicamente, sobre esa conducta impuesta de compartir se induce la idea de propiedad. Los juguetes se poseen. El niño debe ser entrenado a la manera de la identidad y el concepto natural de uso queda ahogado en una posesión abstracta. Debe enseñársele a competir sin sentido para no molestar a los padres, o a competir y ganar. La razón no la saben, pero los padres transmiten el mensaje bastante bien a medida que crecen. ¿Por qué? ¿Ha de asumir más importancia la victoria que el juego mismo, que es una preparación mental y física natural para cosas imprevistas que pueden ocurrir en el futuro? Por supuesto, uno debe ser un "buen perdedor", incluso aunque perder sea indeseable. ¡Qué locura inducimos en los niños! Y esto marca su progreso hacia la edad adulta.

Así pues, a los niños se les enseña a ganar y compartir, pero a ganar dentro de un conjunto de reglas que son iguales para todos. ¡Fantástico! Luego los padres proceden a actuar en casi cada aspecto de sus vidas tratando de ganar sin compartir, haciendo caso omiso de las reglas que ellos mismos inventaron.

También es importante para la sociedad que los niños aprendan que las chicas son diferentes de los chicos y que los juegos son específicos para cada género y que las reglas son diferentes. Las niñas deben tener muñecas y ser mejores cuidadoras de muñecas y amas de casa. Los niños deben tener juegos de guerra y juguetes electrónicos de destrucción o, en su versión más positiva, juguetes que desarrollan la coordinación entre mano y mente. Se olvida que la naturaleza por sí misma, al producir conductas de juego, automáticamente enseña destrezas al niño en un ambiente abierto y libre.

En vez de eso, al niño se le coloca en un ambiente limitado con columpios, estructuras para trepar, carruseles y balancines artificiales pero seguros a ojos de los padres. Su curiosidad y creatividad en la conducta lúdica queda aniquilada. Muchos padres intentan romper ese molde, pero es inútil ya que el impacto de las normas de sus compañeros es demasiado grande. Así pues, el adulto humano inhibe la función de la Fuerza de la Vida en el desarrollo del niño, induciendo en el niño comportamientos que parecen ser importantes para la supervivencia social en lugar de la supervivencia natural.

El adulto es competitivo incluso en las situaciones más simples, cuando ganar es fundamental. Además, en vez de desarrollar una preparación física y mental, esta mentalidad genera expectativas físicas y mentales y deseos de que los demás competidores se equivoquen. Aunque esto puede ser eficiente en situaciones de verdadero conflicto, esta dependencia constante de la debilidad de los demás, condicionada por la identidad, no deja espacio de ninguna manera para la máxima preparación para tiempos difíciles.

La mentalidad correcta sería desear que el oponente juegue lo mejor posible, de manera que uno pueda ver sus propias debilidades. Así uno se ve reforzado, no debilitado. En otras palabras, la verdadera Fuerza de la Vida en los juegos, cuando están presentes la sensibilidad, la discriminación y en particular la unidad, no es competitiva en sentido tradicional, sino cooperativa.

Las diferentes identidades naturalmente comienzan a afirmarse y los padres están siempre allí corrigiendo al niño, a diferencia del tigre que golpea a sus cachorros solo cuando sobrepasan los límites de seguridad en sus juegos. Así, los niños aprenden de este comportamiento impuesto y se someten a la autoridad o se rebelan. Aprenden que lo que surge dentro de ellos de manera natural ha de suprimirse si no es precisamente lo que requieren los padres. Aprenden el engaño para evitar aquello que no concuerda con su identidad o se someten a la tiranía adulta.

El niño sensible aprende sus límites de confusión entre el nacimiento y el final de su desarrollo sensible; el niño discriminativo aprende su adquisitividad entre ese punto y su límite superior de desarrollo discriminativo. El niño con temperamento aversivo y el niño con temperamento de fijación aprenden cada uno a su vez de acuerdo a los dictados de la sociedad.

Todos los niños nacen con una hoja blanca y limpia, apropiada para su temperamento. En vez de que el programa natural desarrolle lo que es mejor escribir, la madre escribe en principio en la hoja, luego el padre y otros miembros de la familia, luego la iglesia, la educación y los líderes culturales, y finalmente la sociedad. La página queda cubierta de borrones sucios y, para cuando llega a los dieciséis años, casi no queda espacio para que el niño escriba. Sus identidades encontrarán pequeñas áreas en blanco aquí y allá para escribir: "Pepito estuvo aquí", en letras lo más grandes posible, pero su vida ha sido diseñada tal como lo desea el mundo de consumo.

El niño estará al tanto de la fuerza de las recompensas y castigos, que comienzan con las órdenes de cuidar sus juguetes. Por desgracia, esta orden proviene no de una fuente de consejos sabios para cualquier artista o artesano que cuide de sus herramientas, sino del conocimiento del coste del juguete mismo y la frustración de haber pagado por algo solo para verlo roto. Uno puede escuchar a expertos hablar sobre el valor de los juguetes y aun así ignorar el principio básico del juego, que es el descubrimiento creativo.

Es triste que no se les envíe a todos los niños a tribus primitivas a aprender cómo desarrollarse y jugar en los bosques o montañas. Es triste que no se les permita desarrollar su curiosidad y creatividad en el juego de manera que inventen sus propios juguetes y juegos. Es triste que estén condicionados tan temprano a la locura de la sucia edad adulta. Así es como los errores, no los pecados de los padres, ciertamente se transmiten a los hijos.

Uno puede ver el círculo de errores en el que hemos caído. La responsividad y adaptación defectuosas, junto con una conducta de juego condicionada que es antagónica a la Fuerza de la Vida, además de la pérdida de la curiosidad y creatividad verdaderas, alimentan a la identidad *ad infinitum* (ver figura 23.3).

Los Principios Masculino y Femenino, cuando están en competencia, generan una identidad sexual de auto-gratificación que obtiene su impulso de la Fuerza de la Vida adulterada. Es entonces cuando toda la responsividad y adaptación sirven a la sexualidad de la identidad en el marco de una sociedad basada en la codicia. Es de la misma manera como la curiosidad y la creatividad en la conducta lúdica también sirven para cumplir las expectativas de la identidad sexual.

Esta identidad no siempre es evidente en la conciencia, pero es un poder subliminal que dirige el comportamiento. Resulta evidente en la conciencia como el conocimiento permanente de ser macho o hembra. Las cuatro identidades y la quinta columna de la identidad sexual forman la base de toda la locura, mientras que la identidad ideal encubre los errores ante la mirada de observadores externos y la identidad observadora lo ve todo y cree que existe. El problema de las identidades no se encuentra en el hecho de que produzcan sufrimiento, sino en que juntas frustran los atributos esenciales de la Fuerza de la Vida, que son la responsividad, la curiosidad y creatividad y la conducta de juego.

**FIG. 23.3 El modelo de identidad: responsividad y adaptación, curiosidad y creatividad, y conducta lúdica**

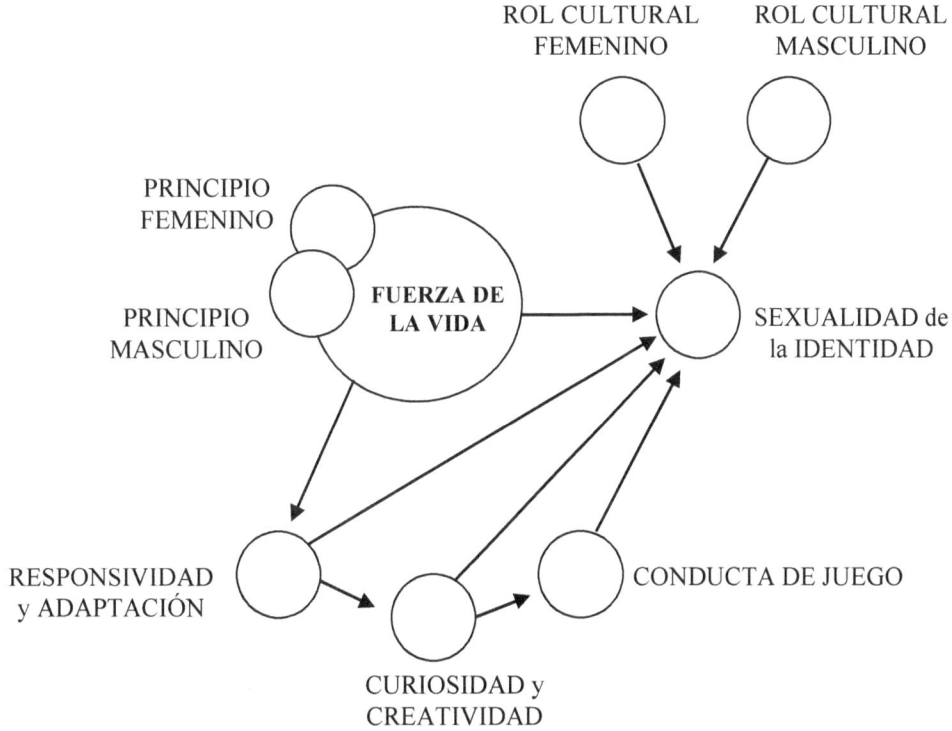

Podemos ver por tanto que la Esencia observadora diferenciadora de la Fuerza de la Vida, debido a una adaptación evolutiva que fue negativa, ha generado un grupo de seis identidades, cinco de la cuales son subliminales y hacen posible la diferenciación de la identidad y la creencia errónea en la existencia individual de los fenómenos. La sociedad y la iglesia han generado un conjunto de modelos que se imponen sobre el impulso sexual. Es esta corrupción del sistema natural lo que causa la gran brecha entre ambos sexos y el fracaso en las relaciones.

# Capítulo 24

# El aprendizaje

Si el aprendizaje, como parte del proceso cognitivo de adquisición de destrezas o conocimientos y la aparente sabiduría resultante, fuese parte integral del aspecto de responsividad y adaptabilidad de la Fuerza de la Vida, quizá podríamos construir el modelo agrupando el aprendizaje y la imaginación junto con la curiosidad y creatividad. Pero no lo podemos hacer porque la adaptación depende del aprendizaje y el aprendizaje humano avanzado depende de la imaginación. Así pues, debemos poner al aprendizaje como factor primordial entre los atributos de la Fuerza de la Vida, posiblemente con su creatividad asociada, que sustenta la imaginación.

**FIG. 24.1 Los atributos de la Fuerza de Vida**

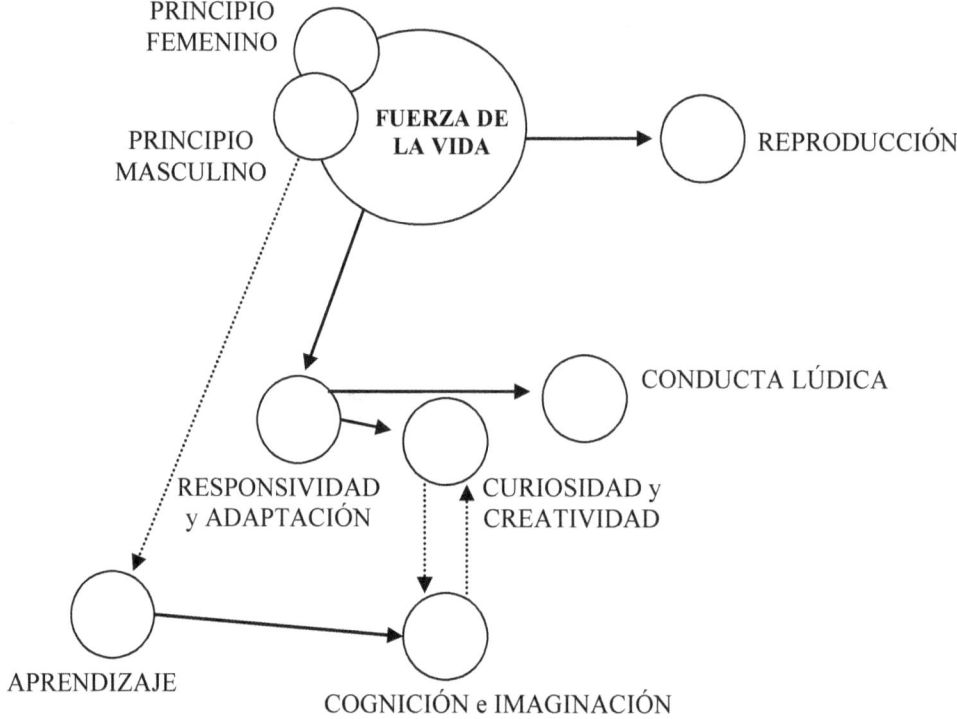

Dado que a la psicología del Dharma no le interesan exclusivamente los procesos humanos y los errores de la identidad humana causados por la interferencia con las operaciones naturales, sino también en la manera en que el organismo puede recuperar otra vez su funcionamiento natural, el proceso de aprendizaje cobra un gran interés.

Es un tema tan complejo que no se puede tratar minuciosamente en una introducción a la psicología del Dharma, pero lo que haremos aquí es mostrar dónde ocurren los abusos del aprendizaje que alejan a los seres humanos del comportamiento, las intenciones y las actitudes naturales y generan una violación de la Fuerza de la Vida.

Es bastante fácil ver cómo, a medida que un niño comienza a encontrar su ritmo natural (desde antes de nacer hasta los quince años quizá, según cuál sea su dominancia y susceptibilidad), la identidad observadora y las demás identidades pueden estar implicadas en su adoctrinamiento. Eso no debería de sorprenderle a nadie.

**FIG. 24.2 La corrupción del proceso natural por la identidad**

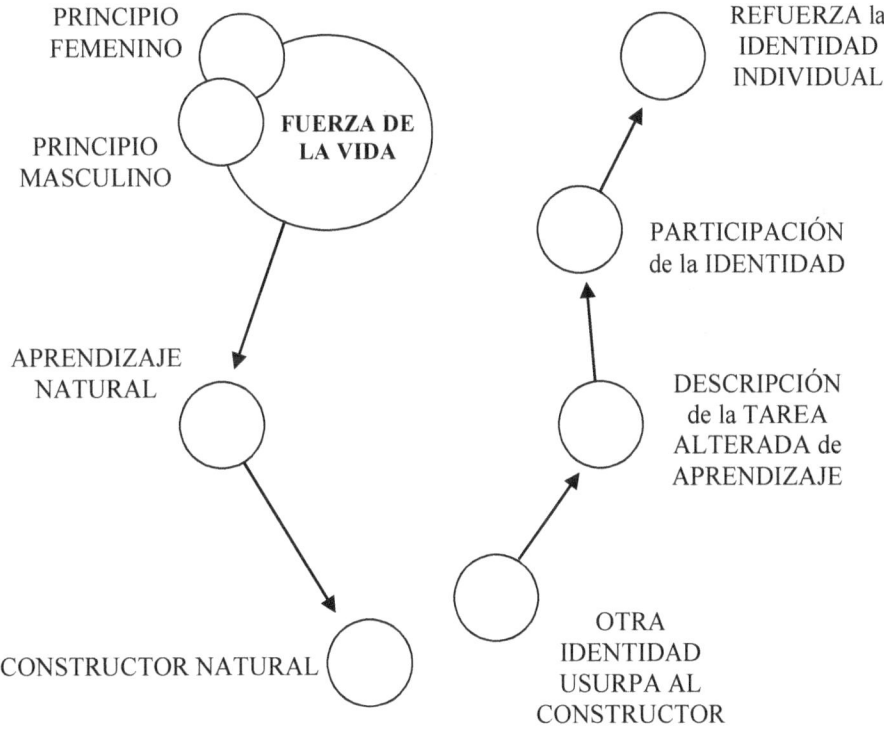

En su forma más sutil, el adoctrinamiento es una instrucción en los fundamentos del sistema de cualquier creencia, tal como una religión, una filosofía o incluso una ciencia. Dentro de los contextos de una religión, eso serviría perfectamente como definición de la preparación para recibir conocimiento esotérico, incluso de manera secreta, no disponible para el público en general –una preparación que es un requisito previo para el desastre mental, al sustituir el conocimiento natural por una cognición mental de dudoso contenido. La mejor definición la ofrece el Laboratorio de Ciencia Cognitiva de Princeton, que lo describe como "enseñar a alguien a aceptar doctrinas de manera acrítica".

Así pues, el adoctrinamiento es el medio que se usa, sin mala intención, para subvertir el aprendizaje natural, favoreciendo al monstruo socio-religioso de la identidad. Como se puede ver en el diagrama anterior, el adoctrinamiento por cualquier individuo o identidad colectiva que usurpa al constructor natural y genera nuevas descripciones de tareas que involucran al potencial de identidad aún no desarrollado condiciona constantemente una mayor fuerza de la identidad.

Noam Chomsky aseguró una vez: "Para aquellos que obstinadamente buscan la libertad, no puede haber tarea más urgente que llegar a comprender los mecanismos y las prácticas del adoctrinamiento. Son fáciles de percibir en las sociedades totalitarias, pero mucho menos en el sistema de lavado de cerebro bajo 'libertad' al que estamos sometidos y en el que, con demasiada frecuencia, servimos como instrumentos voluntarios o involuntarios".

Es cierto que el adoctrinamiento religioso y moral puede fomentar la prevención del abuso social, pero esto simplemente sustituye un demonio evidente por otro que está mejor escondido. Consideraremos por tanto solo la función de ese aprendizaje que nos permite ver los problemas samsáricos y las soluciones del Dharma:

> ➤ La difusión de la innovación
> ➤ El aprendizaje latente
> ➤ El aprendizaje social
> ➤ El aprendizaje memorístico
> ➤ La modificación conductual

## LA DIFUSIÓN DE LA INNOVACIÓN

La teoría de la difusión de la innovación se basa en una idea antropológica y explica cómo las ideas se extienden entre individuos, ya sea dentro de una cultura o de una cultura a otra. La idea es atractiva y aparece como parte de un proceso de aprendizaje natural, ya que es lógico que si se observa algo innovador y útil, la idea se pueda copiar y probar a ver si funciona.

Que este es un proceso natural se puede demostrar por un informe sobre la actividad de las gaviotas en una zona costera de los Estados Unidos que habían aprendido, primero por accidente, que las conchas de los moluscos marinos se rompen si se dejan caer contra la superficie dura de una calle. Y quizás tampoco sea tan sorprendente que, como las conchas marinas no siempre se rompían, las gaviotas aprendieran por difusión que se rompían cuando un coche pasaba encima de ellas, de modo que simplemente esperaban a que eso ocurriera. Pero entonces apareció una innovación, ya que era una aventura bastante peligrosa volar en picado y obtener el premio sin que las aplastara un coche a toda velocidad. Primero una y luego otra, notaron que había momentos en que los coches se paraban en un extraño cruce –el "paso de cebra". Así pues, las conchas lanzadas desde las alturas se acumulaban ahí y las gaviotas no se abalanzaban sobre ellas hasta que los coches se detenían ante el cruce para peatones.

Los amantes de los animales tendrán interés en defender que esta historia demuestra que las aves pueden razonar, pero es simplemente la difusión del aprendizaje que naturalmente requiere la observación de una innovación. En los seres humanos este parece haber sido un sistema primordial del aprendizaje, que dio pie a modificaciones en las herramientas de caza y otras innovaciones dentro del grupo y más allá. El factor de peso era obviamente que la innovación copiada resultara funcional.

La difusión a través de las culturas también es un fenómeno bien confirmado y nada controvertido. Por ejemplo, se cree que la práctica de la agricultura se difundió desde Oriente Medio a Eurasia hace menos de 10.000 años. Otras difusiones menos pacíficas incluyen la fundición del hierro y la propagación de los carros de guerra tirados por caballos. La difusión, sin embargo, siempre ha dependido del ser humano y su evaluación individual, y por eso la difusión natural del aprendizaje en armonía y equilibrio con la Fuerza de la Vida dio paso a la evaluación de la identidad.

No podemos suponer, sin embargo, que hay una difusión heliocéntrica en que una idea se extiende a partir de otra idea única. Es mucho más posible que haya una difusión evolutiva, en la cual el desarrollo del cerebro humano y su manera de organizar y pensar conduzca a las mismas soluciones para los mismos problemas en situaciones aisladas. No obstante, parece que uno de los grandes problemas en el mundo actual es el advenimiento de inmensas redes de comunicación y globalización de las ideas, que va ahogando gradualmente la difusión e innovación naturales basadas en la cualidad evolucionada de la mente. Esto actúa a favor de una difusión heliocéntrica sin sentido que es fácilmente manipulada por los poderes socio-económicos.

Así pues, volvemos a ver que la identidad pasa a primer plano. Ahora los relojes, los coches, los ordenadores, las lavadoras y mil productos de dudosa utilidad, como los estilos y las modas, se ven como algo indispensable para vivir. El problema se hace aún mayor con la difusión de actitudes, intenciones y acciones que son ajenas al verdadero ser humano. Se difunden con gran sutileza, pero con gran eficacia, cuando la confusión, la codicia y el odio causados por la identidad pasan de cultura a cultura. "Eso nunca podría ocurrir aquí" es una maravillosa justificación para la complacencia, pero se ha demostrado una y otra vez que es errónea.

## EL APRENDIZAJE LATENTE

El aprendizaje latente ocurre cuando algo se aprende de hecho, pero no llega a aplicarse o, en el ser humano, ni siquiera es consciente hasta que se requiere. Hay varios experimentos importantes realizados con animales que demuestran este aprendizaje latente y eso ha generado un debate sobre si el aprendizaje en sí es repentino o gradual.

Por ejemplo, las ratas de laboratorio que corren por un laberinto parecen cometer continuamente los mismos errores sin aprender a alcanzar un punto de comida mediante la diferenciación. Luego, de repente, por alguna razón inexplicable, la rata parece reunir todas las piezas y se lanza directamente hacia la comida que es su diana. Parece que hay un aprendizaje en marcha que no se consolida hasta después, cuando puede ocurrir una respuesta que es correcta. Está claro que la rata no está "pensando", pero sí está consolidando lo que parece ser un conocimiento latente. Este aprendizaje, por supuesto, no puede separarse de las huellas de recuerdos que lo almacenan y debemos postular, por tanto, que se trata de un sofisticado sistema de aprendizaje y recuperación.

## FIG. 24.3 El proceso de aprendizaje latente

**A)**

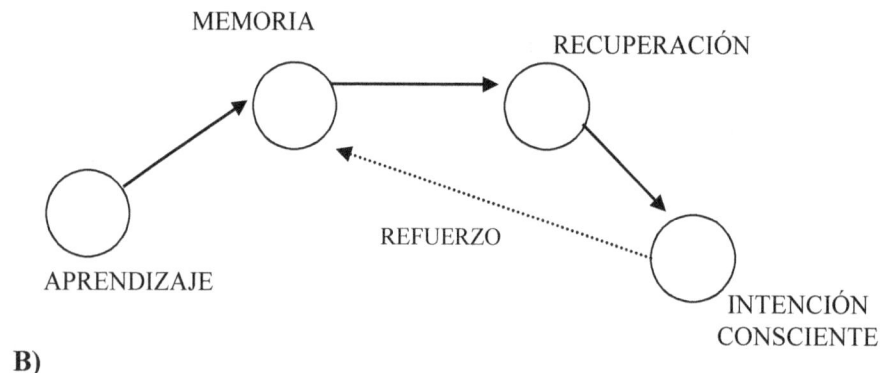

**B)**

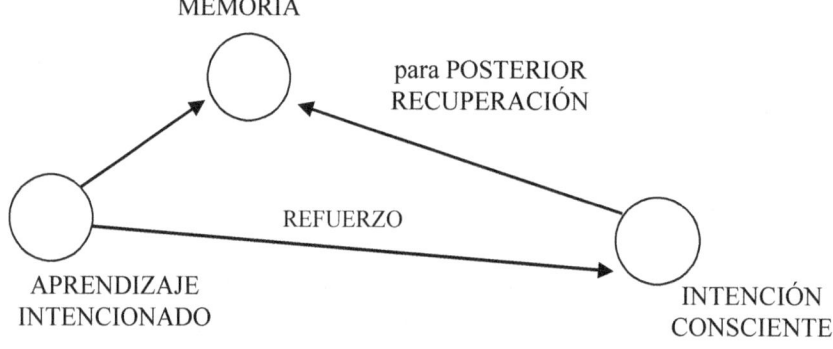

Al observar estos dos modelos, podemos ver que es la intencionalidad lo que refuerza las huellas de los recuerdos y podemos deducir lógicamente que TODO aprendizaje es latente en realidad y que la conciencia es una conciencia implícita (*awareness*) de los propósitos del aprendizaje. Es como si la acumulación de información (el aprendizaje) se lograra primero y luego, una vez se le asigna la etiqueta correspondiente, esa etiqueta pudiera utilizarse para facilitar la posterior recuperación.

Esto pone un énfasis completamente diferente sobre el aprendizaje. En vez de considerar al aprendizaje consciente como un proceso peculiar, podemos decir que el aprendizaje latente es aprendizaje. En vez de hablar entonces de aprendizaje y aprendizaje latente, deberíamos estar hablando de aprendizaje y aprendizaje consciente. Eso nos permite poner en perspectiva el aprendizaje y ver que las diferencias entre especies en el aprendizaje residen en el nivel de organización al elaborar la intención.

El ser humano cuenta con una facultad organizativa compleja y altamente eficiente debido a la sofisticación del lenguaje, pero tendemos a subestimar la calidad e importancia de ese aprendizaje latente. Para el ser humano, con su orgullo debilitante, solo lo que es cognitivo tiene valor. No es distinto de un técnico informático tonto que cree que el sistema operativo (el proceso de aprendizaje) es lo que aparece en la pantalla (la conciencia).

Cuanto más crea el ser humano en el poder de su mente consciente, menos entenderá el gran poder del inconsciente. El problema es que el ser humano nunca ha aprendido a confiar en lo que no puede observarse y medirse. Incluso cuando ve el error en su conducta, cree que el daño al sistema natural a través de la corrupción de la identidad solo puede remediarse con medicina cognitiva externa. En el mejor de los casos, solo será capaz de eliminar los síntomas inmediatos y, en el peor, reforzará el problema de la identidad. Lo único que está haciendo en realidad es reajustar etiquetas. Estos parches psicológicos no son muy diferentes de las prácticas médicas que tratan los síntomas y no las causas de raíz.

## EL APRENDIZAJE SOCIAL DE LA IDENTIDAD

Todo aprendizaje es por observación, ya que sin dirigir la atención no puede tener lugar el aprendizaje. Hemos visto que el etiquetado se produce usando etiquetas asociadas con el estímulo durante el proceso de intención desde dentro de la memoria misma, pero esas etiquetas se pueden adjuntar automática o bien intencionadamente durante el proceso de atención.

La miel (un estímulo positivo) puede asociarse con un árbol particular, y lo punzante (un estímulo negativo) con una planta particular, es decir, un fenómeno concreto se puede juntar con una idea abstracta en forma de una experiencia sensorial particular. Todos estos emparejamientos de estímulos se pueden combinar en una red gigantesca de información, pero las observaciones que generan el mayor impacto son aquellas asociadas al ámbito social. Como el ser humano tiene una Fuerza de la Vida que está centrada en la supervivencia mutua, esto no debería sorprendernos.

Además, ese aprendizaje social es claramente un proceso obligatorio para el desarrollo y crecimiento de cualquier ser humano en sus primeros años, a medida que el niño aprende la estructura de autoridad que hay a su alrededor, que va cambiando poco a poco conforme crece. Cualquier corrupción del orden natural en una figura o grupo de autoridad que se use como modelo automáticamente marcará al niño de por vida.

La tendencia de ceder la educación de los niños a la edad de tres años a un sistema educativo que tiene objetivos específicos sospechosos es una práctica muy peligrosa que solo puede desembocar en la globalización de la mente. Aumentar ese error con más educación en un sistema religioso es una locura y cegarlo aún más a su propio potencial con un sistema cultural que tiene poder de castigo completa la ignominia.

Entre los seres humanos se ha generado un nuevo monstruo, que es parte del "gran hermano". Se disfraza bajo la etiqueta pseudo-científica de la tecnología de las comunicaciones. En el centro de este dragón de cuatro cabezas "devorador de mentes" está la simple práctica social del modelado, que es un bonito término para decir "copia". El modelado es un proceso perfectamente natural, pero puede observarse que si el objetivo aparente del modelado cambia de una base natural a una base de identidad, entonces todo el aprendizaje estará corrompido. Para no cometer el error de considerar el modelado como un proceso simple, ten en cuenta el hecho de que uno puede modelar su propio comportamiento sobre un patrón de vida que puede cubrir su vida entera. "El mono ve, el mono hace" es un maravilloso juego infantil, pero la contraparte social hoy día de "el ignorante ve, el ignorante hace" se ha convertido en letal para la especie humana. La glorificación ciega de las estrellas del mundo del deporte y el espectáculo presenta modelos de rol que son bellos, consumados, exitosos e incluso ricos, a los que se les aplica compasión y benevolencia como si fuese laca de pelo a un hombre calvo.

Consideramos que el aprendizaje social tiene dos factores motivadores básicos:

1. El respeto y/o la confianza en el modelo y la creencia de que el modelo es el que tiene el mejor criterio sobre la calidad y la conveniencia del resultado.

2. El deseo de obtener la aparente recompensa que se ve que ha obtenido el modelo.

En ambos casos, está claro que hay una expectativa que se ha generado en relación al resultado de la conducta modelada. Esta expectativa se ha convertido en parte del mecanismo de aprendizaje que no está en equilibrio y armonía con la Fuerza de la Vida. Usando esta expectativa, el aprendizaje sigue los siguientes patrones:

1. Una modalidad simple en la que la expectativa del beneficio, visto como concomitante de un comportamiento modelado de cerca, se compara con el resultado. Si hay diferencias, se efectúa una modificación a la acción con la idea básica de que el modelado ha sido imperfecto.

2. Una modalidad más compleja en la que la expectativa del beneficio que aparentemente acompaña al comportamiento modelado se compara con el resultado de la misma manera. Pero si hay diferencia, en este caso se hace una modificación a la acción, con el concepto de que quizás haya un error en el modelo mismo, que es evaluado con el fin de descubrir este error.

3. El modelado de aproximación por prueba y error, con el fin de lograr un resultado que se espera y se desea, pero que se obtiene mediante otro comportamiento similar. Esto también conlleva una evaluación posterior de la actitud o las acciones que se han empleado y una modificación del comportamiento. De esta manera, hay una suposición inicial lógica de que hará falta realizar varias aproximaciones sucesivas. Se cree que un mayor número de aproximaciones válidas llevará a la satisfacción de las demandas.

Para el aprendizaje social de la identidad, todo progreso teórico depende naturalmente de la aceptación y aprobación social y de los compañeros. Las tres formas mencionadas son parte de la difusión del conocimiento y se puede observar que el eslabón débil radica en la elección defectuosa de un modelo.

Primero hay que reconocer que es la identidad la que elige el modelo en este mundo manchado. Eso ya sería bastante malo si la nueva era de globalización promoviera en efecto sus ejemplos más perfectos de codicia como modelo ideal. Trágicamente, la globalización, potenciada por la tecnología de las comunicaciones, está generando poco a poco una masa de robots sin conciencia. Los seres humanos son bombardeados con una seducción propia de "gran hermano" con promesas de fama y felicidad, salud y riqueza, usando el aprendizaje social.

Desde el nacimiento a la tumba, el ser humano se ha convertido en una víctima voluntaria de la identidad global. Acepta un pábulo verbal llamado "compasión" que no guarda relación con la verdadera compasión. Camina controlado por hilos de marioneta que ha aceptado y generado con un corazón de Midas lleno de oro y una mano extendida hacia sus hermanos y hermanas con su donación, mostrando una sonrisa de falsa benevolencia en el semblante.

La riqueza de la iglesia es suficiente para resolver muchos problemas de hambre y salud, pero el oro decora los templos donde los pobres deberían estar comiendo gozosos entre las ruinas. El hombre va corriendo tras una falsa felicidad, seducido por su propia mente, que ha generado una masa externa de molinos de viento rotos que considera el reino de la felicidad.

## EL APRENDIZAJE SOCIAL NATURAL

¿Cuál es entonces el factor principal que permite la fácil usurpación por parte de la identidad? Es la expectativa, una elaboración propia de la cuarta identidad. El sistema natural no incluye la expectativa como parte integral del proceso de aprendizaje; lo que sí tiene es el establecimiento de una medida relativa al rango de probabilidad de los resultados.

Lo que esto significa es que en la naturaleza no existe una única expectativa invertida con 100% de probabilidad para cada acción. En vez de eso, el proceso natural establece un rango completo de resultados que son potencialmente aceptables y, usando ese rango de resultados potenciales, permite que se realicen modificaciones en la conducta. Los resultados no son objetivos que deban lograrse, sino más bien indicaciones que llevan al organismo a aprender y organizarse mejor y generar logros no orientados a metas.

Es un sistema muy similar al Modelado de Aproximación por Ensayo y Error (MAEE). En el sistema natural, el comportamiento y el resultado forman un bucle continuo de retroalimentación que se mueve hacia un objetivo indefinido y se evalúa continuamente en cuanto a su corrección sin expectativas ni comparaciones. El resultado es un sistema natural libre de sufrimiento.

La diferencia entre los dos procesos radica en el hecho de que en el MAEE de aprendizaje natural las aproximaciones se vuelven relevantes para un resultado objetivo. A cada paso, hay una evaluación de la diferencia y una experiencia correspondiente de fallo. En este resultado de probabilidad, aprender el objetivo en sí no es relevante; solo es relevante el progreso en la línea de probables resultados que sean experiencias positivas y promuevan un estado generalizado de bienestar. El no-objetivo en este caso es completamente subliminal y no está sujeto a la discriminación, sino a la diferenciación natural relacionada con un resultado positivo deseado naturalmente. Es esta forma de aprendizaje la que promueve el crecimiento y desarrollo natural.

## Fig. 24.4 El aprendizaje de la identidad

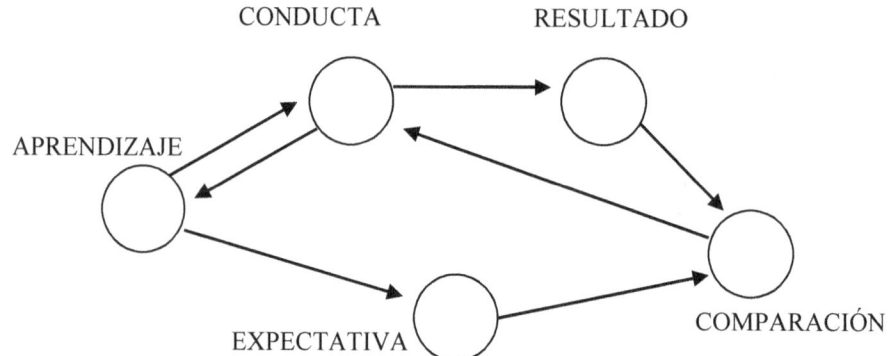

## Fig. 24.5 Aprendizaje natural

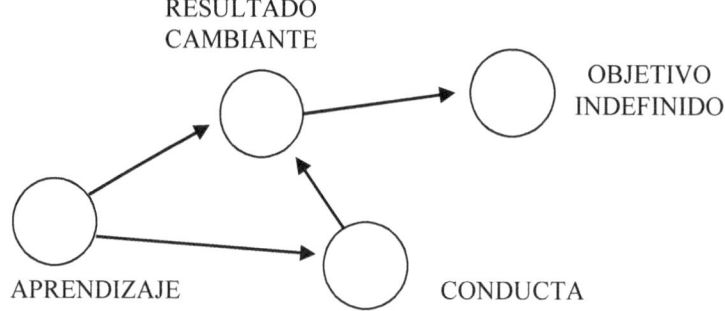

## RESUMEN

Podemos decir por tanto que la forma más natural de aprendizaje básico es por difusión, ya sea latente o intencionada. Además, podemos afirmar que el aprendizaje natural se modela sobre todo en función de acontecimientos observados sin expectativas, pero con un claro rango de probabilidades de resultados etiquetados simplemente como positivos o negativos, calculados sin conciencia por el sistema.

Los mismos principios son válidos en condiciones en las que no hay modelado, pero donde hay una respuesta directa del sistema a un estímulo novedoso. La elegancia del sistema se encuentra en la generación de un rango de probabilidades naturales.

El elemento que ha demostrado ser decisivo en el desplazamiento del aprendizaje natural es la expectativa, que se ha desarrollado bajo el patrocinio de la cuarta identidad.

## EL APRENDIZAJE MEMORÍSTICO

El aprendizaje memorístico es una técnica de aprendizaje que, en manos de la identidad establecida, es la principal arma de globalización por adoctrinamiento. En el aprendizaje memorístico no hay comprensión de las complejidades internas ni de las inferencias del tema que se está aprendiendo. Se enfoca más bien a memorizar la materia de manera que el aprendiz la pueda recordar exactamente de la misma manera en que entra al sistema.

Esta práctica implica la consolidación por repetición. Falla ahí donde haga falta cualquier conceptualización y generalización. Por ejemplo, en matemáticas no es útil más allá de la producción memorística básica de las tablas de multiplicar y del recuerdo de una fórmula, o en las lenguas, más allá del asentamiento del alfabeto en la memoria o la conjugación de verbos irregulares. Solamente en este tipo de casos puede ser una herramienta útil.

Es el vehículo perfecto para el adoctrinamiento. Las tecnologías de las comunicaciones, en manos de ciertos controladores manipuladores con sus intereses creados, usa el concepto para generar actitudes e intenciones, particularmente en los medios de comunicación de masas. El aprendizaje memorístico está directamente relacionado con la percepción y no con la volición, ya que el proceso implica la aplicación simple de un nombre a una forma.

Pese a que la asignación de un nombre a una forma generada es parte esencial de la diferenciación para el verdadero aprendizaje, cuando la identidad le añade una etiqueta secundaria al nombre y forma como "bueno" o "malo", "necesario" o "innecesario", etc., entonces los conceptos del aprendizaje memorístico se encadenan a la mera repetición de una serie de adoctrinamientos en la que se no se alienta el pensamiento cognitivo.

Este aprendizaje memorístico, introducido subliminalmente, es una herramienta insidiosa del sistema socio-religioso. La gente no tiene suficiente conciencia sobre lo que supone esta amenaza para el aprendizaje correcto y natural. Convierte al mundo en un lugar tan aparentemente cómodo y seguro que inhibe cualquier organización conceptual en el aprendizaje cognitivo en términos de estructura, proceso, significado, ideología y desarrollo de teorías, la generación de una hipótesis o la búsqueda de comprensión.

El individuo normal en la sociedad actual está cubierto por una máscara tecnológica que cree que refleja su inteligencia. Camina en el seno de una sociedad tecnológica señalando a naves espaciales e informes de investigación genética como si él en persona fuese parte del proceso. Articula frases aprendidas de memoria y cree que ha accedido a sus opiniones por lógica. Camina con su elegante atuendo, con etiquetas adecuadas, con su teléfono móvil de tres mil pantallas, su reloj y demás equipamiento, conduciendo su coche que puede alcanzar una velocidad mortífera de 300 km/h, diciéndose a sí mismo que es un ser humano inteligente cuando en realidad su cerebro es casi tan útil como un grano de arena para un hombre de Cromañón.

El aprendizaje memorístico tiene su lugar correcto como un proceso de aprendizaje para establecer respuestas iniciales a una irritación de forma provisional, en casos en los que una respuesta incorrecta puede suponer una amenaza para la supervivencia. Es útil también al establecer la relación entre un estímulo y un aprendizaje motor requerido donde es necesaria la "respuesta en equipo", pero en condiciones naturales las respuestas memorísticas nunca tendrían que ser la meta. La mente es una pobre maestra pero una excelente servidora y a la servidora hay que darle autonomía para ejecutar sus tareas.

## LA MODIFICACIÓN DE LA CONDUCTA

La modificación conductual, basada en el conductismo, es empleada por psicoterapeutas de diversas disciplinas y especialistas en educación que se ocupan de la necesidad o el deseo de un cliente de desarrollar cierta conducta y no tienen interés por las causas-raíz de la aparente desviación de tal conducta. Como resultado, lo que piense el cliente no es relevante para la tarea, que se orienta al objetivo. Esto implica el método más básico para alterar la conducta humana, a través de la recompensa y el castigo operantes. Los cambios en la conducta por medio de asociaciones entre estímulos y respuestas, que es el paradigma de condicionamiento clásico, también pueden ser un componente de la modificación conductual, pero su aplicación práctica es escasa, ya que se enfoca sobre ciertas reacciones involuntarias básicas a los estímulos y no sobre el aparente aprendizaje consciente asociado a la función de la conducta o su contexto.

Aquí no estamos interesados en debatir sobre la modificación de la conducta como técnica terapéutica, sino en observarla a través de las prácticas antinaturales de recompensa y castigo usadas para desarrollar una modificación de la conducta que se ajuste a las necesidades de la identidad de los individuos y de su sociedad manejada por la identidad. Lo hacemos con el fin de presentar el modelo de cómo el aprendizaje correcto puede cambiar la base errónea.

Las primeras cuestiones que hemos de abordar son a quién se le recompensa y a quién se le castiga. Bien, de una cosa podemos estar seguros: que cuando no hay identidad ("yo" y "mío"), la recompensa y el castigo no pueden existir como conceptos. Así pues, debemos deducir que la identidad es el objetivo de la recompensa y el castigo. Por tanto, hay que relacionar y entender la recompensa y el castigo efectivos dentro del contexto específico de las demandas de la identidad, que pueden ser cualquier cosa entre la evasión de la confusión, la posesión de las señas y símbolos de la seguridad, el logro de dominio o un nivel de certeza de ausencia de los problemas.

En las terapias, siempre hay una evaluación funcional de cuál es en general la condición precedente justo antes de la conducta, cuál es exactamente la naturaleza de la conducta que se debe acabar o poner en práctica y cuáles son habitualmente las condiciones que se dan tras la manifestación de la conducta. Sin embargo, la modificación conductual en el burdo contexto social no tiene conocimiento de ninguna de estas cuestiones. Solo predomina una idea en los que mandan: "Hay que lograr tal y tal conducta" o "Hay que eliminar tal y tal conducta". ¿Quién decide? El que manda.

Para el niño pequeño, esta modificación conductual está controlada al principio por la madre, luego el padre ofrece su humilde aportación y luego interfiere la familia. Esto va seguido por la modificación conductual por parte de la cultura y luego la educación. Con el tiempo, o quizá antes, la religión y el Estado entrarán en escena con el fin de elaborar el producto perfecto para la sociedad. Por desgracia, del plato a la boca se pierde la sopa. El primer error grave es obvio. Cuando se usa indebidamente, y casi siempre ocurre así, el castigo lleva a lo que la psicología moderna llama desórdenes afectivos (emocionales) o al desarrollo de estrategias y tácticas, tanto fisiológicas como mentales, para evitar el castigo o las condiciones nocivas.

La otra cara de la moneda es igualmente repulsiva, ya que la modificación conductual proporciona cumplidos, aprobación, ánimos y reafirmación, cuya esencia es construir un fuerte sentido de individualidad, que es exactamente lo contrario a lo que la naturaleza desarrolla. Pero, tras diez mil años desarrollando sus trampas, la sociedad es bastante lista, así que lanza su anzuelo de codicia mezclada con una falsa compasión. La forma más eficaz de condicionamiento es construir sus trampas con cinco elementos positivos y uno punitivo, de manera que pueda mezclarse "una mentira con cinco verdades" y desarrollar en cada persona una tolerancia a la infelicidad, en tanto que exista una posibilidad, no importa cuán remota, de felicidad futura como compensación. El problema es que uno no puede tildar cabalmente de "conspiración" a la globalización de la mente contaminada; es más bien una locura colectiva o un suicidio.

La mayoría de los niños sucumben ante el ataque, pero como la presión consumista de la identidad va en dirección coincidente con la identidad adquisitiva que evoluciona personalmente en la mayoría de los niños, la sociedad obtiene su "tajada de carne": el sacrificio de jóvenes mentes humanas en el altar de la codicia. Esta mayoría flota en la tierra del nunca jamás de la "felicidad futura", usando sus fichas de felicidad para comprar sus "chupetes" que solo les permiten desempeñar su papel en la gran fiesta de Carnaval que se detiene a medianoche.

Pero la minoría, con dominancia de confusión, aversión o fijación, no sucumbe fácilmente, aunque caen en deuda diaria y también pagan con sufrimiento. Los confundidos tienen tendencia a desarrollar un desamparo impotente aprendido, que los arroja como si fuesen un corcho a las aguas torrenciales de la sociedad. Los aversivos tienen tendencia a la rebeldía y viven constantemente en el filo de la navaja de la frustración. Los de dominancia de la necesidad de certeza fracasan a la hora de contrastar la realidad. La sociedad obtiene sus títeres mecánicos que bailan con falsa felicidad, pero la naturaleza sigue ahí esperando (aunque no cognitivamente, por supuesto) a que toda la red se desmorone por el peso de las víctimas que hay dentro de ella.

¿Hay una forma natural de modificación de conducta? Ciertamente la hay, dado que la identidad no puede inventar nuevos procesos sino solo destruir los procesos naturales y desviar la corriente de información lejos del flujo natural.

Ya vimos que la forma más natural de aprendizaje básico es por difusión y diseminación, ya sean latentes o intencionadas. Además, podemos afirmar que el aprendizaje se modela principalmente sobre acontecimientos observados sin expectativas, pero con un rango claro de probabilidades de resultado calculado sin conciencia del sistema.

Encontramos una situación similar con respecto a la diferencia entre las técnicas de modificación conductual socialmente orientada que son ajenas a la Fuerza de la Vida y la modificación conductual natural.

**FIG. 24.6 Modificación social de la conducta**

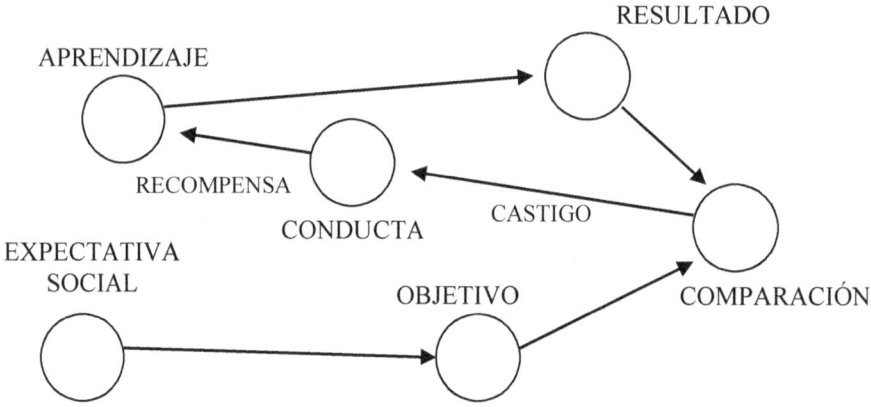

En la modificación conductual social, uno aprende solo el nombre y la forma del objetivo y no hace falta exploración cognitiva. Lentamente, la conducta se acerca al resultado que coincide con el objetivo mediante recompensa y castigo.

**FIG. 24.7 Modificación natural de la conducta**

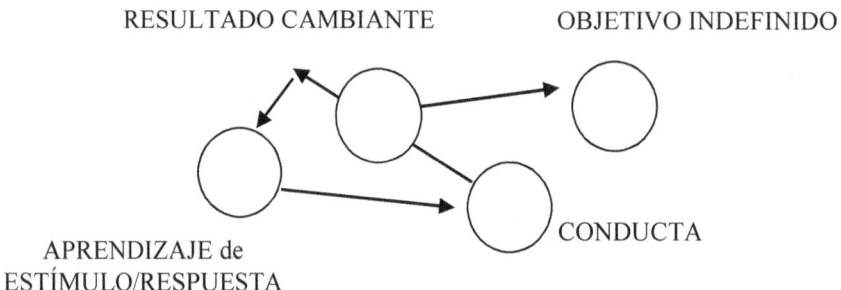

En el sistema natural, la conducta y el resultado forman un bucle de retroalimentación en movimiento continuo que es constantemente evaluado en cuanto a su corrección sin un resultado, expectativas o comparaciones definidos. La consecuencia es un sistema natural libre de sufrimiento en donde no hay concepto de recompensa ni castigo. La única recompensa que uno podría considerar como tal es el estado constante de bienestar que continúa sin cesar como consecuencia de estar implicado en un proceso natural libre de error.

La diferencia esencial entre este aprendizaje y el aprendizaje normal que hemos analizado como aprendizaje por difusión está en el impulso natural. En la modificación conductual natural, el objetivo es establecer un sistema de respuesta rápida en el que no se requiera aprendizaje pero que se ponga continuamente a prueba frente a las condiciones del momento presente.

Podemos considerar que la modificación conductual natural es un aprendizaje "tácito" que es subjetivo, específico al contexto y aplicable al asunto en cuestión sin necesidad de información que se les pueda transmitir verbalmente a otros. El aprendizaje natural normal puede considerarse como aprendizaje "explícito" que requiere una comprensión sistemática, organizada y codificada para una potencial comunicación con el fin de transmitirse. Sin embargo, el aprendizaje tácito puede transformarse en aprendizaje explícito a través de la voluntad de convertirlo en tal.

# Capítulo 25

# La cognición y la imaginación

El término cognición (procesamiento cognitivo) deriva de la palabra latina *cognoscere*, que significa "conocer". Es un término general con muchos matices, pero normalmente se refiere a la facultad humana de procesar información durante y después del aprendizaje. La cognición no es el conocimiento mismo, sino el proceso que genera ese conocimiento. El proceso cognitivo es parte del proceso de la volición y puede ser consciente o inconsciente, como el conocimiento. El proceso puede analizarse en términos de sus mecanismos neurológicos, su función psicológica o sistemáticamente como una red de información pura.

Dentro del concepto, que tiene importancia para la restauración de la operación natural en equilibrio y armonía con la Fuerza de la Vida, podemos enumerar varios elementos considerados esenciales: la conceptualización, el razonamiento, el entendimiento, la comprensión, la inferencia, la deducción, la especulación, la toma de decisiones, la planificación, la organización, la recuperación de datos almacenados, la elaboración de sensaciones, discriminaciones y percepciones, la formación de preferencias y creencias junto con el uso de signos y símbolos, y la abstracción –en resumen, todas las operaciones de la mente pensante, que incluyen el aparente conocimiento de sí misma con el objetivo natural de la intencionalidad aparente.

En términos de teoría informática, uno puede equiparar la Fuerza de la Vida con el procesador central, la cognición con la placa base y la conciencia con el monitor. La responsividad y el aprendizaje son los procesos activos, los conectores de la placa base. La memoria residente naturalmente va instalada en su ranura. Varias tarjetas van insertadas en la placa base en los puntos apropiados, entre ellas la creatividad e imaginación, junto con el humor y la comunicación. En este punto, la tecnología informática no ha desarrollado todavía procesadores que puedan reproducirse a sí mismos, moverse solos, crecer o auto-metabolizar, pero sin duda eso es simple cuestión de tiempo. *¿Quo vadis?*

En el sistema humano, el virus de la identidad ha infestado la responsividad y el aprendizaje, así como la sexualidad. Está claro por tanto que el entendimiento, la comprensión, la planificación, la organización, la recuperación de datos almacenados, la elaboración de sensaciones, discriminaciones y percepciones, la toma de decisiones, la formación de preferencias y creencias junto con el uso de signos y símbolos, el razonamiento, la especulación, la inferencia, la deducción e inducción, la abstracción y la conceptualización están todos contaminados. En resumen, todas las operaciones de la mente potencialmente pura, incluyendo el aparente "conocimiento de sí misma", se han transformado. El sistema de la cognición y otras operaciones están contaminados a conciencia por la identidad. La cuestión es, ¿cómo?

Podemos decir que el virus está dentro del sistema y que, como hemos visto, tiene sus efectos sobre la responsividad y el aprendizaje. Pero la responsividad y el aprendizaje no son en sí mismos responsables de ese virus.

El problema comenzó a generarse de manera bastante inocente, como recordarás, con la percepción que produce la forma y el nombre, que se emplean en la diferenciación natural. De alguna manera, dentro de la volición y debido a los procesos cognitivos, esa diferenciación se transformó en una discriminación de la identidad de todos los fenómenos aparentes en forma de entidades separadas e independientes y así se produjo la ilusión del ser individual. Así nació la mente dual. Esta transformación tuvo lugar dentro de la volición y fue comunicada a la conciencia y la memoria. Algo dentro de la cognición actuó como catalizador de esta transformación de la discriminación, que generó el concepto de la identidad o existencia individual de todos los fenómenos, discriminados ahora en vez de solo diferenciados como antes.

Dentro de la volición, sabemos que se llevan a cabo diversos procesos, aunque es importante recordar una vez más que los nombres de estos procesos solo son descripciones y que el proceso de la cognición es un todo integrado. Sabemos que uno de los procesos principales es la recuperación desde la memoria de los datos almacenados, pero no podemos pretender en serio que esta transferencia sea un instrumento de la dualidad.

Sabemos también que la organización y reorganización (que es un arreglo o clasificación de datos antiguos y nuevos) se lleva a cabo y que los datos reorganizados se almacenan de nuevo dentro de la memoria. Sin embargo, no importa cuán sofisticada pueda ser esa organización, no puede transformar la diferenciación en una clara identificación ilusoria, incluso si se generan formas y nombres adicionales. Tampoco se puede hacer con la evaluación y la planificación, que son los procesos cognitivos de pensar sobre lo que se puede hacer ante un conjunto de condiciones futuras.

La generación de signos y símbolos, que más adelante llevan a palabras y frases que sin duda se convirtieron en una magnífica herramienta para almacenar, recuperar y organizar datos en nuevas categorías, fue una evolución importante pero en sí misma no puede ser una candidata.

La toma de decisiones, que es el proceso cognitivo de llegar a una decisión, es sin duda importante para producir una intención final, pero tampoco es suficientemente sofisticada como proceso para generar la imaginación. La comprensión, que es la habilidad para entender el significado o la importancia de algo (o el conocimiento adquirido como resultado), también es importante para el desarrollo de un producto de la imaginación pero no puede ser el generador.

Sabemos a la vez que dentro de la volición ocurre la elaboración de las sensaciones, las discriminaciones y las percepciones. Pero esta elaboración solo le proporciona matices finos a los sofisticados avances en la memoria.

1. Recuperación de datos almacenados de la memoria
2. Organización y reorganización
3. Evaluación y planificación

4. Generación de signos y símbolos.
5. Toma de decisiones
6. Comprensión
7. Elaboración de sensaciones, discriminaciones y percepciones

Podemos eliminar por tanto estos siete procesos, que no obstante forman parte de los procesos posteriores que están involucrados una vez que la imaginación ha desarrollado su imagen no verbal y no cognitiva.

Aún hay que considerar otros procesos importantes que son más complejos, pero cada uno está claramente sujeto a deterioro a manos de la identidad y por tanto no se pueden relacionar con el proceso de la imaginación.

8. Razonamiento: el proceso de formar conclusiones, juicios o inferencias a partir de hechos o premisas.
9. Especulación y análisis: una consideración conjetural de un asunto, conjetura o suposición.
10. Entendimiento: la capacidad de pensamiento racional o inferencia.
11. Inferencia: el proceso de llegar a una conclusión usando una estricta secuencia lógica de premisas asumidas que, aunque no se deriva lógicamente de ellas, tiene un alto grado de probabilidad en relación con ellas.
12. Capacidad de secuenciación, que permite la conceptualización del tiempo.
13. Deducción: llegar a una conclusión que sigue necesariamente a una premisa.
14. Inducción: un proceso lógico que llega a una conclusión usando la observación o la experiencia, que contiene más información que aquella en la que se basó la primera premisa.
15. Intuición: un proceso mucho más misterioso. Es un conocimiento instintivo sin el uso de procesos racionales. ¿Puede uno intuir que todas las cosas tienen una identidad independiente? Es más bien una evaluación cognitiva de la imaginación que tiende quizás a darle crédito a lo que se imagina. Pero no es el proceso de la imaginación como tal y está manifiestamente contaminado por la identidad.
16. Curiosidad y creatividad, que se definen mejor como "búsqueda" y una "causa de ser o de llegar a ser". Pero esta creatividad depende totalmente de nociones e ideas preconcebidas y siempre podemos apuntar a alguna fuente de esa creatividad.

Antes que nada, queremos dejar claro que estas dieciséis categorías son simples palabras que describen procesos generales. Hace alrededor de doce mil años, cuando comenzó todo el lío, no es que el hombre prehistórico se sentara a razonar formalmente con especulaciones para luego comenzar deliberadamente una serie de inferencias y deducciones basadas en las premisas que había elaborado. Estos procesos se desarrollaron por evolución y la formación de preferencias y creencias simplemente se insinuó entre ellos. El hombre primitivo no vivía decidiendo de forma consciente "Pienso, luego existo". Con el tiempo, suponemos que simplemente se centró más en sí mismo y desarrolló un mayor egoísmo, junto con confusión, codicia y aversión. Pero a nosotros nos interesa mostrar cómo puede revertirse el proceso de la identidad, liberando al ser humano de su idílica tortura auto-infligida, de modo que es útil emplear estos términos para describir los procesos y construir un modelo viable.

Hay otras tres operaciones de la cognición fueron en efecto responsables de la formación de la identidad y de la mente dual:

17. La formación de preferencias y creencias, que le confiere una certeza ilusoria a las conclusiones de los demás procesos cognitivos.
18. La abstracción: considerar algo como una característica o cualidad general, aparte de realidades concretas, objetos específicos o ejemplos reales.
19. La conceptualización: construir un concepto, como una vía intermedia entre el realismo y el nominalismo que es universal, y confiere existencia real e independiente.

Sin la capacidad de formar preferencias y creencias, ni la identidad ni la dualidad se podrían haber transformado ni podrían haber prosperado, así que esto se debe considerar una condición previa para la transformación.

Fue la capacidad de usar la abstracción lo que permitió que se formara la identidad como cualidad y característica general separada de las realidades concretas, los objetivos específicos o los ejemplos reales del entorno. Naturalmente, ese "yo" se manifestó como "el observador".

Fue la conceptualización la que le asignó el concepto universal de realidad a cada elemento identificado y ahora discriminado, otorgándole existencia real e independiente al "yo" y a todos los fenómenos.

Fue la abstracción la que permitió a la mente humana inventar algo que no existía y la conceptualización la que le dio su existencia "real". El problema es que la identidad observadora y su séquito se establecieron tan firmemente que se hizo imposible atacar directamente la abstracción de "yo y mío", destruyendo su conceptualización misma, puesto que había que convencer a la identidad observadora para que abandonase todas sus demandas. Esa no es tarea menor cuando la identidad acepta cierta proporción de sufrimiento a cambio de su placer. Una vez puesto en marcha, el ciclo de responsividad-aprendizaje-cognición aseguró la perpetuación y el refuerzo de la mente dual así como la idea de la propia identidad (ver figura 25.1).

## LA LIBERACIÓN

El único camino que lleva a la liberación pasa por la formación de nuevas preferencias y creencias correctas, junto con el razonamiento lúcido, la especulación refinada, la inferencia, la deducción e inducción, todo lo cual lleva a una visión despejada. Esto también requiere introspección y un entendimiento y comprensión del problema y sus soluciones, a la vez que una conciencia de la infiltración de la identidad en las sensaciones, discriminaciones, percepciones y volición. Esto puede llevar luego a un nivel de certeza donde se puede tomar una decisión definitiva para echarse al ruedo con la idea de eliminar primero al menos los síntomas de la identidad –es decir, las elaboraciones de la cognición.

**FIG. 25.1 El ciclo contaminado de responsividad-aprendizaje-cognición**

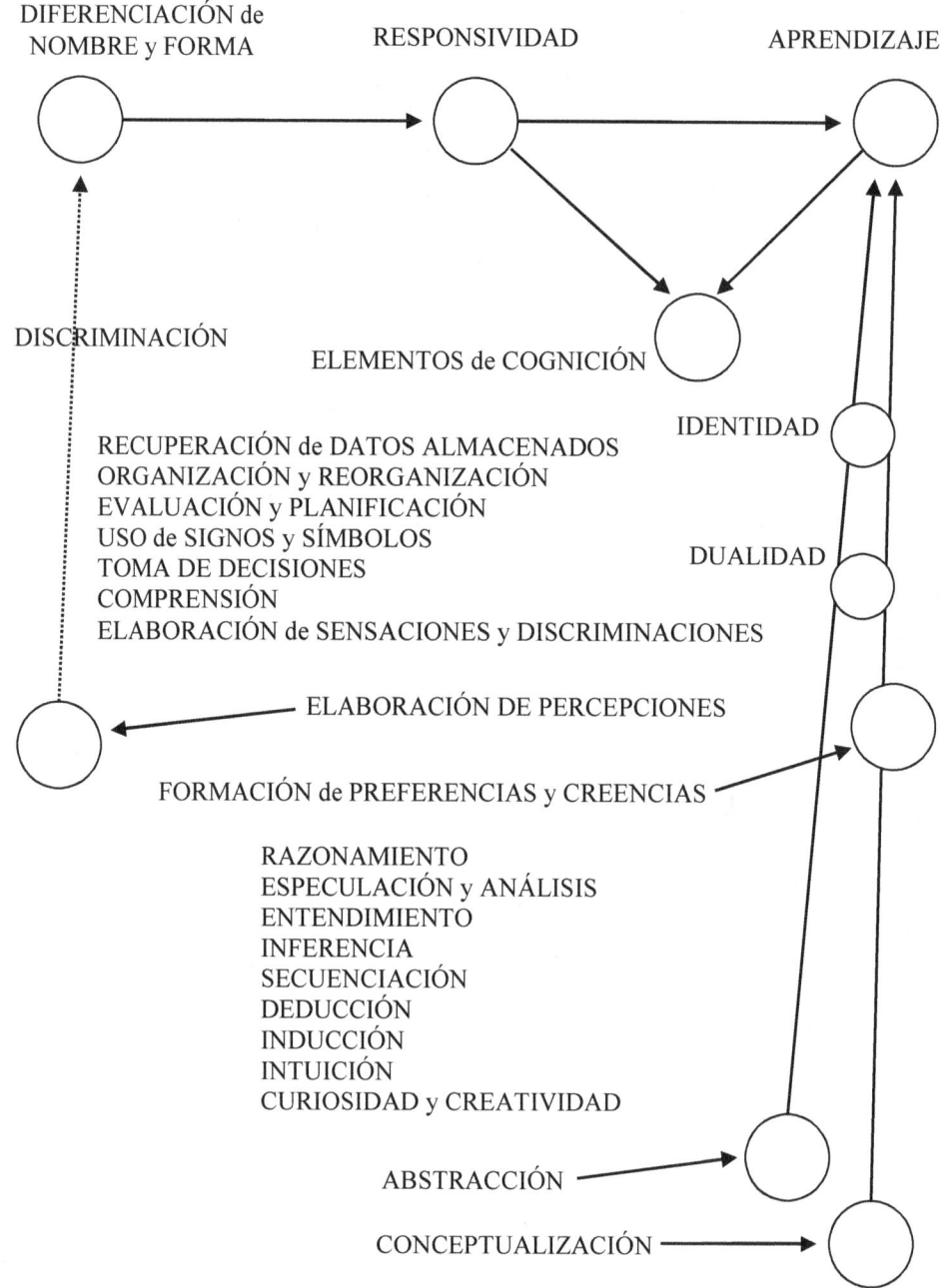

Cambiar de balsa en medio de una corriente no es tarea fácil y la decisión de hacerlo requiere una visión de lo que es posible; requiere abrir las páginas de la curiosidad y la creatividad; requiere introspección en la cognición en sí misma. Pero todavía falta un ingrediente esencial. Se requiere algo que está más allá de la contaminación de la identidad, algo que no es directamente una función de la cognición, la volición, la sensación, las discriminaciones o la percepción.

Ese ingrediente es la imaginación.

Bien, estamos de suerte porque, aunque la creatividad ha sido orientada en la infancia para servir a la identidad, la imaginación no lo ha sido. Todos los intentos de dirigir y controlar la imaginación han fracasado. Como resultado, la imaginación se ha convertido de hecho en un enemigo para la sociedad, la iglesia y el Estado. ¿Por qué?

Porque no se puede controlar fácilmente. Como resultado, el sistema social intenta matarla, quizás no conscientemente sino interfiriendo con el sistema natural. Cuando sí aparece, se pone al servicio de la sociedad. Pero la imaginación es anárquica, y aunque se puedan estropear sus productos, la imaginación como tal permanece intacta. Así que con la imaginación, junto con una curiosidad y creatividad liberadas, se puede ganar la batalla contra la discriminación de la identidad y la dualidad.

## LA IMAGINACIÓN

Thomas Alva Edison lo expresó con gran elegancia cuando dijo: "Para inventar necesitas imaginación y un montón de chatarra". También podríamos decir que la imaginación es la formación de una o más imágenes mentales de algo que no se percibe como real y no está presente para los cinco sentidos. Así pues, es capaz de generar soluciones y respuestas que son más sofisticadas y eficaces que las que pueden proporcionar la lógica y la inteligencia.

¡Qué gran definición es esa! Los sabios del Dharma Chan siempre han afirmado que la liberación plena y directa le llega a una mente que es rápida, abierta y flexible. Son esa apertura y flexibilidad que incitan a la imaginación las que son apropiadas para generar algo nuevo.

Es una suerte sin duda para el ser humano que la identidad no haya conquistado esta facultad. Sin embargo, cuando uno observa más de cerca, el motivo queda claro. Si examinamos la curiosidad y creatividad, encontramos que la curiosidad es investigativa. En el ser humano, es como si siempre estuviera presente la pregunta: "¿Por qué?". Esta pregunta lleva al funcionamiento de la cognición y genera una búsqueda de entendimiento y comprensión, usando todas las herramientas cognitivas disponibles: el razonamiento, la especulación, la inferencia, la deducción e inducción, y el resto.

Pero la imaginación es diferente y el motivo de ello se encuentra en la frase "Para inventar hace falta imaginación y un montón de chatarra".

No hay un porqué, un dónde, o un cómo de por medio.

En cambio, la pregunta que surge es, "¿Qué?".

No "¿Qué se puede hacer con esto?", ni "¿Cuál es la solución?", sino más bien "Y ahora, ¿qué?". Es algo que abre la puerta a lo inesperado.

La imaginación puede alimentar a la creatividad, pero la creatividad no puede alimentar a la imaginación. Con la operación de la imaginación, ciertas piezas que nunca antes han tenido relación entre sí de ninguna manera de repente asumen una nueva forma. Atribuimos los grandes inventos, como la rueda u otros, a la inteligencia y la creatividad. En realidad, no fue así: fueron producto de la imaginación.

Es inútil intentar vincular la imaginación y la cognición, aunque está claro que la cognición está involucrada en la elaboración de las percepciones, como también lo está en la abstracción y conceptualización necesarias para la elaboración de lo que libera la imaginación.

Sabemos que durante diez o doce mil años la imaginación ha resistido a la contaminación de la identidad y que lo máximo que ha conseguido la sociedad ha sido esclavizar y dirigir sus productos. Hemos de buscar por tanto otra fuente de la imaginación que no esté contaminada por la identidad y eso debe excluir la sensación, la discriminación, la percepción y la volición. También debemos de preguntarnos cuál es la función biológica de la imaginación, ya que no es parte de la cognición.

**FIG. 25.2 La fuente no manchada de la imaginación**

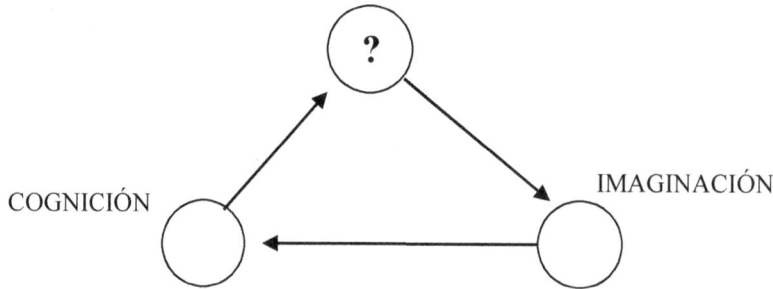

# Capítulo 26

# La imaginación y el humor

¿Qué es la imaginación? Usamos esta palabra con frecuencia, aunque en realidad no entendemos del todo qué es, puesto que parece abarcar tantos aspectos diferentes de la vida. Pero quizá en términos del Dharma se defina mejor diciendo lo que no es.

No es la formación de imágenes mentales de ningún tipo, lo que llamamos visualización. Esas imágenes son meramente una función de la memoria y la aplicación de la concentración que involucra las glándulas pituitaria y pineal que ofrece la impresión de imágenes u otras modalidades en el espacio.

Tampoco es un estado de ensoñación, caracterizado por la fantasía y el flujo espontáneo del pensamiento de una idea a otra, ni es soñar.

No es la evocación de ideas e imágenes que se perciben bajo la influencia de algunas drogas, ni siquiera un alucinógeno como el LSD.

A menudo se la toma por error por el poder de componer ideas altamente originales o novedosas que parecen bastante revolucionarias.

No es lo que permite a los humanos operar flexiblemente y de forma adaptable en situaciones muy complejas, así como gestionar y contemplar cursos de acción para su posible ejecución en el futuro.

Tampoco es la capacidad de la mente humana de reflexionar y trabajar con conceptos, ideas y acciones que no se captan con los sentidos ni se manejan físicamente en el momento presente. Sin embargo, es capaz de alimentar el proceso perfectamente normal de la creatividad.

Si tuviésemos que admitir lo que la mayoría piensa que es la imaginación, sería algo tan irrisorio que no se distinguiría del pensamiento mundano. El pensamiento humano es capaz sin duda de la abstracción, de formar hipótesis, y es creativo, pero nada de eso no es la imaginación.

## LA IMAGINACIÓN NO ES CREATIVIDAD

La creatividad está involucrada y acompaña a su raíz, que es la curiosidad, pero ambas son parte del proceso cognitivo en el que interviene el pensamiento. El pensamiento creativo se ha empleado y se puede generar en cualquier área de la existencia humana, desde la simple jardinería hasta la investigación espacial más amplia. Pero eso no es la imaginación.

La gente varía en su nivel de creatividad, y como la vanidad humana es lo que es, el concepto que cada uno tiene sobre su propia curiosidad no coincidirá de ninguna manera con la realidad. Como resultado, lo que cuenta como creatividad para una persona o grupo cultural no será válido para otra. La psicología experimental ha medido la creatividad basándose en sus propios criterios, dando por supuesto que la flexibilidad, la inventiva y el pensamiento de naturaleza divergente –en el que la persona creativa encuentra soluciones novedosas e inusuales a los problemas– son importantes, pero los juicios acerca de lo que es creativo o no varían según el contexto.

Está muy claro que más allá del rango normal de la creatividad hay una imaginación disponible que es excepcional, lo cual sugiere que esta imaginación en concreto no es una simple extensión de la creatividad. Tampoco los pintores, escultores, dramaturgos, actores, escritores ni ninguna otra forma de arte pueden afirmar que la imaginación sea su parcela particular.

Si analizamos la creatividad y la medimos con cualquier criterio, no descubrimos un continuo que conduzca en ningún punto a la imaginación. En todos los experimentos al respecto hay pruebas claras de la disociación entre la imaginación y la cognición, lo cual implica que se puede hacer una distinción significativa entre la creatividad y la imaginación.

Es verdad que la imaginación se define habitualmente como la habilidad para afrontar ingeniosamente problemas inusuales o como la formación de una imagen mental de algo que no es percibido como real y no se presenta ante los sentidos. Pero el ingrediente ausente en todas estas definiciones es el hecho de que la cognición sirve a la imaginación solamente después de que se haya generado la imaginación y que las palabras y frases no son relevantes para que actúe.

La imaginación es la capacidad de reunir ideas abstractas y conceptos que no se han generado antes y que no tienen un trasfondo de implicación previa de la mente. Pero el factor esencial en la imaginación es que no hay pensamiento ni razonamiento, ni tampoco nombre ni forma. Todos los elementos de los procesos son "esencia", no "función".

Aquí tenemos una distinción sutil que hay que entender con claridad. La combinación de una copa con una base puede generar una cosa nueva llamada "cáliz", que usa dos formas y nombres. Eso es creatividad. La imaginación no usa formas y nombres, y trabaja únicamente con la esencia de "copa" y la esencia de "base". La primera, que es un proceso mental, siempre cae en la trampa de los esquemas mentales, mientras que la segunda está libre de esa trampa.

## EL SECRETO

Aunque la creatividad surge como producto de la cognición, toda imaginación se genera dentro de la conciencia directamente desde la atención pura, sin pasar por la sensación, la discriminación, la percepción o la volición. La cognición está implicada por tanto como herramienta para desarrollar lo que se ha derivado de la imaginación. Junto con la sexualidad, la responsividad y el aprendizaje, el proceso de la imaginación es un elemento de la Fuerza de la Vida, sin el cual el ser humano aún estaría en las cavernas o quizás incluso se habría extinguido, lo que igual habría sido mejor dadas las circunstancias.

Este es un mundo de ciencia práctica cuyas manos están atadas por el comercio o la política, y la innovación y el cambio frecuentes son valiosos para el sistema. Por tanto, la flexibilidad e inventiva de la mente, que asociamos erróneamente con la imaginación, se han convertido en algo muy cotizado. Como resultado, la educación alienta y promueve la creatividad y se le otorga un gran valor a las actividades con creatividad. Pero todos caen en el error de creer que esta creatividad es el regalo precioso de la imaginación.

**FIG. 26.1 El desarrollo de los frutos de la imaginación por la cognición**

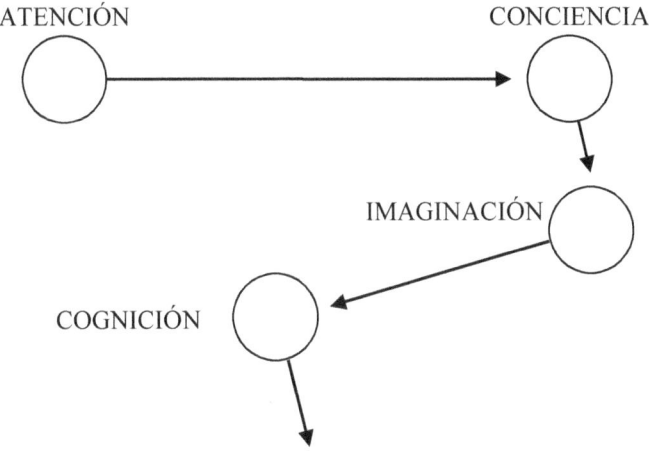

La creatividad siempre ha sido aceptada, pero el estatus de un proceso mental más revolucionario (la imaginación) es peligroso en realidad para la tendencia globalizadora comercial y variable de la filosofía de la nueva era y sus visiones ideológicas. Por eso se le ha echado a un lado a la imaginación como antítesis del pensamiento "organizado" moderno o, si no, se la mete a presión en el molde de la creatividad.

Según la visión conductista, ciertos fenómenos tales como la conciencia y la imaginación –junto con el razonamiento, la especulación, la inferencia, el entendimiento, la deducción e inducción– carecen de sentido porque comprenden estados mentales no observables y acontecimientos que no se prestan a la medición objetiva.

Freud propuso otra teoría errónea, según la cual la imaginación es primitiva, asociativa e irracional, pero sus partidarios aún hoy equiparan la imaginación con fantasía, ensoñaciones y patología como un proceso de los llamados primarios. Sin duda es un proceso primario, pero de una enorme importancia, sobre todo dado que no ha sido contaminado por los conceptos de la identidad.

## FIG. 26.2 La relación entre la imaginación y la creatividad

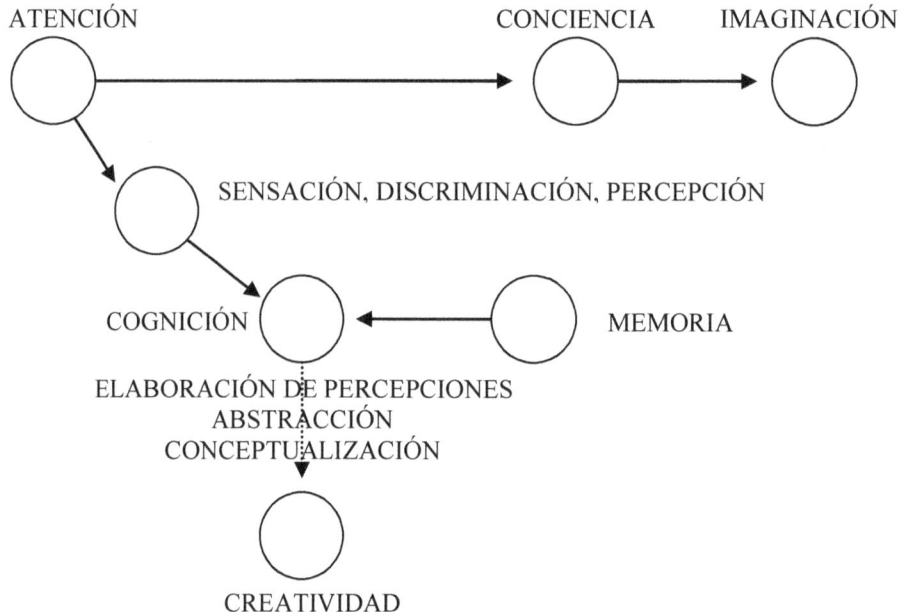

A la imaginación se la ha calificado como una capacidad de "experiencia cuasi-perceptiva… en ausencia de estímulos externos apropiados"[1]; y como "simulación", que es la actividad de atribuir propiedades imaginarias a acontecimientos, objetos o entidades, y otros fenómenos infantiles como creer en las hadas y la magia[2].

También se la ha calificado como "perspicacia psicológica", como la capacidad para concebir los pensamientos y los sentimientos de los demás[3] y como pensamiento hipotético –un proceso de conjurar "lo que podría haber sido" o "qué pasaría si…"

Todos se quedan muy por debajo de la diana, porque su búsqueda misma es algo mental. La imaginación solo puede experimentarse directamente, sin la presencia de la mente cognitiva o de un procesamiento anterior, con el fin de tocar su cualidad esencial de la Fuerza de la Vida. La mayoría de los investigadores han cometido el grave error de apegarse a la idea de que la imaginación se puede integrar dentro del marco común de la cognición.

## LAS FRONTERAS DE LA IMAGINACIÓN SIN CREATIVIDAD

¿Es la imaginación una evolución reciente o es un elemento básico de la Fuerza de

---

[1] Thomas, N.J.T. (1999). "Are theories of imagery theories of imagination? An active perception approach to conscious mental content". *Cognitive Science* 23: 207-245

[2] Harris, P. *Work of the imagination*, 2000, Oxford: Blackwell Publishers

[3] Currie, Gregory and Ravenschorft, Ian, *Recreative Minds: Imagination in Philosophy and Psychology*, 2002, Oxford University Press.

la Vida? Es una pregunta interesante. La arqueología estudia los artefactos para hacer inferencias acerca de la evolución de la imaginación. Pero uno no puede limitarse únicamente a mirar los productos. ¿Qué muestran las primeras pinturas rupestres: una creatividad cognitiva o imaginación? No podemos negar que representan a seres humanos y que cazar es un asunto primordial, pero ¿acaso hay aquí solo una representación pura en escena o hay algo más imaginativo, como la "esencia de la caza"? También podemos preguntarnos si el uso de materiales era cognitivo o imaginativo. No podemos responder a esas preguntas.

Podemos decir, sin embargo, que siempre que se traspasan las fronteras dando un salto más allá de la cognición, parece que la imaginación está presente. Las visiones originales del impresionismo, el expresionismo y el abstraccionismo no eran algo mental en su concepción, aunque una vez que se rompió la barrera de lo obvio la cognición imitativa encontró espacio para entrar. En todas las artes, en la ciencia y en otras experiencias directas más allá de la cognición, nos encontramos con la imaginación. ¿Es un feliz accidente o fue la evolución de la imaginación otro avance biológico que incrementó las probabilidades de supervivencia humana?

Podemos entenderla mejor si somos capaces de ver la conexión entre su función y la esencia. ¿Qué hace la imaginación? No estamos preguntando qué es lo que produce. Puede parecer que se trata simplemente de un proceso de reunir experiencias puras de atención. Eso sería más bien como juntar los hilos de partes diferenciadas del mundo recibido externamente sin ninguna asociación discriminativa que pueda desarrollarse mediante la operación de la percepción – una descripción adecuada del devenir de la conciencia del que hablamos en capítulos anteriores.

Observando el devenir de la conciencia una vez más, vemos que es la recepción clara del mundo externo no discriminado que incide en los sentidos. Todo está diferenciado, pero ningún elemento está separado individualmente ni se discrimina con palabras asociadas con formas elegidas arbitrariamente. El proceso de la imaginación recopila nuevas formas que son diferenciadas, pero no discriminadas; estas formas, sin embargo, tienen esencias abstractas que se pueden combinar. Cuando se entiende que una forma tiene una esencia, pero que es una invención de la mente discriminativa, podemos decir que esa forma aparente es vacua. En otras palabras, está fabricada a base de características generadas por la mente. La imaginación usa estas esencias sin características.

Por ejemplo, en el caso del cáliz, simplemente se junta la "esencia de contener" con la "esencia de sujetar". ¿Qué utilidad tiene eso para la Fuerza de la Vida? En términos de construir cálices útiles o cualquier otra cosa, es prácticamente inútil. Lo que nos permite es ser conscientes de que la verdadera naturaleza del mundo externo es de "esencia y función", en donde la esencia representa lo más que nos podemos aproximar conceptualmente a los verdaderos fenómenos y la función representa cómo se pueden usar. Podemos revertir esa relación y también decir que entender la función de cualquier fenómeno le permite a la mente flexible y abierta ver su esencia.

Siendo así, esto nos da una clave sobre la diferencia que hay entre la mente corriente y la imaginativa. Quienes viven con imaginación en sus vidas cotidianas están operando en la cognición mucho más con "esencias" que con "palabras y descripciones". En otras palabras, su manejo del lenguaje es mínimo y todos sus pensamientos, organizaciones y demás procesos tienen como base la "esencia", no signos y símbolos. Así pues, sus mentes son menos discriminativas pero más rápidas, y son capaces de efectuar saltos mentales en vez de seguir una secuencia lógica de pensamiento.

## LAS DIFERENCIAS HEMISFÉRICAS

Ahora nos encontramos con algo interesante, porque en la ciencia hablamos del hemisferio izquierdo como el hemisferio dominado por el lenguaje. Aunque esa dominancia no es segura en todas las personas, es ciertamente correcta más o menos en el 93%. El resto tienen "dominancia mixta", donde ambos lados se usan para el lenguaje.

Las siguientes son funciones del lado izquierdo del cerebro:
1. Recuperación de datos almacenados en la memoria
2. Organización y reorganización
3. Planificación
4. Generación de signos y símbolos
5. Toma de decisiones
6. Comprensión
7. Elaboración de sensaciones, discriminaciones y percepciones
8. Razonamiento
9. Especulación y análisis
10. Entendimiento
11. Inferencia
12. Deducción
13. Capacidad de secuenciación
14. Formación de preferencias y creencias
15. Abstracción
16. Conceptualización

Dentro de las funciones expuestas respecto a la cognición, solo la inducción, la intuición, la curiosidad y la creatividad son principalmente funciones del lado derecho del cerebro. Naturalmente, hay una interacción entre ambos hemisferios pero lo más habitual es que solo uno de los dos lados funcione a la vez.

Ese precioso hemisferio derecho, que de hecho parece estar suprimido por el lenguaje en la mayoría de personas, es donde surge la imaginación.

La imaginación del hemisferio derecho es el comienzo de la verdadera creación. Es el comienzo de la invención, no la mera creatividad, y es la raíz de los descubrimientos. Más aún, es el freno que permite a la mente ver que todo es ilusión y le permite al ser humano dotado usar esa ilusión en beneficio de la Fuerza de la Vida y no caer en la trampa de creer que todas las ilusiones y la dualidad son reales. Cuanta más dependencia del hemisferio izquierdo se desarrolle, más caerá el ser humano en las trampas del *samsara*, el reino de palabras y frases que sustenta a las identidades y la dualidad.

¿Cuáles son entonces los atributos del hemisferio derecho que acompañan a la inducción, la intuición, la curiosidad y la creatividad?

Lo primero de todo, está el procesamiento del espacio y la forma. Es a esta forma, derivada como parte del mundo externo diferenciado, a la que se le da un nombre en el hemisferio izquierdo. Naturalmente, por tanto, todo pensamiento holístico o de tipo *Gestalt* se domina desde aquí. Luego hay un desarrollo de las conductas lúdicas. Por último, está el pensamiento simbólico y metafórico, que desempeña su papel en el desarrollo del proceso del lenguaje, dirigido por el hemisferio izquierdo.

Se puede ver que existe cierta anarquía en los procesos del hemisferio derecho, y aunque los procesos están dominados por sus correspondientes conexiones con el hemisferio izquierdo, también se mantiene cierta autonomía. En todo caso, una cosa es segura: la experiencia directa ha mostrado que la imaginación del hemisferio derecho, más que todos los demás procesos del hemisferio derecho, se puede usar con gran disciplina y llevar, bajo determinadas circunstancias, a una liberación completa de la identidad y la mente dual. Examinaremos esas circunstancias en nuestra exposición de la acción correctiva.

## CONCLUSIÓN

Lo que hemos de concluir por tanto es que la conciencia es la fuente de toda imaginación, pero más que eso, que el "yo" diferenciado siempre presente se asienta ahí como parte esencial de la imaginación, actuando por así decirlo como el motor de la imaginación.

Nota que la atención pura se recibe directamente dentro de la conciencia y también sigue el camino de la responsividad, que incluye la cognición. Nota también que se establece una corriente de conciencia que atraviesa la conciencia misma y enlaza el aprendizaje con la cognición en un bucle cíclico (ver figura 26.3)

La percepción y la volición producen la identidad, que contamina la responsividad y el aprendizaje y genera la falsa ilusión de un observador real, el "yo" discriminado. Cuando eso sucede, la imaginación, que genera la diferenciación útil del "yo", es silenciada por la corriente de conciencia cargada de identidad contaminante. La conciencia experimenta entonces el complejo "yo, mí, me, conmigo" como real y separado de todos los demás fenómenos.

Hay personas que, bajo circunstancias específicas, desconectan la identidad y la cognición y experimentan la inspiración de la imaginación directamente a partir de los datos crudos de la atención, que es esencia no contaminada.

Lo que vemos aquí son las dos fuerzas principales de toda vida: la responsividad y el aprendizaje, incrementadas por la evolución de una conciencia en el ser humano. Es interesante que mientras que la evolución le dotó al ser humano de una cognición avanzada o volición, lo cual supone una ventaja biológica tremenda sobre todos los otros animales, también desarrolló la pantalla simple de la conciencia, cuya función original era suministrar las experiencias básicas de ver, tocar, oír, saborear y oler con la capacidad imaginativa para hacer de contrapeso a la ilusión cognitiva de la identidad. Esta capacidad creció claramente a partir de la influencia del pensar propio del hemisferio izquierdo, que se convirtió en una especie de sexto sentido.

**FIG. 26.3 La corriente de conciencia**

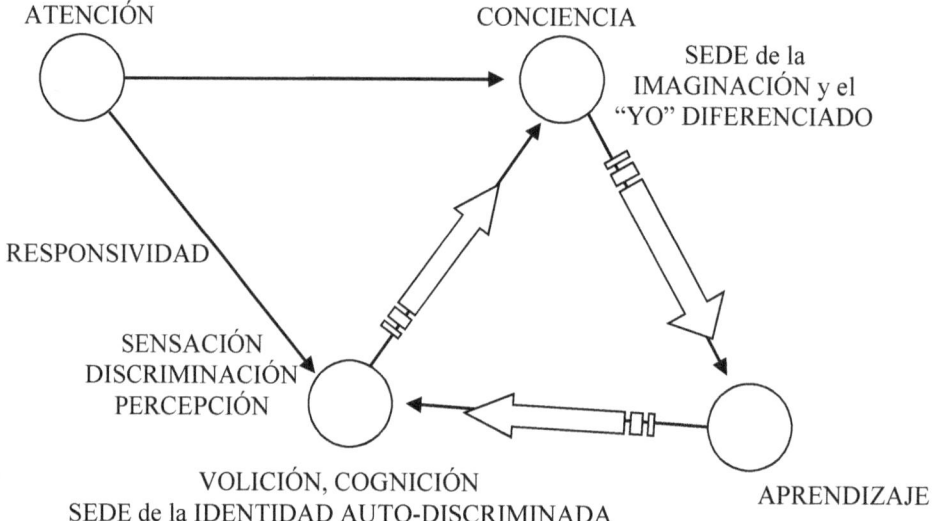

Como tal, el pensamiento generó dentro de la imaginación la sabiduría de la penetración psicológica, que es en efecto el conocimiento de la unidad de todos los fenómenos. Es esta sabiduría la que, en el sistema natural, aseguraría el equilibrio con la ilusión y se extendería sobre la memoria, el almacén receptivo.

## EL HUMOR

Los que hayan echado una rápida ojeada a estas páginas se sorprenderán al ver que se presenta al humor aquí. "Claro", responderás sabiamente quizá, porque es bien sabido que el humor permite aliviar el peso de algunos problemas. Sin duda es una medicina terapéutica, como la música. Sin embargo, el humor que alivia las penas es un humor cognitivo. Es el atributo de apreciar (y ser capaz de expresar) un mensaje o presentar una situación en la que el ingenio de una imagen verbal o visual tiene el poder de evocar la risa. Eso es el humor cognitivo del hemisferio izquierdo.

El humor del hemisferio derecho, por el contrario, es la apreciación de la función y esencia cuya incongruencia tiene el poder de evocar esa misma reacción.

Le permite a uno sentir el absurdo en cualquier situación.

¿Cómo funciona? Le permite a uno, por ejemplo, sentir la esencia de cortarse el dedo y la esencia de su reacción para ver que ambos son una delusión absurda con sufrimiento. Convierte todas las acciones y reacciones en una gran ilusión que se revela como lo que es. Revela el disparate de la vida. Es también una revelación pura de la conciencia. También le pone freno a las ilusiones falsas de la vida. Entonces, ¿ese humor puro es la imaginación, o es un instrumento homeostático separado, como la imaginación, que restaura la verdad de la locura de la identidad?

## LA OPERACIÓN IMPOLUTA DEL PROCESO DE LA IMAGINACIÓN Y EL HUMOR

Elementos diferenciados que se experimentan como esencias del campo:

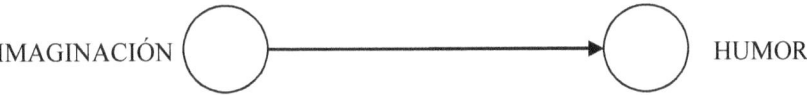

La combinación se experimenta como esencia de la unidad. Se convierte en la consecuencia imaginada:

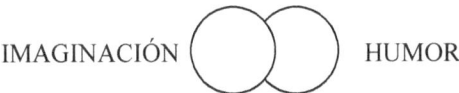

Cuando las funciones se entienden dentro de la cognición puede comenzar la expresión. Es lo que se denomina humor lo que ahora impide que la función corrompa la esencia. La relación se experimenta como un absurdo y permite que se vea la función como ilusión, evitando la delusión de la identificación diferenciada. Es un proceso continuo de seguridad.

Parece por tanto que el humor del hemisferio derecho es un proceso evaluativo asociado con la imaginación y no es un proceso homeostático separado. Esto resulta más evidente cuando se establece la comparación entre el humor cognitivo mundano del hemisferio izquierdo y el humor del hemisferio derecho, que deja una impresión más profunda y duradera. Este humor, asociado con la imaginación, aporta un equilibrio natural contra la interferencia de la cognición dentro de la corriente contaminada de la conciencia.

El humor, cuando se usa con imaginación, es un filtro eficaz que devuelve la autonomía del "yo" diferenciado a su correcto estatus de ilusión. Este humor del absurdo hace posible la conciencia de la vacuidad de todos los fenómenos y permite a la cognición aceptar el hecho de que todo fenómeno es una ilusión generada por conceptos mentales en forma de características de lo que se toma por real. Si ese filtro se contamina o es ineficaz, la identidad observadora impera dentro de la conciencia. La excepción es cuando, durante unos breves momentos, los que cuentan con un proceso de imaginación activo y refinado se liberan de la norma.

De hecho, es este humor del absurdo el que también permite al sabio, después del Despertar (un fenómeno que se explicará luego), ver que el Despertar tampoco vale para nada dentro del *samsara*. Si bien se puede considerar que el Despertar es el momento en el que la imaginación revela la verdad de la esencia que está más allá de toda cognición, es el humor del absurdo el que permite que esta verdad siga constantemente presente. En las personas sabias, el humor es una conciencia implícita y despierta de esta verdad, sin necesidad de complejos pensamientos cognitivos que generan conflicto interno.

# Capítulo 27

## La formación del lenguaje y la sabiduría: un pálido reflejo del sol

La mente consciente, por conveniencia biológica, solo puede enfocarse en un hemisferio cerebral a la vez. Es verdad que es posible coordinarlos y que podemos cambiar muy rápidamente de un lado al otro con el fin de coordinar operaciones, pero en este mundo moderno en particular esa no es la manera más conveniente de actuar, porque el criterio para el éxito mundano no es la calidad sino la eficiencia social. La ventaja evolutiva de supervivencia para la especie en un mundo de complejidad en constante aumento le ha dado preeminencia a las funciones del hemisferio izquierdo. Como resultado, la evolución ha llevado a un dominio del lado izquierdo sobre el derecho.

Albert Einstein afirmó una vez que "el ser humano es parte de un todo, que llamamos 'universo', una parte limitada en el tiempo y el espacio. Se experimenta a sí mismo, sus pensamientos y sentimientos como algo separado del resto –una especie de ilusión óptica de su conciencia. Esta falsa ilusión es como una cárcel para nosotros, que nos limita a nuestros deseos personales y al afecto hacia unas pocas personas cercanas. Nuestra tarea debe ser liberarnos de esta prisión ampliando nuestros círculos de compasión para abarcar a todas las criaturas vivas y a la totalidad de la naturaleza en su belleza".

Estas experiencias del "yo" como algo separado del resto y situado en el centro de nuestro pequeño universo egocéntrico se deben al dominio del hemisferio izquierdo sobre el derecho, que puede experimentar el "yo" (*self*) como ilusión válida que forma parte del todo. Este dominio se ve asistido e incitado por el procesamiento del lenguaje, que es una función del hemisferio izquierdo, mientras que el pensamiento simbólico y metafórico le pertenece al derecho.

Lo que el lenguaje también ha hecho es permitir que la identidad desarrolle todos los gustos y no-gustos en un rango casi interminable de emociones y genere un sentido de la realidad que es falso. La vida está dominada de hecho por el lenguaje. Esto no nos debería sorprender a ninguno, pero lo que se ha perdido es la belleza del lenguaje como herramienta del entendimiento holístico y *Gestalt* de la ilusión del hemisferio derecho. El problema es que, para un ser humano natural y sabio, el lenguaje solo es realmente eficiente y correcto si entiende la esencia que subyace más allá de las palabras.

Saber que cierto artefacto se llama "copa" tiene ciertas ventajas para el sistema respecto a la organización, el almacenamiento y la recuperación de información y, de hecho, para todas las demás funciones del hemisferio izquierdo; pero si solo aplica el lado izquierdo, el ser humano pierde la capacidad del derecho para captar la esencia de la "copa". Así, una vez que se pierde la esencia, todo el deseo y apego se hace mucho más fácil cuando hay una impresión psicológica de que la copa, como tal, existe como fenómeno real. Es más, esta delusión permite que el ser humano imagine que hay millones de diferentes copas de diferentes tamaños y formas que desear que ni siquiera conoce. Las expectativas también son una función de la elaboración del lenguaje.

El lenguaje humano comenzó con el uso de símbolos arbitrarios (quizá solo gruñidos y otros ruidos) que representaban conductas de acercamiento y evasión personal. Pero incluso estos primeros gruñidos y señales le dieron al ser humano una ventaja definitiva para la supervivencia, es decir, el potencial para una mejor comunicación. Un gruñido no parece mucho, pero los científicos han revelado que al menos los Neandertales europeos ya mostraban mutaciones en un gen (Foxp2) relacionado con el potencial para el habla que se piensa que es exclusivo de la especie humana. Por tanto la comunicación ya fue posible, aunque no de forma sofisticada, quizás entre 400.000 y 200.000 años atrás.

¿Qué significa eso en realidad? Significa que el hombre ya podía realizar fisiológicamente los movimientos necesarios con su garganta y boca. Pero está claro que aún quedaba un largo trayecto hasta desarrollar el cerebro que fuese capaz de usar esa facultad. Con el tiempo, esos sonidos iniciales probablemente llegaron a asociarse con situaciones peligrosas o positivas para otros miembros de la tribu humana. Esta hipótesis, que nunca será más que eso, parece explicar la diversidad del habla humana mejor que otros modelos.

El desarrollo progresivo de la cognición, que aumentó las características naturales de las operaciones originales del hemisferio derecho, quizá pueda explicar cómo se han desarrollado las características más abstractas del lenguaje humano. ¿Cuándo surgió el lenguaje? Se estima un rango entre 2.000.000 a 40.000 años atrás, durante la era del hombre de Cromañón, pero todo depende en gran medida de lo que llamemos lenguaje. El simple condicionamiento para responder a ruidos e incluso a señales manuales y del resto del cuerpo difícilmente puede constituir en realidad una base con suficiente sofisticación para ninguna clase de cognición. Desde luego, hace 40.000 años aparecen las primeras pinturas rupestres y otros artefactos culturales, que muestran la presencia desarrollada del hemisferio derecho, pero esto no demuestra la presencia del lenguaje en su sentido creativo.

Algunos estudios recientes sobre el hombre de Neandertal muestran que tenían los rasgos físicos necesarios para producir todos o casi todos los mismos sonidos que un humano moderno; aunque eso no significa que fueran capaces de verbalizar conceptos complejos, tampoco niega esa posibilidad. Una cosa es segura: que la comunicación comenzó mucho antes del lenguaje y que el lenguaje fue lo que hizo posible el mayor tamaño y sofisticación de la organización, el almacenamiento, la recuperación y las operaciones cognitivas. La pregunta, por tanto, es: ¿Cómo pudo arraigar la discriminación, reemplazando a la diferenciación con nombres y formas que tenían una aparente existencia separada?

Podemos examinar ahora un modelo del proceso que nos brindará una mejor comprensión:

1. La irritación es captada por la atención;
2. La atención se comunica directamente con la conciencia;
3. La atención se comunica indirectamente con la percepción a través de la sensación y la discriminación;
4. La forma obtiene su esencia en la imaginación;
5. Comienza la organización en la volición y el nombre se obtiene a partir de signos y símbolos;
6. La percepción le confiere su unión a nombre y forma y se hace una diferenciación útil;
7. Esta diferenciación con nombre y forma se establece en la memoria (en realidad, a través de la cognición);
8. Se establece un fuerte ciclo de operaciones entre la volición, la percepción y la memoria;
9. Comienza el dominio de la cognición.

**FIG. 27.1 El ciclo de la realidad diferenciada que ha apartado el ciclo natural del aprendizaje cognitivo**

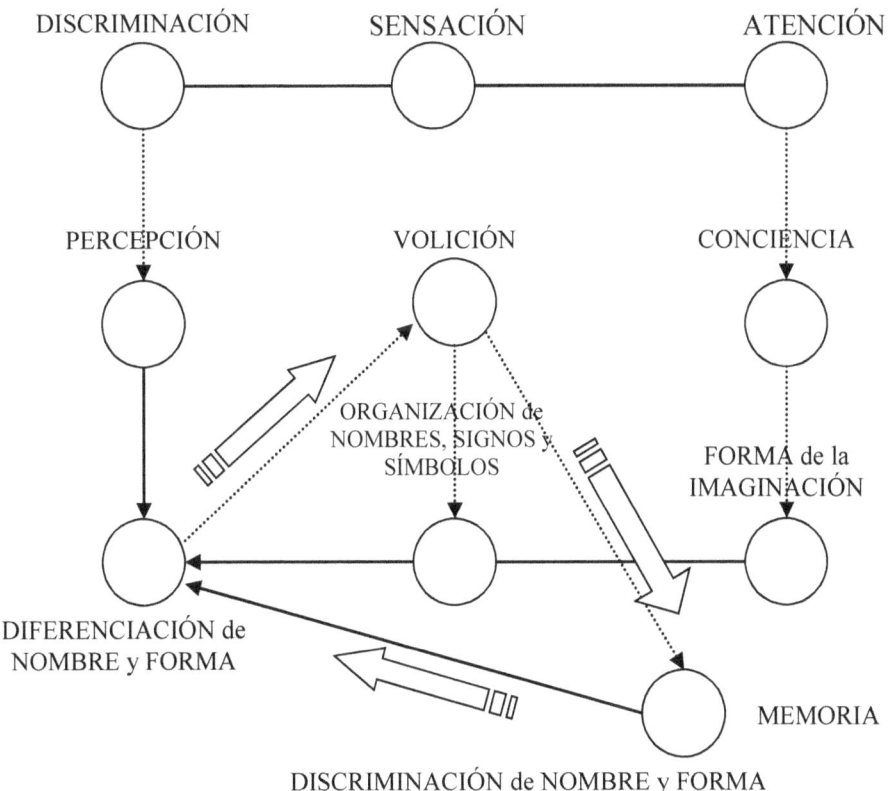

Es entonces cuando se aparta a la imaginación, que pasa a asumir una función subordinada. Como consecuencia, la forma se reduce a una mera herramienta del lenguaje y pierde su esencia. Una vez que se pierde la esencia, la cognición toma por real la ilusión por inducción. Como resultado, la conciencia recibe principalmente datos de la conciencia implícita (*awareness*) y solo actúa como observador pasivo. El dominio le pertenece a la cognición y la influencia del exterior es máxima.

El lenguaje, en vez de volverse una herramienta útil donde el nombre se enlaza con la esencia de la forma para generar ilusiones sanas, se vuelve una herramienta para generar fenómenos más "reales". Entonces, el mundo a nuestro alrededor, en vez de entenderse correctamente como una esencia con nombres y formas diferenciadores útiles, se entiende como si constara de fenómenos separados que posteriormente se pueden dividir y subdividir mediante más nombres ficticios impuestos a las formas nuevas separadas, *ad infinitum*. Ese es el pensamiento reduccionista, que solo lleva al ser humano a más locura.

Cuando la corriente de conciencia se combina con el ciclo de la realidad diferenciada, resulta fácil ver el efecto de fundamentar todo aprendizaje sobre la base del lenguaje. La imaginación y el "yo" diferenciado se ven reducidos gradualmente entonces a una mera hipótesis para filósofos y solo se convierten en una experiencia directa para aquellos que cuentan con la aptitud y la voluntad de descubrir la verdad.

Poco a poco, el asiento de la imaginación y el "yo" diferenciado llegan a verse reemplazados por la gran maquinaria socio-religiosa que alimenta el sistema con pábulo para la mente globalizada a través de la atención y la conciencia. Así la corriente de conciencia se vuelve una corriente de conciencia socio-religiosa, que es el catalizador que está en la raíz de todas las enfermedades psicológicas (ver figura 27.2)

¿Cuál es exactamente la naturaleza de la imaginación, que se interpreta de forma tan incorrecta? ¿Podemos llamarla la mente pura, el centro de la verdadera persona diferenciada? En muchos textos orientales se le llama "corazón" (*hridaya*), el centro de la realización del absoluto (que en realidad significa que está más allá de las ilusiones de la mente). De ninguna manera es la sede de las emociones y sensaciones, o ni siquiera de la percepción o la volición, que los adeptos religiosos consideran por error "la esencia del alma".

Titus Burckhardt declaró: "Igual que el sol ilumina a los planetas, así el "corazón" –la sede del intelecto (puro)– ilumina todas las facultades". Es por tanto la sede de la intuición intelectual pura (*buddhi*), que hay que distinguir tanto del intelecto normal como de la intuición normal, porque, según los sabios, es el sitio donde la luz de la verdad se puede experimentar directamente sin interferencia de los estados mentales (*manas*).

René Guénon, en su *Introducción general al estudio de las doctrinas hindúes*, diferencia claramente la intuición mundana del *buddhi*: "Las verdades metafísicas no se pueden concebir excepto por una facultad que no es individual, cuyo carácter operativo inmediato permite que se le llame intuición, pero, por supuesto, a condición de que añadamos que no tiene absolutamente nada que ver con lo que ciertos filósofos contemporáneos llaman intuición, que es una facultad puramente sintiente y vital que es apropiadamente inferior a la razón y no superior a ella. Para mayor precisión, habría que decir que la facultad de la que hablamos aquí es la intuición intelectual".

**FIG. 27.2 Combinación de la corriente de conciencia y el ciclo de realidad diferenciada**

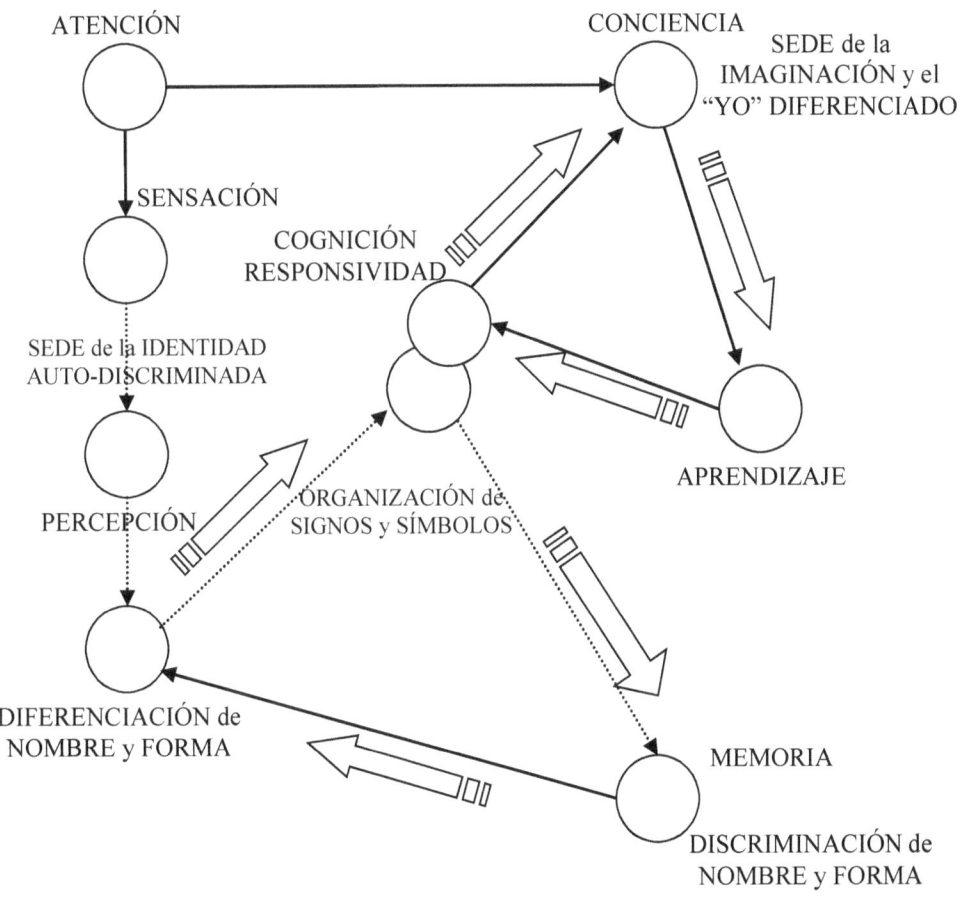

La definición de Santo Tomás de Aquino en *De veritate*, q. 15, a.1, apoya esta idea: "El intelecto es un conocimiento simple y absoluto, experimentado de manera inmediata en una captura inicial y repentina, sin movimiento (de la mente) ni ningún discurso".

Miremos ahora a Aristóteles, *Analíticos posteriores*, II, 19, 100b: "Entre las propiedades de la inteligencia, por virtud de las cuales alcanzamos la verdad, están aquellas que son siempre verdad y otras que pueden estar equivocadas. La razón es del segundo tipo; pero el intelecto está siempre en conformidad con la verdad, y no hay más verdad que el intelecto".

Podemos considerar por tanto que la imaginación es la intuición pura del intelecto, pero eso apenas toca la verdad. Mejor es afirmar que la imaginación es la experiencia pura del devenir de la conciencia.

Cuando se envía una irritación a la conciencia con el mensaje original que identifica la modalidad (vista, oído, tacto, gusto, olfato e incluso pensamiento), el mensaje va acompañado por la sensación pura que representa a la irritación. No es la irritación en sí, pero es lo más cerca que la mente humana puede llegar a esa verdad inalcanzable.

**FIG. 27.3 La conciencia observadora y el ciclo de la realidad discriminada por la identidad**

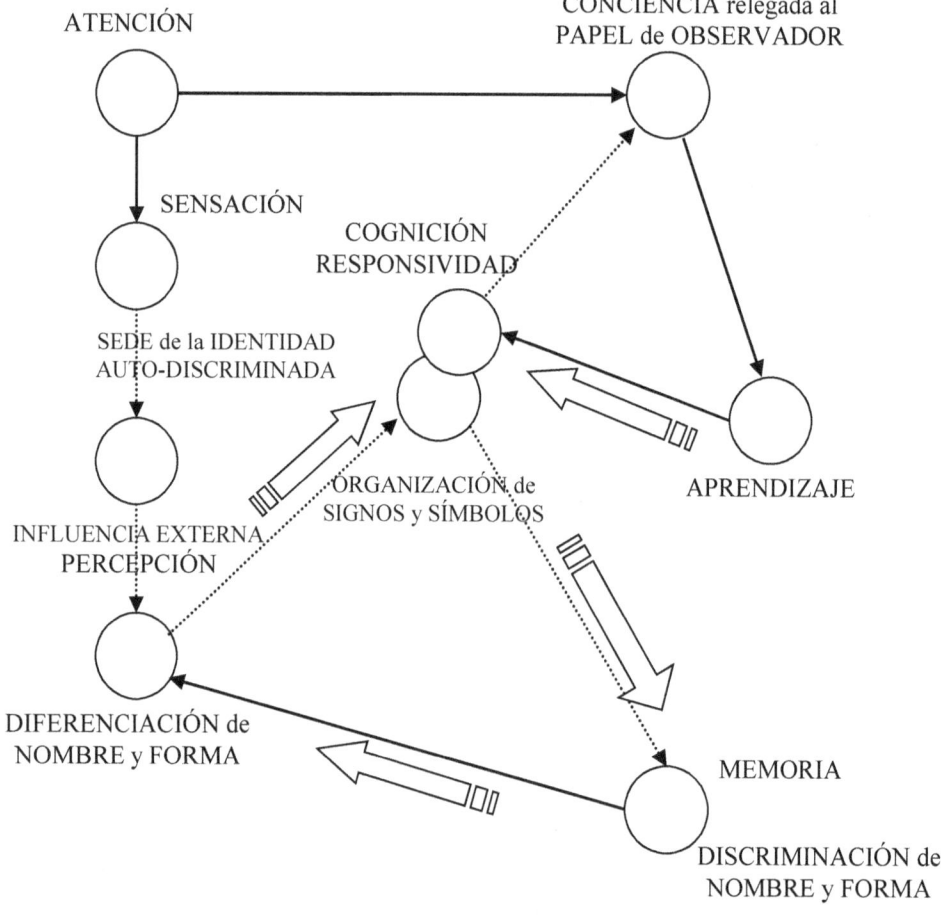

Lo que hemos de evitar a toda costa es convertir nuestro atributo humano natural en un icono espiritual o una entidad religiosa semejante a un alma o espíritu. Es únicamente porque el hombre ha perdido su verdadera naturaleza y ha caído en la trampa de la dualidad por lo que surge el concepto de lo "espiritual". En realidad, nada es espiritual y nada es mundano. La cognición humana correcta no es un proceso aparte de la experiencia pura del devenir de la conciencia.

Si nos doblegamos ante la teología y colocamos la visión de Dios dentro de esta experiencia pura del devenir como un *lumen gloriae* metafísico, reducimos al ser humano a una parodia. Por otro lado, si permitimos que la cognición con su identidad omnipotente se convierta en otro Dios regente, reducimos al ser humano a un android biológico –como declara René Guénon, un pálido reflejo del sol.

La percepción directa de la verdad, la intuición supra-racional e intelectual de la que el hombre moderno parece haber perdido hasta la noción más simple, es verdaderamente el conocimiento del corazón. Este conocimiento es en sí mismo incomunicable y es esencial haberlo experimentado, al menos en cierto grado, para conocer lo que es en realidad… Todo conocimiento individual se parece más a una participación remota en el conocimiento por excelencia; así pues, como la luz de la luna, no es más que un pálido reflejo del sol. El conocimiento del corazón es la percepción directa de la luz inteligible, la luz de la Palabra, de la que habla San Juan al comienzo de su Evangelio.

## LA SABIDURÍA

La influencia externa está introduciendo constantemente información que sustenta a la mente y la identidad globalizadas. Este es un conocimiento intelectual mundano, que se almacena en la memoria en forma de datos crudos y de actitudes que se emplean para formar intenciones. El sistema natural, que tiene al hemisferio izquierdo como sistema de apoyo y no como maestro, genera un conocimiento que se llama sabiduría. Así pues, si deseamos establecer remedios para el aparente sufrimiento individual se vuelve importante definir qué es la sabiduría. Podemos verlo mejor en referencia a las ocho conciencias en el ser humano:

1. La sabiduría es conocimiento, que es el resultado psicológico de una conciencia, aprendizaje y cognición correctas –la memoria como base, *alaya*, o sabiduría del espejo (la octava conciencia).
2. Es la experiencia, la acumulación de información o destrezas que resulta de la participación directa y observación correcta en hechos o actividades –la sabiduría de los cinco sentidos por medio de la sensación, discriminación y percepción (las conciencias 1 a 5).
3. Es el entendimiento, que es la capacidad para el pensamiento racional, la inferencia y la discriminación no contaminadas –la sabiduría discriminativa de la cognición (la sexta conciencia).
4. Es la imaginación o penetración intelectual, que es una comprensión intuitiva repentina de la naturaleza interior de las cosas, el devenir puro de la conciencia –la sabiduría de la penetración profunda (la séptima conciencia) que, en la mente manchada, está dominada por el aprendizaje manchado de la identidad.

Es mejor por tanto describir la mente como un sistema de siete conciencias activas (*vijnana*) que se desarrollan todas ellas a partir de la octava, o "conciencia almacén". Esta última es pasiva y contiene los potenciales o "semillas" (*bija*) para el desarrollo y la actividad de las primeras siete conciencias.

La sexta conciencia es el centro del procesamiento perceptivo y cognitivo, mientras que las primeras cinco conciencias son la conciencia implícita (*awareness*) perceptiva de los ojos, oídos, nariz, lengua y cuerpo. La séptima conciencia contiene el sentido del "yo" o la identidad ilusoria diferenciada natural con que define las primeras seis conciencias. En el ser humano natural, la séptima conciencia lleva la sabiduría natural de la unidad y una penetración interior (que no hay que confundir con la absorción *vipassana*). Cuando se hace evidente la corrupción del sistema a manos de la cognición del hemisferio izquierdo, entonces, por medio del aprendizaje, la identidad del Ego se establece firmemente en la cognición y la memoria.

**FIG. 27.4 La restauración a través de las fuentes de la sabiduría**

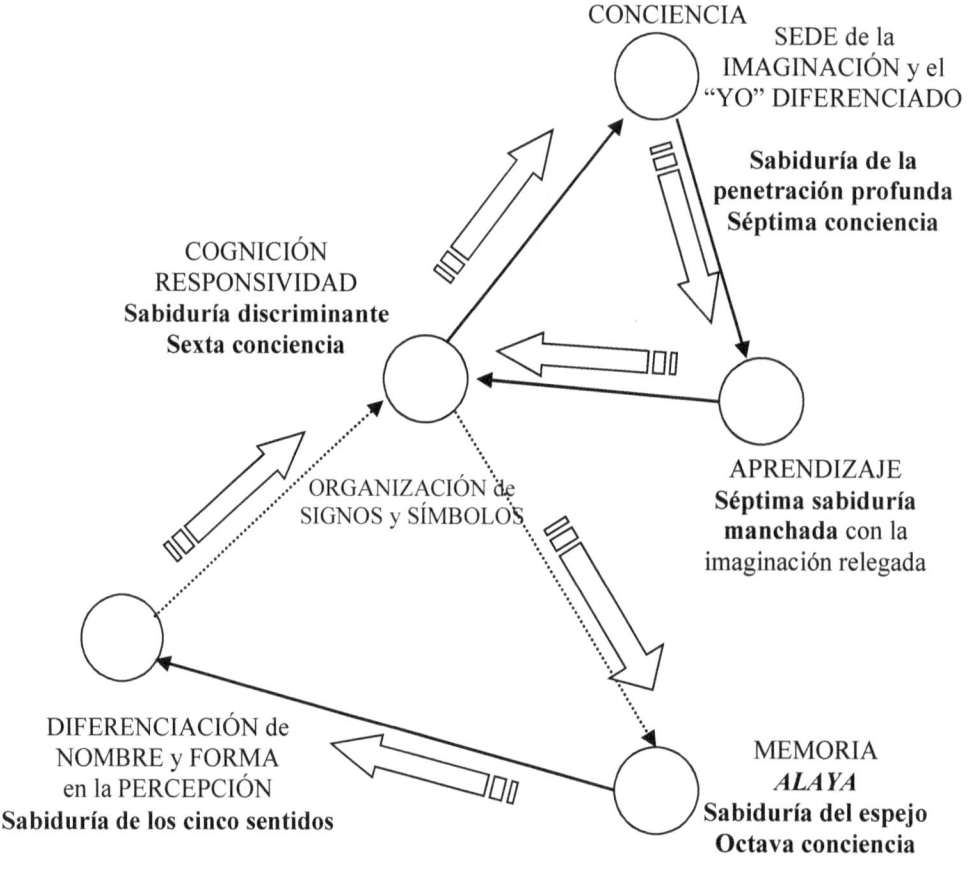

1. La sabiduría del espejo (*adarsha jnanam*). Esta es la "sabiduría de la conciencia del fondo total" (*alaya vijnana*), la octava conciencia, que es la base natural sobre la que se asientan todas las demás conciencias. Todas se desarrollan a partir de esta conciencia almacén, que es pasiva y contiene los potenciales, "semillas" (*bija*) o trazas de memoria para el desarrollo y actividad de las primeras siete conciencias. Esta conciencia es inmutable y por tanto se puede considerar como la base de la Fuerza de la Vida, la

naturaleza de Buda. Refleja tanto lo correcto como lo incorrecto que la séptima conciencia extiende sobre ella.

2. La sabiduría de las conciencias de los cinco sentidos (*krityanusthana jnanam*), "la sabiduría que todo lo cumple, que cumple lo que hay que hacer". Recordarás que esta sabiduría es la relacionada con los cinco sentidos, las primeras cinco conciencias, que requieren para su correcta operación un entendimiento completo por la cognición de la cualidad de la Fuerza de la Vida que equilibra el bienestar correcto y natural de la supervivencia de uno mismo con el bienestar de los demás (la tribu), los niños, los animales y el ambiente.

3. La sabiduría de la mente consciente (*pratyavekshana jnanam*), es la sabiduría discriminante, la "maravillosa y sutil sabiduría observadora". Esta es la segunda sabiduría, relacionada con la sexta conciencia, la mente pensante (*amala-vijnana*), la conciencia pura que en su estado natural impoluto es la sabiduría de la naturaleza encarnada del Dharma. La sexta conciencia es un centro de procesamiento perceptivo y cognitivo, mientras que las primeras cinco conciencias son la conciencia implícita (*awareness*) perceptiva de los ojos, oídos, nariz, lengua y cuerpo. La experiencia asociada con ella es el gozo.

4. La sabiduría de la penetración, la sabiduría de la igualdad, que iguala, la sabiduría de la ecuanimidad (*samata jnanam*). Esta es la sabiduría de la penetración profunda o diferenciación clara sin los impedimentos de una discriminación manchada. Es la base desde la cual emanan toda concentración, reflexión y contemplación correctas. Su concomitante es la compasión que, tras un largo desarrollo, se enlaza con la ecuanimidad natural. Echar a un lado esta sabiduría es lo que le permite a la ilusión de la identidad convertirse en algo con apariencia de verdad.

# Capítulo 28

## El movimiento, el metabolismo y el crecimiento

Hemos visto que la Fuerza de la Vida de cualquier organismo humano vivo no manchado por la identidad tiene las características básicas de la reproducción, la responsividad y el aprendizaje, la sexualidad, la conducta de juego, la curiosidad y creatividad, el lenguaje y la cognición sofisticada. Además, podemos ver que la Fuerza de la Vida, partiendo de una conciencia implícita básica, ha generado también una conciencia sofisticada desde la cual se ha desarrollado el atributo humano de la imaginación. Esa imaginación equilibra la conciencia del Ego ilusorio, que transforma "ver" en "yo veo", "tocar" en "yo toco", etc., e impide la contaminación de las falsas ilusiones.

Hemos visto que la evolución de la discriminación de la identidad ha contaminado la importante interacción entre la memoria, la cognición y la percepción y que eso ha reescrito los programas descriptivos de la sexualidad, la conducta de juego, la creatividad y curiosidad por medio del lenguaje, que en sí evolucionó como resultado de la curiosidad y creatividad. Ahora es el momento en que podemos afirmar con relativa certeza, basándonos en nuestro modelo original de la Fuerza de la Vida, que la cognición es el resultado evolutivo del Principio Masculino de la Fuerza de la Vida y la imaginación es el resultado evolutivo del Principio Femenino.

Hay un paralelismo interesante aquí con las enseñanzas del Dao, pues el Cielo, que es el Padre, se generó desde el Dao eterno sin nombre, mientras que la Madre se generó como Tierra. Simbólicamente, la Tierra representa la forma (la función del hemisferio izquierdo) y el Cielo representa la no-forma, no como antítesis de la forma, sino como su pareja sinérgica de forma pura (una función del hemisferio derecho).

De acuerdo con Wangbi, el Dao (el camino) desarrolla el nombre y la forma, los nutre, provee su figura formal y completa su sustancia formal, es decir, existe como su Madre. La cognición genera el nombre, que surge de dentro de ella, y se combina con la forma, proporcionándole a la percepción su material crudo. Si aceptamos esa hipótesis, entonces hemos de decir que el hemisferio derecho no solo provee el elemento de la forma, sino que también es el catalizador para que la cognición pueda ejecutar sus funciones. Ese catalizador solo puede ser la transformación de la forma cruda en un material apropiado para combinarlo con el nombre, lo que de hecho puede ser una función del lenguaje del hemisferio derecho. Las pruebas obtenidas en estudios de división del cerebro apoyan por entero esta hipótesis.

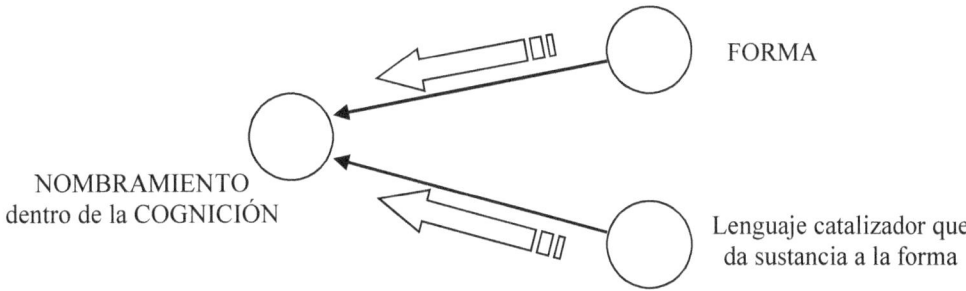

FORMA

NOMBRAMIENTO
dentro de la COGNICIÓN

Lenguaje catalizador que
da sustancia a la forma

La experimentación ha revelado que al hemisferio derecho le falta la habilidad para nombrar (articular), pero que funciona bien para entender las relaciones metafóricas. Por tanto, las formas se pueden transformar metafóricamente y usar automáticamente sin que intervenga la acción voluntaria de convertir las palabras en habla articulada.

Estos estudios han encontrado por lo general que las relaciones semánticas cercanas se preparan rápidamente en el hemisferio izquierdo, mientras que las relaciones semánticas distantes se preparan lentamente en el hemisferio derecho, una función ideal para la transformación de la forma pura. El hemisferio derecho entiende por tanto el significado pictográfico y posee la capacidad de captar lo metafórico y otras funciones semánticas. Así pues, no juega un simple papel de apoyo, sino que comparte la capacidad de aprendizaje y comprensión.

Se puede ver por tanto que, aunque hablamos de funciones del hemisferio derecho e izquierdo, la interacción entre ellos es compleja y hace falta mucha más investigación sobre la naturaleza de las vías de transmisión bi-direccional del *corpus callosum* entre ambos hemisferios y sus funciones de inhibición.

Es curioso que el lenguaje sea una función del hemisferio izquierdo integrada completamente en todos los procesos complejos de la cognición, mientras que la conducta de juego, junto con la curiosidad y creatividad, que dieron origen al lenguaje, son funciones del hemisferio derecho, aunque se derivan del aprendizaje y la responsividad.

Podemos especular que el lenguaje es la herramienta que hace posible la comunicación a un nivel superior entre los dos hemisferios. Enlaza de manera eficaz la cognición con la inducción, que es un proceso del hemisferio derecho, y hace que estén disponibles las herramientas de la creatividad, que también es una función del hemisferio derecho. Parece igualmente que el humor combina sus propiedades tanto con el hemisferio izquierdo como con el derecho en distintas formas de expresión y experiencia. Además parece que la forma del humor depende de su origen, según sea el hemisferio derecho o izquierdo.

Sería correcto en este momento concluir que el modelo sugiere que el hemisferio derecho está directamente relacionado con el Principio Femenino más pasivo y el hemisferio izquierdo con el Principio Masculino activo, siempre que quede absolutamente claro que no se puede afirmar que las mujeres estén dotadas todas ellas de una dominancia del Principio Femenino del hemisferio derecho y los hombres de la del Principio Masculino del hemisferio izquierdo.

Sin embargo, clínicamente sí parece que existe una mayor predisposición femenina a mostrar las características del Principio Femenino. Ciertamente en el área de la intuición las mujeres destacan y son atraídas con mucha mayor fuerza a la espiritualidad que ofrecen las religiones sin mucha aplicación de la cognición, tanto la cristiana como el budismo tibetano moderno. Por otro lado, el daoísmo, el Islam, el budismo Theravada y el Dharma Chan, de naturaleza altamente abstracta, parecen resultar más atractivos para el intelectualismo masculino, para el que el peligro es mantenerse apegado a la cognición o al sentido mundano de los conceptos sin un entendimiento más profundo.

La pregunta que hay que formular es: ¿por qué la hembra de la especie humana, aun contando una ventaja biológica tan fantástica en términos de supervivencia natural, ha perdido esa ventaja y por qué ahora se le hace extremadamente difícil recuperarla, incluso más que al hombre?

La respuesta radica en el adoctrinamiento sobre el papel de las mujeres que surgió en principio de la superioridad tecnológica y de supervivencia del macho primitivo y del desarrollo de su identidad activa.

Debido a estos factores, la supervivencia se convirtió en un imperativo crítico para la hembra humana, puesto que al ser más débil físicamente y no tan cognitiva como el hombre, dependía por completo de él. Por tanto, se convirtió en poco más que una esclava, forzada a desarrollar ciertas características para evitar lo que ahora consideraríamos un trato injusto y una probable muerte temprana, ya fuese durante el parto o directamente a manos del hombre.

Su supervivencia dependía por tanto de la inducción, el proceso lógico que llega a una conclusión usando información de la observación, la experiencia y la intuición, y que contiene más información que aquella en la que se fundamentaban las premisas iniciales de su lógico miedo a morir.

El resultado fue la capacidad para manipular la mayoría de situaciones que se encontraba, sin amenazar a la frágil identidad masculina. Al mismo tiempo, eso le permitió sobrevivir en competencia con otras mujeres, que también eran bien conscientes de la fragilidad de su posición dependiente. Incluso la creatividad en la mujer se orientó a esos fines manipuladores, que podemos denominar la astucia de la supervivencia. El requerimiento de sobrevivir con estos medios se volvió tan condicionado que la facultad superior del hemisferio derecho fue relegada completamente al olvido por desuso.

Vemos que ese mismo condicionamiento pasa factura hoy en día. Es algo evidente en el progresivo cambio social y cultural que alinea lo masculino y lo femenino. Hoy en día, el mercado y las injusticias del sistema socio-religioso han promovido un mayor interés femenino en obtener habilidades cognitivas anteriormente dominadas por los hombres. El oportunismo inductivo e intuitivo ha permitido este asalto contra el bastión masculino. Esto está llevando a un mayor dominio femenino de la actividad del hemisferio izquierdo, que es esencial para la igualdad de la mujer en el mercado, pero, por desgracia, el resultado es por fuerza una correspondiente pérdida adicional de la disponibilidad del hemisferio derecho para quienes están tan embrolladas en la red de la identidad.

Esta tendencia moderna podría suponer abrir la caja de Pandora, lo que podría llevar a la búsqueda insensata y frenética de una identidad masculina por parte de las mujeres a cambio de las treinta monedas de plata de la igualdad socio-religiosa. El Principio Femenino está listo y disponible para cada mujer, si es capaz de ver el potencial y alcanzarlo desde el barrizal del rol femenino tradicional donde ha estado atrapada miles de años y transformar el mundo para todos los seres humanos con las cualidades que posee.

No obstante, esto no explica por qué la hembra humana, tan cercana al verdadero entendimiento de la ilusión, está aún más lejos que el hombre de la verdad armonizadora.

Los factores críticos son, primero, el mayor miedo intuitivo de la mujer a la muerte, que sigue siendo algo atávico dentro de ella y le provoca un fuerte apego a las tácticas evolucionadas de supervivencia, condicionadas como posesión. Las reglas sociales son "Quien posee, sobrevive con confort, seguridad y encaje social y, por tanto, con felicidad", y "La supervivencia le corresponde al poderoso y rico, no al pobre". El sufrimiento se relega claramente al fondo como un mal necesario, del cual los responsables son los demás. La consecuencia es que las mujeres tienden a apegarse a ritos, ceremonias y dogmas, ya sean cristianos, budistas o de otras religiones.

El segundo factor crítico es que la disolución de los impedimentos que se han desarrollado a partir de la identidad requiere habilidades del hemisferio izquierdo. La mujer por tanto debe liberar correctamente las funciones de su hemisferio izquierdo con el fin de restaurar las funciones del hemisferio derecho, porque la cognición es necesaria para romper el control de la identidad. El hombre, por otra parte, firmemente atrincherado en su dependencia cognitiva del hemisferio izquierdo, está más versado en las disciplinas cognitivas necesarias para liberarse, pero aun así con el tiempo requiere un desarrollo completo de sus atributos del hemisferio derecho.

Ahí tenemos la trampa increíble en la que se encuentran los seres humanos. El macho humano normal está enredándose a sí mismo cada vez más en una cognición basada en el egoísmo que llama inteligencia, y la hembra humana está tratando patológicamente de unirse a él en su prisión cognitiva auto-impuesta. Solo a través de la cognición y del desarrollo del Principio Femenino pueden los hombres escapar de esta telaraña enmarañada que han construido. Solo al disolver la identidad se podrá lograr eso. Tanto hombres como mujeres han de restaurar el equilibrio natural entre la cognición y la imaginación liberada.

Sería una gran tontería para el futuro de la raza humana que la imaginación basada en el hemisferio derecho cayera en tal desuso que se volviera irrecuperable, condenando así a la humanidad al infierno de la identidad hasta que el sol devore a la tierra, o hasta que el hombre y la mujer destruyan el planeta antes por su locura. En cualquier caso, para completar el modelo, debemos examinar los otros factores principales que definen la vida: el metabolismo, el crecimiento y el movimiento.

## FIG. 28.1 El modelo básico

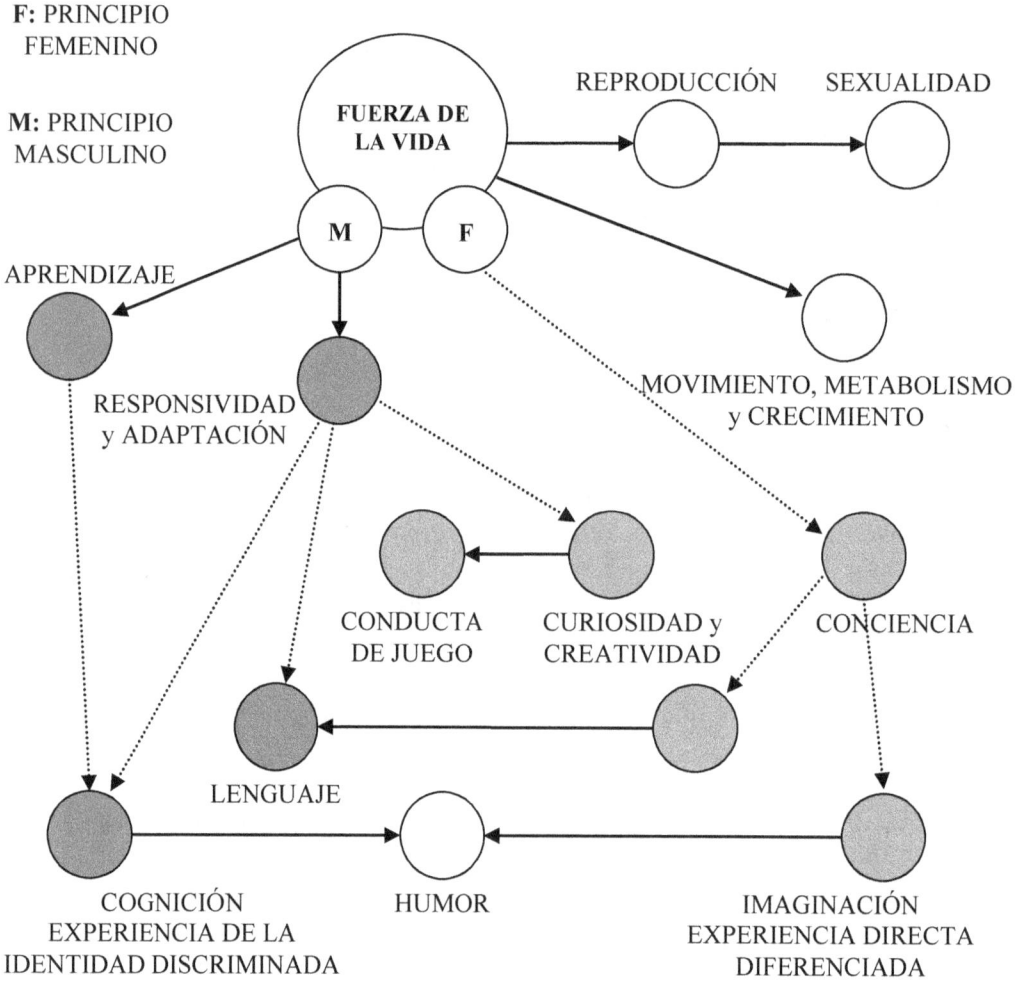

F: PRINCIPIO FEMENINO

M: PRINCIPIO MASCULINO

FUERZA DE LA VIDA

REPRODUCCIÓN    SEXUALIDAD

M    F

APRENDIZAJE

RESPONSIVIDAD y ADAPTACIÓN

MOVIMIENTO, METABOLISMO y CRECIMIENTO

CONDUCTA DE JUEGO    CURIOSIDAD y CREATIVIDAD    CONCIENCIA

LENGUAJE

COGNICIÓN EXPERIENCIA DE LA IDENTIDAD DISCRIMINADA    HUMOR    IMAGINACIÓN EXPERIENCIA DIRECTA DIFERENCIADA

## LA HOMEOSTASIS

Hemos visto que la homeostasis juega un papel importante en el equilibrio y la armonía naturales de los procesos internos de información de atención, sensación, discriminación, percepción, volición y conciencia, y esa retroalimentación permite que haya homeostasis en la relación entre el organismo y su entorno en forma de responsividad. La entidad física aparente también cuenta con sus formas de homeostasis más elementales aunque sofisticadas como organismo biológico vivo.

La mucosa del estómago humano se renueva cada cinco días. La piel se reemplaza cada seis semanas. De hecho, cada año casi el 98% del cuerpo humano entero es reemplazado. Naturalmente, ha de haber un mecanismo que mantenga una constancia o genere un cambio lento en el patrón del reemplazo. Eso también se llama homeostasis; es otra de las señales de que existe vida humana.

Es una suerte que las identidades no tengan influencia directa sobre los procesos de homeostasis y que solo hayan desarrollado un atajo al sistema, cambiando los valores de información que se usan en la cognición. En el caso de la retroalimentación homeostática de los procesos de información del sistema nervioso central, la identidad ha asumido simplemente el papel tanto de controlador como de constructor, introduciendo su propia descripción de los criterios o valores, de tal forma que ha apartado a los Principios Masculino y Femenino y se ha introducido un nuevo diseño a través del aprendizaje y la capacidad lingüística evolucionada. La consecuencia ha sido que la sexualidad reproductiva, la responsividad, la adaptación, la curiosidad, la creatividad y la conducta lúdica se han transformado todas ellas, y esta corrupción ha aumentado el caos de la identidad.

Pero hay otros atributos naturales importantes para todo ser vivo. Son el metabolismo y el crecimiento, junto con el movimiento. Las amenazas a la búsqueda del organismo de alejarse de la entropía no siempre dependen del ambiente externo: hay organismos infecciosos, ya sean bacterias o virus, que a menudo invaden el sistema. En los organismos superiores, el sistema inmune defiende contra semejantes invasores. Esta defensa biológica requiere un programa homeostático para funcionar, a fin de que los sistemas vivos puedan optimizar su potencial de supervivencia.

Está claro que ninguno de los procesos internos ni el cuerpo en sí mismo podrían funcionar si el organismo no tuviera éxito en relacionarse con el ambiente. La cuestión por tanto es si la corrupción de la identidad que afecta al comportamiento externo y a los procesos internos ha actuado en contra del beneficio superior de la supervivencia.

## EL MOVIMIENTO

*Dadnos materia y un poco de movimiento y podemos construir un universo.*
Ralph Waldo Emerson

¿Qué condiciones nos dan un indicio de que algo está vivo? Un criterio parcial es que se mueva. No todo lo que se mueve está vivo, pero si no se mueve, podemos decir que hay una alta probabilidad de que no esté vivo.

Cuando un sistema que no está vivo se aísla o se coloca en un ambiente uniforme, todo movimiento llega habitualmente a un punto muerto cuando el sistema completo se ralentiza y se vuelve inerte, un estado en el que no ocurre ningún acontecimiento observable. Este es un estado de equilibrio termodinámico o "máxima entropía".

Todas las plantas se mueven, ya sea a través del crecimiento o de otros complejos sistemas biológicos y de comprobación. Lo hacen con el fin de obtener sustento y condiciones que mejoren sus opciones de supervivencia. Por supuesto, no hay movimiento voluntario. El sistema simplemente hace lo que la naturaleza ha condicionado mediante la evolución y la selección natural.

El ser humano se mueve para obtener confort natural (un entorno y alimento correctos), seguridad, que es protección y refugio de los peligros naturales incluyendo los depredadores, y, lo que es más importante, para obtener unidad o pertenencia con su tribu o grupo. Hay también movimiento como preparación para protegerse contra amenazas futuras desconocidas para la supervivencia.

La corrupción de la identidad y el sometimiento del equilibrio liberador de la experiencia directa han conducido al ser humano a apartar el impulso de confort natural desde el nacimiento, reemplazándolo por una demanda patológica de confort de la identidad. Tan fuerte es esa demanda de confort que el ser humano ha establecido nuevas descripciones en sus límites de tolerancia. Cuando realmente tengamos demasiado calor, sudaremos; si nos encontramos a una temperatura demasiado fría, se erizará el vello. Sin embargo, hemos acotado ese rango de forma tal que una pequeña bajada de temperatura nos enviará corriendo a buscar una manta. Con una subida de temperatura, buscaremos una sombra, a menos que la identidad reclame que es momento de tener un buen bronceado. ¡Qué patética es la identidad!

Todos los impulsos hacia la seguridad natural han sido reemplazados por la demanda de seguridad de la identidad, que sustituye ese objetivo por la posesión. Pero la seguridad de la identidad no establece límites superiores de posesión y con el tiempo va elevando poco a poco el límite inferior. La pertenencia natural también ha caído bajo los impulsos de la identidad y ha producido tribus aisladas de un individuo. De esta forma, cada individuo es el enemigo de todas las demás criaturas, incluyendo al hombre mismo. Es incapaz incluso de formar una unión básica con su propia compañera, quien también será incapaz de juntarse en unión con él. Patológicamente, busca la unión que ha abandonado, inventando a un Dios a su propia imagen, mientras se divorcia de cualquier otro ser humano.

Paradójicamente, la fuerza de la unidad está ahí y le lleva a unirse a tribus "seguras", que comparten modas y costumbres sin ton ni son, adoptando similitudes externas, o le conduce a uniones patéticas de apoyo para los nuevos gladiadores de nuestra época o a matanzas contra los que son diferentes. Para promover esa unidad, las religiones ondean sus banderas que siguen los ciegos. Es interesante notar las observaciones de Freud en su obra *El malestar en la cultura*: "Una vez que el apóstol Pablo hubo fijado el amor universal entre todos los hombres como fundamento de su comunidad cristiana, la consecuencia inevitable en la cristiandad fue la extrema intolerancia hacia todos los que permanecieran fuera de ella; los romanos, que no habían fundado su Estado en el amor, no se caracterizaban por una falta de tolerancia religiosa, aunque la religión era un asunto del Estado, y el Estado estaba impregnado de ella de parte a parte".

Sin duda, la conveniencia religiosa y política convoca sutilmente a la gente a reclamar la paz, que los despistados elogian como virtud, sin una mínima comprensión de que la paz y la guerra son ambos conceptos que crean las condiciones para la agresión.

Los Estados contemporáneos, guiados por el poder tecnológico y la necesidad de riqueza, proveen fronteras, cargan a la ciudadanía con complejas demandas y obligaciones, y convocan a todos a luchar por cualquier causa que sea apropiada en ese momento.

El movimiento ya no se genera en apoyo de la Fuerza de la Vida, sino en apoyo de la identidad del Estado, la iglesia y el individuo. El movimiento significa defensa de la libertad para perseguir la felicidad de la posesión y trabajar para mantener funcionando el monstruo tecnológico que hemos fabricado.

## EL METABOLISMO

La segunda ley de la termodinámica fue formulada de forma estadística por Ludwig Boltzmann. Según esta ley de la "entropía", cualquier sistema cerrado tiende inexorablemente a un estado de desorden cada vez mayor. Esto parece describir el efecto de la identidad, pero por supuesto ese no es su propósito.

Una pregunta que surge es: ¿cómo son capaces los seres vivos de posponer tanto tiempo su muerte inevitable, que siempre les amenaza? Desde luego, los medios más importantes son la obtención de alimento y agua y de aire mediante la respiración o, en el caso de las plantas, con la asimilación. Este proceso se llama metabolismo.

Hay una gran frase del físico norteamericano Richard Feynman que pone en perspectiva al cerebro humano y todo lo demás: "El cerebro de hoy es el puré de patatas de ayer". Así es la bio-computadora humana con su notable homeostasis, que exige una continua entrada de energía y materiales. Está metabolizando sin parar, y solo las células, los organismos compuestos por células y las biosferas compuestas de organismos tienen la capacidad maravillosa de metabolizar. Por tanto podemos decir que el proceso de vida intercambia materiales con el ambiente y, al hacerlo, destruye la vida y, en caso del ser humano manchado, el ambiente mismo.

Aunque la identidad no adultera el metabolismo, sí que ignora sus señales o mensajes naturales de tal manera que boicotea el sistema metabólico. La mente manchada permite cubrir los pulmones con alquitrán, insiste en rellenar el cuerpo con un exceso de grasa y pasa por alto de mil otras maneras todos los mensajes que prepara el metabolismo.

Los experimentos con otros animales muestran que son capaces de detectar biológicamente deficiencias en su dieta y automáticamente ingerir los alimentos que rectifiquen esa deficiencia. Por supuesto, ellos no tienen un mecanismo racional que les diga que actúen así. El ser humano ha manchado sus sistemas y se alimenta a base de gustos y no-gustos tontos impuestos por la identidad. No es necesario apreciar intelectualmente la nutrición humana para remediar la situación. Todas las dietas vegetarianas, macrobióticas y otros métodos caerían en desuso si simplemente hubiese un despertar a los mensajes homeostáticos de nutrición que están listos y disponibles tras la fachada de la identidad.

No solo el hombre, a quien ahora se le une la mujer liberada moderna, está ocupado contaminando el valioso aire que respiramos y destruyendo el equilibrio natural de la naturaleza al defoliar el planeta, sino que está aspirando de buen grado con sus preciosos pulmones el aire del mercado globalizado y reemplazando el revestimiento natural de sus pulmones con una barrera de nicotina. Come sin sensibilidad natural alguna, bebe lo que sea que excite su débil cerebro y respira los productos contaminados de sus "avances". "Al diablo el metabolismo. Yo prefiero morir feliz", declara el hombre, hasta que la vieja Parca con la guadaña mira sobre sus hombros.

## EL CRECIMIENTO

Desde que la vida comenzó, hace tres mil quinientos millones de años quizá, con las *arqueas*, *fungi* y *protistas* –clasificados como eucariotas, es decir, organismos cuyas células tienen núcleo (una membrana que contiene el ADN de las células)– junto con los animales y plantas, una propiedad común a la vida es que se basa en el carbono y el agua y crece. Incluso las bacterias clasificadas como procariotas, aquellas que carecen de membrana nuclear, crecen por medio de la selección natural, además de la reproducción, la respuesta, el metabolismo y la adaptación durante sus vidas y durante las vidas de sucesivas generaciones.

Dado que el crecimiento es parte integral de cualquier sistema vital, se apoya en el metabolismo a nivel celular o superior. Por esta razón, el crecimiento se verá afectado por los cambios que haya en la forma de nutrición que se use. Todas las cosas vivas crecen, pero la pregunta es si la identidad afecta negativamente al crecimiento.

¿A qué nos referimos en realidad cuando hablamos de crecimiento natural? Significa el desarrollo de los programas que generan de manera eficiente todos los atributos que conducen al apoyo de la vida y su sustento. Estamos hablando de programas naturales que hay dentro de cada uno de los seres vivos, que lo llevan desde su nacimiento aparente y a través de lo que llamamos vida hasta la tumba.

Pero, por desgracia, el crecimiento natural no siempre apoya a los requisitos del Estado moderno y de la identidad individual. Este es un mundo consumista destructivo controlado por los humanos, y el pulpo de la codicia extiende sus tentáculos por todos lados. Los programas naturales, en el ser humano, están relacionados con el desarrollo físico y mental. Ya hemos visto que esos programas están gravemente contaminados.

El impulso de vivir naturalmente ya no es suficiente para el ser humano. Debe vivir para disfrutar. Tan intensa es esa búsqueda del disfrute y la saciedad de las identidades, que elogia el nacimiento humano como algo sagrado sobre todas las demás formas de vida y busca prolongar su vida de cualquier manera posible sin sacrificar las demandas de su identidad. Así, la enfermedad, el envejecimiento y la muerte se han vuelto una gran preocupación para él mientras avanza por el camino que lleva al fin de la conciencia de su identidad.

El ser humano, usando las medicinas proporcionadas por la investigación científica, ha prolongado la duración de la vida. La extensión de la duración de la vida ya se ha logrado en especies que van desde la levadura hasta el ratón. Reducir la actividad de un receptor parecido a la insulina dobla con creces la vida de los gusanos, e incluso algunas variedades de ratón mantenidas en estado de virtual inanición pero con una dieta rica en nutrientes doblan la duración de su vida. Los científicos pueden afirmar con seguridad que la vida humana puede prolongarse, pero no se puede conseguir sin un gran sacrificio. Hoy en día, en las naciones presuntamente avanzadas, una persona de cada 10.000 es centenaria, aunque hasta la fecha ser el límite máximo parece estar entre 125 y 150 años de vida.

Pero realmente hemos de contemplar esto de manera razonable, ya que se trata de manipular la duración de la vida. ¿Por qué hace falta? ¿Simplemente porque el ser humano desea prolongar su vida, una operación mental de la identidad que no es una función de la Fuerza de la Vida? El mundo no puede sostener el incremento continuo de la población tal como ocurre ahora. ¿Cuánta tensión más se cargará sobre el delicado equilibrio ecológico si ese incremento continúa y aumenta por medio de la manipulación de prolongar la vida?

La pregunta, en términos psicológicos, es: ¿por qué desea el ser humano vivir más tiempo? La respuesta es que la identidad no desea dejar la vida, incluso cuando la naturaleza dice que es el momento de hacerlo. Hay un miedo inducido a la enfermedad, el envejecimiento y la muerte con el que el ser humano ha sido condicionado por el sistema socio-religioso desde que comenzó la dualidad. La consecuencia es que nunca está preparado para morir bien porque no es capaz de vivir bien.

¿Qué es morir bien? ¿Es simplemente entregarse a la muerte cuando se acerca? ¿Es morir sin dramas? No, no es nada de eso. Es permitir que la Fuerza de la Vida ejecute su tarea hasta el final. Es ser libre de la identidad que se apega a la vida, pero mantenerse fuerte con la Fuerza de la Vida que está preparada para defender su posición al final con elegancia y dignidad.

Hay un poema de Robert Browning que lo expresa bien:

> *¿Temer a la muerte? Sentir la niebla en mi garganta,*
> *La neblina en mi rostro cuando llegan las nieves,*
> *Y las ráfagas que anuncian que estoy acercándome;*
> *El poder de la noche, la fuerza de la tormenta,*
> *La asechanza incansable del enemigo.*
> *Allí está, el horror supremo en forma visible;*
> *Sin embargo, el hombre temerario debe acercarse,*
> *Porque el viaje ha concluido y la meta se ha alcanzado;*
> *Las barreras caen, aunque falta una batalla para la conquista,*
> *La recompensa de todo lo anterior.*
> *Siempre fui un guerrero. ¡Una lucha más, la mejor y la última!*
> *No deseo que la muerte vende mis ojos,*
> *Que atenta me hiciera pasar arrastrándome.*
> *¡No! Dejadme conocer todo su sabor,*
> *Quiero ser como mis padres, héroes de antaño,*

*Soportar la embestida, pagar las deudas de una alegre vida*
*En un minuto de sufrimiento, de sombras y de frío.*
*Porque para los valientes lo peor se transforma en lo mejor,*
*El momento sombrío termina, y la furia de los elementos,*
*Las voces demoníacas desatadas se someten, se inclinan,*
*Cambian, se transforman en una paz que nace del dolor;*
*Luego una luz, luego tu seno, ¡Oh, tú, alma de mi alma!*
*¡Volveré a abrazarte y que la paz sea con Dios!*

El crecimiento, para el ser humano, es vivir hasta el último momento en el que la conciencia se va. Eso solo se puede lograr viviendo correctamente en ese corto espacio entre el nacimiento y la muerte, siendo plenamente consciente de la impermanencia pero "saboreando la totalidad" sin identidad, siendo consciente sin cesar de la maravillosa ilusión y desechando la delusión de la "realidad" dual.

Este saborear la totalidad es experimentar la vida en su armonía y equilibrio plenamente, siendo consciente de la Fuerza de la Vida así como de los Principios Masculino y Femenino, que revelan la estupidez de preguntarse por el sentido de la vida.

No hace falta un sentido de la vida. ¿No es extraño que nunca nos preguntemos cuál es el sentido de la vida para una araña o una cucaracha, o incluso para un águila majestuosa o un gorila? No. Parece que solo el ser humano está aquí en esta tierra con sentido. El resto de la vida debe servirnos. Si uno insiste en encontrar un sentido, puede mirar quizá al propósito del aprendizaje, la responsividad, la sexualidad, el metabolismo, el movimiento y el crecimiento del ser humano.

Me resulta atractiva la respuesta de Samuel Butler, en la que ofrece una hipótesis encantadora y quizá correcta que sugiere que el ser humano solo es un ingenio exploratorio que sirve a los genes. Tiene que salir ahí fuera y reunir información sobre el entorno con el fin de que la próxima generación de genes pueda estar mejor preparada para la supervivencia. El ser humano por tanto solo es un explorador que ha perdido su camino, inflando su posición con arrogancia y orgullo para darse mayor importancia que la humilde fuerza que lo impulsa −el acervo de genes humanos.

Pero podemos ir aún más lejos y declarar que el acervo genético humano en sí mismo solo es una extensión de la base del acervo genético de todos los seres vivos. ¿Cuál es esa base? Es la Fuerza de la Vida; una sola Fuerza de la Vida, no muchas. Si lo ponemos en perspectiva, resulta tonto preguntarnos por la razón de nuestra existencia como seres humanos individuales, o siquiera considerar como importantes la vida del más allá y otras tonterías dirigidas por la identidad.

Podemos preguntarnos por tanto con curiosidad: ¿cuál es la razón para la existencia de la Fuerza de la Vida? Los sabios responderán que la Fuerza de la Vida no requiere razón para su existencia. Los temerosos señalarán a un Dios inexistente. Los confusos simplemente responderán que no lo saben. Que así sea.

# Capítulo 29

# El camino a casa

Ahora que tenemos un modelo básico del ser humano para examinar y hemos visto los errores que se han introducido en el sistema a lo largo de miles de años, podemos comenzar a diseñar un plan de acción eficaz que lo remedie y restaure el equilibrio y la armonía naturales del sistema.

La tarea suprema y última sin duda es restablecer la función natural de la imaginación y restaurar la armonía entre las ilusiones correctas de la identidad, destruyendo el poder de la identidad auto-discriminada que ha asumido el control total y tiene una aparente realidad que le separa al ser humano del resto de los fenómenos.

Es cierto que el hombre ha desarrollado una sexualidad distorsionada y una destructividad que inunda todas las formas modernas y antiguas de civilización y que impregna incluso a las sociedades primitivas aisladas, pero nuestra mirada crítica debe ir más atrás hasta llegar al potencial de armonía y equilibrio en los cuales los avances de la tecnología y el lenguaje tenían su contrapeso en la conciencia implícita (*awareness*) sutil de la unidad y la no-dualidad.

Hay por tanto tres frentes en los cuales debemos avanzar si vamos a restaurar la armonía y equilibrio natural en el ser humano. El primer frente es esencial porque, si este avance no se consigue, la batalla estará perdida contra el ciclo de cognición contaminada, que consta de los tres componentes corrompidos: la percepción, la memoria y la cognición en sí. El segundo frente parece bastante simple en términos del modelo: se trata de restaurar la sexualidad y sensualidad natural, pero esto es más complicado de lo que el propio modelo sugiere, pues previamente hay que restaurar las sensaciones naturales, las discriminaciones naturales, las percepciones naturales y la cognición/volición natural. El tercer frente es la restauración completa del ciclo natural de la corriente de conciencia.

## 1. Restaurar el ciclo natural del aprendizaje cognitivo

El objetivo es bastante claro: extirpar la dominación de la identidad discriminante cognitiva sobre todo el comportamiento y restaurar el ciclo natural de aprendizaje cognitivo. Las dianas son la percepción, la memoria y la cognición. El sistema no va a restaurarse simplemente por sí mismo, porque los mecanismos homeostáticos para eso dependen de la imaginación, que ha sido completamente apartada por las identidades.

La única solución pasa por el aprendizaje y, por supuesto, una vigilancia constante con respecto a la propia responsividad desde la cognición. Más adelante estudiaremos las técnicas, pero el modelo simple expresa con claridad el objetivo, en el que la herramienta es la manipulación del trío cognición-respuestaaprendizaje. Está claro que este es un ciclo normal para el sistema que no difiere del que ha llevado al problema de la identidad y sus apoyos en primer lugar.

## FIG. 29.1 El ciclo del aprendizaje

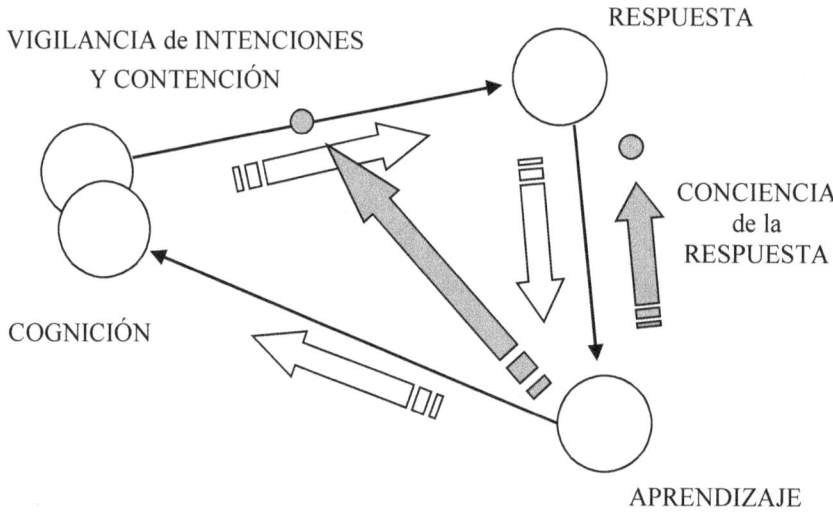

La supervisión y restricción de la intención es una técnica que debe aplicarse desde el aprendizaje, al igual que la conciencia de toda respuesta y, mientras que en la supervisión y restricción se requiere la máxima energía, no debe aplicarse ninguna fuerza de signo opuesto una vez que se ha iniciado la respuesta. El papel de la conciencia de respuesta es simplemente una conciencia en la que no debe haber reproche ni culpa. La tarea es simplemente ser consciente con respecto a las acciones producidas y a las respuestas comparadas con los valores introducidos por el aprendizaje. Si las técnicas que trataremos después son efectivas, entonces el sistema gradualmente se ajustará por sí mismo sin ninguna presión o conflicto mentales.

**1.1 La restauración de la percepción que conoce la vacuidad de los fenómenos.** Sabemos que la cognición consta de una variedad de procesos importantes. Una pregunta fundamental es: ¿qué sucede cuando la identidad pierde su poder? Que deja de mantener las descripciones erróneas y cierra la puerta al falso aprendizaje futuro. Claramente, para que haya algún avance, el aprendizaje correcto se convierte en algo esencial. El problema es que la memoria se ha llenado tanto con asociaciones condicionadas dotadas de una fuerza de hábito increíble que la simple confrontación de actitudes nuevas y correctas no tiene opción de encontrar un punto de apoyo.

Un posible ataque es generar una clara comprensión de la verdad de la vacuidad y usar ese concepto cognitivo en lugar de cada simple percepción, pero para ello, la conceptualización de la vacuidad se debe entender hasta que se acepte como verdad básica antes de nada. Se deben percibir todos los fenómenos como generados por la mente en función de unas características generadas mentalmente. Eso exige constante vigilancia y atención plena a la vacuidad de todos los fenómenos.

Las prácticas de atención plena (*mindfulness*) llegarán a generar una clara comprensión de la vacuidad de los fenómenos. Estas prácticas se centrarán en la percepción con atención constante a las enseñanzas sobre las intenciones correctas que surgen de las actitudes correctas, que comenzarán a actuar como un contrapeso de las actitudes incorrectas condicionadas y de las intenciones que, a su vez, generan acciones contrarias al crecimiento natural y desarrollo de cada ser humano.

**FIG. 29.2 El ciclo de la cognición**

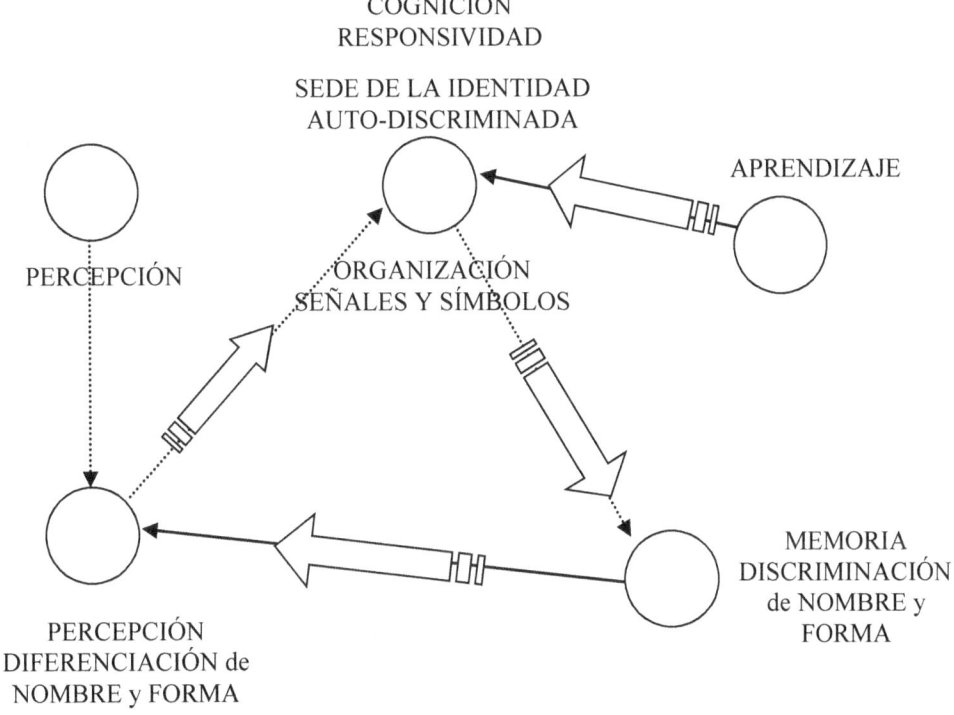

**1.2 El re-condicionamiento y la memoria: la *samatha,* la *vipassana* y la acción correctiva en la cognición.** Mientras la cognición esté dominada por la identidad, el re-condicionamiento de las actitudes almacenadas en la memoria y la percepción restaurada de la vacuidad de los fenómenos, aun siendo esenciales, serán incapaces de lograr un resultado final estable. La única solución es hacer un ataque directo sobre la cognición. Eso se consigue mejor por medio de las técnicas de concentración y absorción llamadas *samatha* y *vipassana*. Aunque debemos recordar que hay tres factores importantes que actúan como influencias negativas:

1. La identidad dominante.
2. La máscara de la identidad secundaria.
3. Las proporciones de los Principios Femenino y Masculino.

Por tanto, debe hacerse un diagnóstico claro y deben desarrollarse prácticas eficaces elaboradas sobre una base funcional y efectiva, empleando la atención plena, la vigilancia y las técnicas personalizadas de *samatha* y *vipassana*, que encajen con los requisitos del cliente.

**FIG. 29.3 El re-condicionamiento con *samatha, vipassana* y atención plena**

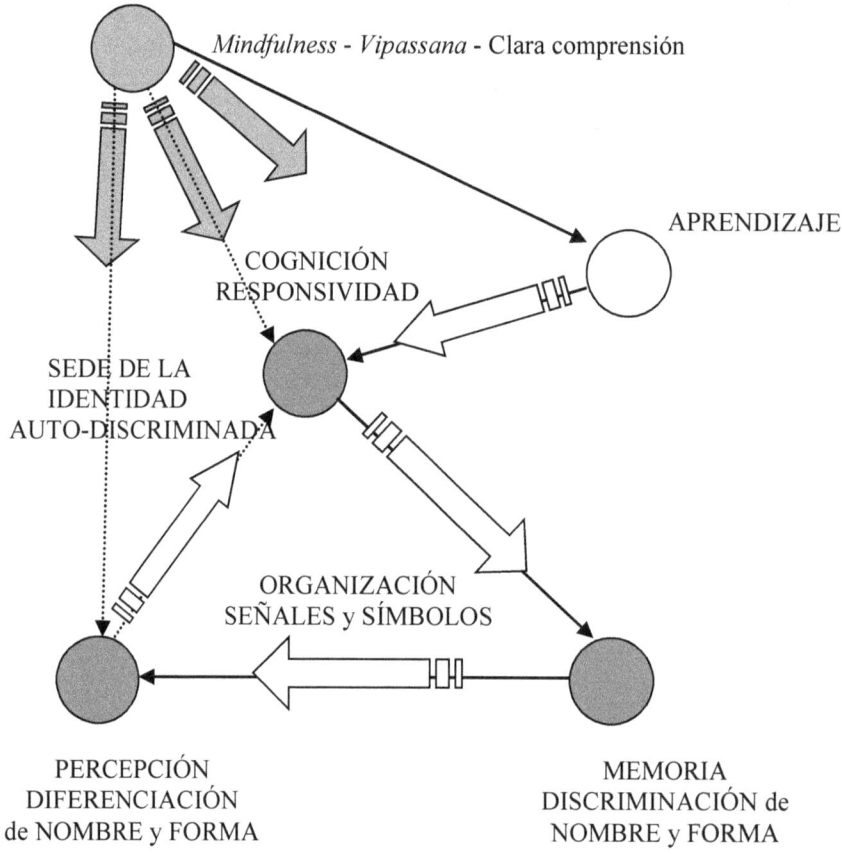

## 2. CÓMO GENERAR UNA SEXUALIDAD NATURAL

Uno de los grandes problemas para cualquier avance en la restauración del sistema es la interferencia de la identidad, que durante los últimos doce mil años o más ha entorpecido el desarrollo natural de la sexualidad y la sensualidad que la acompaña.

A diferencia de los avances genéticos evolutivos ocurridos en la sensación, la discriminación, la percepción y la volición que ayudan a la Fuerza de la Vida en el desarrollo de una sexualidad natural y beneficiosa, esta interferencia no solo ha inhibido el desarrollo natural, sino que ha instalado un condicionamiento de orientación sexual tan fuerte que prevalece incluso ante el aprendizaje cognitivo beneficioso en cualquier área de avance.

La excitación sexual no solo se dispara por cualquier señal que consideremos erótica, sino que los roles sociales y el comportamiento se centran en gran medida en la transmisión de imágenes sexuales, y la unión natural en las familias incluso antes de la adolescencia prepara al joven para un rol sexual adulto. Incluso la excitación sexual es aprendida en parte y varía de cultura a cultura. Pero aunque el cerebro está involucrado en este condicionamiento negativo, la sexualidad misma no es principalmente una función cortical.

**2.1 La estimulación natural.** El principal sistema operativo de atracción sexual es el hipotálamo, que incita al cerebro a liberar hormonas en el torrente sanguíneo, incluyendo las la endorfinas, la dopamina, la norepinefrina, la oxitocina, el estrógeno y la testosterona.

Las endorfinas entran en escena en presencia de una pareja potencial y durante la interacción sexual, generando bienestar y satisfacción general, que la identidad interpreta como el cumplimiento de su promesa de amor mundano y/o posesión que no es solamente sexual. La dopamina y la norepinefrina también actúan con ese fin e inducen un nivel superior de afecto y atracción física. Esto también es interpretado por la identidad sobre la base del condicionamiento. La dopamina también estimula la producción de oxitocina, que se ha constatado que juega un papel tanto en la excitación sexual como en el apego emocional entre las personas.

En el contacto sexual en sí, la excitación estimuladora que responde a señales sexuales aprendidas viaja a través de los nervios sensoriales a un centro reflejo en la parte inferior de tu médula espinal. Al mismo tiempo, los impulsos sensoriales pasan por la médula espinal hasta el córtex sensorial y el centro emocional (sistema límbico) donde se obtiene la experiencia de placer e intensidad emocional de la excitación sexual.

El córtex sensorial y el sistema límbico irritan a su vez el hipotálamo y otras estructuras, lo cual controla el sistema autónomo nervioso, que controla las contracciones musculares y secreciones involuntarias. Entonces se pone en marcha un ciclo y la excitación aumenta. Si la estimulación continúa, entonces tiene lugar un orgasmo cuando aumenta la transmisión de señales nerviosas, hasta un punto máximo en el que es inevitable liberar toda la tensión sexual acumulada.

Por tanto, puede verse que los impulsos sexuales en sí mismos son naturales y básicamente no manchados. El primer problema psicológico reside en el aprendizaje condicionado de qué estímulos sexuales son válidos y cuáles no. Estos estímulos pueden estar en conflicto con el sistema natural, causando conflicto subconsciente o, en algunos casos, coincidir con él, pero el segundo problema es la fijación y el apego extremo al amor conceptual por un lado y el deseo de excitación hasta el clímax por el otro.

Psicológicamente, la excitación a través de los mecanismos reflejos es similar en hombres y mujeres, porque ambos experimentan respuestas sexuales similares y, fisiológicamente, ambos tienen órganos genitales que se han generado a partir del mismo tejido embrionario. Las diferencias en comportamiento en el nivel sexual real, por tanto, son fisiológicas y no tan diferentes, pero hay dos formas de actividades programadas desde el córtex: la elección de pareja, que es algo cultural y basado en la identidad, y las diferencias de género en el comportamiento real de apareamiento y después del apareamiento.

¿Qué es pues lo que requiere modificación? No hay razón básica para modificar el emparejamiento sexual en sí mismo, aunque claramente hay abusos de la identidad. Sin embargo, casi todas las ideas basadas en la cultura se tienen que modificar y hay que presentar el aprendizaje en equilibrio y armonía con lo que puede deducirse que es el comportamiento humano correcto para esta etapa de la evolución. Hay que cuestionar a fondo si la conducta de cortejo y posterior al cortejo, tan rígidamente determinada por la sociedad, está en armonía con el camino natural, pues, como veremos, eso es algo que requiere una auténtica liberación de la identidad.

¿Cómo se consigue esta liberación sexual y sensual de la cultura predominante? En los sistemas antiguos, la única solución era la completa separación de los géneros, tal como hacían los grupos religiosos, pero lo único que eso consigue es reducir las oportunidades de que se manifieste la tentación de la identidad. Dado que la sexualidad y sensualidad son fenómenos naturales y las relaciones con el género opuesto son perfectamente naturales en cualquier sociedad, la separación no es un remedio válido. Dicho esto, debe decirse también que el celibato y una resolución clara para refrenar cualquier aventura amorosa son esenciales hasta que la identidad se haya reconocido claramente como vacuidad y la cognición se restaure a un nivel mínimo de armonía y equilibrio.

El impulso inicial para una acción correctiva también debe venir claramente desde una resolución y perseverancia adoptadas como resultado de una intención clara dentro de la cognición, alentadas por una clara comprensión de lo que hace falta que se haya aprendido a fondo.

**2.2 La aplicación de terapia correctiva.** En el frente contra el ciclo cognitivo manchado, el aprendizaje es de gran importancia. Aquí, el aprendizaje en sí mismo tiene poco provecho, excepto como una primera aproximación y como un medio para continuar el ciclo de reparación, puesto que los hábitos sexuales contaminados están arraigados en la cognición con una poderosa fuerza de la identidad o fuerza de hábito. La única solución auténtica es la difícil tarea de aplicar una técnica especial de responsividad y adaptación directamente a los Principios Masculino y Femenino (ver figura 29.4).

Eso significa que uno debe llegar más allá de las barreras del intelecto cognitivo y usar métodos que no son los mismos que las técnicas de *samatha* y *vipassana*. El método es de contemplación, en el que uno dirige la conciencia en forma de una responsividad natural directamente desde cada uno de los principios sin separarlos.

Es interesante observar que esta contemplación, que también es continua, es una condición previa para la técnica que se usa para eliminar el poder de la mente dual, restaurando una imaginación natural. Aunque enseñarnos a eliminar la mente dual no es la meta de la psicología del Dharma, sino solo disolver la contaminación de la identidad, la restauración de una sexualidad y sensualidad sanas es esencial en nuestro mundo, gobernado como está por la globalización de la mente y la degradación de la sexualidad en el momento presente.

## FIG. 29.4 El aprendizaje en relación con la sexualidad

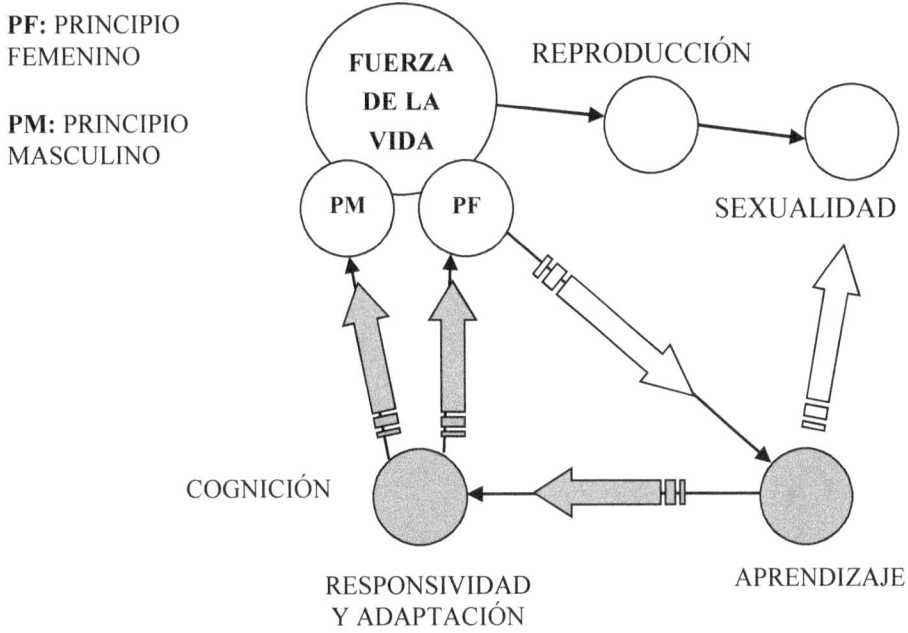

Dejemos bien claro, sin embargo, que los que están en el camino de la restauración encontrarán que, más allá de reducir su sexualidad y sensualidad a una función reproductiva, se libera el potencial de regenerar la unidad de todos los seres humanos, usando las características sexuales de cada género de manera natural, sin dominio de la cultura o religión preponderante. Una sociedad libre es aquella que tiene una comprensión clara de lo que es natural como resultado del despliegue de todos los atributos naturales sin la identidad y sin el control y dominio de la cognición condicionada por la cultura, el Estado o la religión (ver figura 29.5).

### 3. LA RENOVACIÓN DEL PROCESO DE LA TOMA DE IMAGEN DE LA FORMA PURA

El tercer frente se opone a la subyugación del asiento de la imaginación dentro de la conciencia, que denominaremos "el proceso de la toma de imagen de la forma pura", para eliminar la confusión con los términos utilizados para la imaginación mundana o intelecto.

La psicología del Dharma presenta un conjunto de procesos correctivos para restaurar la autonomía del estado natural. Eso disuelve eficazmente el dominio de la identidad, que es lo que requiere la mayoría de quienes sufren una adaptación errónea a la sociedad. Para ellos, los procesos correctivos para la liberación de la mente dual no son útiles; esos procesos correctivos avanzados se reservan para los pocos que desean ser libres y estar separados de la vida práctica en sociedad. A pesar de ello, resulta correcto que todos entiendan lo que realmente hace el proceso de la toma de imagen de la forma pura, para que no pueda confundirse con la imaginación mundana.

**FIG. 29.5 Restaurar el ciclo natural de la corriente de conciencia**

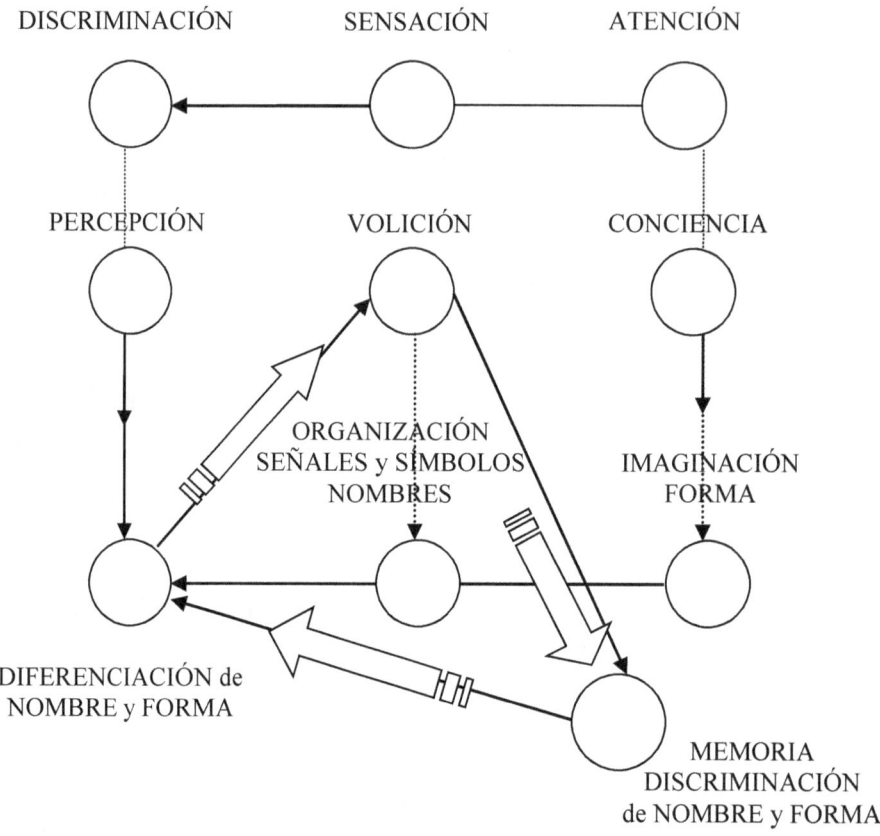

El término "imaginación" es claramente inadecuado para describir la función del elemento de la conciencia que recibe la transmisión más pura de las irritaciones externas desconocidas en su forma no contaminada.

Describir la cualidad de la imaginación como si fuese la receptora de formas modales (ver, tocar, etc.) es igualmente inadecuado. La imagen se transforma en algún punto a partir de la información recibida, pero no se puede relacionar de ninguna manera con la irritación externa del mundo real (ver figura 29.6). Se podría sugerir entonces que la imaginación compila una imagen que se deriva de la estimulación más pura que incide en los receptores desde el mundo externo.

Otros muchos han sugerido que el "intelecto puro" podría ser un término más correcto, pero eso también genera una tendencia a conectarse con conceptos de inteligencia humana y no refleja la composición de "forma" que hace la imaginación. Por tanto, optamos por la descripción de este proceso como "proceso de la toma de imagen de la forma pura". El término "imaginación" se reserva por tanto para procesos que no están directamente conectados con los procesos de crear la imagen de la forma pura. Esos procesos están involucrados en la recuperación de imágenes y su recombinación más que con el proceso directo de imaginación de la forma pura.

**FIG. 29.6 El proceso de la toma de imagen de la forma pura**

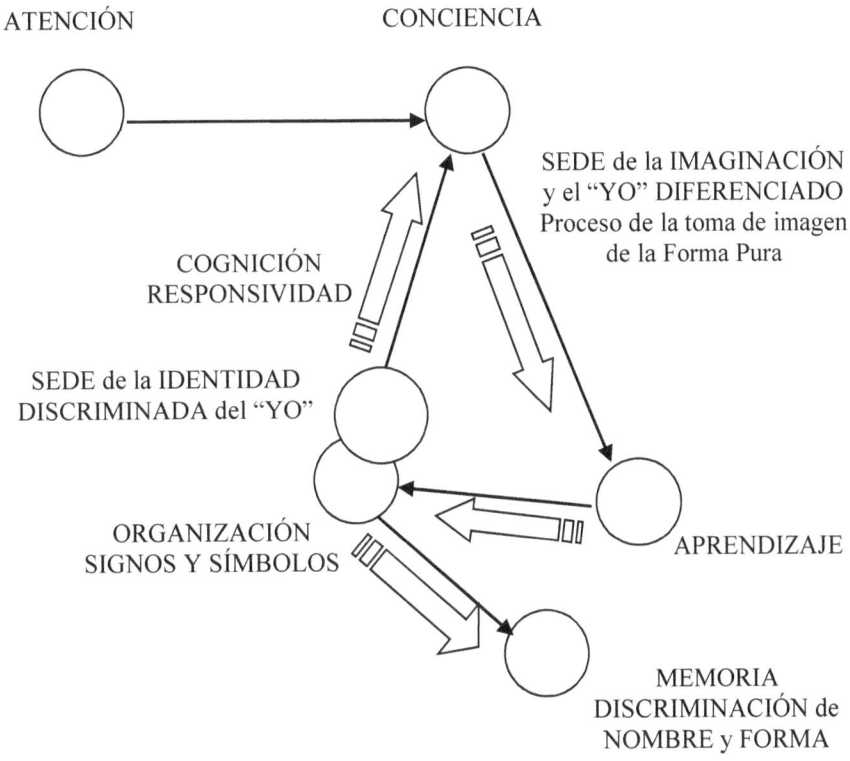

Cuando hablamos de aplicar la terapia correctiva, la corriente de la conciencia (que consiste de tres componentes: aprendizaje, cognición y la conciencia misma) debe regresar a su fuerza natural. Es evidente que hay que dirigir una gran cantidad de energía y dedicación a disolver el control de la identidad sobre la cognición dentro del primer frente mencionado previamente, que supone el restaurar el ciclo natural del aprendizaje cognitivo. Sin esa liberación, el segundo frente, que es generar la sexualidad natural, se vuelve increíblemente difícil, pues muy pocos pueden lograr un asalto directo sobre la conciencia para restaurar su función natural completa (ver figura 29.7).

En el tercer frente contra el virus cognitivo, que es renovar el proceso de la toma de imagen de la forma pura, hay tres tareas principales:
1. Liberación de los atributos cognitivos especializados de la conciencia o atención plena (*mindfulness*).
2. Clara comprensión de la naturaleza especializada de la tarea.
3. Técnicas de contemplación especializadas.

**FIG. 29.7 Terapia correctiva para el aprendizaje, la cognición y la conciencia**

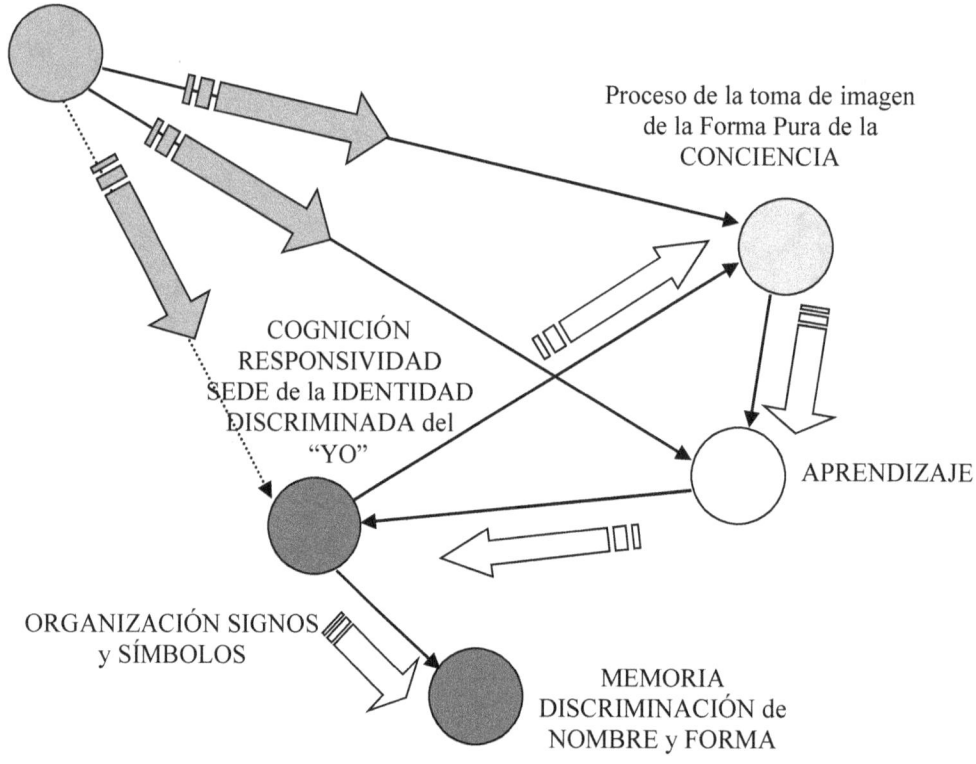

Asimismo, hay tres factores importantes en juego como influencias negativas contra la liberación de los impedimentos que permiten dejar a un lado la imaginación:

1. El apego cognitivo a la inteligencia.
2. El apego cognitivo a la posesión.
3. Las proporciones de los Principios Masculino y Femenino.

Por tanto, debe hacerse un diagnóstico claro y elaborar y desarrollar prácticas eficaces a partir de una base funcional y efectiva, usando una atención plena especialmente dirigida, vigilancia y una técnica de contemplación que se ajuste a los requerimientos de cada persona.

Volvamos entonces al proceso de la toma de imagen de la forma pura, como lo hemos llamado recientemente, y comparemos ahora ese proceso con las ideas tradicionales de la imaginación y el intelecto usadas por muchos filósofos trascendentales.

**3.1 La imaginación.** Primero, vamos a definir el proceso de la toma de imagen de la forma pura como el proceso de la conciencia que:

➤ Recibe señales neurológicas con respecto a las modalidades en uso en cada momento específico. Se trata de las señales de las irritaciones sin la contaminación de la identidad (ver, oír, tocar, oler y degustar).

➢ Recibe señales neurológicas con respecto al campo del mundo externo en una forma que es no-diferenciada.

En un estado natural, la función del proceso de la toma de imagen de la forma pura es transformar estas señales de campo no diferenciadas en forma diferenciada sin que intervenga la transformación de la identidad.

Podemos usar la analogía de un espejo que recibe señales. Como resultado, se forma una imagen en la superficie. Esa imagen corresponde a las señales no diferenciadas, el espejo mismo es el proceso y el reverso del espejo es donde se presentan las formas diferenciadas. Desde este campo de forma diferenciada, se extraen las formas particulares que luego se emparejan en la cognición con símbolos verbales.

Debemos entender, sin embargo, que esos símbolos verbales son en sí mismos formas que representan conceptos complejos, también compuestos de formas verbales.

**3.2 Aristóteles.** En su tratado *De Anima*, Aristóteles presentó la imaginación como el intermediario entre la percepción y el pensamiento (la cognición): "Las percepciones introducidas por los cinco sentidos se tratan o procesan primero por la facultad de la imaginación, y son las imágenes formadas así las que se convierten en el material de la facultad intelectual". Mirando este modelo podemos proponer lo siguiente.

Si tomamos en cuenta que su idea se concibió hace tanto tiempo y que hoy la mayoría de pensadores han ignorado su modelo, se acercó mucho a la diana. Pero este es un caso en el que errar por una micra es igual que errar por un kilómetro. El proceso de crear la imagen de la forma pura es alimentado directamente por la atención y no requiere de la percepción como intermediario.

**FIG. 29.8 La imaginación según Aristóteles**

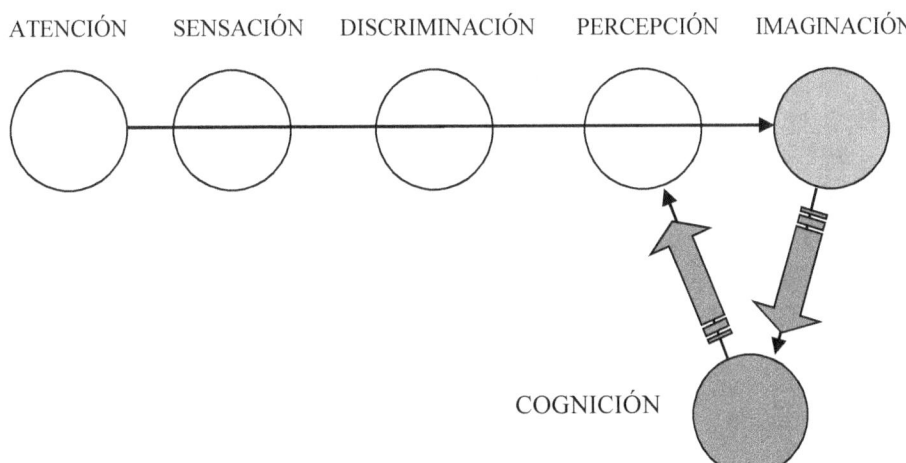

Ahora bien, Aristóteles estaba en lo correcto cuando describió la memoria como una colección de imágenes mentales elaboradas a partir de las impresiones sensoriales de cosas pasadas. Así, la cognición (volición) alimenta a la memoria y la memoria, a su vez, permite recuperar información cuando se requiere, completa con la aplicación de nombres.

Son estas huellas de la memoria y estos nombres lo que se produce como imaginación mundana, que no es mnemotécnica. Cuando las imágenes de forma/nombre se experimentan en el mismo orden temporal y espacial que las experiencias sensoriales originales, decimos que eso es la memoria. La diferencia clave entre el mero recuerdo de la memoria y las experiencias de la imaginación mundana es que estas últimas han sido procesadas por la cognición y además se ha producido una reestructuración en ellas.

Teóricamente podemos distinguir entre ambos, pero cuando en la práctica se experimenta una interpretación imaginativa del original, a veces es difícil valorar si es fiel al original o no.

¿Cómo distinguimos entre nuestros recuerdos y nuestra imaginación? El lugar contextual y el tiempo se consideran importantes en esta discriminación. Sin embargo, en los sueños y las fantasías, así como bajo la influencia de drogas, no es fácil establecer la diferencia. Cuando se trata de visualizaciones voluntarias, se emplea este mismo proceso pero, hasta el momento en que el meditador pierde este contexto voluntario, las visualizaciones se basan claramente en la memoria.

**3.3 Coleridge.** Coleridge sugirió que el mecanismo de la imaginación mundana es, de hecho, una invención asociativa en la cual las nuevas experiencias espaciales y temporales se despliegan como consecuencia de las leyes de asociación y de una facultad cognitiva selectiva. Nuestro "fantasear" sigue por tanto a las asociaciones sin que la facultad selectiva esté en funcionamiento.

En el caso de la imaginación mundana, podemos ver que la memoria es la fuente, mientras que el proceso de crear la imagen de la forma pura es independiente de la cognición.

Podemos usar los mismos términos que empleó Coleridge para explicar la función de la imaginación mundana en oposición al proceso de crear la imagen de la forma pura. Él afirmó que "modifica" y "co-adjunta" (crece junto como una unidad), produciendo una generación y producción "vital" de formas fluidas, en tendencias siempre discordantes que estaban ausentes en las experiencias originales de forma/nombre.

Así pues, la imaginación mundana se convierte en creatividad cuando se esfuerza por solventar un problema aparente que puede ser tanto consciente como subliminal, inventando reglas de asociación mientras fluye, liberada por la cognición. De esta facultad liberada de imaginación creativa proceden los artistas, escultores, escritores, poetas, coreógrafos y científicos, mientras que aquellos incapaces de liberar esta facultad no hacen más que copiar y distorsionar la verdadera creatividad.

**3.4 Kant.** La imaginación creativa no debe confundirse con la reconstrucción creativa, que es la función productiva y aparentemente creativa de la cognición que Kant reconoció como *Einbildungskraft*, aunque también se habla de ella con la denominación común de "imaginación".

Está claro que Kant, al usar la etimología de *Bild*, considera esta experiencia como la síntesis de los reinos mentales discretos de la sensibilidad, el entendimiento y la razón. Aun así, desde su punto de vista, la *Einbildungskraft* es inferior a la razón, en tanto hay siempre una clara conciencia de lo inadecuada que es como experiencia.

**3.5 Freud.** Freud también, al no entender la importancia del proceso de crear la imagen de la forma pura, señaló lo inadecuado que es lo que ahora conocemos como imaginación mundana, que describió como "la sobre-acentuación de la realidad psíquica en comparación con la realidad material". Su preocupación por tanto era que la identidad se aferraría a la gratificante imaginación mundana y rechazaría la realidad social, lo cual sugirió que era consecuencia de deseos infantiles o de miedos.

Ya que ahora tenemos clara la diferencia entre la imaginación mundana y el proceso de crear la imagen de la forma pura, debemos examinar las ideas de qué es el intelecto que se presentan como si fuesen trascendentales de hecho y ver si esas ideas son similares de alguna manera.

## 4. EL INTELECTO PURO

**4.1 Kant.** Volviendo a Kant, encontramos en el párrafo inicial de su ensayo *Respuesta a la pregunta: ¿Qué es la Ilustración?*, el siguiente intento de definir la Ilustración (que realmente debemos considerar como despertar y no iluminación): "La Ilustración es la emancipación del hombre desde la inmadurez auto-impuesta de la cual él mismo era responsable. La inmadurez y la dependencia son la incapacidad de usar el propio intelecto sin la guía de otro. Uno es responsable de esta inmadurez y dependencia si su causa no es la falta de inteligencia o educación, sino la falta de determinación y coraje para pensar sin la dirección de otro: '¡Atrévete a saber!' es, por tanto, el lema de la Ilustración". Más que una descripción del proceso de crear la imagen de la forma pura, aquí podemos ver una propensión cognitiva para avanzar en la liberación.

Un punto de vista psicológico con respecto a la liberación del proceso de crear la imagen de la forma pura que puede equipararse al despertar trascendental (que en realidad influye en su verdadera función humana) fue el que presentó Soyen Shaku en 1906: "(...) El intelecto, en su propia naturaleza, es relativo y no puede trascender sus propias limitaciones. Es dualista, no importa cuán alto vuele. Siempre necesita un objeto con el cual tratar, y nunca se identifica con él, pues no puede hacerlo sin destruirse a sí mismo. Debe haber un 'yo' y un 'no-yo' siempre que ocurre la intelección. La auto-alienación o apartarse él mismo del objeto en el que se ejercita es la razón de ser del intelecto, y es su punto más fuerte a la vez que el más débil".

**4.2 San Buenaventura.** Giovanni di Fidanza, San Buenaventura (1221-1275), un teólogo franciscano, sugirió que la esencia del Despertar era la *intelligentia* primaria, el intelecto puro, que es, en sus términos, contemplar el ser esencial de

Dios. Este punto se desarrolló con la noción de que al contemplar este "ser esencial", una persona estaría obligada, por necesidad de pensamiento, a sostener el ser absoluto como noción primera. Eso es así porque el no-ser no se puede concebir aparte del ser, del cual no es más que la privación. Así pues, plantea la unión de esta noción del ser absoluto, que es perfecto, y la existencia objetiva.

Podemos admitir que en su modelo, la cognición se usa en la contemplación de Dios como un proceso clarificador, quizá con el propósito de acercarnos a la liberación del proceso de crear la imagen de la forma pura, que concibe como esencialmente mezclado con la cognición en el ser humano. Tras alcanzar el pináculo como una práctica liberadora, da un paso atrás respecto de lo que debemos establecer que es la liberación completa, pues insiste que en esta forma suprema de actividad, la mente descansa en la contemplación de la infinita bondad de Dios, que es aprehendida por medio de la facultad superior, el *apex mentis* o sindéresis.

En un intento por lograr este *apex mentis seu synderesis scintilla*, que en círculos religiosos se considera como la parte suprema del alma desde la que se desenvuelve la unión mística con Dios, se reconoce que todo lo precedente está relacionado con la búsqueda cognitiva y las revelaciones, mientras que la sindéresis se relaciona con el "ser" y el "conocimiento directo" de lo "eterno y más presente, totalmente sencillo y más grande, más real e inmutable".

Podemos considerar que este punto es equivalente a la liberación del proceso de crear la imagen de la forma pura, el cual es sin duda la forma pura "eterna y más presente, totalmente sencilla y más grande, más real e inmutable", que el proceso de crear la imagen de la forma pura debe transformar en un estado diferenciado.

En la Cábala, esto se denota en parte por el simbolismo del Velo de *Paroket*, que separa los cuatro *sefirot* inferiores del *Tiferet*, el quinto. Al final de la sexta etapa se consigue una "perfección de iluminación", mientras que la séptima tiene lugar al "atravesar el Mar Rojo" hacia una "oscuridad súper-luminosa" y el "no-conocimiento". Es curioso que esta serie de etapas correspondan a las ocho etapas del *bodhisattva* en las enseñanzas budistas y al proceso del Despertar en la sexta y séptima etapas en el Dharma Chan. Pero continuemos.

Buenaventura le dijo a un amigo: "Pero tú, amigo mío, respecto a las visiones místicas, con tu viaje determinado con más firmeza… abandona tus sentidos y actividades intelectuales, las cosas sensoriales e invisibles, todo no-ser y ser; y en este estado de desconocimiento sé reintegrado, en la medida que sea posible, a la unidad con Aquél que está por encima de toda esencia y conocimiento. Pues al trascenderte a ti mismo y todas las cosas, mediante el éxtasis inconmensurable y absoluto de una mente pura, dejando atrás todas las cosas y liberado de todas las cosas, ascenderás al rayo súper-esencial de la oscuridad divina".

Podemos ver por tanto que el error religioso radica en no darse cuenta de la importancia de la liberación a la hora de generar una restauración fisiológica. Por el contrario, ese modelo le superpone al proceso temporalmente liberado de la toma de imagen de la forma pura las restricciones de un ser divino, con todos sus mandamientos y limitaciones, como Última Dualidad, generando a "Dios" por un lado y "No-Dios" por el otro.

Esto se muestra en la descripción de la conceptualización religiosa de la trascendencia: "magister templi" (*Biná*), "magus" (*Jojmá*) e "ipssisimus" (*Kéter*), hacia la séptima etapa final, la séptima tierra del Dharma Chan. Esta aceptación de la muerte o unidad con el "fuego", la única cosa que puede lograr una conclusión exitosa para que el adepto pueda "pasar de este mundo hacia el Padre", no es consistente con la experiencia desapegada de unidad con la Fuerza de la Vida, que no tiene nombre o identidad y es simplemente parte del proceso holístico de la vida para el ser humano.

Por eso, en el sistema religioso, no hay verdadera purificación. Simplemente se produce un alineamiento de la experiencia trascendental con la cognición, que purifica el comportamiento externo sin ajustar la base psicológica de manera que se puedan restaurar de verdad un equilibrio y armonía naturales y correctos.

Y así, si bien reconocemos que la intención de purificar el comportamiento en línea con una reconciliación final con un Dios ilusorio puede tener éxito, lo único que se logra es sustituir una ilusión completamente contaminada por una ilusión noble, que se transforma casi instantáneamente en delusión –la creencia de que la ilusión es real.

# Capítulo 30

# La concentración centrada en el cliente: cómo disolver la influencia de la identidad

Al cliente, que sin duda solo estará interesado en reducir su infelicidad y construir algo que sea completamente consistente con la vida normal, nunca se le presentarán estas contemplaciones de las que hemos hablado. A él se le ofrece la recuperación, que depende de la sincronía entre los componentes cognitivos para que funcionen con naturalidad, así como también de la eliminación de los hilos contaminados de la memoria que contienen los tres venenos de la identidad.

Hay tres métodos para eso, todos ellos relacionados con la corriente aferente del procesamiento de información:

1. La concentración en el procesamiento (*samatha* de los cinco *skandhas*)
2. La concentración en los niveles de abstracción de la mente (*samatha* de los *jhanas*)
3. La concentración en los contenidos de la mente (*vipassana*)

## 1. LA CONCENTRACIÓN EN EL PROCESAMIENTO (*SAMATHA* DE LOS CINCO *SKANDHAS*): DETALLES DEL ASALTO A LA IDENTIDAD RELACIONADO CON EL FLUJO AFERENTE DE PROCESAMIENTO DE LA INFORMACIÓN

El principal objetivo es proceder desde la sensación, a través de la discriminación, la percepción y la volición a la conciencia, examinando la operación específica de cada una sobre el fondo de la experiencia total de atención, a la que llamamos "devenir", en la etapa previa a la atención unidireccional a la irritación dentro de cada modalidad.

En la sensación, el foco se dirige sobre un estímulo particular del tacto, el oído, la visión, el gusto o el olfato a su vez, teniendo como objetivo la clara comprensión de la vacuidad de la experiencia en ese punto particular del procesamiento.

Así, de manera similar con la discriminación, el foco se pone en la discriminación de los gustos, no-gustos y la indiferencia hacia un estímulo, que se experimentan como vacuidad. A esto le sigue una atención enfocada sobre la forma y nombre de un objeto simplemente como identificador que le confiere una identidad separada aparente a cada fenómeno; esa aparente identidad del fenómeno se experimenta asimismo como vacuidad. Siguiendo ese ejercicio, la atención unidireccional se dirige a la elaboración que tiene lugar en la volición en presencia de un estímulo, como resultado de la recuperación desde la memoria de huellas de memoria asociadas y relevantes a ese estímulo particular. Está claro que ese proceso también se experimenta como vacuidad, ya que es simplemente la mente la que lo produce. Por último, la concentración unidireccional se dirige a la experiencia de tocar, oír, ver, degustar, oler y a la experiencia de pensar en un tema. El pensamiento se genera en la cognición y se señaliza desde ese proceso. Así pues, todo se experimenta como vacuidad y también lo es la identidad que desempeña su papel en cada proceso. Partiendo de las identificaciones viscerales, emocionales, pasionales y abstractas con los cuatro procesos más elementales de la serie de cinco, la identificación final de la conciencia de uno mismo como observador también se verá como vacuidad.

**FIG. 30.1 Concentración en el procesamiento (*samatha* de los cinco *skandhas*)**

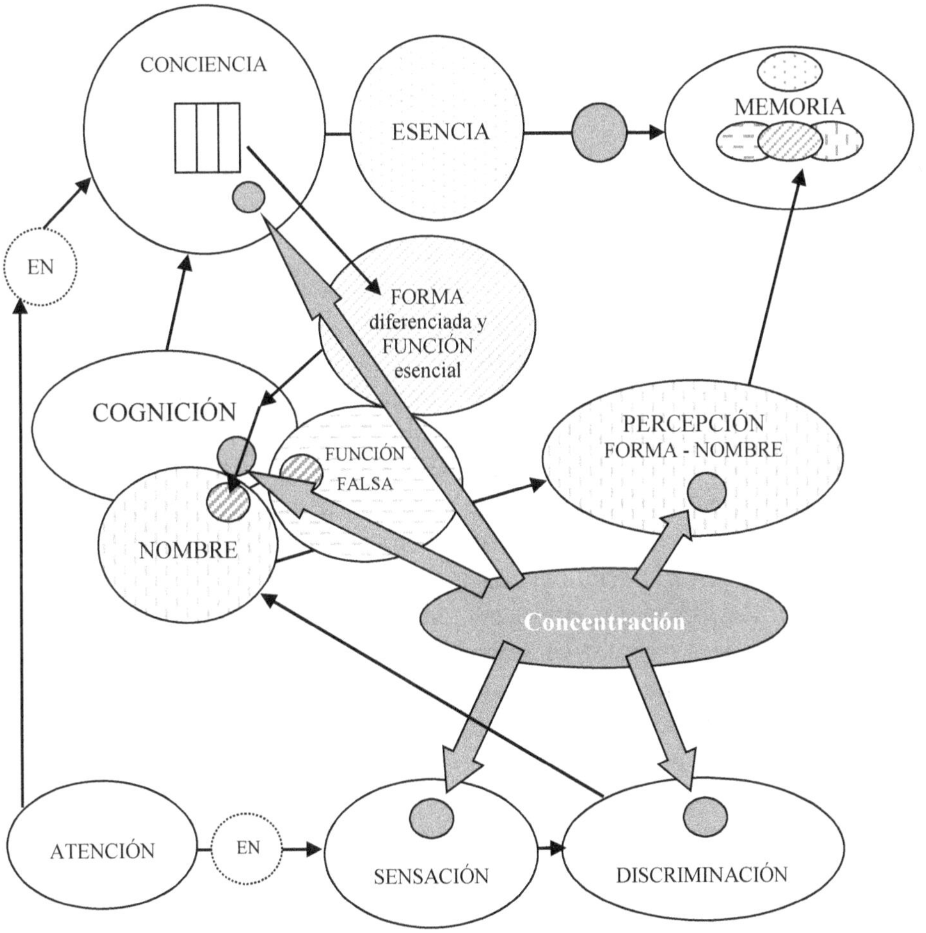

**EN**: ESTÍMULO NUEVO

CONCENTRACIÓN EN EL PROCESAMIENTO DE LA INFORMACIÓN DE UNA EXPERIENCIA EN UNA MODALIDAD ESPECÍFICA
LA IDENTIDAD Y EL DEVENIR (DE FONDO) ESTÁN SIEMPRE PRESENTES
LA EXPERIENCIA ESPECÍFICA EN LA CONCIENCIA ES "SE ESTÁ OYENDO", "VIENDO", "TOCANDO", "OLIENDO" Y "GUSTANDO"

## 2. CONCENTRACIÓN SOBRE LOS NIVELES DE ABSTRACCIÓN DE LA MENTE (LOS *JHANAS* EN LA *SAMATHA*)

Esta meditación la practicaron los primeros sabios indios, y el Buda histórico la empleó y enseñó a sus discípulos. El objetivo, empezando con la concentración en la respiración, es llevar al meditador a través de ocho niveles de experiencia (cuatro *jhanas* de forma y cuatro *jhanas* sin forma) de manera bastante automática.

En estos ocho estados de la mente, la conciencia está libre de lo que se denominan los cinco obstáculos, que son el deseo, la aversión, la pereza, la agitación y la duda, además del pensamiento discursivo.

**2.1 Los *jhana*s de forma.** Los primeros cuatro *jhanas* se llaman *rupa* (forma) y durante estos niveles la mente se enfoca únicamente en un objeto material. A esto se le llama atención unidireccional (*ekaggata*). Los *jhanas* se describen normalmente de acuerdo a la naturaleza de los factores mentales que están presentes en esos estados.

El primer *jhana*: el movimiento de la mente en la dirección del objeto (*vitakka*). No es la atención normal a un objeto sino más bien la fijación inicial resuelta hacia él (*appana vitakka*).

El segundo *jhana*: sostener la mente en el objeto, posándose como una mariposa (*vicara*), que es la secuela natural del primer *jhana*. Esto inhibe las dudas (*vicikiccha*).

El tercer *jhana*: la alegría (*piti*) tiene cinco variantes. Brevemente se los puede describir como estimulante, intermitente, fluyente, flotante y, por último, que cubre. *Piti* de hecho genera un interés natural en el objeto.

El cuarto *jhana*: la felicidad (*sukha*), que no es la felicidad tradicional que se experimenta normalmente. Es otro estado que no es el mismo que *piti*; es más bien una dichosa condición de disfrute sin la identidad y ayuda a eliminar la inquietud y el desánimo. Quizá "bienestar" sería una descripción mejor.

*Vitakka*, *vicara*, *piti* y *sukha* están presentes todas ellas en el primer *jhana*. Luego, a medida que cada una de las cuatro características se va desprendiendo, se califica como otro nivel (*jhana*). Claramente el término *jhana* es puramente arbitrario, pues en realidad se trata simplemente de la misma meditación que va progresando.

En el primer *jhana*, las cuatro características están presentes. El movimiento mental más sutil se mantiene. Las intenciones están libres de identidad.

En el segundo *jhana*, desaparecen *appana vitakka* y *vicara* y cesa toda intencionalidad. La meditación se dirige naturalmente a su curso mientras el movimiento mental cesa.

En el tercer *jhana*, toda la alegría se disipa.

En el cuarto *jhana*, toda dicha se desprende y la respiración deja de ser evidente.

Puede verse que en los primeros cuatro *jhanas* se han desarrollado ciertos atributos valiosos y que por eso a la mayoría se les aconseja avanzar en la concentración de los *jhanas* antes de entrar en la *vipassana*. Algunos pasan a la *vipassana* tras el nivel inicial, otros en el cuarto *jhana* y muchos tendrán que avanzar hasta completar los ocho *jhanas*.

**2.2 Los *jhanas* sin forma.** En el quinto *jhana*, el primer estado sin forma llamado *arupa*, el meditador descubre que no hay objeto sino solamente un espacio infinito, que está vacío.

En el sexto *jhana*, el espacio mismo deja de existir como experiencia. Solo hay una conciencia infinita e indefinible.

En el séptimo *jhana*, aparece la experiencia de que la conciencia en sí misma es vacuidad, pero esa vacuidad todavía es escurridiza.

En el octavo *jhana*, no hay ni percepción ni no-percepción de la conciencia. Podemos asumir que la mejor descripción es una conciencia implícita (*awareness*) de la Fuerza de la Vida sin conciencia de esa fuerza o de la conciencia en sí.

**FIG. 30.2 Concentración en los niveles de abstracción de la mente (*samatha* de los *jhanas*)**

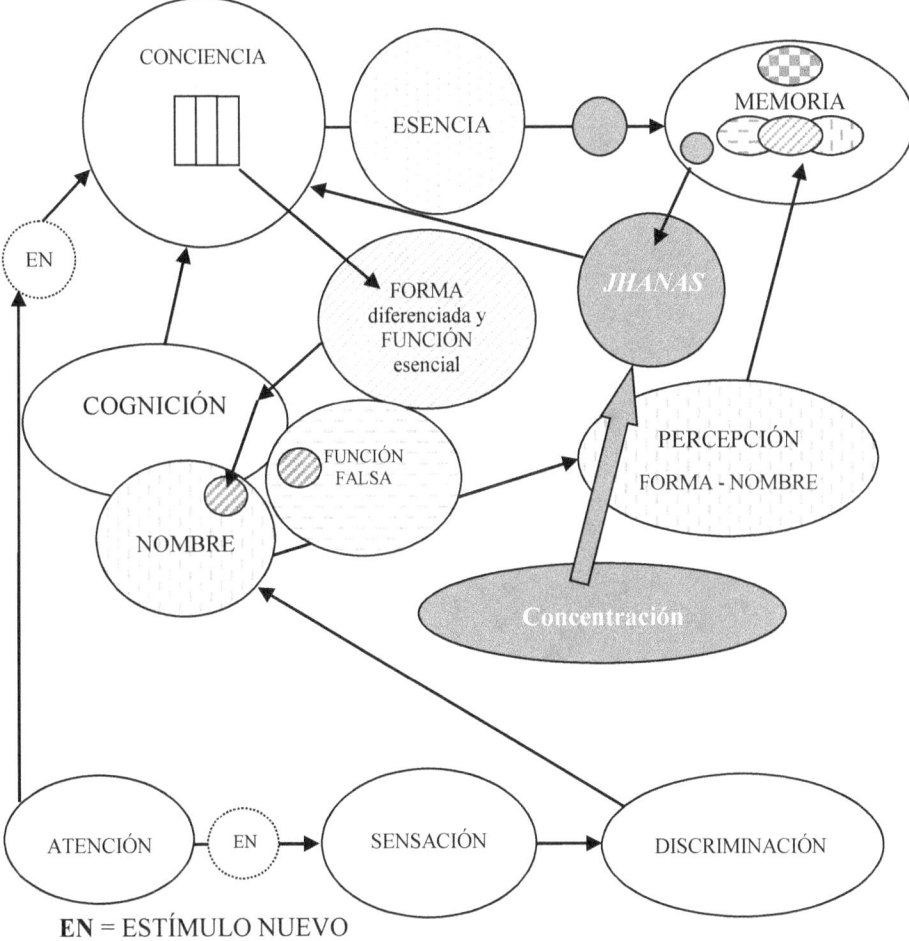

**EN** = ESTÍMULO NUEVO

CONCENTRACIÓN EN LOS DIVERSOS NIVELES DE CONCEPTOS ABSTRACTOS NO MANCHADOS RECUPERADOS DE LA MEMORIA EN LA PANTALLA DE LA CONCIENCIA (CONCENTRACIÓN EN LOS *JHANAS*)

## 3. CONCENTRACIÓN EN LOS CONTENIDOS DE LA MENTE (*VIPASSANA*)

Este método es conceptualmente bastante simple, aunque su ejecución es difícil. En principio, después de empezar con la misma concentración en la respiración como en las dos formas anteriores, uno libera todos los sentidos de la información aferente y se asienta para morar en el estado en el que a la memoria se le permite un acceso libre a la volición (o cognición). Esta introspección en hechos pasados, presentes, y futuros sin filtro se ve y penetra con introspección, lo que desarrolla una absorción en cada acontecimiento.

Es el "soltar" la identidad lo que permite que los acontecimientos se vean como vacuidad. Así todos los acontecimientos, tanto internos como externos, se perciben como ilusión, y la identidad cesa de ejercer su influencia. La descripción completa de estas técnicas queda más allá del ámbito de este tratado y, como en todas las prácticas, es esencial contar con la ayuda de un guía.

**FIG. 30.3 Concentración en los contenidos de la mente (*vipassana*)**

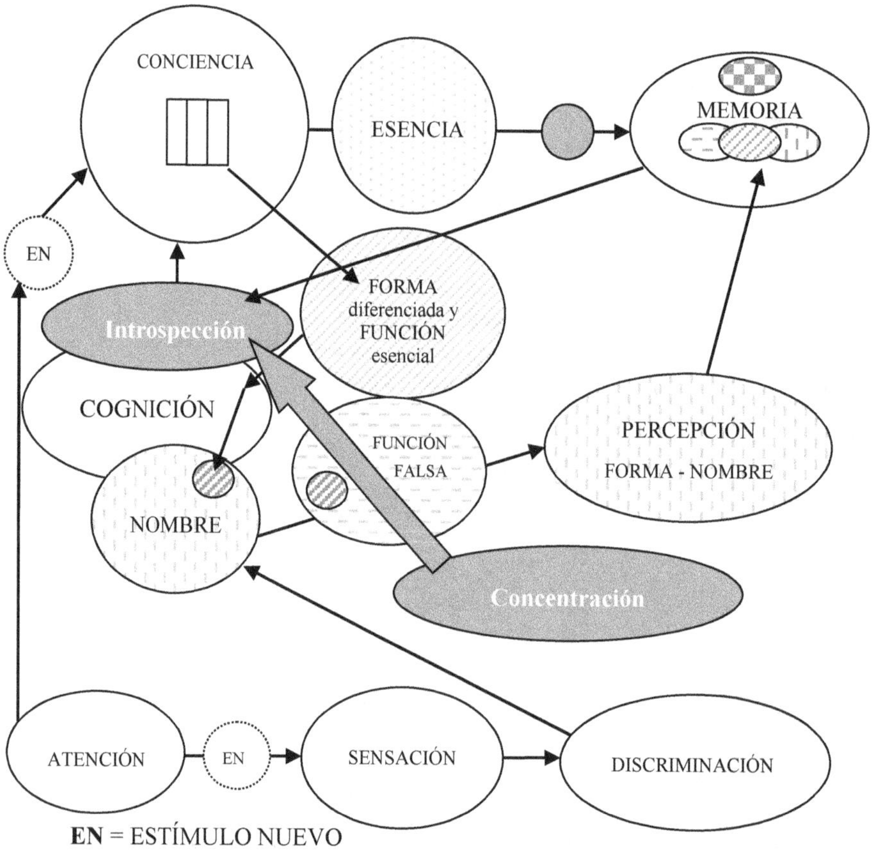


**EN** = ESTÍMULO NUEVO

CONCENTRACIÓN EN LA INTROSPECCIÓN DE LOS CONTENIDOS MANCHADOS DE LA MEMORIA (*VIPASSANA*) DENTRO DE LA CONCIENCIA

# Capítulo 31

## La noble verdad

Cada día mueren sin necesidad alguna alrededor de 50.000 seres humanos y un número muy superior de aquellos que llamamos con arrogancia "animales inferiores". ¿Cuál es la causa de la muerte de estos seres humanos? Decimos que es la hambruna, las enfermedades transmitidas por el agua y lo que llamamos SIDA. Cada dos segundos muere una persona por una de estas tres causas. Mientras la minoría vive sus vidas buscando falsa felicidad, con confusión, codicia y aversión, trabajando, estudiando, preocupándose, rezando a pesar de seguir estúpidamente en un mundo de ignorancia, la mayoría no tiene tiempo para sufrir; están ocupados muriendo.

El otro día elegí esta frase que me pareció apropiada: "No importa cuán grande seas o cuánto hayas logrado, a más de mil millones de personas en China no les podría importar menos". Podemos extender esa frase más allá y afirmar que no importa lo mucho que hablemos del sufrimiento humano, el estado del ser humano natural, la virtud o las faltas del Estado, la cultura, la educación, el sistema social, la religión o la política, 50.000 seres humanos mueren cada día y a los que están en camino a morir por hambruna, las enfermedades transmitidas por el agua o el SIDA no les podría importar menos.

En *Julio César* de Shakespeare, Marco Antonio declara:

> *Vengo a enterrar al César,*
> *no a ensalzarlo.*
> *El mal que hacen los hombres vive tras ellos,*
> *el bien a menudo es enterrado con sus huesos.*

A pesar de la auto-adulación y ensalzamiento humanos, el mal que hacemos ahora vivirá tras nosotros, incluso después de que la última conciencia de las ilusiones del "bien" hecho por el último ser humano sea enterrada con sus huesos. Sí, es el mal que hacemos el que es la causa de la potencial eliminación innecesaria de la especie humana y de la destrucción inevitable de este planeta Tierra a manos de la identidad humana. El gran sabio Gautama declaró en su *Sermón del fuego*:

> *Todas las cosas, oh sacerdotes, están ardiendo. ¿Y qué, oh sacerdotes, son estas cosas que están ardiendo?*
> *El ojo, oh sacerdotes, está ardiendo; las formas están ardiendo; la conciencia del ojo está ardiendo; las impresiones recibidas por el ojo están ardiendo; y cualquier sensación, agradable, desagradable, o indiferente, que se origina dependiendo de las impresiones recibidas por el ojo, eso también está ardiendo.*

*¿Y con qué están ardiendo?*

*Con el fuego de la pasión, digo, con el fuego del odio, con el fuego del deseo; con el nacimiento, la vejez, la muerte, la aflicción, el lamento, la miseria, la pena y la desesperación están ardiendo.*

*El oído está ardiendo; los sonidos están ardiendo; la conciencia del oído está ardiendo; las impresiones recibidas por la oído están ardiendo; y cualquier sensación, agradable, desagradable o indiferente, que se origina dependiendo de las impresiones recibidas por el oído, eso también está ardiendo.*

*La nariz está ardiendo; los olores están ardiendo; la conciencia de la nariz está ardiendo; las impresiones recibidas por la nariz están ardiendo; y cualquier sensación, agradable, desagradable o indiferente, que se origina dependiendo de las impresiones recibidas por la nariz, eso también está ardiendo.*

*La lengua está ardiendo; los sabores están ardiendo; la conciencia de la lengua está ardiendo; las impresiones recibidas por la lengua están ardiendo; y cualquier sensación, agradable, desagradable o indiferente, que se origina dependiendo de las impresiones recibidas por la lengua, eso también está ardiendo.*

*El cuerpo está ardiendo; las cosas tangibles están ardiendo; la conciencia del tacto está ardiendo; las impresiones recibidas por el tacto están ardiendo; y cualquier sensación, agradable, desagradable o indiferente, que se origina dependiendo de las impresiones recibidas por el tacto, eso también está ardiendo.*

*La mente está ardiendo; las ideas están ardiendo; la conciencia del pensamiento está ardiendo; las impresiones recibidas por el pensamiento están ardiendo; y cualquier sensación, agradable, desagradable o indiferente, que se origina dependiendo de las impresiones recibidas por el pensamiento, eso también está ardiendo.*

De haberlo sabido, podría haber declarado: "Por medio de este fuego que hay en el ser humano, oh sacerdotes, todo el mundo natural, toda la vida, se consume". Nuestra tarea tiene dos aspectos por tanto: cambiar el "chip" de la minoría que busca la saciedad de sus identidades y atraer la atención de la mayoría que no hace otra cosa más que tratar de sobrevivir hoy.

Pero, ¿qué tiene esto que ver con una nueva psicología? Todo, pues la psicología y psiquiatría actuales están perpetuando el mito de la enfermedad mental y, al hacerlo, alimentan el fuego que consume al mundo. Es algo que hacen al establecer la identidad como norma. ¿Con cuánta frecuencia escuchamos la expresión de "falta de auto-estima" o la necesidad de "ser asertivo con respecto a la propia identidad"? Es esta misma norma, considerada "saludable", la que está estableciendo el egoísmo como el criterio estándar del comportamiento humano.

Einstein dijo: "Si quieres descubrir algo sobre física teórica y sobre los métodos que usan los físicos, te recomiendo que sigas de cerca este principio: no escuches sus palabras, presta atención a sus acciones".

Podemos decir lo mismo con respecto a la psicología clínica y social y a la psiquiatría. Podemos decir, irónicamente quizá, que hablan, escuchan y escriben. ¿Qué producen? Esa es la pregunta crítica, ¿no? ¿Producen un regreso al comportamiento natural para aquellos que consideran mentalmente enfermos, o simplemente los devuelven a la hoguera?

La tesis de Freud fue que la conducta humana está determinada por fuerzas inconscientes, las cuales a su vez están causadas por impulsos instintivos y experiencias tempranas. Aunque no podemos decir que esta idea es incorrecta, pues ciertamente la Fuerza de la Vida es un impulso instintivo y las experiencias tempranas marcan el comportamiento adulto futuro, solo es una explicación parcial. La pregunta es si esta afirmación toma en cuenta el hecho de que hay dos fuerzas inconscientes principales: la Fuerza de la Vida natural y la que se centra en el Ego.

Podemos decir que la conducta humana natural está determinada por el impulso instintivo de la Fuerza de la Vida, que puede aumentarse con las experiencias tempranas correctas, y que la conducta humana destructiva está determinada por el impulso instintivo de la identidad (que se opone a la Fuerza de la Vida) y puede verse aumentada por experiencias tempranas incorrectas.

La sociedad, la educación, el Estado y la religión están determinados y se refuerzan como jueces principales de la conducta humana en función de los impulsos de la identidad. Cuando el sistema humano se derrumba bajo la acometida de la existencia del Ego, a la persona afligida se le denomina "mentalmente enferma". Este término no solo es incorrecto, sino que refuerza la enfermedad social de ignorancia que infesta al mundo. El clamor homeostático para volver a lo que es natural y sano recibe como respuesta un injustificado lavado de cerebro y una medicina cuestionable hasta que al presunto "paciente" se le devuelve a la fosa en llamas llena de gente, donde el péndulo oscila sin cesar hacia atrás y hacia adelante.

Fue y es un grave error considerar que la conducta personal solo se puede comprender al investigar la mente del hombre como producto de su ambiente social, sin tener en cuenta también que el ambiente social en sí mismo es producto de la mente del hombre.

La psicología y, quizás más aún, la psiquiatría pueden equipararse con la astrología. El Buda declaró: "Aunque algunos ascetas y brahmines se ganan la vida con artes vulgares como predecir un eclipse de luna, de sol, o de una estrella; que el sol y la luna seguirán su curso o se desviarán; que una estrella seguirá su curso o se desviará; que habrá una lluvia de meteoritos, una llamarada en el cielo, un terremoto, truenos; que la luna, el sol o las estrellas saldrán, se ocultarán, se oscurecerán o brillarán; y que 'tales serán los resultados de estas cosas', el asceta Gautama se abstiene de tales artes vulgares y medios incorrectos de ganarse la vida".

La práctica clínica relacionada con la enfermedad mental no es una ciencia; se basa en la predicción de un comportamiento futuro en función del comportamiento pasado y de las normas sociales. Se define a sí misma solo por lo que pretende hacer, no por lo que hace en realidad. ¿Cómo redefine entonces lo que ahora se llama enfermedad mental y lo refuerza con la idea de que hay un paciente ignorante y un médico experto? Afirmando que el paciente requiere tratamiento y terapia.

El regreso a la sociedad se denomina "ajuste y reinserción social". Suena más bien como si una pieza se hubiera salido de su lugar correcto en el rompecabezas y hubiera perdido su forma. Lo único que hay que hacer es volver a darle forma e insertarlo una vez más en su lugar, y así todo irá bien. Ciertas piezas del rompecabezas pueden quedar más completas dentro de los márgenes rectos de la psicología, dependiendo del bonito patrón de la cultura, el Estado, la educación, la iglesia y la sociedad. Por supuesto, continuamente hay piezas que se salen y tienen que ser devueltas a su sitio. Podemos llamarles "trastornadas" a estas piezas y cambiarlas de forma, o fijarlas dentro del rompecabezas con pegamento para estar seguros de que no podrán escapar, tildándolas de aberrantes sociales y criminales. Sin embargo, nunca cuestionamos la viabilidad de los bonitos patrones del rompecabezas que se presenta como estándar.

Lo que tenemos en realidad, cuando no hay un problema de raíz fisiológica real, no es enfermedad mental sino histeria, que se define como un estado de gran agitación mental, un miedo aparentemente incontrolable o un desorden que se caracteriza por violentos estallidos emocionales y distorsiones de las funciones motoras y sensoriales.

El error se produjo por la similitud entre los síntomas de la histeria y los de las enfermedades neurológicas orgánicas. Las opciones eran tratarla como una no-enfermedad frente a la enfermedad o, alternativamente, agrupar ambos casos como enfermedad. Se consideró aceptable dividir su tratamiento y generar una nueva división en la medicina, llamada psiquiatría. Sin embargo, para la profesión médica, permitir una división del tratamiento de la no-enfermedad habría significado una pérdida de dignidad e influencia sin precedentes. Así pues, la no-enfermedad se transformó en enfermedad mental, con todas sus implicaciones.

El estudio de la no-enfermedad desviada es bastante diferente del estudio de la enfermedad mental. En la primera, el énfasis recae sobre el estado desviado, al preguntarse "¿por qué hay una desviación de la norma?". Eso da pie a preguntas que tienen que ver con la corrección de la norma. En la segunda, el énfasis se pone en el estado desviado de la mente del individuo en cuestión, que es relevante para la norma definida médicamente.

## EL TRATAMIENTO CLÍNICO

Ciertamente la psicología ha hecho un avance en la dirección correcta, aunque el término psicología se refería originalmente al estudio del espíritu humano (se compone de las palabras griegas *psyché*, que significa "mente" o "espíritu", y *lógos,* "una explicación o estudio"). No fue hasta el siglo XVIII cuando el término "psicología" adquirió su significado más correcto: el estudio del comportamiento. Hoy en día, la principal corriente de la psicología que no es clínica se puede considerar de hecho como un estudio científico y sistemático del comportamiento humano y animal.

Pero la psicología clínica no ha logrado librarse de la sombra de la "bruja malvada" y su influencia ha sido peor, pues las ramas terapéuticas que aplican parches y tiritas a unas heridas inexistentes han copado el mercado. Son pocos los que, tras leer un libro o dos o recibir un curso, no se consideran a sí mismos expertos psicólogos clínicos. La verdad es que el conocimiento en pequeñas dosis es algo peligroso y hay una tendencia moderna a creer que cualquier cosa que uno hace, incluido coleccionar una masa de prácticas "a mi manera", es correcta. Hay un dicho pintoresco que es apropiado aquí: "Hay que estar loco para ir al psicólogo o al psiquiatra".

Lo que hay que aprender es que realmente hay una Fuerza de la Vida naturalmente sabia, que está disponible en todo ser humano, y que hay varios procesos que cosificamos y llamamos "identidades", que son ajenos a la Fuerza de Vida. Estas identidades causan tensiones antinaturales, que experimentamos en forma de sufrimiento, enfermedad psicológica y falsa felicidad, y refuerzan el ciclo negativo del comportamiento destructivo.

Podemos llamarle a esto la PRIMERA NOBLE VERDAD.

También debemos aprender a detectar la causa operativa del conflicto entre la Fuerza de la Vida y la identidad. Es la presencia de la mente dual, que permite el deseo y el apego a fenómenos falsamente separados y les da existencia individual. Esto también incluye la delusión de la existencia de una auto-identidad.

Podemos llamarle a eso la SEGUNDA NOBLE VERDAD.

Debemos aprender que la Fuerza de la Vida es pura e indestructible y que lo que ha sido condicionado por una sociedad retorcida y por la presencia de la identidad puede disolverse. Entonces la mente verdadera puede ser liberada y la ilusión de la identidad se puede usar de manera natural como una herramienta beneficiosa y no como maestro.

Esa es la TERCERA NOBLE VERDAD.

Esto nos lleva a la cuarta y última Noble Verdad, que es la verdad sobre el camino que debe recorrerse para liberar la mente pura (*alaya*) de la conciencia manchada que la recubre y restaurar el estado no manchado.

Este camino se llama psicología del Dharma Chan, que es la CUARTA NOBLE VERDAD.

# Capítulo 32

## El pozo y el péndulo

Volvamos a esa pregunta apremiante: ¿acaso la medicina tradicional y la alternativa pueden sofocar el fuego de la mente humana que sufre y causa sufrimiento a los demás? ¿Qué producen? Esa es la pregunta crítica. ¿Acaso producen un regreso al comportamiento natural para aquellos que consideran enfermos mentales, o simplemente los devuelven al pozo en llamas?

Los términos "psicología" y "psiquiatría" derivan ambos de la antigua palabra griega *psyché*, que es mejor traducir como "mente". Mientras que la primera añade el sufijo *–logía*, que significa "estudio", la segunda incluye el concepto de *iatréia*, que significa "curación", relacionada con *iatrós,* "médico".

Pese a que no tenemos argumentos en contra de ninguna disciplina aplicada o académica que involucre el estudio científico de procesos mentales como la sensación, la emoción discriminativa, la percepción, la volición, los procesos cognitivos, el comportamiento social, las relaciones y demás, sí que cuestionamos la aplicación actual de tales conocimientos a los problemas de los individuos en sus vidas cotidianas y el tratamiento aparente de lo que erróneamente se denomina "problemas de salud mental".

La psicología se ha deslizado hacia el mundo de la curación, con mucha oposición desde las instituciones tradicionales, y se la mantiene en su lugar solo porque todavía no puede abrir el *vademécum* y dispensar medicinas como los curanderos tradicionales que vendían tónicos para curar todos los achaques. Si uno investiga en los debates tradicionales, se encuentra con que la palabra que se maneja profusamente en todas las teorías sobre el tratamiento es la palabra mágica "mente" y no el término biológico y neuro-científico, que es "cerebro".

¿Acaso la mente está divorciada por tanto de alguna manera del cerebro? ¿Acaso los aspectos experimentales de la atención, la sensación, la discriminación, la volición, la cognición, la memoria, el aprendizaje y similares no tienen nada que ver con los aspectos clínicos? Es verdad que experimentalmente tanto la psicología moderna como la medicina incorporan en su trabajo estudios biológicos, químicos, fisiológicos y neurológicos, así como nuevos descubrimientos, con una actitud abierta y flexible. Pero de algún modo, cuando se llega a las aplicaciones clínicas de todo este conocimiento, el "cerebro" se pierde y misteriosamente surge de golpe la nebulosa "mente".

¿Dónde se encuentra esta mente que enigmáticamente está "mentalmente enferma"? ¿Podemos verla, tocarla o sentirla de alguna manera que sea concreta? No. Sigue siendo escurridiza, como el concepto de "Dios". Cuando está ahí, no puedes hacer nada con ella, porque no tiene una base fisiológica sólida. Así pues, los teóricos pueden elaborar modelos clínicos de tratamiento al margen de los investigadores que realizan los experimentos. Los teóricos dedicados se pueden retirar a sus torres de marfil, citando conceptos científicos cuando son útiles y apropiados, repitiéndolos para sus "pacientes" como si fueran galletas de la suerte chinas que contuvieran una verdad sagrada a la que solo ellos tienen acceso.

Eso es un error, pues un modelo es un componente crítico y activo que define variables importantes, así como la relación entre esas variables. En los modelos, todo puede reducirse a una entidad simple, con plena comprensión de que esa entidad que hay dentro del modelo solo es una representación. Si queremos saber algo sobre las múltiples unidades del modelo, se pueden estudiar individual o colectivamente. Este método es la postura que forma el cimiento de gran parte de la investigación en psicología. Pero estos modelos no se pueden sostener como herramientas teóricas si no son capaces de generar observación y experimentación, desarrollar medios para juzgar la probabilidad de corrección y crear o confirmar prácticas válidas que se hayan aplicado previamente.

Así pues, la psicología usa modelos, pero esa no es toda la historia, porque una nube de misticismo cubre la cima del verdadero entendimiento y permite a los profesionales tomar un poco de aquí, otro poco de allá y armar su propio mundillo de tratamientos, ayudados e inducidos por un pedazo de papel colgado de una pared, una etiqueta que los convalida como discípulo de alguna escuela que legitima su estupidez y un número que dice que son los nuevos sacerdotes brahmines del mundo.

Hay un cuento maravilloso sobre un elefante que procede del Dharma jainista y que también cuenta el Dharma de Buda. La historia presenta a seis hombres ciegos a quienes se les pide determinar a qué se parece un elefante; sin embargo a cada uno solo se le permite tocar una parte diferente del cuerpo. El hombre ciego que toca una pata dice que el elefante es como un pilar; el que toca la cola asegura que es como una soga; el que siente su trompa lo compara con la rama de un árbol; el que siente sus orejas dice que es como un abanico; el que toca su tronco afirma que se parece a una pared; y el que toca los colmillos insiste en que el elefante es una tubería sólida.

Un hombre sabio les explica: "Todos tenéis razón. La razón por la que cada uno dice algo diferente es porque cada uno tocó una parte distinta del elefante. Así que en realidad el elefante tiene todas las características que habéis mencionado".

En la psicología, tal como era al principio, por supuesto había diferencias y debates, pero el problema no estriba en las teorías originales, que en realidad tocan diferentes partes del elefante y dicen la verdad de maneras distintas. El gran problema es que aquellos que no profundizan en esas teorías y modelos no entienden la riqueza que hay tras ellas y, en cambio, con su mezquindad buscan las monedas de plata siempre que les es conveniente, como traidores al pensamiento bien fundamentado y generoso.

Pero uno también ha de tener cuidado de no distorsionar la verdad con una nueva perspectiva que parezca combinar los diferentes elementos pero en realidad carece de una base sólida. Aquí hemos construido una base sobre la psicología del Dharma budista inicial, la filosofía y la fisiología, sin meternos en grandes profundidades, y con una introspección honda acompañada de concentración y contemplación, independiente de los modelos psicológicos que los grandes psicólogos, biólogos, zoólogos y experimentadores médicos han presentado al mundo.

Pero la validez de todo modelo depende, como bien sabemos, de su calidad. Además, los modelos tienen que ser contrastados experimentalmente para su refutación y, lo que es más importante, deben presentar dos atributos:

1. El modelo debe predecir resultados y estar abierto a ampliaciones y ajustes según aumenten nuestros conocimientos.
2. El modelo debe sugerir nuevas áreas de investigación.

En el caso del Dharma Chan, también insistimos en que debe ser consistente con las experiencias directas que predice. La teoría sin práctica ni utilidad no sirve para nada. Como consecuencia, los modelos deben presentar medios conceptuales para desarrollar nuevas prácticas o para ser consistentes con las prácticas válidas actuales para la acción correctiva.

Así pues, vamos a examinar las múltiples conclusiones del examen del "elefante" a manos de los teóricos y psicoanalistas del pasado, teniendo presente que los teóricos de la personalidad y la conducta humanas no son terapeutas ni tratan de presentar prácticas que realmente cambien el comportamiento. Sin embargo, tendría que haber suficiente contenido en los modelos para presentar alternativas prácticas viables para la reducción del sufrimiento.

Comencemos pues con el primero de los psicólogos.

## WILHELM WUNDT (1832-1920)

Wilhelm Maximilian Wundt se graduó en medicina en 1855 y para su tesis eligió estudiar la sensibilidad del tacto en pacientes denominados histéricos en el Hospital Universitario de Heidelberg. Eso le dio el empuje de estudiar las sensaciones sobre una base clínica habitual y en 1881 fundó una revista llamada *Philosophische Studien* y empezó a impartir una clase sobre psicología fisiológica en consonancia con sus investigaciones sobre la sensación de la visión y los otros cuatro sentidos. Esto lo llevó, para bien o para mal, a fundar la psicología como ciencia particular, basada en sus conclusiones de que lo que constituye la actividad de nuestras mentes son las sensaciones y discriminaciones y que su combinación define en gran parte el funcionamiento de todo el proceso mental. Esto no se opone al modelo de la psicología del Dharma.

El método principal de Wundt, evitando los debates filosóficos, fue investigar los fenómenos internos con introspección sobre las experiencias conscientes. A sus sujetos se les requería describir la intensidad, duración, modalidad y forma que adoptaba cada sensación. El elemento importante en su idea era el hecho de que tenía que haber una introspección sobre la experiencia para que luego se pudiera describir sin añadirle una interpretación mental. Pero además, debía haber un análisis no-interpretado en términos de lo que la psicología del Dharma llama la discriminación del Ego como agradable o desagradable, tensión o relajación fisiológica, y un análisis del estado como activo o pasivo.

Uno podría imaginar que esto debería haber proporcionado una base adecuada para el progreso en el análisis de problemas, pero por desgracia no fue así. Quizá porque la mayoría rompió el primer "mandamiento" del psicoanálisis de Wundt, es decir, evitar las discusiones filosóficas e interpretaciones separadas derivadas del psicoanálisis.

Esto recuerda a la práctica del Dharma de la absorción de *vipassana jivitindriya* pero, como advertencia apropiada para los que se imaginen que esta tarea es sencilla, debemos apuntar que sus estudiantes tenían que hacer diez mil observaciones introspectivas antes de que las tuviera por posiblemente verídicas, en un intento de evitar introspecciones falsas.

Las teorías de Wundt fueron, por supuesto, meras observaciones clínicas, no experimentales; sin embargo, la introspección que sugirió ha sido rechazada en la mayoría de la psicología moderna.

A continuación nos encontramos con el primero de los psicoanalistas –no Sigmund Freud, como podrías suponer, sino Josef Breuer. Debemos comenzar por examinar los diferentes tipos de psicoanálisis y determinar si hacen algo más que aplicar un parche a la cicatriz o el tejido abierto de la mente humana, torturada por los cuatro venenos de la confusión, la codicia, la aversión y la fijación.

## BREUER (1842-1925) Y FREUD (1856-1939)

**Transferencia y resistencia.** El mismo Freud dijo que "No fui yo quien le dio origen al psicoanálisis. Dije que fue Josef Breuer, quien se mereció este honor en un momento en que yo solo era un estudiante y estaba ocupado estudiando para mis exámenes. Debí haber dignificado al 'procedimiento catártico' de Breuer como algo meramente preliminar al psicoanálisis, y debí haber afirmado que el psicoanálisis en sí no comenzó hasta que rechacé la técnica hipnótica e introduje la libre asociación".

¿Cuál fue el aparente descubrimiento clínico de Breuer? Fue que los síntomas de los pacientes histéricos dependían de escenas no olvidadas que se percibían como algo traumático en sus vidas (*traumata*). La terapia que desarrolló como resultado fue permitir que los pacientes recordaran y reprodujeran esas experiencias bajo hipnosis (catarsis). La teoría que se deducía de eso, aunque incompleta, era que esos síntomas correspondían al uso anormal de excitación negativa no descargada. Por tanto cada terapeuta guiaba la atención de sus pacientes directamente a la escena traumática durante la cual habían surgido los síntomas, y trataba de descubrir el conflicto psíquico y liberar el afecto reprimido. Este era el procedimiento característico de los procesos psíquicos de la neurosis que Freud luego llamó regresión.

La regresión inicialmente retrocedía a la pubertad y más tarde a la infancia, que Freud afirmaba que eran inaccesibles para todo tipo de investigación. Freud declaró que "toda experiencia patológica presupone una experiencia previa que, aun siendo no patológica en sí misma, le ha dado una cualidad patológica al episodio posterior".

Breuer y Freud se separaron conceptualmente en su interpretación de los mecanismos de la histeria. Breuer prefería una teoría fisiológica para explicar la división psíquica de la conciencia en los sujetos histéricos por medio de la "no-comunicación" de varios estados de conciencia. Para curar al paciente, Breuer utilizaba una comunicación muy intensiva, sugerente y de apoyo, que ahora se considera un prototipo de la llamada "transferencia" en psicoterapia. Freud, por su parte, pensaba que la división psíquica era resultado de un proceso de repulsión, que llamaba "defensa". Decidió que en su trabajo clínico había una "prueba inquebrantable de que las fuerzas de la neurosis se originaban en la vida sexual". Freud estaba convencido de que todas las fantasías servían para ocultar las actividades auto-eróticas de los primeros años de la infancia.

La convicción de Freud de que había encontrado la verdad la obtuvo al remontarse desde los síntomas y peculiaridades de los neuróticos hasta sus fuentes primarias. Esto se le explicaba al sujeto y permitía en teoría una modificación de lo que en realidad puede cambiarse usando un análisis mínimo. En sus propias palabras: "El psicoanálisis ha encontrado como su primera tarea la explicación de la neurosis; ha tomado como puntos de partida los dos factores de la resistencia y la transferencia, y al tener en mente el tercer factor de la amnesia en las teorías de la represión, ha dado justificación a las fuerzas de motivación sexual de la neurosis y del inconsciente. El psicoanálisis nunca ha asegurado que ofrezca una teoría perfecta de la vida psíquica humana, sino que solo ha exigido que sus descubrimientos se usen para completar y corregir el conocimiento que hemos ganado en otras áreas".

Dos de los grandes oponentes de Freud, cada uno a su propia manera, fueron Adler y Jung. Que sus diferencias no fueron solo intelectuales lo demuestra la crítica feroz de Freud contra Adler. El poco éxito de Adler en evitar la injusticia se refleja en el gran número de mezquinas explosiones de rabia que distorsionan sus escritos y en un sentimiento de incorregible obsesión por ser el primero que impregna su trabajo.

La evaluación de Freud sobre su crítico fue igualmente severa: "Una vez hube reconocido el leve talento del Dr. Adler para calibrar el material inconsciente, esperaba que él sabría cómo descubrir las conexiones entre el psicoanálisis y la psicología y las bases biológicas de los impulsos, un descubrimiento al que tenía derecho, en cierto sentido, por sus valiosos estudios sobre la inferioridad de los órganos. Ciertamente sacó algo a la luz, pero su trabajo causa la impresión como si –por hablar en su propia jerga– intentase demostrar que el psicoanálisis se equivoca en todo y que el significado de las fuerzas de los impulsos sexuales solo pudiera deberse a la credulidad con que se aceptan las aseveraciones de los neuróticos.

"Este empeño de Adler por obtener su porción de reconocimiento, sin embargo, ha traído consigo un resultado que ha de considerarse beneficioso para el psicoanálisis: que cortó toda conexión con el psicoanálisis y denominó a sus enseñanzas 'La psicología individual'.

"La teoría de Adler fue desde el principio un sistema, cosa que el psicoanálisis ha procurado evitar. Es también un excelente ejemplo de una "elaboración secundaria", como se ve, por ejemplo, en el proceso que el pensamiento despierto produce en el material de los sueños. La teoría de Adler recalca su contraparte; es decir, que todos los sentimientos libidinosos contienen una mezcla añadida de egoísmo. Esto habría sido una ganancia palpable si Adler no hubiese usado esta afirmación para negar, una y otra vez, los sentimientos libidinosos a favor de los componentes incitantes del Ego. Su teoría, por tanto, hace exactamente lo que hacen los pacientes, y lo que nuestro pensamiento consciente hace siempre: racionalizar con el fin de ocultar los motivos inconscientes. Adler es tan consistente en esto, que considera que el deseo de dominar a la mujer, de estar encima de ella, es el impulso primario del acto sexual. No sé si ha demostrado esta idea monstruosa en sus escritos".

No obstante, Freud ha dejado claro que la teoría de la represión es el pilar principal sobre el cual descansa el psicoanálisis. El mismo Freud declaró lo siguiente respecto a la transferencia y resistencia: "Toda investigación que reconozca estos factores y los convierta en punto de partida de sus trabajos puede llamarse a sí misma psicoanálisis". A pesar de la crítica de Freud, que nos dice más quizás sobre él mismo que sobre Adler, es esencial por nuestra parte el observar con más detalle lo que Adler parece presentar en su "psicoanálisis libre".

## ALFRED ADLER (1870-1937)

Es verdad que en 1911 Adler creó su propio círculo de "psicoanálisis libre" que no aceptaba la determinación sexual en el análisis de la conducta humana. Para Adler, el pasado no tenía la gran influencia que Freud supone. Desarrolló la idea del "interés social" y del "estilo de vida" como base de su análisis. Esto implica por tanto la idea de normas culturales y del desarrollo de juegos psicológicos, que Thomas Szasz luego enfatizó su condena de la idea de enfermedad mental.

El estado de normalidad social se construye mediante estrategias educativas de la familia, la escuela, la iglesia, etc., que generan el "interés social" condicionado del individuo. Adler consideró que la ausencia de este "interés social" generaba las patologías que crean la neurosis, la enfermedad mental. El individuo desarrolla entonces su individualidad y la capacidad para observar y medir su posición y, en caso de una clara desigualdad en cuanto a energía, inteligencia, salud y riqueza, genera una disonancia cognitiva.

La socialización depende por tanto del condicionamiento temprano de la familia y del estilo de vida generado, lo cual, desde el punto de vista de la psicología del Dharma Chan, le arroja al individuo a la corriente dominante de una sociedad consumista de la que es difícil y doloroso separarse. En vez de tomar a la sociedad como vara de medir, la psicología del Dharma la presenta como un factor que contribuye a la esclavización; y el impulso resultante hacia objetivos sociales y de la identidad, que Adler percibe como válido, lo percibimos como nada más que un síntoma de conducta errónea condicionada.

Seguir el juego correctamente cobra gran importancia en el sistema de Adler. Cualquier desviación de la propia comprensión o entrenamiento se vuelve el agente de una adaptación incorrecta y genera violencia y la pérdida de "interés social", lo que para Adler es la neurosis, que podemos definir como una perturbación mental o de la personalidad no atribuible a ninguna disfunción neurológica u orgánica conocida.

El desarrollo de este "interés social" conduce a la cooperación social, a la aceptación dentro del grupo y a la educación del egoísmo. Para Adler, el Ego es una expresión de la inferioridad percibida que, de manera circular, afecta al "estilo de vida" de la persona y lo lleva a una espiral descendente. Por consiguiente, todo depende de los primeros años de condicionamiento social, que en el mejor de los casos se dirigen a la integración social.

Por tanto para Adler el tratamiento correctivo es la comunicación familiar, el análisis del "estilo de vida" y el desarrollo de "estrategias sociales" que fortalezcan el "interés social" del presunto paciente. Por desgracia, esta teoría y su sistema de psicoterapia se han infiltrado casi a escondidas en la práctica psicológica y se han convertido en la idea que gobierna la mayoría de los tratamientos psicológicos –la reinserción del individuo en la sociedad, el fango que sin duda condiciona y produce sus aparentes problemas y sufrimiento.

Pese a que podemos estar de acuerdo con algunos antropólogos modernos (Kim y Berry, 1993[1] y Ho, 1993[2]) y con innumerables biólogos (Augros y Stancui, 1988[3] y Simon, 1990[4]) en que la fuerza natural del ser humano genera impulsos hacia la interconectividad de todas las criaturas vivas, la condición humana que se ha desarrollado con el virus infectado es ajena a esa fuerza y es un error dirigir a alguien hacia ese ambiente infectado.

El concepto de Adler de la meta final generada por el "poder creativo fundamental de los individuos y su libertad para elegir y cambiar la dirección de sus vidas" es un ficticio punto de referencia futuro que aúna todos los movimientos en la misma dirección. No yerra el blanco excepto en que el proceso biológico llamado *autopoiesis*, que es la naturaleza autónoma, auto-renovadora y auto-dirigida de todas las formas de vida (Nelson, 1982 y 1977[5]), tiene objetivos mucho más naturales y ciertamente más nobles que los que puede ofrecer la civilización moderna. La gran humanidad de Adler y su optimismo son dignos de elogio y muchas de sus técnicas son válidas, pero por desgracia todas se dirigen erróneamente a la misma causa: condicionar de nuevo a los que sufren a la presencia del virus.

[1] Kim, U. y Berry J.W. (1993). *Indigenous Psychologies*. Thousand Oaks, CA: Sage.

[2] Ho, D.Y.F. (1993). "Relational orientation in Asian social psychology" in U. Kim y J.W. Berry (Eds.) *Indigenous Psychologies: Research and experience in cultural context* (pp. 240-259). Newbury Park, CA: Sage

[3] Augros, Robert y Stancui, George, *The New Biology*, Boston: New Science Library, 1988.

[4] Simon, H.A. (1990) "Invariants of Human Behavior". *Annual Review of Psychology,* 41, 1-19.

[5] Nelson, R. y Winter, S. 1982. *An Evolutionary Theory of Economic Change*. Cambridge, Mass., London: Belknap Press of Harvard University Press; Nelson, R.R. y Winter S.G. (1977) "In search of a useful theory of Innovation". *Research Policy*, 6, 35-76.

# CARL GUSTAV JUNG (1875-1961)

"Quienquiera desee conocer la psique humana no aprenderá casi nada de la psicología experimental. Sería mejor aconsejarle que abandone las ciencias exactas, aparte su bata de académico, se despida de su estudio, y deambule por el mundo con un corazón humano. Allí, en el horror de las prisiones, los manicomios y los hospitales, en los desvaídos bares de los suburbios, en los burdeles y las casas de apuestas, en los salones de los elegantes, las Bolsas de comercio, las asambleas socialistas, las iglesias, las reuniones evangélicas y las sectas extáticas, a través del amor y el odio, a través de la experiencia de pasiones de todo tipo en su propio cuerpo, podrá acceder a almacenes de conocimiento más abundantes que lo que podría darle el más grueso libro de texto, y sabrá cómo tratar al enfermo con un conocimiento real del alma humana"[6].

Fue de Jung de quien Freud afirmó: "Entiendo que uno puede llegar a conclusiones diferentes si, como ha hecho recientemente C.G. Jung, uno primero se forma para sí una concepción teórica de la naturaleza de los impulsos sexuales y mediante ella trata de entender la vida del niño". Sin duda, ese era el límite de la introspección e investigación de Jung –su propia experiencia. Registró sus sueños, fantasías y visiones con gran cuidado en sus escritos e interpretaciones artísticas. Descubrió dentro de sí mismo experiencias que tomaban diversas formas aparentemente humanas –un anciano sabio como su compañero, una niña pequeña, un enano y más. El anciano sabio se volvió una especie de maestro espiritual, la niña se transformó en *ánima*, el espíritu femenino, que le servía como su principal comunicación con aspectos profundos de su inconsciente, y al enano lo veía como "la sombra", un compañero primitivo de su estado del Ego.

Soñó con los muertos, su mundo y la resurrección de esos muertos. Para él representaban el inconsciente colectivo. Comenzó a imaginar a los enfermos mentales como seres que estaban hechizados por esos fantasmas y consideró que era una idea genial el recuperar las mitologías que duermen en la memoria primordial. Una vez recuperadas, creyó que se podían usar para entender estos fantasmas de la mente, curando así las enfermedades mentales.

Jung se volvió especialmente conocedor del simbolismo de tradiciones místicas complejas como el gnosticismo, la alquimia, la cábala, y otras propias del hinduismo y el budismo, captado más por sus propias fantasías que por el tipo de introspección clara de Wundt. Generó la idea de "dominantes" o "imágenes primordiales", que quizás describe mejor sus ideas que el término actual "arquetipos" –término que él también usó y que desde entonces se ha vuelto popular, probablemente debido al aura mística que ofrece.

Casi todos sus modelos se desarrollaron a partir de su propia introspección, y su terminología exótica, que tan atractiva les resulta a los despistados, procedía de sus sueños. Sus arquetipos se pueden describir mejor como tendencias primordiales evolucionadas que generan una predisposición para experimentar las cosas de

---

[6] *Obra Completa: La Psicología de lo Inconsciente.*

cierta manera. No son diferentes del Id, Ego, Super-Ego, Supra-Ego y la identidad ideal, divididas y subdivididas *ad infinitum* e imaginadas por una mente confusa pero altamente sensible e inteligente. Reflejan "principios organizadores", como las identidades en la psicología del Dharma, que impulsan la acción pero no son conscientes y solo se pueden observar al examinar las acciones ya ejecutadas.

Jung está claramente conectado con las ideas freudianas, pero recalca el poder del inconsciente de forma más compleja y sofisticada, divorciándolo de las persistentes connotaciones sexuales antecedentes de Freud. En vez de impulsos sexuales dominantes, Jung nos presenta un pasado mítico.

Aunque no podemos negar los sustratos evolutivos que son los controladores de la conducta, los arquetipos de Jung, que se pueden considerar interminables, no parecen ser diferentes de una cosificación continua de incluso las más mínimas tendencias. Hacen poco más que meter la conducta en cajas convenientes, construyendo una Torre de Babel de nombres y formas. No son particularmente útiles, pero son un buen lugar para los que desean explicaciones pseudo-espirituales que son psíquicas y universales o aquellas que probablemente se queden apegadas al misterio y misticismo de las prácticas gnósticas y tántricas. En su intento de explicarlo todo, Jung en realidad no explica nada.

Siempre hay un peligro de cosificación y hay que darse cuenta claramente de que cualquier nombramiento y agrupamiento solo representa una tendencia conductual. No hay un complejo fisiológico, escondido en el cerebro en forma de pequeño homúnculo, que dicte el comportamiento. Pero algunos de sus arquetipos son útiles a la hora de dar una idea sobre cómo uno se puede acercar a la tarea de hacer cambios positivos y ofrecen una delineación paralela de la identidad a la que se usa en este modelo de la psicología del Dharma.

La persona (máscara), por ejemplo, es el equivalente de la identidad ideal, la impresión que deseamos presentar a otros. Si somos conscientes, podemos detectar fácilmente esa tendencia conductual. No podemos llamarla neutral de ninguna forma, pues es manipulativa y está interesada en ocultar verdades desagradables sobre nuestro propio comportamiento. Es tan fuerte esa tendencia que incluso podemos comenzar a creerla nosotros mismos. Es parte de nuestro inconsciente lejano que se manifiesta y, por supuesto, genera tensiones subconscientes si se reprimen las tendencias fuertes.

Jung también presenta el *ánima* y *ánimus*. Afirma que el *ánima* es el aspecto femenino presente en el inconsciente colectivo del hombre, y el *ánimus* es el aspecto masculino presente en el inconsciente colectivo de la mujer. Juntos se denominan "sizigia". Este es el equivalente lógico de los Principios Masculino y Femenino que son parte de la Fuerza de la Vida en nuestro modelo de la psicología del Dharma. Jung presenta el *ánima* como espontánea e intuitiva, asociada con una honda emocionalidad y la Fuerza de la Vida misma. Nosotros rechazaríamos la idea de una gran emocionalidad e incluiríamos como base un entendimiento innato del nacimiento, la vida y la muerte.

El *ánimus* de Jung está personificado por un anciano sabio o un hechicero.

También podemos aceptar esa presentación, si entendemos que el Principio Masculino permite al Principio Femenino transformarse en intenciones y acciones que son consistentes con la Fuerza de la Vida. El ser humano natural sin manchas es la unificación de estos dos aspectos y eso se refleja en la idea de Jung del hermafrodita, la unión de los opuestos.

En el modelo de la psicología del Dharma, podemos considerar a los Principios Masculino y Femenino como el corolario inconsciente de la Fuerza de la Vida y sería natural para nosotros esperar que Jung también haya concebido a la Fuerza de la Vida en algún lugar.

**La Fuerza de la Vida**. La "sombra" que Jung más bien degrada está basada en la fuerza primitiva de la supervivencia. De hecho, la sombra es amoral; es "natural e inocente". Pero la perspectiva mítica, mística y bastante negativa de Jung la equipara con el "lado oscuro" o el mal. Ciertamente, la supervivencia pura del "yo" cuando los Principios Femenino y Masculino no están completamente desarrollados puede considerarse como productora del mal, así que podemos perdonar a Jung a ese respecto.

También encontramos al "Héroe" y al "Anciano sabio" como arquetipos suyos, desde el punto de vista de nuestra psicología del Dharma quizás podrían representar la protección sabia de la tribu. Luego están sus arquetipos de "Padre, Madre y Familia", quizás son la protección de toda la descendencia y las relaciones entre los miembros de la tribu. Por último, está el "arquetipo animal", que representa las relaciones de la humanidad con el mundo animal –la protección que ejerce la Fuerza de la Vida sobre el ambiente.

**Las identidades venenosas**. ¿Dónde están sus Id, Ego y Super-ego –pues seguramente deberíamos encontrar la influencia de Freud en su esquema místico? Jung agrupa estos importantes elementos en un mismo arquetipo y quizás pierde así toda oportunidad de descubrir la solución a todo el sufrimiento. Lo llama "el arquetipo embaucador", cuyo cometido es obstaculizar el progreso del héroe y causar problemas en general. Lo único que podemos decir es que el embaucador está haciendo un trabajo maravilloso al generar destrucción y caos en el mundo.

**El principio homeostático**. En nuestro modelo de psicología del Dharma, la Fuerza de la Vida está en conflicto con las identidades, lo cual produce sufrimiento, y hay un impulso para rectificar este conflicto de una manera sana que produce resoluciones para el conflicto de disonancia de la identidad.

Jung nos presenta el Maná, el arquetipo del "Poder Espiritual", el arquetipo del "Hombre Original" y el "arquetipo de Dios", que es la necesidad de entender y obtener propósito y dirección. Naturalmente, en la psicología del Dharma podemos discernir cuándo la identidad, la moralidad mundana, los mandamientos y la generación cognitiva del Dios de la superstición religiosa guían esta fuerza.

**La liberación**. ¿Adónde nos conduce eso? Al arquetipo del "yo" (*self*). Para Jung, esta es la unidad última de la personalidad y de la perfección humana, que él consideraba que solo se podía alcanzar en la muerte. Al estar influido por misterios y supersticiones, sentía cierta inclinación por el misticismo tibetano, que está muy separado del Dharma de Buda.

Lo que hemos hecho aquí es tratar de ser tan justos como sea posible y obtener del *popurrí* de arquetipos de Jung una forma que encaje parcialmente con el modelo de la psicología del Dharma. Al hacerlo, quizá podamos captar el inicio de una comprensión básica, estropeada quizá por su propio Embaucador personal.

**La dinámica de la psique: la energía.** Hasta aquí llega nuestro repaso de los contenidos de la psique; volvamos ahora a los principios de su operación. Jung nos ofrece tres principios, comenzando con el principio de los opuestos. Cada deseo sugiere inmediatamente a su opuesto. Si tengo un buen pensamiento, por ejemplo, no puedo evitar tener en algún lugar de mí el pensamiento malo opuesto. Es, en efecto, una idea muy básica: con el fin de tener un concepto del bien, debes tener un concepto del mal, igual que no puede haber arriba sin abajo o negro sin blanco.

De acuerdo a Jung, es la oposición lo que crea el poder (o *libido*) de la psique. Es como los dos polos de una batería o la división de un átomo. Es el contraste lo que da energía, así que un contraste fuerte da energía fuerte y un contraste débil da energía débil.

El segundo principio es el principio de equivalencia. La energía creada por la oposición se le "da" por igual a ambos lados.

**La dinámica de la psique: dirección negativa y positiva.** Pero si pretendes que nunca has tenido un deseo maligno, si lo niegas y suprimes, la energía se dirigirá al desarrollo de un complejo. Un complejo es un patrón de pensamientos y sentimientos reprimidos que se acumulan, formando una constelación alrededor de un tema provisto por algún arquetipo.

**La dinámica de la psique: alimentar arquetipos negativos.** El principio final es el principio de la entropía. Se trata de la tendencia de los opuestos a unirse, con lo que la energía decrece, a lo largo de la vida de una persona. Jung tomó prestada la idea de la física, donde la entropía se refiere a la tendencia de todos los sistemas físicos a "decaer", es decir, de que toda la energía se distribuya equitativamente. Si tienes, por ejemplo, una fuente de calor en una esquina del cuarto, el cuarto entero se calentará con el tiempo.

El principio final de la integridad interna-externa depende de ese conocimiento real del alma humana, o quizás de la mente. Aquellos que no están en prisiones, manicomios y hospitales, ni en los decaídos bares de los suburbios, en los burdeles y casas de apuestas, en los salones de los elegantes, las Bolsas de comercio, las asambleas socialistas, las iglesias, reuniones evangélicas y sectas extáticas, a través del amor y el odio, ¿están alejados de esas condiciones en sus casas de ciudad o de campo con sus familias y posesiones? ¿O la respuesta está solamente en experimentar las pasiones de todo tipo en el propio cuerpo? Pero los que viven en el mágico mundo de Oz psicológico se pondrán en pie y aplaudirán.

¿Acaso el terapeuta practicante profesional experimenta esta pasión misteriosa e indefinida en su propio cuerpo, o simplemente experimenta su propia confusión, codicia y aversión? Se requiere algo más que la experiencia mental para entender el sufrimiento y para dejar de lado de forma eficaz el sufrimiento en el "yo" aparente de uno mismo y de los demás. ¿Puede un ciego guiar de verdad a otro ciego?

No aseguramos que la ciencia sea la respuesta a cualquier problema, pero sí proporciona un criterio con el que medir la probabilidad de corrección, nada más.

## VIKTOR FRANKL (1905-1997)

Podría parecer que Viktor Frankl sigue la pista correcta al presentar su sistema de terapia cuando advierte contra la opulencia, el hedonismo y el materialismo en la búsqueda de sentido. Pero el fallo está precisamente en la fase donde se asume que la fuerza impulsora es la búsqueda de sentido, no la verdadera propia naturaleza.

Ciertamente esta búsqueda existe, pero es una búsqueda dirigida por la misma identidad que también genera confusión, codicia, aversión y fijación. Es la necesidad de confort, seguridad y sentido de pertenencia, junto con la visión clara de un futuro indeterminado, lo que lleva a la búsqueda infructuosa de sentido.

No existe un sentido y el ser humano liberado de la dualidad de su mente ve la búsqueda de sentido como un síntoma del desequilibrio natural y la falta de armonía dentro del sistema. Ciertamente fue esa búsqueda de sentido la que llevó a Frankl en su vida personal a sobrevivir al Holocausto y refleja el espíritu humano de supervivencia, pero la búsqueda de sentido se vuelve más un producto de la disonancia que una Fuerza de la Vida real.

Observando los siete principios claves de su logoterapia, vemos la presencia de la identidad, que actúa como catalizador en el impulso de hallar un lugar aceptable en la sociedad, aunque esté libre de confusión y en armonía con una forma socialmente aceptable de codicia:

1.  Ejercitar la libertad para elegir tu actitud (una libertad que nunca puede quitarse).
2.  Ser consciente de tu voluntad de sentido.
3.  Detectar el sentido de los momentos de la vida.
4.  No trabajar contra ti mismo.
5.  Mirarte desde cierta distancia.
6.  Desplazar tu foco de atención.
7.  Extenderte más allá de ti mismo.

Si el sentido es producto de la supervivencia de la identidad en este mundo, entonces el sistema falla. Sin embargo, hace lo que pretende hacer, que es dirigir a uno lejos del sufrimiento de la identidad a la felicidad de la identidad.

Otros psicoanalistas, y aquellos que continuamente inundan el mercado con libros sobre la búsqueda de la felicidad, parecen no alcanzar los requisitos para incluirlos en nuestro análisis como métodos viables para la restauración del sistema natural. Cuando nos alejamos de ese enfoque, sin embargo, encontramos aplicaciones que son más ingeniosas y cuentan con elementos modulares que encajan o tocan en algún punto el modelo de la psicología del Dharma. Pese a que no podemos reivindicar una síntesis completa con ellos, encontramos que en cada uno hay una base que permite una interfaz con la psicología del Dharma.

# Capítulo 33

# Perls, Rogers, Maslow, James:
# una síntesis con algunos modelos psicológicos humanistas

## FRITZ PERLS (1893-1970)

"Yo sé más. ¿Qué? ¿Sé más que los dioses? ¡Sí, sí, sí! Yo puedo ver; ellos son medio ciegos. No tan ciegos como los materialistas y los espiritualistas, pero también tienen abundantes prejuicios. Quizás algún día encontraré la verdad. ¡Sí, pomposo pensamiento la verdad!".

Pasamos ahora a Fritz Perls y comenzamos citando un análisis apropiado de la situación de la Gestalt según el Dr. Sheldon Litt, quien se hace eco de nuestra propia preocupación sobre el estado actual de la comunidad terapéutica: "Ahora hay numerosos 'pequeños Fritzes' tratando de imitar el estilo del 'Maestro Fritz' sin su fondo. Estos absurdos pseudo-gestaltistas, muchos de ellos sin otro entrenamiento que un taller de fin de semana, son un ejemplo de la introyección de una figura de autoridad. No es necesario que los terapeutas sean una reencarnación de Perls; un terapeuta auténtico desarrolla su propia identidad personal basada en su experiencia y existencia".

Al igual que el camino del Dharma ha sido contaminado y en muchos casos apenas parece ser una sombra del camino a la liberación de Buda, adoptando la forma de una religión inferior por un lado y de un ejercicio académico fútil y mundano por el otro, así los conceptos Gestalt y otros han sido arrojados como margaritas a los cerdos. Incluso el sistema de *vipassana* del Dharma se ha incorporado al mercado sin el entendimiento completo del método ni de la práctica.

Aunque Freud, Adler, Jung y Frankl hicieron su contribución con integridad y honradez todos ellos, sus sistemas han sido absorbidos por el síndrome mercantil, y las contribuciones que hicieron con sus conceptos y perspectivas más atinadas, incluso si quizá no estaban orientadas de la manera óptima que es posible hoy, se destruyen cada vez más por confusión, codicia e incompetencia.

Podemos estudiar la contribución de Perls de forma diferente, pues su visión holística se sostiene dentro de la piscología del Dharma. Él era consciente de la necesidad de la experimentación como prueba para la teoría y, por tanto, astutamente tomó prestados trabajos académicos de los primeros psicólogos experimentales de la Gestalt que estaban interesados en los principios de la organización perceptiva para entender el funcionamiento de la personalidad dentro de sus aparentes campos interno y externo.

Pero aparte de esta pérdida para el mercado, ¿cuál fue la relación de Perls con el psicoanálisis? Perls comenzó a cuestionar la doctrina psicoanalítica ortodoxa y censuró las muchas abstracciones equívocas de su terminología analítica. A ese respecto declaró: "El psicoanálisis resulta ser un sistema cerrado, inalterado e inmutable, lleno de explicaciones pero al que le falta una comprensión obvia. El psicoanálisis es una enfermedad que pretende ser una cura. Los tratamientos infructuosos, que duran desde tres a más de veinte años, pesan mucho más que su escaso éxito".

Sabemos que el psicoanálisis está basado en la teoría de la libre asociación. Perls consideraba que la personalidad no estaba organizada de acuerdo al estilo acumulativo del conductismo, ni en los términos asociativo-simbólicos de Freud, sino que la concebía como si siguiese una "totalidad" que denominó Gestalt.

Pero debemos recordar que esta idea de la Gestalt que se proyecta de muchas formas en las prácticas modernas no es la Gestalt de Perls. De hecho, él hablaba en contra de los vendedores de felicidad inmediata, los promotores del llamado "camino fácil de la liberación sensorial". De hecho, lo que era importante para Perls era la transformación de la terapia Gestalt en una práctica diaria y natural.

Pero la Gestalt correcta es una aplicación inteligente de los conceptos de una identidad objetiva-subjetiva que está presente, no solo en el inconsciente sino en la superficie misma. Perls declaró: "Conceptos tales como los reflejos (estímulo-respuesta) y los instintos como propiedades estables se han vuelto obsoletos y se han desplomado, abriendo espacio a una nueva perspectiva, aunque hoy todavía dominen. El pensamiento mecánico-causal del último siglo ha tenido que dejar paso al proceso, la estructura y la función del pensamiento de la era electrónica. El 'cómo' sustituye al 'porqué'. La perspectiva y la orientación sustituyen a la racionalización y las conjeturas. Incluso el "yo" (que para Freud era real y no un concepto) se disuelve en la función identificativa".

Fue en la década de los 50 cuando se generó la teoría de la conciencia implícita (*awareness*) como conciencia Gestalt junto con la terapia Gestalt. Los experimentos tenían que ver con la topología de la conciencia implícita y a la conexión del yo aparente con la conciencia implícita del mundo aparente.

Lo que es interesante para nosotros dentro de la psicología del Dharma son los mecanismos de defensa que plantea Perls. En los sistemas de la Gestalt, se dice que estos mecanismos protegen a la identidad de amenazas internas y externas. Así pues, los métodos de defensa son conceptualmente un medio para evitar y resolver ese conflicto. Esta homeostasis protectora de la identidad ha sido descompuesta en varios niveles: sensación, formación de figuras, preparación de energía, acción y contacto. Se explican en términos más solemnes como introyección, proyección, confluencia, deflexión y retroflexión; varios Gestaltistas les han añadido además la desensibilización (reposo) y la fijación.

1. **Desensibilización**. Podemos ver esta desensibilización como la respuesta disonante a la interferencia de la identidad visceral dentro de la sensación que da como resultado la confusión, en la que hay racionalización y una evitación de nuevos contactos sensoriales.

2. **Proyección.** Esta es la respuesta defensiva a la situación disonante de la interferencia de la identidad que surge desde la percepción, las raíces de la

expresión del Super-ego, en conflicto con la diferenciación del Ego emocional (llamado sensación o sentimiento). La disonancia se expresa como pensamiento mental prohibido en forma de desplazamiento indiscutible sobre otro. El concepto mental de que odiar es incorrecto, junto con el odio experimentado hacia la propia madre, por ejemplo, puede dar como resultado la proyección "mi madre me odia", o al menos "ella no me quiere".

**FIG. 33.1 Mecanismos de defensa en la psicología Gestalt de Perls**

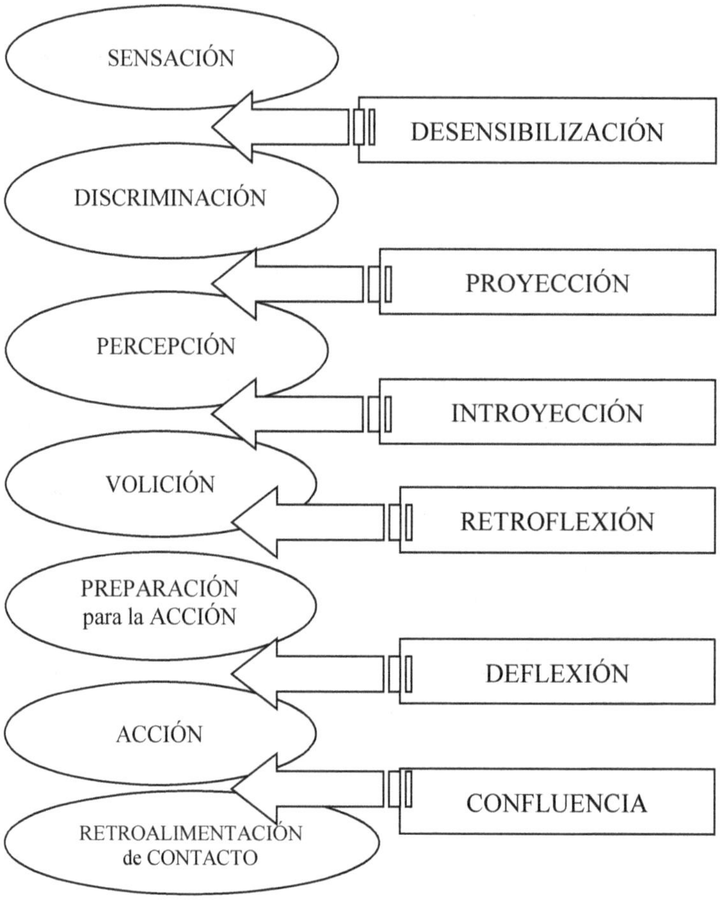

3. **Introyección.** La introyección es la respuesta defensiva que surge entre la percepción y la volición, en la que el Super-ego está en conflicto con la Supra-identidad con una conciencia implícita de las complicaciones de las acciones potenciales; la consecuencia es un conflicto del Super-ego, que oscila entre el crecimiento y la confusión. Hay verdadera confusión en la obtención de intenciones. Como resultado, la persona adopta mansamente una forma parasitaria en la cual acepta como propias las normas y valores de los demás.

4. **Retroflexión.** Entre la preparación para una acción y la acción, surge cierta disonancia. Las acciones que se consideran amenazantes y peligrosas si se dirigen externamente se dirigen contra el propio "yo" aparente.

5. **Deflexión**. La disonancia entre el momento de la acción y el contacto externo, en la cual el miedo a las consecuencias y la falta de ecuanimidad inducen al sujeto a defenderse a sí mismo con una fijación de frigidez o separación inocuas, libres de amenaza. Al estar moderado por la emoción y la cognición, tiene formas variables, llegando hasta el extremo de la paranoia.

6. **Confluencia**. Puede verse que la disonancia aquí proporciona una respuesta alternativa clara. En este caso, la defensa busca una fusión falsa con los demás para evitar la agitación mental difícil de sobrellevar. La persona desea que se le acepte sin conflictos y abandona su propia responsabilidad con el fin de estar siempre en concordancia con los demás. Cuando la persona se ve rechazada, eso también puede llevar a la paranoia como consecuencia.

Una vez presentado este modelo, debemos ver si tiene alguna aplicación dentro del camino a la liberación de la psicología del Dharma. Veamos por tanto las técnicas de la terapia Gestalt, dado que por el momento no podemos rechazarla.

1. Abrir la puerta: Trata de superar las evasiones del sujeto. En otras palabras, la idea es abrir la mente a las experiencias conscientes de lo que permanece escondido detrás de esas defensas, lo que incluye diversas formas de manipulación, máscaras y juego de roles que tienen lugar no solo en la vida diaria, sino durante la terapia. El método empleado consta de preguntas y respuestas, y exige cierta presión y que las respuestas se obtengan y generen libremente. Entre ellas podemos enumerar:

   **1.1.** Experimentar la nada o vacuidad, permitiendo que la vacuidad estéril se convierta en vacuidad fértil; no huir del sentido de vacuidad sino integrarlo en uno mismo, vivirlo y ver de dónde surge.

   **1.2.** Evitar "hablar acerca de" como forma de escapar de lo que es. El hablar se debe sustituir por la experiencia personal.

   **1.3.** Detectar los "debería", pero en vez de suprimirlos, tratar de determinar lo que puede haber tras ellos. Los "debería", al igual que los "hablar acerca de" son formas de no ver lo que uno es.

2. Expresión: el objetivo de la expresión es cambiar la defensa para que lo que se experimenta ahora se pueda expresar del todo, mientras se intenta encontrar el camino de acceso más directo. En otras palabras, supone permitir que la persona afligida exprese lo que hasta el momento ha sido inexpresable.

3. Integración: la reintegración de la personalidad aparente de la persona, que incorpora las nuevas experiencias en su sistema, ahora integrado. Esto usa encuentros interpersonales y la asimilación de nuevos proyectos.

Las técnicas específicas que se desarrollaron son excelentes y en efecto hacen precisamente lo que se pretende hacer en este nivel, pero claramente esta no es una forma de terapia que pueda ejecutarse si no se está entrenado a fondo en cada detalle de la terapia.

He visto de primera mano cómo se les ha hecho gran daño a algunas personas, incluso con graves consecuencias, por parte de líderes de grupo ineptos o de algunos que han hecho cursos o asistido a talleres y luego se han creído que estaban adecuadamente informados para ser terapeuta o líder de grupo sin supervisión. Un título o diploma en psicología o psiquiatría, no importa cuán elevado pueda parecer, no lo convierte a uno maestro de terapia Gestalt, como tampoco lo hace a uno maestro de psicología del Dharma.

**Conclusión.** Esta es una representación muy esquemática de las ideas Gestalt de Perls y no trata los detalles sutiles de la terapia ni entra en el mundo de los sueños. Es suficiente decir que el sistema Gestalt ciertamente resultará útil para los que sufren, pero no llega a las raíces del problema. No obstante, es suficientemente completo para que los profesionales competentes lo usen, junto con la psicología del Dharma, para abrir las puertas de la volición y la memoria, en particular con técnicas meditativas y especialmente con la *vipassana jivitindriya*. Vemos que el sistema Gestalt puede ser una herramienta válida para apoyar la correcta psicología del Dharma, pero que las técnicas de meditación (generalmente mal entendidas y poco apreciadas) no pueden usarse como simple apoyo para la terapia Gestalt.

Se ha explicado que la penetración (o *awareness*) propia de la Gestalt es como la creación de patrones en el campo perceptivo de tal manera que las realidades significativas saltan a la vista: es la formación de una Gestalt en la cual los factores relevantes se colocan en su lugar respecto a la totalidad. Podemos decir también en la psicología del Dharma, e igualmente en el modelo Gestalt, que la conciencia implícita por sí sola, sin una exploración sistemática, no suele ser suficiente para desarrollar la penetración. En la psicología del Dharma creemos que esta exploración sistemática debe ocurrir a un nivel más completo y profundo. La conciencia implícita de la Gestalt está relacionada con el campo total y en la psicología del Dharma una parte importante de ese campo es la identidad aparente, que puede experimentarse como vacua y generada por la mente.

Por tanto, aunque la psicología Gestalt apunta correctamente a desvelar lo que está oculto, igual que la psicología del Dharma, nuestro proceso también debilita al observador que genera el veneno de la auto-realización y permite un acceso más fácil a la realización natural.

## CARL ROGERS (1902-1987)

La secuencia natural en nuestro repaso nos lleva ahora a examinar a Carl Rogers, el ilustre "terapeuta centrado en el cliente", quien en un momento describió al propio yo como "la Gestalt conceptual organizada, consistente, compuesta de percepciones de las características del 'yo' o 'a mí' y de las percepciones de la relación entre 'yo' o 'a mí' con los demás y con varios aspectos de la vida, junto con los valores ligados a esas percepciones".

Rogers describe una variante del yo, el "yo ideal", que hemos visto también en el modelo de la psicología del Dharma, pero Rogers no describe ninguna conceptualización respecto a la sutileza de los complejos conductuales subconscientes. En cambio solo presenta dos extremos, con los cuales no podemos discutir. La "persona desajustada" se usa en un polo, y el individuo plenamente funcional en el otro.

El individuo mal ajustado es defensivo, mantiene igual su vida en vez de mejorarla y está cerrado a experiencias positivas y a las oportunidades. Se siente más bien manipulado y presionado en vez de libre. La persona plenamente funcional, por contra, está completamente libre de defensas y abierto a la experiencia, es creativo y capaz de vivir "la buena vida".

La pregunta crítica aquí, en lo que atañe a la psicología del Dharma, es: ¿qué es la buena vida? Podemos imaginar que ciertamente no es lo que experimentamos como adultos según Rogers, y en eso estamos de acuerdo de todo corazón. Él afirmó: "No venimos al mundo alejados de nosotros mismos; la socialización está detrás de esta alienación". El niño nace desde luego con cierta disposición genética. Sin embargo, al menos en el nacimiento, está integrado en potencia, unificado con sus experiencias inmediatas, consciente de la novedad de su mundo externo y capaz de comunicarse eficazmente de forma rudimentaria. La sociedad, la educación y la religión condicionan patéticamente a una criatura que no está integrada, no está unificada y es incapaz de comunicarse sin la interferencia de la identidad distorsionante.

Afortunadamente, Rogers es claro, al menos en sus evaluaciones posteriores. Tal como afirma: "La buena vida es un proceso, no un estado del ser. Es una dirección, no un destino". Claramente esa no es la posición ni siquiera de la persona más tradicional y aparentemente despreocupada del mundo. Para la mayoría, la buena vida es la búsqueda de la felicidad, que en la psicología del Dharma sabemos que es falsa.

Si aceptamos el optimismo de Rogers, ¿es posible el cambio? ¿Cómo se puede alcanzar? Él nos dice que "Hay esperanza de cambio y de desarrollo hacia una madurez psicológica por vía de la terapia, en la cual la meta es disolver las condiciones de la valía, lograr una auto-congruencia con la experiencia y restaurar el proceso de valoración del organismo". Así, contempla algo similar a lo que llamamos la Fuerza de la Vida, pues sostiene que el ser humano tiene una "tendencia a la realización" que pretende desarrollar todas las capacidades de tal manera que mantenga o mejore al organismo y lo mueve hacia la autonomía. Esta tendencia es direccional, constructiva y está presente en todos los organismos vivos. La tendencia a la realización se puede suprimir pero nunca destruir sin la destrucción del propio organismo. Se trata de una fuerza motivadora. Pero Rogers desea incluir dentro de esa fuerza una tensión sana, la reducción de necesidades y las tendencias creativas así como de búsqueda del placer.

De acuerdo, podemos considerar psicológica y fisiológicamente que una tensión sana, la reducción de las necesidades naturales de confort, seguridad, pertenencia y predicción y la curiosidad y creatividad naturales son parte de esta tendencia realizadora natural. Debemos abandonar, sin embargo, la idea de una tendencia que busca el placer como natural y reemplazarla por la tendencia de la Fuerza de la Vida y su función, que es la supervivencia de uno mismo, la descendencia, la tribu y el medio ambiente. Estaríamos de acuerdo también en que únicamente un organismo sano y completo cuenta con este estado realizado, que es un mapa genético inherente en todos los seres humanos.

¿Qué es este "yo" que se desarrolla de acuerdo a Rogers? Vive en un "campo fenoménico" que incluye todas las experiencias conscientes e inconscientes y su "yo" aparente se vuelve diferenciado de este campo. Se genera, según cree Rogers, a través de la interacción con los demás y su conciencia implícita y la evaluación social de esas experiencias se convierten en su identidad.

Debemos poner a la tendencia de auto-realización de Rogers en conflicto y contraste con la tendencia natural. La motivación es auto-dirigida, se condiciona en la infancia y es reforzada por la familia, la educación, la religión y el Estado, en consonancia con las limitaciones arbitrarias y auto-justificadas de estas instituciones. Como consecuencia de este condicionamiento, el "yo" requiere afirmación constantemente en forma de estima positiva de los demás, que a su vez refuerza su propia auto-estima. Cada satisfacción conlleva por tanto un refuerzo del error.

Esta auto-realización sienta las bases de los modelos sociales y potencia la necesidad del "yo" de participar en esa estandarización. De esta manera, la evaluación natural de la realización natural de la persona aparente se deja de lado y se atrofia. Hay por tanto una separación clara entre las experiencias válidas y naturales de la persona y el "yo" ilusorio.

Ahora llegamos al punto más importante que malinterpretan los que se consideran a sí mismos terapeutas rogerianos. Lee lo que sigue con cuidado y entiéndelo bien: "Con el fin de ser libre de la realización de la identidad, la persona que está en las etapas de desarrollo debe experimentar 'estima positiva no condicionada' sin el más mínimo condicionamiento del concepto o la idea de la 'propia valía. Incluso un adulto que haya desarrollado una postura equivocada de auto-realización puede cambiar ese estado, pero la auto-aceptación natural es esencial".

En la psicología del Dharma diríamos que eso es una aceptación clara de que hay un estado de realización natural que está en concierto con la naturaleza humana y separada de la identidad. Este estado de realización natural en armonía y equilibrio con la Fuerza de la Vida es lo que llamamos la Naturaleza de Buda (la naturaleza despertada).

Sin embargo, para Rogers esta auto-realización y los procesos de realización natural generan una lucha constante. La separación entre las dos es ampliada por la sociedad y por las condiciones presentes en la cultura dominante que recompensan y refuerzan comportamientos que son "perversiones" de la tendencia realizadora natural.

El modelo rogeriano genera por tanto su propia forma de terapia usando la tendencia básica de que toda la materia orgánica evolucione a formas más completas y correctas y la tendencia de avanzar hacia el término o culminación de su potencial humano y personal aparente, cuyas condiciones favorecen el crecimiento psicológico.

Pero hay ciertas condiciones óptimas, incluida una relación que sea genuina, que pueden generar empatía y mostrar una estima positiva no condicionada. El objetivo de los grupos es producir una condición mutua con ese formato. Por desgracia, a los miembros de los grupos se les junta sin filtrar en busca de una base correcta y honrada, y rara vez se les dirige con los verdaderos objetivos del modelo Gestalt. En vez de eso, por un lado se vuelven un mecanismo destructivo y por otro generan una sosa y falsa Torre de Babel de "estamos todos felices y sanos" que carece de cualquier fundamento.

Pero la esencia de la terapia de Rogers está completamente centrada en el cliente, y en ella el cliente evoluciona lentamente, sin que se le dirija o fuerce en exceso, desde un ser defensivo y extremadamente resistente al cambio a una etapa en donde hay una tendencia a ser más abierto. Poco a poco, eso se convierte en una evaluación imparcial de uno mismo hasta que se revelan sensaciones y emociones más profundas. Con comprensión, comienza la auto-realización y se desarrolla la auto-estima positiva sin dignidad cognitiva. A eso le sigue la importante etapa de la estima positiva hacia los demás y la capacidad de la persona de relacionar sus avances previos en la terapia con sus situaciones *samsáricas* presentes. Por último, será capaz de vivir correctamente en el momento con una realización natural.

**Conclusión.** La terapia rogeriana tiene la gran virtud de centrarse en el cliente, con la actitud del terapeuta de ser genuino y honrado sin juicios o manipulación, guiado por una empatía respetuosa hacia el cliente con una estima positiva, no condicionada y genuina. Sin embargo, la terapia rara vez avanza más allá de romper ciertas barreras, lo que le permite a la persona que sufre hablar sobre sentimientos profundos y desarrollar una relación de confianza con el terapeuta. Está claro que algo no encaja y las conjeturas muestran que el problema reside en ignorar el consejo de que uno no puede curar a menos que uno mismo esté curado y haya experimentado el camino y el fruto.

En realidad no hay conflicto entre la terapia de Rogers y la psicología del Dharma, pero una vez más afirmamos que aunque un ataque profundo de psicología del Dharma puede valerse de la ayuda de los ideales rogerianos, la terapia rogeriana, si es el núcleo del tratamiento, no puede usar eficazmente las herramientas de la psicología del Dharma, en la cual es esencial una comprensión completa del modelo y la práctica.

## ABRAHAM MASLOW (1908-1970)

La cruzada de Maslow en pro de una psicología humanista fue en realidad más importante que su propio enfoque teórico, así que es comprensible que su idea de una auto-realización motivante sea diferente de la de Rogers, cuyo impulso en su realización natural se opone diametralmente sin duda al impulso de la identidad.

Maslow parece estar menos involucrado en este aspecto de sus trabajos teóricos, pues lo denomina "motivación de crecimiento" sin contrastarlo con ninguna forma de realización del Ego.

Hay un contraste claro en que las ideas de Maslow sobre la auto-realización estaban relacionadas con el hombre, mientras que Perls y Rogers consideraban la realización natural como una característica de toda forma de vida. Otra diferencia estriba en la idea rogeriana según la cual la auto-realización es bastante natural en el nacimiento y se pierde conforme el niño crece, un concepto con el que la psicología del Dharma está de acuerdo. Maslow, por su parte, la ve como un atributo especial adquirido por unos pocos. Ciertamente, él dijo que la auto-realización es culminar el potencial propio, pero encontramos, al menos en su modelo formal, una distinción difusa entre el potencial natural verdadero y el potencial social. Maslow remedia esto de alguna manera al listar las cualidades de una persona auto-realizada, cuando afirma que sus valores son "naturales" y parecen fluir sin esfuerzo de sus personalidades.

Podríamos conectar ciertamente cada uno de estos cinco primeros atributos que siguen a un aspecto de la Fuerza de la Vida de la psicología del Dharma:

1. Lo primero, y quizá más importante, es que las personas auto-realizadas poseen afinidad humana (*Gemeinschaftsgefühl*), que consiste básicamente en la compasión humanitaria con un interés social, presuntamente juzgado correctamente según un estándar ético y no-religioso.
2. No juzgan a los demás ni a sí mismos y por tanto la crítica es siempre objetiva y su conducta es natural. Como resultado, siempre están listos para cambiar cualquier atributo que noten como no-adaptativo o incorrecto en ellos mismos.
3. Además, tienen un sentido de humildad y respeto hacia los demás, con independencia de su raza, credo y cultura.
4. No buscan relaciones numerosas y en su lugar disfrutan una relación más profunda con los miembros de su familia y con otros con quienes están asociados íntimamente.
5. Tienen una apreciación profunda de todas las cosas y la habilidad de ver incluso los fenómenos más simples con maravilla y asombro.

Estos cinco atributos sugieren que las personas realizadas consiguen cierto alivio del dominio de la identidad. Sufren infrecuentemente, ya que se centran en los problemas, es decir, en vez de generar sufrimiento en la cognición, tratan las dificultades de la vida como problemas que hay que resolver. Que esas soluciones se generen mediante la agilidad mental o procedan de una fuente natural no queda claro, pero supondremos que es lo segundo. Desde el punto de vista de la psicología del Dharma, eso estaría menos ligado a la identidad.

Estas personas tienen una forma personal de espontaneidad y sencillez que no es pretenciosa, quizás como la que Rudyard Kipling describiría como tener la habilidad de "codearse con reyes pero tener don de gentes".

No se apegan a objetivos finales hasta el punto de que ese fin justifique cualquier medio. De hecho, están más integrados con el camino que con las consecuencias del camino y por tanto están más "centrados en el ahora".

Disfrutan de autonomía personal frente a las necesidades físicas y sociales.

No son susceptibles a la presión social o religiosa y caminan, por decirlo así, al ritmo de su propio tambor.

Estos cinco atributos sugieren que también disfrutan de cierta liberación de otras cualidades naturales que listamos abajo, las primeras tres de las cuales son solo atributos comunes a un ser humano liberado.

Tienen un sentido del humor no-denigrante que nunca humilla a los demás y se dirige a apreciar con humor la fragilidad del estado humano, prefiriendo bromear sobre sí mismos o sobre la condición humana, y nunca descargando su humor contra otros.

Son curiosos, creativos, inventivos y originales.

Tienen más experiencias sublimes de unidad con la naturaleza o con su Dios particular.

Disfrutan de la soledad y se sienten cómodos estando solos.

Están centrados en el absoluto, lo que significa que pueden diferenciar con facilidad lo falso de lo verdadero, las ilusiones útiles de las delusiones comunes.

Estos atributos fueron seleccionados arbitrariamente de un número de personas que Maslow consideró auto-realizados, incluyendo a Abraham Lincoln, Thomas Jefferson, Albert Einstein, Albert Schweitzer, Benedicto Spinoza, Aldous Huxley, William James, así como a Jane Adams, la trabajadora social que dedicó sus energías a ayudar a las familias pobres de clase trabajadora, y a Eleanor Roosevelt, quien marcó el camino para las mujeres en términos de justicia social.

Desde estos perfiles, que difícilmente pueden llamarse científicos y desde luego no son experimentales, desarrolló un análisis biográfico. Calculó que no más del dos por ciento de la población humana es auto-realizada (presumiblemente en el llamado mundo civilizado). Reconoció que no eran perfectos, pero incluso sus fallos eran moderados. Por ejemplo, experimentaban culpa y ansiedad, que teóricamente al menos no estaban basadas en la identidad, sino que eran consecuencia de su agudo sentido de la realidad tangible. Discreparíamos del concepto de culpa, que es claramente social y está relacionado con la identidad, y sugeriríamos quizás una forma consciente de responsabilidad que acompaña a una ansiedad natural. Por el lado negativo, hay constancia de que mostraron "momentos inesperados de crueldad, frialdad clínica y pérdida del sentido del humor".

A continuación, debemos estudiar la idea de Maslow sobre las raíces del sufrimiento, entre ellas la depresión, la desesperación y el disgusto. Maslow suponía que el sufrimiento surge de un fracaso vital a la hora de generar ciertas cualidades que el sistema humano requiere naturalmente (necesidades) con el fin de obtener la felicidad.

Aunque Maslow no presenta un cuadro de la falsa felicidad, esa felicidad falsa es bien visible y quizás esté presente por su ausencia y por el énfasis extremo sobre aquellas cualidades que sin duda son la antítesis de la realización del Ego.

Sin embargo, él las eligió arbitrariamente y las llamó necesidades impulsoras. Aunque contienen la auto-suficiencia, el sentido (en cuanto que no hay tonterías sino una búsqueda de sentido trascendental), la sencillez (la evitación de la complejidad), la facilidad, la completitud (la tendencia a no dejar nada a medio hacer sin causa justificada), la unidad, la totalidad y la trascendencia de los opuestos, la mayoría están teñidas de evaluación y condicionamiento social.

Maslow cree que los que no están realizados tienen un interés insuficiente y podemos estar de acuerdo al afirmar que han enmascarado con el Ego el impulso de la auto-realización. Pero Maslow afirma a continuación que la culpa reside en la falta de realización de las necesidades inferiores, que son las necesidades fisiológicas, la necesidad de seguridad, la necesidad de permanencia y la necesidad de estima. En la psicología del Dharma llamaríamos a esas necesidades impulsos de confort natural (la comida y la temperatura), seguridad natural (el refugio de los elementos y depredadores), pertenencia natural (la unidad de la Fuerza de la Vida con la tribu) y la aprobación natural (de la capacidad propia para prever). En la psicología del Dharma afirmamos que la identidad las transforma en el Id (el confort visceral), el Ego (la seguridad emocional), el Super-ego (la superioridad o responsabilidad) y la fijación del Supra-ego (el aislamiento).

Un atributo de la auto-realización (realización natural) que se vuelve evidente es que aquellos con una identidad fuerte en cualquiera de las cuatro áreas tienen la fuerza para ignorar completamente los demás atributos. Debemos declarar, por tanto, la necesidad para aquellos que creen que Maslow está en lo correcto de adoptar el concepto según el cual la dominación de la identidad existe y puede llevar a la persona a comportarse por ejemplo con pasión de Super-ego hasta el punto incluso de ignorar las necesidades básicas de confort, seguridad y previsión del futuro. En la mayoría de los casos, sin embargo, fuera de la sociedad privilegiada es cierto que las necesidades reales básicas predominan sobre la auto-realización.

En conclusión, no podemos estar de acuerdo con Maslow en que las necesidades naturales sean una condición fisiológica que empuja al organismo a actuar con una clara fuerza incitadora para la realización natural; hemos de proponer que se trata de las necesidades de la identidad que insisten en la satisfacción del deseo. Así pues, estableceríamos un contrapunto entre las necesidades naturales y los deseos de la identidad. Maslow quizás equilibró esta visión al decir con claridad que él nada más estaba señalando el camino y que era importante perseverar en los estudios sobre la meditación, los niveles superiores de conciencia e incluso los fenómenos parapsicológicos para alcanzar un entendimiento completo.

## WILLIAM JAMES (1842-1910)

"Hay una gran excitación durante la llantina a la que no le falta un cierto áspero placer propio; pero sería necesario un genio de la felicidad para descubrir cualquier asomo de cualidad positiva en el sentimiento de melancolía seca y encogida".

Ignorando las incursiones en los fenómenos paranormales que le interesaron a James, podemos centrarnos en cambio en sus conceptos fundamentales sobre la relación entre mente y materia. Él creía que ambas son estructuras ilusorias creadas a partir de la experiencia pura, pero que la experiencia no es ni física ni mental. Para él es el "flujo inmediato de vida que provee el material para nuestra reflexión posterior con sus categorías conceptuales... un 'eso' que aún no tiene un 'qué' definido, aunque está listo para ser todo tipo de 'qués'".

Esto encaja con el modelo de la psicología del Dharma, que presenta el flujo inmediato como concomitante de la información de la sensación y la discriminación antes de que la percepción y volición den nombre a las formas. Esas sensaciones son transformadas por la cognición en la ilusión de los fenómenos. Una idea interesante de James con la cual estamos de acuerdo es que la diferenciación tiene como base no simplemente las palabras y formas, sino la relación aparente que existe entre los fenómenos separados. Estamos de acuerdo con él en que las sensaciones no están "en la mente" y luego "por un acto especial de nuestra parte, se 'extraditan' o 'proyectan' de forma que parezcan ubicadas en un mundo exterior". Es el concepto de dualidad lo que produce ese error y divorcia al ser humano natural de la unidad con todas las cosas, que está lista y disponible. Podemos considerar que estas relaciones son la Función.

No cabe duda que este sistema con la identidad presente fomenta la dualidad, y cuando se habla de dualidad entre sujeto y objeto (la falta de Esencia), él sugirió como nosotros, que uno debe "abandonar la auto-conciencia como entidad opuesta al mundo material". A continuación, planteó la pregunta importante: "¿Existe la conciencia?"

Nosotros, como seres humanos, tenemos la idea de que la conciencia realmente hace algo, cuando en realidad es una simple pantalla. Sobre esa pantalla experimentamos lo que la psicología del Dharma llama corriente de conciencia compuesta de momentos de la mente demasiado breves para discriminarlos como acontecimientos separados. Sin embargo, hacemos discriminaciones arbitrarias, separando bloques grandes para formar ideas y conceptos, decidiendo que estamos "pensando" en algún lugar de la conciencia. De hecho, como hemos afirmado, la conciencia simplemente es una pantalla. Los contenidos de esa pantalla no son físicos ni mentales y han de considerarse meramente como una experiencia. James también vio que la conciencia es una corriente más que una sucesión de ideas.

Hemos de considerar por tanto esta pantalla como igual a la pantalla de un ordenador que siempre está encendida, lista para recibir información desde múltiples fuentes y múltiples programas que emanan de múltiples sistemas operativos. El gran error se debe a que somos "conscientes", y eso proporciona la falsa "prueba" de que existimos como entidad separada. No somos la conciencia, al igual que lo que aparece en la pantalla del ordenador no es el *software* del sistema.

Al indagar en la cuestión de la conciencia, James usó el método recomendado por los humanistas y la psicología del Dharma, es decir, "mirar dentro de nuestras propias mentes y constatar lo que descubrimos ahí".

Hablamos acerca de la vacuidad de todos los fenómenos y del hecho de que es la mente la que genera todos los fenómenos como reales en apariencia. Como tal, James plantea que no puede haber propiedades inherentes en ningún fenómeno individual. También presenta la posición clara, que nuestro modelo recoge, de que la intención, que se transforma en acción, es el núcleo de todo comportamiento y que tanto la habitual invocación de una cognición ampliada como la participación de la identidad son superfluas.

James pregunta: "*¿Quieres o no quieres que sea así?* Esta es la pregunta más incisiva que se nos hace jamás; se nos plantea a cada hora del día, y tanto para lo más grande como para lo más pequeño, para las cosas más teóricas y las más prácticas. Respondemos con asentimiento o no-asentimiento y no con palabras. ¡Qué sorpresa que estas respuestas mudas parezcan ser nuestros órganos más profundos de comunicación con la naturaleza de las cosas!".

De hecho, el secreto para descubrir la propia naturaleza verdadera es la comprensión a un nivel profundo que estas intenciones simples no elaboradas y las respuestas son nuestras interacciones naturales y correctas con nuestro "yo" aparente y todos los fenómenos. Lo que James propone sin duda no es la simple percepción de que eso es así.

James no solo se hace eco del concepto de la presencia de un sustrato no consciente de sensación y discriminación, percepción consciente, intención (volición) y conciencia, sino que también trabaja con la atención (interés), que es fundamental en su modelo. Sabemos que un fenómeno aparente se extrae del fondo y se inspecciona para ver si se ha experimentado antes, se le da una valencia de acercamiento, neutralidad o evitación, y luego la forma resultante se conecta con su nombre. Pero antes de que eso ocurra, ese aparente fenómeno debe ser extraído desde el fondo por la atención.

Lo que James llama extracción ocurre porque el acontecimiento aparente "resulta que nos interesa práctica o estéticamente, y por tanto le damos nombre sustantivo". Podemos parafrasear eso para sugerir que hay dos fuerzas selectivas en juego: la respuesta práctica y natural de selección necesaria para la supervivencia y la selección de un fenómeno aparente desde el fondo o campo por insistencia del sistema interno, ya sea por interés estético, como plantea James, o como consecuencia de un impulso interno que es menos cognitivo.

Como herramienta de supervivencia es insuperable y cuando la homeostasis humana, que clama contra el sufrimiento del control de identidad, busca soluciones, eso es para James el elemento activo de la conciencia. Aquí hemos de decir, separándonos de James, que es un elemento activo que incide en la conciencia y no es parte de la conciencia en sí, tal como sus palabras pueden dar a entender a algunos lectores.

Hemos de trabajar ahora con la postura de James respecto al ideal de "Dios", pues eso también atañe tangencialmente a la psicología del Dharma. James creía que en la cognición del ser humano surge intuitivamente una intención de encontrar sentido y que el pensamiento de "Dios" surge como respuesta natural humana al universo externo aparente.

Aunque ese impulso de hallar sentido, que está infestado por la identidad, existe realmente, la necesidad de sentido se convierte en un impedimento para la liberación plena. Solo cuando se acepte que hay un caos natural, un conflicto natural, una impermanencia natural, un estado natural de no-existencia y que no hay sentido, ni falta que hace, se apreciará la verdadera belleza de la vida y comenzará la libertad.

Sin embargo, estamos de acuerdo en que la persona mentalmente sana y relacionada con lo trascendental está imbuida de la bondad y perfección de la vida –la Fuerza de la Vida. La identidad ciertamente enmascara su mente sana, que es natural, y solo puede ser liberada mediante un esfuerzo atento y una comprensión que esté menos relacionada con la identidad.

Nosotros preferimos desembarazarnos de todo vocabulario religioso y afirmar, en términos similares a James, que esas experiencias conectan al ser humano con un nivel más profundo de experiencia que no es accesible a las relaciones cognitivas normales. James afirma: "Los límites externos de nuestro ser se sumergen, me parece, en una dimensión de existencia totalmente distinta del mundo sensible y meramente 'comprensible'". Más aún, mantiene también que las experiencias trascendentales "apuntan con una probabilidad razonable a la continuidad de nuestra conciencia con un ambiente espiritual más amplio del que el hombre convencional está excluido".

Además, James ofrece "cuatro rasgos que, cuando una experiencia las posee, puede justificar que la llamemos mística". Nosotros respaldamos esos rasgos y los explicamos para que les prestes atención, pues son pertinentes a la rectificación de los problemas de la mente dual.

1. Son inefables, pues desafían toda descripción y, como dice el *Daodejing*, "el nombre que se expresa no es el Nombre Eterno". La Forma no-diferenciada, la Esencia y la Función pura de la Fuerza de la Vida se deben experimentar todas directamente, pero no se les pueden impartir o transferir a los demás, aunque sí se les puede dirigir al camino que lleva a esas experiencias.

2. Son noéticas, pues están asociadas a estados de la mente más allá de lo mundano, que más adelante se pueden presentar en forma de estados de conocimiento.

3. Son pasivas, pues no se pueden controlar cognitivamente. Lo único que se puede hacer es presentar en la puerta la propia conciencia implícita, libre de cognición, y esperar el momento propicio cuando las condiciones permitan la entrada al estado trascendental y sus experiencias.

4. Son transitorias, pues son oscilaciones de corta duración del sistema causadas por una preparación correcta, y divorciadas de la cognición y la identidad. Aunque son transitorias, la experiencia, aunque no su sustancia, puede retenerse en la memoria como herramienta para la vida correcta y la visión correcta de la Fuerza de la Vida del ser humano.

Mientras James ve cómo estos impulsos conducen al ser humano a descubrir a "Dios", nosotros decimos en la psicología del Dharma que el desequilibrio del sistema, debido al conflicto de la Fuerza de la Vida natural con el sufrimiento causado por la identidad, genera un impulso homeostático para rectificarlo con un examen más profundo más allá de la cognición dirigida por la identidad. Debido al hábito y al hecho de que la identidad sigue manteniendo el control, puede iniciarse una búsqueda trascendental y se puede descubrir a "Dios" o a otros dioses.

Cuando no hay identidad o una disposición clara para encontrar la ilusión de un Dios o dioses, la penetración va más allá que la de las personas religiosas, más allá de la unificación de una Forma no diferenciada, Esencia y Función naturales, hasta el estado de luz no diferenciada que se puede experimentar al entrar la información del sistema neurológico al cerebro. Esto es lo que llamamos el despertar en la psicología del Dharma, en oposición a la experiencia trascendental religiosa, que consideramos como un despertar a la dualidad absoluta.

Está claro por tanto que los psicólogos humanistas y de otros tipos pueden mantener sus posturas cada uno por su lado, pero su combinación e integración en el modelo más complejo de la psicología del Dharma resulta casi obligatorio si queremos que haya alguna posibilidad de cambiar a un "chip" correcto, natural y fructífero para el ser humano y su entorno.

# Capítulo 34

## Integración de los modelos humanistas con la psicología del Dharma

Está claro que el modelo de la psicología del Dharma que se presta a la integración de los modelos humanistas es la concentración sobre los contenidos de la mente, que se llama *vipassana*, en este caso *vipassana jivitindriya*.

Cuando hablamos de este método para eliminar los síntomas de la identidad y el sufrimiento, hemos mencionado que su ejecución es difícil. Ahí es donde los modelos humanistas se vuelven apropiados como herramientas. Abren la puerta más fácilmente a la recuperación de recuerdos que son dolorosos y se han convertido en la causa aparente del sufrimiento, ya que residen en el subconsciente y esperan el momento de emerger para sustentar a la identidad.

Eso puede ser una cuestión difícil de entender, así que debemos dejar claro que no es el ser humano el que sufre, sino la identidad humana. ¿Qué utilidad hay en el sufrimiento de la identidad? No es un castigo, sino un medio para atraer atención a las necesidades que han sido ignoradas. Cuando sufre, la identidad está diciendo: "Mira lo que has hecho, ahora ponte las pilas y haz lo que quiero". Naturalmente el conflicto entre identidades se vuelve bastante complejo y es particularmente severo cuando la persona en realidad cree que ella es el "yo" condicionado que sufre.

La integración comienza con la penetración, usando las terapias de apoyo para generar asociaciones desde la cognición por medio tanto de nombres como de la falsa función. Eso provoca una respuesta en la memoria, que envía a la cognición recuerdos espontáneos almacenados en cadenas conscientes de pensamientos con forma, nombre y con la falsa función del dominio de la identidad por encima de todo.

Usando esta técnica combinada de *vipassana*, en vez de entrar más profundo en el almacén de la memoria buscando las causas-raíz del sufrimiento, lo cual a lo sumo es un ejercicio intelectual o emocional, el estado de *vipassana* hace introspección sobre los panoramas presentes conforme progresan sin elaboración. Usa una técnica para "ver" la vacuidad de las ideas y los conceptos que representan, al determinar la vacuidad de las sensaciones, las emociones y las percepciones que contienen.

La diferencia entre el enfoque de la terapia humanista y el de la psicología del Dharma reside en su actitud acerca de la introspección. El enfoque humanista tradicional permite que se desplieguen las cadenas de recuerdos, llevando a la introspección a un avance repentino hasta su aparente origen y a liberar toda la tensión y el estrés que se han desarrollado, habitualmente desde la niñez, con respecto a esas asociaciones de huellas de la memoria. La *vipassana* disuelve los enlaces de la cadena dentro de la cognición de forma instantánea a medida que el próximo enlace de la cadena aparece en la conciencia.

Eso no significa que uno no penetre hasta el origen. Significa que los enlaces asociativos se disuelven conforme aparecen y que no se pone énfasis en el origen como causa raíz. Se ve que el origen está en el observador aparente, que ha generado las huellas almacenadas con valencias que son incorrectas, es decir, la función falsa y la creencia errónea en la veracidad de las asociaciones de nombre y forma.

Una vez la forma y el nombre se han despojado de su función en la cognición, allí surge automáticamente la "función correcta" relacionada con las formas y nombres, lo que genera un conjunto más puro de huellas de memoria. El proceso puede considerarse como un lavado de las huellas de memoria, eliminando la conexión con la identidad.

Aunque casi todas las técnicas de Perls y Rogers se pueden adaptar a las prácticas *vipassana* de la psicología del Dharma, donde muestran toda su potencia es en su aplicación a la conciencia diaria, al reforzar todos los atributos necesarios para liberar las intenciones y acciones erróneas. Las sesiones que no están vinculadas a la *vipassana jivitindriya* establecen un patrón para la vigilancia diaria individual, en particular en el área de la observación de patrones de defensa personal, usando el criterio ya visto de la desensibilización, la proyección, la introyección, la retroflexión, la deflexión, la confluencia y la fijación (ver figura 34.1).

Es esencial, sin embargo, que el sujeto entienda estos procesos con plena conciencia de las implicaciones de la identidad y la necesidad de ser constante en la aplicación diaria de estas observaciones sin condena personal ni una alienación rígida de esas conductas. La idea de refrenar o contener la presencia de las intenciones y acciones en vez de ir al choque contra ellas es importante. Simplemente hay que registrarlas y, con la práctica habitual, la meditación *vipassana jivitindriya* hará el trabajo de reducir gradualmente la fuerza y el aspecto de estas respuestas.

Lo que es más importante en esta amalgama de prácticas del Dharma y la Gestalt humanista, sin embargo, es la necesidad de que el sujeto entienda del todo la presencia de una naturaleza verdadera y positiva que es opuesta al concepto erróneo de identidad. Como tal, se debe entender sin asomo de duda que las ideas de auto-realización se oponen a la realización de la identidad y explicar con claridad todas sus consecuencias sociales. Una identidad fuerte es debilidad y no fortaleza, pero debe quedar patente tanto que la identificación natural de un "yo" ilusorio es una ventaja como la diferencia entre ambas.

Por tanto, resulta esencial que se explique con claridad la interacción de las diversas identidades. En ese caso, es el psicólogo quien determina el diagnóstico en cooperación con el sujeto, en vez de ser el sujeto quien decide. En algunos casos, destacar los aspectos positivos de la no-identidad, que son la sensibilidad, la discriminación, la inteligencia natural y la predicción, es una ventaja clara. En otros casos, es más ventajoso señalar los aspectos negativos, como la confusión, la codicia, la aversión y la fijación. Aquí es donde cobra importancia la sutileza y habilidad del humanista.

**FIG. 34.1 Concentración sobre los contenidos de la mente (*vipassana*)**
(ver también figura 30.3)

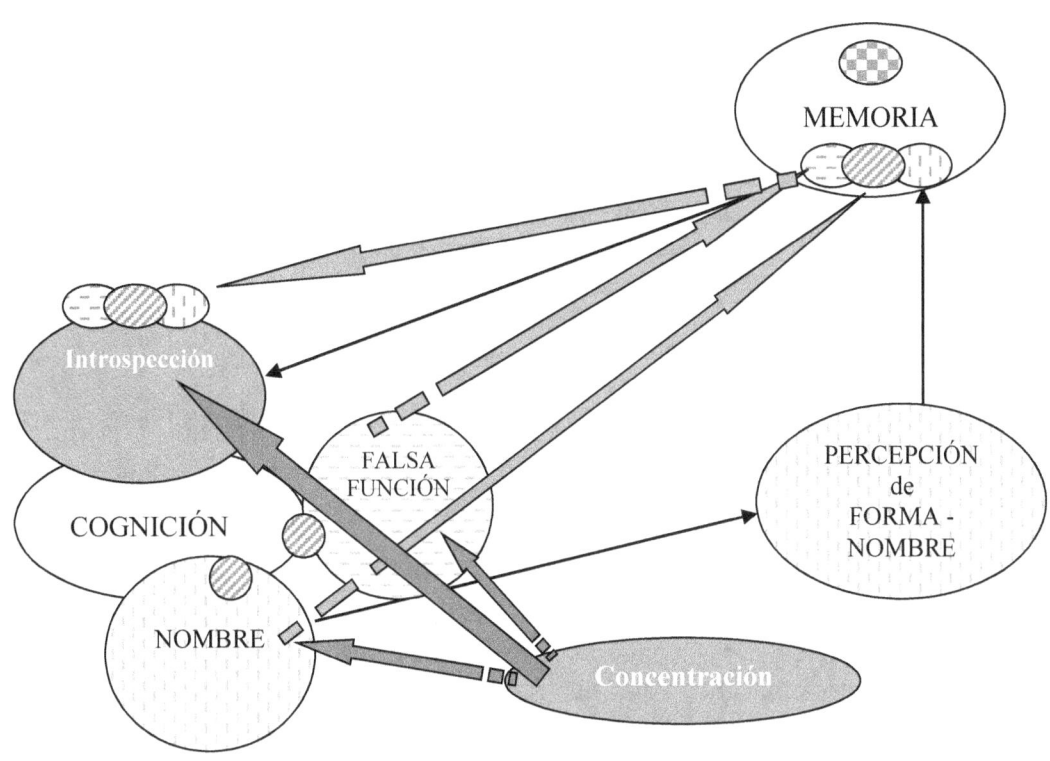

CONCENTRACIÓN SOBRE LA INTROSPECCIÓN DE LOS CONTENIDOS
MANCHADOS DE LA MEMORIA (*VIPASSANA*) DENTRO DE LA CONCIENCIA
USANDO TÉCNICAS HUMANISTAS PARA FACILITAR EL ACCESO

En esta amalgama, sin embargo, le debe quedar claro al terapeuta que las bases de los cambios duraderos se asientan sobre la comprensión teórica de la Fuerza de la Vida (*jivitindriya*) y el uso de la técnica de *vipassana*, y que la transformación diaria de las intenciones y acciones es una función clave de las técnicas humanistas tradicionales.

# Capítulo 35

## La caja de Pandora de la relajación meditativa para el estrés

Se cuenta que Prometeo, el dios griego de la previsión, robó el fuego de los dioses en el tallo de una planta de hinojo y se lo entregó a los mortales para que lo usaran. Ese robo del secreto del fuego enfadó mucho a Zeus, rey divino y líder de los dioses. Como castigo parcial a la humanidad, mandó a Hefesto, el dios del fuego, que creara a Pandora ("la dotada"), la primera mujer. Teóricamente Pandora abrió una caja que soltó todos los males de la humanidad: la confusión, la codicia, la aversión, la fijación y sus miles de variantes, dejando dentro un solo elemento, el de la esperanza.

Pues bien, ahora se ha abierto de par en par la caja de la psicología y la estupidez de las "alternativas terapéuticas" se ha derramado sobre el mundo, que ya estaba lleno de conflictos estresantes para un número siempre en aumento de personas en busca de liberación.

No afirmamos que la relajación meditativa no libere del estrés, pero así como el mundo del humanismo está lleno de "pequeños Fritzes", también lo está de los que inundan el mercado con sistemas estandarizados de eliminación del estrés, que van desde ingeniosos placebos como la "rumpología" o dormir en tu propia sepultura hasta los seductores pero dudosos viajes mentales a vidas pasadas.

Hay una vieja frase: "Cada minuto nace un pardillo… y dos que se ocuparán de él". Se le atribuye a un banquero llamado David Hannum, aunque es obvio que erró el diagnóstico: a cada minuto nacen muchos más pardillos que uno solo, dispuestos a comprar el paquete fraudulento que suele ir acompañado de una figura sentada en algún tipo de pose meditativa, como aliviado de todas las preocupaciones del mundo con la mera afirmación de que va a lograr "paz y tranquilidad".

En este mundo moderno de medios de masas, esas ofertas apoyan a los que usan vías alternativas engañosas para ganarse la vida, pero ciertamente les están privando a sus "pacientes" de la verdadera oportunidad de resolver las tensiones que se han acumulado en su estresante vida diaria. Por supuesto que hay muchos profesionales honrados de meditación anti-estrés que conocen los límites de su meditación y no hacen "juegos de rol" en sus sesiones. Pero en justicia no podemos dar a ningún sistema de meditación para el alivio del estrés el beneficio de considerarlo como una terapia duradera.

Ciertamente recomendamos la Meditación Trascendental para los que se sienten demasiado atados a esta vida como para dar pasos serios en dirección a resolver los conflictos de su identidad, ya que ciertos análisis estadísticos realizados en la Universidad de Stanford en torno a 146 sistemas independientes indicaron que el programa de Meditación Trascendental para la reducción de estrés y ansiedad era mucho más eficaz que cualesquiera otras técnicas de meditación y relajación combinadas, incluida la relajación muscular, y que el resultado no se podía atribuir

LA CAJA DE PANDORA

a expectativas de tipo "placebo" o a los prejuicios del experimentador. En investigaciones previas de la Universidad Estatal de California en 1972, los meditadores a corto plazo reducían significativamente la ansiedad de acuerdo con las escalas de ansiedad de Spielberger y Cattel. La Meditación Trascendental también ayuda, de acuerdo con la prueba de Mann-Whitney, en el uso de la calma al enfrentarse a una agresión y en la capacidad de contacto íntimo y espontaneidad. Pero este desarrollo demostrado de la auto-aceptación y la auto-consideración no es consistente de ninguna manera con los paradigmas liberados de la identidad de la psicología del Dharma, aunque puedan ser excelentes para el desarrollo de la personalidad social.

La posición de la psicología del Dharma es clara. La reducción temporal del estrés mediante técnicas meditativas es perfectamente válida si, y solo si, a los que sufren se les han presentado claramente y sin ninguna presión las alternativas disponibles para lograr una solución completa. Si su libre elección es entrar en un programa educativo provisional sobre el estrés, entonces el psicólogo del Dharma debería atenderles. No obstante, ese programa debe incluir una advertencia clara sobre los factores de estrés relativos a la vida diaria y las consecuencias del maltrato físico y mental tanto dentro de la familia como en el ámbito social.

Todo depende por tanto de los deseos del potencial practicante y, por supuesto, de la comprensión del guía de meditación sobre las limitaciones de las diversas técnicas legítimas de relajación provisional. La pregunta, entonces, es qué rol debe desempeñar el guía de la meditación anti-estrés para conducir a la persona que sufre hacia una solución más permanente de su problema. La terapia centrada en el cliente afirmaría tajantemente que ninguno. Sin embargo, a los clientes se les deben presentar alternativas de alivio mayor y más permanente en la psicología del Dharma, ya que quizá nunca hayan oído hablar de esa opción.

Es cierto que las terapias alternativas son atractivas porque ofrecen esperanza incluso cuando parece que el tratamiento psicológico convencional no sirve o se desconfía de él y cuando se ha rechazado correctamente la alternativa evidente de un enfoque médico. Pero aunque todo esto crea un mercado, hay "terapias" que se anuncian de forma deliberadamente fraudulenta o sin cuidar la formación. Muchos terapeutas están equivocados en cuanto al valor de sus propias terapias. A pesar de ello, no podemos cegar nuestros ojos a los beneficios que pueden darse en el *samsara* si el enfoque psicológico del Dharma se considera demasiado extremo.

Por desgracia, pocas terapias modernas cumplen en realidad con la tasa de éxitos que prometen, pero eso bien puede ser debido al efecto "pequeño Fritz" y en realidad hace falta mucha investigación con el fin de verificar la utilidad de estas alternativas anti-estrés. La clave para una buena decisión, si uno está decidido a usar terapia de estrés alternativa y no ir a las raíces que causan el sufrimiento, es que uno debe al menos encontrar pruebas de que el tratamiento realmente funciona más allá del placebo.

Los testimonios personales son muy engañosos, aunque no todos se pueden descartar como ficción. Sin embargo, incluso si los testimonios válidos y honrados muestren una posible eficacia, ignoramos el porcentaje de fallos. Tampoco puede subestimarse el hecho de que haya aparentes beneficios y alivio del estrés que suceden con independencia de la "terapia".

Por otro lado, tampoco podemos afirmar que, si cierta práctica no ha sido contrastada mediante el análisis y la experimentación, hay que ignorarla o descartarla como consecuencia. Estamos a favor del consejo tradicional de *caveat emptor* ("que el comprador tenga cuidado") y mantenemos un enfoque racional e incluso escéptico.

Lo que todos pueden aprender, sin embargo, de las alternativas válidas para reducir el estrés es que los ideales holísticos deben mantenerse en cualquier paradigma para la reducción del estrés. La psicología tradicional y las prácticas de reducción de estrés con frecuencia tienden a rebajar al ser humano a algo inferior a la suma de sus partes y cualquier práctica debe considerar el organismo completo, tanto en su dimensión mental como física. Sin embargo, la simple aplicación de frases holísticas y de estilo Gestalt y, junto con el aparente afecto y bondad, tienen poco que ver con el verdadero enfoque Gestalt u holístico.

Ciertos profesionales que aseguran ser holísticos defienden la acupuntura, la terapia herbal, los diversos sistemas de masaje, el *shiatsu*, la moxibustión, las visualizaciones y muchos otros sistemas, pero el ideal holístico tiene menos que ver con las técnicas y mucho más con un conocimiento lúcido del ser humano completo y su relación con la vida misma. En particular, podemos afirmar que la ausencia de identidad del supuesto terapeuta, aunque sea provisional, es extremadamente importante.

La conclusión que alcanzamos es que no se puede despreciar la posibilidad de usar programas alternativos válidos contra el estrés como suplemento conveniente de la psicología del Dharma, pero deberían tomarse como tales, pues hay una tendencia a creer que cuando el estrés se disuelve en apariencia, también se disuelven los problemas básicos que causaron la tensión psicológica.

# Capítulo 36

## El diagnóstico previo

Antes de que tenga lugar cualquier diagnóstico, es esencial que la persona que sufre entienda exactamente cuál es su potencial. Por tanto, antes de presentarle el diagnóstico, debe comprender las verdaderas cualidades del Dharma que constituyen el ser humano y que pueden lograrse con la realización del Dharma (la verdadera auto-realización del Dharma, no la realización del Ego). Esto es algo que se le debe explicar a cada persona de forma apropiada para su educación y potencial comprensión.

**FIG. 36.1 Las verdaderas cualidades del Dharma en la naturaleza humana**

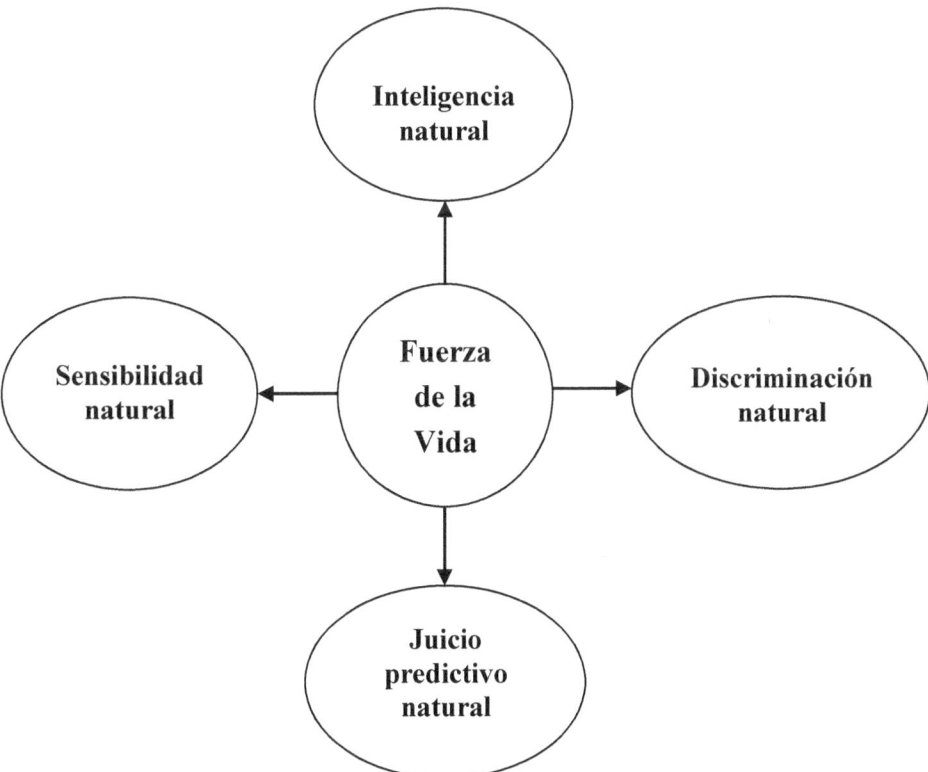

Dentro de cada ser vivo, desde el organismo más simple hasta la forma de vida más avanzada, existe una Fuerza de la Vida que impulsa su vida y desarrolla su potencial. Al igual que un roble tiene la fuerza motriz de un roble y el programa de desarrollo y crecimiento de un roble, un gusano tiene la fuerza motriz de un gusano y el programa de desarrollo y crecimiento de un gusano, e incluso un virus tiene la fuerza motriz de un virus y el programa de crecimiento y desarrollo de un virus, así el ser humano también tiene esa fuerza motriz y su programa de desarrollo y crecimiento.

Además, esos programas evolucionan a lo largo de una escala de tiempo difícil de imaginar y son indestructibles, así que en el ser humano, a pesar de todos sus problemas, su comportamiento aparentemente descarriado y su sufrimiento, ese programa permanece intacto y disponible para él. Esa Fuerza de la Vida tiene un impulso de desarrollarse y es ese impulso lo que llamamos la realización natural o el Dharma de cada criatura.

Naturalmente cada ser humano tiene sus variantes individuales y, al igual que sus atributos físicos son diferentes dependiendo de sus antepasados particulares, así varían sus atributos mentales y operativos. No obstante, todo ser humano sin excepción tiene un programa homeostático que mantiene todos estos sistemas en armonía y equilibrio, así como el sistema inmune proporciona armonía y equilibrio a todos los componentes de su cuerpo. Todo eso debe quedar claro.

Lo que realmente importa por tanto es que entienda que el camino que se le presenta es un camino voluntario sin presiones de ningún tipo y que se le ofrece como alternativa a los métodos psicológicos tradicionales, como una opción que quizá nunca haya oído o considerado antes. A continuación, se le deben explicar los atributos de la persona liberada.

## LOS ATRIBUTOS DE LA PERSONA LIBERADA

Estos estados se pueden reconocer por los siguientes comportamientos, basados en los atributos presentados de acuerdo con el *Visuddhimagga*, el estudio clásico de Buddhaghosa.

A la persona sensible o especulativa de acuerdo con los brahmines no se la veía con simpatía y esa perspectiva fue adoptada también por la comunidad budista. Eso era una mala interpretación basada en la actitud confusa de la persona sensible con respecto al Dharma. Se ve que se los consideraba como habladores en entornos sociales, fácilmente aburridos, con preferencia por lo ventajoso, con tendencia a no completar sus proyectos ni realizar de día los planes que hacían por la noche, y que sus mentes iban de aquí para allá.

Con nuestro conocimiento actual, encontramos que sin duda son especulativos, pero siempre desean ir sobre seguro y por tanto no caen fácilmente en las trampas sociales o espirituales. Son muy aptos para juzgar correctamente el estado mental de los demás, aunque no siempre identifican las razones correctas. No están apegados al mundo social, pues su lenguaje se basa en la sensibilidad, no en la lógica. Por tanto son capaces de hablar, pero no encuentran los medios adecuados de expresión que la sociedad demanda.

**Sensibilidad natural.** La persona con dominancia de confusión tiene una inclinación natural de sensibilidad refinada. Su estado natural es tal que fisiológicamente hay una responsividad altamente desarrollada a los estímulos externos, la facultad de la sensación. Es esta sensibilidad la que genera mucha confusión en esta persona en términos de determinar una identificación correcta de la irritación externa según se haya visto antes o no. Eso hace posible la sensibilidad a las emociones de uno mismo y los demás y la capacidad de responder correctamente a los cambios afectivos en el ambiente interpersonal.

La disolución exitosa de la interferencia identitaria con esta sensibilidad y la generación de un sutil vínculo exclusivo con aquellos con los que mantiene contacto permite desarrollar el principal atributo de la persona, que es atender a los demás en términos de la interpretación de su entorno; eso los convierte en sanadores competentes. Cuando alcanzan ese estado sensible, son ayudantes dedicados para aquellos a quienes estiman. Como ejemplo, podemos tomar a Florence Nightingale, la famosa enfermera de la guerra de Crimea. La persona sensible tiene gran afinidad con todas las plantas y animales a un nivel que no es cognitivo y su causa es ayudar a los demás con su sensibilidad. No son confusos sino especulativos y precavidos.

Esta sensibilidad también abre la puerta en los demás a la aplicación de la sensibilidad en las artes, en particular en la música y pintura. Cuando se disuelve la contaminación de la identidad es cuando esta capacidad, no solo para sentir sino para comunicar sin palabras, pasa a primer plano.

**Discriminación natural.** Con la persona discriminativa, los comentaristas budistas aciertan. Estos temperamentos son generosos, desean ver y seguir a aquellos que consideran nobles y oír palabras nobles. Muestran alegría por el gozo de los demás y no anhelan ese gozo. Son honrados y confían en lo que es digno de confianza. Como consecuencia, son trabajadores voluntariosos en lo que creen que es una causa justa. No exhiben codicia ni celos, y cooperan correctamente con otros, ajustando su comportamiento y haciendo concesiones si es necesario. Sus principales herramientas son el lenguaje y una correcta discriminación sutil.

Por supuesto, hablamos aquí de la capacidad positiva de discriminación del estímulo, en donde el reconocimiento y la categorización correcta de todo estímulo son posibles sin importar cuán pequeña sea la diferencia. Este proceso cognitivo convierte a las personas con estos temperamentos en la norma establecida de toda civilización que progresa. Su gran capacidad para el uso de palabras no solo permite los procesos cognitivos de ordenar, nombrar, evaluar y catalogar, sino que permite que pasen al frente en la comunicación. En ausencia de la identidad, que los lleva al deseo y apego a los fenómenos, dejan de lado la manipulación y las artimañas y desarrollan un sentido de virtud y honradez que es natural y evidente en todos sus tratos, en los que son capaces de adaptarse a la mayoría de las situaciones y llegar a acuerdos con facilidad.

**Inteligencia natural.** La inteligencia cognitiva no tiene en absoluto nada que ver con el desarrollo perfecto de los aspectos positivos de estas personas. La inteligencia cognitiva es un factor que varía dentro de cada temperamento y permite el desarrollo de todas las herramientas cognitivas cuando se disuelve la identidad. La aparición de la inteligencia cognitiva no es necesariamente una señal del temperamento inteligente. De hecho la inteligencia cognitiva es un gran impedimento si hay el más ligero apego a esa inteligencia, pues el resultado es el orgullo. En cambio, esta inteligencia surge de la propia capacidad de sentir el requerimiento de unidad social y armonía con el ambiente.

La persona naturalmente inteligente está dispuesta a hablar cuando sus palabras no son triviales y se ofrece como un buen amigo. Tiene plena atención y conciencia plena, una preferencia por estar alerta y proyecta una cierta urgencia que es difícil de mantener. Sin embargo, se trata de una urgencia sabiamente dirigida. Los de inteligencia natural, igual que los de temperamento especulativo, no son expertos en el lenguaje de la persona discriminativa, pues su fuerza está en el razonamiento abstracto que da saltos mentales en vez de proceder de forma lógica; por tanto, son pensadores laterales.

Cuando hay situaciones de desunión, este temperamento genera aversión a esa desunión y una aversión particular al ser humano, que en gran medida es responsable de las condiciones perturbadoras y destructivas del planeta. Como heraldo de la unidad en condiciones donde no hay identidad que incida sobre sus procesos, es un líder natural que no se deja guiar por la avaricia o las ganancias, sino solo por la tarea de proteger y asegurar la supervivencia de todos los que están voluntariamente a su cargo. Como tal, está íntimamente conectado con la naturaleza como un todo en el sentido daoísta.

**Capacidad predictiva natural.** El temperamento que sufre de fijación deja la preocupación por su confort, seguridad y encaje futuros y desarrolla la capacidad de usar la lógica y la inferencia para generar posibilidades. Ya no es un esclavo de sus expectativas temerosas, sino que genera confianza en su capacidad para resolver todos los problemas relacionados con futuras actividades. Al generar el espectro de todas las probabilidades futuras, este temperamento se libera de las expectativas. En ese caso, se llena de comprensión de la condición humana y de una gran compasión por los seres humanos y su dilema. Si mantenemos el modelo que hemos usado antes, podríamos decir que pueden ser como un Merlín para su Rey Arturo.

## LAS DOCE ETAPAS

Si deseamos ver a estas cuatro disposiciones en perspectiva general, podemos etiquetarlas respectivamente como sanadores o bardos, sustentadores de la vida, líderes sabios y oráculos.

La persona que viene en busca de ayuda se preguntará cómo pueden liberarse esos maravillosos atributos. Se le debe explicar con claridad que es un proceso gradual que puede experimentarse en doce pasos, pero que es realmente un proceso único que puede mantenerse usando calma, paciencia, diligencia, resolución y perseverancia.

Los pasos de las doce etapas del ciclo trascendental de originación dependiente en relación a la eliminación de obstáculos para el crecimiento y desarrollo de este maravilloso proceso son:

1. El sufrimiento, cuando se penetra y comprende, da como resultado una gran confianza.
2. La confianza proporciona el empuje para desprenderse de la carga del ciclo y trae la alegría por uno mismo y por los demás que están en el camino.
3. La alegría (o gozo) se vuelve entonces el factor motivante para la determinación y perseverancia. Así surge el éxtasis en la certeza de los resultados del camino.
4. El éxtasis nos conduce a la exaltación de la calma y ecuanimidad.
5. La tranquilidad da lugar a las condiciones del bienestar necesario para la práctica correcta de penetración.
6. El bienestar, o la verdadera felicidad, da lugar a una concentración clara cuando se aplican correctamente la atención y la energía.
7. La concentración da lugar a una penetración clara y el entendimiento de la vacuidad de todos los fenómenos.
8. El conocimiento y visión de las cosas tal como son en realidad da lugar al desencanto con las condiciones existentes de la vida normal.
9. El desencanto da lugar a dejar marchar el deseo y apego.
10. El desapego permite la liberación de las cadenas del condicionamiento.
11. La liberación o emancipación permite la percepción de la desaparición de todos los impedimentos.
12. Así, el conocimiento de la destrucción de las contaminaciones y la visión clara del estado primordial (mediante la contemplación final), donde no hay identidad ni impedimento, nos lleva al potencial de la disolución completa de la mente dual en aquellos que se sienten preparados para explorar más profundamente el funcionamiento de la mente humana.

## ¿QUÉ SALIÓ MAL?

Naturalmente, la persona que sufre se preguntará o reflexionará sobre qué es lo que salió mal en su programa y se le debe dejar claro que no es solo su programa el que está infectado y no funciona bien, sino el programa de todos los seres humanos. Le ocurre lo mismo incluso al tuyo propio como psicólogo, trabajador social o trabajador en cualquier otra disciplina humanística que entiende esto y está disponible como guía para restaurar ese sistema natural hasta donde sea humanamente posible.

Después se debe explicar que en cierto punto en la evolución humana, el ser humano dio un giro equivocado y desarrolló un impedimento, similar a un virus, que ha dejado al sistema fuera de equilibrio. Ese virus creció a partir de las aptitudes adquiridas más recientemente, que eran la habilidad cognitiva para predecir con cierta precisión intelectual la probabilidad de lo que podría suceder en el futuro (el juicio predictivo natural) y ser consciente de ese futuro potencial. Ese virus se desarrolló en forma de expectativa, que luego se convirtió en la base de todo el deseo y apego, pues es fácil ver que sin expectativa no puede haber deseo de algo en el futuro o apego por miedo a perderlo.

Esa expectativa se generó e infectó al sistema visceral de confort, al sistema discriminativo de seguridad, al sistema perceptivo de identificación y al sistema volitivo de intención. Esos complejos impedimentos de expectativas son lo que llamamos el Id visceral, el Ego emocional, el Super-ego perceptivo y el Supra-ego volitivo.

Fue el Supra-ego de expectativa el que derrocó a la Fuerza de la Vida natural, enviándola al exilio, fuera de la vista y convertida en inaccesible al sistema humano. Ese cambio ocurrió poco a poco, pero comenzó hace unos doce mil años. La manzana que Adán y Eva supuestamente comieron no era una simple manzana del conocimiento que los llevó a cometer un supuesto pecado original, sino la manzana de la expectativa que llevó a un daño aún mayor que cometer un pecado original: a saber, la violación del planeta y todo lo que se encuentra sobre él.

## EL FRUTO DE LA EXPECTATIVA QUE DOMINA EL SISTEMA ACTUAL COMO IMPULSO SUSTITUTIVO

Esta expectativa que surge de estas identidades naturalmente dio lugar a la identidad ideal, que requería una máscara para evitar problemas futuros, y un cambio en la identidad observadora, que ahora se vio a sí misma como poseedora de existencia individual y separada como criatura que desea ciertos resultados y pelea para mantener los frutos de sus acciones egoístas, sórdidas y destructivas.

Tal vez pueda verse que fue esta sustitución de la facultad predictiva para la Fuerza de la Vida lo que hizo posible la base del apego y el deseo de la identidad, que requieren un fuerte concepto del futuro más que del presente, acompañado de una incertidumbre sobre el resultado (ver figura 36.2).

Cuando se capta claramente el potencial y la persona está segura de que entiende la violación de la identidad contra su propia naturaleza auténtica, entonces se puede aclarar el proceso de recuperación. Se explica mejor como el acto de desenmascarar el fraude de las expectativas del Supra-ego, permitiendo que la Fuerza de la Vida tome su lugar natural, restaurando la autonomía que es natural para la sensibilidad, la discriminación natural, la inteligencia natural y la fructífera capacidad predictiva. El diagnóstico de su identidad personal está casi listo para ser aclarado entonces; pero primero debe entender lo que sucede cuando se elimina la expectativa, pues pueden subsistir algunos miedos inherentes acerca de lo que pasará en el futuro. Lo que se puede explicar es que la expectativa es reemplazada por la posibilidad natural.

Esa visión de la posibilidad natural permite a la persona observar todas las posibles consecuencias futuras de sus acciones particulares con una evaluación razonablemente acertada sobre la posibilidad del resultado. De esa manera, el sistema humano está preparado para cualquiera de esos resultados sin invertir su energía y pensamientos en una expectativa única que desplace al resto de posibilidades. El ser humano, sin embargo, tiene también la capacidad de computar la probabilidad, pero cuando esté preparado sin una inversión personal de la identidad en ningún resultado, sin importar cuán alta pueda ser la probabilidad, entonces no habrá sorpresas ni sufrimiento.

**FIG. 36.2 Las consecuencias de las expectativas sobre el sistema natural**

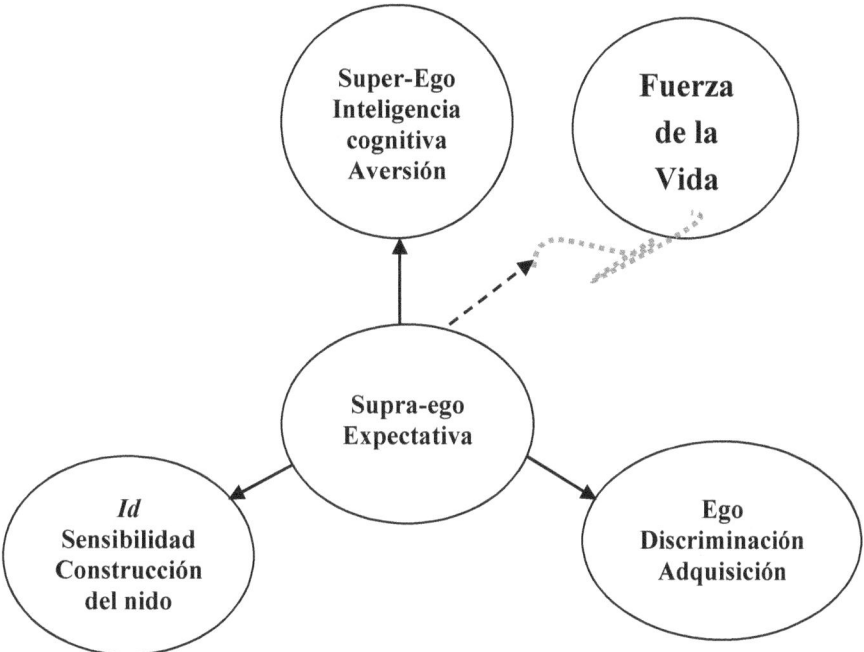

Se notará que el valor de calcular la probabilidad, aunque parece facilitar la expectativa, no tiene eso como su función natural. El cálculo de la probabilidad es simplemente un método eficiente para adelantar más rápidamente la preparación de la siguiente respuesta. Más aún, la visión equilibrada natural proporciona un mecanismo relativo al futuro que genera naturalmente un resultado que favorece a la persona, no a la identidad.

Una vez eso se ha entendido, se le puede presentar a la persona el diagnóstico del espectro de su propio complejo de identidad sin referencia al panorama global.

Lo que nos interesa con respecto al diagnóstico es la identidad dominante primaria y la secundaria. La fuerza de la identidad primaria es importante, al igual que la proporción entre las dos, ya que la interacción entre ellas determina en gran parte el cometido de la identidad secundaria al generar máscaras psicológicas, no en forma de identidad ideal sino con el objetivo de logar satisfacer las necesidades de la identidad primaria.

Así, una persona que busca un estado antinatural de confort en su nido pero que no es capaz de lograr ese estado con la fuerza de su identidad visceral, puede usar su identidad secundaria como estrategia para lograr los objetivos de las demandas de la identidad dominante. Aunque las características externas empleadas en sociedad, por ejemplo de una personalidad con dominancia de construir un nido, pueden mostrar una clara afinidad con la codicia o la aversión (estados aceptables si se presentan bien en la sociedad), el objetivo será la construcción de ese nido visceral. Así, incluso podemos considerar a las características de la identidad secundaria en este caso como una estrategia de la identidad, cuyo objetivo no es procurar seguridad ni pertenencia.

Llegamos entonces a la pregunta: "¿Hay alguna diferencia significativa entre una persona con identidad visceral y estrategia de adquisición emocional para construir su nido, y la persona con identidad emocional discriminativa que usa una estrategia de sensibilidad para alcanzar su seguridad?" Esto queda más claro si comenzamos a ver la relación entre la sensibilidad y el estado confundido por un lado y la discriminación y el estado de codicia por el otro. Debemos observar que los estados escondidos de confusión, adquisición (codicia), aversión y fijación no son características socialmente aceptables, así que la persona confusa disfraza su confusión como sensibilidad socialmente aceptable y la persona adquisitiva disfraza su codicia como discriminación socialmente aceptable.

Aunque el observador externo quizá no sea capaz de distinguir la máscara, en las prácticas diarias no meditativas y en las sesiones con el psicólogo humanista es esencial guiar a la persona hacia su máscara específica y sus circunstancias de base. En cuanto a la práctica meditativa, la diferencia entre el temperamento confuso buscador de nido con máscara discriminativa y el temperamento adquisitivo o codicioso buscador de seguridad con máscara sensible es mínima y para ambos son apropiadas las mismas formas de prácticas.

Los diversos temperamentos y sus máscaras pueden generarse a partir de una lista válida de acuerdo con los siguientes diagramas, basados en las tres identidades primarias evolucionadas y su relación con la identidad de fijación extrema sobre las consecuencias futuras (ver diagramas 36.3 y 36.4). La condición en la que la fijación se usa como máscara por el resto de complejos de la identidad es remota pero posible bajo condiciones extremas, mientras que la identidad de fijación generalmente solo se ve forzada *in extremis* a usar varias estrategias. Esas fórmulas son básicamente mezclas con predominio de la confusión y hostilidad que son similares al estado paranoico.

Es en la práctica diaria de vigilancia por tanto donde el sujeto debe refrenar sus expectativas a toda costa. Cualquier cosa puede pasar, y uno siempre debe estar preparado para cualquier eventualidad sin la expectativa estéril del éxito ni la expectativa estéril aciaga del fracaso. Es el fracaso de la educación, del Estado y de las iglesias lo que condiciona al ser humano al permitirle ver el premio final. El Estado condiciona a través de la potencial recompensa y las religiones condicionan a través de la promesa de privilegios en el cielo y de perdición en el infierno. Por el contrario, el bienestar generado al estar en un camino es algo digno, natural y correcto y puede traer sus propias recompensas, pero es una tarea difícil regresar a la mente del principiante, la mente del niño, que disfruta con lo que hay.

Ahora viene la tarea de separar el trigo de la paja en las condiciones del apego y deseo de la identidad así como en las condiciones de ansiedad sobre las circunstancias futuras. A esto hay que añadirle la condición del fracaso en el desarrollo sexual natural.

Debe recordarse por tanto que las tres prácticas diarias de atención plena, sesiones introspectivas y prácticas meditativas han de tener en cuenta no solo el problema aparente, sino la evaluación correcta de la identidad operante y la relación con la identidad enmascarada.

**FIG. 36.3 Condiciones que tratar: el deseo y apego típicos**

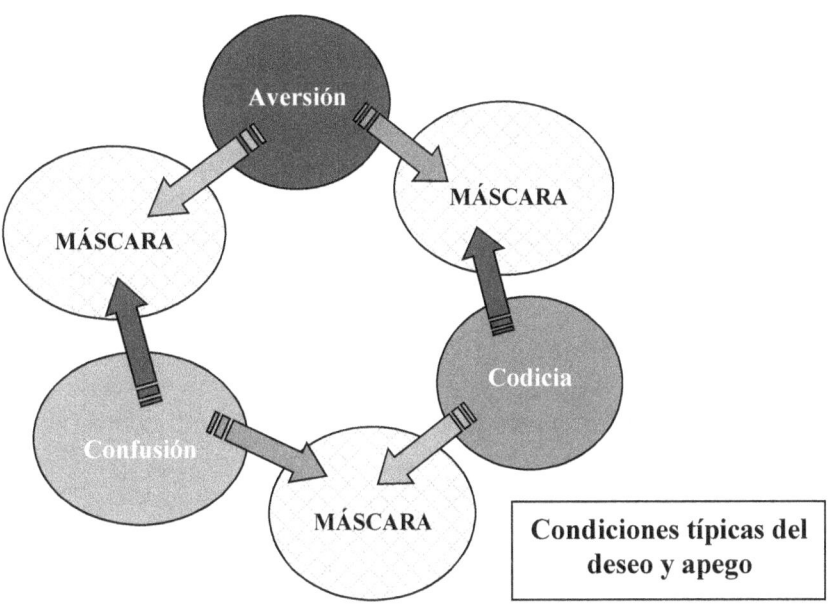

Condiciones típicas del deseo y apego

**FIG. 36.4 Condiciones que tratar: la fijación condiciona la ansiedad sobre el futuro**

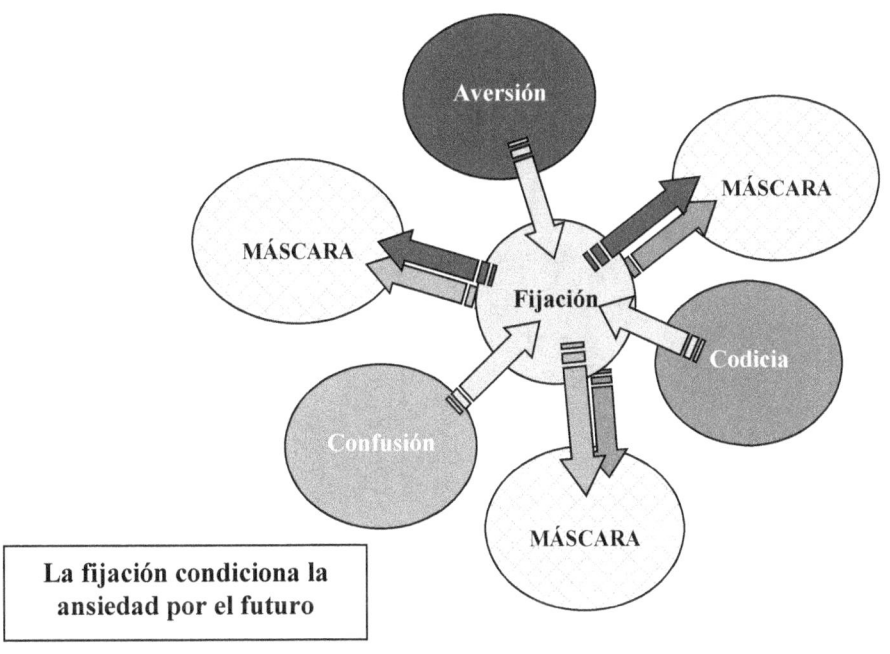

La fijación condiciona la ansiedad por el futuro

## EL DIAGNÓSTICO PREVIO

El diagnóstico previo implica por tanto una detección de la identidad dominante en primer lugar. Dado que las máscaras son lo que se presenta al mundo, el diagnóstico del temperamento dominante no puede hacerse empleando un análisis del historial pasado, ni ninguna forma de preguntas y respuestas.

La identidad dominante se revela claramente en estos estados:

1. Los objetivos principales al buscar ayuda psicológica.
2. Las respuestas en condiciones de estrés sin solución.
3. Las condiciones que son simples y privadas para la persona, pero no tienen absolutamente ninguna consecuencia de importancia.
4. Las estrategias de pensamiento al resolver problemas.

No debería de ser un descubrimiento sorprendente que la identidad dominante se revele en tareas simples que no tienen características de recompensa. En tiempos antiguos se empleaban diversas tareas simples como evaluación del temperamento con el fin de desarrollar una práctica meditativa correcta. Dado que a las personas con una condición de fijación no se las consideraba equipadas con la capacidad de ajustarse de nuevo, no se desarrolló el diagnóstico para su condición, pero se pueden encontrar varios temas de diagnóstico básicos para la confusión, la codicia y la aversión en el *Visuddhimagga* de Buddhaghosa.

Por ejemplo, cuando se observa a la persona durante la tarea de barrer el polvo del suelo en una habitación casi vacía cuando no sabe que está siendo observada, se aprecia que cada temperamento desarrolla una estrategia básica.

El temperamento codicioso hace un trabajo perfecto al reunir todo el polvo en un montón antes de echar el polvo en el recogedor y colocarlo en la basura. El temperamento confuso hace más de un montón y luego barre cada uno a su vez hacia el recogedor, que luego va a la basura. La persona de aversión barre vigorosamente y sin cuidado, de manera que el polvo se levanta e incluso vuelve a caer detrás de él. Barre con irregularidad, ni siquiera hace un montón, y luego coloca el polvo en la basura con el recogedor.

En una situación en la que se la esté observando, la misma persona, según cuál sea su máscara, modificará su táctica de limpieza en línea con el comportamiento de su máscara.

# Capítulo 37

## No dejes la mente de puertas para afuera y el compromiso de no sentir culpa

Con frecuencia se escucha en círculos de meditación que habría que "dejar la mente de puertas para afuera". Esta desafortunada frase lleva a muchos a creer por un lado que la mente es el enemigo o, por el otro, que van a asistir a un terrible lavado de cerebro. Nada de eso es cierto, por supuesto. Lo que significa la frase es que uno debe abstenerse de generar agitación en la mente con pensamientos cognitivos provocados por la identidad.

Ni siquiera es el intelecto cognitivo en sí mismo el que supone un impedimento, sino el apego de la identidad al intelecto y la idea errónea de que la mente es de alguna u otra manera el ser humano. Cuando se usa de manera óptima, la mente es una herramienta y no el jefe del ser humano.

No hay manera de comenzar de inmediato con una mente liberada, así que uno debe usar la mente contaminada de manera sutil para liberarse a sí mismo. La mente del principiante no es una mente abierta, una mente dispuesta o una mente vacía; es una mente flexible y alerta, pero nunca vacía. Todo el mundo quiere citar comentarios brillantes sobre la "vacuidad" sin la menor comprensión de lo que es la vacuidad. Huineng, el maestro Chan, afirmó con claridad:

*Decimos que la Esencia de la Mente es grande porque abarca todas las cosas, ya que todas las cosas están dentro de nuestra naturaleza. Cuando vemos la bondad o la maldad de otra persona eso no nos atrae, ni nos repele, ni nos apegamos a ello; de manera que nuestra actitud mental es tan vacía como el espacio. De esta manera, decimos que nuestra mente es grande. Por tanto la llamamos 'Maha'.*

*Es la actitud de la mente la que debe permanecer vacía, no la mente en sí.*

*La gente sujeta a delusión cree obstinadamente en las cosas y la forma (dharmalaksana) y por tanto son testarudos a la hora de interpretar a su manera el 'samadhi de modo específico', que definen como 'sentarse tranquila y continuamente sin permitir que surja ninguna idea en la mente'.*

*Esa interpretación nos equipararía con los objetos inanimados y supone un escollo en el camino correcto, que debe mantenerse abierto. Al liberar nuestra mente del apego a todas las 'cosas', el camino se vuelve claro; de otro modo, nos limitamos a nosotros mismos.*

*Docta audiencia, algunos maestros de meditación instruyen a sus discípulos a mantener vigilancia sobre su mente buscando tranquilizarla, de manera que cese su actividad; a partir de entonces, los discípulos renuncian a todo esfuerzo mental. Las personas ignorantes se vuelven locas por tener demasiada confianza en semejantes instrucciones. Tales casos no son raros, y es un gran error enseñar a otros a hacer esto.*

Uno puede observar que la mente abierta y flexible no es una mente vacía. Sin embargo la mente está vacía de apego a los momentos mentales o cadenas de pensamientos que entran. Es de esto de lo que trata la verdadera introspección y la *vipassana jivitindriya*. Uno de los grandes errores cometidos por los psicólogos que se llaman a sí mismos humanistas es elogiar las sensaciones y emociones que encuentran, bajo la idea errónea de que las emociones positivas son correctas y las negativas incorrectas. Ese tipo de prejuicio intelectual nunca está conectado con una verdadera introspección que mira lo que "es" para descubrir su validez como pensamiento humano o experiencia.

La típica introspección inválida es como enviar a un ladrón de joyas a una joyería con el código de la caja fuerte y sin que ningún encargado esté presente. Se debe recordar que es la mente contaminada la que debe comenzar la introspección y esa mente está bajo la influencia de las manchas del apego a las sensaciones, las emociones, la aversión y la fijación condicionada.

Así pues, la introspección consiste en permitir que la mente observe sin evaluación cognitiva o sentimientos emocionales. Debemos hablar por tanto de la introspección como un espíritu lúcido y sereno de investigación libre y crítica, tal como se explica bien en el *Sutra de los Kalamas* en referencia a las creencias personales. Puede aplicarse igualmente a la observación de los momentos de la mente durante la vigilia diaria activa, así como dentro de la meditación *vipassana* en sí. En la vigilancia diaria uno puede entender que cuando inspecciona sus intenciones y acciones y se da cuenta de que "estas cosas son malsanas, estas cosas son reprobables; estas cosas son censuradas por los sabios; y si se emprenden y observan, estas cosas conducen al daño y enfermedad", el consejo que se ofrece es rotundo: "Abandónalas". Y por supuesto, al contrario, si las intenciones y acciones son aceptables, alabadas por los sabios, y no conducen a daño alguno cuando se emprenden, entonces se han de reforzar.

Dentro de la *vipassana*, uno debe estar alerta ante las manipulaciones de la mente cognitiva y la elaboración de las emociones que lo llevan a uno a evaluaciones extremas y a una cadena de pensamientos sucesivos de ninguna utilidad real para el sistema natural, pues contienen confusión, codicia, aversión y fijaciones que colorean todas las actitudes e intenciones. Cuando comenzamos a entender la fragilidad de la mente frente a estos pensamientos delusorios de la identidad y vemos que hay un cúmulo de conocimientos que se han acumulado pero no son naturales para la Fuerza de la Vida, entonces podemos comenzar a preguntar de dónde han salido. Al final la respuesta queda clara: no tienen sustancia y los genera la identidad a partir de la cognición.

Aunque las técnicas tradicionales llevan a darse cuenta de las cadenas de locura en las actitudes, intenciones y acciones que se han inducido en la infancia y permiten un libre examen de la locura que supone no desprenderse de estas trazas de memoria, eliminando todas las defensas innecesarias frente a estas delusiones, no eliminan el entorno básico que permitió la infección en el primer momento.

Generar un cambio efectivo, por contra, requiere una clara dedicación sin concesiones a la tarea de cambiar. Eso significa que uno debe darse cuenta de las consecuencias de las actitudes y el estilo de vida presentes y del resultado de dar un cambio radical en su comportamiento. No se puede estar medio embarazada y ese es el primer problema para los que sufren. Tener el placer de la identidad sin el sufrimiento de la identidad es un gran sueño, pero es imposible. Lo que todos los que sufren deben aprender es que hay un estado mejor, en el que uno puede interactuar incluso dentro de la sociedad. Es cierto que uno debe renunciar provisionalmente a muchas de esas "necesidades" tan preciadas, pero debe entender que se trata de un proceso de aprendizaje y que el problema no es el objeto de deseo, sino el deseo mismo y el apego a cualquier objeto o idea.

Uno debe darse cuenta de que el alivio del sufrimiento requiere pasar al otro lado de un río en el que ruge una corriente furiosa. La opción de regresar a una orilla segura siempre está ahí, pero eso significa sufrimiento y falsa felicidad garantizados para el resto de nuestra vida. Presa del pánico, alguno saltará de la balsa de vez en cuando y nadará frenéticamente hacia la orilla más cercana, asegurando que la balsa en realidad no servía para nada. Otros simplemente se caerán. Pero cuando hay una cierta fuerza de determinación, perseverancia y una conciencia clara del valor de seguir adelante, uno puede subirse fácilmente a la balsa de nuevo.

Ese es el gran secreto. Cuando las cosas se ponen difíciles y la confianza decae o las hermanas de Mara te han seducido, esa visión clara le permitirá a cualquiera subirse de nuevo a la balsa sin culpabilidad por haberse caído. Sin embargo, el viaje requiere constancia en la *vipassana* y las prácticas suplementarias y una voluntad muy clara de avanzar cuando no hay una visión real de los objetivos aparentes (ya que no hay ninguno a la vista), excepto una promesa de liberación del sufrimiento y el desarrollo del bienestar en vez de la falsa felicidad.

A diferencia de la psicología puramente humanista de Perls y Rogers, donde todo es expresivo, aquí hay mucho que entender sobre la identidad y por qué todo funciona. No es que sea tan importante esta parte aparentemente intelectual, pues la tarea principal es una liberación práctica del cautiverio de la identidad; pero la mente occidental, si realmente desea comprometerse a fondo en una tarea, al menos exige saber que no tiene que pegar un salto cuántico hacia la conciencia cósmica de la religión y la fe.

El compromiso debe tomarse más bien con una comprensión clara y confianza tanto en que el psicólogo entiende la tarea como en que uno es capaz de dirigirse correctamente a sí mismo, junto con una confianza en las herramientas que se usen para la liberación. La mente debe estar abierta y flexible y no debe haber miedo de que se requiera cierto nivel académico, ya que el entendimiento, aunque presentado en palabras por el psicólogo, podrá integrarse con fluidez con una comprensión que deja atrás las palabras y comprende intuitivamente la base y lo que hace falta. Lo que importa es aprehender la Gestalt no solo de un único ser humano, sino de todos los seres humanos y de su apoyo externo.

Cuanto antes comience quien sufre a verse a sí mismo como incluido dentro de la Fuerza de la Vida y no como una parte de esa Fuerza de la Vida o como un individuo con una fuerza vital dirigida personalmente por la identidad, mejor será. El terapeuta correcto podrá detectar entonces la diferencia entre la mente como herramienta activa y útil y la mente como controladora, tanto en sí mismo durante las sesiones como en sus clientes.

Llegamos aquí a un punto clave. El terapeuta ha de desaparecer junto con el cliente y debe desarrollarse una terapia holística en la que las herramientas mentales de ambos se fusionen. Pero no creas ni un instante que es una experiencia religiosa o trascendental; no es más que un encuentro de las herramientas mentales en vez de una interacción basada en la cultura y el dominio mental.

El error aquí sería desarrollar una relación basada en la identidad, que es algo típico en cierta etapa de la terapia. En vez de este vínculo habitual, puede desarrollarse un entendimiento liberado de confianza y lealtad mutua entre cliente y terapeuta.

Eso se vuelve extremadamente importante en las interacciones de la psicología del Dharma, ya que algo debe reemplazar la relación de confianza entre cliente y terapeuta. Esa nueva interacción, aparte del entendimiento, debe incluir un compromiso claro por parte de ambos. Eso, por supuesto, como todos los compromisos, no se sella con sangre, pero el psicólogo, psiquiatra o terapeuta social debe establecer la idea que él no es simplemente un terapeuta sino un guía a lo largo del camino, que le ayudará a la persona a volver al camino sin importar cuántas veces se caiga.

Esto es sutilmente diferente de la relación terapeuta-cliente sancionada por el carácter profesional, ya que el terapeuta no puede simplemente quedarse a la habitual distancia profesional correcta y mantener cierta indiferencia; de hecho, debe involucrarse en los cambios que realizará la persona que viene en busca de ayuda. Podemos introducir aquí la idea de "un buen amigo leal que nos conoce" en lugar de la del "terapeuta". Eso les espantará a muchos terapeutas acostumbrados a su práctica, a su hermoso nido por horas y a sus parapetos profesionales.

El compromiso por tanto del "buen amigo" está claro aunque es difícil, y debe estar divorciado de la identidad. Pero, ¿qué hay del compromiso de la persona que requiere ayuda?

En primer lugar, debe haber un compromiso de entender la evolución de su Dharma. Segundo, debe haber un compromiso de volver siempre al camino sin importar cuántos fallos aparentes ocurran. Así pues, la idea de la no-culpabilidad, que es el primer ataque frontal al dominio de la identidad, se debe presentar sin ambages. Naturalmente, no estamos hablando aquí de la idea global de no-culpabilidad, que luego evolucionará a un sentido natural y equilibrado de la responsabilidad, sino de la no-culpabilidad por los errores cometidos a lo largo del camino.

En el camino del Dharma no hay culpa. El compromiso con lo que es correcto y natural es la única virtud necesaria y ese compromiso, si es genuino y profundo, genera una virtud que no cambia solo porque se cometan errores y uno se desvíe del camino. Una vez que se toma esta virtud del compromiso con la aparente liberación, no puede desaparecer. De este modo no puede haber culpa o angustia mental en conexión con el error. La persona que viene en busca de ayuda debe aprender en las primeras etapas que este compromiso es una liberación de la culpa y el "buen amigo" debe entenderlo, al igual que la verdad del dicho "si entiendes, no hay nada que perdonar".

Deja que la persona que viene en busca de ayuda contemple esos diplomas, y luego dile que esos diplomas son para alcanzar un nivel normal de acreditación, pero que la verdadera comprensión psicológica va más allá de los papeles con bonitas firmas y sellos. Si entiendes eso, puedes ayudarle a él y a ti mismo. En vez de sentarte en un trono de auto-adulación o auto-complacencia, puedes ir más lejos y convertirte en un verdadero ser humano que está creciendo y desarrollándose.

# Capítulo 38

# El diagnóstico

Este es el momento de aclarar la relación que existe entre las identidades de las que hemos hablado. Junto con las operaciones subsiguientes que ocurren en la volición y el enmascaramiento, del que también hemos hablado, estas identidades tienen un gran poder para desarrollar impedimentos en el camino aferente.

Una vez más, vamos a describir estas identidades, que en realidad no existen. ¿Qué son? La identidad confusa es el conjunto de actitudes, intenciones y acciones dirigidas visceralmente que están en conflicto con el sistema natural. Igualmente, la identidad adquisitiva es el conjunto de actitudes, intenciones y acciones derivadas por vía emocional. La identidad aversiva es el conjunto derivado mediante el pensamiento y la pasión y la fijación es el conjunto de la preocupación por el futuro. Las primeras tres identidades, que Freud llamó Id, Ego y Super-ego y la psicología del Dharma denomina confusa, adquisitiva y apasionada, al igual que la de fijación (Supra-ego), son simplemente un producto de la organización cognitiva.

Ahora bien, cuando decimos que estos impulsos son, por ejemplo, adquisitivos y perjudiciales, no podemos establecer un umbral en estos elementos y decidir que por encima de ese punto hay codicia y por debajo no la hay. Hay por tanto un rango continuo dentro de la confusión, la codicia, la aversión y la fijación que ha quedado establecido por las diversas experiencias del individuo.

Estos impulsos son fuertes, pero el aprendizaje social se entromete en ese continuo, particularmente actuando en contra de los elementos más débiles de la identidad. Así pues, podemos decir que hay una relación inversa entre la fuerza del impedimento de la identidad contaminada y lo que se aprende socialmente. Cuanto más impacto tiene el aprendizaje social sobre el individuo durante su crecimiento (padres, iglesia, educación, Estado y cultura), menos se manifiestan las identidades en la conducta. Pero esto de ninguna manera debilita a la identidad en sí, sino solo su manifestación, y de esta manera el aprendizaje social se vuelve parte integrante del complejo de la identidad. Recuerda que aunque las identidades son genéticas, las máscaras son un aprendizaje social.

## DETERMINACIÓN DE LA IDENTIDAD DOMINANTE

Hay un sistema clásico antiguo de componentes de la identidad que presenta el *Visuddhimagga* de Buddhaghosa. En este sistema, se pensaba que solo había seis temperamentos, ya que el temperamento de fijación se consideraba una condición intratable. En cambio, la psicología del Dharma puede contemplar ocho temperamentos dominantes y no seis. Los cuatro temperamentos positivos son los complejos humanos naturales y elevados:

1. Sensibilidad… Especulativo
2. Discriminación… Leal
3. Aversión… Inteligencia (no cognitiva)
4. Pronóstico

**La perspectiva del *Visuddhimagga* sobre los temperamentos manchados.** Los cuatro temperamentos manchados son:

1. Confusión-Delusión
2. Codicia
3. Aversión
4. Fijación

En los capítulos anteriores hemos expuesto una visión correcta de estos temperamentos manchados, pero el *Visuddhimagga* ofrece una visión general útil de tres de los temperamentos (aunque imprecisa y no completamente relevante a la cultura actual, así que es mejor usarla como guía esquemática).

1. Confuso: iluso, rígido, aletargado, mentalmente agitado, incierto y aferrado a ideas que cree correctas sin ceder.
2. Codicioso: adquisitivo, manipulador, engañoso, con mala voluntad, grandes deseos, descontento, afectado y vanidoso.
3. Aversivo: hostil (pero no agresivo o vengativo), dominante, desdeñoso, envidioso en vez de celoso, avaricioso en vez de codicioso.

En condiciones donde no hay necesidad de enmascaramiento social, las pruebas de dominancia del *Visuddhimagga* consideran la conducta en las siguientes dimensiones como buenos indicadores en manos de un observador entrenado.

1. Observación de la postura.
2. Observación de acciones simples de la rutina diaria.
3. Observación de la forma de comer.
4. Observaciones sobre la respuesta al observar.

**1. Observación de la postura.** El *Visuddhimagga* presenta el siguiente análisis de la postura mientras se está de pie, sentado y durmiendo:

La persona confusa estará de pie y se sentará con estilo desgarbado, que el *Visuddhimagga* llama "liado". La persona adquisitiva estará de pie y se sentará de manera confiada con un sentido de propiedad social y consideración hacia los demás, incluso por hábito cuando esté sola. La persona de aversión se sentará y estará de pie aparentemente relajada, pero en realidad es solo la pose la que está relajada, ya que el cuerpo se ve rígido. No hay ningún intento de ajustarse a estándares aceptados de salud o disciplina.

Con respecto al dormir, el temperamento confuso arregla la cama mal, sin precisión, y duerme principalmente boca abajo y con el cuerpo desparramado. Se levanta despacio, generalmente con un suspiro silencioso o sonoro. La persona adquisitiva tiene la cama hecha cuidadosamente y siempre limpia y correcta. Entra en la cama con deliberación y se acuesta al instante, y reuniendo sus extremidades, duerme de manera confiada (aquí asumimos que no hay un gran sufrimiento presente). Este temperamento se levanta despacio, como si tuviera dudas y discriminara lo que tiene por delante. La persona de aversión tiene una cama bastante desarreglada que puede incluso seguir como la noche anterior. Puede decirse que casi arroja su cuerpo en la cama y duerme de manera despreocupada. Se levanta por la mañana con un estilo determinado, a veces con el ceño fruncido y con irritación.

Está claro que estos apuntes no son del todo precisos, sino que están diseñados para darle al observador una idea general de cómo deberían dirigirse sus observaciones mientras usa el cuestionario de diagnóstico.

**2. Observación de acciones simples en la rutina diaria.** Como ejemplo del tipo de acciones diarias simples realizadas sin máscara, usando las ideas del *Visuddhimagga,* presentamos el siguiente análisis de barrer y lavar.

La persona confusa sujeta la escoba con cierta flojera, sin limpiar a la perfección ni levantar tormentas de polvo. Barre de manera uniforme con tendencia a formar varios montones que luego reúne en uno solo antes de recogerlo. La persona adquisitiva agarra la escoba firmemente y barre con deliberación de manera limpia y uniforme sin apresurarse ni dispersar lo que barre. El de temperamento aversivo agarra la escoba apretando fuerte y limpia mal y de forma desigual con movimientos abruptos, levantando polvo en el aire.

El lavado de la persona confusa será descuidado, liado e indeciso. La persona adquisitiva lava con destreza y suavidad, ejecutando la tarea uniformemente y con cuidado, de completo acuerdo con el concepto de limpieza correcta. La persona aversiva lavará descuidadamente y sin interés, con el fin de realizar la tarea lo más rápido posible.

Una vez más, hay que advertir que estas son solo observaciones subjetivas y con el fin de hacer una evaluación clara debería usarse la herramienta del cuestionario de diagnóstico.

**3. Observación de la manera de comer.** La persona confusa no tiene una elección preestablecida en su comida, comerá sin gran consideración por los modales, sin cuidado en el comer y lo hará en silencio y con la mente distraída. Para la persona adquisitiva, comer es un acontecimiento social, de manera que este temperamento no disfruta comiendo solo. La persona adquisitiva escoge comidas que son agradables y prefiere la calidad en la preparación y presentación. Comerá de forma conservadora, degustando el sabor. El temperamento aversivo preferirá lo más simple o lo más exótico y mostrará una preferencia por los sabores fuertes y especiados. Comerá rápidamente sin saborear la comida excepto cuando sea exótica, se sentirá molesto si la comida no está en su punto y rechazará lo que no le agrade. Puede comer con la mente fijada en algún tema de la imaginación o en un proyecto actual.

**4. Observaciones de la respuesta al observar.** Como ejemplo de la forma diaria simple y sin máscara de observar, usando las ideas del *Visuddhimagga,* presentamos el siguiente análisis de la observación.

La persona confusa será constante al observar todo lo que es natural pero evitará toda estimulación que no sea simple en su forma y cantidad. Solo cuando decida conscientemente que es esencial investigar y ver, habrá un interés en observar el objeto o examinar la idea. La persona adquisitiva se alegrará de ver cualquier cosa que sea ligeramente agradable a los sentidos y se agarra a sus virtudes triviales, obviando las faltas si es conveniente; cuando suelta, es muy a su pesar. La persona aversiva, cuando vea cualquier cosa ligeramente desagradable, la evitará señalando todas sus faltas triviales. Boicotea la virtud genuina y no se arrepiente de cambiar y dejar cualquier cosa que estimule.

Dado que los informes de los clientes con temperamento manchado no se pueden considerar válidos del todo, hace falta un conjunto de observaciones independientes.

## LAS IDENTIDADES ENMASCARADORAS

Los conjuntos potenciales de enmascaramiento, que son los equivalentes sociales de los atributos naturales correctos heredados por genética que se mencionaron anteriormente (apartados y libres de identidad), son:
1. Sensibilidad… Especulativo
2. Discriminación… Leal
3. Inteligencia… pero no cognitivo
4. Pronóstico

Todos están ligados por el aprendizaje social, pero no obstante todos siguen dominados por la identidad. Estos estados se pueden reconocer por su proximidad a los atributos naturales explicados en capítulos anteriores. Sin embargo, hay que recordar que los atributos exigidos por la sociedad no son acordes con el sistema natural cuando la identidad social se ve amenazada. Tampoco están de acuerdo con el extremismo de las identidades contaminadas, y ambos casos suponen una amenaza para una sociedad de codicia y mente globalizada.

Así pues, podemos ver que cada persona posee una identidad dominante, socialmente modificada parcial o totalmente por el condicionamiento social predominante. Podemos considerar por tanto cuatro condiciones:
1. Una condición con modificación social óptima (MSO)
2. Modificación parcial de nivel alto (MPA)
3. Modificación parcial de nivel bajo (MPB)
4. Libre de modificación social (LMS)

Hay que recordar que cada persona posee cada una de las características contaminadas, entre las cuales una es dominante. La identidad enmascaradora es una capa socialmente inducida que modifica las características contaminadas.

**Introducción de la máscara.** Estas capas de enmascaramiento se introducen en los primeros quince (más/menos dos) años de vida. Hay que recordar que la máscara no refleja el aspecto negativo de la identidad imitada (confusión, codicia, aversión y fijación), sino los aspectos socialmente positivos de la sensibilidad, la discriminación, la inteligencia cognitiva unidireccional que no es ambición y la facultad para calcular probabilidades válidas de eventos futuros.

Se notará que estas máscaras tienen los mismos aspectos que las versiones del sistema natural y eso no es ninguna coincidencia. El sistema social tiene como base el aprendizaje de hombres sabios, de modo que el enmascaramiento parece coincidir con lo que es natural. Las máscaras, sin embargo, son desarrolladas por la identidad y, como tales, aunque parecen liberadas y correctas, no lo son en términos de la psicología del Dharma, ya que únicamente la liberación completa de la identidad proporciona la base natural de conducta correcta. Las edades aproximadas a las que se generan estas máscaras socialmente inducidas son las siguientes:

1. Sensibilidad social: desde antes de nacer a los tres o cuatro años.
2. Discriminación social: de los tres o cuatro a los diez o doce años.
3. Inteligencia social: de los diez o doce a los quince o diecisiete años.
4. La predicción social anida dentro de la inteligencia social y se extiende hasta quizá los diecinueve años en algunos casos.

Las identidades de enmascaramiento son fáciles de establecer mediante la observación directa por un observador hábil y entrenado y esas observaciones pueden ser sustentadas por las evaluaciones subjetivas y objetivas del cliente a través de un cuestionario escrito.

Hay que dejar claro que en una persona no liberada las formas y medios de la vida diaria se asocian con la máscara y el objetivo en la vida cotidiana, con el temperamento principal. La gran dificultad, no obstante, es que las evaluaciones del sujeto de su objetivo o máscara están teñidas por los medios que emplea en su búsqueda debilitante.

Puede observarse que estas identidades de enmascaramiento son importantes para una civilización moderna, pero en algunos casos poco frecuentes, el condicionamiento social puede ser casi completamente ineficaz.

**La identidad dominante.** Hay por tanto cuatro posibles identidades dominantes:

1. Confusa
2. Adquisitiva
3. Aversiva
4. de Fijación

La identidad dominante, por ejemplo la adquisitiva, puede considerarse por tanto como:

1. Dominante completamente adquisitiva.
2. Dominante adquisitiva con discriminación condicionada socialmente a nivel bajo.
3. Dominante adquisitiva con discriminación condicionada socialmente a nivel alto.
4. Dominante adquisitiva con condicionamiento social completo de discriminación.

La base es la codicia, que se aparta, y la máscara es la discriminación.

Las otras tres identidades dominantes siguen el mismo principio y también son modificadas por cuatro factores sociales, lo que combinado en conjunto da dieciséis condiciones como enmascaramiento de dominancia (4 x 4).

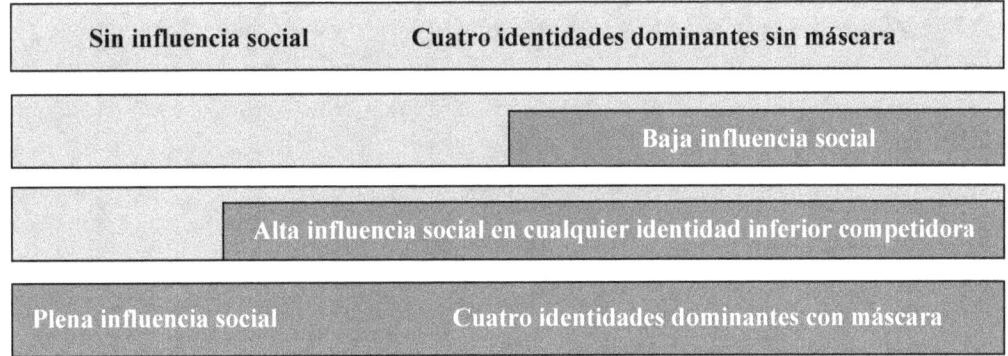

**Enmascaramiento secundario que compite con el dominante.** Sabemos que hay tres complejos de la identidad en competencia por cada identidad dominante, pero cada una de estas identidades también habrá estado bajo la presión del condicionamiento social. Por consiguiente, cada una de las identidades que compiten en condiciones favorables para la obtención de necesidades sociales resultará a su vez modificada del todo o socialmente modificada por condicionamiento (alto o bajo). También podrían quedar totalmente sin modificar.

Esta modificación ocurre cuando la identidad dominante en su forma no socializada no consigue suplir las necesidades de la identidad. Este es el caso más frecuente, aunque en condiciones extremas es posible que la identidad dominante parezca dar cierto fruto y validez, aunque sea falso.

Hay que recordar siempre que hay cuatro temperamentos de identidad básica presentes en cada ser humano con diferentes fuerzas y proporciones, así que es conveniente dividir el diagnóstico típico en dos: la identidad dominante, con diferentes niveles de enmascaramiento social dentro de esa dominancia, más las tres identidades en competencia, cada una con diferentes niveles de enmascaramiento social –óptimo, alto, bajo o libre (MSO, MPA, MPB y LMS). (ver figura 38.1)

Para evitar complicaciones, vamos a agrupar las condiciones MPA y MPB y llamarlas condicionamiento parcial. Para cada una de las cuatro condiciones posibles de identidad dominante, por tanto, junto con las condiciones de identidad en conflicto (3x3x3), se pueden producir 27 combinaciones diferentes. Esto convierte el diagnóstico en un asunto complejo y poco práctico. Los antiguos consideraron ese problema y decidieron reducir el diagnóstico a:

1. Una condición dominante o dominante con enmascaramiento social completo, que encontramos inaceptable en la moderna psicología del Dharma.
2. Un enmascaramiento secundario principal de una de las tres identidades presentes en competencia (la más socializada). Este es el sistema que adoptamos aquí al considerar el diagnóstico y la terapia correctiva del enmascaramiento secundario.

**FIG. 38.1 Enmascaramiento social secundario eficaz de la identidad dominante: sensibilidad, discriminación e inteligencia cognitiva**

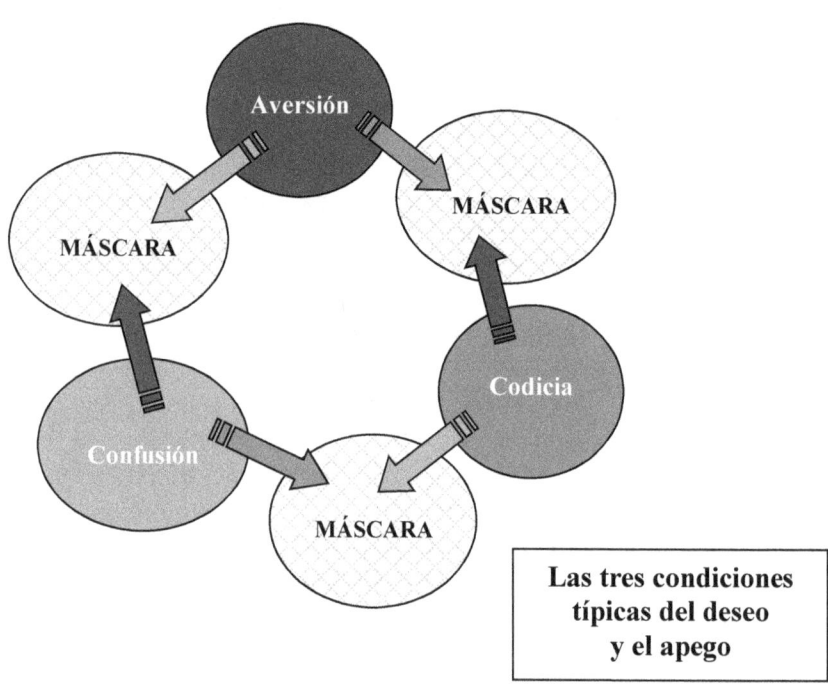

**Las tres condiciones típicas del deseo y el apego**

Recordamos que consideramos cuatro condiciones: una condición con modificación social óptima (MSO), modificación parcial de alto nivel (MPA), modificación parcial de bajo nivel (MPB) y libre de modificación social (LMS).

Lo que realmente nos interesa es saber si la socialización es eficaz en gobernar a la identidad antisocial. De esa manera podemos reducir las condiciones MPA y MPB a una que etiquetamos enmascaramiento social eficaz (ESE) (ver figura 38.2).

Así, la persona adquisitiva puede asumir una máscara (de pronóstico) de ambición, el confuso una máscara (de pronóstico) de servilismo por una recompensa futura en la causa a la que se encuentra apegado, y la persona hostil puede tomar un rol de liderazgo controlador o dominante (de pronóstico) que no tiene que ver con el liderazgo natural, sino con expectativas sociales.

Los que tienen como característica dominante la fijación, que es un atributo negativo si no se dirige eficazmente de manera que haya una ganancia personal socialmente aceptable, pueden recurrir a generar una máscara de sensibilidad, discriminación o una mente unidireccional. Pero recuerda que con todas las máscaras el atributo negativo básico se mantiene intacto. Es también bastante raro que la fijación sea una característica dominante y cuando está presente, se la puede considerar como una condición con grandes impedimentos difíciles de borrar por cualquier terapia tradicional. Incluso dentro de la psicología del Dharma, solo el método directo avanzado (del último capítulo) funcionará. Eso es porque incluso las máscaras usadas por la personalidad dominante de fijación normalmente no satisfacen esa identidad y la consecuencia es un fuerte sentido no de fracaso sino de desconfianza, persecución y aislamiento de los demás que lleva a la persona a problemas cada vez mayores.

**FIG. 38.2 Enmascaramiento social secundario eficaz de la identidad dominante: fijación-pronóstico**

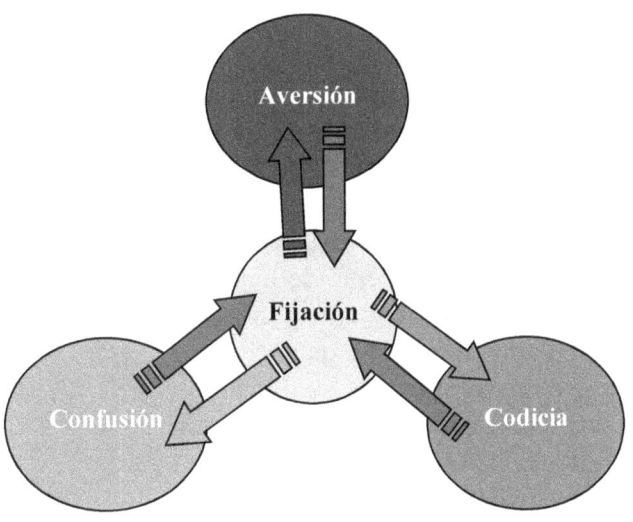

La fijación condiciona la ansiedad por el futuro

## LOS DOCE CASOS DEL ENMASCARAMIENTO SOCIAL SECUNDARIO EFICAZ

1. Confusión con enmascaramiento de inteligencia social.
2. Confusión con enmascaramiento de discriminación.
3. Confusión con enmascaramiento de predicción futura.
4. Aversión con enmascaramiento de sensibilidad.
5. Aversión con enmascaramiento de discriminación.
6. Aversión con enmascaramiento de predicción futura.
7. Codicia con enmascaramiento de sensibilidad.
8. Codicia con enmascaramiento de inteligencia social.
9. Codicia con enmascaramiento de predicción futura.
10. Fijación con enmascaramiento de sensibilidad.
11. Fijación con enmascaramiento de inteligencia social.
12. Fijación con enmascaramiento de discriminación.

## LOS CASOS DE ENMASCARAMIENTO SOCIAL INEFICAZ

Hemos mencionado que en algunas personas el enmascaramiento social es ineficaz. En estos casos, la persona que tiene problemas al ajustarse a la sociedad con su identidad dominante y no cuenta con el sistema de seguridad del condicionamiento social, enmascara a la identidad dominante con otra identidad que no será aceptable del todo, pero que le permite al menos un cierto equilibrio. La identidad elegida será la que resulte menos ofensiva (al ser extrema) en la sociedad específica en la que se generan las máscaras.

Estos temperamentos, todos ellos inaceptables en sociedad, muestran:
1. Confusión con enmascaramiento de aversión.
2. Confusión con enmascaramiento de codicia.
3. Confusión con enmascaramiento de fijación.
4. Aversión con enmascaramiento de confusión.
5. Aversión con enmascaramiento de codicia.
6. Aversión con enmascaramiento de fijación.
7. Codicia con enmascaramiento de confusión.
8. Codicia con enmascaramiento de aversión.
9. Codicia con enmascaramiento de fijación.
10. Fijación con enmascaramiento de confusión.
11. Fijación con enmascaramiento de aversión.
12. Fijación con enmascaramiento de codicia.

Hay cuatro temperamentos dominantes posibles sin ningún enmascaramiento en alguno de los temperamentos secundarios:
1. Confusión.
2. Codicia.
3. Aversión.
4. Fijación.

## EL ENMASCARAMIENTO SOCIAL ÓPTIMO

Hay cuatro temperamentos dominantes posibles con condicionamiento social o religioso óptimo:
1. Socialmente sensible/especulativo.
2. Socialmente discriminativo/fiel.
3. Socialmente inteligente.
4. Socialmente predictivo.

## LA SUTILEZA DE LAS MÁSCARAS

Podemos hablar por tanto de tres condiciones dominantes principales con una combinación de tres máscaras potenciales para cada una y la condición menos frecuente de fijación, también con tres máscaras potenciales. Pero vamos a examinar estas máscaras con mucho más detalle, ya que las sutilezas complican el asunto.

| Sin influencia social de las identidades competidoras |
|---|

| Enmascaramiento ineficaz | Baja influencia social |
|---|---|

| ESE | Alta influencia social en cualquier identidad inferior competidora |
|---|---|

| Influencia social óptima por parte de todas las identidades competidoras |
|---|

Podemos decir que hay una condición natural en que la persona muestra los atributos naturales plenos de la sensibilidad, la discriminación, la inteligencia natural y una sana preocupación por el futuro y muestra una predisposición por uno de ellos. Este es el temperamento que deseamos liberar en todos los seres humanos, que proporciona una sociedad equilibrada y armoniosa con integración total con todo lo que es natural.

Nota que hemos cambiado el término "dominancia" por "predisposición" en el caso de la persona liberada y por tanto usaremos el término "dominancia" de aquí en adelante para la persona que no está liberada de la identidad.

Hemos dicho que la máscara es una estrategia para obtener la satisfacción de la característica dominante usando una característica secundaria en su aspecto social aparentemente positivo. Pero las condiciones sociales pueden cambiar y el sistema es capaz de alterar la estructura del enmascaramiento para adaptarse a la nueva condición.

De este modo, una persona que vive en una ciudad de un lugar "civilizado" puede mostrar cierta máscara, pero en una condición diferente, digamos una guerra donde las expectativas militares son diferentes y quizá más brutales, esa misma persona podría cambiar la máscara o incluso hacer caso omiso por completo del enmascaramiento social. Pero asegúrate de tener claro que cualquier máscara se adopta para obtener satisfacción. Eso es diferente del enmascaramiento de la identidad ideal.

Observemos ahora estas características más de cerca. Cuando decimos que una persona tiene una característica dominante o temperamento de codicia y un potencial temperamento natural de discriminación, eso no significa que haya dos características en juego. Simplemente significa que la identidad dominante se ha apoderado de la función natural del atributo natural de discriminación. Pero esa apropiación nunca es completa, de manera que una persona de codicia mostrará menos codicia en ciertas condiciones muy poco frecuentes.

Así pues, cada persona que tiene cuatro características de identidad diferentes puede mostrar lo que parece ser un atributo natural, que sin embargo sigue estando gobernado por la identidad.

## LAS MÁSCARAS

Lo que realmente sucede en esos casos es que, si bien la identidad se ha apoderado del atributo natural en cada una de las cuatro condiciones del temperamento, las fuerzas sociales y el aprendizaje social han desplazado las características de la identidad que son ajenas al grupo social en el que la persona ha sido entrenada y condicionada. Cuanto mayor sea el entrenamiento o la presión social, más se apartarán las características de la identidad en cada atributo. En el siguiente ejemplo, la identidad dominante de aversión se ha apropiado del atributo natural de la benevolencia, enmascarada a través del condicionamiento social por los atributos de la discriminación y la preparación.

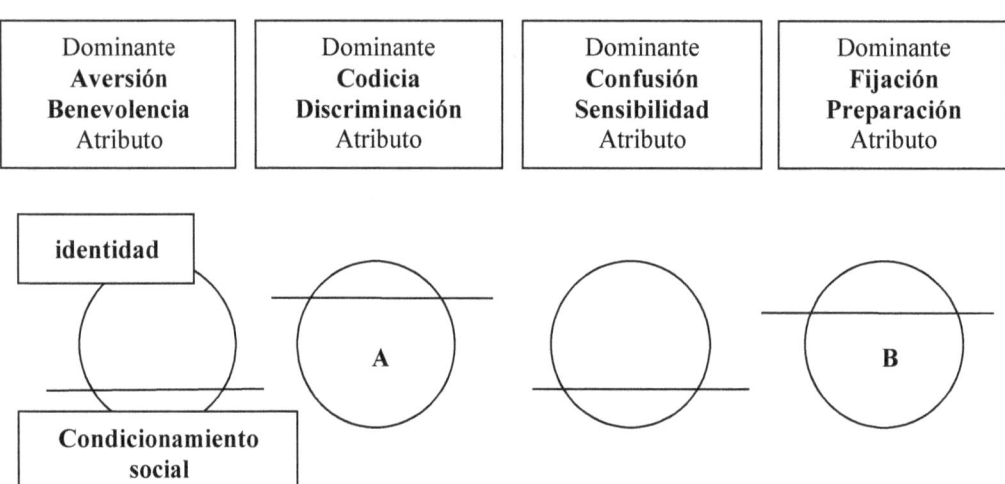

Ahora, en este conjunto, todo se sintonizará para servir a las exigencias de la identidad dominante, pero esas exigencias serán moderadas por una discriminación eficaz socialmente aceptable (A) y una preparación para el futuro eficaz socialmente aceptable (B), dependiendo del condicionamiento que haya tenido lugar. Así pues, la máscara será de discriminación y preparación mientras que eso le sirva a la identidad dominante. No obstante, habrá algo de confusión en su conducta. La identidad ideal naturalmente tapará cualquier defecto social que pueda quedar a la vista. Pero recuerda que estas aparentes características positivas son meros condicionamientos sociales.

Recuerda también que esta compleja interacción es específica para cada ámbito, así que en condiciones sociales diferentes se harán evidentes distintas modificaciones sociales. Este es un efecto no consciente y su presencia normalmente solo se detecta una vez que las intenciones se hacen visibles o se ejecutan las acciones.

Puede verse por tanto que el enmascaramiento no se puede considerar una condición permanente, ya que depende de las circunstancias del momento. En todo caso, la mayoría de los que buscan ayuda estarán interesados en la condición socialmente normal y estable en la que hay ciertas normas de trabajo y relaciones dentro de un grupo de iguales. Habrá entonces dos condiciones posibles para la personalidad dominante: manchada y socialmente condicionada con cuatro dominancias posibles (8), y tres condiciones de enmascaramiento secundario posibles (tres en cada condición), que suman 24.

En la antigua terminología tradicional Theravada, solo consideraban válida la ayuda espiritual para tres de ellas (lo cual, al excluir la condición de fijación, suma 6 condiciones) y dos posibles variaciones para el secundario, lo que suma doce temperamentos. En cambio, en la tradición Chan aceptamos las cuatro condiciones de la identidad y su enmascaramiento social como susceptibles de disolverse.

## COMBINACIONES DEL ENMASCARAMIENTO

Debería ser evidente en el diagrama previo que, aunque un enmascaramiento social puede prevalecer sobre la condición de la identidad dominante, ese enmascaramiento puede ser complejo si el condicionamiento social ha logrado reducir a la identidad en más de un estado (en el diagrama, por ejemplo, la discriminación y la predicción futura).

En una persona con aversión como identidad dominante, por ejemplo, puede haber suficiente condicionamiento social durante los primeros años para permitir un enmascaramiento social de codicia y confusión, teniendo la codicia mayor fuerza de hábito. Eso significaría que el enmascaramiento de la identidad dominante aversiva sería discriminativo, pero con aspectos de sensibilidad presentes. Por tanto la identidad dominante aversiva puede mostrar un enmascaramiento de cualquier otra de las tres características socialmente modificadas:

1. Aversiva con sensibilidad
2. Aversiva con discriminación
3. Aversiva con pronóstico

Tres pares de combinaciones:

1. Aversiva con discriminación y sensibilidad
2. Aversiva con discriminación y pronóstico
3. Aversiva con sensibilidad y pronóstico

Y una combinación triple:

1. Aversiva con sensibilidad, discriminación y pronóstico

Esta identidad dominante aversiva podría también estar libre de enmascaramiento por una falta de entrenamiento social temprano, o este mismo enmascaramiento se aplicaría a una persona cuya dominancia de identidad ha sido apartada por condicionamiento social previo.

Quizá quede más clara ahora la diferencia entre la identidad o identidades de enmascaramiento y la identidad ideal, que se aplica cognitivamente y se usa por lo común durante de la adolescencia y después. Si aplicamos este modelo, podemos deducir que hay dieciséis combinaciones de identidad posibles para cada dominancia.

El *Visuddhimagga* recomienda ignorar estas combinaciones más complicadas al aplicar el Dharma de Buda, de manera que solo se consideren los dos mayores enmascaramientos para cada identidad dominante. Recuerda que puede parecer que las identidades dominantes socialmente condicionadas están libres de identidad, pero en realidad no lo están.

## LA DECISIÓN

Una terapia centrada en el cliente le permitiría a éste decidir si quiere regresar a una condición completamente natural o, si ese no fuera el caso, cuál de las condiciones sociales desea restaurar o incluso si desea una restauración completa de todos los atributos naturales.

Puesto en un contexto diferente que sea menos amable, podríamos decir que el cliente puede elegir qué condicionamiento social desea imponer sobre los componentes de su identidad. Eso es, por supuesto, el derecho de su identidad humana, ya que creemos que es el derecho del ser humano escoger el sufrimiento de la identidad y el condicionamiento social que sienta que mejor le va.

La tarea principal del terapeuta del Dharma honrado no es tomar decisiones claras por el cliente sino presentarle las opciones al cliente con claridad, no importa cuán inadecuadas sean esas opciones. La tarea, como decimos a menudo, es simplemente ofrecer opciones disponibles que quizá nunca antes se hayan tomado en consideración.

## EL DIAGNÓSTICO DE LA IDENTIDAD

Estamos considerando por tanto el nivel de condicionamiento social en cada identidad, pero debemos considerar también la fuerza real de la dominancia como atributo negativo y antinatural (confusión, codicia, aversión y fijación). Aunque es esencial evaluar la identidad dominante, evaluar la relación entre los diferentes temperamentos subsidiarios dentro de cada persona no es útil. Lo que debe considerarse es la relación que hay entre la fuerza de la identidad y el condicionamiento social en cada componente del temperamento frente a una medida estándar de influencia negativa de la identidad y el condicionamiento social.

El nivel más alto de condicionamiento social se generará naturalmente como la máscara social más significativa, dado que su potencial social supera las tendencias negativas de la identidad. También se mostrarán naturalmente otros condicionamientos sociales de los demás componentes de la identidad, mientras que la identidad ideal estará ocupada puliendo las aristas y eliminando las áreas grises.

El *Visuddhimagga* considera que las características socialmente aceptables del enmascaramiento del temperamento básicamente aversivo dentro de la sociedad son una disposición a que le vean como un amigo espontáneo y bueno, listo para ayudar, que demuestra saber lo que es correcto, con atención plena, plena conciencia-*awareness* y devoción a estar alerta como líder.

Las características de enmascaramiento socialmente aceptables del temperamento básicamente adquisitivo consistirán en engendrar la imagen de generosidad, deseo aparente de aprender lo que es correcto y noble, y en mostrar alegría, honradez y confianza en cosas que se supone han de inspirar confianza.

Las características de enmascaramiento socialmente aceptables del temperamento confuso, reflejando la tradición de los *gunas* de los brahmines que muestra incluso estas características socialmente aceptables desde un punto de vista negativo, los harán expertos de hecho en escuchar y siempre dispuestos a servir a los demás con devoción a lo que parece ser correcto.

Las características socialmente aceptables del temperamento de fijación consisten en que realiza predicciones válidas.

Puede observarse por tanto que en una interacción de identidad altamente competitiva, donde los resultados externos son inciertos, es la máscara la que puede hacer valer su peso social en el combate. Eso hace que se eviten acciones socialmente inaceptables que de otro modo se realizarían pero, como no podía ser de otra manera, produce tensión subliminal.

De esta manera, solemos generar un combate entre identidades y luego producimos un enmascaramiento posterior cuando hace falta, junto con modificaciones adicionales a manos de la identidad ideal.

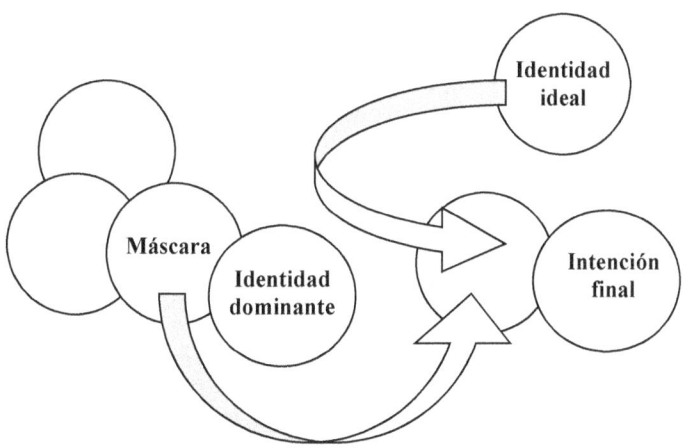

Por consiguiente, primero hay en cada situación una batalla por el dominio entre identidades, cuyo resultado depende del entorno, seguido por el enmascaramiento social, que depende del entorno, y luego el enmascaramiento ideal, que depende del entorno. Uno puede imaginar cuánta tensión acumulada y estrés puede surgir como consecuencia.

Ahora bien, en esta presentación hemos estado hablando de los temperamentos en condiciones normales dentro de un entorno social regulado (desde sectas y grupos hasta una sociedad cultural). En condiciones extremadamente estresantes, la situación podría cambiar.

## EL DESCARTE ESPONTÁNEO DEL ENMASCARAMIENTO SOCIAL Y DE LA IDENTIDAD

Estas máscaras podrían desecharse, permitiendo una dominancia extrema del rostro original de la identidad principal y, en algunas condiciones, es posible que incluso la identidad principal sea descartada a cambio del regreso a un estado biológico primitivo del impulso natural original, donde la parálisis, la huida y la lucha se convierten en la regla. En el caso de la identidad de fijación en condiciones extremas, se puede predecir que habrá paranoia. De hecho, ese estado puede ser aprovechado como examen de diagnóstico que abre las puertas al sistema primitivo. Eso nos da, casi sin margen de error, la identificación de la raíz primitiva que llevó a la identidad dominante de la persona.

No podemos dejar este tema de las condiciones extremas y las identidades sin hablar de la posibilidad de un regreso espontáneo, solo por un momento, del comportamiento dictado por la Fuerza de la Vida natural, que actúa en beneficio de uno mismo, la descendencia y la tribu, o incluso en algunos casos conocidos, del ambiente. Consiste en dar, sin pensamiento consciente, la propia vida para beneficiar a los demás. Podríamos llamarlo heroísmo, pero es un impulso natural no cognitivo que puede surgir sin previo aviso en cada persona.

Hemos oído relatos de actos semejantes cuando en la guerra alguien se lanza sobre una granada, a todas luces para salvar a sus compañeros. Eso no es una respuesta cognitiva, sino la respuesta natural de una persona que en ese momento está instintivamente libre de identidad.

Lo que necesitará el terapeuta (relativo al entorno social) por tanto es un cuestionario de diagnóstico para cada uno de los cuatro aspectos sociales o de identidad ponderados en términos comparativos de fuerza interna del hábito. Es el componente social de mayor peso entre los aspectos no dominantes el que se considera la principal identidad enmascaradora.

Una vez se haya determinado la identidad dominante mediante la observación, al igual que la aparente identidad de enmascaramiento, a través de un somero examen de la historia vital, requerimos el cuestionario de diagnóstico, que tiene prioridad sobre el examen de la historia vital. Cada atributo negativo tiene entonces su propio estándar de medición y cualquier comparación entre personas diferentes se vuelve irrelevante. Así pues, la primera tarea de diagnóstico tras determinar la identidad principal y la máscara es determinar la fuerza de cada una y las tendencias menores en relación con una medida estándar.

## LA DEFENSA DE LA MÁSCARA CONTRA EL CAMBIO

Podemos considerar casos principales los que tienen una máscara y revelan con claridad que la identidad original no tuvo éxito en conseguir satisfacción. Básicamente, están buscando una solución y la máscara la ha suministrado provisionalmente. Esa máscara tiene por tanto una gran fuerza del hábito y es esa fuerza del hábito la que se resiste a los cambios de la identidad dominante, que por supuesto es la tarea principal. Es esa máscara la que se resiste al tratamiento inicialmente y es esa máscara la que rechaza los avances del Dharma.

¿A qué se debe eso? A que las máscaras secundarias se oponen diametralmente a una liberación del condicionamiento social. Esto se induce automáticamente en el sistema con el condicionamiento. Es correcto y se acepta dentro de ciertos límites introducir conceptos anti-sociales si están relacionados con un molde religioso admisible y apoyan a la sociedad sin entrar en gran conflicto con ella. Los debates actuales sobre el aborto y los derechos de los homosexuales son un ejemplo.

El enfoque del Dharma de Buda tradicional era un ataque directo contra las máscaras predominantes en forma de contención conductual, lo cual iba acompañado de meditación que empujaba contra los principales impedimentos de la identidad.

Si tuviésemos que identificar un fallo en ese enfoque, estaría en el excesivo énfasis sobre la identidad dominante en las pruebas, cosa no podría ocurrir de otra manera, ya que entonces no había conceptualización alguna respecto al enmascaramiento. Debe ser evidente que la contención conductual solo es una forma de condicionamiento y lo único que consigue en realidad es incrementar el condicionamiento social.

Se puede criticar este enfoque, ya que solo se trata de un condicionamiento que sigue estando basado en la identidad y no es esencialmente diferente del condicionamiento social temprano, excepto en que ahora se dirige mediante la cognición.

## CONCLUSIÓN RESPECTO A UN DIAGNÓSTICO NECESARIO

Vemos por consiguiente que lo más útil para el cuestionario de diagnóstico de la identidad consiste en discernir:
- La identidad dominante y su socialización
- Cada identidad en competencia y su socialización
- La capacidad de la socialización para superar la identidad socialmente negativa en cada caso

A estas alturas, aún no hemos terminado de separar el trigo de la paja. A lo anterior se le debe añadir la condición de fracaso del desarrollo sexual natural, que es tan débil en el ser humano que la identidad encuentra presa fácil en esa área de la conducta. Eso también se debe evaluar en términos de la influencia de la identidad dominante y del enmascaramiento.

# Capítulo 39

## Análisis de los métodos de la psicología del Dharma: las prácticas de atención plena, clara comprensión y *vipassana jivitindriya*

Debemos ser conscientes de que el enmascaramiento social solo tiene efecto sobre la identidad dominante, mientras que las identidades subsidiarias compiten sin cesar, haciendo ver sus deseos, y toman preponderancia solo cuando el entorno lo exige.

Por ejemplo, en una situación donde la persona está envuelta en una condición de guerra, en combate con el enemigo, el poder de la identidad adquisitiva o confusa podría disminuir y la identidad aversiva, en ausencia un condicionamiento social fuerte, podría retomar el poder. Podríamos encontrarnos incluso con la manifestación de cierto salvajismo. De manera similar, en ausencia de una identidad aversiva fuerte, una fuerte identidad confusa podría generar confusión en esas mismas condiciones y propiciar un estado de aturdimiento en el que la mente no es capaz de entender ni de reaccionar.

Es evidente por tanto que el ambiente es crucial y que el único alivio es un condicionamiento social completo acompañado de gran tensión subliminal, o si no, el alivio más verdadero mediante la completa disolución de los síntomas de la identidad.

En el siguiente diagrama, mostramos la dominancia de la codicia fuertemente condicionada por el entorno social. El esquema básico no cambiaría, sin embargo ni siquiera si el condicionamiento social fuera mínimo (ver figura 39.1).

¿Dónde y cuándo se puede comenzar el camino de la recuperación?

En realidad, todo comienza cuando el cliente pide ayuda por primera vez. ¿Por qué está ahí? Es porque la homeostasis ha declarado en términos rotundos que algo va mal sin duda en la vida de esa persona. Esta voz de alarma homeostática se genera debido al conflicto existente entre las intenciones habituales de la persona, que están en conflicto con el sistema natural. Si la identidad hubiese tenido éxito, la llamada homeostática se habría quedado sin atender, pero en este caso particular podemos decir con seguridad que la persona ha venido en busca de ayuda debido a algún tipo de sufrimiento mental.

Cualquier intento de instigar un cambio de actitudes está condenado al fracaso y el intento de controlar las intenciones a la fuerza no tiene más éxito que cualquier otro conjunto de resoluciones mentales, impuestas en teoría mediante la fuerza de voluntad. De manera similar, un compromiso o la obediencia a una orden no serán suficientes a menos que haya una amenaza física clara para la salud o a la vida.

Está claro por tanto que solo podemos comenzar usando el condicionamiento social de la identidad que se ha llevado a cabo sobre la característica dominante si esta es suficientemente fuerte, o bien podemos usar la fuerza de la máscara social misma. Estos son los eslabones débiles del dominio de la identidad.

**FIG. 39.1 Las interacciones complejas de las identidades en el control de respuesta**

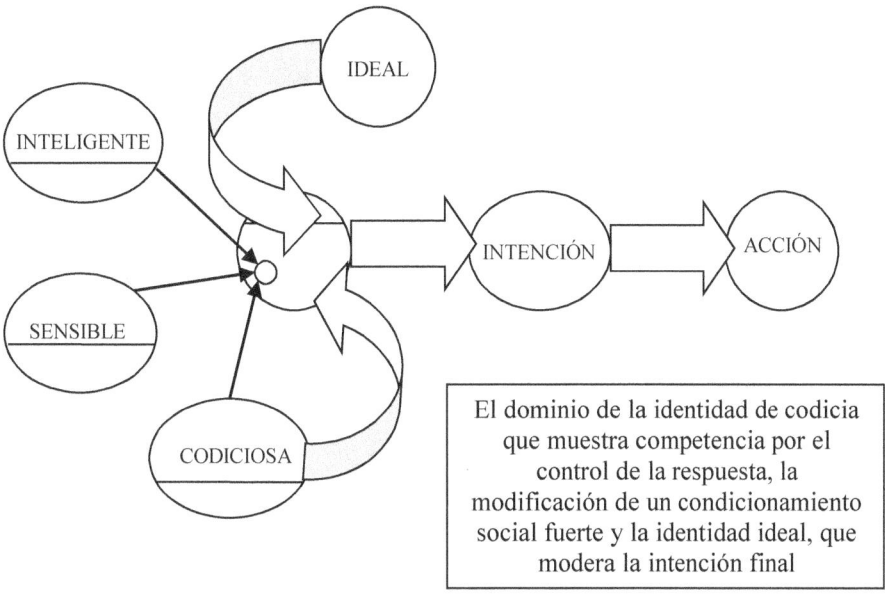

Hay que recordar por tanto que hay tres prácticas principales:
1.  Atención plena diaria
2.  Sesiones introspectivas de clara comprensión
3.  Prácticas meditativas de *vipassana*

Aplicando un enfoque que debe tener en cuenta no simplemente el problema aparente, sino la evaluación correcta de la identidad operante y su relación con la identidad enmascaradora determinada por el diagnóstico, la atención plena diaria se dirige a la percepción, las sesiones introspectivas de clara comprensión se dirigen al aprendizaje y la práctica de absorción meditativa se dirige a la cognición.

## 1. ATENCIÓN PLENA (*MINDFULNESS*) DIARIA

¿Qué es exactamente esta atención plena diaria? Una definición de diccionario nos dirá que es "el rasgo de permanecer consciente (prestando estrecha atención) de tus responsabilidades". Esta definición no resulta adecuada para nuestro propósito, ya que las responsabilidades sociales son antagónicas a nuestro objetivo, pues con el tiempo deseamos establecer responsabilidades naturales. A su debido tiempo, esta atención plena se ocupará de la fuerza del hábito y será una parte esencial de nuestra vida diaria.

Así pues, vamos a definirla más bien como "la habilidad de permanecer consciente (prestando atención estrecha y directa) de la tarea que se está realizando con una completa percepción de los requisitos de los sentidos implicados, limitando la actividad mental a esa tarea en exclusiva".

Sabemos que la identidad adquisitiva tiene su base en la discriminación, donde los impulsos naturales e incontrolados de acercarse físicamente a un objetivo, evitar ese objetivo o mantenerse neutral, junto con sus correlatos mentales de afecto, desafecto y ecuanimidad, se transforman en experiencias emocionales de gran complejidad. Estas experiencias se generan debido a la destreza natural del temperamento adquisitivo/discriminativo para el uso y el manejo de palabras y las ideas relacionadas con ellas.

**FIG. 39.2 La máscara de sensibilidad, inteligencia o utilidad futura usada en la dirección correctora de la atención plena**

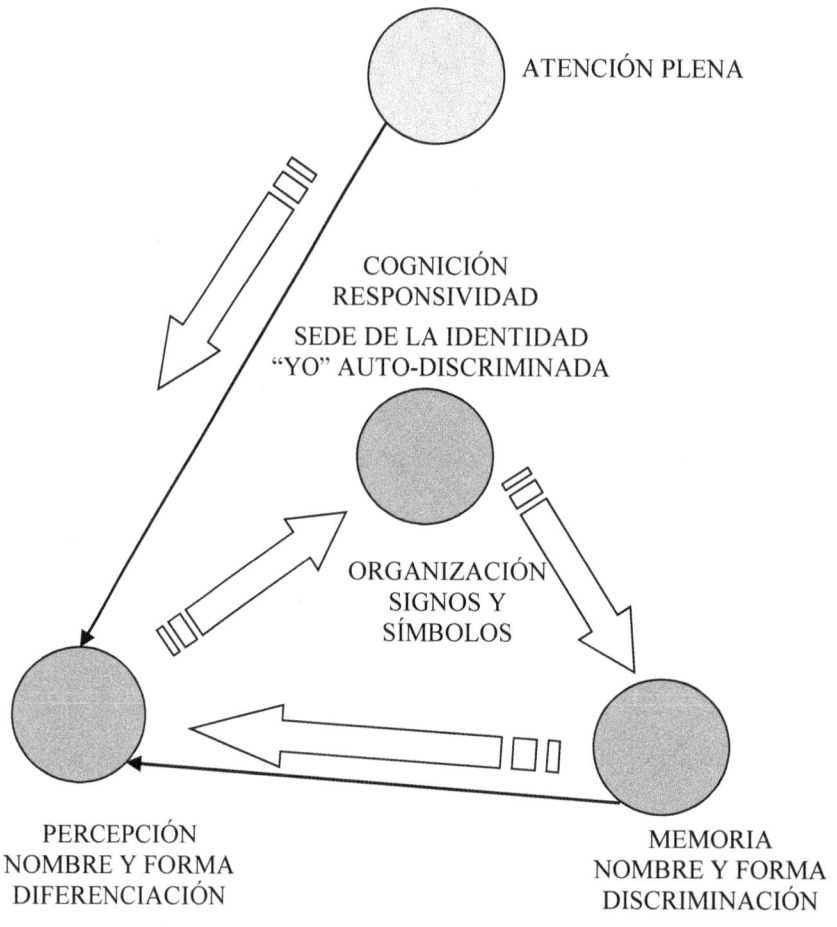

La atención plena se dirige por tanto a los pensamientos de la conciencia, ya que representan las operaciones que tienen lugar en la cognición subliminal (aunque solo el 5%) y más específicamente a la organización de signos y símbolos. Los que practican la atención plena deben entender que los pensamientos son meros pensamientos, solo una pequeña parte de la conciencia, y que los pensamientos en sí mismos tienen poca sustancia y ningún peso. Todo el mundo es capaz de liberar un pensamiento (dejarlo pasar sin mayor atención) cuando se da cuenta de que el pensamiento puede no ser una parte útil de verdad del funcionamiento correcto. De esta manera pueden quedar libres de las miles de asociaciones que inundan la cognición y la conciencia, causando agitación cognitiva y consciente. Una vez liberados de esta red liante de asociaciones innecesarias, son libres de observar y reaccionar correctamente sin quedar atrapados en esa maraña.

El objetivo de la psicología del Dharma por tanto es identificar y modificar las distorsiones cognitivas (pensamientos erróneos e inapropiados). Esta idea del Dharma ha sido convertida en la psicología moderna, junto con la atención plena, en un sistema que se ha tomado "prestado" con el nombre de terapia cognitiva basada en la atención plena (TCAP, o MBCT por sus siglas en inglés). Esta terapia es bastante diferente de la forma tradicional de la terapia cognitivo-conductual (TCC), que centra su atención sobre los patrones de pensamiento transitorios que son negativos.

Tomando prestados los métodos de la psicología del Dharma, el método psicológico actual llamado TCAP recalca el proceso de prestar atención a los pensamientos y sentimientos de un momento a otro y sin hacer juicios. La idea, en teoría, es cambiar la relación de la persona con todo el sufrimiento causado por los pensamientos negativos. Los partidarios de la TCAP creen que no hay manera posible de aliviar todo el sufrimiento.

En eso se equivocan, ya que equiparan automáticamente el sufrimiento con la evaluación de la identidad de lo desagradable. Cuando se disuelve la identidad, no existe lo desagradable. La idea de la psicología del Dharma no es proporcionar una objetividad cognitiva desde la cual ver lo aparentemente desagradable, porque en realidad eso elude el problema; la idea es disolver el potencial de la identidad. No obstante, es cierto que, excepto en el ámbito más avanzado de la eliminación de la dualidad, la identidad no será eliminada del todo, así que hará falta práctica constante para mantenerla disuelta. Sorprendentemente, esta disolución de la identidad es más poderosa de lo que uno se puede imaginar y permite alivio del dolor crónico, la hipertensión y los desórdenes gastrointestinales en un extremo del espectro, así como de la ansiedad mundana y el pánico al otro (de acuerdo con las investigaciones del Centro Médico de la Universidad de Massachusetts).

Al menos el sistema que se ha tomado prestado reconoce que la finalidad no es la simple relajación y la felicidad, y aunque afirman que es una "liberación de la tendencia a verse arrastrados a reacciones automáticas ante los pensamientos, sentimientos y acontecimientos", se vuelve mucho más completo y enriquecedor si incluye la absorción de la *vipassana jivitindriya*.

Pero el método principal en la psicología del Dharma dentro de la tarea de atención plena –erróneamente llamada meditación– no es anclar la atención en el aquí y ahora sino desarrollar una completa conciencia implícita de los sentidos implicados en el momento, descubriendo que están ejecutando por sí mismos una tarea que no requiere la intervención de una mente agitada.

Según el diagrama anterior (fig. 39.2), puede observarse que la atención plena actúa reajustando la organización y reinterpretando los signos y símbolos que habían sido condicionados previamente por la identidad discriminativa.

Ahora bien, no es esta mente agitada, como a menudo se afirma, la que causa la depresión y otros síntomas debilitantes, que en un momento u otro afectan en los Estados Unidos a entre el 20% y 25% de todas las mujeres y entre el 5% y 10% de todos los hombres. Es la depresión la que pone en marcha la agitación en búsqueda de alivio. Esa depresión es causada por el sentido de desamparo impotente o desesperanza que ha sido condicionado en el sistema y que genera un ciclo de apatía, falta de motivación y fatiga. Es la *vipassana jivitindriya* la que elimina ese ciclo y su raíz condicionante.

Está claro que ningún terapeuta debería aplicarla si él mismo no es un practicante dedicado de la atención plena, ya que es esencial que haya una compenetración abierta y flexible, libre de juicios, cuando se atiende a los que buscan ayuda. Los terapeutas mismos, si llevan una vida libre de estas marañas, son los mejores motivadores para los que puedan albergar miedos y dudas acerca de su eficacia.

Aunque los sistemas de la TCAP y TAC (terapia de aceptación y compromiso) que hoy gozan de amplio uso y son objeto de investigación aseguran que surgieron en Occidente de manera independiente y en paralelo a la psicología del Dharma, es válido preguntarse por qué les ha llevado tanto tiempo a psicólogos e investigadores descubrir estas prácticas, conocidas en Oriente desde 1840 a.C. y quizás antes; tal vez fuese el rechazo público a los métodos orientales o quizás una simple ceguera y arrogancia cultural y científica.

Aquí nos interesa por supuesto algo mucho más importante que la aparente personalidad desajustada dentro de la sociedad, ya que el factor crítico en todo aparente sufrimiento es el condicionamiento de la sociedad, las iglesias y la educación predominante. Sin embargo, el examen de problemas como la depresión nos brinda una oportunidad para entender por qué la atención plena trabaja como un arma perfecta contra las tribulaciones que la gente trae con la esperanza de hallar un alivio eficaz.

**La depresión.** La depresión es un estado mental opresivo en el que ha habido un incremento progresivo del desamparo impotente y la desesperanza a partir de la tristeza inicial. Esa impotencia queda revelada por una aparente incapacidad de actuar y por el estado de sentir una severa necesidad de ayuda o consuelo de algo o alguien. Hay una sensación de ser incapaz de manejarse y una cierta desesperación ante el abandono de cualquier esperanza de alivio o éxito. Uno puede sentirse taciturno con respecto a los aspectos negativos de uno mismo o de otros, puede haber resentimiento, irritabilidad o rabia la mayor parte del tiempo, y un sentimiento constante de lástima de uno mismo. También podrían manifestarse diversas dolencias físicas que no guardan correlación con una enfermedad física.

La depresión se clasifica como clínica cuando el episodio inhibe la capacidad de la persona de completar las tareas de su rutina diaria durante al menos dos semanas. Ese es un criterio completamente inútil. Es como decirle a alguien que tienen que esperar 24 horas antes de informar a la policía sobre una desaparición. Eso igual ayuda en términos administrativos, pero la ansiedad adicional que le causa a la persona es absurda. La depresión solo es un nombre y la persona debe y puede ser tratada de inmediato con medios adecuados utilizando la atención plena.

Desde luego, si las actividades "normales" se restringen abruptamente, se vuelven difíciles de hacer o se pierde completamente el interés por hacerlas durante un periodo sostenido de tiempo, la depresión clínica es una posibilidad, pero esos términos solo nublan la cuestión. ¿Qué queremos hacer? ¿Esperar a que la persona sienta que la vida no vale la pena y empiece a desarrollar la idea de que sería mejor estar muerto? ¿Realmente queremos entrar en el tratamiento común para depresiones graves con medicamentos antidepresivos? Esa es una solución moderna fácil, excepto que elude las causas principales de la depresión, que no son fisiológicas ni bioquímicas. La prueba de su fracaso está en la frecuencia con la que la depresión regresa una vez se han eliminado los medicamentos. Más del 50% de los pacientes recaen, cayendo en la misma trampa una vez más y, tras un tercer periodo de depresión, el riesgo de posteriores recaídas se incrementa hasta un 80%.

Por desgracia, si nos mantenemos a la espera ante esta ronda continua de consumo de pastillas y condicionamiento asociativo de pensamientos negativos, la depresión llega a establecerse firmemente con la fuerza del hábito. Incluso el más ligero cambio de ánimo puede disparar pensamientos negativos. Lo correcto es tratar inmediatamente el primer signo de depresión o cualquier otro problema con la "píldora de la atención plena".

Pero las prácticas simples de atención plena del Dharma y de la TCAP por sí solas no son la respuesta completa. La psicología del Dharma ha abogado claramente por un compromiso con el cambio conductual y un incremento de la flexibilidad psicológica. No es en absoluto cuestión de intentar "controlar" los pensamientos, las percepciones, las emociones, las sensaciones o incluso la volición misma. En lugar de control, hay que desarrollar el "soltar" y la confianza en el sistema natural. Eso significa que uno debe notar con atención correcta, aceptando la presencia con confianza de que eso por sí solo será suficiente. Cuando uno se coloca directamente en conflicto con los complejos de la identidad, está entrando en una batalla que rara vez puede ganar.

La psicología moderna también ha "descubierto" esto, que la psicología del Dharma ha utilizado y desarrollado durante más de mil años. Se trata de la llamada terapia de aceptación y compromiso, TAC, una rama de la terapia cognitiva-conductual. Aunque esta terapia usa una estrategia de aceptación (que en manos no entrenadas puede suponer un refuerzo de las características de la identidad), el hecho de que uno debe permanecer al principio con indiferencia cognitiva hacia todos los acontecimientos privados está en perfecta consonancia con la psicología del Dharma. El compromiso es un ingrediente esencial, desde luego, como lo son las estrategias de cambio conductual que incrementan la flexibilidad natural. La clave y los fallos, como siempre, residen en el terapeuta y si su intención es aplicar un mero parche social, entonces cualquier clase de terapia es inválida.

La técnica de la práctica dhármica de atención plena es usar el concepto del no-yo, en donde la persona que requiere ayuda entra en contacto con lo que en el Dharma se llama el conocimiento del no-yo. Eso le anima a reconocer la aparente existencia de un observador que es capaz de distinguir, en términos de diferenciación, a la vez que divorcia a ese observador de las sensaciones (sentimientos viscerales), las discriminaciones (emociones), las percepciones, las voliciones y la memoria. En ese sentido apoya a la práctica de *vipassana jivitindriya*.

Sin embargo, su impulso se aleja de la TAC en la medida en que la idea no es aclarar valores personales o de la identidad, sino revelar valores de la conducta natural y actuar en función de ellos, aportando más vitalidad y sentido al proceso de vivir sumido en la trampa social. No entramos en la tradicional trampa terapéutica de buscar causas intermedias, como la evitación aprendida por experiencia o cualquier forma de desamparo aprendido, rigidez o mecanismos de escape. En vez de ello, evitamos los valores sociales básicos y en su lugar inducimos una flexibilidad y una apertura a la experiencia natural que no requiere constantes juicios, evaluaciones, justificaciones o explicaciones racionales de la propia conducta. Suscribimos la vieja frase: "Déjalo estar".

Siendo eso así, la práctica del Dharma de atención plena se orienta a dos niveles de operación:

1. Dirigir la atención a la tarea en curso.
2. Enfocarse sobre los sentidos implicados, especialmente el tacto, que incluye la temperatura y el movimiento, pero notando exactamente qué está sucediendo internamente mientras uno se abstiene de entrar en cadenas de pensamientos por asociación.

Asimismo, se dirige una atención particular a cultivar una conciencia implícita del complejo desarrollo de los defectos de la identidad en los temperamentos apropiados que se hayan diagnosticado.

## 2. SESIONES INTROSPECTIVAS DE CLARA COMPRENSIÓN

Como las prácticas de *vipassana* son más complejas y detalladas para el temperamento adquisitivo dominante que para los demás, vamos a analizarlas a continuación sobre esa base y en relación con la clara comprensión.

Aunque la atención plena es una atención al momento y a los sentidos implicados en las tareas específicas del momento, esta atención plena debe ir acompañada de una clara comprensión de la corrección y adecuación de las tareas que se llevan a cabo. Eso significa que hay que desarrollar un entendimiento muy claro sobre lo que realmente está pasando en términos de los procesos implicados, por qué hay errores y exactamente cómo han de arreglarse, sin caer en la trampa de simplemente aceptar la terapia sin la más mínima idea de cómo y por qué funcionan las cosas. Es nuestro entendimiento de nuestra locura y de lo que es natural el que abre las puertas a la expresión libre y natural de la conducta digna en consonancia con la Fuerza de la Vida. El aprendizaje positivo tendrá lugar durante la práctica diaria de la atención plena, pero la clara comprensión esencial se debe dirigir en sesiones especiales con la ayuda de un terapeuta hábil y poner en práctica después en situaciones cotidianas.

Podemos considerar que esto es una terapia contextual del Dharma, ya que requiere una reorganización gradual de la propia manera de pensar contextualmente y el reajuste de los signos y símbolos que se usan tradicionalmente con un significado bastante distinto al que la sociedad, la Iglesia y la educación ha introducido y reforzado. La terapia contextual del Dharma es una forma de terapia guiada pero no dirigida que permite el desarrollo y crecimiento correcto y natural en las dos áreas que generan el mayor sufrimiento: las relaciones y la manera de ganarse la vida. Su base es la *jivitindriya*, la Fuerza de la Vida.

**FIG. 39.3 La máscara de sensibilidad, inteligencia o utilidad futura usada en dirección a la clara comprensión**

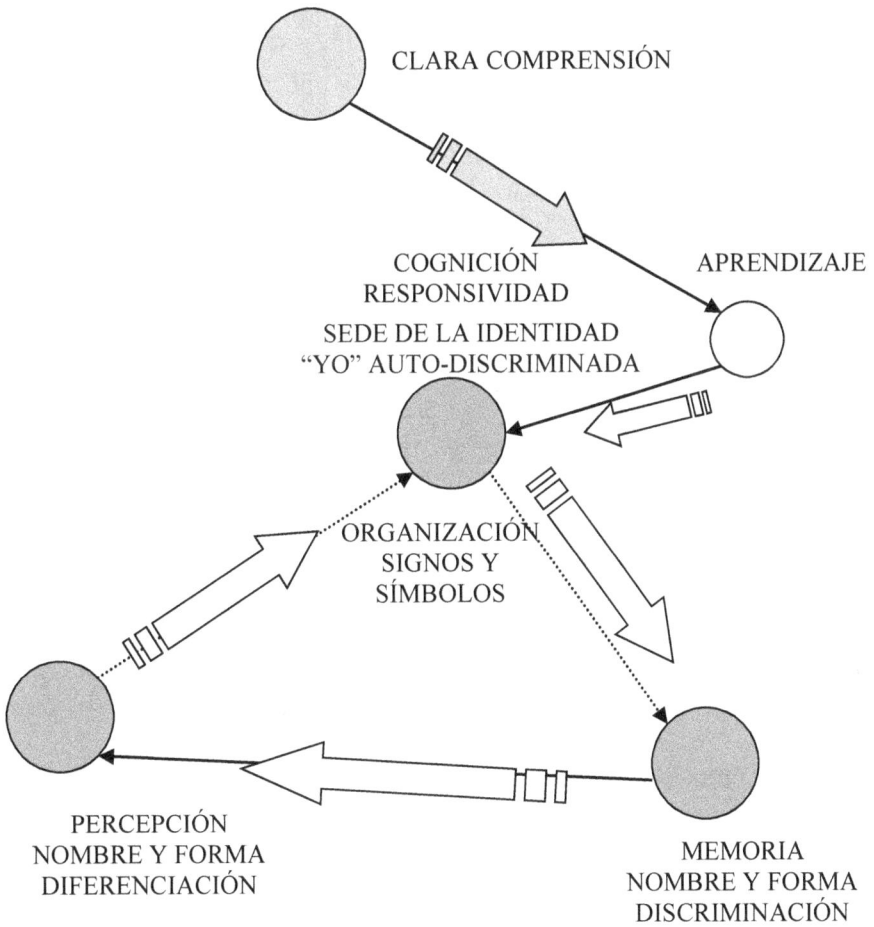

La psicología moderna, otra vez con un retraso de varios milenios, ha presentado la terapia contextual del Dharma. Es el desarrollo de lo que denominamos los cuatro estados sublimes: la alegría, la compasión, el afecto benevolente y la ecuanimidad.

Nunca deja de sorprender cómo las excelentes ideas antiguas se vuelven a presentar o quizá a descubrir y se llegan a aceptar como terapia una vez se les dota de un "inventor" moderno y un sesgo occidental, mientras que los sabios pensamientos originales de los antiguos maestros acumulan polvo en los estantes de las bibliotecas y universidades debido a que se los vincula falsamente con la religión, la ética o las ideas esotéricas y trascendentales. Todas ellas son etiquetas inadecuadas.

Pero estos cuatro estados sublimes de la psicología del Dharma, como se les llama, no se dejan flotando en el aire como una nube académica, sino que se ponen en práctica contextualmente al considerar las tres raíces naturales de todo comportamiento defensivo: el pasmo, el miedo y la aversión. Sin embargo, a diferencia de la versión moderna de la terapia contextual, la terapia contextual del Dharma, aun admitiendo que las tres respuestas surgen en forma de identidad (que se deben aceptar y no resistir), NO defiende la idea de simplemente seguir funcionando con ese pánico, miedo o aversión, sino que aspira a entender sus raíces, sabiendo que son naturales. Al mismo tiempo, reorganiza los signos y símbolos que le dan a la identidad su punto de apoyo como fuerza negativa y desenmascara las increíbles elaboraciones desarrolladas por la identidad en forma de complejas sensaciones, emociones, percepciones y fijaciones volitivas.

La tarea por tanto es aplicar los estados sublimes a los hábitos generados por el condicionamiento temprano de la vida en forma de reacciones de identidad de confusión visceral, discriminación emocional, percepciones aversivas e indiferencia intelectual, que tienen al pasmo, el miedo y la aversión como raíces ancestrales. Los métodos usados en la práctica quedarán claros cuando expongamos las terapias particulares para los principales temperamentos en los siguientes capítulos.

El entendimiento y la confianza mutua son las bases de la *jivitindriya* al nivel de las relaciones humanas y está claro que la comunicación se vuelve esencial, sin la inútil charla conductual de las identidades. Los métodos de Perls son perfectos para esta situación contextual dentro de las sesiones formales. No obstante, se requiere atención constante a lo que es natural y correcto, consistente con los cuatro principios de la Fuerza de la Vida, que se prestan mutuo apoyo y son simbióticos.

Está muy bien, como recomienda la psicología tradicional, ayudar a las personas a reconocer las cosas positivas que hacen y que han hecho los demás al darles crédito, pero desde el punto de vista del Dharma esto debe hacerse sin entrar en las injusticias del pasado, ya que eso nunca puede llevar a reparar relaciones a menos que no haya sentido de culpa sino solo un sentido de responsabilidad para rectificar nuestra comprensión. La consigna es: "Entiende la locura de tu identidad y la de los demás, y no habrá nada que perdonar ni nada por lo que sentirse culpable". Eso no quiere decir que uno quede libre de cualquier responsabilidad social, pero sí significa que uno debe aprender lo que es correcto y natural en un marco social en el que se entiende al "otro" como parte integrante del aparente "uno mismo".

Uno de los grandes problemas es que establecer defensas de la identidad, o incluso conceptos como la equidad y la justicia, no tiene validez en la psicología del Dharma. Establecer cualquier tipo de límites es en sí mismo una señal de identidad, ya que todas las relaciones pueden desarrollarse naturalmente si se les permite hacerlo. Lo más importante es la comprensión y detección de la disonancia personal. Así pues, en la psicología del Dharma, la clara comprensión, que se alía con la atención plena también en las sesiones de terapia, va dirigida a desenmascarar las defensas innecesarias de la identidad y el aprendizaje, con el fin de sustituir las identidades por un comportamiento natural. Naturalmente, esto requiere un terapeuta hábil que se haya emancipado de "complejos" personales, o al menos haya aprendido a disociarlos de su práctica con las personas que vienen en busca de ayuda.

## 3. PRÁCTICAS MEDITATIVAS DE *VIPASSANA*

Ya sabemos que el objeto de la *vipassana jivitindriya* es liberar las huellas de los recuerdos almacenadas en la memoria. Las prácticas de apoyo de la atención plena diaria en el contexto (que no es solo una práctica terapéutica, sino que debe desarrollarse como forma de vida, para que con el tiempo se mantenga sin ninguna aplicación consciente) y el aprendizaje mediante la clara comprensión (que establece una base de datos eficaz de comportamiento correcto consistente con los principios altruistas de la Fuerza de la Vida) dejan la puerta abierta para llegar hasta el almacén de la memoria sin entrar en una batalla continua con nuevas locuras.

Es interesante notar que las meditaciones budistas de los *jhanas* usaban temas para la meditación que se dispensaban a los diversos temperamentos, y de hecho constituyen preparaciones meditativas adicionales importantes para las absorciones de *vipassana*. Sin embargo, en lugar de ejercitar la uni-direccionalidad como en los *jhanas*, la *vipassana jivitindriya* evoca selectivamente los impedimentos de la memoria y examina sus partes relacionadas en términos de sensaciones, discriminaciones, percepciones, voliciones y elementos de la conciencia, permitiendo que se agregue a los procesos correctos una percatación consciente de la vacuidad de sus asociaciones actuales. También hace posible una clara conciencia de la vacuidad del concepto de identidad y permite el uso del concepto cognitivo de "observar" en lugar de la conciencia del observador ilusorio.

La psicología del Dharma en su nivel terapéutico no está interesada en cambiar el mundo; lo que le interesa es proporcionar herramientas para eliminar las máscaras sociales, que no solo son ineficaces y causan sufrimiento subliminal sino que son innecesarias para una vida noble. En general, la persona que busca ayuda no está lista en realidad para cambiar su vida, sino que prefiere simplemente ajustar su conducta para obtener lo mejor de ambos mundos. La psicología del Dharma permite eso, pero deja claro que debe haber atención constante para mantener ese estado. Pocos escogerán una renovación completa que signifique hacer cambios reales en su propia vida y aún serán menos los que querrán una liberación total.

Las meditaciones de absorción *vipassana* específicas son por tanto una herramienta muy útil dirigida a la reducción de impedimentos, sin causar problemas que entren en conflicto con los deseos de la persona. En los siguientes capítulos expondremos con más detalle las técnicas, tal como se deben aplicar a las identidades.

**FIG. 39.4 La máscara de sensibilidad, inteligencia o utilidad futura usada en dirección a la *vipassana jivitindriya* con la ayuda de la terapia Gestalt tradicional**

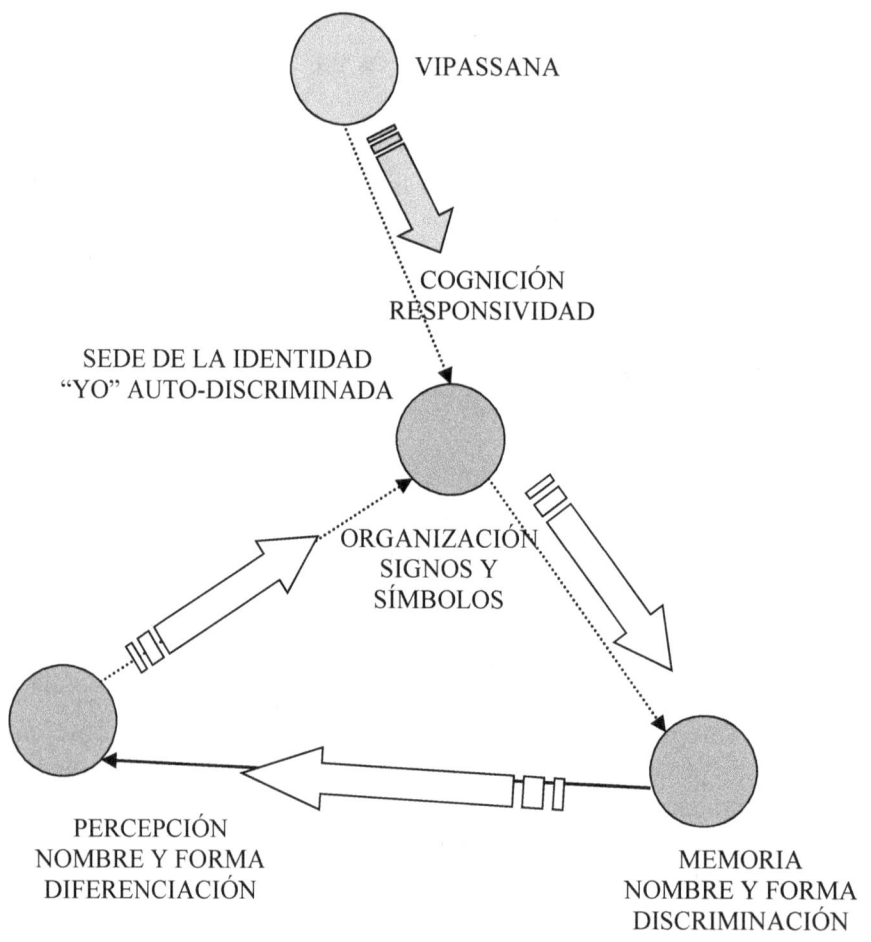

# Capítulo 40

## Los sensibles músicos y sanadores: cómo disolver la confusión y el enmascaramiento social

Aunque en el caso del temperamento confuso nos centramos sin duda en la disolución de la identidad dominante y el restablecimiento de la sensibilidad natural en lugar de su imitación social, también debemos tratar con la máscara predominante, que puede ser de discriminación, inteligencia social o pensamientos del futuro. Eso le permitirá a la persona debilitar o incluso eliminar las máscaras defensivas en su vida cotidiana y hará posible un asalto más eficaz contra la identidad dominante. El diagnóstico habrá identificado estas máscaras y la atención plena y la comprensión de la relación del marco contextual permitirán que ocurran cambios importantes.

¿Qué cambios son importantes? Todo depende, por supuesto, de los deseos de los que vengan en busca de asistencia. A la persona con base confusa, que busca confort artificial y un nido dentro del cual pueda evitar complicaciones, no se le exigirá que se lance desde ese nido al "mundo cruel". Por desgracia, eso es lo que la psicología tradicional hace con ellos, al incrementar su identidad social y el sentido de "yo" de manera que puedan manejarse en situaciones amenazadoras. Eso es precisamente lo que no se recomienda en la psicología del Dharma.

Lo que debe aprender el temperamento confuso es a soltar el gran deseo y apego por cualquier nido, sin importar si ese nido es un lugar tranquilo en el campo o está en la oficina de una gran empresa. No hay nada negativo para esa persona en un nido alejado de la sobre-estimulación molesta; el problema es su evitación psicológica antinatural de la sobre-estimulación. El nido debe convertirse en cuestión de elección natural para él, no en una necesidad. Esa es la clave principal contra la identidad dominante.

Pero debemos recordar que estas personas viven, trabajan y se relacionan en el mundo del consumo, donde hay una gran presión desde la cuna hasta la tumba para amoldarse, debido al deseo innato de ser respetado. Aunque los mansos (los confusos) puedan heredar la tierra, les resulta difícil interactuar con los demás, en especial en las situaciones estresantes del mundo moderno que están en conflicto con su temperamento. Con mucha frecuencia se les induce a dejar su nido de confort y a presentar al mundo un rostro competitivo, valiente y activo, sin confusión pero con discriminación.

Lo que estamos diciendo es que la reserva natural y el estilo no gregario de la persona de sensibilidad son perfectamente válidos. Lo que hay que desarrollar es la comprensión de su estilo natural, permitiendo el desarrollo de los atributos naturales que esa persona pueda poseer con respecto a la Fuerza de la Vida altruista. Su interacción con el mundo debe estar basada en la reacción natural de su temperamento positivo.

Las personas con este temperamento son naturalmente *gandharvas* o *asuras*. Es obvio que eso no significa nada para alguien ajeno a la mitología hindú, pero es bastante pintoresco. Podemos recurrir a leyendas antiguas aquí y considerar a los *gandharvas* como músicos celestiales y a los *asuras* como sanadores, siendo el primero el más frecuente entre los de gran sensibilidad.

La doble tarea entonces es desenmascarar sus rasgos positivos como músicos o sanadores naturales e incrementar su rango de flexibilidad natural de manera que puedan dejar su nido, sin pasmo si es un nido apropiado, e interactuar con el mundo en sus propios términos.

Ya que la máscara más frecuente con mucho es la discriminativa, que encaja con el empuje de la sociedad, es ahí donde debemos comenzar. También debemos considerar apropiado hablar de la máscara socialmente inteligente, ya que si el temperamento confuso está dotado de una inteligencia rápida, podemos encontrar que ha asumido esta máscara de inteligencia social. Raramente encontramos la tercera máscara de pronóstico.

## 1. ATENCIÓN PLENA

**1.1 La atención plena dirigida a la máscara social de discriminación**. Sabemos que esta máscara social es una imitación condicionada de la discriminación correcta y natural. Esta máscara usa aspectos positivos de aparente discriminación, pues dentro de la sociedad es importante aparentar que no se sienten las llamadas emociones negativas, aunque eso no es difícil para el temperamento confuso, que básicamente es poco emocional. Pero cuando el impulso dominante falla, desarrolla una demanda de vida consumista de acuerdo con la sociedad que los confusos no tienen en realidad. Y eso se opone diametralmente a su deseo de una tranquilidad reservada.

¿Qué es exactamente este gran paradigma de pertenencia social que muchas terapias tradicionales abordan? Es ser un participante activo en los caprichos y la locura de la sociedad, tener éxito entre los semejantes sin amenazarlos y jugar el juego social correcto y apreciado de las relaciones. Cuando no es una elección cognitiva, los de temperamento dominante confuso y máscara secundaria de discriminación se resisten a su impulso dominante de evitar tales situaciones. El resultado obvio es el estrés.

El temperamento confuso busca un hogar donde su confusión encuentre modelos a seguir que aparenten saber el camino, aunque sus caminos sean bastante diferentes. Cuanto más integrado esté el grupo, más desaparecerá dentro de él la persona confusa; cuanto más educado o culto sea el grupo, más fácilmente será aceptada la persona confusa y esa confusión se verá como cooperación o reserva. Rara vez suponen una amenaza y suelen encontrar en el grupo o grupos, por lo común pequeños y elitistas, una cercanía reconfortante aunque puedan estar fuera de su nido mental.

Al emplear la atención plena, estos aspectos se harán evidentes. La atención plena va dirigida a la conducta en tareas rutinarias simples, mientras que la atención plena y la examinación contextual se desarrollan en situaciones de trabajo y en todas las relaciones, con un rango que va desde la amistad hasta una alianza íntima.

**1.2 La base de la atención plena.** Mientras camina, uno discierne que el caminar está ocurriendo. Cuando se experimenta que "yo" estoy caminando, uno discierne que el "yo" solo es un observador independiente del "caminar". De la misma manera, cuando permanece de pie, uno discierne que el "permanecer de pie" está ocurriendo. Cuando está sentado, uno discierne que "estar sentado" está ocurriendo. Cuando está acostado, uno discierne que el "estar acostado" está ocurriendo. De cualquier modo que nuestro cuerpo esté dispuesto, es así como debe discernirse, separado del observador. En los textos antiguos se dice: "De esta manera uno permanece enfocado internamente sobre el cuerpo en sí, o enfocado externamente... no sostenido por nada en el mundo".

Es más, cuando vamos y volvemos, uno debe permitir una alerta completa sin atender a elementos específicos no relacionados con la tarea. Cuando se mira hacia un lado o se retira la mirada... cuando nos inclinamos y extendemos nuestras extremidades... cuando comemos, bebemos, masticamos y saboreamos... al escuchar y oler, cuando nos dormimos, despertamos, hablamos o nos quedamos en silencio, uno se vuelve completamente alerta a la totalidad de la experiencia sin atención a lo que no esté relacionado con ella.

**1.3 Identificar y soltar las interrupciones.** Hay que recordar que la máscara de discriminación es socialmente positiva y que durante las tareas simples esta máscara solo aparecerá en forma de pensamientos espontáneos. Sin embargo, cuando la atención plena se usa en tareas diarias importantes, incluyendo las áreas de estrés como el trabajo y las relaciones, la máscara completa de discriminación estará presente.

Aunque la persona confusa esté presentando las habilidades de discriminación socialmente positivas de su propia identidad discriminativa, esa identidad obviamente también poseerá los componentes negativos de la identidad adquisitiva, para la que la seguridad es importante. Pero, a diferencia de su contraparte dominante de verdad, que se preocupa continuamente sobre su éxito en cumplir sus tareas sin error de manera que no se les niegue el fruto que buscan, el temperamento confuso estará continuamente preocupado por si está realizando su tarea correctamente. Uno se fija en el error y el otro en la corrección. Ese énfasis diferente es debido a sus objetivos diferentes. En el primer caso, hay un miedo al fracaso a la hora de lograr el objetivo dominante, mientras que en el confuso, hay un pánico potencial de que lo que está haciendo no será suficiente para ganar la aprobación social que aportará un confort accesible.

Podemos decir por tanto que la máscara discriminativa de la persona confusa busca aprobación. La atención plena constante, junto con otras prácticas, mostrará que esta búsqueda de aprobación es dirigida y controlada por la mente y está vacía de auténtico sentido para el crecimiento y desarrollo de la verdadera naturaleza.

La atención plena a todas las tareas estará vigilante ante la aparición de la búsqueda de aprobación en el comportamiento y los pensamientos, cosa que realmente es bastante sutil. Esto ayudará en el desarrollo de la práctica de la clara comprensión y la absorción *vipassana*.

**1.4 La atención plena dirigida a la máscara social de inteligencia.** Debemos recordar también que la máscara social de inteligencia tiene dos dimensiones: la inteligencia académica, que es aplaudida pero no aclamada, y la inteligencia del sentido común, que siempre se dirige a un objetivo. Por mucho que el *samsara* social alabe en general esa cualidad como medio para apoyar su impulso comercial, nunca se debe mostrar en exceso y el típico juego que implica pisar a los que están debajo y tirar de los que están arriba, todo dentro de las reglas sociales, debe esconder bien el motivo de codicia que busca seguridad y mostrarse como una competencia sana.

Al adoptar su propia máscara inteligente, la persona confusa estará buscando éxito inteligente, pero evitará la competencia por resultar demasiado estresante. Así que mientras que podemos decir que la persona con dominancia de aversión inteligente estará buscando deleite y la persona adquisitiva estará buscando cooperación inteligente (aunque manipuladora), la persona de confusión con máscara inteligente se dará cuenta de que está vigilando constantemente ante cualquier signo de que los demás puedan considerarlos arrogantes o dominantes. Así pues, estarán tratando de desarrollar un éxito inteligente amigable que no traiga enemistades. Vemos por consiguiente que evitar la desaprobación es su amenaza constante, cosa que debe asegurarse a toda costa.

La atención plena en las tareas diarias que son complicadas mostrará esta consternación oculta constante, que emerge de vez en cuando, y también ayudará en el desarrollo de la práctica de la clara comprensión y la absorción *vipassana*.

**1.5 La atención plena dirigida a la máscara de rechazo social.** De niños, muchas de las personas confusas se enfrentaron a escasa presión de socialización, ya fuese porque se les dio mucha libertad sin un modelo, o debido a la indiferencia de los padres con respecto a cualquier entusiasmo que generaran. En los casos en que sus padres han retenido su atención en favor de su propio interés adquisitivo, indiferencia o en algunos casos miedo, el niño, que normalmente tiene una mente rápida, sufre entonces una forma de desamparo impotente por el cual finalizar proyectos o incluso generar una idea completa de su potencial queda limitado en años posteriores. En la etapa adolescente, ya es demasiado tarde y el niño crecerá sin idea alguna de cuáles son sus cualidades reales o de cómo desarrollarlas.

Como resultado, su mente rápida será crítica con todo lo que se encuentre a su alcance. Por un lado, su sensibilidad les dará una visión acertada de los fallos de los demás, pero por el otro, su confusión no dejará espacio para resolver el problema. El nido de la persona confusa con máscara de rechazo social suele consistir en mantenerse en movimiento para evitar cualquier supuesta estimulación negativa, de manera que su nido es un "no-nido" y no tienen nada realmente sustancial en sus vidas.

El mayor problema para estas personas es su dificultad para aceptar cualquier práctica. Captan las ideas rápidamente, pero se resisten a los demás y fácilmente critican y rechazan la idea de una práctica estilizada, ya que prefieren vagar con una cierta comodidad desasosegada en su propio anonimato. Su acertada visión de las faltas de los demás genera una rabia auto-dirigida, a menudo consciente, y una condena de toda la sociedad, lo cual refuerza por completo su distanciamiento de los demás y su impulso de escapar de la civilización.

Así que dentro de la atención plena tradicional, que es la atención a los sentidos estrictamente relacionados con lo que uno está haciendo en el momento, uno nota y nombra (según el diagnóstico de la máscara) la búsqueda de aprobación, la evitación de la desaprobación y cualquier forma de crítica dirigida al aparente "yo", a la práctica o a los demás. Todo esto puede reducirse, pero ninguna restauración de la propia naturaleza auténtica será eficaz sin la terapia contextual y la absorción *vipassana*.

En el raro caso de la máscara de pronóstico, habrá frecuentes interrupciones de pensamientos sobre la eficacia futura de lo que uno está haciendo y una sensación de estar siendo forzado por los demás hacia la situación terapéutica.

**1.6 La identidad dominante dentro de la atención plena.** La tendencia dominante por supuesto también se reafirmará a sí misma durante la atención plena cuando no haya gran presión social a la que ajustarse. Pero emplear la atención plena en tareas no estresantes reducirá la inundación de asociaciones, con la idea de simplemente notar los pensamientos que interrumpen esa atención plena, sin resistirse a ellos. Las sensaciones que agitan la mente deben ser nombradas como sensaciones; si hay emociones, se deben nombrar como emociones; y si hay pensamientos espontáneos, se deben nombrar como pensamientos. Estos nombres (o cualquier otro nombre apropiado) se convierten en corto-circuitos que detienen abruptamente la corriente de pensamientos.

Durante la atención plena a sus tareas diarias (aunque pueden surgir emociones y otros pensamientos) la persona confusa debe ser particularmente consciente de que todas estas manifestaciones negativas son producto de la mente, no son válidas o útiles para una persona dirigida de forma natural, y serán tratadas a su debido tiempo. No hace falta recordar constantemente esta idea a modo de contraataque, sino mantenerla activa como fondo del conjunto de la atención plena.

## 2. LA CLARA COMPRENSIÓN

La clara comprensión se basa en el entendimiento de la *jivitindriya*, que es la Fuerza de la Vida. Es aquí donde los que buscan ayuda tienen una oportunidad de seguir un camino menos disciplinado, entendiendo por supuesto las consecuencias de aceptar el sufrimiento que experimentarán a cambio de un camino más integrado en la vida moderna de cada día, el *samsara* contaminado.

El camino dentro del *samsara* asume las responsabilidades sociales, las costumbres de la sociedad y la educación y requerirá una robusta fuerza de apoyo de alegría, compasión y afecto benevolente al igual que un entendimiento intelectual al menos y una aplicación de la ecuanimidad, ya que la ecuanimidad real requiere una mayor inversión en las prácticas de absorción *vipassana*. Todo esto hace falta, al igual que una gran dedicación al beneficio de los demás con el fin de equilibrar la poderosa fuerza del condicionamiento externo y el impulso negativo interno de la identidad para unirse, ajustarse e integrarse completamente en el sistema social y educativo existente.

Hay dos opciones por tanto:

1. Generar y desarrollar una clara comprensión de los Cuatro Estados Sublimes.
2. Generar y desarrollar una clara comprensión de la vacuidad del complejo de la identidad, los contenidos debilitantes de la memoria y el procesamiento defectuoso.

La clara comprensión no es, como se podría pensar, una operación intelectual en la cual uno aprende sobre el sistema humano y su funcionamiento. Es la exploración guiada de los contenidos de la mente. Es aquí donde se pueden usar los métodos psicológicos tradicionales y humanistas de Rogers, Perls y otros de mente similar, pero deben evitarse las terapias grupales o las típicas terapias de constelaciones familiares.

La última cosa que se requiere es la socialización de la persona mediante una forma de condicionamiento terapéutico o presión social, no importa cuán sutil pueda ser. Al contrario, la clara comprensión solo se puede dirigir en una atmósfera abierta y libre con la idea del descubrimiento natural, en vez del descubrimiento del "yo".

**2.1 La generación de una clara comprensión de los Cuatro Estados Sublimes.** Aquí, la situación terapéutica presentará los atributos de la Fuerza de la Vida y su importancia y desarrollo natural, junto con la terapia contextual tradicional. Mientras que las relaciones contextuales se examinan en la atención plena, la referencia contextual completa se desarrolla en las sesiones de clara comprensión.

Cada máscara responde a las órdenes de la identidad confusa, pero es contextual por naturaleza. El atributo natural y bien oculto de la persona confusa es "la alegría por la alegría de los demás", motivo por el que su inclinación natural es ayudar a los demás en forma de música, artes comunicativas o sanación. Sin embargo, la forma de desarrollar ese atributo naturalmente queda oculta debido a la confusión. La salida, como hemos afirmado, es unirse a la discriminación social o una forma cognitiva de inteligencia.

Lo que hay que desarrollar por tanto es el reajuste de la máscara discriminativa de compasión que está socialmente relacionada y el reajuste del desarrollo defectuoso de una benevolencia cognitiva inteligente y calculada. Ambas están bien enmascaradas, por supuesto, por la identidad ideal. La tarea por tanto es revelar a la persona que usa la máscara discriminativa el afecto benevolente natural y correcto que muestra la locura de la benevolencia falsa y revela la compasión natural y verdadera que reside dentro.

Estos pasos deben ir acompañados no por meditaciones tradicionales sino por contemplaciones guiadas que sean similares a las contemplaciones religiosas tradicionales en la medida en que no sean parecidas a trances, sino en el mejor de los casos la contemplación de un tema espiritual específico. Aquí no nos interesan en absoluto los asuntos espirituales, religiosos o éticos. A la persona que busca asistencia se le guiará sobre cómo concentrarse en la compasión natural y luego percibirá, por comparación, la falsedad de la benevolencia cognitiva o condicionada emocionalmente que experimenta. Esta contemplación le abrirá el camino a relaciones más sinceras y correctas que no estén basadas en rituales sociales o condicionamiento, y permitirá que la dominancia-raíz quede expuesta sin tapujos como confusión.

Hay que dejar claro que no debe haber ningún condicionamiento en absoluto de ideas religiosas o sociales de compasión o benevolencia. La persona que busca asistencia será guiada por el terapeuta o aprenderá por sí misma cómo concentrarse en la compasión y el afecto benevolente hacia los demás, que surgen naturales e iluminadores, libres de control mental y juicio. Hay que entender que este afecto benevolente natural no es el amor al que están acostumbrados, que se genera acompañado de celos, dominio y otros defectos similares.

Todos deben aprender también que el "yo" o la identidad es una ilusión útil y no el amo y señor de la conducta humana.

**2.2 La generación y desarrollo de la clara comprensión de la vacuidad del complejo de la identidad, los contenidos debilitantes de la memoria y el procesamiento defectuoso.** Este es un asalto principal contra la identidad y podría ir acompañado por cualquiera de las terapias centradas en el cliente que son de orientación Gestalt, con una recomendación particular para las terapias de Perls y Rogers, que se deberían dirigir a grupos muy pequeños o preferiblemente a individuos. La psicología del Dharma no considera que estas terapias sean reajustes completos, pero las ve con gran respeto como herramientas importantes para abrir la puerta a la absorción *vipassana* y a la comprensión. Habría que tener cuidado de no caer presa de terapias posteriores que se han adaptado sobre su base, no importa cuán reconfortantes puedan resultar.

En la psicología del Dharma hablamos del camino de las cuatro atenciones plenas, lo que en India se denomina *satipatthana*. Aquí, para la persona confusa, la meditación que se emplea es la de la atención plena al cuerpo y las sensaciones.

**2.2.1 Atención en el cuerpo.** El lugar ideal para las meditaciones de la persona confusa es un entorno natural sin señales de presencia humana… un bosque quizá, pero sin grandes vistas majestuosas. Debe ser un lugar que sea simple y en cierta manera reconfortante, de manera que la persona se sienta como en casa. Si es el lugar donde normalmente se lleva a cabo la terapia, entonces debería ser una habitación simple sin grandes adornos o simbolismo que distraiga.

La persona se sienta cruzando sus piernas, manteniendo su cuerpo erguido y prestando completa atención hacia adelante (ligeramente delante de su frente). Siempre atento inhala, y atento exhala. La posición dependerá de la edad y costumbre de la persona, pero es importante que la columna vertebral esté erguida y la respiración sea relajada, con la barbilla ligeramente hacia atrás.

Los textos antiguos son claros (aquí sustituimos la palabra 'monje' por 'meditador'):

*Al inhalar largo, discierne que está inhalando largo; al exhalar largo, discierne que está exhalando largo. Al inhalar corto, discierne que está inhalando corto; al exhalar corto, discierne que está exhalando corto. Se entrena para inhalar, sensible al cuerpo entero y para exhalar, sensible al cuerpo entero. Se entrena para inhalar, calmando los procesos corporales y para exhalar, calmando los procesos corporales.*

*De la misma manera que un tornero habilidoso o su aprendiz, cuando hace un giro largo, discierne que está haciendo un giro largo, o cuando hace un giro corto discierne que hace un giro corto; de la misma manera el meditador, cuando inhala largo, discierne que está inhalando largo; o al exhalar corto, discierne que está exhalando corto... Se entrena a sí mismo para inhalar, calmando los procesos corporales y para exhalar, calmando los procesos corporales.*

*De esta manera, permanece enfocado internamente sobre el cuerpo en sí, o externamente sobre el cuerpo en sí, o tanto interna como externamente sobre el cuerpo en sí. O permanece enfocado sobre el fenómeno de la originación con respecto al cuerpo, sobre el fenómeno de la desaparición con respecto al cuerpo, o sobre el fenómeno de la originación y la desaparición con respecto al cuerpo. O su atención plena de que "Hay un cuerpo" se mantiene hasta el punto del conocimiento y el recuerdo. Y permanece independiente, no sostenido por (no apegado a) nada en el mundo.*

*Además... de la misma manera que si un saco con aberturas en ambos extremos estuviera lleno de varias clases de granos —trigo, arroz, soja, alubias, semillas de sésamo, arroz integral— y un hombre con una buena vista, al vaciarlo, reflexionara: 'Esto es trigo. Esto es arroz. Esto es soja. Estas son alubias. Estas son semillas de sésamo. Esto es arroz integral', de la misma manera el meditador reflexiona en su cuerpo desde la planta de los pies hacia arriba, desde la coronilla de la cabeza hacia abajo, rodeado por la piel y lleno de varios tipos de clases sucias: 'En este cuerpo hay pelos en la cabeza, vello corporal, uñas, dientes, piel, carne, tendones, huesos, medula ósea, riñones, corazón, hígado, pleura, bazo, pulmones, intestino delgado, intestino grueso, garganta, heces, bilis, flema, pus, sangre, sudor, grasa, lágrimas, sebo de la piel, saliva, mocos, líquido en las articulaciones, orina'.*

*Además (...) de la misma manera que un hábil carnicero o su aprendiz, habiendo matado a una vaca, se sentaría al borde del camino a cortarla en pedazos, el mediador contempla este cuerpo —ya esté de pie o dispuesto de cualquier modo— en términos de sus propiedades.*

*Eso quiere decir que el cuerpo está compuesto de carne, agua, calor y aire.*

Ahora, con el fin de poner en perspectiva el valor de este cuerpo de confort, uno debe considerar el cuerpo en su final como un objeto sin valor, *"un cadáver desechado en un cementerio, muerto un día, dos días, tres días –hinchado, lívido, pudriéndose"*, aplicando eso a su propio cuerpo, considerando con lucidez que *"Tal es su naturaleza, tal es su futuro, tal es su destino inevitable"*.

Si esto se vuelve un simple ejercicio académico, entonces ve más lejos:

*"Imagina un cuerpo desechado en un vertedero, picoteado por los cuervos, buitres y halcones, por perros, hienas, y otras diversas criaturas... un esqueleto manchado de carne y sangre, conectado por tendones... un esqueleto sin carne manchado de sangre, conectado por tendones... un esqueleto sin carne ni sangre, conectado por tendones... huesos separados de sus tendones, esparcidos en todas direcciones –aquí un hueso de la mano, allí un hueso del pie, aquí un hueso de la canilla, allí un hueso del muslo, aquí un hueso de la cadera, allí un hueso de la espalda, aquí una costilla, allí un hueso del pecho, aquí un hueso del hombro, allí un hueso del cuello, aquí una mandíbula, allí un diente, aquí una calavera... los huesos blanqueados, parecidos al color de las conchas, apilados, de más de un año de antigüedad... descompuestos en polvo".*

Aplica esto al cuerpo de confort que crees poseer. Pon el cuerpo en perspectiva, permaneciendo enfocado internamente sobre el cuerpo en sí, o externamente sobre el cuerpo en sí, o tanto interna como externamente sobre el cuerpo en sí.

Si esto te resultara demasiado aterrador, entonces que pon el foco sobre el fenómeno de la originación con respecto al cuerpo y sobre el fenómeno general de la desaparición con respecto al cuerpo, sabiendo que el cuerpo se mantiene solo por la mente, por un conocimiento de ese cuerpo y por lo que está contenido en la memoria en relación con ese cuerpo.

El observador aparente puede permanecer independiente entonces, no sostenido, desapegado de cualquier cosa relacionada con ese cuerpo, y permitir que se haga presente el confort natural respecto a la temperatura y el sustento, sin impedimento de la confusión contaminada.

**2.2.2 Las sensaciones verdaderas dirigidas contra la falsedad de la identidad dominante**. Una tarea posterior en esta meditación es concentrarse en las sensaciones en sí mismas.

*"Cuando experimenta una sensación incómoda, discierne que solo hay una sensación observable de incomodidad como experiencia. Cuando experimenta una sensación agradable, discierne que solo es la experiencia de sensación agradable de confort. Cuando experimenta una sensación ni dolorosa ni agradable, discierne que no hay incomodidad ni confort.*

*"Cuando hay una sensación incómoda o dolorosa de la carne, discierne completamente esa sensación incómoda o dolorosa de la carne. Cuando hay una sensación incómoda o dolorosa no de la carne, sino de la mente,*

*discierne que hay una sensación incómoda o dolorosa no de la carne. Cuando experimenta una sensación agradable de la carne, discierne que es solo una sensación agradable de la carne. Cuando experimenta una sensación agradable no de la carne, discierne que es una sensación agradable no de la carne. Cuando la sensación no es una sensación dolorosa ni agradable de la carne, discierne eso también".*

En otras palabras, uno observa y siente precisamente lo que la mente decide, tanto interna como externamente.

Uno debe permitir un enfoque directo sobre el fenómeno del surgir con respecto a las sensaciones, el fenómeno del desaparecer con respecto a esas mismas sensaciones, o el fenómeno de la originación y la desaparición con respecto a las sensaciones y ver que todas ellas son controladas y compuestas por la mente. De hecho, estas sensaciones se mantienen en la medida que hay un conocimiento condicionado y un recuerdo de ellas. Y así, con práctica constante, uno puede permanecer independiente, no sostenido por el confort de las condiciones del cuerpo (no apegado a él).

Recuerda que son estas meditaciones de contexto guiadas, junto con otros apoyos, lo que abrirá la puerta de manera eficaz a la absorción *vipassana*.

## 3. LA ABSORCIÓN *VIPASSANA*

La absorción *vipassana* es la parte de las prácticas que restaura la necesidad natural de confort verdadero (calor y comida) y afecto visceral (la necesidad de contacto físico que no está relacionada con la identidad) y reduce la fuerza del hábito de lo siguiente:

> ➤ La demanda visceral de confort, que se opone a la necesidad natural
> ➤ Incomodidad y confusión
> ➤ Tensión visceral
> ➤ Duda e incertidumbre
> ➤ Anhelo de escapar y retirarse a otra situación menos exigente

Y en algunos casos, para los que experimentan gran sufrimiento:

> ➤ Indecisión, pesar
> ➤ Repugnancia y desamparo impotente
> ➤ Pasmo

En la *vipassana*, estos son los estados que se revelarán; la absorción hará el resto. En el segundo Apéndice presentamos una breve descripción del método de la absorción.

Este asalto que emplea la *vipassana* es bastante específico y en el fondo bastante simple de entender una vez que se han presentado las instrucciones sobre el método. La práctica se reduce entonces simplemente a aplicarlas con sinceridad, paciencia, tranquilidad, resolución y perseverancia.

# Capítulo 41

## La base discriminativa de todo progreso: cómo disolver la codicia y el enmascaramiento social

Como en el caso del temperamento confuso, en este caso nos centramos en la disolución de la identidad dominante de codicia y el restablecimiento de la discriminación natural, que tiene como objetivo la supervivencia correcta y natural de la tribu o las unidades sociales a las cuales pertenece naturalmente y no de las unidades sociales del condicionamiento. Eso significa que la persona estará realmente dedicada a lo que es correcto para todos los seres humanos, animales, plantas y el ambiente que los sustenta a todos. No es una responsabilidad sino más bien una confianza natural.

Podemos recordar el Antiguo Testamento, donde el Dios hebreo afirma en *Génesis 1:26*: "Hagamos al hombre a nuestra imagen, conforme a nuestra semejanza; y ejerza dominio sobre los peces del mar y sobre las aves del cielo, sobre las bestias, sobre toda la tierra, y sobre cada animal que se arrastra sobre la tierra".

Ahora sabemos que el Antiguo Testamento que tenemos hoy en día no se tradujo de los textos hebreos originales, sino de los textos hebreos masoréticos de los siglos VIII al X d.C. Alrededor del siglo XV, el hebreo original se había perdido completamente, sin textos ni una continuidad perfecta del idioma. Incluso las traducciones previas del hebreo al griego, la llamada *Septuaginta*, se escribieron por etapas entre los siglos III y I a.C. en Alejandría. Así pues, no podemos declarar que el significado del hebreo original sea esto o aquello. Pero si admitimos la idea básica hebrea según la cual Dios era un Dios "justo", entonces tendríamos que ser cuidadosos al hablar del dominio teórico que Él le dio al hombre.

El dominio ciertamente es poder a través de la autoridad legal, que en este caso se supone que es la autoridad legal de un Dios justo. Pero la justicia de la autoridad, ¿asume un dominio según el cual al ser humano se le considera el amo de todas las cosas, o ese dominio se refiere a la justa autoridad de majestad, en la cual los sujetos no son simplemente vasallos a los que gobernar y dominar?

Tenemos una pista sobre el verdadero significado de la palabra "dominio" en el hebreo moderno: *shalat*, una raíz primitiva que significa "dominar o gobernar"; pero si examinamos la palabra *shelet*, derivada de *shalat*, encontramos que significa "escudo". La palabra "dominio" significa por tanto la responsabilidad de escudar o proteger como lo haría un rey justo.

Sin embargo, en las interpretaciones modernas de este texto religioso original parece que el ser humano ha asumido una superioridad que resulta excesiva y desproporcionada con respecto a su lugar real en este planeta. Como tal, su discriminación es egoísta y se centra en su propia versión codiciosa del dominio, mientras que él ha dejado de lado la tarea de supervivencia natural de la correcta protección de toda la vida. A pesar de que el Dharma como ley natural no concede la autoridad de dominio al hombre, sí genera la Fuerza de la Vida, que sirve al mismo fin en beneficio de la supervivencia del ser humano. Esto es lo que se debe despertar en la persona codiciosa.

## LAS MÁSCARAS CODICIOSAS

Sabemos que la codicia no siempre produce satisfacción de la identidad en un mundo codicioso altamente competitivo. La persona codiciosa siempre quiere lo que ve y si los demás tienen algo que ve como apreciado en la sociedad, entonces de una u otra manera lo querrá.

No obstante, si una persona codiciosa se siente baja en el tótem social en cuanto a la seguridad y no se están cumpliendo las demandas de la identidad, el sistema usará otra estrategia para obtener el mismo fin. Es entonces cuando se usarán las máscaras de identidad de la sensibilidad o la inteligencia cognitiva para lograr la satisfacción de los deseos o permitirles mantener lo que han adquirido. Así, nos encontramos casos paradójicos en donde la persona confusa está usando la adquisitividad social y la inteligencia cognitiva para ganar su nido de confort y la persona codiciosa está usando la sensibilidad social y la inteligencia cognitiva para obtener la ansiada seguridad de la adquisición.

El diagnóstico habrá señalado también estas máscaras de la persona codiciosa y es la atención plena y una comprensión de la relación del marco contextual lo que en este caso permitirá que tengan lugar cambios importantes. Esos cambios son sin duda importantes pero, como tenemos que repetir continuamente, aunque una conducta particular, intención o actitud se vea como correcta y natural, eso no quiere decir que se le pueda imponer al otro. Profesamos un enfoque centrado en el cliente que hay que respetar.

No se requiere de una persona codiciosa que renuncie a sus riquezas o posesiones para seguir un camino noble, y ni siquiera lo recomendamos para un camino religioso; es obvio que la psicología moderna tampoco lo recomienda. No obstante, lo que sí recomendamos a la persona codiciosa es contener todas las acciones que sienta de alguna manera que son inapropiadas, cortando la identidad en lugar de inflarla con la absurda idea de que es importante encontrar el "yo".

Por desgracia, eso es exactamente lo que la psicología tradicional hace para todos: incrementar su identidad social y su sentido del "yo" para que puedan asumir una situación imposible, con un pie en el mundo codicioso y otro en el sano y natural. No se puede estar medio-embarazada y tampoco se puede estar mitad dentro y mitad fuera de la libertad.

Mientras que el temperamento confuso debe aprender a soltar el gran deseo y apego a cualquier nido, la persona codiciosa debe aprender a soltar la interminable búsqueda de seguridad que no le hace falta. El problema es este miedo psicológico antinatural de no sentirse seguro. El ataque principal contra la identidad dominante de codicia es saber y entender que tienes una seguridad completa y auténtica y que la inseguridad aparente en este mundo es la de nuestra propia mente, que ha creado niveles de seguridad y demandas que son completamente falsas y que nunca pueden saciarse del todo.

Es cierto que todos viven, trabajan y se relacionan en el mundo consumista y, en el caso de las personas codiciosas, ellos son el motor que impulsa ese mundo. Están condicionados a una sociedad que requiere su total participación y lealtad y promete el fruto contaminado de esa participación. Debe haber una movilidad social ascendente en el trabajo y en las relaciones para que se puedan olvidar de la movilidad social ascendente del crecimiento natural y el desarrollo. Luego, si las cosas no marchan de acuerdo con las expectativas condicionadas, se emplearán las herramientas de la sensibilidad social y la inteligencia social.

Nosotros no despreciamos a la fuerza activa en pro del progreso que ayuda a todas las criaturas vivas y protege al planeta. El problema no es el progreso natural, sino el apego y deseo antinaturales a los potenciales productos del progreso, que han dirigido y siguen orientando el progreso en una dirección equivocada. No hay nada que sea intrínsecamente incorrecto en los teléfonos, los ordenadores, el transporte veloz, la buena comida y otros productos de la mente humana. El problema es el deseo y apego que han dado forma a este mundo que marcha por una senda de destrucción.

La persona codiciosa individual no puede cambiar ese camino, pero puede cambiar su participación en él. Lo que hay que desarrollar es el entendimiento de su camino natural, permitiendo el desarrollo de los atributos naturales que esa persona pueda poseer con respecto a la Fuerza de la Vida altruista. Su interacción con el mundo debe estar basada en la reacción natural de su temperamento positivo de discriminación clara y comprensiva, no basada en la dominación cognitiva como maestro. La cognición es la herramienta, no el amo.

La tarea por tanto es desenmascarar los rasgos positivos del temperamento codicioso como fuerza natural de progreso, ya que son ellos los que deben convertirse en los verdaderos guardianes del mundo. Han de interactuar con el mundo en términos del mundo natural, no en los de su cognición despistada y condicionada.

La máscara que se use dependerá del condicionamiento social de las identidades secundarias y de la situación contextual. Para la persona claramente adaptable y potencialmente discriminativa, la máscara puede alternar entre la condición de trabajo y la condición personal de "familia y amigos", que son bastante diferentes a las máscaras más estables de la persona confusa.

## 1. LA ATENCIÓN PLENA

**1.1 Atención plena dirigida a la máscara social de sensibilidad.** Sabemos que esta máscara social es una imitación condicionada de la sensibilidad correcta y natural, pero ¿a qué nivel se acepta esta sensibilidad en la sociedad moderna? Para la persona codiciosa, eso se vuelve una cuestión subconsciente, no consciente. La identidad ideal consciente se puede hacer cargo de los pequeños ajustes.

Esta máscara usa aspectos positivos de la aparente sensibilidad, ya que dentro de la sociedad es importante parecer una persona sensible. Sin embargo, esa sensibilidad está muy lejos de la emocionalidad que es parte del sufrimiento de la persona codiciosa. La sensibilidad que se requiere es la de saber cómo jugar los juegos sociales y estar aparentemente interesado en los demás de palabra y con algunas obras mientras se sirve a los propios intereses. Uno puede ser un ávido defensor de la compasión falsa y hablar de la alegría por los demás, pero por dentro está la codicia que devora. Pero antes de que esa codicia pueda verse realmente, uno debe quitarse la máscara social de la falsa sensibilidad. Esto se ve, a diferencia de la persona confusa, no en acción sino en palabras. La persona codiciosa habla con la lengua bífida de la sensibilidad, sin ninguna conciencia de que es falsa; ha sido condicionada para creer en su sensibilidad real hacia los demás. En la atención plena estos dos rostros se harán visibles.

Así pues, la atención plena se dirige a la conducta en simples tareas rutinarias y la atención plena y el examen contextual se desarrollan tanto en situaciones de trabajo como en todas las relaciones, desde una amistad a una alianza íntima. Pero la atención plena también debe dirigirse a la simple tarea de emplear las palabras. Las palabras son las herramientas de las personas de codicia, que son muy expertas al usarlas, de manera que la máscara de sensibilidad se orienta a las palabras. Pero recuerda que las palabras no solo se hablan sino que también son los elementos constitutivos del pensamiento, así que la atención plena debe dirigirse también al flujo de pensamientos.

Uno debe detectar cada incidencia de esta sensibilidad y examinarla a fondo para ver su falsedad. Es más fácil de lo que se pueda pensar, ya que la sensibilidad natural de la persona confusa no tiene ninguna meta ni objetivo y ciertamente ningún fruto. Pero cuando la persona codiciosa está empleando la sensibilidad, hay una clara expectativa de ganar algo. Por tanto, si uno siente que la propia sensibilidad está fuera de lugar y no es apreciada, eso es la máscara en funcionamiento; si puedes detectar una recompensa, no importa lo pequeña que sea, esa es la máscara en funcionamiento. Hay que recordar que la máscara social de sensibilidad es manipuladora, lo cual es parte de las herramientas habituales del temperamento codicioso.

Ahora bien, aunque la persona codiciosa presentará las habilidades positivas de sensibilidad social de su propia identidad sensible, esa identidad obviamente poseerá sus propios componentes negativos, entre los que está la confusión; pero esa no es una característica dominante, de modo que la confusión se convertirá en preocupación por si lo percibirán como falso. Ahora bien, recordarás que todo es subliminal, así que parecerá que esta preocupación que no viene de ningún sitio. El éxito en cumplir los cometidos sin errores vendrá acompañado por la preocupación sobre cómo los demás perciben ese éxito.

Como verás, la necesidad de falsa seguridad de la persona codiciosa se ha erigido sobre una carencia del falso amor social que fue condicionado como expectativa y luego retenido mediante varias formas de condena, tanto físicas como mentales. En otras palabras, no sentirse "suficientemente bueno" es la experiencia que acompañará a la máscara sensible. Por eso, la experiencia de una sensación de falta de valía, y todo lo que impulsa a la codicia y la necesidad de máscaras, se hará evidente con la atención plena. Pero recuerda, esto no es una sensación de falta de valía discriminativa, sino más bien una evaluación sensible. No es el miedo al fracaso lo que supone el problema; es la sutil falta de valía lo que amenaza con el fracaso. Es una diferencia sutil pero real.

Podemos decir por tanto que la máscara sensible de la persona codiciosa está dirigida a su valía. La atención plena constante mostrará esa búsqueda de valía y, junto con otras prácticas, se verá que esa búsqueda está controlada y dirigida por la mente a la vez que está vacía de sentido real para el crecimiento y desarrollo de su verdadera naturaleza.

La atención plena en todas las tareas estará vigilante ante la aparición de esa sutil forma de búsqueda en el comportamiento y los pensamientos. Esto ayudará al desarrollo de la práctica de clara comprensión y de la absorción *vipassana*.

**1.2 La atención plena dirigida a la máscara social de inteligencia.** La máscara de inteligencia cognitiva es menos frecuente en la persona codiciosa, no debido a su habilidad sino por oportunidad. Esta oportunidad tiene mucho que ver con la familia y la cultura en la que crecen y se desarrollan y, aunque es menos evidente hoy en día, el condicionamiento en este sentido aún está relacionado con el género.

Debemos recordar una vez más que la máscara social de inteligencia tiene dos dimensiones: inteligencia académica, que es aplaudida pero no aclamada, y la inteligencia del sentido común, que siempre está dirigida a una meta. Si bien el *samsara* social en general aplaude esa cualidad como medio para apoyar su empuje comercial, no debe mostrarse nunca en exceso y el típico juego que consiste en pisar a los de abajo y tirar de los de encima, todo dentro de las reglas sociales, debe esconder bien la codicia por la seguridad que la motiva y mostrarse como sana competencia.

La persona codiciosa, al adoptar su propia máscara inteligente, estará buscando seguridad inteligente y por tanto su visión será a largo plazo, mientras que para la persona confusa, la regla es la promoción del *status quo* y es importante la aprobación de los aparentes superiores. Hay reglas de competencia social que obedecerán, pero habrá gran resentimiento ante cualquier crítica dirigida a su rendimiento o capacidad para cumplir, así como un gran miedo a ser dominados.

Su propio sentido de justicia intelectual será superior, acompañando sus expectativas codiciosas, de modo que harán grandes juicios sobre las personas, aunque no siempre se expresen. Esta inteligencia, junto con las discriminaciones codiciosas, les permite y anima a colocar a la gente y a las situaciones en cajas convenientes y aunque hay cierto nivel de tolerancia hacia los demás que se debe mantener, ese nivel es bajo y se basa en su sentido culturalmente condicionado de lealtad intelectual y elaboración de juicios. Así, la máscara inteligente en las personas codiciosas se percibe mejor a menudo por los juicios que realizan, que incluirán tanto personas como situaciones contextuales.

La atención plena en las tareas complicadas mostrará esos juicios constantes escondidos, no corroborados excepto por la parcialidad que emerge de vez en cuando, y también ayudará al desarrollo de la práctica de la clara comprensión y la absorción *vipassana*.

**1.3 La atención plena dirigida a la máscara de rechazo social.** Para una persona de codicia que de pequeño se enfrentó a escasa presión de socialización, ya fuese porque se le dio mucha libertad sin un modelo o debido a indiferencia de los padres con respecto a cualquier entusiasmo generado por el niño, reteniendo su atención en favor de su propio interés codicioso, su indiferencia o en algunos casos su miedo, el resultado es una máscara de rechazo social. Pero este caso es extremadamente infrecuente, ya que el temperamento codicioso tiene esa misma codicia de los padres como modelo y también el patrón de la sociedad que encaja con esa codicia dominante.

Como ocurre con el temperamento confuso, el niño sufre entonces una forma de desamparo impotente aprendido que lo limita a la hora de terminar proyectos o incluso de generar una idea completa de su potencial en los siguientes años. En la etapa adolescente ya es demasiado tarde y el niño crecerá sin idea alguna de sus cualidades reales o de cómo desarrollarlas. Sin embargo, la codicia lo impulsa hacia adelante, a convertirse en parte de la sociedad consumista y buscadora de seguridad.

Como resultado, será crítico con todo lo que se encuentra a su alcance y la codicia proporcionará una clara discriminación sobre la codicia de los demás, que se ve como estéril e inadecuada. Esto plantea el problema del rechazo de la codicia por un lado y el impulso interno hacia la seguridad que ofrece la codicia personal por otro. La consecuencia es una forma de amargura y una ira reprimida perpetua dirigida contra los demás, que contrasta con la contraparte confusa, que tiene la visión precisa de las faltas de los demás pero genera una rabia auto-dirigida y una condena de toda la sociedad.

Los de temperamento codicioso, como su contraparte confusa, también tienen dificultad en aceptar cualquier práctica. Captan las ideas rápidamente, pero pueden verse atraídos a lo esotérico o a las nuevas terapias que de ninguna manera hacen nada que amenace su frágil auto-imagen. El error que se comete en la psicología normal es tratar de reconstruir esa auto-imagen en lugar de mostrar que cualquier auto-imagen no solo es inexacta, sino un producto de la mente sin utilidad ni relevancia.

Así pues, dentro de la atención plena tradicional, que es la atención a los sentidos estrictamente relacionados con lo que uno está haciendo en el momento, uno nota y nombra, dependiendo del diagnóstico de la máscara, la experiencia de falta de valía, búsqueda de valía, resentimiento por la crítica dirigida al propio "yo" aparente, sentido de apego a los rituales y ceremonias, rabia reprimida, amargura y una frágil auto-imagen. Todas esas experiencias pueden reducirse, pero ninguna restauración de la propia naturaleza auténtica será efectiva sin terapia contextual y absorción *vipassana*.

En el caso infrecuente de la máscara de pronóstico, habrá una constante interrupción de pensamientos sobre la ineficacia futura de lo que uno está haciendo y la sensación de estar atrapado en cualquier situación terapéutica.

**1.4 La identidad dominante dentro de la atención plena.** Por supuesto, la tendencia dominante también se reafirmará durante la atención plena cuando no haya gran presión social a la que ajustarse. Emplear la atención plena como práctica constante en las tareas no estresantes reducirá el diluvio de asociaciones. La idea, como se mencionó anteriormente, es simplemente notar los pensamientos que interrumpen la atención plena, no resistirse a ellos. Estas asociaciones que agitan la mente deben ser nombradas como emociones, no importa si normalmente se las considera positivas o negativas. Si hay sensaciones de incomodidad o dolor, se deben nombrar como sensaciones y si hay pensamientos espontáneos se deben nombrar como pensamientos.

Estos nombres (o cualesquiera otros que sean apropiados) se convierten en cortocircuitos que detienen abruptamente la corriente de pensamientos. Durante la atención plena en sus tareas cotidianas (aunque puedan emerger sensaciones y otros pensamientos), la persona codiciosa debe ser particularmente consciente del hecho de que cualquier cosa que aparezca son meras elaboraciones mentales que serán tratadas en las sesiones terapéuticas meditativas y de absorción.

Ya hemos mencionado la naturaleza y método de esta atención plena en el capítulo anterior.

## 2. LA CLARA COMPRENSIÓN

Repetimos ahora la esencia de la clara comprensión. Se basa en el entendimiento de la *jivitindriya*, que es la Fuerza de la Vida. Aquí, quien quiera puede tomar un camino menos exigente, pero entendiendo con claridad que la mayor liberación se alcanza con el camino más difícil del descubrimiento introspectivo.

El camino que otorga la liberación de los síntomas de la identidad dentro del *samsara*, mientras se asumen todas las responsabilidades y costumbres de la sociedad y se acepta la educación social, requerirá una poderosa fuerza de apoyo de alegría, compasión y afecto benevolente, al igual que un entendimiento intelectual y la aplicación de una ecuanimidad estudiada, ya que la ecuanimidad natural requiere una mayor inversión en las prácticas y en la absorción *vipassana*.

Incluso este camino, que es menos exigente, no es fácil. Debe haber una dedicación muy intensa al beneficio de los demás con el fin de equilibrar la poderosa fuerza del condicionamiento externo y el impulso negativo interno de la identidad a ajustarse e integrarse completamente con el sistema social y educativo. Hay por tanto las mismas dos opciones que en el caso del temperamento confuso:

1. Generar y desarrollar una clara comprensión de los Cuatro Estados Sublimes.
2. Generar y desarrollar una clara comprensión de la vacuidad del complejo de la identidad y los contenidos debilitantes de la memoria y el procesamiento defectuoso.

La clara comprensión no es una conciencia intelectual con la que uno aprende sobre el sistema humano, su operación y cómo comportarse en sociedad. Es la exploración guiada de los contenidos de la mente. Es aquí donde pueden usarse los métodos psicológicos humanísticos tradicionales de Rogers, Perls y otros similares; en cambio, no recomendamos las terapias de grupo o las terapias de constelaciones familiares.

No debe haber socialización de la persona en ninguna forma, ni siquiera sutil, de condicionamiento terapéutico o presión social. La clara comprensión solo se puede dirigir en una atmósfera libre y abierta con la idea de un descubrimiento natural, no un descubrimiento del "yo".

**2.1 Generar la clara comprensión de los Cuatro Estados Sublimes.** Aquí, a la persona en situación terapéutica se le presentarán los atributos de la Fuerza de la Vida y su importancia y desarrollo natural, junto con la terapia contextual tradicional. Mientras que las relaciones contextuales se habrán examinado de manera somera en la atención plena, la referencia contextual completa se desarrolla en las sesiones de clara comprensión.

Cada máscara responde a las órdenes de la identidad codiciosa, pero es contextual por naturaleza. Mientras que el atributo natural pero bien escondido de la persona confusa es la alegría, el del temperamento codicioso es la compasión.

Lo que hay que desarrollar aquí por tanto no es la compasión en sí misma, sino reajustar la máscara sensible que está dirigida socialmente a una falsa alegría de la identidad y reajustar el desarrollo defectuoso de una benevolencia cognitiva inteligente y calculada, diseñadas ambas para reforzar la búsqueda de seguridad de la identidad dominante.

Ambas están bien enmascaradas, por supuesto, por la identidad ideal y la persona piensa que estas respuestas de las máscaras son respuestas verdaderas. La tarea es revelarle a la persona la alegría natural y verdadera que reside dentro, empleando los conceptos sociales de lo que es alegría y lo que no lo es y el afecto benevolente correcto y natural que no es una benevolencia falsa mental o dirigida conscientemente.

Estos enfoques deben ir acompañados, no por meditaciones tradicionales, sino por contemplaciones guiadas. Ahora bien, ha de quedar claro que no debe haber ningún tipo de condicionamiento de ideas religiosas o sociales de sensibilidad ni desarrollo de los llamados "sentimientos" o la benevolencia. El terapeuta guiará a la persona que venga por ayuda o ella debe aprender por sí misma cómo concentrarse en la alegría natural por la alegría de los demás y el afecto benevolente que surge libre de control mental y de juicio. Deben entender que este afecto benevolente natural no es el amor al que están acostumbrados y creen que es correcto y natural, con sus celos, dominio y defectos similares. Deben aprender también que el "yo" o la identidad es simplemente una herramienta y no el amo y señor de la conducta humana.

**2.2 Cualidades mentales dirigidas hacia la identidad codiciosa.** Las dos primeras atenciones plenas van dirigidas a la mente confusa y, aunque todas son beneficiosas para todo el mundo, se acumula un beneficio específico para el temperamento codicioso empleando la meditación sobre las cualidades mentales. Son las palabras de la mente, generadas y elaboradas en la cognición, las que le otorgan a la persona su fuerte atributo de discriminación. Sin embargo, son estas mismas herramientas las que convierten a la identidad en un verdadero y peligroso virus del sistema, no solo para el sistema en sí sino para toda la humanidad, que normalmente responde a los impulsos de las personas discriminativas.

**2.2.1 Enfoque sobre los obstáculos.** En esta meditación, uno debe enfocarse sobre las cualidades mentales en sí mismas en referencia a lo que llamamos los cinco obstáculos, con énfasis en el "deseo sensual" (nada que ver con la sexualidad), la inquietud y la ansiedad, pero también en menor medida en la mala voluntad, el letargo y la duda, si surgen.

Los viejos textos dicen que *"al haber deseo sensual (ansia adquisitiva) presente, uno discierne que 'hay deseo sensual presente'. O, al no haber deseo sensual dentro, uno discierne que 'no hay deseo sensual presente dentro'. Uno discierne cómo hay un surgimiento de un deseo sensual no surgido. Y uno discierne cómo hay un abandono del deseo sensual una vez que ha surgido. Y uno discierne cómo no hay aparición posterior en el futuro del deseo sensual que ha sido abandonado".*

La misma manera de concentración se repite para la inquietud y ansiedad, ya sea una ansiedad sobre un factor desconocido o un miedo a consecuencias que pueden ser conocidas. Como alternativa, en otros momentos uno también debe mantenerse enfocado sobre el fenómeno del surgimiento con respecto a esas cualidades mentales y sobre el de la desaparición de esas cualidades mentales, o sobre el surgimiento y la desaparición casi instantáneos cuando así ocurra.

En esta atención plena es importante permanecer consciente. Como expone el antiguo texto: "Hay cualidades mentales que se mantienen en la medida del conocimiento y el recuerdo". En otras palabras, estas cualidades mentales surgen solo porque han sido evaluadas erróneamente como conocimiento verdadero y han sido introducidas como huellas de la memoria. Uno apreciará gradualmente que es posible permanecer independiente, no sostenido por (no apegado a) nada que haya sido condicionado en el mundo.

**2.2.2 Enfoque sobre las sensaciones, emociones, percepciones, volición y conciencia.** Además, en otros momentos de meditación planificados, la persona puede permanecer enfocada sobre cualidades mentales en sí mismas en referencia al hecho de que las sensaciones, emociones, percepciones, volición y conciencia, contaminados por la presencia aparente del complejo de una identidad real, influyen en los estados mentales. ¿Cómo permanecen enfocados sobre las cualidades mentales en sí mismas en referencia a estas cinco operaciones de apego? Han de examinar el surgimiento y caída de cada experiencia individual de la sensación de la forma, la emoción, la percepción, la volición, (intención) y conciencia de alguna o de todas ellas.

**2.2.3 Las cadenas del apego y el deseo.** Además, uno puede permanecer enfocado sobre cualidades mentales en sí mismas en referencia a los seis sentidos (incluida la mente). ¿Cómo se efectúa esa tarea aparentemente difícil? El secreto reside en ser consciente del momento real del surgimiento de esas cadenas y del mismo momento cuando hay una desaparición de las cadenas del apego y deseo en todos los distintos niveles de operación desde la sensación a la cognición.

Esto no es más difícil que observar atentamente y ser consciente del momento en que surge el apego a un confort, por ejemplo, observando su presencia y viendo el momento preciso en que decae. Claramente no es una tarea difícil si hay práctica constante, pero la determinación y la perseverancia son esenciales. Por tanto uno debe ser paciente y tranquilo.

**2.2.4 Enfocarse sobre el deseo.** Uno debe observar dónde surge el deseo y dónde habita cuando sigue existiendo aparentemente. La persona debe enfocarse y notar que cualquier cosa que sea atrayente y seductora a cualquiera de los sentidos, incluyendo la mente, es donde surge y mientras eso persista, es ahí donde habita.

*"Y cuando surge, ¿dónde surge este deseo? Y cuando habita, ¿dónde habita? Cualquier cosa que sea atrayente y seductora en términos del mundo parece ser la semilla y esa semilla está en la mente (de hecho, en la memoria): es ahí donde, cuando empieza a surgir, surge este deseo. Es ahí donde, cuando empieza a habitar, habita".*

Así pues, se puede apreciar que estas meditaciones son una introspección y observación penetrante sobre lo que está sucediendo en realidad en la mente, que parece estar causando todos los problemas. Los que practiquen diligentemente verán que todos estos fenómenos son generados por la mente, irreales e innecesarios. Eso allana el camino para las prácticas de *vipassana*, junto con los otros ejercicios Gestalt tradicionales de auto-revelación.

**2.2.5 Enfocarse sobre la experiencia del estrés.** Además, debe desarrollarse una meditación tranquila sobre los factores principales de estrés.

Al primer factor de estrés podemos llamarlo el estrés del nacimiento. ¿Es el nacimiento realmente estresante? Sí, lo es. En la medida en que nosotros (el ser humano) hemos conseguido condicionar con éxito una ignorancia de lo que es la verdadera vida y cómo ha de crecer y desarrollarse, el nacimiento y el tiempo que uno vive está ciertamente lleno de estrés innecesario.

Pero ese no es el nacimiento del que estamos hablando aquí; estamos hablando del constante nacimiento de la identidad. Si uno está realmente alerta, puede sentir y experimentar cambios en la formación de los complejos conjuntos de trazas viscerales, emocionales, perceptuales y cognitivas. Es como ser consciente de los cambios sutiles en las actitudes, intenciones y preparación para responder que ocurren. Los principiantes creerán que esto es difícil, pero un buen guía puede afinar pronto su meditación.

El segundo factor de estrés es el estrés de envejecer. Cualquier envejecimiento, decrepitud, encanecerse, arrugarse, declive de fuerzas vitales, experimentar el debilitamiento de las facultades, eso es el estrés de envejecer. Pero incluido en eso debe de estar el miedo al envejecimiento futuro manifestado como ansiedad sobre la condición futura de volverse viejo. Solo debemos observar el gran surgimiento de la cirugía plástica y el exagerado cuidado de la salud para ver el estrés transformado en acción de la identidad.

El tercer factor de estrés es el estrés de la muerte. Podría parecer que los jóvenes no experimentan el estrés de la muerte inminente, pero no es así. Ciertamente cuanto más vieja se vuelve una persona, más consciente es de la muerte, pero toda la vida actual en el mundo civilizado realmente no es tanto una enseñanza sobre cómo se debe vivir sino sobre cómo aprovechar al máximo la vida antes de morir. Así esta urgencia por vivir y adquirir "ahora", antes de que sea demasiado tarde, es el estrés de la muerte. Entonces esta anticipación de fallecer, deshacerse, desaparecer, morir, estar muerto, la finalización del tiempo, la pérdida de sensaciones, emociones, percepciones, volición y conciencia, despojarse del cuerpo, interrupción en la facultad de la vida es el estrés llamado muerte, no solo en uno mismo sino en otros alrededor de nosotros.

El cuarto factor de estrés es el estrés de la pena. ¿Qué es este estrés? Es la propia pena, la tristeza, el sufrimiento por la desgracia, ser tocado por algo doloroso, ese es el estrés de la pena.

El quinto factor de estrés es el lamento. Siempre que se llora, hay aflicción, congoja, duelo, se gime o se lamenta por cualquiera que sufre desgracias, tocado por algo doloroso, ese es el estrés del lamento.

El sexto factor de estrés es el dolor. Cualquier cosa que se experimente como dolor corporal con la identidad adjunta se llama el estrés del dolor.

El séptimo factor de estrés es la aflicción. Cualquier cosa que se experimente como dolor mental, molestia mental, dolor o incomodidad que parece dar vueltas en la mente, buscando alivio sin cesar, ese es el estrés de la aflicción.

El octavo factor de estrés es el estrés de la desesperación. Es la desesperación típica, el abatimiento, la desesperación de cualquiera que sufre una desgracia, tocado por algo doloroso. Ese es el estrés de la desesperación.

El noveno factor de estrés es el estrés de no alcanzar las expectativas, lo que por supuesto incluye el alivio de todos los anteriores.

Todas estas experiencias están relacionados con nuestras sensaciones, emociones, percepciones, intenciones y conciencia. En esta meditación simple hay que enfocarse sobre todos estos tipos de estrés.

Luego, naturalmente, el temperamento codicioso debe meditar tranquilamente sobre el surgimiento del estrés, el deseo que genera incluso más estrés, deleitoso en el momento y que refuerza las expectativas de saciedad para el futuro.

Y a medida que va progresando en estas meditaciones, se debe enfocar sobre el desvanecimiento natural y el cese de ese estrés, el desvanecimiento y cese sin rastro, la renuncia, el abandono, la liberación y el soltar ese mismo deseo.

La persona puede enfocarse y ver dónde, cuándo y cómo eso se ha abandonado. ¿Dónde cesa, cómo cesa? ¿Dónde surge esta experiencia encantadora y seductora en términos mundanos? Se debe enfocar sobre esto y ver dónde habita y también cuándo se desvanece.

## 3. LA ABSORCIÓN *VIPASSANA*

Es la absorción *vipassana* la que restaura la necesidad natural de seguridad auténtica (cobijo y seguridad frente a los depredadores) y el afecto natural (la necesidad de apoyo que no esté relacionado con la identidad) y reduce la fuerza de hábito de lo siguiente:

➢ Demanda emocional de seguridad
➢ Posesividad
➢ Presunción
➢ Celos
➢ Suspicacia
➢ Desconfianza
➢ Deseo
➢ Angustia
➢ Escape
➢ Lamentos con recriminaciones y rabia

Y en algunos casos, para los que experimentan gran sufrimiento:

➢ Desconcierto
➢ Decepción y sentido de futilidad
➢ Odio
➢ Depresión
➢ Miedo

En la *vipassana*, estos son los estados que se revelarán; la absorción conseguirá lo demás. En el segundo Apéndice se presenta una breve descripción del método de la absorción.

Este asalto con la *vipassana* es bastante específico y en realidad bastante simple de entender una vez se han expuesto las instrucciones sobre el método. Entonces la práctica se convierte simplemente en cuestión de aplicarlas con sinceridad, paciencia, tranquilidad, resolución y perseverancia.

# Capítulo 42

# El moribundo Moisés de aversión:
# cómo disolver la aversión y el enmascaramiento social

Al disolver la aversión, nos centramos en la disolución de la identidad dominante y el establecimiento de la inteligencia natural, que tiene como objetivo el liderazgo correcto y natural sin aversión pero capaz de guiar a miembros de un grupo a una solidaridad y unidad con toda la vida y con el ambiente natural.

En su origen, este temperamento era esencial para la supervivencia humana como un líder fuerte y hábil, apoyado por los hombres sabios y los vates. Este Moisés de los viejos tiempos, cuya fuerza condujo a su pueblo, ya no es un temperamento válido o útil en la sociedad moderna. La solidaridad y la unidad verdaderas han sido reemplazadas por un único impulso social de progreso consumista, que es completamente ajeno al ambiente y al temperamento del paladín de la supervivencia.

Nadie hoy en día quiere un Moisés que los conduzca de la globalización social de la mente y cuerpo a una existencia sana y natural. Quieren líderes que les ofrezcan un progreso que masajea su codicia colectiva del Ego y a la vez les dé una sensación de entidad propia y virtud social. Como resultado, este temperamento en su estado natural queda marginado por la sociedad y de hecho ayuda a esa marginación por su fuerte alienación de la globalización ambiental, que no es simplemente el habitual "ecologismo" intelectual. Esta persona rara vez busca ayuda, ya que su orgullo por su propia inteligencia lo lleva a encontrar su propio camino, que es invariablemente gratificante para su intelecto pero es un gran callejón sin salida de orgullo y a menudo de arrogancia intelectual.

## LAS MÁSCARAS AVERSIVAS

Debido a que esta persona tiene un impulso de salvar el mundo (tal como él lo ve) y al mismo tiempo una aversión hacia aquellos que son responsables del caos social y la destrucción de todo lo que considera de valor, se enfrenta a un gran problema. ¿Cómo puede cambiar lo inmutable? Su aversión lo lleva a entrar en el juego mundano de la competición consumista global con una amargura camuflada y una actitud de superioridad que debe mantenerse bajo control. De vez en cuando, se internará en áreas de sensibilidad expresiva, en donde pueda elaborar mundos imaginarios creativos a partir de sus propias ideas. Como es natural, no importa cuánto éxito intelectual tenga o cuán consumado sea en construir su lugar en el *samsara*, su tensión interna será extrema. Sin embargo, su lema siempre es: "Déjame solo; puedo hacerlo por mí mismo", lo que por supuesto lo lleva a hundirse más en su trampa de la identidad.

Sus dos opciones subconscientes son las máscaras de discriminación y de sensibilidad. Habitualmente se le da muy bien cualquier competición, pero cuanto más éxito tenga en su conducta y sus resultados, mayores serán el estrés y la tensión. Así pues, se da una vez más el caso paradójico en el que la inteligencia de la persona aversiva le aporta éxito en un mundo donde él es sin duda alguien que abre caminos de una u otra forma, cosa que lleva a cada uno a entrar más en el pozo donde el péndulo se abate oscilando sobre todos.

El diagnóstico también habrá señalado estas máscaras de la persona aversiva y, una vez más, es la atención plena y un entendimiento de la relación del marco contextual lo que permitirá que se produzcan cambios difíciles pero importantes. De hecho, es la insistencia en su propia interpretación de todas las cosas lo que lo hace caer en el pantano del estancamiento, al igual que la tozudez le lleva a la persona confusa al mismo lugar.

La persona aversiva no va a ceder a menos que se le persuada, y eso requiere de alguien que posea una fuerza intelectual mayor que la suya. Es una situación virtualmente sin posibilidad de victoria para la mayoría de los terapeutas, pero no obstante hay que examinar el camino, en el peor de los casos, en su variante como auto-terapia. La tarea difícil para la persona aversiva es dejar esa inteligencia que tanto aprecia, algo que no puede lograrse hasta que no comprenda del todo la inferioridad de esa inteligencia comparada con la inteligencia natural que es suya, aunque está bien oculta a su vista.

La tarea por tanto es aflorar esa inteligencia positiva no cognitiva, cosa que contará con la ayuda de una cognición domada. No habrá puesto de liderazgo para él, pues Moisés no es más que una leyenda ahora. Estas personas deben interactuar con el mundo en los términos del mundo natural, no los de su cognición errónea y condicionada. La ciencia humanista es su lugar en este mundo.

La máscara que se use dependerá del condicionamiento social de las identidades secundarias y de la situación contextual, y para la persona inteligente en potencia, que es claramente adaptable, la máscara puede variar entre la condición de trabajo y la condición personal de "familia y amigos", cosa que es bastante diferente de las máscaras más estables de la persona confusa.

## 1. LA ATENCIÓN PLENA

**1.1 La atención plena dirigida a la máscara social de sensibilidad.** Sabemos que esta máscara social es una imitación condicionada de la sensibilidad correcta y natural. La sensibilidad de la persona aversiva no está relacionada con el sentido común de la sensibilidad emocional, sino más bien con la estética. Así nunca se le puede acusar de ser sensible hacia los "sentimientos" de los demás; su sensibilidad hacia la naturaleza está en su sitio correcto pero siempre se convierte en lo que se tiene por acción inteligente. La alegría por la alegría de los demás está totalmente ausente ya que es importante el merecimiento, así que ver que otros disfrutan de un éxito que a su juicio no sea merecido les crea un estrés y una frustración considerables.

Para este temperamento, la atención plena también se dirige al comportamiento en las tareas cotidianas simples, y la atención plena y el examen contextual se desarrolla tanto en las situaciones de trabajo como en todas las relaciones, lo que abarca desde las cavilaciones y asociaciones intelectuales hasta cualquier alianza íntima. Pero la atención plena, aunque es consciente de las palabras, no depende de ellas, ya que la operación de la mente aversiva es más abstracta, en el sentido de que la mente salta de un lugar a otro sin conexiones contextuales aparentes.

Uno debe detectar cada incidencia de esta sensibilidad creativa y examinarla profundamente para ver su falsedad. Puede parecer que de verdad representa algo más profundo, pero al inspeccionarla más de cerca su base intelectual quedará expuesta.

La sensibilidad natural de la persona aversiva no tiene propósito ni objetivo y ciertamente ningún fruto y es una aliada íntima de la naturaleza. Pero cuando la persona aversiva está empleando la sensibilidad, hay una clara expectativa, no de retorno en forma de recompensa material sino de un reconocimiento de su superioridad. Si uno siente por tanto que la sensibilidad propia es noble y está más allá del alcance de los demás, eso es la máscara en funcionamiento. Si uno puede detectar frustración por la falta de aclamación, no para el "yo" aparente sino por la tarea realizada, eso es la máscara en funcionamiento. Debemos notar que la persona aversiva nunca siente falta de valía, pero siempre está directamente ligada al comportamiento de su máscara sensible, que siempre debe ser valorada.

La atención plena en todas las tareas estará atenta a la aparición de esa sutil forma de búsqueda de aprobación de la superioridad o el reconocimiento del valor de sus acciones sensibles. Esto ayudará al desarrollo de la práctica de la clara comprensión y la absorción *vipassana*.

**1.2 La atención plena dirigida a la máscara social de discriminación.** La máscara social de discriminación, una imitación condicionada de la discriminación correcta y natural, rara vez se usa o bien resulta poco evidente en la persona aversiva. Esta máscara usa aspectos positivos de la discriminación aparente, desprovista no solo de las llamadas emociones negativas sino de todas las emociones.

En esta configuración, nunca hay demandas de los productos del mundo consumista, pero hay un control de los productos que están a su alcance. Es decir, la propiedad no representa un verdadero dominio o codicia, sino que es un símbolo de poder.

El gran paradigma de la pertenencia social al que se dirigen muchas terapias tradicionales no es apropiado para su temperamento, ya que la cooperación como miembro de la sociedad traiciona la visión de su propia superioridad. Su actividad, si no puede ser un líder, es ser en teoría, a su juicio, la voz disidente de la sociedad; así pues, entra en la sociedad expresando su descontento hacia ella. No se preocupa por la competencia con sus iguales, ya que considera que cualquier fruto que obtenga es una ganancia merecida, de manera que puede ser admirado por un lado pero desagradar intensamente por otro. Rara vez tiene éxito en la sociedad sin dejar un rastro de descontento tras él, simplemente como residuo de su falta de capacidad de integrarse con los demás o de entenderlos de verdad. Su mundo, dentro del mundo de la discriminación, se compone de "deberías", de manera que genera una crítica general extrema hasta el punto de resultar casi deliberadamente desagradable.

Pocos se ajustan a sus expectativas, de manera que debe permanecer por encima de todos y delegar autoridad, lavándose las manos en gran parte sobre los detalles, o bien jugar el juego social de "ser el jefe" hasta el punto en que resulte aceptable. El secreto es ser siempre consciente del disfrute latente en el poder o el mando, que no se alegra por la ganancia material en sí. De todos los que se involucran en la sociedad, su estrés es sin duda el mayor, porque surge de una frustración continua.

**1.3 La atención plena dirigida a la máscara de superioridad.** En este caso, la persona usa su propio temperamento básico, o una parte aceptable del mismo, y lo convierte en su máscara. Para una persona de aversión que de niño se enfrentó a poca socialización, en realidad hay poco trauma y no busca ninguna forma de conformidad social. No obstante, si sus teóricos atributos de inteligencia cognitiva no se reconocen debido a su postura agresiva, entonces no habrá máscara social disponible.

Invariablemente, esta máscara de rechazo social se manifiesta a sí misma en conflicto abierto con uno o ambos padres. No hay ningún intento de escapar de esa posición, como habría ocurrido si se hubiera adoptado una postura codiciosa. Ese conflicto se establece entre las edades de once y quizás dieciséis años y desemboca en un Súper-egoísmo de mente cerrada en el cual los "deberías" sociales son reemplazados por las expectativas propias. Por suerte, este caso es poco frecuente. Pero las máscaras que se adoptan son de confusión (extremadamente improbable) o de avaricia, que no es exactamente lo mismo que la codicia. Mientras que la persona codiciosa busca lo que otra tiene, la persona de aversión está decidida a privar a otros de lo que tienen, sobre la base de que no se lo merecen. Su disfrute social estriba en empujar a otros hacia abajo, no cuando se podría esperar lógicamente este empuje –por ejemplo, siempre que resulte oportuno para ganar movilidad hacia arriba–, sino por autobombo.

Hay expectativas constantes de éxito, que rara vez llega, así que hay una frustración extremadamente fuerte, con un apego casi patológico a su propia identidad. Tan fuerte es este apego que mantendrá las posturas que tome, incluso si son lógicamente insostenibles, como si estuviera en posesión de la verdad absoluta en el asunto del que se trate.

Por supuesto, como toda persona de temperamento aversivo, desea conexión con una tribu, claramente en alguna posición de poder. Eso no puede ocurrir, así que hay un anhelo de compañía, pero también una incapacidad para mantener cualquier relación. Puede haber una tendencia más fuerte de lo normal a dirigir su camino hacia una forma extrema de sadomasoquismo o a un extremismo político que resulte antisocial. Las sectas no lo atraerán, pero las "cuadrillas" sociales podrían permitirle cierta liberación de su frustración.

También podría darse el desarrollo de una arrogancia extrema, una mente cerrada que convierte todo lo que escucha o ve en apoyo de su postura. Todo esto, por supuesto, es completamente subliminal y solo se vuelve evidente en el comportamiento externo.

Así que dentro de la atención plena tradicional, que es atención a los sentidos estrictamente relacionados con lo que uno está haciendo en el momento, uno nota y nombra, dependiendo del diagnóstico de la máscara, las experiencias de las actitudes de superioridad, crítica extrema, postura desagradable, avaricia, mente cerrada o una auto-imagen social altamente defensiva pero frágil. Todo ello se puede reducir, pero ninguna restauración de la propia naturaleza verdadera será efectiva sin la terapia contextual y la absorción *vipassana*.

En el caso infrecuente de la máscara de pronóstico, habrá una interrupción constante de pensamientos sobre la ineficacia futura de lo que uno está haciendo y una sensación de estar atrapado en la situación terapéutica.

**1.4 La identidad dominante dentro de la atención plena.** La tendencia dominante se reafirmará a sí misma, por supuesto, durante la atención plena cuando no haya gran presión social a la que ajustarse. Emplear la atención plena como práctica constante en las tareas no estresantes reducirá el diluvio de asociaciones. La idea, como se mencionó anteriormente, es simplemente notar los pensamientos que interrumpen esa atención plena, no resistirse a ellos. Estas asociaciones que agitan la mente se deben nombrar como pensamientos pasionales, porque generalmente son de gran intensidad, no importa si normalmente se los considera positivos o negativos. Si hay sensaciones de incomodidad o dolor, se deben nombrar como sensaciones, y si hay pensamientos espontáneos se pueden nombrar como pensamientos.

Estos nombres (o cualesquiera otros que sean apropiados) se convierten en cortocircuitos que frenan abruptamente la corriente de pensamientos. Durante la atención plena a sus tareas diarias, aunque también puedan surgir sensaciones y otros pensamientos, la persona aversiva debe ser consciente en particular del hecho de que son meras elaboraciones mentales que se tratarán en las sesiones terapéuticas de meditación y de absorción. Ya hemos mencionado la naturaleza y forma de esta atención plena en un capítulo anterior.

## 2. LA CLARA COMPRENSIÓN

Ahora repetimos la esencia de la clara comprensión. Se basa en el entendimiento de la *jivitindriya*, que es la Fuerza de la Vida. Aquí, quien quiera puede tomar un camino menos exigente, pero con el claro entendimiento de que se obtiene un mayor liberación al seguir el camino más difícil del descubrimiento introspectivo.

La misma dedicación muy intensa al beneficio de los demás es necesaria con el fin de equilibrar la poderosa fuerza de condicionamiento externo y el impulso negativo interno de la identidad de unirse, ajustarse e integrarse completamente con el sistema social y educativo.

Hay por tanto las mismas dos opciones:

1. La generación y desarrollo de una clara comprensión de los Cuatro Estados Sublimes.
2. La generación y desarrollo de una clara comprensión de la vacuidad del complejo de la identidad, los contenidos debilitantes de la memoria y el procesamiento defectuoso.

La clara comprensión no es una conciencia intelectual con la cual uno aprende sobre el sistema humano, su operación y cómo comportarse en la sociedad; es la exploración guiada de los contenidos de la mente. Es aquí donde pueden emplearse los métodos psicológicos humanistas tradicionales de Rogers, Perls y otros similares; en cambio, no se recomiendan la terapia grupal con un grupo grande o la típica terapia de constelaciones familiares. No debe haber socialización de la persona en ninguna forma, ni siquiera sutil, de condicionamiento terapéutico o presión social. La clara comprensión solo se puede dirigir en una atmósfera libre y abierta con la idea de un descubrimiento natural, no un descubrimiento del "yo".

**2.1 Generar la clara comprensión de los Cuatro Estados Sublimes.** Las referencias contextuales más completas para todos los temperamentos se desarrollan en las sesiones de clara comprensión. Cada máscara responde a las órdenes de la identidad aversiva en su contexto. Aunque que el atributo natural pero bien escondido de la persona aversiva es el afecto benevolente, rara vez se expresa y casi no existe en forma de comunicación verbal.

Lo que hay que desarrollar aquí por tanto no es la benevolencia, que es un concepto social noble aunque mundano, sino el afecto interno que produce actitudes, intenciones y acciones benevolentes naturales sin que intervenga la cognición. Lo que hace falta por tanto es un reajuste de la máscara sensible, que está socialmente dirigida a la falsa alegría de la identidad, y un reajuste de la máscara discriminativa, que pretende estar interesada en el beneficio de los demás, al menos intelectualmente. Ambas ocultan el afecto benevolente verdadero y, por supuesto, también esconden la verdad de la benevolencia de la identidad de la persona aversiva, que es calculadora y no se basa en la necesidad sino en el mérito que se atribuye para recibir. Ambos están más enmascarados aún por la identidad ideal, por supuesto, y la persona piensa que esas respuestas enmascaradas son las verdaderas. Este desenmascaramiento debe ir acompañado no por las meditaciones tradicionales sino por contemplaciones guiadas.

Ahora bien, debe quedar claro que no se debe promover ningún tipo de condicionamiento de ideas sociales o religiosas de sensibilidad ni desarrollo de los llamados sentimientos de benevolencia. El terapeuta guiará a la persona que viene en busca de asistencia o ella debe aprender por sí misma cómo concentrarse en la alegría natural por la alegría de los demás y en la compasión natural que surge libre del control mental y el juicio. Deben entender que esta compasión natural viene de la Fuerza de la Vida y no del intelecto, que tiene su propia lista de condiciones y expectativas. Además, deben aprender que el "yo" o la identidad es simplemente una herramienta y no el amo y señor de la conducta humana.

Queda claro por consiguiente que el foco para el confuso es la alegría por la alegría de otros, para el codicioso es la compasión verdadera y para el aversivo es el afecto benevolente. Lo falso solo se revelará cuando se desprendan las máscaras correspondientes mediante la contemplación de los Estados Sublimes.

**2.2 La atención plena para la persona aversiva.** Aquí, en esta tarea de atención plena indicada en textos budistas para la persona aversiva, empleamos la terapia de la atención plena de la mente:

*Cuando la mente tiene pasión, discierne que la mente tiene pasión. Cuando la mente está sin pasión, discierne que la mente está sin pasión. Cuando la mente tiene aversión, discierne que la mente tiene aversión. Cuando la mente está sin aversión, discierne que la mente está sin aversión. Cuando la mente tiene falsa ilusión, discierne que la mente tiene falsa ilusión. Cuando la mente está sin falsa ilusión, discierne que la mente está sin falsa ilusión.*

*"Cuando la mente está restringida, discierne que la mente está restringida. Cuando la mente está dispersa, discierne que la mente está dispersa. Cuando la mente está ampliada, discierne que la mente está ampliada. Cuando la mente no está ampliada, discierne que la mente no está ampliada. Cuando la mente está sobrepasada, discierne que la mente está sobrepasada. Cuando la mente no está sobrepasada, discierne que la mente no está sobrepasada. Cuando la mente está concentrada, discierne que la mente está concentrada. Cuando la mente no está concentrada, discierne que la mente no está concentrada. Cuando la mente está liberada, discierne que la mente está liberada. Cuando la mente no está liberada, discierne que la mente no está liberada.*

En otras palabras, la tarea es observar la mente en sí, no los contenidos de la mente, la operación de la mente, ni cualquier otra cosa relacionada con el juicio. El objetivo es liberar a la persona aversiva de la tiranía de la mente que ha sido condicionada a aceptar el valor de la inteligencia cognitiva que ha experimentado de niño. La "mente" debe verse como una palabra que genera engaño a ese respecto.

Ahora bien, esta es una contemplación difícil de entender para mucha gente, ya que la tarea es captar la mente misma, no las operaciones de la mente ni los contenidos de la mente. El ejercicio de contemplación mira a la mente, sabiendo que existe aparentemente solo por lo que parece hacer. Con práctica, uno puede discernir la originación de la apariencia de la mente en sí misma y su desaparición. Eso es saber que la mente aparece solo porque hay un falso "saber" previo de que la mente existe y que hay huellas de memoria sobre el saber de la mente que mantienen esa ilusión.

Los textos antiguos dicen así:

*De esta manera, permanece enfocado internamente sobre la mente en sí misma, o externamente sobre la mente en sí misma, o tanto interna como externamente en la mente en sí misma. O permanece enfocado sobre el fenómeno de la originación con respecto a la mente, sobre el fenómeno de desaparición con respecto a la mente, o sobre el fenómeno de originación y desaparición con respecto a la mente. O su atención plena de que 'Hay una mente' se mantiene en la medida del conocimiento y el recuerdo. Y permanece independiente, no sostenido por (no apegado a) nada en el mundo.*

Además, ahora ampliamos la tarea, siguiendo con la atención plena comentada antes:

*Cuando la mente está ampliada y lo abarca todo en abstracciones, discierne que la mente está de esa manera. Cuando la mente no está ampliada, discierne que la mente no está de esa manera. Cuando la mente está sobrepasada y desbordada discierne que la mente está de esta manera. Cuando la mente está equilibrada y no sobrepasada, discierne que la mente está de esa manera. Cuando la mente está concentrada, discierne que la mente está concentrada. Cuando la mente no está concentrada, discierne que la mente no está concentrada. Cuando la mente está liberada y libre de actividad, discierne que la mente está de esa manera. Cuando la mente no está liberada, discierne que la mente no está liberada.*

Esta atención plena no es válida si todo se genera con palabras o conceptos. Debe haber un foco más allá de las palabras, que solo se alcanza con práctica.

**2.3 Resumen de las cuatro atenciones plenas.** En la contemplación, las cuatro atenciones plenas permanecen enfocadas sobre:

1. El cuerpo en sí mismo como ardiente, alerta y consciente, permitiendo la disolución del deseo de confort del cuerpo y de todo el sufrimiento y las expectativas con respecto al *samsara* (el mundo).

2. Cada sensación en sí misma como ardiente, alerta y consciente, permitiendo la disolución de todo deseo de satisfacción de las sensaciones y de todo el sufrimiento y las expectativas con respecto al *samsara*.

3. Las cualidades mentales en sí mismas como ardientes, alertas y conscientes, permitiendo la disolución del deseo de satisfacción de las emociones y el sentido erróneo de seguridad que prometen las posesiones (humanas o materiales) pero que no satisfacen, y de todo el sufrimiento y las expectativas con respecto al *samsara*.

4. La mente en sí misma como una aparente entidad existente que es ardiente, alerta y consciente, permitiendo la disolución del deseo de existencia de esta mente.

Esto es muy sutil, porque esa existencia es el principal elemento de la idea de la propia existencia de uno mismo, del sentido erróneo de ser real y de la necesidad de pasión que nunca elimina la frustración, junto con todo el sufrimiento y las expectativas con respecto al *samsara*.

## 3. LA ABSORCIÓN *VIPASSANA*

Es la absorción *vipassana* la que restaura la necesidad natural de pertenencia (apoyo mutuo y supervivencia) y el afecto benevolente natural (la necesidad de apoyo de los demás que no está relacionada con la identidad) y reduce la fuerza del hábito de los siguientes estados:

- ➢ Inquietud
- ➢ Crítica destructiva
- ➢ Avaricia
- ➢ Envidia
- ➢ Pasión impulsiva
- ➢ Frustración
- ➢ Retórica exaltada
- ➢ Remordimientos
- ➢ Perplejidad
- ➢ Desilusión
- ➢ Repulsión
- ➢ Venganza
- ➢ Furia destructora

Estos son los estados que se revelarán en la *vipassana*; la absorción cumplirá el resto. En el segundo Apéndice se presenta una breve descripción del método de la absorción.

Este asalto que emplea la *vipassana* es bastante específico y bastante simple de entender en realidad una vez se presentan las instrucciones sobre el método. Entonces la práctica se convierte en la simple aplicación con sinceridad, paciencia, tranquilidad, resolución y perseverancia.

# Capítulo 43

## Mañana, y mañana, y mañana[1]: el paso mezquino que disuelve la fijación y el enmascaramiento social

La identidad de fijación ha sido la adquisición más reciente en la jerarquía de la identidad, aunque está presente en diversos grados en cada ser humano y, en su estado puro, que es una preparación natural para el futuro con respecto a la supervivencia correcta, está presente en todas las criaturas vivas.

¿Por qué experimenta el ser humano esta fijación mientras que otras criaturas no lo hacen? Se debe a la presencia una vez más de la avanzada organización cortical humana que genera una personificación de los complejos involucrados cuando la cognición entra como amo y no como herramienta.

Esto nos da una pista del problema, ya que la verdad es que si tenemos plena confianza en el sistema natural no necesitamos preocuparnos por el futuro más de lo que deberíamos por el pasado, a menos que el sistema natural envíe esa información a la conciencia para que se le haga caso. Cuando el sistema natural lance una demanda de búsqueda externa de información en relación con el futuro, habría que notarlo y actuar sin generar asociaciones cognitivas de la identidad.

Está claro que eso requiere un entrenamiento cognitivo, ya que no estamos acostumbrados a notar lo que está en la conciencia y tratar su presencia solo como si fuese una herramienta operativa. Por error, inmediatamente lo agarramos con fruición y ponemos en marcha mil asociaciones que tienen poco valor para la operación natural del sistema.

El ser humano es tal que el condicionamiento previo, en particular en esta sociedad moderna, conlleva una gran fijación sobre el estado futuro de la identidad y su lugar en la sociedad consumista. El futuro se convierte en el alfa y el omega de la educación y a cada niño se le condiciona para construir un futuro social adecuado basado en modelos de rol que son perjudiciales.

Con demasiada frecuencia se le plantea al niño la pregunta fatídica: "¿Qué quieres ser de mayor?". Sería un cambio agradable si al niño se le invitara a usar su imaginación para explorar el mundo y generar impulsos naturales hacia la actividad que realmente le atrae a él o a ella sin la presencia del condicionamiento encubierto.

La persona que vive dentro de la sociedad debe aprender a ser consciente de esta característica de "contemplar el futuro", que es debilitante salvo si es una ilusión imaginativa y creativa; pero como su dominio sobre la sociedad es tan fuerte, debemos aceptar su presencia y al menos volvernos conscientes de las

---

[1] Shakespeare, *Otelo*, acto V, escena V.

máscaras sociales que se desarrollan cuando la fijación sobre el futuro se vuelve tan extrema que causa sufrimiento o cuando esa condición genera máscaras para mitigar ese sufrimiento. Cuando esas máscaras aparecen, deberíamos ser siempre conscientes de que tras ellas se encuentra la fijación.

## LAS MÁSCARAS DE LA FIJACIÓN

La fijación no es simplemente una forma de planificación lógica para el futuro, que aunque indeseable es socialmente aceptable, sino una clara preocupación sobre lo que deparará el futuro. En gran parte, vemos que este miedo está estrechamente ligado a lo que ha ocurrido en el pasado. El sistema cognitivo está trabajando con la premisa de que la mejor predicción de lo que sucederá en el futuro es lo que ha sucedido en el pasado, y cuando eso ha sido desagradable e inaceptable para la identidad que se desarrolla en la adolescencia, se establecen las máscaras como defensa social, ya que tal preocupación extrema no es aceptable en el entorno social.

Debido a que esta preocupación normalmente conduce a la activación del impulso adquisitivo con el fin de construir un futuro social seguro frente a la competencia, la máscara discriminativa rara vez se usa como defensa. Eso es así porque la acumulación de aparente seguridad nunca ha saciado la fijación antinatural, así que son las máscaras sensible e inteligente las que se usan para camuflar la indeseada fijación social que la persona podría mostrar de lo contrario y para tratar de ofrecer una solución para la identidad de fijación.

## 1. LA ATENCIÓN PLENA

**1.1 La atención plena dirigida a la máscara social de sensibilidad.** Como hemos afirmado, la máscara social de adquisición, una imitación condicionada de la discriminación correcta y natural, se usa pocas veces o bien resulta poco evidente en la persona con fijación en su conducta. Cuando se desarrolla, los compañeros de esa persona la ven como obsesiva, ya que generalmente engendra una preocupación visible por las consecuencias que resulta agotadora para los demás. En ese caso, se desarrollan máscaras más adecuadas.

El gran problema es que la persona afectada por la fijación realmente se considera a sí misma como sensible, entendiendo este término como susceptible de ser herida, y no asocia la sensibilidad con la conducta dirigida a los demás. Reaccionará por tanto de manera sensible, pero con poca empatía por la sensibilidad de los demás. La sensibilidad será expresiva de alguna forma, generalmente artística –como poesía o en forma de bellas artes–, con el fin de proporcionar un futuro seguro. Con todo, su trabajo no redundará en un sentido de falta de valía propia si no es aclamado sino en un sentido de falta de valía de los demás. Hay por consiguiente una devaluación de la cualidad de la sensibilidad en los demás.

**1.2 La atención plena dirigida a la máscara social de inteligencia cognitiva.** De la misma manera, aquí encontramos una devaluación del entendimiento y la visión futura de los demás cuando la persona se pone la máscara inteligente. Sin embargo, al evaluar estos atributos aparentemente negativos, no se debe caer en la trampa de juzgar que la superioridad está presente; el veredicto no es de superioridad propia sino de inferioridad ajena por lo que a estas cualidades se refiere. El camino elegido en la sociedad debe permitirles gran autonomía sin que haya un superior social siempre presente. Uno puede imaginarse que el personaje de Scrooge de la novela de Dickens encaja a la perfección en esta descripción. Extrañamente, la solución al problema reside en las mismas medidas llevadas a cabo por los espíritus de la Navidad del pasado, presente y futuro, orientadas a abrir el altruismo de la Fuerza de la Vida.

**1.3 La atención plena dirigida a la máscara de superioridad.** Como adolescentes que se enfrentan a escasa socialización, las personas de fijación realmente arrastran muy poco trauma. Tienen iniciativa propia en alto grado, a exclusión de todos los demás, que ven conscientemente como una amenaza. No buscan ningún tipo de conformidad social. Invariablemente esta máscara de rechazo social se manifiesta no en forma de conflicto abierto sino como suspicacia, que en casos extremos se puede transformar en manía persecutoria. Como alternativa, de acuerdo quizá con el temor a la persecución, habrá un claro rechazo hacia los demás, incluso de cualquier ayuda que se ofrezca, y una retirada hacia el aislamiento. La canción de Simon y Garfunkel "Un hombre de lo más peculiar" presenta un ejemplo perfecto de estos atributos:

*Era un hombre de lo más peculiar.*
*Eso es lo que decía la Sra. Riordan, y ella debía de saberlo;*
*Vivía encima de él,*
*decía que era un hombre de lo más peculiar.*

*Era un hombre de lo más peculiar.*
*Vivía solo dentro de una casa*
*Dentro de una habitación, dentro de sí mismo,*
*Un hombre de lo más peculiar.*

*No tenía amigos, apenas hablaba*
*Y nadie, a su vez, le hablaba nunca,*
*Porque no era amistoso y no le importaba*
*Y no era como ellos.*
*¡Oh, no!, era un hombre de lo más peculiar.*

*Murió el sábado pasado.*
*Abrió al gas y se fue a dormir*
*Con las ventanas cerradas para no volver a despertarse*
*A su mundo silencioso y su diminuta habitación;*
*Y la Sra. Riordan dice que tiene un hermano en alguna parte*
*A quien tendrían que comunicárselo pronto.*

*Y toda la gente decía, ¡qué lástima que haya muerto!,*
*Pero, ¿no era un hombre de lo más peculiar?*

**1.4 La identidad dominante dentro de la atención plena.** La tendencia dominante también se reafirmará durante la atención plena cuando no haya gran presión social a la que ajustarse. Emplear la atención plena como práctica constante en tareas no estresantes reducirá el diluvio de asociaciones y la idea, como ya hemos dicho, es simplemente notar los pensamientos que interrumpen esa atención plena, no resistirse a ellos. Estas asociaciones que agitan la mente se verán como un temor a las consecuencias a largo plazo, y así deberían nombrarse.

Hay que recordar que el miedo de estas personas es bastante intenso y que cualquier acercamiento se verá con suspicacia, así que todo trato y programa de acción con ellos debe contener un claro autocontrol. Este temperamento se debe considerar hipersensible y es una tontería etiquetarlos con términos psicológicos peyorativos o considerar el problema como meramente psicológico. La tarea es mostrar claramente la capacidad interna del sistema para generar respuestas correctas con independencia de lo que la cognición pueda pintar como amenazas. La gran preocupación por uno mismo se debe tratar con una explicación muy clara de la función altruista de la Fuerza de la Vida.

## 2. LA CLARA COMPRENSIÓN

Aunque la clara comprensión es de gran importancia para todos los métodos de recuperación antes expuestos, en el caso de la debilidad de la fijación es esencial un profundo y completo entendimiento de la *jivitindriya*, junto con dedicación, determinación y perseverancia en su práctica. Se pueden aplicar las mismas dos opciones:

1. Generar y desarrollar la clara comprensión de los Cuatro Estados Sublimes.
2. Generar y desarrollar la clara comprensión de la vacuidad del complejo de la identidad y de los contenidos debilitantes de la memoria y el procesamiento defectuoso.

Recordamos una vez más que la clara comprensión no es una conciencia intelectual con la que se aprende sobre el sistema humano, su operación y cómo comportarse en la sociedad; es la exploración guiada de los contenidos de la mente. Es aquí donde pueden emplearse y ampliarse los métodos psicológicos tradicionales humanistas de Rogers y Perls y otros de mente similar. La recomendación en contra de la terapia grupal con cualquier grupo grande o la típica terapia de constelaciones familiares debe ampliarse aquí a una clara exclusión para este temperamento.

No debe haber socialización de la persona bajo ninguna forma, ni siquiera sutil, de condicionamiento terapéutico o presión social. La clara comprensión solo se puede dirigir en una atmósfera libre y abierta con la idea de un descubrimiento natural, no un descubrimiento del "yo". Pero veremos que en este caso, no solo debemos liberar a la persona de la opresión del condicionamiento, sino también abrirle el camino por completo a la operación natural de los Estados Sublimes.

**2.1 Generar la clara comprensión de los Cuatro Estados Sublimes.** Aquí introducimos el esquema general del *Digha Nikaya* 13 que se le presentó a una asamblea de monjes durante la época del mismo Buda:

> *Aquí un discípulo mora irradiando en una dirección con su corazón lleno de afecto benevolente, igual que en la segunda, tercera y cuarta dirección; así por encima, debajo y alrededor; mora irradiando al mundo entero en todas partes e igualmente con su corazón lleno de afecto benevolente, abundante, hecho grande, inconmensurable, libre de enemistad y libre de aflicción.*

> *Aquí un discípulo mora irradiando en una dirección con su corazón lleno de compasión, igual que en la segunda, tercera y cuarta dirección; así por encima, debajo y alrededor; mora irradiando al mundo entero en todas partes e igualmente con su corazón lleno de compasión, abundante, hecho grande, inconmensurable, libre de enemistad y libre de aflicción.*

> *Aquí un discípulo mora irradiando en una dirección con su corazón lleno de alegría altruista, igual que en la segunda, tercera y cuarta dirección; así por encima, debajo y alrededor; mora irradiando al mundo entero en todas partes e igualmente con su corazón lleno de alegría altruista, abundante, hecho grande, inconmensurable, libre de enemistad y libre de aflicción.*

> *Aquí un discípulo mora irradiando en una dirección con su corazón lleno de ecuanimidad, igual que en la segunda, tercera y cuarta dirección; así por encima, debajo y alrededor; mora irradiando al mundo entero en todas partes e igualmente con su corazón lleno de ecuanimidad, abundante, hecho grande, inconmensurable, libre de enemistad y libre de aflicción.*

**2.2 Meditación sobre los estados sublimes para la persona de fijación.** Aquí presentamos la relación de los cuatro estados sublimes y cómo se apoyan entre sí.

**2.2.1 El afecto benevolente.** El afecto benevolente ilimitado, que se genera como consecuencia de la preparación para la acción correcta, refuerza las intenciones correctas y así protege de la atrofia a la compasión que las acompaña. Esto lo hace eliminando la posibilidad de prejuicios intencionados y de selección errónea de la identidad que conduce a la limitación selectiva de objetivos.

Este afecto benevolente con imparcialidad genera una ecuanimidad que es desinteresada y alcanza desde el acontecimiento más trivial hasta el que todo lo abarca. Permite la liberación de una pasión natural por la ecuanimidad al eliminar la alegría de la identidad como receptora o donante.

**2.2.2 La compasión verdadera.** La compasión evita la ceguera del afecto benevolente y de la alegría, debida a la fuerza de las experiencias, al entender que son experiencias limitadas en el tiempo y que el sufrimiento es a pesar de todo el trasfondo existente pero innecesario ante al cual se representa el drama humano manchado. Le evita a la persona de fijación y a otros caer en la trampa de la ceguera al estado que, a decir verdad, no se puede mitigar. Evita la complacencia de la identidad auto-satisfecha que suele abarcar la compasión mundana generada mediante el ciego condicionamiento social y religioso.

Esta compasión, ligada a intenciones correctas, amplía la esfera de actitudes correctas, generando una alegría verdadera por la alegría de los demás, sin caer en la trampa de formarse una actitud egoísta de "soy más virtuoso que tú".

La compasión protege a la ecuanimidad contra la indiferencia intelectual, que la inteligencia cognitiva puede generar bajo la máscara de la ecuanimidad. Eso protege contra una retirada intelectual del aprecio de la propia Fuerza de la Vida auténtica.

**2.2.3 La alegría por la alegría de los demás.** Esta alegría, también llamada alegría empática, le evita a la compasión ser una empatía mundana de asociación de la identidad e impide que la abrumadora sensación de sufrimiento mundano se convierta en una pesada carga personal. Detiene todos los pensamientos negativos y la melancolía, al comprender que este sufrimiento quizá nunca sea aliviado para todos los seres humanos y que el tratamiento deplorable que causa tanto dolor a los animales quizá nunca se detenga.

**2.2.4 La ecuanimidad verdadera.** La ecuanimidad es un equilibrio perfecto y sólido de la mente, enraizado en la introspección y en una liberación final, pero debe desarrollarse correctamente en primer lugar a través del entendimiento y las intenciones correctas. La ecuanimidad no es plúmbea, insensible y frígida en su perfección y naturaleza sólida. Su perfección no se debe a un vacío emocional, sino a una plenitud de entendimiento, al estar completa en sí misma. Su naturaleza sólida no es la inmovilidad de una piedra fría e inanimada, sino la manifestación de la máxima fortaleza.

## 3. MEDITACIÓN SOBRE LOS CUATRO ESTADOS SUBLIMES DE LA MENTE PURA

Entendiendo esta interrelación, presentamos esta tarea de atención plena para la persona de fijación empleando la terapia de la atención plena de los Cuatro Estados Sublimes, que evidentemente también es beneficiosa para los demás temperamentos. Cuando hablamos de la mente pura, no nos referimos de ninguna manera a un estado místico o religioso, sino al verdadero potencial de la mente de actuar sin identidad en pro del interés superior de la Fuerza de la Vida. Suelta todos los pensamientos mundanos, y contempla los estados sublimes y sus imitaciones mundanas.

**3.1. El afecto benevolente.** Cuando la mente tiene amor, discierne que la mente tiene amor, pero observa que este amor carece de afecto benevolente y lleva adjuntos el dominio o la posesión. Discierne ese deseo de poseer, sabiendo bien que en último término no hay posesión ni poseedor.

Discierne que este amor cuenta con la presencia del "yo" que ama y desea amor a cambio. Discierne esto como una mera ilusión.

Discierne que tu amor distingue y elige y que ese distinguir y elegir se basa en el condicionamiento mental que escoge lo que es útil, agradable o divertido y rechaza todo lo demás.

Discierne que este amor mundano condiciona los gustos, no-gustos e indiferencia posteriores y desarrolla conflictos de aversión y hostilidad en la volición.

Discierne que el amor no extingue el sufrimiento personal que no pertenece a nadie y que la enfermedad que genera el sufrimiento es una "marginación" universal de la verdadera Fuerza de la Vida, que la reemplaza con la identidad individual.

Discierne que el deseo sexual y sensual, también considerado erróneamente como amor o sexualidad natural, quema, abrasa y tortura, inflige más heridas que las que cura y que es falso y sin valor. Discierne que el deseo se extingue por sí mismo y lo que queda son las brasas que producen poco fuego y solo sufrimiento que busca más calor.

Cuando la mente está sin amor, discierne que la mente está sin amor y que existe una fuerza de afecto benevolente que yace escondida y puede ser liberada.

Discierne ese afecto benevolente, abrazando a todas las criaturas de la tierra e incluso al ambiente que lo sostiene todo con imparcialidad.

Discierne que este afecto benevolente incluye a los que son nuestros enemigos o a los que no consideramos como valiosos. Eso no quiere decir que nuestro sistema natural olvide el daño hecho, pero sí que discierne la semilla de la bondad que puede haber perecido simplemente porque faltaba un afecto verdadero y su odio fue alimentado en un mundo sin comprensión de la Fuerza de la Vida.

Discierne que el afecto benevolente es delicado y suave y se propaga como una luz en todas las direcciones. Discierne que parpadea y cambia las sombras y está listo para dar luz a todos los que están listos para percibirla y recibirla. Discierne que esta luz se proyecta con una frescura reconfortante a los que arden con el fuego del sufrimiento y la pasión, pero que también ofrece una calidez suave a los que tienen necesidad, envueltos en su soledad regida por la mente. Discierne que abre corazones que están vacíos, llenándolos de esperanza y fuerza, y los libera de la desesperación y la depresión.

Discierne que el afecto benevolente es una experiencia noble y natural que está ligada a la conducta correcta y natural.

Cuando se experimenta un verdadero afecto benevolente, discierne entonces el afecto benevolente y detecta que le acompaña al impulso físico sin identidad de acercarse a la persona u otros seres vivos. Aunque sea por un momento, alimenta y desarrolla esa experiencia, tanto física como mentalmente, y guarda esa experiencia, rechazando todo amor mundano, no importa lo condicionado que esté dentro de ti.

**3.2 La compasión.** Cuando la mente tiene compasión, discierne que la mente tiene compasión. Discierne que esta compasión es mundana y controlada por la identidad.

Discierne que sufres y que ese sufrimiento no te pertenece, porque todos sufren igualmente hasta que se han liberado. Discierne que aún estás ciego a la mayoría de tu sufrimiento. Discierne que tu propio dolor y desesperación cuando te das cuenta te ciegan al sufrimiento tanto sutil como profundo de los demás.

Discierne que este sufrimiento es egoísta y que tu auto-compasión no vale.

Cuando la mente está sin compasión, discierne que la mente está sin compasión y que detrás hay una verdadera compasión que es desinteresada. Discierne que la compasión verdadera no es un condicionamiento dominado por la mente y que puede liberar al mundo, llevándose las cargas personales que ponemos sobre nuestros propios hombros.

Discierne que la compasión verdadera por los demás te prepara para cualquier sufrimiento creado por tu propia mente.

Discierne que la compasión verdadera no te ata al sufrimiento, sino que te libera de él.

Discierne que en la compasión verdadera no hay lástima o conmiseración, ya que eso es identidad, pero sí hay un verdadero entendimiento con una serenidad inalterable y que no es un remedio sino un estado natural.

Cuando la compasión verdadera sin pizca de identidad se manifiesta, no confundida por el amor o los pensamientos mundanos, aprecia esa compasión aunque sea una simple gota, aliméntala y desarróllala, rechazando toda compasión que sea mundana.

**3.3 La alegría.** Cuando la mente tiene alegría, discierne que la mente tiene alegría. Discierne que tu alegría es pequeña comparada con tu sufrimiento.

Discierne que se experimenta poca alegría en comparación con la felicidad falsa y que esta felicidad falsa conlleva sufrimiento.

Discierne que es tu propia auto-imagen la que impide la alegría verdadera por los demás.

Cuando la mente se encuentra sin alegría, discierne que se encuentra sin alegría, pero que existe una alegría lista para liberarla por la alegría de los demás.

Discierne que la alegría por los demás despierta actitudes nobles y correctas que pueden llevar a intenciones y acciones correctas y naturales a niveles más allá que los propios de las motivaciones condicionadas.

Discierne que esta alegría tiene el potencial de perpetuarse a sí misma y crecer de manera que esté presente en cada minuto de vigilia en forma de bienestar.

Discierne que esta alegría puede convertirse en un faro, un ejemplo a seguir para otros.

Cuando la alegría que está libre de identidad se experimenta sin la mente, discierne esta alegría, aliméntala y desarróllala, rechazando todas las que sean falsas.

**3.4 La ecuanimidad.** Cuando la mente está restringida por la indiferencia intelectual, discierne que la mente está restringida por esa indiferencia.

Discierne al observar la mente pura (lo mejor que puedas) que es difícil lograr y mantener un equilibrio de la mente.

Discierne cómo se mueve entre contrastes: el ascenso y caída de las sensaciones y las emociones, el éxito y el fracaso, el sufrimiento y la falsa felicidad, la gloria, la deshonra y la culpa. Discierne cómo tu mente reacciona a todos estos y otros elementos de contraste. Discierne cómo respondes a esta falsa felicidad que buscas tan insistentemente y, por el otro lado, cómo reaccionas a la pena, el disfrute y la desesperación, a la decepción y la satisfacción, a la esperanza y el miedo. Discierne que vives en un mundo de perpetuo flujo y reflujo en el que todo es incierto y está desequilibrado.

Discierne que la ecuanimidad despierta una presencia vigilante de mente, no la palidez de la indiferencia intelectual.

Discierne que la ecuanimidad no tiene un "yo" y que, al estar libre del "yo", tiene el poder de aportar equilibrio y armonía a tu aparente existencia.

Discierne que la ecuanimidad tiene el poder de ser un estado de ánimo inconmovible.

Observa que la mente está dispersa detrás de esa indiferencia y que la dispersión de la mente enmascara una ecuanimidad verdadera que está disponible. Cuando se libera un grano de ecuanimidad, observa que es verdadera y no es una indiferencia controlada por la mente; discierne esa ecuanimidad, alimenta y desarrolla esa ecuanimidad.

**3.5 Comentario general.** En otras palabras, la tarea es observar la operación de los elementos emergentes del amor falso, la alegría falsa, la compasión falsa y la indiferencia intelectual. Hay que notarlos y ver que están controlados y dirigidos por la identidad para permitir que afloren los Estados Sublimes naturales, al igual que la lluvia suave cae sobre el suelo fértil que espera debajo. Que se vea la mente como un fraude generador de palabras que, en el mejor de los casos, es una herramienta de la Fuerza de la Vida y no su amo, y que la identidad que está detrás de esa fuerza dominante está vacía.

El ejercicio de contemplación también observa la mente, sabiendo que existe en apariencia solo por lo que parece hacer. Con la práctica, uno puede discernir la originación de la apariencia de la mente y su desaparición. Aquí, en este ejercicio, a la persona de fijación o a los que realizan el ejercicio sin fijación se les requiere que extraigan algo de la mente que pueda convertirse mediante una cognición sana en algo inmediato y positivo para la existencia humana.

Discierne que hay una mente con aparentes experiencias que la propia mente genera. Observa que se las mantiene en la medida del conocimiento y el recuerdo y que uno puede permanecer independiente, no sostenido por (no apegado a) ninguna de estas experiencias, pero aun así usarlas en beneficio de la Fuerza de la Vida.

# 4. LA ABSORCIÓN *VIPASSANA*

Es la absorción *vipassana* la que restaura la necesidad natural de confiar en la propia naturaleza auténtica (para mantener la supervivencia futura) y en la Fuerza de la Vida natural (la necesidad, no relacionada con la identidad, de usar las propias habilidades en apoyo de los demás) y reduce la fuerza del hábito de lo siguiente:

> ➤ Agitación mental sobre-estimulada
> ➤ Fijación
> ➤ Burla
> ➤ Desprecio
> ➤ Desesperación
> ➤ Conducta anti-social
> ➤ Aislamiento compulsivo
> ➤ Justificación defensiva y acusación
> ➤ Resentimiento y denegación del perdón
> ➤ Ofuscación
> ➤ Amargura y cerrazón
> ➤ Furia fría
> ➤ Rencor
> ➤ Paranoia

Estos son los estados que se revelarán en la *vipassana*; la absorción hará el resto. En el Apéndice II presentamos una breve descripción del método de absorción.

Este asalto con la *vipassana* es bastante específico y bastante simple de entender en realidad una vez se han expuesto las instrucciones sobre el método. Entonces la práctica se convierte simplemente en cuestión de aplicarlas con sinceridad, paciencia, tranquilidad, resolución y perseverancia.

La tarea por tanto es desenmascarar este impulso obsesivo por procurarse un futuro seguro, que no se debe confundir con el impulso de la persona codiciosa de obtener seguridad a corto o largo plazo.

La máscara que se use dependerá del condicionamiento social de las identidades secundarias. La situación contextual del enmascaramiento para la persona de fijación es mucho más superficial y más transparente que la de los demás temperamentos, de modo que la máscara es menos propensa a cambiar entre la condición de trabajo y la condición personal de "familia y amigos", que rara vez encontramos, dada la tendencia al aislamiento de las personas del temperamento de fijación.

## 5. NOTA GENERAL SOBRE LAS SUTILEZAS DE LAS PRÁCTICAS

Ahora que hemos completado la exposición de las meditaciones preparatorias, observemos más de cerca el discernimiento durante las prácticas y la inducción que se lleva a cabo automáticamente.

**5.1 La purificación de la visión: el conocimiento analítico del cuerpo y la mente.** A medida que la práctica continúe, el practicante llegará a entender el funcionamiento de su complejo cuerpo/mente de manera analítica. Habrá una percatación completa de los detalles de cada elemento dentro de un movimiento. Habrá una comprensión de que si bien hay una cadena natural dentro de cada movimiento aparente, esa cadena está compuesta de instantes en los que están teniendo lugar cambios casi imperceptibles. Este conocimiento analítico, si procede del razonamiento, no tiene ningún valor en absoluto; debe surgir como consecuencia directa de la observación y la experiencia resultante de esa observación. Esto es lo que llamamos una experiencia directa; no es una operación del raciocinio.

De esta manera, cuando examinamos la estimulación procedente de fuentes externas, la base del sentido se puede discernir y separar del objeto visual, de la sensación de ese objeto, de la discriminación de ese objeto, de la percepción de ese objeto y de su cognición y conciencia. De manera similar, se puede ver la contaminación a manos de la identidad en los impedimentos viscerales, las emociones, la cosificación de la identidad y las elaboraciones de la cognición, que lo convierten todo en una masa de sufrimiento.

Todos los factores útiles se distinguirán; y, sin embargo, se sabrá que no hay más que un solo proceso. Las otras modalidades también se observarán de esta manera y, con el tiempo, aunque tarde más en alcanzar la madurez, el proceso mismo de pensar será observado de la misma manera, sin la presencia de un observador.

Este conocimiento, que se despliega como consecuencia natural del proceso de la preparación para observar el cuerpo, las sensaciones, el contenido mental y la mente, se llama el "conocimiento analítico del cuerpo y mente".

Al madurar esta preparación, el practicante habrá entendido por experiencia directa que no hay un "yo" que exista aparte de la observación de los procesos.

**5.2 La purificación posterior de la conciencia: el conocimiento de la condicionalidad mediante el discernimiento.** Cuando la purificación de la visión haya alcanzado la madurez, también se volverán evidentes las condiciones necesarias para los procesos corporales y mentales observados. La conciencia que es la condición que acompaña a la preparación para responder a cualquier proceso corporal será evidente. ¿Cómo? Por ejemplo, con cada movimiento integrado de sentarse, caminar, etc., la conciencia parece estar al mando, aportando la intención de realizar esos movimientos particulares.

Sin embargo, la conciencia en su estado puro realmente no está dando órdenes; simplemente está realizando su función como mecanismo de retroalimentación. En cualquier caso, el practicante notará la conciencia de la preparación para actuar antes de que se lleve a cabo la acción real. Sí, incluso ese intervalo de tiempo se puede determinar. Así, a través de la experiencia directa, la conciencia se convierte en una experiencia pre-condicionada de movimiento. Esto te ayudará a verificar que la conciencia no es tu identidad.

El conocimiento de la verdadera función de la conciencia a través de la experiencia directa permite soltar las asociaciones ligadas a la identidad y a la conciencia de ser. Sin embargo, si la verdadera función de la conciencia no se percibe con la preparación de la atención plena, entonces surgirá una conciencia que se desviará de su función natural. Los pensamientos descarriados quedarán sueltos y aparecerán la confusión, la codicia, la aversión y la fijación, junto con el control de la identidad.

El proceso de la experiencia directa antes mencionado también ofrecerá los mismos resultados con las demás modalidades sensoriales del olfato, el oído, el tacto y el gusto, e incluso, con algo más de práctica, con el sentido del pensar mismo. Ciertamente, incluso el pensar se puede verificar como proceso y con el tiempo se puede separar de la identidad. A esto se le llama la "cognición de la puerta mental".

Es posible que el practicante experimente con cierta frecuencia diversos dolores y una incomodidad extrema. Mientras lo nota sin ninguna preocupación y, si es posible, sin establecer asociaciones, en cualquier otra parte surgirá otro dolor o sensación similar. El practicante debería seguir cada experiencia, sin quedarse en las antiguas para que las asociaciones no se filtren desde la memoria. Al hacerlo, notará que hay un claro surgimiento de cada experiencia nueva, pero que la desaparición de las antiguas no se nota.

A veces, también surgirán impresiones mentales de muchos tipos y de manera similar serán seguidas por otras impresiones mentales o imágenes. Haz lo mismo; deja las antiguas y sigue las nuevas sin apegarte a las antiguas. Lo que se discierne es que hay un continuo surgimiento, pero que mediante esta experiencia directa no se puede detectar ninguna desaparición. Ahora estará clara la afirmación de que "la conciencia surge en concordancia con cada objeto que se presenta. Si hay un objeto, surge la conciencia; si no hay objeto, no surge la conciencia".

Inmediatamente después de la sesión o entre impresiones, mediante el uso de la inferencia, la persona entenderá con clara comprensión que "es debido a la presencia de causas y condiciones como la ignorancia, las sensaciones, las emociones, las percepciones que toman por reales los fenómenos, el deseo, el apego y el devenir de la identidad, cuyo surgimiento repetido se percibe, por lo que el cuerpo-y-mente persiste".

A este discernimiento a través de la experiencia directa y a través de esa inferencia se le describe como el "conocimiento del discernimiento condicional".

Por añadidura, la inducción muestra que, aparte de estas experiencias, no hay un observador o dueño de las acciones; solo hay observación. No hay nadie que experimente nada en absoluto, ya sea un fenómeno físico aparente o una experiencia mental. A eso se le llama "la purificación de la conciencia a través de la preparación de la introspección (*insight*)".

**5.3 El conocimiento con comprensión de la impermanencia.** Cuando la purificación de la conciencia mediante la práctica preliminar haya alcanzado la madurez, el meditador discernirá nítidamente el comienzo, desarrollo e incluso el final, aunque no el momento o modo de acabar en sí, de cualquier experiencia que note. Entonces, como en el caso de todos los fenómenos que se disciernen, se notará que solo una vez que ha cesado la experiencia momentánea surge una experiencia subsiguiente como consecuencia del proceso.

Otra cosa más resultará evidente. Cuando estas experiencias corporales y sensaciones aparentemente independientes encadenadas entre sí se hayan notado repetidamente a medida que surgen y luego cesan, esas experiencias se detendrán. De la misma manera, cuando haya experiencias de impresiones o imágenes aparentes y, después de muchas repeticiones, se haya observado cómo surgen y luego cesan, también desaparecerán. Otras podrán surgir pero las que estén presentes en el momento de ser percibidas repetidamente se desvanecerán simplemente sin más repeticiones. Se volverán cada vez más pequeñas y poco a poco se discernirán con menos impacto y fuerza.

Entonces quedará claro por experiencia directa e inducción que nada de lo que la mente genera es permanente y duradero en realidad, no importa cuánto insista la identidad en que lo es. Nada se puede desear con éxito ni ser objeto de apego; nada está libre de disolución. Al inducir esto, el practicante conocerá la impermanencia mediante experiencia directa, lo que confirmará cualquier entendimiento intelectual que pueda haber tenido y reducirá ese entendimiento a un mero entramado de apoyo sin verdad en sí mismo.

Al tiempo que se notan estas cosas, quedará claro que el sufrimiento procede de la presencia del deseo de permanencia y la presencia de una identidad observadora. El practicante discierne el sufrimiento asociado con esta presencia y la libertad de ese sufrimiento cuando cesa. Se ve que todos los fenómenos, tanto los aparentemente materiales como los mentales, son impersonales y carecen de un observador adjunto, y que el aparente sufrimiento adjunto está vacío, sin ninguna posibilidad de que haya un sufridor o ni siquiera un "yo" que encuentre su antítesis, que es la felicidad falsa.

Esta comprensión de todos los fenómenos como impermanentes, unidos al sufrimiento y sin un "yo", los entiende como algo adherido a las ilusiones del pasado, el presente y el futuro y que carece de valor.

Este conocimiento obtenido mediante la experiencia directa se llama el "conocimiento mediante la comprensión a través de la experiencia directa". Todos los seres humanos se ven como víctimas de esta delusión y el sufrimiento universal se vuelve evidente, encadenado a identidades imaginarias inducidas por la mente, que aceptan la separación y la convicción de que son reales. A eso se le llama el "conocimiento de la comprensión por inferencia".

A este conocimiento obtenido a través de la experiencia directa y la inducción, sin el uso de la razón o la inteligencia cognitiva, se le llama "los tres sellos" y forma la fuerte base de lo que se llama "acceso". Con frecuencia se le llama *vipassana*, pero en realidad es una preparación para el poderoso avance posterior hacia la meditación *vipassana* completa.

# Capítulo 44

# La meditación de visión interna (*vipassana*)

Durante la primera parte de las prácticas metódicas, en la medida en que la mente del meditador no está aun completamente purificada, surgirá una masa de pensamientos aparentemente incontrolables a través de asociaciones. Estas cadenas de pensamientos no bienvenidos en la conciencia aparecerán intermitentemente entre los pensamientos más dirigidos de notar el cuerpo, las sensaciones, los contenidos de la mente y la mente misma.

Estos pensamientos no son tan instantáneos en realidad como pudiera parecer. La razón por la que surgen es en parte por hábito. Como la práctica es nueva, la concentración de la mente todavía está poco desarrollada y por tanto naturalmente habrá continuos obstáculos. A medida que la práctica se desarrolla, sin embargo, el proceso de "notar" se establecerá de manera más firme.

Todos los movimientos del abdomen al respirar, la expansión del pecho, y los movimientos de sentarse, ponerse de pie, inclinarse y estirarse se notarán. Este darse cuenta, cuando está completamente desarrollado, se ha descrito como "caer sobre el aparente objeto de atención y golpearlo, como una cadena continua de confrontaciones". Lo mismo ocurrirá con respecto a todos los sentidos, tanto si el objeto se obtiene internamente como pensamiento espontáneo de la memoria o incluso si surge a raíz de la estimulación externa.

Poco a poco, la mente conseguirá "darse cuenta" sin distracciones y sin interrupciones. Cuando surjan, se detectarán inmediatamente antes de que se asienten y se descartarán con bastante celeridad tras su surgimiento.

La mente se cerrará automáticamente y se fijará sobre el objeto, ya sea el cuerpo, las sensaciones, las emociones o las voliciones, y habrá ese flujo constante de darse cuenta que llamamos "observar sin la presencia de un observador". Este es el primer paso y el más importante para la purificación final de la mente. Este acceso a la absorción también se experimenta en el acceso a la concentración *samatha*. Aparecerá por momentos y luego parecerá desvanecerse, solo para regresar de nuevo, pero esta vez comenzará a aliviarse la oposición de pensamientos agitados que interrumpen. Cuando esa libertad ocurra de forma consistente y se vuelva un flujo constante sin surgimiento ni caída, ese es el estado en el que se logra la absorción.

Podemos considerar por tanto que las experiencias momentáneas son un acceso a la absorción y que el flujo continuo es la absorción misma. La meditación de visión interna, a diferencia de la preparación que hemos visto en sus modos específicos, en realidad procede sin que exista un objeto de contemplación. Es, a todos los efectos, una contemplación penetrante libre.

El proceso es el siguiente. Primero debes calmar la mente estableciendo el estado de conciencia de fondo total y no específica sin concentración de ningún tipo, apartando cualquier objetivo de contemplación. Desde el estado en el que se genera la totalidad de la experiencia, observa el flujo espontáneo de imágenes mentales, junto con todas las sensaciones, emociones, percepciones y cogniciones que surgen conscientemente.

Nota que este proceso es diferente de los procesos previos en los que se ejercía el control de la corriente asociativa de la conciencia para evitar la agitación de la mente. Ahora la corriente se habrá reducido, de manera que podemos permitir la libre asociación dentro de ciertos límites.

Nota cualquier estado de aversión, emoción o sensación visceral asociada con estas impresiones sensoriales y contempla cualquier incertidumbre, fascinación, alegría, inquietud o incluso la aparente existencia de tranquilidad que pueda surgir en torno a ellos. Cuando la claridad de estas experiencias disminuya o comience una agitada cadena de asociaciones, regresa una vez más a la conciencia de fondo total no específica, notando el surgimiento y la caída de la respiración hasta que se haya restituido la estabilidad una vez más.

Como alternativa, si comienzas a sentirte abrumado por las impresiones sensoriales de la memoria, vuelve a darte cuenta del surgimiento y la caída de la respiración y luego suelta esa concentración una vez más cuando recuperes una sensación de estabilidad.

Permite la conciencia del cambio constante de las impresiones y de las cadenas de comienzo y fin de las impresiones sin una corriente elaborada de asociaciones. Nota claramente el movimiento constante de los contenidos de la conciencia.

Permite la conciencia de una experiencia persistente de insatisfacción que no es exactamente sufrimiento, pero es sin duda la operación del mantenimiento homeostático que se resiste a la actividad innecesaria. Esa insatisfacción aparente pero no real es la base de todo sufrimiento, pero solo la mente cognitiva la ve como insatisfacción. Es similar a nuestra reacción al dolor auténtico, que se experimenta y percibe como algo indeseable pero es simplemente la señal de un estado inapropiado. En el caso del dolor, es un estado físico; en el caso de la insatisfacción, es mental.

Permite ese constante surgimiento y desaparición de las experiencias sin resistencia y, a medida que esas experiencias de estados de ánimo se vuelvan familiares, se verá con claridad que son impermanentes. Además, habrá una impresión nítida de la disociación del aparente "yo" de ellas, ya que esas experiencias no pertenecen a una identidad. No son tuyas, como no lo es cualquier impresión de sufrimiento generada por la mente.

Permite este desvanecerse y la consiguiente impresión de una extensión espaciosa y expansiva de la mente que parece bastante vacía. No te sobresaltes ni consternes, porque esto es simplemente la mente entrando sin agitación más cerca de su estado natural. Luego se puede examinar y se notará que no había ninguna característica personal en ninguna de estas experiencias. De hecho, lo que había era observación sin la presencia de un observador.

Se verá fácilmente que esta cualidad no apegada corresponde a todos los fenómenos de la mente, ya parezcan físicos o mentales. No tiene relación con las experiencias de desagrado, agrado o indiferencia generadas por la mente, o con cualquiera de las elaboraciones de la volición que conducen a experiencias de gran agitación.

Además, con la completa trascendencia de la dimensión de la nada, ha quedado registrado que los discípulos de Buda, que refinaron esta *vipassana* partiendo de antiguas tradiciones de la India, eran capaces de entrar y permanecer en la dimensión de "ni percepción ni no-percepción". Ese es precisamente el estado que queremos establecer.

¿Qué es ese estado que suena tan esotérico? Es simplemente un estado en el que las impresiones sensoriales dominan sin la discriminación de las palabras, que es el acto de nombrar las formas. A lo que el practicante está apuntando aquí es a una diferenciación de las formas que emergen sin nombrarlas.

No pretendemos que esto sea fácil, ya que no puede lograrse con control mental. Uno debe desprenderse de la discriminación y permitir que fluyan las imágenes de los sentidos (sensaciones crudas, emociones, formas no discriminadas y elaboraciones volitivas resultantes).

Cuando el practicante emerge con atención plena del logro de la "ni percepción ni no-percepción", discierne, sin evaluación cognitiva, las cualidades pasadas que han cesado y cambiado y que ahora fluyen desde la memoria. Desarrolla la experiencia no elaborada según la cual "estas cualidades, sin haber sido reales, han entrado en juego y, una vez lo han hecho, se desvanecen".

Con respecto a esas cualidades, surgirá un estado en el que el practicante las experimentará y se volverá independiente de ellas. Este desprendimiento surgirá a través de la mera observación sin presencia de un observador. Habrá una experiencia de liberación y disociación de cualquier identidad previa generada por la mente, al igual que una liberación de las cargas personales. Esta experiencia estará acompañada de un bienestar presente y por el conocimiento de que aún hay un camino más allá que está abierto. Al no sentirse restringido por el miedo, el practicante no se resistirá a ese flujo que lo lleva hacia adelante.

Nos encontramos observando por tanto la libre evaluación de sensaciones pasadas a medida que surgen en la conciencia desde la memoria. Sean lo que sean, se les permite fluir por sí mismas, sin evocar ninguna asociación relacionada con ellas. Si surgen tales asociaciones, deben discernirse como acontecimientos independientes.

Además, con práctica constante, dedicación, paciencia, calma, determinación y perseverancia que no están mentalmente dirigidas, la continua trascendencia de la dimensión de "ni percepción ni no-percepción" se notará y habría que alimentarla.

Tras esto, el practicante notará el cese de las trazas emocionales conectadas con las impresiones sensoriales; eso es el cese de la emoción y la percepción. Al verlo con discernimiento, sus cargas se verán reducidas y acabarán por desaparecer. Al emerger desde la absorción, determinará con claridad que las cualidades pasadas han cesado o cambiado y que, debido a una creencia solemne en la identidad, en el pasado se convirtió a sí mismo en esclavo de recuerdos que no tenían sustancia. Se caerá en la cuenta de que cualidades que nunca fueron reales para empezar entran en juego al inicio y luego regresan a la mente una vez más, dentro de la memoria y separadas de su uso natural como herramientas. Entonces el practicante verá y permanecerá sin repulsión ni atracción hacia estas trazas de la memoria que aparecen en la conciencia.

La práctica real de la absorción *vipassana* es en realidad bastante simple en concepto, pero su eficacia depende de la preparación que uno haya llevado a cabo con respecto a las sensaciones corporales, las emociones, los contenidos mentales y la mente. Son esas asociaciones particulares, específicas para el temperamento particular, las que emergerán automáticamente entonces, basadas en la fuerza de las trazas de memoria despertadas por las prácticas previas.

Estas prácticas de meditación, tanto las preliminares como el asalto directo sobre las huellas mantenidas en la memoria, servirán para establecer una clara comprensión y una conciencia de las cosas tal como son, que es el estado básico real de la mente sin las complicaciones desarrolladas por la identidad. Al aplicar tu mente de forma plena a tus experiencias, notarás más claramente la función útil de la mente misma, como una herramienta que no requiere dirección cognitiva. Cuando se requiera la mente, se la evocará de manera natural.

## AMPLIAR LA PRÁCTICA

Puedes ampliar la práctica de la mente en sí –por ejemplo, puedes notar si sientes pereza o impaciencia en tu práctica. Con un poco de evaluación honrada, se vuelve evidente que la calidad de la práctica de meditación no depende del ejercicio que se emplee, sino de lo que estás invirtiendo en ella. Al reflexionar de esta manera, tendrás una visión interna más profunda en cuanto a tu personalidad y tus hábitos.

Hay algunos puntos útiles que se deben tener en mente siempre que medites.

Considera si estás comenzando desde cero cada vez –o, mejor aún, hazlo así con cada aliento o paso que des. Si no practicas con una mente abierta, puedes encontrarte intentando recrear una introspección pasada, porque no estás dispuesto a aprender de tus errores pasados. ¿Hay un equilibrio correcto de energía mediante el cual estás haciendo todo lo que puedes sin esfuerzo excesivo? ¿Te estás manteniendo en contacto con lo que realmente está pasando en tu mente o estás usando alguna técnica de forma aburrida y mecánica?

Con respecto a la concentración, es bueno revisar si estás dejando de lado las preocupaciones que no son inmediatas o si te estás dejando llevar por pensamientos y estados de ánimo. ¿Estás intentando reprimir sentimientos sin reconocerlos o estás respondiendo sabiamente? La concentración apropiada es aquella que unifica el corazón y la mente. Reflexionar de esta manera te anima a desarrollar un enfoque hábil. Y por supuesto, más que aprender cómo meditar, la reflexión te dará la claridad necesaria para entenderte a ti mismo.

Recuerda que hasta que hayas desarrollado cierta destreza y facilidad para la meditación, es mejor usar un objeto de meditación como la respiración como foco para la conciencia de fondo y como antídoto para la naturaleza potencialmente abrumadora de las distracciones de la mente. Incluso así, cualquiera que sea el alcance de tu experiencia con la práctica, siempre será útil el regresar a la conciencia de fondo de la respiración o del cuerpo.

Desarrollar esta habilidad para comenzar de nuevo conduce a la estabilidad y la relajación. Con una práctica equilibrada, te das cuenta más y más de cómo están el cuerpo y mente, y ves cómo puedes vivir con mayor libertad y armonía. Ese es el propósito y el fruto de la meditación de visión interna.

Con la práctica de la meditación de visión interna, verás tus actitudes con mayor claridad y llegarás a conocer cuáles te ayudan y cuáles crean dificultades. Una actitud abierta puede convertir incluso experiencias desagradables en reveladoras –por ejemplo, al entender la manera en que tu mente reacciona contra el dolor o la enfermedad. Cuando te acercas a esas experiencias así, a menudo puedes relajar el estrés y la resistencia al dolor y aliviarlos en gran medida.

Por otro lado, un rasgo como la impaciencia tendrá otros resultados diferentes: enojarte con los demás si perturban tu meditación; decepcionarte si tu práctica no parece estar avanzando con suficiente rapidez; caer en estados de ánimo desagradables por asuntos insignificantes. La meditación nos enseña que la paz mental –o su ausencia– depende esencialmente de que contemplemos los acontecimientos de la vida con un espíritu de reflexión e imparcialidad.

Mediante la observación de tus intenciones y actitudes en la calma de la meditación, puedes investigar la relación entre el deseo y la insatisfacción. Observa las causas del descontento: desear lo que no tienes; rechazar lo que no te gusta; ser incapaz de mantener lo que quieres. Esto resulta especialmente opresivo cuando el sujeto del descontento y el deseo es tu propio "yo". Nadie encuentra fácil estar en paz con las debilidades personales, sobre todo cuando se pone tanto énfasis social en sentirse bien, progresar y tener lo mejor. Las expectativas de ese tipo hacen que sea difícil aceptarte a ti mismo como eres

Sin embargo, con la práctica de la meditación de visión interna, descubrirás un espacio en el cual mantenerte un poco al margen de lo que crees que eres y de lo que crees que tienes. Al contemplar estas percepciones, se vuelve claro que no existe nada que sea "yo" o "mío"; son simplemente experiencias que pasan por la mente.

Así, por ejemplo, cuando estás observando un hábito irritante, en lugar de deprimirte por él, el hábito desaparece si no lo refuerzas. Quizá vuelva, pero esta vez será más débil, y ya sabes qué hacer cuando aparezca. A través de cultivar la atención pacífica, los contenidos de la mente se calman e incluso pueden desvanecerse, dejando la mente clara y refrescada. Ese es el camino en curso de la visión interna.

Ser capaz de ir a un centro tranquilo de conciencia en el seno del cambiante flujo de la vida diaria es el signo de una práctica madura, ya que la visión interna se profundiza inconmensurablemente cuando es capaz de extenderse a toda la experiencia. Intenta usar la perspectiva de la visión interna sin importar lo que te encuentres haciendo –las tareas del hogar, conducir el coche, tomar una taza de té o lo que sea. Usa la conciencia de fondo, déjala reposar constantemente en lo que estás haciendo y despierta un sentido de indagación sobre la naturaleza de la mente en medio de la actividad. Usar la práctica para centrarse en sensaciones físicas, estados mentales o la conciencia del ojo, oído o nariz puede desarrollar una contemplación continua que convierta las tareas mundanas en bases para la introspección. Al centrarse cada vez más en la conciencia de fondo, la mente se vuelve libre de responder de manera hábil al momento y hay mayor armonía en la vida.

Así es como la meditación hace "obra social". Aportar conciencia a tu vida trae paz al mundo. Cuando puedes morar en paz con la gran variedad de sentimientos que surgen en la conciencia, eres capaz de vivir de manera más abierta con el mundo y contigo mismo, tal como eres.

## VIVIR CON VISIÓN INTERNA

Con la práctica de la meditación de visión interna, apreciarás tus actitudes diarias con mayor sinceridad y claridad según lleguen a la conciencia en preparación para iniciar las intenciones y llegarás a saber cuáles están contaminadas, cuáles lo están menos y cuáles son aparentemente naturales. El desarrollo de una mente abierta y flexible permitirá que una experiencia dolorosa asuma un enfoque diferente, de manera que se aumente la comprensión de lo que está pasando. Eso reducirá el estrés de forma natural y aliviará el dolor que ocurre cuando la identidad se adhiere a una experiencia de dolor natural.

Aunque la práctica de la *vipassana* pone en movimiento el espíritu de la introspección clara, la reflexión y la imparcialidad, hay que alimentarlas y desarrollarlas a la vez en la vida diaria. No pienses ni por un momento que todo el trabajo se hace dentro de la meditación de absorción *vipassana*. Vives en un mundo real con gran cantidad de presión externa a la que hay que ajustarse. Al observar tus actitudes, intenciones y la preparación para responder en su aplicación diaria con lo que se haya conseguido en la práctica de la absorción, se hará posible una clara comprensión de los diversos deseos de la identidad y las experiencias de insatisfacción que puedan surgir.

Si tienes confianza en el sistema natural y lo alimentas con una auto-evaluación constante o incluso esporádica, nunca tienes que dar por hecho tu propia visión mental cognitiva o las opiniones de los demás en referencia a lo que es correcto y natural. Lo último que necesitas es un "yo" fuerte; lo único que necesitas es la observación y la confianza en el sistema natural, así que deja que se desarrolle sin reprimirlo. No uses o admitas el cliché: "Acéptate tal como eres"; esa es una trampa mortal. Acepta lo que es, nada más, y permite que se desarrolle de la misma manera que una dalia maravillosa crece a partir de un tubérculo de aspecto insignificante.

Con la práctica de la meditación de visión interna, habrás descubierto un espacio dentro de la absorción donde tus observaciones, sin presencia de la identidad observadora, separarán el trigo sano de la paja vacía del "yo" o "mío", que se deben ver como etiquetas útiles a las que nunca se les debe atribuir el estatus de ser reales. Son simplemente experiencias mentales dentro de la conciencia, parecidas a las fotografías que uno toma cada verano; por muy representativas que sean, nadie cree ni por un momento que realmente están dentro de esa imagen impresa transitoria y escurridiza. Si cultivas las ilusiones, creyendo que son reales, estás cayendo en los trucos del embaucador.

Cuando cultivas la atención plena pacífica y la atención correcta, los contenidos mentales se calman e incluso pueden desvanecerse, dejando la mente clara y renovada. Tal es la consecuencia diaria del camino de la visión interna cuando se lo alimenta a cada momento del nuevo día. Hacer esto es la práctica completa y madura.

Usa la conciencia de fondo junto con las meditaciones de la práctica que correspondan a tu temperamento en medio de toda la actividad diaria. Puede parecer una tarea trascendental, pero con el tiempo se vuelve una rutina. Sin perder su eficacia, la conciencia diaria pasa con el tiempo al trasfondo de la conciencia como un protector anti-virus siempre presente. Y es gratis. Naturalmente, esto a su vez será de ayuda para la absorción y las prácticas superiores.

Al centrarse cada vez más en la conciencia de fondo, la mente se vuelve libre para responder hábilmente a los impulsos correctos y naturales del momento sin reflexiones pasadas o vueltas mentales frenéticas que llevan a preocuparse por las consecuencias. Entonces, cuando moras en la mente sin negar las experiencias naturales que demanda la naturaleza verdadera, puedes vivir dentro del mundo de la locura sin apegarte a él.

# Capítulo 45

## La serpiente y la mangosta

Las mangostas miden aproximadamente sesenta centímetros cuando están estiradas, pero están hechas a medida para el acto preciso de matar serpientes. Son rápidas, con cinco largas garras punzantes y tienen fuertes dientes y mandíbulas. Con un mordisco a la velocidad del rayo pueden aplastar el cráneo de la serpiente más peligrosa que se encuentren. ¿Qué pasa con la serpiente? Si excluimos a las trituradoras, solo cuenta con su veneno y sus colmillos.

Que se nos perdone ahora por difamar a la fantástica criatura llamada serpiente al asociarla con ese peligroso pasatiempo que llamamos sexo. ¿Por qué asociar a la pobre serpiente, o incluso la inofensiva culebra de cola corta, con el sexo? ¿Acaso no se le ha castigado ya lo suficiente a la serpiente con su fama de gran tentadora en el *Génesis*? Bueno, en realidad en varias culturas la serpiente connota sexualidad. En Camboya, por ejemplo, soñar con una serpiente es una premonición para el emparejamiento, y Abdelwahab Bouhdiba, en su estudio *La sexualidad en el Islam*, informa que en muchos países árabes la serpiente es el término de argot que designa el miembro sexual masculino. La alianza de la muchacha joven con la serpiente se ha convertido por tanto en una metáfora de la conducta sexual.

A la mangosta, como enemigo mortal de la serpiente, la podemos equiparar con el enemigo mortal del sexo mundano, que es el "tantrismo" –o lo que, en conexión con este asunto, denominamos con más precisión "sexo tántrico", que de acuerdo a muchos seguidores que hablan sin la más mínima idea de lo que están diciendo transforma el acto sexual común y vulgar en algo noble. En realidad, el sexo tántrico se ha convertido en una simple justificación, guiada por las identidades para la satisfacción del apetito sexual, adornado con bonitos lazos y máscaras para trasformar la imagen sin cambiar realmente su base vulgar.

¿Requiere justificación el apetito sexual? Sí, la requiere… si comer, beber, dormir y defecar requieren justificación, ya que es un acto completamente natural. Sin embargo, a diferencia de las otras prácticas mencionadas, que son esenciales para la supervivencia de la Fuerza de la Vida, la sexualidad ha sido trasformada en un monstruo social.

Ahora bien, debemos afirmar desde el principio que aunque la sexualidad ha sido deformada por la identidad, eso no es exactamente un problema para la sociedad. Disolver las identidades con la unión de la terapia Gestalt y la *vipassana* nunca resolverá esa situación del todo, aunque quizá la haga más aceptable socialmente y más susceptible a los deseos y querencias particulares de la población normal. Lo que no cambia es el estado primitivo de los impulsos básicos, que están controlados por motivaciones atávicas bien escondidas en el subconsciente.

Si el ser humano se hubiera desarrollado sin el crecimiento de la identidad, ese impulso sexual básico se habría modificado y desarrollado mediante la sensibilidad natural, la discriminación natural, un entendimiento natural de la unidad de las diferencias de género y una visión clara y concisa de las alianzas futuras. En cambio, la identidad ha permitido a la sensibilidad, la discriminación, la dualidad y el miedo a la seguridad futura condicionar los impulsos básicos de forma que se han convertido en una parodia. A esta potente mezcla se le añaden las influencias de la identidad.

Sin embargo, la psicología moderna en muchos círculos insiste que el sexo es natural y correcto. Si lo que quisieran decir es que la base sexual completamente desarrollada con sus modificaciones naturales es correcta, eso estaría bien, pero eso no es lo que sugieren. En su lugar dan una licencia intelectual para la lascivia de la identidad, limitada por la sociedad, y en realidad incrementan la potencia del "yo".

No es nuestra tarea aquí analizar los impulsos atávicos excepto para decir que la base masculina es de conquista y dominio sexual y la femenina es de supervivencia mediante la alianza con el mejor macho disponible usando cualquier arma o artimaña manipulativa que tenga a mano. Aunque la hembra ha evolucionado más allá del punto donde requiere algún tipo de dependencia y sabe que la conquista es una idea arcaica, sigue siendo víctima de la tendencia atávica. Y aunque que el macho también lo sabe y proclama de boquilla que la hembra ya no es un ser frágil e inferior, la idea atávica es que todas las mujeres son virtualmente inferiores y están a su disposición, y su impulso es conquistar a todas las que estén a su alcance. Sin duda las iglesias y la sociedad han impuesto sus límites, pero los impulsos se mantienen y causan innumerables tensiones y problemas, convirtiendo las relaciones en una parodia y una lotería. El cortejo natural se convierte en una cacería mutua en la cual la gratificación sexual está presente incluso si está bien escondida y las alianzas, ya sean o no mediante matrimonio, no son más en esencia que una parte arcaica de la herencia cultural (ver figura 45.1).

Aquí no nos conciernen las normas culturales o la moralidad; lo que nos interesa es devolver la sexualidad a su base natural y permitir que el fruto natural de la evolución se afirme y afiance. La pregunta es: ¿cómo va a ocurrir esto?

El diagrama del efecto de la identidad en ausencia del crecimiento y desarrollo naturales muestra que la sensibilidad, la discriminación, la percepción y la previsión disponibles se vuelven herramientas para lograr la conquista sexual. También hemos presentado la solución claramente como un asalto directo contra la relegación de la Fuerza de la Vida. Lo que se debe liberar es la comprensión natural de los Principios Femenino y Masculino, con el fin de anular los patrones de conquista evolucionados que se han condicionado, alterando el programa de la tarea natural.

Esta práctica, como todas las otras prácticas, hay que hacerla desde el mismo punto meditativo de atención que capta la totalidad de las experiencias sensoriales, aunque con una importante condición añadida: que se entienda la función de la Fuerza de la Vida y que haya una profunda penetración, más allá del mero intelecto, del Principio Femenino como comprensión de lo que es la vida y del Principio Masculino como comprensión de cómo debe desarrollarse esa Fuerza de la Vida como expresión válida del impulso de supervivencia que integra ambos Principios.

**FIG. 45.1 Efecto de la identidad en ausencia de crecimiento y desarrollo natural**

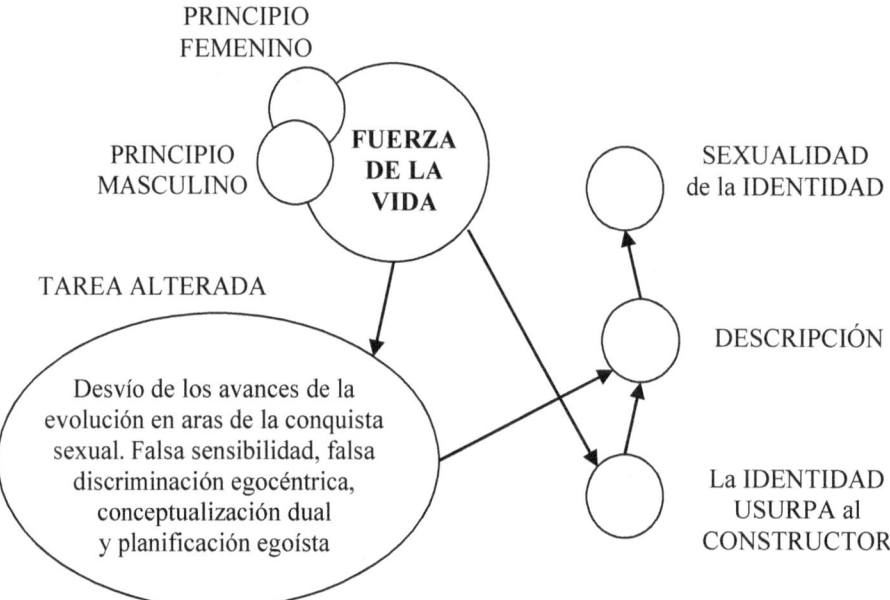

La tarea se puede llevar a cabo de dos maneras, según la capacidad del practicante. La primera (el único método que expondremos en este tratado de la psicología del Dharma) emplea una absorción que es similar en muchos aspectos a la meditación *vipassana*, pero con un objetivo de absorción diferente. Usa el enfoque sobre los Principios Masculino y Femenino, tal como se los conoce cognitivamente como parte de la Fuerza de la Vida, para extraer de la memoria las asociaciones que están contaminadas

Debe recordarse que no ha habido un desarrollo natural de la sexualidad de los seres humanos desde hace miles de años, solo un desarrollo cognitivamente dirigido, de manera que lo que se revelará en estas prácticas es la fuerza sexual desnuda y despojada de toda convención social. Como tal, es un proceso delicado y es casi esencial que alguien experto nos entrene para realizarlo, ya que las modificaciones sutiles que sean necesarias deben llevarse a cabo con rapidez o "la bestia" quedará suelta.

La clave reside en dirigir la meditación de absorción a las formas cognitivas de la Fuerza de la Vida, usando el aprecio claro por la Fuerza de la Vida en la cognición. El concepto es usar esta preparación para estimular la memoria para que inicie la transferencia de la malversación sexual a la cognición y luego a la conciencia, donde se pueden generar ajustes que permitirán que las nuevas formaciones ganen valencia dentro de la memoria.

Esto no es lo mismo que el simple condicionamiento de nuevos conceptos, ya que la innovación normal de ideas nuevas se topa con resistencia directa. El nuevo resurgimiento se debe llevar a cabo bajo en una condición de absorción en la que la presencia de identidad sea limitada o nula. Es mejor si esta terapia de absorción sexual no se lleva a cabo hasta que la *vipassana* haya reducido en gran medida las influencias generales de la identidad.

**FIG. 45.2 Recuperar la Fuerza de la Vida con los Principios Masculino y Femenino**

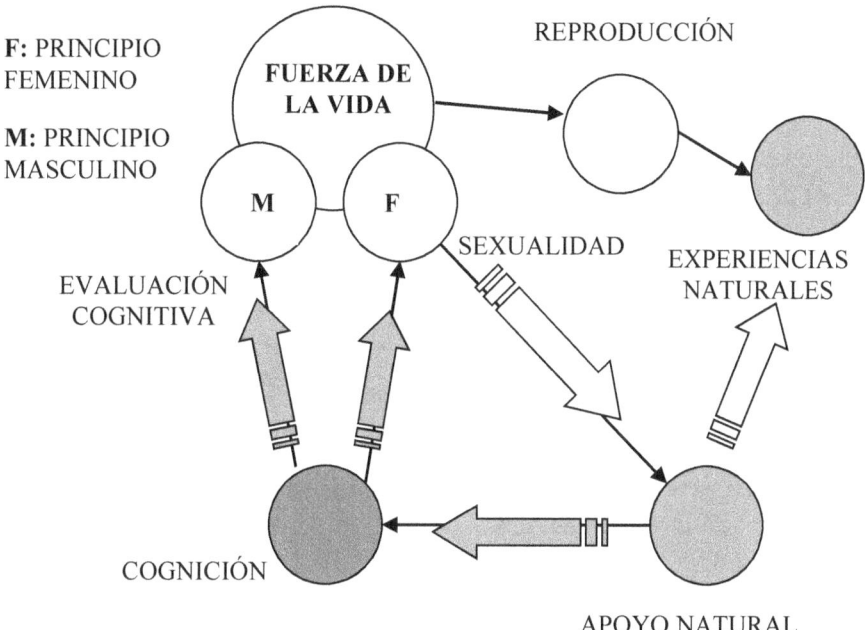

Aunque esta práctica tiene como base la *samatha* y *vipassana* propias del Dharma, el método es fruto de la evolución y nunca se usó durante la época temprana del Dharma, cuando la única solución era la separación de hombres y mujeres en grupos distintos (*sanghas*). Damos por supuesto que el practicante no está buscando simplemente el alivio de una anomalía sexual y que tiene una clara comprensión de los Cuatro Estados Sublimes, así como un entendimiento básico de la Fuerza de la Vida y su función natural. La tarea por tanto no es el enfoque de una *vipassana* no dirigida, sino una absorción dirigida.

## LA ABSORCIÓN DIRIGIDA: LA PURIFICACIÓN DE LOS FACTORES DE LA FUERZA DE LA VIDA

Comenzamos desde la misma base y las preparaciones que se explicaron cuando la persona está suficientemente preparada para avanzar en la meditación *vipassana* en sí o ha completado las meditaciones *vipassana*; entonces, si está preparado, puede empezar la absorción dirigida. Debe comenzar con concentración sobre el Principio Femenino de la Fuerza de la Vida, que en esta etapa solo es un entendimiento cognitivo.

Vamos a extendernos un poco sobre ese Principio: se trata del conocimiento innato de la generación y crianza de la vida. Sin duda eso suena bastante abstracto, pero si uno se desprende de las palabras y frases que explican la generación y propagación de la vida y permite que su mente flote en torno a ese concepto, de manera que se desarrollen una alegría y asombro por la belleza de este fenómeno, entonces está cerca. En el instante en que una madre sabe que va a dar a luz, durante una fracción de segundo antes de que aparezca la cognición, esa experiencia está presente. Se puede comparar al momento de certeza en los descubrimientos científicos o al momento del despertar de leyenda, en el que uno, con alegría y asombro, puede decir simplemente: "Ah, eso es…". No es el grito de "¡Eureka!", que no es más que una expresión emocional. Es el conocimiento del momento del descubrimiento y, para el Principio Femenino, el conocimiento de la verdad del nacimiento y la vida: algo simple y elegante, pero que llena de asombro.

## LA PRÁCTICA

En el nivel más allá de la cognición hay mucho más, pero aquí lo que buscamos es la concentración cognitiva. Uno debe morar en esa conciencia del Principio Femenino, nada más, como una experiencia, no como una cadena de pensamientos. Mantener esa experiencia sin prisa es la clave; con el tiempo, con la pre-programación correcta, las trazas contaminadas relacionadas con esa experiencia emergen en la memoria.

Durante la primera parte de las prácticas metódicas, mientras que la mente del meditador no esté completamente purificada, surgirá una masa de pensamientos aparentemente incontrolables a través de asociaciones relacionadas con asuntos sexuales. Estas secuencias de pensamientos no deseados aparecerán de forma intermitente en la conciencia entre las concentraciones más dirigidas sobre el Principio Femenino. Es esa experiencia abstracta la que debe mantenerse mientras emergen las huellas de la memoria y la mente se debe llevar suavemente de vuelta a la experiencia de la Fuerza de la Vida, aunque sea cognitiva, al tiempo que hay que notar las palabras e ideas asociadas con esa experiencia y desecharlas hasta que por fin cese su intromisión.

Hemos mencionado este sentido de caer y golpear sobre el objeto; eso es lo que queremos desarrollar con respecto a esta concentración del Principio Femenino. La mente llega gradualmente a "darse cuenta" sin distracciones ni interrupciones y luego a una absorción del Principio Femenino. Habrá entonces una corriente constante de ese "darse cuenta".

En un principio aparecerá por momentos y luego parecerá desaparecer solo para regresar de nuevo, pero con el tiempo la oposición de los pensamientos agitados que interrumpen comenzará a calmarse y se alcanzará el flujo continuo sin surgimiento o decaimiento, es decir, el estado de absorción en la Fuerza de la Vida.

Ahora, con este fondo, los pensamientos emergerán, como hemos dicho. Desde el estado en el que se genera la totalidad de la experiencia de la Fuerza de la Vida, observa el flujo espontáneo de imágenes mentales contaminadas, junto con todas las sensaciones, emociones, percepciones y cognición que surgen conscientemente con ellos. Pero no pierdas ese campo de la Fuerza de la Vida…. Como en las otras absorciones, si comienzas a sentirte abrumado por las impresiones sensoriales de la memoria, regresa a notar el surgimiento y caída de la respiración y, cuando vuelva una sensación de firmeza, dejas esa concentración una vez más y regresas rápidamente a la absorción de la Fuerza de la Vida.

Nota claramente el constante movimiento de los contenidos de la conciencia.

Permite la conciencia de una experiencia persistente de insatisfacción con lo que está emergiendo de la memoria. Eso por supuesto no parece ser sufrimiento sino que es la operación del mantenimiento homeostático que se resiste a estas impresiones de la mente.

Permite sin resistirte ese constante surgir y decaer de las experiencias relacionadas con el sexo, aun cuando muchas parezcan bastante lejanas; y, a medida que esas experiencias de ánimo se vuelvan familiares, se verán claramente como no permanentes. Además, habrá una impresión nítida de la disociación del propio "yo" aparente de ellas, ya que estas experiencias se han generado y guardado en la memoria desde la niñez. No pertenecen a una identidad porque no hay identidad y no son tuyas.

Es esta cualidad desapegada la que restaurará un sentido de equilibrio en la memoria y reducirá la valencia de las huellas contaminadas.

No pretendemos que esto sea fácil, pues no puede lograrse mediante el dominio mental. Uno debe soltar por completo permitiendo que fluyan las imágenes de los sentidos (las sensaciones crudas, las emociones, las formas no discriminadas y las elaboraciones volitivas resultantes).

Cuando haya una sensación de independencia de las trazas contaminadas de la memoria, habrá una experiencia de liberación y disociación de cualquier identidad previa generada por la mente, al igual que una liberación de esas asociaciones sexuales y cargas personales creadas por uno mismo. Esta experiencia vendrá acompañada por un bienestar y el conocimiento de que aún hay otro camino posterior que está abierto. Sin la restricción del miedo, el practicante no se resistirá a ese flujo hacia adelante.

Tras eso, el practicante notará el cese de las trazas emocionales conectadas con las impresiones de los sentidos. Eso es el cese de la emoción y la percepción. Al ver eso con discernimiento, sus cargas se reducirán y al final terminarán. Al salir de la absorción determinará claramente que las cualidades pasadas han cesado o cambiado y que, debido a una creencia solemne en la identidad, en el pasado se convirtió en esclavo de recuerdos que no tenían sustancia.

Se dará cuenta de que ciertas cualidades que nunca fueron reales para empezar entran en juego inicialmente y luego regresan a la mente una vez más dentro de la memoria y divorciadas de su uso natural como herramientas. La persona entonces verá esas trazas de la memoria que aparecen en la conciencia y no se sentirá ni repelida ni atraída por ellas.

## EL RESTABLECIMIENTO DE LO NATURAL

La tarea en esta parte de la absorción es discernir cuatro aspectos de las condiciones de la mente que se pueden establecer como base para toda la actividad sexual cuando se juntan con la base sexual.

Discierne que siempre que se extrae una sensación de la memoria, la raíz de esa sensación es el reconocimiento y que este reconocimiento les precede a todas las demás experiencias. Discierne que el reconocimiento conectado a una respuesta no siempre es preciso y que hay un rango en el cual las cosas reconocidas como similares se tratan como iguales.

Esto no es algo que sea evidente de inmediato y es esencial mantener siempre presente ese Principio Femenino de la Fuerza de la Vida. Esa atención a las imágenes o pensamientos mentales despertados en presencia del fondo del Principio Femenino es importante y desde luego no es fácil de alcanzar la primera vez. Por lo general, solo tras mucha experiencia con la absorción *vipassana* desvinculada de la sexualidad se vuelve eficaz esta práctica.

Discierne que siempre que haya una sensación hay una experiencia física que urge un acercamiento a un objeto o idea, una respuesta que es de evitación o una respuesta que es neutral. Esa respuesta se siente visceralmente y solo una mente que esté tranquila y libre de impedimentos puede discernir esa preparación psicológica para responder. Discierne que este acercamiento, evitación o neutralidad va acompañado de gusto, no-gusto e indiferencia. Discierne que es la mente la que elige cuál de los tres es importante para la respuesta. Discierne que la identidad está ligada a esas elecciones.

A medida que la identidad desaparece en las meditaciones acompañantes de la *vipassana*, discierne que el impulso psicológico para responder va acompañado de afecto y no de gusto, que la evitación va acompañada de desafecto en vez de no-gusto, y que la neutralidad va acompañada por la ecuanimidad y no por una indiferencia calculada.

Discierne que la dirección de los impulsos psicológicos por sí mismos es diferente cuando la identidad no está presente, y que la mayoría de los impulsos son de neutralidad.

Discierne que la similitud es una función de la identidad mental y que va acompañada por una sensación discernible de incomodidad en las etapas iniciales, pero cuando la identidad no está presente, la experiencia es de comodidad, no importa qué preparación se produzca.

Discierne el fenómeno del surgimiento con respecto a esas experiencias sexuales dentro de la conciencia y el desvanecerse con respecto a esas mismas sensaciones, o el fenómeno de la originación y el desvanecimiento con respecto a las sensaciones y que el surgimiento está mediado por la mente cuando la identidad está presente.

Ahora bien, la inducción mostrará que la mente interviene en el proceso natural y en las elecciones naturales pero que puede haber elecciones sexuales naturales libres de condicionamiento (elecciones sexuales del hemisferio derecho). Entiende que tu atracción y las acciones sexuales son controladas por la mente y que este control mental es un impedimento para el desarrollo natural de la sensibilidad, en donde el rango de selección es mucho más amplio, y que la discriminación es más completa y en ella se disciernen más detalles sobre cualquier interacción o acción sexual.

Discierne las elaboraciones de afecto, desafecto y las experiencias de ecuanimidad que contrastan con el gusto, no-gusto e indiferencia generados por la cognición gobernada por la identidad. Nota que las elaboraciones de afecto no generan emociones, que incluyen las experiencias de amor o estar enamorado. Discierne que sin identidad emergen experiencias de afecto, pero también en situaciones nuevas los impulsos de cortejo, que es la presentación natural de nuestra mejor imagen, sin la manipulación de la identidad. Nota que estar enamorado o experimentar amor conlleva claros objetivos y expectativas que están ausentes en el estado natural.

Recuerda que todas estas experiencias emergen en el estado de absorción y no se deben examinar o analizar cognitivamente. Incluso después, esas experiencias se deben entender solo por medio de una inducción natural que genere experiencias adicionales sutiles.

## LA CÓPULA SEXUAL EVOLUCIONADA

El potencial de una cópula sexual evolucionada todavía no ha sido destruido por el condicionamiento social de la identidad, de manera que aún se mantiene el potencial de una forma de actividad sexual natural y elevada. Consiste en la unión de los Principios Masculino y Femenino en cada pareja durante la etapa preliminar, la cópula y después de la cópula. Consiste en la unión más allá de la conceptualización de los Principios Masculino y Femenino de cada uno, en la que el macho genera en principio una expresión más fuerte de alegría por la alegría de su compañera, compasión y afecto benevolente, pero sin perder contacto con el enlace natural de la cópula para la supervivencia de todos los seres humanos.

Se puede ver que aquí no hay lugar para la identidad. La cuestión es si realmente se quieren soltar las experiencias de sexualidad de la identidad a cambio de la liberación natural de algo que es superior en su expresión pero que nunca se ha experimentado antes.

¿Cuál es la contribución natural de la hembra? Es su sentido superior de lo que la vida es en realidad como algo más precioso que lo que pueda expresarse en palabras. Durante la secuencia de la cópula, el macho alcanza un mayor nivel de comprensión natural de su propio Principio Femenino y la hembra una mayor comprensión de los Estados Sublimes en su expresión. Quizás sea éste el único momento en la vida normal en el que machos y hembras pueden obtener una comprensión completa de la Fuerza de la Vida. Es una lástima que tales experiencias hayan sido relegadas al craso egoísmo de la gratificación del Ego y a la interminable búsqueda de un orgasmo sublime que no existe.

Naturalmente, durante esta cópula los niveles incrementados y naturales de sensibilidad, discriminación y comprensión de la unidad mejoran la experiencia y contribuyen a la unión de los dos Principios.

## TEORÍA Y PRÁCTICA CON RESPECTO A LA UNIDAD PERCEPTUAL

El contacto sexual humano actual en la sociedad se reduce simplemente a relaciones íntimas sin sentido, y lo que llamamos la búsqueda de la conquista –ya incluya o no la idea de que "el hombre persigue a la mujer hasta que ella lo atrapa"– de ninguna manera se parece a la conducta natural de cortejo (una idea que es ajena a los temperamentos modernos) ni tampoco a la elevada unión que los seres humanos son capaces de alcanzar.

La capacidad para determinar cualquier conexión con la alegría y asombro de la Fuerza de la Vida natural en unión se desperdicia cuando nos lanzamos a una unión vacía con otra persona. Disfrutar del deseo y la satisfacción de relaciones sexuales en las no podemos alcanzar el entendimiento de la Fuerza de la Vida en sí se asemeja a la autodestrucción y, lo que es peor, perpetúa el mito de la sexualidad manchada para las generaciones futuras.

En la práctica, cuando lo consideres correcto, discierne que el impulso psicológico y fisiológico de acercarse no tiene expectativas sino que admite una unión con otra persona que no es solo una unión sexual y física sino una unión mental además, no elaborada por la cognición pero íntimamente ligada por el discernimiento propio con la Fuerza de la Vida femenina. No hay sentido alguno de separación física o mental en absoluto.

Esto se convierte en la clave para un comportamiento sexual natural sin ninguna estrategia cognitiva de conquista o manipulación en busca de seguridad. Como es natural, eso no puede ocurrir en presencia de la identidad. Esa unidad se extiende luego no solo al acto sexual sino a todo lo que lo precede y lo sigue. Es una unión natural, pero también va acompañada de una comprensión de la unión de todas las criaturas sintientes y hay que recordar que no hay nada que sea emocional en esa unión, ni tampoco se exhibe a sí misma como fenómeno externo parecido al despliegue verbal o físico presente. Es una unión callada que trasciende las palabras y cambia por supuesto el comportamiento actual.

Discierne, mediante la inducción, que todos los impedimentos para la interacción sexual natural están controlados por la mente, que es quien los compone. Sin duda, esas sensaciones se mantienen en la medida del conocimiento y los recuerdos condicionados al respecto. Con práctica constante uno permanece independiente, no sostenido por (no apegado a) conceptos sexuales condicionados.

## EL *KAMA SUTRA* Y LA SEXUALIDAD TÁNTRICA

Pocos son los que no han oído hablar del *Kama Sutra*, que consta de 36 capítulos sobre siete temas diferentes, cada uno escrito supuestamente por un experto en la materia. Hay una introducción de cuatro capítulos sobre el sexo en general, su lugar en la vida de un macho y una clasificación de la mujer. Sin importar lo útil que esto sea para los adictos al deseo sexual y sus frutos, no tiene ningún tipo de uso para cualquiera que esté interesado en la sexualidad natural, que no necesita manuales.

La segunda sección se interesa por el acto de copular en sí. Contiene una profunda exposición sobre el beso, los juegos sexuales, los prolegómenos del orgasmo, una lista de posturas sexuales junto con información sobre el *ménage à trois*, y los tabús. La sección "Elegir esposa" cubre el cortejo y el matrimonio en cinco capítulos. Esto continúa en la siguiente parte, con dos capítulos sobre el comportamiento de la esposa y la conducta adecuada con una compañera.

Para abarcar toda la materia, los siguientes seis capítulos tienen que ver con las esposas de los demás y la seducción, lo que deja pocas dudas sobre el impulso principal del macho. Los seis capítulos que siguen están relacionados con las cortesanas, concubinas, amantes u odaliscas, que son mujeres consortes de hombres teóricamente importantes.

Los dos capítulos finales tienen que ver con sugerencias sobre cómo atraer a otros. Estos son capítulos que, si se convirtiesen en libros del tipo hágalo-usted-mismo, por supuesto con un título moderno y atractivo al estilo de "Cómo atraer a las mujeres para mantener relaciones sexuales y hacerlas felices sin problemas" o "Cómo atrapar al hombre perfecto sin engaños", serían sin duda grandes éxitos de ventas.

Pero la perspectiva machista es obvia y para nosotros simplemente refleja la verdad de que el hombre realmente no ha avanzado desde los tiempos antiguos, ya sea con respecto al sexo o en su actitud hacia las mujeres en general. Tampoco es que las mujeres estén libres de mancha, ya que la historia e incluso un examen somero de la llamada coexistencia entre hombre y mujer revelan a las claras sus impulsos atávicos.

Ahora bien, la pregunta es si el sexo tántrico, tal como se encuentra en el mercado, es mejor. Parece serlo, excepto que tras examinarlo de cerca, aunque a hombre y mujer se los trata con igualdad y se emplean términos maravillosos como "energía", "conciencia cósmica" y "unidad", en realidad simplemente se están disfrazando los impulsos primitivos con palabrería psicológica, misteriosa y transcendental admisible que solo convence a aquellos que desean que se les convenza.

La cuestión central es si existe o no una sexualidad tántrica que sea noble. La respuesta es que sí, pero cuando nos preguntamos quién la puede practicar, la respuesta es que muy pocos, y desde luego nadie que tenga algún tipo de identidad. El objetivo, para comenzar, no es una unión matrimonial ni un salto a la unidad trascendental. Su objetivo en realidad es encontrar la verdad de la no-dualidad al sacar a la luz la gran mancha que existe en la sexualidad humana de hoy en día.

Aquí no tenemos interés en examinar ese método de alcanzar el Despertar, que para la mayoría de la raza humana es tan improbable que ocurra mediante la unión sexual como lo es que un elefante se aparee con un ratón. Sin embargo, entre hombre y mujer es posible una verdadera unión con equilibrio natural y armonía, con independencia de las reglas sociales que vinculan a las personas o de las costumbres que las separan. Pero enseñar el método mediante el cual se puede alcanzar eso por completo y eliminar la asociación de la identidad en estos actos requiere más espacio del que disponible aquí, dos volúmenes quizá, uno dedicado a cada género.

## LA UNIÓN DE GÉNERO EVOLUCIONADA

Se puede apreciar que esta cópula correcta es una experiencia sublime. ¿Y por qué no iba a serlo, dado que es una función central de la Fuerza de la Vida en su expresión natural de supervivencia de la especie humana?

**La unión consolidada en teoría.** Pero para evitar que cualquiera ahora salte de alegría egoísta, debemos tener en mente que aunque la unión con la aparente compañera, que es la base natural con los añadidos de la evolución posterior, conduce a interacciones de una conducta noble y sutil, esta unión elevada no dura necesariamente más de siete años quizá en esta forma particular generada por la base, aunque el sentido de unión con todas las criaturas sintientes se mantiene y de hecho crece a medida que hay un mayor entendimiento cognitivo.

La base natural se fundó en la necesidad prehistórica de ofrecer protección prolongada y servir de modelo al niño humano hasta que fuese apto para la supervivencia, más o menos a esa edad. Mediante un apareamiento continuado con el mismo individuo, ese enlace podía extenderse una vez más. No obstante, debemos recordar que si un macho se apareaba con más de una mujer, su protección se ampliaba a toda su descendencia y la unión con esa madre incluía así a una familia extensa, sin tomar en cuenta la competencia entre las mujeres por un vínculo más fuerte con el macho en cuestión.

Aunque se debe aceptar que la base primitiva se ha mantenido sin cambios, la cuestión es saber si las normas socialmente aceptadas que han anulado el comportamiento externo y las relaciones se pueden reemplazar satisfactoriamente con un avance natural que incluye las cualidades potencialmente evolucionadas de la sensibilidad, la discriminación, la inteligencia y una visión predictiva natural del futuro aplicada a esas relaciones en perfecto funcionamiento, generando así una continuación de cualquier estado particular de unión elevada.

Aquí tenemos dos elementos en funcionamiento: el elemento sexual, que está directamente relacionado con la reproducción, y lo que podríamos llamar un enlace de género que no está relacionado con la sexualidad sino con la información cognitiva, presumiblemente correcta ahora, proporcionada por la sensibilidad, la discriminación, la percepción y la volición liberadas.

Recuerda que la sensibilidad refleja los datos que nos dicen si un fenómeno (ya sea una forma o una situación) se ha visto antes. La discriminación impulsará un acercamiento a ese fenómeno (dependiendo claramente de las experiencias previas), la percepción retendrá para nosotros el conocimiento de que hay una dualidad útil pero no real en todas las cosas y la volición generará un rango de posibles resultados del comportamiento que se seleccione en el futuro.

Por tanto, todo depende realmente de las experiencias pasadas y de una evaluación correcta sobre si el acercamiento, la evitación o la inmovilidad en el asunto será más indicado para la supervivencia del aparente "yo" ilusorio, el grupo humano tribal si existe (entendiendo la tribu como una federación de personas seleccionadas de manera natural y no política), toda la descendencia de esa federación y el ambiente que los sustenta.

Podemos decir por tanto que no hay una regla natural en este asunto, excepto que el mantenimiento de la identidad de tales uniones nunca es tan útil para la supervivencia y por lo general opera en sentido contrario.

## LAS RELACIONES SEXUALES FUERA DEL CICLO REPRODUCTIVO

Naturalmente, la expresión de la sensibilidad tal como la hemos presentado está directamente relacionada con la reproducción y la pregunta es si las relaciones sexuales son una expresión natural de la vida aparte de la motivación reproductiva.

El ser humano debe calcular los días o adquirir equipos hormonales diseñados especialmente si necesita saber si la hembra está lista para la reproducción. Si cualquier animal estuviese equipado de verdad para entender la conducta humana, cosa con la que probablemente tiene suerte de no contar, igual habría un suicidio generalizado de semejantes animales entendedores, acompañado por incesantes carcajadas burlonas. A ellos no les hacen falta equipos hormonales para detectar la ovulación de la hembra –el único momento en que sus ovarios liberan un óvulo y se le puede fertilizar.

En algunos, por ejemplo el babuino, la piel alrededor de la vagina de la hembra aumenta de tamaño y despide un olor característico. La mayoría de las hembras de otras especies son similares y anuncian la ovulación con señales visuales, olores o comportamientos igualmente audaces, aunque es cierto que algunos otros primates superiores también han generado el encubrimiento de su ovulación –el orangután, el mono araña, el mono tití y el cercopiteco verde entre otros.

Como resultado, el varón humano, si no encuentra una señal manifiesta, no tiene forma de saber cuándo es posible la fertilización. Solo las mujeres, si realmente son sensibles a los cambios (cosa rara hoy día), pueden detectar su propio impulso para esa unión sexual.

La mayoría de los demás animales confinan el sexo a un breve periodo de celo alrededor del periodo de ovulación y entonces salen de la abstinencia sexual. Pero el ser humano se da el gusto con liberalidad, y debemos asumir que detrás de esa tolerancia de la identidad hay una razón biológica correcta o al menos debemos intentar justificar ese comportamiento para explicar cómo la identidad logró entrar y convertir ese sistema en otro de puro deseo y placer egoísta. Es algo que parece un completo desperdicio de la energía biológica orientada a mantener la presencia del macho al menos esos siete años de los que hablamos, a pesar del continuo impulso masculino de fecundar lo que sea nuevo.

Eso, por supuesto, no explica la monogamia, que queda más allá del ámbito de nuestro tratado. Sin duda, el celo oculto atraería al macho y lo alejaría de los estímulos que lo pueden desviar de la tarea de proteger a la hembra madre y al bebé o niño, con la familiaridad como factor contribuyente, al tiempo que le permitiría satisfacer su perenne apetito sexual. Se trata, a todas luces, de un truco biológico que de hecho sí que tiene un cometido biológico. Sin embargo, de las 32 especies que tienen ovulación oculta, parece que 22 no son monógamas, por lo que debemos buscar algún elemento biológico adicional.

Por tanto, concluimos que los sistemas de apareamiento humanos relacionados con la ovulación oculta son la promiscuidad y los harenes, no la monogamia. Encontramos que la monogamia nunca se ha desarrollado en especies con ovulación que se anuncie de forma llamativa. En cambio, la monogamia ha surgido principalmente en especies no humanas que ya tenían una ovulación oculta, y en casos límite de leves señales evolutivas.

De todas formas, si no hay una raíz biológica, la copulación continua se debe considerar como una norma en la cual la fecundación aparece como un producto secundario no esencial. Pero la experimentación científica y la teoría vienen a nuestro rescate una vez más. Parece ser que hay beneficios biológicos en cuanto a la exposición no-conceptual del sistema inmune de una mujer a los antígenos de su pareja antes de la reproducción.

Como consecuencia de estas interacciones hay una mayor probabilidad de supervivencia del embrión y protección contra la eclampsia, que es la aparición de convulsiones durante el embarazo que ocurren tras el cuarto mes de gestación –que le sigue a la pre-eclampsia, marcada por la hipertensión sanguínea y un exceso de proteína en la orina. Así pues, tenemos una razón biológica para la unidad continuada del macho con la hembra durante al menos siete años o para la repetición del embarazo, cosa frecuente hace no tanto tiempo.

Sería un gran beneficio para la verdadera supervivencia humana, que además reduciría el estrés existente en las relaciones, si amplios círculos de la sociedad accedieran a las experiencias naturales con respecto a esta unidad. Los síntomas biológicos se han apartado hace tiempo, pero la presencia psicológica del impulso de unidad, que se encuentra y se entiende en las meditaciones correctas, proporciona un estímulo adecuado para mantener ese comportamiento sin el estrés normal de las relaciones convencionales que se mantienen con escasos vínculos excepto compartir los críos y la responsabilidad social, instaurada por la ley y la religión.

La unión sexual no reproductiva le reporta otro beneficio adicional al ser humano. Es la reafirmación de la experiencia de asombro y alegría en presencia de la Fuerza de la Vida, que no obstante no requiere el mismo apareamiento para lograr esa experiencia.

## LA CONSTANCIA DEL APAREAMIENTO CON INDEPENDENCIA DE LA SEXUALIDAD

Sea cual sea naturalmente el acto sexual en particular, la moralidad en un contexto socio-biológico y religioso recalca la necesidad de la expresión de amor, la promoción de la fidelidad entre sexos y, bajo la influencia de la liberación moderna, el alivio sexual mutuo y el disfrute de la identidad, al mismo tiempo que condena los frecuentes celos, el dominio, la manipulación y cientos de otros abusos que lo suelen acompañar. ¿Por qué se acepta tan bien? Porque mantiene sin sobresaltos la base de la Iglesia y la sociedad.

Pero una vez constatamos que el estrés y el sufrimiento superan el verdadero daño social y se camuflan en forma de aceptación del consumismo y una falsa sensación de liberación personal, entonces necesitamos explorar la situación mucho más a fondo.

La comprensión que revela la absorción *vipassana* de orientación sexual, ¿lleva naturalmente a la condición social y religiosamente aceptada de la monogamia o no? En lugar de abrir la caja de Pandora y tirar la tapa para siempre, digamos simplemente que cada persona debería adentrarse profundamente en la absorción sexual y descubrir todo lo que tiene de magnífico y disponible, y luego (y no antes) podría descubrir para sí misma el camino natural sin sufrimiento.

Recuerda que son estas meditaciones de contexto guiadas, junto con otros apoyos, las que abrirán la puerta efectivamente a la sexualidad natural a través de la absorción *vipassana* dirigida.

Incluso la unión tántrica correctamente desarrollada en la India se ha vuelto hoy día un festival sensorial de erotismo, que supuestamente genera formaciones graduales desde lo mundano a los estados trascendentales, viajes astrales y almas que se disuelven y viajan por la conciencia cósmica.

Para los que quieren enredarse de verdad en lazos amorosos de sexualidad mística, en teoría para alcanzar intercambios astrales relacionados con la identidad entre los amantes, quizá el Tantra de la Nueva Era les sirva, pero esa no es nuestra intención aquí. Nuestra intención no es alentar a cualquiera que desee generar comunicación de cuerpos físicos o astrales por medio de la atracción sexual; simplemente queremos liberar todo lo que es natural sin una fanfarria de epítetos trascendentales. Si lo observáramos con un microscopio mental nublado, que los amantes vean al dios o diosa en su pareja podría parecerse a lo que llamamos la fusión de los Principios Masculino y Femenino; pero en realidad está tan lejos de eso como Alfa Centauri lo está de la Luna. En el mejor de los casos, si la identidad está presente de cualquier manera –ya sea astral o no, envuelta en misterio ininteligible o no– sigue siendo algo banal. El Tantra genuino, que en realidad se perdió en la antigüedad, puede regenerarse mediante la intuición, pero en teoría su propósito nunca debería ser la unidad sexual bajo ninguna forma.

# El mito del karma

En Occidente, demasiados psicólogos de pacotilla emplean hoy día la palabra "karma" como si explicara todo, reduciendo así este útil término a interpretaciones mundanas.

El karma no es un castigo que se experimenta por una acción inmoral; ese concepto es falso. El karma está relacionado con la preparación volitiva para la acción, no con la acción misma, como se supone por lo general. No hay nada místico ni mágico en el concepto; es parte del actual procesamiento degenerado del sistema humano. Como tal, su comprensión es pertinente a la psicología del Dharma.

Desde un punto de vista conductual, uno puede decir que cada acción tiene sus frutos. Este enunciado es tan claro que no hace falta comentario alguno, pero llevarlo un paso más allá y afirmar que una acción negativa tiene consecuencias negativas y una acción positiva tiene consecuencias positivas es una ampliación de esa verdad que es falsa a todas luces dentro de la civilización.

Uno podría decir que hay dos frutos: uno mundano y otro espiritual. Una acción negativa podría traer un fruto agradable en la tierra pero no en el Cielo, e igualmente se podría decir que una acción positiva puede traer un fruto desagradable en la tierra pero que la recompensa de uno estará sin duda en el Cielo. Pero es seguro que no hay un paraíso o Cielo; parece por tanto que nos vemos forzados a evaluar de nuevo esta situación.

## CAUSA Y EFECTO

La idea por tanto de que la "causa y efecto" constituye el karma no es más que superstición. No hay una sola causa para cualquier efecto; ese efecto es más bien consecuencia de un complejo conjunto de interacciones entre acontecimientos previos. Es cierto que una sola causa aparente puede provocar el efecto, pero no podemos afirmar más que eso, y eso desde luego no genera una ley del karma.

Cuatro hombres podrían cometer un robo y, tras el crimen, uno podría ser arrollado por un tren, otro podría perder el dinero en su maleta en el aeropuerto, el tercero podría ser apresado y enviado a la cárcel de por vida y el cuarto escapar del castigo y vivir en una comodidad gozosa y falsa felicidad el resto de su vida. El único que escapa del karma mundano es aquel que se las arregló por accidente para que un tren lo arrollara; pero eso no fue una consecuencia de su acción inmoral. Todos los demás experimentarán el karma mundano, ya que continúan en su vida con las mismas actitudes y siguen experimentando la agitación del sufrimiento y el reforzamiento de su locura mediante diversos grados de felicidad falsa. ¿No es esa justicia suficiente? ¿No es suficiente karma positivo el verse aliviado de la felicidad falsa y el sufrimiento? ¿Por qué buscar castigos mundanos o felicidad mundana? Ambos son falsos conceptos propios de la dualidad.

Existe, sin embargo, otra forma de karma que podemos considerar que es el karma de la energía negativa o estrés. Lo que nos interesa aquí no son las teorías espirituales del karma, sino en el hecho de que el karma negativo se genera debido al conflicto entre el sistema natural y el dominio de la identidad.

El sistema natural está constantemente empujando a favor de la armonía y equilibrio naturales pero, en la mayoría de los casos, se ve sofocado por la agresión de la identidad. Sin embargo, a veces, en situaciones en las que el sufrimiento es demasiado desagradable, la señal homeostática de la Fuerza de la Vida se hace notar en la volición y en la conciencia; es entonces cuando hay un grito homeostático de ayuda.

Debemos diferenciar ese grito homeostático del sufrimiento que es inaceptable para la identidad, la frustración psicológica de no obtener lo que la identidad desea o la frustración de haber perdido lo que la identidad codiciaba.

## EL CASO REMOTO DE LA PRESENCIA DE LA FUERZA DE LA VIDA EN OPOSICIÓN A LA IDENTIDAD

Ahora vamos a considerar la preparación de una intención computada de forma simultánea por el sistema operativo natural en presencia del clamor homeostático que busca restaurar el equilibrio y la armonía por un lado y por el sistema de la identidad por otro.

En la situación más habitual de conflicto entre las intenciones de la Fuerza de la Vida y las intenciones de la identidad, hay un punto muerto. Es el mismo sistema de resolución de la disonancia que se emplea cuando hay conflicto entre las identidades.

Aparte del estancamiento teórico, hay otros dos resultados posibles. La operación de la Fuerza de la Vida puede ganar y la identidad se quedará en la estacada (con tensión no disipada) o bien ganará la identidad.

Si gana la identidad, la energía de la Fuerza de la Vida no se usa. Es una desgracia que la identidad casi siempre gane la batalla por la supremacía ya que esto genera un gran problema para el organismo, como podrás observar. La complicación surge debido a que la Fuerza de la Vida es un proceso automático e inconsciente que no tiene una provisión evolucionada para la oposición de la identidad.

En el primer caso, cuando la Fuerza de la Vida gana el conflicto interno, la energía no usada de la identidad en forma de tensión y estrés se experimenta como sufrimiento del deseo insatisfecho, y como consecuencia el comportamiento resultante podría resultar nervioso en su elaboración. Si la disonancia no funciona, esta energía nerviosa podría convertirse en un problema si no se disipa.

Como muestra el diagrama, la Fuerza de la Vida, que ahora es dominante, genera una solución. La energía se disipa mediante la actividad y la tensión original (T) de la señal de retroalimentación del malestar debido a la presencia de identidad se disipa naturalmente por la Fuerza de la Vida en forma de acción correcta.

La agitación subliminal y el sufrimiento no resuelto (1) provocan la apertura a la Fuerza de la Vida (2), que está generando su propia señal de malestar y tensión (3). Estas dos señales provocan un conflicto durante la preparación de las intenciones en la volición (4). Si la orden de la Fuerza de la Vida se inicia (5) entonces se liberan el estrés y la tensión del conflicto en una acción física o verbal (6) y la tensión homeostática (T) se disipa en la acción correcta (6).

**FIG. 46.1 Liberación de energía y tensión debido a actividad agitada verbal y/o física**

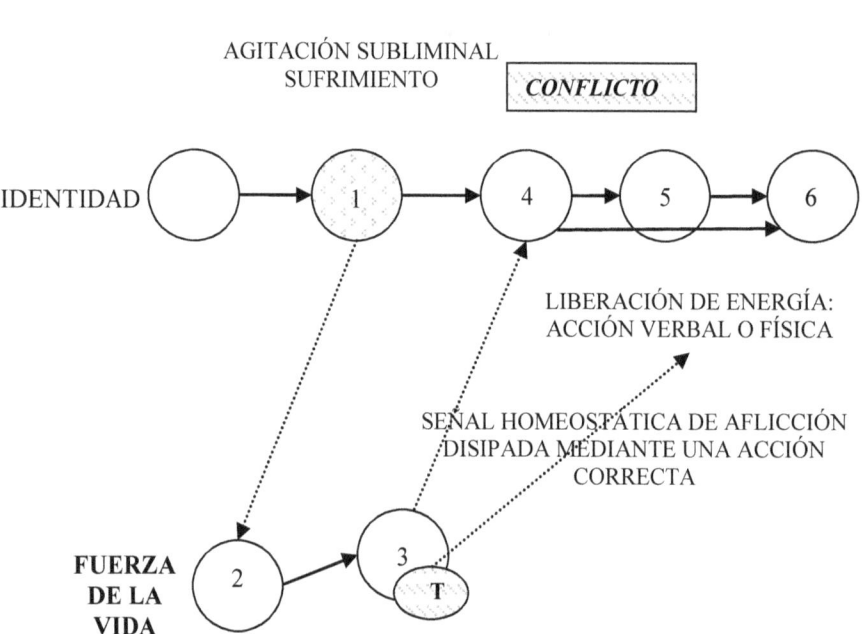

## EL CASO HABITUAL DE SUPREMACÍA DE LA IDENTIDAD CUANDO NO SE DETECTA LA FUERZA DE LA VIDA

Cuando la identidad tiene la supremacía en el conflicto, hay satisfacción (falsa felicidad como refuerzo) de parte de la identidad y cualquier energía o tensión es disipada en la acción resultante.

Pero el estrés de la Fuerza de la Vida no se puede disipar por completo por la señal homeostática de malestar, ya que es severo y no se reconoce porque no hay conciencia de la actividad subliminal de la Fuerza de la Vida. Esta energía negativa o tensión se almacena luego en lo que llamamos la formación kármica, que es un estado no natural debido a la satisfacción de la identidad y la ausencia de reconocimiento homeostático.

Así pues, aunque el conflicto de la identidad que no es consistente con la actividad de la Fuerza de la Vida genera tensión interna y estrés, es de hecho (y paradójicamente) la tensión de la Fuerza de la Vida la que es el ingrediente negativo del karma. No importa si la operación natural de la Fuerza de la Vida se ha suprimido o no, puesto que la intención natural se ha preparado para ejecutarla.

**FIG. 46.2 Supremacía de la identidad, tensión y formación kármica**

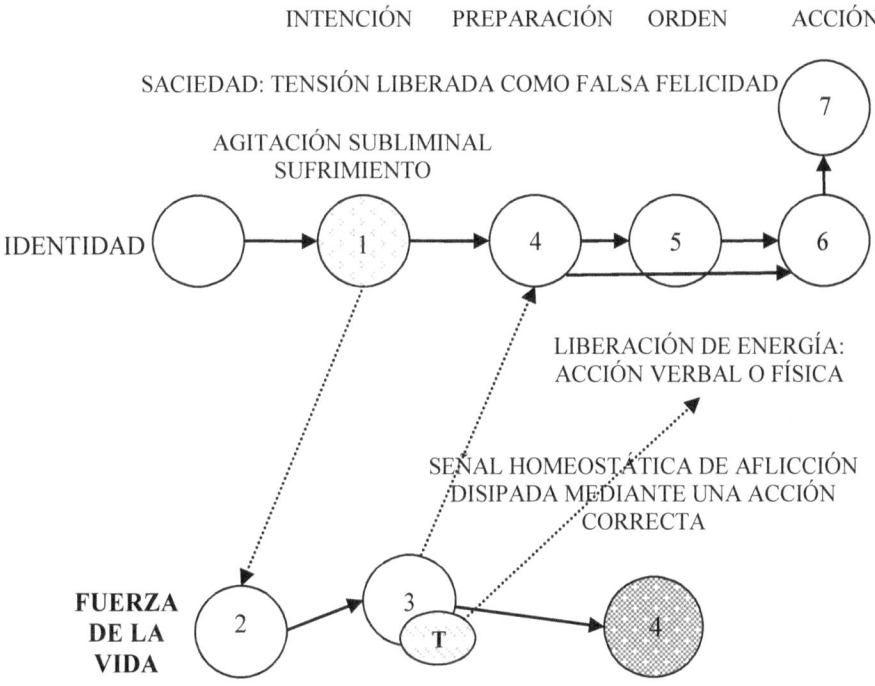

## LA TRANSMISIÓN DEL KARMA NEGATIVO

La energía que tiene el componente negativo de la tensión, si no se reduce o elimina, se pasa a la descendencia al nacer y luego inhibe su desarrollo natural, al igual que el incremento de la tensión inhibe el desarrollo natural en los padres. No obstante, la tensión de los padres no se disipa al traspasarse la tensión kármica a la descendencia.

Quedan pendientes por tantos algunas preguntas con respecto a la naturaleza de esta transmisión genética del karma. Debe recordarse que hay dos padres, cada uno con su formación kármica personal. ¿Se transmite el karma negativo mayor? ¿O es el menor? ¿Hay una regresión a la media? ¿Depende del género? Por el momento, son preguntas sin respuesta, pero lo más lógico sería suponer que la transmisión está ligada al género.

## LO QUE SE PUEDE LLAMAR "EL KARMA TRANSMITIDO POR VÍA GENÉTICA"

¿Cómo actúa en realidad el karma genéticamente transmitido en el destinatario? El neonato nace con dos formas de karma. Está el karma genéticamente trasmitido y está el karma primordialmente transmitido, que es la estructura multiforme de las identidades que es diferente dentro de cada persona, cada una de las cuales tiene dominancia natural de una identidad: visceral, emocional, pensativa o predictiva.

Las identidades tienen por tanto un apoyo adicional para sus demandas en la forma de una influencia de formación negativa que hace aún más difícil la liberación.

Pero asegúrate de tener claro que la superstición de que se produce una transmisión de datos, de recuerdos, de conciencia o incluso de un "yo" particular carece por completo de fundamento.

El concepto de la reencarnación de la Fuerza de la Vida humana en forma animal es absurdo y no es digno de consideración. Pero aquí surge una pregunta interesante. Si hay un estado *bodhisattva* consciente en el cual hay intencionalidad, ¿se genera karma negativo?

Sí, hay karma, si lo genera un factor de la identidad. Solo cuando no hay factor de la identidad y la Fuerza de la Vida por sí misma, sin conciencia previa, genera el estado de *bodhisattva*, es cuando no hay karma negativo.

¿Hay entonces karma positivo? Podemos decir con claridad que sí lo hay. Se genera en la persona que, sin identidad, ha desarrollado el estado de *bodhisattva*. Es esa energía positiva del *bodhisattva* la que se puede transmitir a la descendencia al nacer. Aunque eso de ninguna manera le aporta ningún tipo de sabiduría a la descendencia, debido a que no se transmite conciencia o memoria, sí tiene utilidad como catalizador para el crecimiento positivo, como refuerzo o afirmación natural de la Fuerza de la Vida.

## LA TRANSMISIÓN DE LA PERFECCIÓN

¿Cuál es entonces la posibilidad teórica de que se transmita la perfección de un Buda si hay descendencia? Dado que la Fuerza de la Vida sin identidad es completa en sí misma, no podemos afirmar que haya una perfección de ese estado en un Buda; es simplemente una Fuerza de la Vida no contaminada, lo que es lo mismo que la Fuerza de la Vida innata de un *bodhisattva*. La diferencia entre un *bodhisattva* y un Buda en términos de la Fuerza de la Vida no reside en la pureza de la Fuerza de la Vida, sino en la eliminación de los hábitos. Después de eliminar la identidad, quedan todos los hábitos, aunque con una fuerza reducida. Un Buda – un "iluminado", para diferenciarlo del *bodhisattva*, un "despertado"– ha caminado con el despertar entre las ilusiones del *samsara* hasta que toda fuerza del hábito ha sido eliminada. Pero como la fuerza del hábito solo está relacionada con la memoria a largo plazo, desaparece con la muerte.

No hay diferencia por tanto entre el karma genético de un *bodhisattva* o un Buda. Pero lo que sugerimos es que, en el caso de un Buda, con el fin de acabar con el continuo estado *bodhisattva*, sí se produce la muerte virtual de la Fuerza de la Vida. Esto podría ocurrir mediante la decisión final de un *bodhisattva* perfecto, un Buda, con el fin de desprenderse por completo de la vida en beneficio final de todos los seres sintientes. Es bastante parecido a la crucifixión simbólica de Jesús el Nazareno.

¿En qué sentido beneficia este sacrificio a todos los seres sintientes más que la continuación del *bodhisattva*? La respuesta es que el Buda se convierte entonces en un símbolo de esperanza para todos los seres humanos perdidos dentro de la maraña de la ignorancia de la identidad... pero nada más. No hay ni una presencia ni una ayuda que se pueda obtener aparte de lo que puedan revelar las enseñanzas.

Con esa decisión, ¿se produce de hecho una "muerte cerebral"? La muerte cerebral solo ocurre cuando la decisión se transforma en el acto de "soltar". Un Buda podría escoger morir físicamente cuando crea que es el momento correcto. ¿Es por tanto un Buda entre la decisión y la ejecución o sigue siendo solo un *bodhisattva*?

Esto no es más que una cuestión semántica de poca utilidad. ¿Sería mejor para la humanidad si los Budas se reprodujeran entre la decisión de Buda y el momento de la muerte? Eso ciertamente sería correcto para los *bodhisattvas*. Pero esto también es una pregunta académica, sobre todo en un mundo en el que a los Budas se los contempla sin ninguna estima verdadera y, en el mejor de los casos, solo se los aprecia de forma cognitiva. En la mayoría de los casos, cuando se los ha reconocido, se los ha deificado y adulado insensatamente.

Lo que resulta interesante es que esto refuta la idea mundana del pasaje del voto *bodhisattva* que declara que uno "aparta la oportunidad de convertirse en Buda para convertirse en un *bodhisattva* en beneficio de todas las criaturas sintientes", cuando en realidad uno tiene que apartar el estado *bodhisattva* para convertirse en Buda. El voto por consiguiente no es más que un medio hábil que actúa como motivación psicológica.

## EL KARMA MUNDANO

Dado que esta formación del karma negativo reside en cada ser humano no despertado al estado de *bodhisattva*, ¿qué efecto tiene en el comportamiento real? Hemos visto que el karma no es un castigo que uno experimente por una acción inmoral y que está relacionado con la preparación volitiva para la acción, no con la acción misma, como a menudo se supone.

Lo que podemos ver inmediatamente es que no importa si la Fuerza de la Vida tiene dominio o no; si hay presencia de la identidad, entonces siempre habrá felicidad falsa o sufrimiento subliminal debido a la tensión entre las dos fuerzas.

Es la constante regeneración de esa pareja antinatural lo que consideramos el karma mundano. Queda claro por tanto que no importa cuál sea el resultado en términos de si la intención correcta o incorrecta se ejecuta o no; siempre habrá felicidad falsa y sufrimiento. ¿Puede remediarse eso? Esa es sin duda la pregunta importante. La respuesta es que sí, bajo ciertas condiciones.

Es posible mediante la generación de una ecuanimidad genuina, no una indiferencia intelectual. Este proceso es bastante simple en realidad, aunque generar la ecuanimidad no lo es. En la mente contaminada normal, la felicidad falsa refuerza las actitudes incorrectas de la identidad, que son la base de la formación de la intención. Mientras esa falsa felicidad continúe, el karma mundano continúa. Pero en la persona que está en el camino correcto de reeducar al sistema natural, es posible generar cognitivamente la ecuanimidad desde la señal homeostática del malestar. Lo que eso hace es eliminar la agitación subliminal y el sufrimiento debido a la presencia de la identidad.

Pero eso requiere la eliminación, o al menos una reducción, de la fuerza del apego y deseo de felicidad falsa y la transformación clara de la señal homeostática en un acontecimiento positivo.

Eso significa que hay que torpedear una idea popular: que una acción correcta motivada solo por la identidad no cambia el karma mundano. La persona continuará siendo víctima de su propia búsqueda debilitante de felicidad y de un apego a ella cuando esté presente. Continuará siendo víctima de la agitación mental y del sufrimiento. Por supuesto, también será víctima de los correlatos psicológicos resultantes del estrés y la tensión.

Podemos decir categóricamente por tanto que cualquier intención de comportamiento correcto o incorrecto generada por la identidad dará por resultado un reforzamiento de las actitudes que llevan a continuar con la felicidad falsa y el sufrimiento. Ese es el castigo natural de las intenciones incorrectas de la identidad. Eso es el karma mundano negativo.

Podemos decir categóricamente también que cualquier señal homeostática de malestar de la Fuerza de la Vida que se convierta en ecuanimidad en presencia de intenciones correctas que estén desprovistas de la identidad, al igual que una clara comprensión de la verdad de la felicidad falsa, eliminará la agitación subliminal, el sufrimiento y el refuerzo de las actitudes incorrectas.

Dicho de otra manera, la consecuencia de la ecuanimidad y la comprensión de la felicidad falsa es el karma positivo, que reduce o elimina la adquisición de actitudes incorrectas. La consecuencia del dominio del comportamiento por parte de la identidad es el karma negativo, que refuerza las actitudes incorrectas.

El karma mundano no es nada más que eso. La idea de que una acción trae sus consecuencias naturales en forma de un castigo terrenal es completamente falsa, como lo es la idea de que habrá un castigo en otra vida subsiguiente.

## LA ELIMINACIÓN DE LA TENSIÓN ALMACENADA

Una de las cuestiones importantes es si se puede reducir la tensión almacenada que surge del conflicto entre las intenciones de la identidad y las intenciones naturales.

La respuesta es que sí se puede. La referencia tradicional para esto es el *Sutra de la trompeta de caracola* (*Sutra Sankha*), donde se afirma que abandonar los errores cometidos lo sitúa a uno en el camino correcto, nada más: "Al haber abandonado los puntos de vista incorrectos, se convierte en alguien que tiene puntos de vista correctos".

La energía negativa residual se elimina de la siguiente manera de acuerdo a este texto: *"Así, carente de avaricia, carente de mala voluntad, sin desconcierto, alerta, consciente –continúa llenando en la primera dirección con conciencia imbuida de compasión, imbuida de aprecio, imbuida de ecuanimidad– abundante, expansiva, inconmensurable, sin hostilidad, sin mala voluntad. Igual que un fuerte soplador de trompeta de caracola puede anunciar a las cuatro direcciones sin ninguna dificultad, de la misma manera, cuando la liberación de la conciencia a través de la ecuanimidad se desarrolla así, se sigue así, cualquier acto realizado hasta un cierto punto ya no permanece más ahí, ya no se mantiene más ahí".*

Eso es bastante concluyente y sería ilógico suponer que un sistema dedicado a la supervivencia natural reaccionaría con energía negativa si no hubiera manera de rebajarla.

## LA PARADA DE SEGURIDAD

Podemos decir que ninguna acción que no sea refleja se puede realizar sin una preparación psicológica previa para esa acción. De igual manera, es cierto que ninguna preparación psicológica puede llevarse a cabo sin la correspondiente volición, que llamamos intención. Ciertamente, ninguna intención puede ocurrir sin presencia de una actitud correspondiente. Las actitudes forman por tanto la base de todas las acciones voluntarias y eso evidentemente no es ninguna sorpresa. Las actitudes llevan a las intenciones, que a su vez llevan a la preparación para la acción y por último, tras una orden ejecutiva, se ejecuta la acción.

Sin embargo, si se ha preparado una intención final como consecuencia de una irritación específica (estímulo), esa intención no siempre se convierte en acción. Se puede detener en cualquier momento antes de su aceptación final, hasta el momento en el que se emite la orden de ejecutarla. Antes de que se dé la orden final para proceder a la acción preparada, aún hay tiempo de detener esa acción (ver figura 46.3).

Eso constituye un sistema de seguridad para el ser humano, ya que un estímulo de última hora en relación con la intención puede cambiar el panorama por completo. Está claro también que la operación también se puede detener en cualquier momento durante el proceso volitivo. El proceso operativo de detención y el proceso de seguridad dan una clara ventaja evolutiva que permite la corrección en función de nueva información de última hora que pueda ser importante. Una vez que se ha dado la orden, es demasiado tarde para cambiarla, a no ser que la acción sea algo elaborado que requiera diferentes niveles de operación.

Las operaciones de detención operativa y de seguridad tienen un gran beneficio, pero también han demostrado ser el talón de Aquiles del ser humano. Las identidades no son reales en ningún sentido; son sistemas operativos negativos que no son capaces de generar operaciones o conceptos que sean solamente suyos. En vez de eso, lo que hacen es corromper los sistemas naturales ya existentes. Son precisamente estos procesos de detención y seguridad los que les permiten a las identidades entrar y bloquear toda la operación natural.

## FIG. 46.3 La operación de detención y el proceso de seguridad

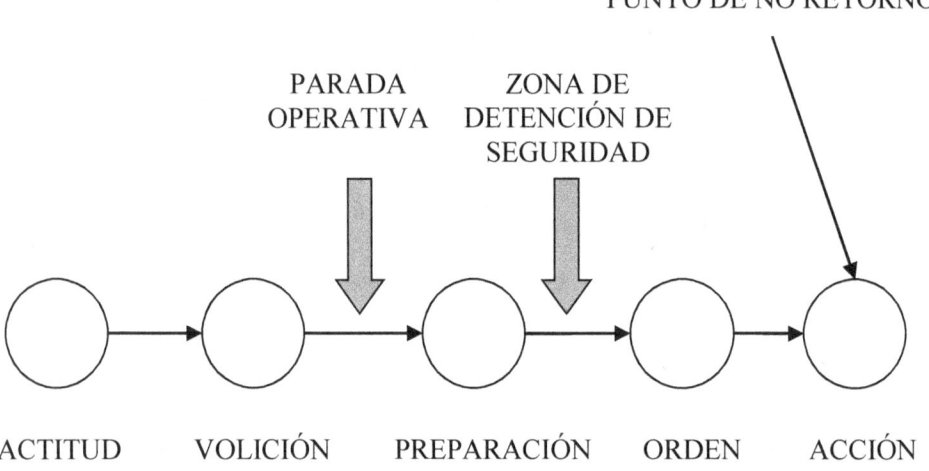

La clave para todos los procesos de detención es la importancia de la operación de detención para el sistema. Es esta valencia la que usa la identidad; es el potencial de esta seguridad biológica la que le permite a la identidad entrar y corromper todas las intenciones naturales. Lo único que tiene que ocurrir es que la valencia de la intención de la identidad se eleve en importancia y en ese caso se aplicará el bloqueo. Ese bloqueo no se aplica a menos que la intención de la identidad esté claramente en peligro de fracasar en su intento de alcanzar la supremacía.

Pero el problema más serio es que el bloqueo de la identidad se ha aplicado con tanta constancia en los últimos diez a catorce mil años que el sistema natural se ha atrofiado y se ha quedado en silencio; son las identidades las que compiten por la supremacía en su lugar, mientras que la Fuerza de la Vida se mantiene en el anonimato. Sin embargo, la voz de la Fuerza de la Vida se encuentra ahí debajo, clamando por que se le escuche. Es ese grito, junto con la supremacía de la identidad, el que genera lo que se llama karma.

Imaginemos un sistema que por el momento no esté contaminado por la identidad. Si la intención se cancela antes de la preparación de la acción, entonces no hay problema, ya que ese será un asunto puramente operativo. Sin embargo, si la intención se cancela durante o después de la preparación para la acción, que requiere la generación de órdenes neurológicas y psicológicas, entonces se habrá preparado una gran cantidad de energía para una acción en la que no se va a usar. Esa energía, lista para ser usada pero ahora represada, causa una tensión física en el sistema que debe encontrar una salida. Eso todavía no es un problema, ya que se puede liberar mediante una respuesta física no relevante, mediante el uso de palabras expresadas y sonidos o mediante una cadena de palabras-pensamientos.

**FIG. 46.4 La operación no manchada sin tensión, con liberación de energía física mediante actividad verbal o física no relacionada**

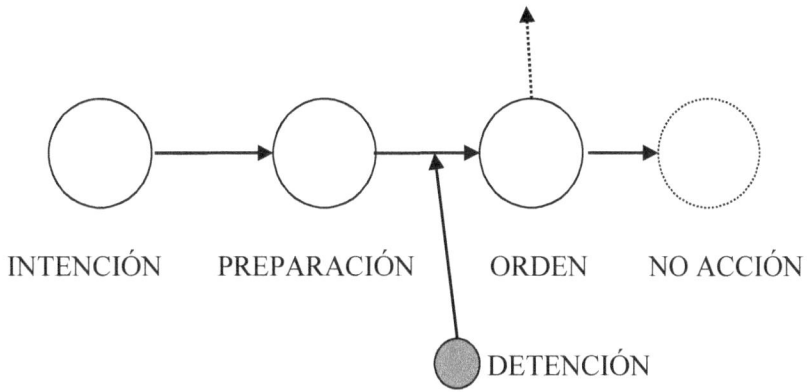

Está claro que no hay problema con esta forma natural de disipar la energía no usada. La complicación no surge aquí en un sistema operativo natural, donde todos los procesos están relacionados y controlados por la Fuerza de la Vida; surge cuando hay interferencia de la identidad. Cuando la identidad está operativa, hay dos sistemas opuestos (o más, si hay más de una identidad involucrada) que trabajan como procesos diferentes en paralelo. Cada una está ocupada computando la mejor respuesta posible, pero cada cual tiene criterios de operación y objetivos diferentes. La consecuencia es el conflicto interno, lo que no solo causa tensión sino un estrés corporal adicional que no existe en condiciones naturales. Es aquí donde son importantes las prácticas de la psicología del Dharma Chan como forma efectiva de "soplar la trompeta de caracola" a la vez que la interferencia de la identidad se disuelve y se mantiene a raya.

En la psicología del Dharma Chan, como en el Dharma de Buda, no nos interesa en realidad lo que se llama el karma del renacimiento después de la muerte, pero abordaremos el tema aquí brevemente para los interesados y con el fin de dejar claro que es una tarea superflua e innecesaria.

## EL KARMA TRASCENDENTAL DESPUÉS DE LA MUERTE

Para los que tienen una demanda de identidad de justicia después de la muerte, cosa que no difiere de cualquier concepto religioso, hay malas noticias. Esta vida es donde está todo. "El bien y el mal se entierran con nuestros huesos", aunque de hecho las buenas obras de uno pueden perdurar más allá.

La leyenda del karma trascendental después de la muerte surgió para explicar las aparentes injusticias de los nacimientos desfavorables y ofrecer esperanza a los que estaban envueltos en el sufrimiento del mundo. Es quizá un medio hábil para generar un falso sentido de felicidad futura, pero sin duda es siempre mejor trabajar con la verdad. La felicidad futura estará disponible en este mundo aquí y ahora solo cuando la felicidad falsa y el sufrimiento se eliminen y la identidad sea enviada al anonimato o disuelta del todo.

Entonces, ¿por qué escuchamos tanto en el Dharma de Buda la idea de que existe el que "entra en la corriente", el que "regresa una vez", el que "no regresa" y el "*arahat*"? Como medios hábiles, tienen valor para los que necesitan el "opio del pueblo" pero si nos damos cuenta de que cualquier maestro, incluso un Buda, es víctima de las ideas y la terminología de su época, es mejor si redefinimos los términos:

> ➢ El que "entra en la corriente" es aquel que entra en el camino de la liberación.
> ➢ El que "regresa una vez" es aquel que ha reducido la identidad hasta tal grado que vivirá una vida de sufrimiento reducido. Sin embargo, debido a sus circunstancias y temperamento, todavía no ha eliminado todos los síntomas de la identidad. En ese caso, siempre hay el peligro de que pueda regresar al *samsara*, seducido por la tentación. Ese es el estado laico normal.
> ➢ El que "no regresa" es aquel que no ha alcanzado la eliminación de todos los impedimentos de la identidad, pero está claramente arraigado en el Dharma e, incluso si cae momentáneamente, nunca regresará a la locura del *samsara*.
> ➢ El "*arahat*" es aquel que ha eliminado todos los síntomas de la identidad pero no la mente dual. Debe ser consciente constantemente del posible regreso de la identidad. Cuando esta conciencia se convierte en algo totalmente natural, entonces es un "*arahat* realizado". Incluso los laicos pueden aspirar a ese estado.

No hay una segunda oportunidad para cada aparente individuo después de la muerte. Pero cualquier avance que uno hace sobre el camino, reduciendo así su karma personal, es de beneficio para otros y constituye el regalo más valioso.

¿Qué pasa entonces con la formación kármica del aparente individuo después de la muerte? La Fuerza de la Vida que parece pertenecer al individuo, ¿se transmite después de la muerte independientemente de la energía kármica? Estas son preguntas espirituales que no guardan relación con la psicología del Dharma Chan o ni siquiera con el Dharma de Buda.

Hay una idea predominante de que la Fuerza de la Vida existe como componente separado que es independiente de los padres y se incorpora en el momento de la concepción. Se cree que esta Fuerza de la Vida es la que lleva la formación kármica de otra persona que ha muerto. Hay pocas pruebas que validen ese concepto, mientras que sí hay indicios claros de que la Fuerza de la Vida se transmite al nacer por los padres.

Uno también podría señalar la idea de que la energía de la formación kármica permanece intacta después de la muerte y encuentra una nueva Fuerza de la Vida.

Esta es una idea atractiva sin sustancia. Es incluso menos probable que pueda haber una combinación volitiva de formación kármica y Fuerza de la Vida, no importa cuán despertado haya sido el difunto.

Probablemente estos conceptos se encontrarán con un muro de resistencia, pero hay que recordar que estas ideas fueron transmitidas por los Theravadines y que una mayoría de los grupos Mahayana las abrazaron y les dieron continuidad. Después de la muerte de Buda surgieron varias formas de budismo; de hecho, el Dharma de Buda se separó en dos grupos principales. Entre ellos, los Sthaviravada se dividieron luego en trece grupos y los Mahasanghika en diez, cada cual con sus filosofías particulares, lo que sin embargo no cambió de ninguna manera la base del Dharma de Buda. Entre esos grupos estaban aquellos que rechazaban por completo las ideas de los Sthaviravada tanto sobre el karma como en relación con la reencarnación.

# Apéndice I:
## Las principales escuelas del Dharma de Buda

**Sthaviravāda (Hinasamghika, "Sangha de la minoría"):**

Haimavata
Vibhajjavāda (anterior a 240 a.C.; durante Aśoka)
Theravāda (240 a.C.)
Mahīśasaka (después de 232 a.C.)
Kāśyapīya (después de 232 a.C.)
Dharmaguptaka (después de 232 a.C.)
Vatsīputrīya (bajo Aśoka) –nombre posterior: Dharmottarīya
Sammitīya
Bhadrayānīya
Sannāgarika o Channargirika
Pudgalavāda ('los Personalistas') (280 a.C.)
Sarvāstivāda (237 a.C.)
Sautrāntika (entre 50 a.C. y el 100 d.C.)
Mūlasarvāstivāda (siglos III y IV d.C.)

El único grupo superviviente de la "Sangha del vehículo de la minoría" es la escuela Theravada (240 a.C.), que deriva de las escuelas Sthaviravada y Vibhajjavada. Dado que continúan hoy como la única escuela Theravada, no sorprende que haya resistencia a un concepto diferente de karma y reencarnación y una continua generación de ideas arcaicas que tienen poca relevancia para el Dharma. Si hubiese sobrevivido otra escuela de pensamiento, estas ideas no se mantendrían en el Buda Dharma hoy en día y quizá también tendríamos a nuestra disposición otros *sutras* mucho más esclarecedores.

**Mahāsanghika ("Sangha de la mayoría" 380 a.C.):**

Ekavyahārikas (bajo Aśoka)
Llokottaravāda
Caitika (mediados del primer siglo a.C.)
Apara Śaila
Uttara Śaila
Golulika (durante Aśoka)
Bahuśrutīya (finales del III siglo a.C.)
Cetiyavāda
Prajñaptivāda (finales del III siglo a.C.)
(Kaukkutika)

Entre los Mahasanghika, está la Prajñaptivāda (o escuela conceptualista), que sobrevivió como portadora del único concepto Mahayana. En el siglo tercero, proponían la doctrina de las dos verdades, que distinguía entre la verdad convencional (*samvrti*) y la verdad última (*paramartha*) y también entre los fenómenos reales (*tattva dharmas*) y los meros conceptos (*prañapti dharmas*).

Como defensores de la filosofía Nagarjuna, podemos clasificar por tanto las ideas predominantes sobre el karma y la reencarnación como *samvrti* y *prañapti dharmas,* de escasa importancia o interés para la psicología del Dharma de Buda.

# Apéndice II:
## Descripción del método de absorción de la *vipassana*

El método de absorción *vipassana*, que no es una reflexión consciente en tiempo real, se basa en las siguientes premisas:

1. Lo primero que se debe aclarar es que la *vipassana* no usa ni tiene que ver con la información nueva que entra en el sistema. Solo usa la vieja información que está almacenada en la memoria y se recupera durante la meditación de absorción.

2. La *vipassana* usa la recuperación de varias cadenas de asociaciones, compuestas de sensaciones viscerales (cuerpo, comida y confort), discriminaciones (relacionadas con las emociones), percepciones y cadenas cognitivas, que incluyen toda la locura de tu vida.

3. La meditación empieza con la atención plena en el aliento, en la inhalación y la exhalación. Esto es consciente.

4. A eso le sigue establecer el *Qi* defensivo, que es la experiencia del cuerpo completo, sin impresiones particulares. Esto es consciente.

5. Poco a poco se pierde esta conciencia del *Qi* defensivo y no hay conciencia. A esto se le llama el "devenir de la conciencia" (*adhimokkha*, ver capítulo 4).

6. La meditación *vipassana* tiene lugar con el devenir como rampa de lanzamiento y el proceso interno llamado absorción que le sigue es inconsciente. "Inconsciente" significa sin presencia del pensamiento ni de procesamiento consciente.

Repasa estos puntos despacio y, si quieres, dibuja un diagrama para ver cómo funciona todo en conjunto. Ahora bien, la información normal que sigue entrando en el sistema es vigilada (en silencio) por la sensación y, si hay una emergencia o un estímulo externo nuevo, entonces el devenir y la meditación se detienen automáticamente.

## LA PRE-PROGRAMACIÓN

Antes de la meditación, y con toda la frecuencia que sea posible, debe haber una programación previa deliberada. Esta pre-programación es consciente y ocurre en forma de una recreación imaginaria en la que sientes lo más vívidamente que puedas que estás realizando una meditación perfecta.

La pre-programación tiene los siguientes componentes:

a. Imaginarse una inhalación y exhalación perfectas, junto con una conciencia de ello.

b. Imaginarse que está presente la experiencia del cuerpo completo.

c. Imaginarse que la tarea de la meditación específica que vayas a hacer se ha introducido en el sistema, como si fuera un CD de instrucciones, sin que ninguno de sus detalles sea consciente en la pre-programación.

d. Imaginarse que el sistema ha recibido instrucciones específicas para usar la tarea del CD y discernir ciertas experiencias concretas que serán inconscientes pero se transmitirán a la memoria.

En el caso de la *vipassana*, esos discernimientos son: ver el surgimiento de las trazas de los recuerdos, ver su continuación y ver su desaparición… y, más aún, ver que todo es irreal y no es más que un producto de la mente anterior (que fue la que introdujo esos datos en su momento).

e. Imaginarse la recuperación de esos discernimientos desde la memoria y su llegada a la conciencia, de manera que nos damos cuenta de ellos.

## ANTES DE LA PRE-PROGRAMACIÓN

El CD que se vaya a usar se debe preparar en otras sesiones separadas.

- El CD puede ser de cadenas viscerales de sensaciones del cuerpo, con instrucciones de no notar nada más y limitar a esta información lo que se le envía a la cognición.
- El CD puede ser de discernimientos emocionales de ideas complejas sobre gustos, no-gustos e indiferencia, con instrucciones de no notar nada más y limitar a esta información lo que se le envía a la cognición.
- El CD puede ser de percepciones de objetos físicos o mentales, con instrucciones de no notar nada más y limitar a esta información lo que se le envía a la cognición.
- El CD puede ser de breves cadenas de trazas de memoria en forma de fotogramas, con instrucciones de no notar nada más y limitar a esta información lo que se le envía a la cognición.
- El CD puede ser de cadenas más largas de trazas de memoria en forma de fotogramas, con instrucciones de no notar nada más y limitar a esta información lo que se le envía a la cognición.
- El CD puede ser completamente de trazas de memoria evocadas mediante libre asociación.

En cada uno de los casos, el CD se usa como filtro para impedir que cualquier otro componente de las cadenas entre en la cognición desde la memoria. Por ejemplo: si la tarea son las sensaciones corporales, entonces se impedirá que entren en la meditación de absorción todas las discriminaciones, percepciones y trazas de memoria que no sean puramente corporales.

Recuerda que en la pre-programación no hay que usar los detalles del CD. Basta con notar simplemente "Sensaciones corporales", por ejemplo.

Ahora volvamos a la meditación en sí.

1. Lo primero que debe quedar claro es que la *vipassana* no usa ni está relacionada con la información nueva que entra al sistema. Solo usa la información antigua que se encuentra almacenada en la memoria y que se recupera durante la meditación de absorción.

2. La *vipassana* usa la recuperación de varias cadenas de asociación,

compuestas de sensaciones viscerales (cuerpo, comida y confort), discriminaciones (relacionadas con las emociones), percepciones y cadenas cognitivas, incluyendo toda la locura en tu vida.

3. La meditación comienza con la conciencia plena de respirar –el inhalar y exhalar. Esto es consciente.

4. Esto es seguido por el establecer el *Qi* defensivo, el cual es la experiencia del cuerpo como un todo, carente de impresiones particulares. Esto también es consciente.

5. Poco a poco esta consciencia del *Qi* defensivo desaparece y no hay conciencia. A esto se le llama el "devenir de la conciencia".

6. La meditación *vipassana* tiene lugar con el devenir de la conciencia como plataforma de lanzamiento y el proceso interno que le sigue, llamado absorción, es inconsciente. Por "inconsciente" nos referimos a que carece de pensamientos o procesamiento consciente.

7. Al sentarte automáticamente en meditación con un objetivo en el CD, no haces nada en el devenir. Cuando el CD se abra, extraerá los datos necesarios de la memoria.

8. Gracias al comando "Discernir", notarás el surgimiento, la continuación y la desaparición, y sabrás que todo ello lo genera la mente. ESTO ES INCONSCIENTE.

9. Luego, el sistema envía los datos extraídos por el CD a la cognición y la conciencia, que tiene a la percepción a su disposición.

10. Como el discernimiento se ha pasado a la memoria y luego se ha recuperado, hay una conciencia del discernimiento de que el surgimiento, la continuación y la desaparición de la información que pedía el CD se generan todos ellos en la cognición por la mente, y esto se le envía a la conciencia, donde queda asociado con la tarea del CD.

Al repetir la meditación *vipassana*, las huellas de los recuerdos pierden su asociación con cualquier concepto de que son reales… Entonces, los elementos del Id visceral, el Ego emocional, y el Superego mental se debilitan y al final ya no se envían como parte de ninguna asociación a la cognición ni a la conciencia… Eso es así porque la "realidad" de esos componentes se ha ido destruyendo poco a poco. Por el contrario, los componentes naturales de la memoria y la cognición tienen mayor fuerza de base y no se borran.

A pesar de la absorción en los procesos internos de la mente, toda la información normal que continúa entrando al sistema es vigilada (en silencio) por la sensación y si hay una emergencia o un estímulo externo novedoso, el devenir de la conciencia y la meditación se detienen.

www.ingramcontent.com/pod-product-compliance
Lightning Source LLC
Chambersburg PA
CBHW081204280526
45787CB00006B/2321